国家社科基金后期资助项目

危机下的融合与发展：
抗战时期后方机制面粉工业研究

Integration and Development in Time of Crisis:
A Study on the Machine-made Flour Industry in the Rear Areas during the Chinese War of Resistance Against Japanese Aggression

王荣华 著

商務印書館
创于1897 The Commercial Press
2019年·北京

国家社科基金后期资助项目
出版说明

后期资助项目是国家社科基金设立的一类重要项目，旨在鼓励广大社科研究者潜心治学，支持基础研究多出优秀成果。它是经过严格评审，从接近完成的科研成果中遴选立项的。为扩大后期资助项目的影响，更好地推动学术发展，促进成果转化，全国哲学社会科学工作办公室按照“统一设计、统一标识、统一版式、形成系列”的总体要求，组织出版国家社科基金后期资助项目成果。

全国哲学社会科学工作办公室

序

马俊亚

王荣华的第二个国家社科基金后期资助项目“危机下的融合与发展：抗战时期后方机制面粉工业研究”，从选题、撰写、立项、完善到结项，前后经过五年多时间，现即将由商务印书馆出版，我向荣华表示衷心的祝贺，也深为其对学术的虔诚和认真精神而感动。

荣华被南京大学录取为博士生时，父母身体时常有恙，孩子年纪又小，爱人工作任务繁重。我对学生的要求，是希望他们每两周见我一次，聊聊所读的书，谈谈感兴趣的学术观点，帮助其确定论文选题。那时荣华的博士论文题目虽然已经敲定，但他基本上每次必到，并能非常认真地谈论自己的学术见解。而每次从家中归来，他也必到我办公室找我聊学问。荣华用三年时间完成博士学业，个中辛苦，令人感喟。

荣华做事做人极为踏实，早在写作博士论文时，为了收集资料，曾到重庆、兰州、西安、贵阳等地档案馆查阅档案，并近水楼台地利用了中国第二历史档案馆的原始档案，掌握了大量第一手资料。在学术几有“快餐化”势头的今天，荣华的博士学位论文虽深受答辩委员等各类专家好评，但他并不满足于现状，而是甘于寂寞，牺牲大量实惠，踏踏实实修改，2015 年在中国社会科学出版社出版了以博士论文为基础的第一本著作《危机下的转机：国民政府时期的西北经济开发研究》。博士毕业之后，荣华又将抗战时期后方机制面粉工业这一学界未曾深入研究的选题作为新的研究领域，深入探究，显示出敏锐的学术眼光，并沉下心来，潜心撰著。2017 年至 2018 年在美国访学期间，荣华对书稿进一步完善，可以说较好地完成了这一课题。

本书对抗战时期西部地区（西南、西北）的机制面粉工业做了详细的宏观考察和数据计量，实为中国近代经济史极为扎实的著作之一。全书对抗战前后西北和西南的面粉业做了详细统计，对战时西南地区面粉业飞速发展的原因做了客观理性的分析，对战时西南面粉业的困难做了深入的思考，并以福新五厂为个案，从微观层面对战时西部面粉业做了全面的解剖，体现了荣华厚积薄发的学术风格。

荣华学风严谨，这部著作严守学术规范，对学界现有成果极为尊重。同时，在前人研究的基础上，对中国近代面粉工业做了大量的补充研究，仅此，就具有相当高的学术价值。

这部著作不乏创新之处。对西部面粉工业的详尽统计、战争对民族工业的影响、地方消费习惯对面粉产品的制约等，均提出了自己的解释，得出了令人信服的结论。

最后，就我个人认知而言，面粉业可谓中国近代第二大工业部门，进一步研究的空间是非常大的。面粉对中国近代中上层的城市居民而言是生活必需品之一，但对绝大多数农村居民来说，去除麸皮的细白面粉则属奢侈品。希望荣华今后的研究能拓宽视域，完成更多的高质量成果。

目 录

导　言

本书所称面粉系指小麦粉。《辞源·麦部》："小麦之实，大都无芒，子多粉，以制切面、饼饵、面包。""面，磨麦为粉也，俗以面粉制成细缕者谓之面。"[①]磨麦为粉而食，世界各地皆然。磨粉技术在中国发轫很早，周代人们发明了回转式石磨，能"硝物成屑"，其动力为人或畜。晋代王戎发明水碓，杜预创制连机碓。唐代敦煌有水碾或水硙，出现了专门从事面粉加工的硙户。[②]元代瞿氏建有磨楼，楼上设磨，楼下设轴转磨，规模较大，"制粉之处，牲畜所不能及，无臭秽尘土以侵入"。[③]明宋应星《天工开物》"粹精攻麦"篇反映了16世纪前后中国农村家庭磨粉手工业的基本情况。[④]19世纪末，在西学东渐过程中，中国先后出现机器磨坊及机制面粉工业。

机制面粉工业作为近代中国第二大民族产业，自19世纪末开始设厂至1949年的50余年间，先后建立的面粉厂有700余家。[⑤]检视近代中国机制面粉工业的发展历程，可以看出，其间既经历了第一次世界大战时期的黄金岁月，各民族粉厂乘势而起，获得了飞速发展，也遭遇了抗战时期的民族危机，粉厂或被日本侵略者攘夺，或被迫内迁；既有外厂的挤压与侵夺，也有民族粉厂的抵制与抗争；既有机制面粉、商品经济的突飞猛进，也有传统土粉、自然经济的固守与回潮；既有地域分布的极端不平衡，也有战时后方机制面粉业的异军突起；既有内迁粉厂战时新发展，也带动了后方各省本地机制粉厂的相继建立；既有抗战时期后方的繁荣景象，也有胜利之后的急剧衰落。

---

① 《辞源》，上海：商务印书馆，1915年，亥"麦部"，第100～102页。

② 姜伯勤：《唐五代敦煌寺户制度》，北京：中华书局，1987年，第226～245页。

③ 杨大金：《现代中国实业志》上，上海：商务印书馆，1938年，第622页。

④ 宋应星：《天工开物》第4卷，钟广言注释，北京：中华书局，1978年，第134～138页。

⑤ 中国科学院经济研究所、中央工商行政管理局资本主义经济改造研究室编：《旧中国机制面粉工业统计资料》，北京：中华书局，1966年，前言。

近代机制面粉工业的发展承载了行业从业人员的希望与失望、欢乐与痛苦，也牵动着广大普通民众的神经。细白如雪的面粉既满足了人们饥肠辘辘之时的身体欲望，也一度使广大民众望眼欲穿；既给广大民众带来了新鲜口味与美食，也一度成为物价腾贵时的“支付宝”；既是战时国民政府与地方政府实施物价管制、进行社会控制的一个有力手段，地方势力乐于插手的一个行业，也是面粉商人与政府之间博弈的重要筹码，还是有些民众赖以生存的来源。经过层层工序磨制出来的一袋袋面粉，其背后有多种势力的虎视眈眈、翘首以盼。在一定程度上甚至可以说，机制面粉工业既见证了近代中国经济发展的步伐，也是中国近代化潮流中的一个重要环节。战时后方机制面粉工业无疑是这个特殊时期重要环节的关键一环。

一、研究区域界定

“后方”一词形成于何时，目前尚不明确，《辞海》没有收录这一词条。但其逐渐演变为战争时期的一个术语，即“战时有所谓前方后方之别”。[①]《现代汉语规范词典》中“后方”一词有二义，一是“向后的方向；后面”，一是“作战中自己一方离前线较远的地方”。[②]前者系方位指向，后者则是相对于“前线”而言的。张克林等人 1936 年设想了战争爆发后的战局变化，“是时腹部之晋、陕、豫、川、皖、鄂、湘、赣、桂为战时后方根据区域”。[③]李超英 1938 年 10 月指出，后方区域概指四川、湖北、湖南、江西、福建、广东、广西、云南、贵州、陕西、甘肃、宁夏 12 省。[④]钱俊瑞《前方决定后方》一文有言：“就地域来讲，前方和后方是相对的，不是绝对的；是变动的，不是固定的。”在该文中，前方“是综合真正的前线，敌后的战斗区域和收复区域，和接近前线的后方而言”，后方“是指我们广大的总后方”，后方是由前方决定的。钱氏进一步指出，不管后方地域为何，其重要性约有五端：第一，后方是供应物资的总根据地，前方军需饷粮的补充主要是来自后方；第二，后方是统一的“中央”

① 汪冠群：《前方与后方》，《农林新报》第 15 卷第 28 ～ 29 期合刊，1938 年 10 月 11 日，第 1 页。

② 李行健主编：《现代汉语规范词典》，北京：外语教学与研究出版社、语文出版社，2004 年，第 544 页。

③ 张克林：《中国生存论：中国策应远东巨变之经济政治军事的战略与战术》，出版地不详，新华印刷社，1936 年，第 162 页。

④ 李超英编著：《抗战建国纲领研究·经济篇》，重庆：独立出版社，1939 年，第 18 ～ 19 页。

政权所在地，其所规定的政策就是全国人民生活的把舵，无论辽远的边地还是敌后的收复区域都要受其指挥；第三，后方是建立新军的主要练兵场，新军的人员主要也取给于后方；第四，后方是供应大批干部到前方去工作的重要根据地，尤其是文化和技术的供应最为重要；第五，后方是国际关系的附着点，是争取和接受友邦援助的支点。①该文所归纳的“后方”重要性或多重特点，具有明显的战争色彩，除了战时国民政府所在地之外，并不指称具体的地域。

有人在1938年4月撰文指出，在全民抗战时期，“实在不必强分前方和后方，就是我们一定要分，亦只能在抗战的状态上来分，报效国家的方式上来分，若果讲到责任和使命，实在没有分别的界线”。② “我们这次的抗战是全面战争，全民战争没有前方与后方之分。”③这一点从抗战全面爆发初期人们并未把讨论的焦点集中于此就可以得到确证，这或许是因为战争变数较大，战局瞬息万变，今天的后方可能就是明天的前线，不同的战场也会有不同的前线与后方，此时后方一词并不一定指称具体的地域范围，其范畴可大可小，含义变动性较大，除了本身具有的军事含义之外，经济、政治、文化、社会等均包括在内。④

抗战全面爆发后，日本以精良的武器和速战速决的战术，对中国东南广大地域攻城略地，国民政府在“以空间换时间”方针的指导下，大片国土沦丧，在中国形成了解放区、敌占区和国统区三大区域，国统区中的西南、西北等地区（但西南与西北本身所指范围亦不确定，详见后文）渐被称为战时大后方。根据目前所见资料，其出现时间大约在武汉会战时期。有人在1938年8月撰文指出：“现在军事上已到武汉大会战的阶段……后方的西北及西南，今日已是事实上的后方重镇。”⑤ “在保卫大武汉前后，大量民众及政府机关工商企业，转移西南西北后方。向之交通闭塞人烟稀少之区，遂一转而为全国政治经济重心。”⑥可见此时已有人将西北和西南看作抗战的后方了。

关于“后方”的具体地域范围，当时社会各界人士有不同说法。有人认为大后方指西南与西北各地，但粤、桂一部分沦陷，一部分接近战区，

---

① 钱俊瑞：《前方决定后方》，《全民抗战五日刊》第57期，1939年3月5日，第785页。

② 林金：《青年呼声——前方？后方?》，《西南周刊》第1卷第6期，1938年5月1日，第13～14页。

③ 承爥：《后方重于前方》，《黄埔》第1卷第19期，1939年1月22日，第1页。

④ 韩亦琦：《如何安定和充实后方》，《战斗周报》第8期，1937年12月15日，第10页。

⑤ 歧：《后方赶紧训练决战的新军》，《新动向》第1卷第4期，1938年8月1日，第104页。

⑥ 张嘉璈：《战时交通》，重庆：“中央”训练团，1940年，第23页。

已划为外围区域，依国民政府西南行营经济建设委员会所辖，只包含川、康、滇、黔四省。新疆只作军事运输，对商业无大补益，其省内商业又早为外力所操纵，西北只包含甘、宁、青三省。“故所谓战时大后方，仅包括川、康、滇、黔、甘、宁、青七省而已。”[①]亦有人指出，大后方以及后方系指“川、黔、滇、桂、陕、甘、青、宁、湘、赣、闽十一省”。[②]“所谓后方区域，包括西南与西北诸省。易言之，即包括四川、云南、广西、湖南、陕西、甘肃、宁夏、新疆、青海、西康各省，及广东之一部，而以四川为联络西南西北之枢纽。”[③]渐渐地，后方一词演变为一个地理名词，“后方各省”“后方省份”在报章书刊中频繁出现。

后方各省到底有多少省，又包括哪些省份？似乎很难确定，有的资料统计中为16省市，即宁夏、青海、甘肃、陕西、河南、湖北、四川、重庆、云南、贵州、湖南、江西、浙江、福建、广东、广西。很显然，这种看法未将绥远包含在内，1941年2月召开的全国粮食会议与会省份达到17个，除上述各省外即有绥远。西康建省之后，毫无疑问也属于后方省份。有的资料除上述17省外，将江苏、山东、山西、安徽也计算在内，则后方省份数目达到21省。[④]国民政府参政会参政员、主席团主席王云五曾言，经济建设策进会（前身为经济动员策进会，隶属于参政会——引者注）改组后，将后方分为川西、川东、西北、湘粤桂赣及滇黔五区，蒋介石还曾一度任滇黔区办事处主任兼会长。[⑤]毫无疑问，西北、西南属于战时后方区域。

“西北”是一个变化着的概念，不同历史时期内涵和外延所指不同，民国时期所指亦不定。1912年有人提出西北为豫、晋、秦（陕）、陇（甘）四省[⑥]，对更加位于中国西北方的新疆视而不见。孙中山在规划西

① 邓翰良：《十年来之商业》，谭熙鸿主编：《十年来之中国经济》下册，上海：中华书局，1948年，第L94页。

② 沁青：《积极推行中的扩大冬作运动》，《农业推广通讯》第2卷第10期，1940年10月，第72页。

③ 钟兆睿：《战时之后方工业建设》，重庆：国民图书出版社，1941年，第25页。

④ 粮食部调查处第四科编印：《粮食部三十年度工作检讨报告》，1942年，第11～12页。

⑤ 王云五：《谈往事》，台北：传记文学出版社，1981年，第2版，第65页。

⑥《西北实业协会缘起》，《实业杂志》第1期，1912年6月，第1～2页。需要指出的是，国人对于华北、华南等地域所指亦模糊不清，“华北、华南这两个名词，往往因人们所居住的地域，而有不同的观念。即中国的地理学家，对此亦无确切的规定”。对于何处为华北地区，似乎范围亦不确定，“华北，系包括北纬32度至45度中间的地带。就省份讲，包括河北，河南，山西，山东，陕西，热河六省区，及察哈尔，绥远，甘肃，宁夏，青海的一部分”。参见曲直生：《华北民众食料的一个初步研究》，南京：参谋本部国防设计委员会，1934年，第1页。

北铁路系统时，其所指为新疆与甘肃等地区的一部分。[①]1918 年 10 月成立的西北边防筹备处，掌理西北一带边防事宜。[②]1919 年 4 月，徐树铮筹拟《西北筹边办法大纲》，提出设置西北筹边使，“其有境地毗连关涉奉天、黑龙江、甘肃、新疆各省及其在热河、察哈尔、绥远各特别行政区域”[③]，此处西北的范围甚至脱离了方位所指，连后来所说的东北地区、华北地区部分省份也包罗在内。20 世纪 20 年代，对于西北范围的界定更为歧异，有人认为绥远、察哈尔、新疆、青海、西藏等地为西北[④]，有论者视热河、察哈尔、绥远、甘肃为西北[⑤]，有些从北平出发到绥远或察哈尔游历调查的人，则直接把自己的目的地视为西北，仿佛北平以西皆为西北。[⑥]有些人则认为西北的范围应更广大，行政区域上应包括热河、察哈尔、绥远、青海、新疆、西藏、陕西、甘肃、山西等地。[⑦]

南京国民政府建立后，全国实现了形式上的统一，但何为西北仍众说纷纭。有人将新疆、青海、宁夏、绥远四省作为西北，其理由是此四省“地理连属，且先民亦曾着手开发之故”[⑧]，这种看法把甘肃排除在外，且从地理上讲，除了新疆与青海、宁夏与绥远有接壤外，其他各省亦无连属。水利专家李仪祉眼中的西北则完全是水利视角的。[⑨]时人王金绂有言：“西北之范围，言人人殊；有谓西藏、西康、青海、甘肃……宁夏等地，为西北者；有谓……新疆、热河、察哈尔、绥远、黑龙江、辽宁及陕西一部，为西北者；有谓新疆、科布多、唐努乌梁海等地，为西北者；又有谓甘肃、青海、陕西、宁夏、新疆等地，为西北者。究何所去从？”在作者眼中，“盖所谓西北，第一论其方位，当在中国全境之西北隅；

---

① 孙中山：《孙中山全集》第 6 卷，北京：中华书局，1981 年，第 361 页。

② 北洋政府陆军部编：《陆军行政纪要》，台北：文海出版社，1920 年初版，1971 年再版。

③ 《西北筹边使官制》，《政府公报》第 1239 号，1919 年 7 月 19 日，第 13 页。

④ 李士瀛：《筹办西北农业试验场意见》，《实业杂志》第 1 卷第 2 期，1925 年 12 月 31 日，第 5 ～ 8 页。

⑤ 丘咸：《西北职业教育问题》，《教育杂志》第 17 卷第 1 号，1925 年 1 月 20 日，第 1 ～ 7 页。

⑥ 彭道义：《西北商业调查记》，《商业季刊》第 1 卷第 1 号，1923 年 2 月，第 1 ～ 8 页；野涛：《西北游记》，《京报副刊》，1925 年 9 月，第 10 册，第 247 页；虞振镛：《西北屯垦意见书》，《清华周刊》第 11 次增刊，1925 年 6 月 18 日，第 48 ～ 57 页。

⑦ 林嘉骏：《开发西北与发展国民经济（一）》，《西北周刊》第 15 期，1925 年 5 月 24 日，第 161 ～ 166 页。

⑧ 余汉华：《西北富源开发与我国之经济建设》，《新亚细亚》第 4 卷第 5 期，1932 年 9 月 1 日，第 15 ～ 28 页。

⑨ 李仪祉：《西北水利问题》，李书田等：《中国水利问题》上册，上海：商务印书馆，1936 年，第 156 页。

第二目的既在开发，必须中国实力所能达到之地；第三非荒凉不需开发；所开发者，必系地广人稀，经济文化落后之地”。按此标准，作者认为西北“当包括新疆、青海、甘肃、宁夏、陕西及绥远六省区”。[①]其实此亦一家之言。

20世纪三四十年代，西北地域范围也未能趋于一致，“有从地理上去划界的，有从政治上去区别的，有从自然气候上去分界的，有从历史沿革上去划分的，于是大西北与小西北、内西北与外西北，或西北八省与西北六省的分歧意见”[②]。陈正祥的《西北区域地理》印证了这一点：“西北的范围，言人人殊，究竟哪些地方是西北，至今还没有确切的定论。”在这本书里，作者从名实相符、气候相同、地形类似、界线分明和人文特殊这一角度，将西北大致分为八个区域，即河西走廊、塔里木盆地、天山山区、准噶尔盆地、大戈壁、科布多盆地、唐努乌梁海盆地和色楞格河流域。[③]1947年12月，国民政府“行政院”新闻局印行的《全国各地气象统计》中，将全国分为东北、华北、西北、川康、云贵、华中、华南、闽台和华东9个区，其中西北区包括陕西、甘肃、宁夏、青海和新疆五省。[④]这是否是国民政府对西北范围的第一次明确认定，还有待考订，但可以肯定的是，这一划分亦未深入人心，直到国民党败退台湾，对于何为西北之区，仍是见仁见智。王成敬在《西北的农田水利》一书中指出：“研究西北的人们对于西北的范围好像还没有共同的认识和划定的办法，但是比较多数的办法是把陕、甘、宁、青、新五省划成为西北。这是就方位而划分的。”但从气候的情况来说，“我考虑的结果是把绥远省暂时划入西北的范围以内，连陕、甘、宁、青、新共为六省，陕南和陇南虽系长江流域的一部分，也都暂时划在西北的范围以内”[⑤]。

归纳起来，此一时期西北地域范围有少至二地范围说，有三省说，还有四省说、五省说、六省说、七省说、八省说、九省说、十省说，最多的有13省区之说。[⑥]有的提出远西北与近西北之别[⑦]，近西北、远西北、外

---

① 王金绂：《西北之地文与人文》，上海：商务印书馆，1935年，第1～2页。

② 徐旭：《西北建设论》，上海：中华书局，1945年，第2版，自序。

③ 陈正祥：《西北区域地理》，上海：商务印书馆，1946年，第1～4页。

④ “中央”气象局编：《全国气象统计》，南京：“行政院”新闻局，1947年。

⑤ 王成敬：《西北的农田水利》，上海：中华书局，1950年，第6～7页。

⑥ 参见王荣华：《危机下的转机：国民政府时期的西北经济开发研究》，北京：中国社会科学出版社，2015年，第3～9页。

⑦ 王光玮：《西北移民应有之地理认识》，《陕西省地方政务研究会月刊》第2卷第2期，1935年5月，第76页。

西北之分[①]，广义西北、狭义西北的不同界定[②]，“大西北”与“小西北”的概念。[③]

与西北区域的不确定性相似的是，西南也是一个范围并不确定的概念。民族危机日重时，国人除了瞩目于西北，西南也屡被提起并广泛讨论。究竟何为西南，时人有多种观点与理由，兹列举数端：“通常所称之‘西南’以指粤桂二省者为多，亦有指川、滇、黔三省，或湘、黔、滇、桂四省者，范围甚不一致。”[④]“所谓西南，系指川、康、黔、滇四省而言，惟现时所谓西南乃指我国抗战后方之整个西南单位，湘、桂两省均应列入范畴之内”[⑤]，“西南一词，恒指粤、桂、川、康、滇、黔等省”[⑥]。“这里所谓西南，其范围是指川、康、黔、滇、湘、桂、粤数省区域而言。”[⑦]“‘西南’之范围，言人人殊。本文则指川康滇黔四省全部，以及广西西北部马平等四十三县。”之所以将此四省视为西南地区，一是基于自然因素大致相差无几，二是抗战以来国人视之为民族复兴根据地，“已积渐一不可分之经济单位”。[⑧]“川、滇、黔、桂、康五省，合称中国西南区”[⑨]，“以言开发西南之区域，实以四川，贵州，云南，湖南，广西五省为其范畴”[⑩]。“西南各省——包括云南、贵州、广西、四川、西康等

① 张其昀：《开发西北之要点》，《西北问题》第1卷第3期，1935年5月15日，第35页；黄慕松：《西北文物展览会与开发西北》，秦孝仪主编：《革命文献》第88辑，台北：“中央”文物供应社，1981年，第185～186页；黄慕松：《亟应开发西北之原因》，《广播周报》第92期，1936年6月27日，第92页。

② 尹任先：《西北》，秦孝仪主编：《革命文献》第88辑，台北：“中央”文物供应社，1981年，第215页；马宏道：《宗教对于西北边防的重要性》，《广播周报》复刊第60期，1947年1月2日，第1页。

③ 黄汲清：《西北之矿产资源及其开发问题》，《经济建设》创刊号，1942年7月，第192页；高平叔：《西北工业建设现况及其前途》，《经济建设》第1卷第4期，1943年4月，第139页。

④ 余定义：《西南六省社会经济之鸟瞰（上）》，《中行月刊》第16卷第3期，1938年3月，第1页。

⑤ 蒋滋福：《西南经济建设四大要素之检讨》，中国经济学社编：《战时经济问题》，长沙：商务印书馆，1940年，第366页。

⑥ 方显廷、陈豹隐、张国瑞等：《西南经济建设论》，重庆：独立出版社，1944年，第4页。

⑦ 西南导报社编：《中国今日之西南建设问题》，桂林：中国建设出版社，1938年，第7页。张国瑞亦持此种观点，参见张国瑞：《开发资源与西南新经济建设》，重庆：西南导报社，1939年，第3页。

⑧ 国民出版社编印：《飞跃中的西南建设》，1939年，第13页。

⑨ 同上注，前言第1页。

⑩ 中国旅行社编印：《西南揽胜》，1940年，“序言”。

省。”[①]“西南各省，系指四川、云南、贵州、西康、广东、广西各省而言。”[②]西南诸省“姑以川、康、滇、黔、湘、粤、桂为范围，前后藏暂置不论”[③]。“中国的西南川、滇、黔、桂……”[④]可见关于西南的地域界定亦纷繁复杂，可参阅相关论著。[⑤]

抗战胜利之后，人们对西南区域范围的讨论仍未停止，其中以蒋君章的观点较为全面。蒋君章的《西南经济地理》一书依据当时各种观点，对西南的地域指向从历史、地理、经济等多个角度做了系统梳理，指出：

> 民国肇兴以后，护法政府当时目为西南政府，其势力所及为两广及川滇黔；国父《建国方略》中的西南铁路系统，则以四川、云南、贵州、广西四省并湖南、广东各一部分为范围；地质学家谢家荣先生以经济为观点，分全国煤矿为六大区，其中一区为西南区，包括云南、贵州、四川、广西四省之煤田；黄汲清先生则以地理为观点，分西南为“大西南”与“小西南”两种，小西南包括川、滇、黔、康四省和西藏的东部，而以湖北、广东、广西以及陕西之汉中区为小西南之前卫，合并称为“大西南”；经济学者史维焕、蒋滋福两先生则谓西南应包括川、康、滇、黔、湘、桂六省。由此可知西南之说甚多，实系泛指而无一定之范围。按我国领土几何上之中心为甘肃省的凉州，所以真正的西南，实仅滇西及康藏而已；若以南京为中心，则江西省也算在西南范围以内，那就不成话了；若以现时首都重庆为中心而言，则川康北部，桂黔东部皆不得谓之西南，今参酌各家所说，及国防经济上彼此相依的特点，酌定川、黔、桂、滇、康五省为西南，又西南无出海口，为使西南经济发展便利起见，应以广东钦县为西南出口港（粤、桂省界应调整），那末广东西南都与整个西南，也有不可分离之势。[⑥]

---

① 崔毓俊：《到西南去》，南京：金陵大学出版社，1935 年，第 1 页；王燕浪的《西南与西北》（南平：国民出版社，1943 年）一书亦持此一观点。

② 刘燕谷编著：《战时工业政策》，重庆：独立出版社，1940 年，第 24 页。

③ 史维焕：《西南经济建设问题》，中国经济学社编：《战时经济问题》，长沙：商务印书馆，1940 年，第 344 页。

④ 白水编著：《今日的新西南》，上海：言行出版社，1939 年，第 1 页。

⑤ 张轲风：《民国时期西南大区区划演进研究》，北京：人民出版社，2012 年。

⑥ 蒋君章：《西南经济地理》，上海：商务印书馆，1946 年，第 1 ～ 2 页。

归纳时人论述，关于西南范围主要有四省[①]、五省[②]、六省[③]乃至七省[④]之说，其中以六省说较为普遍。[⑤]

本书所谓“后方”，指抗日战争全面爆发至抗战胜利国民政府统辖下的西北与西南两大地理区域。从行政区划上说，西北地区指当时的陕西、甘肃、宁夏、青海、新疆五省，西南地区指四川（包括重庆在内）、贵州、云南、广西、西康五省，与当时国民政府各项统计资料所指称的后方范围并非完全重合，准确地说是小于战时后方的行政区划范围，当时官方发布统计资料时出现的广东、湖南、湖北、安徽、河南、江西等省不在论述范围。此外，无论西南还是西北，都存在一个现象，即个别省份在战时不同阶段有个别地域或已沦陷，或并不在国民政府有效统辖范围之内，因此，此处所谓后方是一个相对的概念。需要指出的是，战时后方各省机制面粉工业发展很不均衡，青海、西康两省均不曾有机制面粉工业企业出现，因此这两省亦不在本书论述范围。之所以将这八个省份确定为战时后方范围，笔者考虑有二：一是从抗战时期看，此八个省份确实属于后方，在战时后方的地域范围之内，这在当时各种资料中被反复提及。二是从现实层面考虑，这八个省份属于西部地区，其经济发展水平有共同之处。在西部开发的第二个十年里，将其置于历史场景，透过机制面粉工业追溯八个省份战时经济发展的轨迹与路径，亦可总结规律，鉴往知来，服务西部社会。

本书所指抗战时期，指 1937 年 7 月卢沟桥事变发生至 1945 年 8 月日本宣布投降，即全面抗战时期。

二、研究现状

近代中国机制面粉工业作为第二大民族工业，在 19 世纪末至 1949 年的发展历程中，呈现出多种特点与面相，引起了学术界的研究兴趣，陆续有一些成果问世。

---

① 施建生：《西南工业建设方案》，重庆：中山文化教育馆，1939 年，第 2 ～ 3 页。

② 胡焕庸：《西南亟应建造之铁道》，《时代公报》第 3 号，1932 年 4 月，第 1 ～ 4 页。

③ 陆象贤：《新中国经济地理教程》，上海：一般书店，1941 年，第 151 页；余定义：《西南六省社会经济之鸟瞰（上）》，《中行月刊》第 16 卷第 3 期，1938 年 3 月，第 1 页。

④ 陈立夫：《如何共同建设西南》，《西南实业通讯》创刊号，1940 年 1 月，第 4 ～ 5 页；江应樑：《请确定西南边疆政策》，《边政公论》第 7 卷第 1 期，1948 年 3 月，第 1 页；贺湄：《中国地理讲话》，桂林：实学书局，1944 年，第 174 页。

⑤ 张轲风：《历史时期“西南”区域观及其范围演变》，《云南师范大学学报》（哲学社会科学版）2010 年第 5 期，第 37 ～ 45 页。

以往学界关注较多的是制粉业中心城市与地区，编辑出版资料集与专著、专题论文大多围绕这些地区展开。中国科学院经济研究所、中央工商行政管理局资本主义经济改造研究室主编的《旧中国机制面粉工业统计资料》一书，是1949年之后中国大陆地区出版的第一本关于近代中国机制面粉业的资料汇编，全书41万字，所用资料除过去的文献资料外，还包括一部分1949年之后有关方面编辑的资料，很多资料取自当时尚未公开的各类稿本，资料价值相当高，书末所附资料目录提供了资料来源，可供研究者查证利用，较为方便。该资料集的出版有力地推动了这一问题的研究。但限于当时环境，该书也有一些不足之处，如所收资料主要集中在南北面粉业中心城市及相关区域，而对于其他地区如陕西、四川、甘肃、贵州等省关注非常少，甚至没有涉及；所选资料以图书报刊资料为主，档案资料并未涉及。①上海市粮食局、上海市工商行政管理局与上海社会科学院经济研究所经济史研究室联合编写了《中国近代面粉工业史》，该书是上海市粮食油脂公司1959年编写的《上海市面粉工业的发生、发展与改造》（初稿）一书的扩充，即由原来的上海市扩展至全国各地，涵盖面更为全面，资料来源更为广泛，并加入阜丰、福新面粉厂等部分厂家职工的口述资料，是研究近代中国面粉工业史第一本系统著作。但该书与前述《旧中国机制面粉工业统计资料》有一个相同之处，就是对内陆城市与地区的面粉业关注度仍然非常欠缺，如第十章“川陕等地区的面粉工业”主要论述了重庆与西安的面粉工业概况，但着墨不多，只用了万字左右的篇幅，这显然与抗战时期内陆城市机制面粉业的发展状况不相适应。此外，限于当时研究条件，该书未能利用庋藏于各省区的未刊原始档案资料，也为本研究留下了非常大的资料利用与研究空间。②同一时期，徐新吾等对中国近代面粉工业的历史概况与特点进行了分析与归纳，认为作为自然经济的传统磨粉业不仅大量存在，而且长期占据优势地位，机器磨坊作为过渡形态却经久不衰，形成了机制面粉厂、机器磨坊与土磨坊长期并存的局面，而民族资本机制面粉工业则在进口面粉倾销、市场局限等因素作用下经历了曲折发展并日趋衰落，文章对战时

---

① 中国科学院经济研究所、中央工商行政管理局资本主义经济改造研究室编：《旧中国机制面粉工业统计资料》，北京：中华书局，1966年。

② 上海市粮食局、上海市工商行政管理局、上海社会科学院经济研究所经济史研究室编：《中国近代面粉工业史》，北京：中华书局，1987年。

后方面粉工业虽有提及，但容量有限，未能详论。[①]可以说，此一时期关于近代中国第二大民族产业的研究并未形成热点。

进入新世纪后，近代机制面粉工业研究仍未引起足够重视，仍显冷清，成果寥寥，且以战前面粉业兴盛之地为主。林刚指出，战前十年机制面粉业是在国内面粉需求特性对市场的制约及在有限的市场中外资与华资激烈拼杀下运转的，并估算了此一时期面粉产量。在另一文中，林刚又重新估算了 1936 年的面粉产量，尽管只是估计数，但对我们从数量上认识战前机制面粉工业不无裨益。[②]关于后方机制面粉产量问题，早期的论著认为："国民党统治区后方的面粉生产，在抗战时期是发展的，但数量不大。"[③]此处所指的"数量不大"是横向比较，是就全国产量而言的，但如果纵向来看，战时后方面粉业却取得了突飞猛进的发展，是历史上的最好时期。张小柳主要考察了上海福新系统面粉厂在抗战胜利后的变迁，认为战后面粉企业为重建和复兴民族工业付出了巨大的热情和努力，同时连续不断的战争和恶性通货膨胀，使民族面粉业的外部生存环境持续恶化，而政府的不当管制与干预直接威胁粉厂的生存发展，是其衰落的重要原因。[④]邹浩对 1916 年至 1949 年天津民族面粉工业发展历程、原因、缺陷、影响进行了比较全面的研究，指出 30 余年间天津面粉业的发展影响到天津经济

---

① 徐新吾、杨淦、袁叔慎：《中国近代面粉工业历史概况与特点》，《上海社会科学院学术季刊》1987 年第 2 期，第 60 ～ 65 页。其他研究成果亦集中于中心地区，如唐文起《试析"黄金时代"的江苏面粉工业》（《学海》1992 年第 5 期，第 79 ～ 83 页）。关于 1912 年至抗战全面爆发之前中国进出口面粉情况，统计数据较多，据乔启明、蒋杰《中国人口与食粮问题》一书（上海：中华书局，1937 年，第 156 页）所载，自 1912 年至 1914 年中国面粉处于入超状态，每年分别为 3063411 市担、2933410 市担和 2502246 市担，1915 年至 1921 年为出超状态，尤以 1918 ～ 1921 年四年出超指数最高，分别为 5238、6322、6392 和 3376。之后又回复至入超局面。因此，从 1912 至 1935 年 24 年间，中国面粉仅有 7 年时间处于出超状态，出超数量为 10011669 市担，其余 17 年均为入超状态，入超数量为 84686929 市担，即每年进口面粉 4981584 市担，可见进口面粉对民族粉厂产品的倾销与挤压情况是相当明显的。

② 林刚：《对 1927—1937 年间中国机器面粉工业的若干考察》，《中国经济史研究》2004 年第 4 期，第 23 ～ 33 页；林刚：《对 1936 年棉纺、缫丝与面粉工业产量的重新评估》，《中国经济史研究》2010 年第 4 期，第 86 ～ 98 页。

③ 中国科学院经济研究所、中央工商行政管理局资本主义经济改造研究室编：《旧中国机制面粉工业统计资料》，北京：中华书局，1966 年，第 49 页。

④ 张小柳：《战后民族面粉业生存状况研究（1945 ～ 1949）——以上海福新面粉厂为例》，华东理工大学硕士学位论文，2009 年。

格局的转变，提高了城市近代化水平，壮大了民族资产阶级群体。[①]朱秀波[②]、屈宏对近代北方面粉业中心哈尔滨民族面粉业进行了研究。[③]

近年来，抗战史研究再度成为热点，战时后方工业、粮政、社会变迁等引起学者关注，但现有成果对面粉工业或只字未提，或仅有简略叙述而未展开。[④]

学界认为，中国近代机制面粉业的发展大体经历了五个时期：一是从1897至1913年的创始和初步发展时期；二是从1914至1921年的全盛时期；三是从1922至1936年的缓慢发展时期；四是从1937至1945年的破落时期；五是1946至1949年的困难时期。[⑤]这一分期有利于厘清面粉业发展趋势，但有些提法值得商榷，如全面抗战时期为“破落时期”。日本侵华战争造成中国机制面粉业整体衰退、困难加深，而局部地区如陕西、甘肃、四川（包括重庆）、贵州等地却表现出与此迥然不同的特点，并未止步不前，也并未因民族危机的空前严重而“衰退”“破落”或“困难加深”，反而随着危机的逐步加深，表现出欣欣向荣、蓬勃发展的态势，无论厂数、产销量还是设备、从业人员等都达到了前所未有的规模和水平，可以说，正是民族危机的空前高涨这一大的背景给战时后方机制面粉业带来了难得的发展机遇。由于各种原因，近代机制面粉业在不同地域呈现出

---

① 邹浩：《近代天津民族面粉工业发展探析（1916～1949）》，河北大学硕士学位论文，2015年。

② 朱秀波：《近代哈尔滨面粉业的产生与发展（1900～1945）》，东北师范大学硕士学位论文，2010年。

③ 屈宏：《1907～1932年哈尔滨民族面粉业发展》，哈尔滨师范大学硕士学位论文，2011年；屈宏：《1914～1921年哈尔滨民族面粉业发展动因》，《黑龙江史志》2010年第15期，第68、82页。

④ 谢本书、温贤美主编：《抗战时期的西南大后方》，北京：北京出版社，1995年；郭海成：《陇海铁路与近代关中经济社会变迁》，重庆：西南交通大学出版社，2011年；张守广：《抗战大后方工业研究》，重庆：重庆出版社，2012年；李学通：《抗日战争时期后方工业建设研究》，北京：团结出版社，2015年；冯洁：《雍兴实业公司有限公司研究（1940～1949）》，陕西师范大学硕士学位论文，2016年；侯坤宏：《抗日战争时期粮食供求问题研究》，北京：团结出版社，2015年；郝银侠：《社会变动中的制度变迁：抗战时期国民政府粮政研究》，北京：中国社会科学出版社，2013年；陈学祥：《抗战时期国民政府粮食管理体制探析》，湘潭大学硕士学位论文，2009年；潘洵主编：《抗战时期西南后方社会变迁研究》，重庆：重庆出版社，2011年。

⑤ 上海市粮食局、上海市工商行政管理局、上海社会科学院经济研究所经济史研究室编：《中国近代面粉工业史》，北京：中华书局，1987年。也有的学者将其分为三个阶段，第一阶段从20世纪初至一战结束初期，前期为创始和初步发展时期，后期为兴盛时期；第二阶段从20年代初至抗战前，为缓慢发展同时畸形状态继续加深并出现困难局面的时期；第三阶段为抗战全面爆发至中华人民共和国建立，是因战争动乱造成衰退和困难加深时期（徐新吾、杨淦、袁叔慎：《中国近代面粉工业历史概况与特点》，《上海社会科学院学术季刊》1987年第2期，第60～65页）。

不同的特点，甚至同一地区在不同时期也呈现出不同的特点，后方机制面粉业的发展历程即表现出不同于全国的特点，尤其是战时陕西、甘肃、四川、贵州、云南等省，非但不是“破落时期”，战争也并未造成此一行业的衰退和困难的加深，反而蓬勃发展，多家面粉厂即兴起于此一时期。然而，后方机制面粉业的发展路径也呈现出多种面相，既有战时快速发展的黄金时期，也有战后的不发展或未形成规模发展的困局；既有陕西、四川等省的逆势而起，也有康、青两省的原地徘徊，这在时空皆有明显的差异，甚至发展规模也差异较大。

此外，以往的研究主要采用分期方式，围绕面粉业中心厂数变化与面粉产量增减、面粉商品化比重、洋粉对民族粉厂的排挤与竞争、面粉企业工人运动等方面展开研究，取得一定成绩。但视角仍有转换的必要，如战时后方面粉业逆势而起的原因，国民政府、地方政府与面粉厂商及商户多方博弈问题，粮食征实、征借政策与面粉厂原料来源及其发展问题，官僚资本与民族资本及其相互关系问题，面粉工业发展过程中的地方势力问题，机制面粉与土粉的关系问题，人口流动与面粉业消长关系，工人生活状况及劳资问题，面粉工业区位选择问题，内迁粉厂战时发展情况，面粉工业与后方社会变迁问题，民族危机与机制面粉工业的关系问题等。这些问题以往涉及很少，可以从不同视角进行研究，以全面反映战时后方机制面粉工业的发展面相。

三、本书研究路径

在近代面粉工业发展过程中，为了粉厂管理需要，无论是企业负责人还是政府相关管理部门，都留下了数量不菲的面粉业档案文书及书报刊文献，有的庋藏于各地档案馆未及整理刊印，“藏于深闺人未识”，有的档案馆以保护资料为借口，不予学者查阅，为研究的深入开展设置了人为障碍。因此，早年研究者大多将资料来源锁定在民国时期图书、报纸、期刊上。近年来，随着档案立法的跟进和服务意识的提高，档案馆的开放度有所增大，有些档案馆还采用了较为先进的电子检索方法，为学者提供了更为权威丰富的资料来源。本书在查阅大量民国书报刊文献的基础上，立足于后方各省大量原始未刊档案，通过爬梳各类资料，力图重现战时后方机制面粉工业原貌。

本书共分六章：第一章概述战前中国机制面粉工业发展路径及西南、西北地区面粉业概况，意在纵向展现不同地区尤其是西南、西北地区传统磨面业从水旱磨坊、机器磨坊逐渐向机制面粉时代的演进，一来可以结合自然、社会状况梳理其发展概况，总结其发展特点，二来为下文论述战时后方机制面粉工业做一铺垫，亦可将前后进行对比。第二、三章分别论述战时西北、西南地区各省机制面粉工业的新发展，并分析其快速发展的原因，如民族危机深重导致后方政治地位空前提高，开发西北、西南热潮的持续兴起，战时农业措施有效得力，后方人口骤增扩大了面粉市场，内迁工业的积极促进等；同时，对于省际发展不平衡状况及其原因亦有所分析。第四章以内迁重庆、宝鸡、天水的福新五厂为例，讨论内迁粉厂在后方不同地区的融合与新发展，其中既有内迁之初地方政府的笑脸相迎，也有复工之后军政机关强令企业“贡献”与“报效”，致使企业负责人怨声载道，阻碍企业进一步发展。第五章以面粉企业劳动力主体工人为主要对象，探讨战时后方职工来源、工时、收入及待遇问题，对战前与战时、不同行业及不同地域工人的收入差别进行对比。第六章则从政治视角，分析国民政府、地方政府立足于抗战建国政治高度、统制经济政策等综合考量，管制后方特别是重庆面粉行业组织、原料来源、麦粉价格、打击不法行为、约束小型粉厂发展等，地方势力对面粉行业的双重影响，战后复员对后方面粉业的影响及面粉业被强力管控之后后方民众社会生活的变迁与口味变化。

围绕后方机制面粉工业发展进程，还可以探讨战时后方粮食政策、工业政策、统制经济、协调发展等问题。由于历史上经济发展不平衡，交通条件限制等诸多因素，后方各省市面粉业发展状况亦各不相同，以机制面粉业为观察窗口和解剖点，探讨作为后方地区的西北与西南地区或现在所称的西部地区经济发展的推动力问题，归纳总结后方地区在实现自身经济社会发展过程中的积极因素与消极因素，最终探寻后发展地区增强自身经济活力，实现快速发展的规律，为当今西部地区实现跨越发展建言献策。

第一章　战前中国机制面粉工业发展路径及西北、西南地区面粉业概况

近代以来，传统中国磨粉业在西力东渐中融入了新的元素，手工业磨坊渐向机器磨坊、机制粉业过渡，先后形成上海、哈尔滨一南一北两个机制面粉工业中心，通商大埠亦发展迅速，但地域不平衡性非常明显，时间差异亦较为显著，政府部门对此几无规划可言，自发性是其特性之一。

西北地区机制面粉工业发展较为滞后，尤其是东南沿海地区在第一次世界大战急剧发展的黄金时代，西北各省并未乘势而起，而是囿于多方面因素，呈现出不均等的发展态势，直至20世纪30年代中期民族危机日益严重的情势下，规模较大的外来粉厂渐次迁入，与当地原料、市场、资本、理念等实现了较好的融合，当地机制粉业在其带动下走上了发展之路。因此可以说，战前西北机制面粉工业即已呈现出危机下的融合与发展的特点。

西南地区民众虽以稻米为主食，种麦不广，但机制面粉工业也在曲折中艰难发展，这一点四川表现得尤为突出，既反映了人们追求、接纳新鲜事物的生活态度，也折射出面粉工业在夹缝中求生存的艰难，其发展趋势是非常明显的。正如有人在1927年预言："小麦种植之推广，及面粉工业之发达……其将来正未可量也。"①战前西北、西南面粉工业的缓慢起步与艰难发展，正是"未可量"的前奏。

第一节　中国机制面粉工业发展路径

一、手工业磨坊与机器磨坊时代

中国传统磨面场所，一般称为磨坊（房）或"骡马坊"②，"考吾国旧

① 五三书店编印：《农业业刊》，1927年，第16页。

② 刘大钧：《中国工业调查报告》上册，出版地不详，经济统计研究所，1937年，第89页。

式面粉制法，系以石磨磨成。乡间多由农人备磨自制，城镇则有所谓磨坊”。“大率备磨一二具或二三具，以牲口转磨，磨麦成粉，或磨粉制面出售，规模甚小，销售区域，多以本地为限。”[①]磨坊为手工业经济的一种形态，常由农民经营，规模大小不一，一天一套磨（一人一畜）可磨麦一石，约产粉100斤。[②]磨坊多为前店后坊，史料记载，北京面铺均系自备石磨，自养牲口，夜磨晨售。天津粮食零售店所售面粉“恒在出售面粉之店铺磨成”。[③]传统磨粉业较为发达的山西，以畜力磨坊最为普遍，遍布全省，清末民初达3000余家，不乏规模较巨者。清源县每户资本平均为12000余元，雇工20人以上。1933年全省67县有1186家手工业磨坊，年产量达5500万斤。山东泗水所产白面，四成运销济南、济宁，“极著闻于当时”。[④]甘肃地区石磨亦较常见，战前每个旱磨磨坊成本四五百元，每日可出粉300斤，“工作极简单，故多委之妇孺，为本省城乡面粉加工最普遍之一种”[⑤]。陕西泾惠渠流域农家利用水力磨面，磨面坊有石磨2盘，每昼夜可磨麦1760市斤，制粉1478市斤（当地小麦出粉率为84%），或余暇用牲畜推磨，“更非例外”。[⑥]西安《推磨》诗生动传神地刻画了农家女子利用旱磨磨面的场景：“老牛力尽喘东风，耕汗难消借暖烘。明日早粮今夕磨，推来半是女儿功。”[⑦]1911年，西安城有磨坊200家，所磨面粉可供十七八万人食用。[⑧]手工磨粉出粉率较低，卫生状况堪忧，品质亦较差，不能磨制一等粉，二等细粉出粉率为56%，粗粉为12%，麸皮约30%，损失约2%。[⑨]

---

① 杨大金：《现代中国实业志》上，上海：商务印书馆，1938年，第621页；周志骅：《中国重要商品》，上海：华通书局，1931年，第357页。

② 上海市粮食局、上海市工商行政管理局、上海社会科学院经济研究所经济史研究室编：《中国近代面粉工业史》，北京：中华书局，1987年，第13页注释1。

③ 方显廷：《天津之粮食业及磨房业》，《经济统计季刊》第2卷第4期，1933年12月，第944页。

④ 实业部国际贸易局编印：《中国实业志（山东省）》，1934年，第8编第3章。

⑤ 甘肃省银行经济研究室编印：《甘肃之工业》，张研、孙燕京主编：《民国史料丛刊》第584册，郑州：大象出版社，2009年，第134页。

⑥ 宋希尚选辑：《李仪祉的生平》，中华丛书编审委员会，1964年，第118～120页。

⑦ 王荫樵：《西京指南》，西安：天津大公报西安分馆，1936年，第49页。

⑧ 西安市工商行政管理局编印：《西安市私营磨粉业社会主义改造历史资料》，1959年，油印本。

⑨ 金培松编著：《食品工业》，上海：正中书局，1947年，第10页。

除了旱磨，地近水源、可资利用水力者还有水磨。明人有诗称赞水磨。[①]清代西北地区水磨规模有所扩大。康熙初年，甘肃临夏有水磨1800多盘。[②]乾隆年间青海西宁有水磨1596盘，乐都有水磨414盘、旱磨859盘，大通有水磨223盘、旱磨97盘，平均每100多人拥有一盘磨。[③]据1931年不完全统计，青海大通县有乙等水磨166盘，丙等水磨363盘；湟源县有旱水油磨189盘；化隆有乙等水磨63座，丙等水磨97座。[④]新疆各地以水磨为主，旱磨次之。[⑤]新疆迪化（今乌鲁木齐）老满城设有官办水磨，1877年谪戍新疆的江西余江知县史善长曾有诗赞曰："谁触机心将磨置，雪花玉屑时盈器。从此无烦夜碓勤，橐囊月足给千军。"[⑥]光绪年间奇台县的官办水磨有29家，私营水磨面粉远销各地。新疆1917年还出现了洋水磨，即向俄国购进的出粉率更高、面粉质量更好的水磨机器，"规模宏大"，日可磨麦40石。[⑦]近人蒋维乔在《观水磨感而有作》诗中这样写道："我闻狂澜鸣，感此磨盘古。不息运不停，响震如鼍鼓。复作哀咽声，浪花喷如雨。"[⑧]还有人将水磨比作"不吃草的马"，并记载川西地区每年利用水磨磨制的面粉有40万石。[⑨]战前甘肃民众食面全靠水旱磨供应，每座水磨约花费1000元，每日可磨麦四五石，出面粉500余斤，"在本省最为普遍"。[⑩]据统计，1928年甘肃49县有水磨19219座[⑪]，兰州水磨沟、南

---

① 明代陕西朝邑人王竑有诗云："磨枕西溪巧制裁，两围巨石自移推。半由曲艺机关转，多是长河水力催。渠底时时旋地轴，屋中日日吼春雷。赞襄造化成功业，些小规模拟相才。"参见张迪：《磨引溪流水自推——潼关乡村水磨》，政协陕西省潼关县委员会文史资料委员会编：《潼关文史资料》第8辑，西安：太白文艺出版社，1998年，第215页。

② 李馨园：《兰州面粉工业（机粉组）始末》，甘肃省工商联合会、兰州市工商联合会编印：《甘肃工商史料》第1辑，1989年，第47页。

③ 芈一之：《青海地方史略（征求意见稿）》，中共青海省委统战部民族处，1978年，第207页。

④ 青海省政府民政厅编：《最近之青海》，南京：新亚细亚学会，1934年，第84、115、127页。

⑤ 邢治平：《简述塔城建国前工商业发展的概况》，政协新疆区塔城市委员会文史资料研究委员会编印：《塔城市文史资料》第3辑，1988年，第56页。

⑥ 戴良佐：《新疆的水磨业》，《新疆地方志》1989年第2期，第65～68页。

⑦ 谢彬：《新疆游记》，上海：中华书局，1929年，第130页。

⑧ 蒋维乔：《淡斋诗存》，出版信息不详，第44页。

⑨ 方白：《人和水》，上海：开明书店，1948年，第87～91页。

⑩ 甘肃省银行经济研究室编印：《甘肃之工业》，张研、孙燕京主编：《民国史料丛刊》第584册，郑州：大象出版社，2009年，第134页。

⑪ 陈言：《陕甘调查记》下，北平：北方杂志社，1937年，第67页；甘肃省地方史志编纂委员会、甘肃省粮食局编纂：《甘肃省志·粮食志》，兰州：甘肃文化出版社，1995年，第116页。

郊五泉山、东郊响水子约有水磨百余座，渭源有水磨150座，陇西170座，甘谷300座，武山1400座，天水1500座。①另有畜力磨坊15000座，行业工人约为21000人。②但水磨常被水冲毁，甘肃省1935年即因七八月间雨水过多，导致多座水磨被冲毁。③

除水磨外，兰州更有船磨，即可以移动的水磨，其构造原理及加工程序与固定的水磨大体相同，但可以根据水势和地势而转移。明肃昭王朱缙炯《观船磨》诗反映了船磨的状况。④船磨成本低，功效大，每日可制粉千余斤，品质亦优。⑤此为漫长的手工业磨坊时代。有人在20世纪20年代认为“旧式磨坊已渐失其存在之余地了”⑥，虽然指出了新式工具出现后制粉业呈现出的欣欣向荣的广阔前景，但仍不免过于乐观。

19世纪下半叶，以蒸汽机械为动力的机器磨坊诞生，生产能力和面粉质量有所改善和提高，机器磨坊每一工人平均日产面粉200～300斤。⑦

我国最早的机器磨坊出现于1863年的上海，其时英商开设“得利火轮磨坊”（Shanghai Steam Flour Mill），该厂1915年售予日商，改为三井制粉工厂。⑧

一般认为民族机器磨坊出现于1878年，其时朱其昂在天津创办贻来牟机器磨坊，用蒸汽机带动石磨，其他工作仍靠人力。⑨据1897年记载，贻来牟每年可获利六七千两白银，并开设三四家分厂，分厂每年亦可获利六

---

① 朱镜宙：《甘肃省政府财政厅二十四年工作择要报告》，甘肃省图书馆西北地方文献阅览室（图书）藏，第15页；甘肃省政府编印：《甘肃省经济概况》，1944年，第92页。

② 甘肃省政府：《甘肃省经济概况》，1944年，甘肃省档案馆藏，档案号4－1－292，第9～11页。

③ 庞耀先：《天水市的近代水磨》，《丝绸之路》1997年第6期，第52页；朱镜宙：《甘肃省政府财政厅二十四年工作择要报告》，甘肃省图书馆西北地方文献阅览室（图书）藏，第15页。

④ 诗云：“一板隔深渊，双轮夹小船。势长冲急碚，水正系孤舷。波浪随消长，机关自转旋。薰风堪遣兴，夜雨却惊眠。用尽人间巧，心中未晏然。”卢金洲选注：《兰州古今诗词选》，兰州：兰州大学出版社，1991年，第21页。

⑤ 甘肃省银行经济研究室编印：《甘肃之工业》，张研、孙燕京主编：《民国史料丛刊》第584册，郑州：大象出版社，2009年，第134页。

⑥ 邝振翎、龙潜、陈光国等编：《中国经济概况》，“中央”陆军军官学校政治训练处，1928年，第164页。

⑦ 上海市粮食局、上海市工商行政管理局、上海社会科学院经济研究所经济史研究室编：《中国近代面粉工业史》，北京：中华书局，1987年，第13页注释1。

⑧ 孙毓棠编：《中国近代工业史资料》第1辑上册，北京：中华书局，1962年，第108～109页；上海市粮食局、上海市工商行政管理局、上海社会科学院经济研究所经济史研究室编：《中国近代面粉工业史》，北京：中华书局，1987年，第112页注释1。

⑨ 上海市粮食局、上海市工商行政管理局、上海社会科学院经济研究所经济史研究室编：《中国近代面粉工业史》，北京：中华书局，1987年，第8页注释2。

七千两[①]，可见人们对机制面粉接受程度很高，也反映了人们对新兴事物的追求。19 世纪 80 年代，另有两家机器磨坊出现。一为上海裕泰恒火轮面局，一为福州机器面粉厂。前者曾于 1883 年 6 月 7 日《申报》登有增股启事，但其他资料阙如。后者则出现在 1887 年 5 月 20 日《捷报》“福州通讯”：“与制糖厂有连带关系的，还有一个机器面粉厂。”文字较为简略，详情亦不得而知。19 世纪 90 年代，天津、上海、芜湖、北京等城市先后涌现 12 家机器磨坊，1898 年发展至 15 家[②]，主要分布在通商口岸城市，西部城市未见记载，这也在一定程度上决定了中国制粉业进入机器制粉时代后的地理分布。

机器磨坊的出现对传统土磨的冲击是不言而喻的。“北平在民元以前，全销土粉……自民国以后，机制面粉销路日增，土磨面粉销路日缩，今日之残余磨坊企业，皆垂垂待毙，其中改用电机代替畜力，减低成本者，尚能勉强立足，然其销路，则仅恃一小部分市民爱食土粉者以维持之耳。”[③]冯友兰早年对产业革命之后的新式磨面制粉方式亦相当有兴趣，在其著作《新事论》中不厌其烦地予以描述。[④]其他重要城市的情况亦与北京相仿，但有些磨坊在创办之初即横遭阻扰，发展情形并不理想。1891 年天津人李福明在北京东便门外（通州）创办机器磨坊，所磨面粉“索费低廉，已经获得通州一带人们的爱戴”，但因李出身武举，没有靠山，磨坊创办不久即被以“私开机器磨坊”为由查封，李本人也被当作不安本分之徒“即行斥革，交刑部照例治罪”。[⑤]芜湖益新机器米面公司由章惕斋于 1898 年创办，“将届一年，获得万金”，本应扩大生产以便民生，但却横遭英国领事勾结芜湖关道袁昶，以“攘夺本地砻坊工人生计”为由加以阻扰，限令该公司每日只能磨面 60 担，不准超额与扩充。1901 年虽经疏通增至 100 担，1906 年又添置新机、扩建厂房，但仍受多方掣肘。广州 1895、1896 年先后创办机器磨坊 6 家，机器系华人自造，利用“北来麦子磨粉”，但遇到了美商的激烈竞争，加上出口限制，未及一两年即有三家停办，“尚存三间，窥其生意情形，不久亦将歇闭

① 汪敬虞编：《中国近代工业史资料》第 2 辑下，北京：科学出版社，1957 年，第 705 页。

② 上海市粮食局、上海市工商行政管理局、上海社会科学院经济研究所经济史研究室编：《中国近代面粉工业史》，北京：中华书局，1987 年，第 9 ～ 12 页。

③ 陈伯庄：《小麦及面粉》，上海：交通大学研究所，1936 年，第 8 页。

④ 冯友兰：《新事论》，上海：上海书店，1940 年，第 58 ～ 60 页。

⑤ 朱寿朋编：《光绪朝东华录》第 4 册，北京：中华书局，1958 年，第 3551 ～ 3553 页。

矣”。[①]从1900年至1913年，全国共开办机器磨坊11家，资本总额为251400元。但各家资本额较小，产量十分有限。最为雄厚的荣家企业资本额为39000元，最少的仅有1000元，平均为22000余元。从分布地域来看，发展较快的地区是东南地区、山西省及东北地区，西南地区仅有成都裕德面粉厂，西北地区竟无一家。[②]1914年至1921年，中国面粉工业发展迅速，北京、辽宁、山西、上海、天津、黑龙江皆有新厂创办，天津有甲种磨坊20家，虽然资本额与生产能力尚待提高，但地域分布较前有所扩大。此一时期创设的机器磨坊中，西北地区未见记载，西南地区亦未有新厂出现。

1922年至1936年，民族资本机器磨坊与简易小型粉厂继续增长，共约160家（不包括天津改磨杂粮为主的“甲种磨坊”），地域分布与厂数分别为：北京50家，山东25家，山西6家，河北21家，江苏14家，东北地区19家，广东、广西、湖南、湖北、浙江、江西等共21家。资本总额为73.27万元，日制粉能力为6000余包。截至1936年年底，据全国各地不完全统计，机器磨坊与简易小型粉厂共180余家，日生产能力为8700多包（不包括天津“甲种磨坊”265家）。1937年至1949年，全国共有机器磨坊979家。[③]

机器磨坊虽已采用机械动力，但没有形成完整的机器体系及自动化作业流水线，磨粉工具仍用石磨，而“石磨常有石片碎落，磨成细砂，混于粉中，食后有害消化”[④]。机器磨坊是手工业磨坊进入大机器生产的一个中间过渡形态，但在中国各地存在时间较久。民族机器磨坊的发展折射出早期民族工业起步维艰、困难重重的历程，既有本土反对势力的阻扰，亦有外来力量的排挤，这一状况一直伴随近代中国面粉业的发展。

---

① 汪敬虞编：《中国近代工业史资料》第2辑下，北京：科学出版社，1957年，第706～707页。

② 刘大钧：《中国工业调查报告》上册，出版地不详，经济统计研究所，1937年，第89页；上海市粮食局、上海市工商行政管理局、上海社会科学院经济研究所经济史研究室编：《中国近代面粉工业史》，北京：中华书局，1987年，第14页。

③ 上海市粮食局、上海市工商行政管理局、上海社会科学院经济研究所经济史研究室编：《中国近代面粉工业史》，北京：中华书局，1987年，第17～19页。

④ 建成实业股份有限公司成都面粉厂：《建成实业股份有限公司成都面粉厂计划书》，重庆市档案馆藏，档案号0234－0001－00009－009。

二、机器制粉时代

中国第一家机制面粉厂系英国人于1897年在上海开设的增裕面粉厂[①]，该厂规模较大，出粉率高，成本低，“用小车载其出品，劝人试用”，客观上给中国商人以仿效建厂的实例。[②]最早的民族资本机制面粉厂系安徽寿县孙多森、孙多鑫兄弟1898年筹备，1900年正式开工生产的阜丰机器面粉公司，位于上海车袋角，集资规银30万两，每昼夜出粉能力为2500包，职工78人，连年均获大利，1904年扩充设备，日生产能力增为7500包。[③]

1900年，无锡荣德生、荣宗敬兄弟“看到各业都平淡，只有面粉厂增裕、阜丰生意最好”，加之面粉并不征税，如若“仿制成功，必爽快”，遂集资39000元在无锡筹办保兴面粉厂。1902年建成出粉，日产量300包。1903年，保兴改组为茂新，资本额增至5万元，日产量提高至800包。[④]1905年添置钢磨，扩建为真正意义上的机制面粉厂。与此同时，祝大椿在上海创办华兴面粉股份有限公司，资本额30万两白银，拥有钢磨16部，日产量3500包，职工多达82人。[⑤]1902年，张謇在南通开办大兴面粉厂，

---

① 关于增裕机器面粉厂创办者的国籍，在刘大钧战前所调查出版的《中国工业调查报告》上册（出版地不详，经济统计研究所，1937年）中有如下记载：“光绪二十二年，上海有德人创办增裕面粉公司，用机器制造，是为吾国新式面粉业之创始。该厂不久即停”，见该书第二编第十六章第89页。关于创办时间，有的资料记载为1894年（蒋乃镛：《上海工业概览》，上海：学者书店，1947年，第52页），录此备考。另，邝振翎等编：《中国经济概况》（“中央”陆军军官学校政治训练处，1928年印行）有不同说法：“考我国境内面粉工业，以俄人在东三省所经营者为最早”，但其并未说明具体情况，见该书第164页。

② 上海市粮食局、上海市工商行政管理局、上海社会科学院经济研究所经济史研究室编：《中国近代面粉工业史》，北京：中华书局，1987年，第22页；上海市社会局编：《上海之机制工业》，上海：中华书局，1933年，第226页。关于中国机制面粉工业的起源，有资料称“中国制粉业的开始是在东北，经营者是俄人”。参见卢勋编：《中国经济问题》，北京：天坛书店，出版时间不详，第21页。

③ 刘大钧：《中国工业调查报告》上册，出版地不详，经济统计研究所，1937年，第89页；上海市粮食局、上海市工商行政管理局、上海社会科学院经济研究所经济史研究室编：《中国近代面粉工业史》，北京：中华书局，1987年，第22、418页。关于近代中国第一家民族资本新式面粉厂，有资料称是1900年的“南通大兴面粉厂为嚆矢”。参见侯厚培：《中国近代经济发展史》，上海：大东书局，1929年，第112页。

④ 上海社会科学院经济研究所经济史组编：《荣家企业史料》上册，1896～1937年，上海：上海人民出版社，1962年，第10～13页；上海市粮食局、上海市工商行政管理局、上海社会科学院经济研究所经济史研究室编：《中国近代面粉工业史》，北京：中华书局，1987年，第418页。

⑤ 上海市粮食局、上海市工商行政管理局、上海社会科学院经济研究所经济史研究室编：《中国近代面粉工业史》，北京：中华书局，1987年，第22、418页。

资本额2万元，日产量200包，1909年改组为复新机制面粉厂。1903年，朱芗倚、刘舜年在镇江创办合兴面粉厂，日生产能力为1000包。1904年，上海另有朱幼鸿创办的裕丰、朱锦章创办的裕顺两家粉厂。东北、华北、西南亦续有发展，四川、云南各有1家，资本总额为33800元，日生产能力为1100包。第一次世界大战前详情见表1-1。

表1-1 全国民族资本机器面粉厂分布情况统计表（1913）

地区	创办厂数	实存厂数	实存厂日生产能力（包）	百分比（%）	实存厂资本额（银圆）	备注
上海	11	11	25100	33.11	2306000	
无锡	4	4	10400	13.72	749000	内一家由机器磨坊发展而来
江苏其他地区	8	8	11900	15.69	1480000	内一家由机器磨坊发展而来
哈尔滨	4	4	8195	10.81	710000	
东北其他地区	13	13	9290	12.25	1347000	
汉口	5	4	3200	4.20	752000	
湖北	1	1	600	0.80	50000	不包括汉口
天津	2	2	880	1.16	92000	
河北	4	4	2600	3.43	645000	不包括天津，包括北京3家
济南	1	1	500	0.66	50000	
安徽	1	1	1000	1.32	100000	由机器磨坊发展而来
四川	1	1	600	0.80	238000	
山西	1	1	450	0.59	128400	
浙江	1	1	600	0.80	100000	
云南	1	1	500	0.66	100000	
全国合计	58	57	75815	100.00	8847400	

资料来源：上海市粮食局、上海市工商行政管理局、上海社会科学院经济研究所经济史研究室编：《中国近代面粉工业史》，北京：中华书局，1987年，第25页。

引者说明：原表中江苏其他地区与汉口的百分比应为15.70与4.22。

机制粉厂完全使用机械动力传动，并采用新式钢磨，配备完整的作业机器体系，形成自动化作业流水线，每人平均日产面粉50包左右，即

2200斤。[①]

第一次世界大战爆发后，西方各国忙于战争，其所产面粉多运销战场，并购运中国面粉以为补充，这大大刺激了中国民族机制面粉工业的发展，为其带来了新的发展契机，此一时期新设工厂123家，其中民族资本工厂105家，平均每厂职工92人，钢磨13部，日产能力2237包。1921年，全国有机制粉厂137家，年产面粉247197280包，并且出口数量颇夥。[②]“自民四至民十，历年都属出超。”[③]这一时期是中国机制粉业的“黄金时代”。“其发展之速，仅次于纺织业。”[④]

第一次世界大战结束后，中国面粉业发展缓慢，从1922年至1931年，新设工厂85家，总数为157家，其中华商148家，外商9家。华商粉厂主要分布在东三省（60家，占40.54%）、江苏省（包括上海，39家，占26.35%）、山东省（14家，占9.46%）、河北省（13家，占8.78%）、湖北省（6家，占4.05%）等地区[⑤]，日产粉能力由第一次世界大战期间的每年增加2万余包下降至不足9000包。据统计，抗战前中国共有面粉厂106家（不包括东北地区），主要分布在上海（11家）、江苏（14家）、山东（26家）、河北（19家）等地，资本额为121872315元，工人总数为8234人，拥有粉机1155部，日产面粉396027袋。[⑥]从机制粉厂地域分布情况来看，主要以东南、东北地区为多，东南地区尤以上海最为集中，东北地区则是哈尔滨执业界牛耳，逐渐形成了一南一北两个机制面粉工业中心。

面粉产量虽有大幅度增加，但运销内地者极小。徐州、新乡、海州（今连云港）等地借助陇海路运销潼关，1933年徐州实际生产面粉395430包，运销郑州、洛阳、潼关391548包；新乡实际生产面粉851144包，运销潼关、郑州、顺德、北平861294包；海州实际生产面粉485037包，运

---

① 上海市粮食局、上海市工商行政管理局、上海社会科学院经济研究所经济史研究室编：《中国近代面粉工业史》，北京：中华书局，1987年，第13页注释1。

② 龚俊：《中国新工业发展史大纲》，上海：商务印书馆，1933年，第183～197页。

③ 乔启明、蒋杰：《中国人口与食粮问题》，上海：中华书局，1937年，第79页。

④ 吴醒亚讲述、上海市社会局出版委员会编：《到经济建设之路》，出版信息不详，第59页。

⑤ 陈真编：《中国近代工业史资料》第4辑，北京：生活·读书·新知三联书店，1961年，第396页。

⑥ 宋彦科：《抗战前后之面粉工业（上）》，《公益工商通讯》第2卷第4期，1947年11月30日，第8页。战前曾有资料称，中国“面粉业百分之五十在上海”，可见上海面粉业地位之重要。参见陈伯庄：《小麦及面粉》，上海：交通大学研究所，1936年，第3页。

销本地、河南巩县和陕西潼关的总计为474383包。①其他各地亦有通过公路运销西安者，陕西实业考察团1933年赴西安考察途中，看到“长安市上，贩卖机制面粉，到处皆有”，但多为军用面粉，因之考察团建议在西安筹设粉厂，利用本地原料，所制面粉“仍销本省”。②总体而言，“各地粉厂大都限于运输关系，只能运销本地或邻县邻省”③。

机制面粉工业初创时期，经过了一个与土磨坊、机器磨坊竞争的时期。据20世纪30年代初调查数据，在小麦用途中，74%为食用，11%为种子，5%为家畜饲料，另有10%为其他用途（包括纺织浆纱、酿造制酱及制作糨糊，但这部分也要磨粉），这说明我国生产的小麦中有84%作为磨粉原料。如果依这一比例估算，1913年全国小麦总产量约为3.4亿斤，则可磨制面粉4.6亿多包。但是，作为农村人口占绝对主体的农业社会，粮食自给自足，人们习惯自己加工食用土粉，或少量地向传统磨坊购买，只有约10%的城镇人口购买商品面粉，因此土粉占极大的比重，面粉商品化率较低。据统计，1921年中国年产面粉547546600包，其中商品化率为45.15%，即消费机制面粉247217290包，旧式磨坊占54.85%，即消费300329310包。④全国面粉生产中商品经济与自然经济产量及比重估算见表1-2。

表1-2　全国面粉生产中商品经济与自然经济产量及比重估算表（1913、1921）

时间	项目	用麦数（千市担）	面粉产量（千包）	百分比（%）
1913年	1. 商品面粉	133872.98	213642.03	45.64
	其中：机器面粉生产	29141.12	47021.58	10.05
	机器磨坊生产	565.72	900.00	0.19
	土磨坊生产	104167.14	165720.45	35.40
	2. 自然经济面粉	159923.14	254423.18	54.36
	合计	293796.12	468065.21	100.00

① 延仲：《最近我国之面粉业（上）》，《工商半月刊》第6卷第14号，1934年7月15日，第1～12页。新乡面粉运销量多于产量，估计是有其他地方面粉混杂其中。

② 杨国强：《抢夺敌军用面粉事件始末》，政协陕西省渭南市文史资料委员会编印：《渭南文史资料》第3辑，1991年，第54页；陕西实业考察团编：《陕西实业考察》，上海：汉文正楷印书局，1933年，第449页。

③ 延仲：《最近我国之面粉业（上）》，《工商半月刊》第6卷第14号，1934年7月15日，第1～12页。

④ 上海市粮食局、上海市工商行政管理局、上海社会科学院经济研究所经济史研究室编：《中国近代面粉工业史》，北京：中华书局，1987年，第92～103页。

（续表）

时间	项目	用麦数（千市担）	面粉产量（千包）	百分比（%）
1921 年	1. 商品面粉	154491.2	247197.28	45.15
	其中：机器面粉工厂	62291.1	100515.24	18.36
	机器磨坊	3900.0	6204.50	1.13
	土磨坊	88300.1	140477.54	25.66
	2. 自然经济面粉	188791.0	300349.32	54.85
	合计	343282.2	547546.60	100.00

资料来源：上海市粮食局、上海市工商行政管理局、上海社会科学院经济研究所经济史研究室编：《中国近代面粉工业史》，北京：中华书局，1987 年，第 94、103 页。

到 1936 年，全国面粉的生产与消费仍然是自然经济的比重大于商品经济，自然经济占 53.7%，在商品经济中，土粉的总产量仍然超过机制面粉，约占 60%。[①]而在机制面粉工业兴起较晚且比较滞后的西部地区，有些地方如重庆土粉所占份额为 75%[②]，青海、甘肃全为土粉。

除上海、哈尔滨两大机制磨粉业中心，湖北、山东、河北、河南诸省亦相继建有多家机制粉厂，天津、汉口、无锡、济南亦是机粉业重镇，以上六个城市为我国六大机粉业主要集聚地，粉厂、资本额、产量皆占有举足轻重的地位。其他省份亦间有创设，地域明显扩大。表 1-3 反映了 1936 年中国机制粉厂的总体概况。

表 1-3　中国机制面粉工业概况（1936）

省市	厂数	资本额（元）	工人数	钢磨数	日产量（袋）
上海	11	7940000	3024	419	203660
江苏	14	5493000	1700	237	57030
安徽	4	1120000	104	35	11603
浙江	1	24000	—	—	25
湖南	2	210000	65	10	2100
湖北	9	3201315	623	81	20845

① 徐新吾、杨淦、袁叔慎：《中国近代面粉工业历史概况与特点》，《上海社会科学院学术季刊》1987 年第 2 期，第 60 ～ 65 页。

② 鲜伯良：《我经营重庆复兴面粉厂的回忆》，政协四川省委员会、四川省省志编辑委员会编印：《四川文史资料选辑》第 4 辑，1962 年，第 105 页。

（续表）

省市	厂数	资本额（元）	工人数	钢磨数	日产量（袋）
四川	2	310000	50	—	950
山东	26	6280600	1110	—	45414
河南	9	1261400	72	—	12310
河北	19	4117600	—	132	53011
山西	5	1214400	50	12	9680
绥远	2	580000	—	9	1400
察哈尔	2	60000	—	—	—
总计	106	31812315	6798	935	418028

资料来源：宋彦科：《抗战前后之面粉工业（上）》，《公益工商通讯》第2卷第4期，1947年11月30日，第8页。

从表1-3可以看出，除东北地区外，战前符合《工厂法》[①]的106家粉厂分布在13个省市，其中位于西北、西南地区的仅四川有2家，其他省市皆无。

检视战前中国面粉工业的发展历程，至少可以总结四个方面的特点。

第一，中国小麦种植面积广泛，面粉加工历史悠久，近代以来深受西方影响。

面粉业之所以成为近代中国仅次于纺织业的第二大产业，与中国是一个产麦大国、原料供应充足密不可分。小麦在中国从南到北几乎皆有种植，有人估计，中国小麦种植面积约占耕地总面积的21%，尤以华北平原产量最富。[②]

中国小麦有冬麦、春麦两种，冬麦分布于中部及东南各省，新疆间或有之，“黄河下游平原为最重要”。[③]甚至有“雪盛之区，即麦盛之区”的说法。[④]春麦分布区域广泛，如辽宁、吉林、黑龙江、热河、察哈尔、绥远、宁夏诸省几乎全为春麦，河北、山西、陕西三省北部较多，甘肃西部、青海东部全为春麦，四川西北部亦有分布，多硬粒小麦。[⑤]中国小麦按颜色可分为白皮、黄皮和红皮，红皮小麦种植最多，达76%，“几全国可

① 《工厂法》规定：“凡用发动机器之工厂，平时雇佣工人三十人以上者”为工厂。

② 张沦波编著：《中国的资源》，上海：世界书局，1947年，第23页。

③ 吴传钧编：《中国粮食地理》，上海：商务印书馆，1946年，第44页。

④ 张沦波编著：《中国的资源》，上海：世界书局，1947年，第23页。

⑤ 金善宝、吴董成：《中国小麦区域》，“国立中央大学”农学院，出版时间不详，第3～15页。

培栽小麦之区域随处皆有，而以江苏、安徽之南部，及浙、赣、湘、鄂、闽、粤、桂、黔诸省为纯粹之红皮区域（但亦有少数例外者）”，所产为软粒冬小麦。白皮硬粒小麦主要在黄河流域及北方诸省，尤以山东、河北、河南为最多，山西、陕西次之，新疆、四川、云南亦有。淮河流域为南北冬小麦分界线，该区小麦软粒与硬粒、红皮与白皮混杂。①白皮小麦出粉率为75%，面筋质则以红皮麦为佳，高出白皮麦5% ～10%。小麦大致可分为上、中、下三等，上等是山东济宁白麦和江苏无锡杜黄麦，中等是津浦铁路南段蚌埠一带的小麦，下等则是湖北江边及沙市小麦，出粉率较低。②

中国先民自古即发明磨麦制粉之法，但因传统中国为小农经济社会，制粉方法虽屡有改进，但未能实现大规模生产。工业革命之后，西方率先采用蒸汽机械动力制粉，并很快传入中国，得利火轮磨坊的开办既体现了世界化进程快速在东方推进，也标志着中国制粉模式逐渐发生变化。贻来牟机器磨坊开创了民族机器磨坊的先河，并向机器工业迈进了一大步。增裕机器粉厂展现了机械化制粉的新景象，亦为他人所效仿。阜丰公司紧随其后，将民族制粉工业真正带入机器化时代，一批民族机器粉厂先后创办。第一次世界大战之前，面粉厂数处于连年增长态势，面粉产量也逐年提高，也可看出中国机制粉业发展之速。第一次世界大战期间，中国民族粉业迎来了黄金时代，新设厂数、资本总额、职工人数、面粉产销量等均有大幅度增长，之后回落趋缓，平稳发展。虽然此后迅猛之势未能延续，但民族粉业仍在军阀混战、外力倾轧下蹒跚前行，并且形成了一南一北两大中心，重要城市也多有机器粉厂创设，内地城市亦渐有缓慢扩展。

第二，从战前中国面粉工业的区位布局来看，主要分布在一南一北两大中心及其周边省份。随着铁路交通的发展，铁路所及地区渐被纳入机制面粉工业体系。

1931年《西平县志》记载，京汉铁路修通后，当地小麦成为外来客商的主要采购对象。1933年《安阳县志》载：“自平汉铁路通车后，第九区

① 沈学年：《吾国小麦生产区域与面粉工业区域》，《浙大农艺》第2期，1948年1月1日，第1页；金善宝、吴董成：《中国小麦区域》，“国立中央大学”农学院，出版时间不详，第7～8页。

② 上海市粮食局、上海市工商行政管理局、上海社会科学院经济研究所经济史研究室编：《中国近代面粉工业史》，北京：中华书局，1987年，第26页。据一项研究军粮供应的著作记述，小麦1升重量在2斤至2斤3两以上者为上品。参见荆其智：《粮秣经理讲义》，军事委员会第三厅经理研究班印，时间不详，第48页。

西部一带所产白色小麦驰名平津，各面粉公司争相采购。"[①]"淮河流域之麦，集中蚌埠者年约十万吨，此为各路中最大之小麦集中站，自首都轮渡告成，京沪、津浦实行联运，蚌埠之麦可直达上海，不必过江装卸，较前方便多多，去年蚌麦到沪涌旺，实为一大进步。"[②]山西榆次农民在铁路通车、麦价日昂后，种麦者连年增加，面积增加20%。[③]1934年，平汉铁路局对河北谷物产销曾有调查，在所调查的13处均有小麦出售，比例最高的定县达90.7%，最低的磁县也有41%，平均为66%。河南铁路沿线17处的调查显示，有16处出售小麦，比例最高地区达85.4%。[④]但中国幅员辽阔，人口众多，机制面粉"根本不够满足国内的消费"[⑤]，在全国发展机制面粉工业势在必行。

在近代中国机制面粉工业发展过程中，与其他工业门类相似，"中央"政府处于缺位状态，工业发展与布局皆自发自为。这就造成中国工业包括机制面粉厂的发展并无科学的区位规划，"在地域上及种类上表现十分畸重畸轻之趋势"。[⑥]"原料之取给、工人之来源、产品之运输、市场之远近以及战时之威胁等"[⑦]，这些影响区位选择的因素，很少被政府考虑，因此面粉业地理分布很不合理，除了上海和哈尔滨外，主要集中在青岛、天津、无锡、济南等地，内陆城市仅寥寥数厂，甚至位于小麦产区的某些城市竟无一家机制粉厂。"盛产小麦的华北地区城市里，如河南、陕西长期没有建厂。"[⑧]因此，从区位分布而言，粉厂呈现自然状态，缺乏政府的指导与规划。另外，从战前中国面粉厂家资本性质来看，全部为地方士绅或开明人士投资兴办，资本来源为民间资本，即均属于民营粉厂。

20世纪30年代，民族危机日益加重，出现了机器粉厂从东部沿海地区向内陆西部地区转移的趋势。成丰面粉厂原位于济南，1925年之后

---

① 《西平县志》(1934)"物产"，《方志综合资料32》"河南4"，第311页。转引自惠富平、阚国坤：《民国时期华北小麦生产与穷民生活考察》，《中国农史》2009年第2期，第105页。

② 陈伯庄：《小麦及面粉》，上海：交通大学研究所，1936年，第40页。

③ 《榆次县志》(1940)"物产·植物"，《方志物产资料104》"山西4"，第84页。转引自惠富平、阚国坤：《民国时期华北小麦生产与穷民生活考察》，《中国农史》2009年第2期，第105页。

④ 从翰香：《近代冀鲁豫乡村》，北京：中国社会科学出版社，1995年，第279～280页。

⑤ 余精一：《中国社会经济史论》，南京：东西文化社，1945年，第456页。

⑥ 刘大钧：《工业化与中国工业建设》，上海：商务印书馆，1946年，第72页。

⑦ 陈谦平编：《翁文灏与抗战档案史料汇编》上册，北京：社会科学文献出版社，2017年，第83页。

⑧ 徐新吾、杨淦、袁叔慎：《中国近代面粉工业历史概况与特点》，《上海社会科学院学术季刊》1987年第2期，第62页。

即因政局不稳、苛杂繁兴等"时作时歇，若存若亡"[①]。该厂在华北局势日趋紧张、日厂侵夺剧烈的情况下只得向西迁移，1936年迁至西安。1937年民族危机更为深重，内迁趋势更为明显，内迁工厂及随之而来的资金、技术、理念等为内陆城市注入了活力，迁入粉厂逐渐增多，在内迁企业带动下，迁入地也兴起了创办新厂的热潮，这种热潮一直持续到抗战胜利。

第三，城镇人口增加，对面粉的需求与消费量相应增加。

根据美国学者的定义，城市是一个被上一级政府授予一定权力与特权的定居地；宽泛地讲，是一个相对大的、重要的定居地。但多数情况下，城市与城镇或大城镇存在通用情形。中国在1949年前并没有城市人口与乡村人口的定义，故而当时的人口统计中也没有明确的指标与数据[②]，因此关于城市人口的数据大多是估计或推算。

20世纪30年代，金陵大学农学院卜凯（John Lossing Buck）教授对中国八大农业区168个县进行调查后认为，乡村人口占全国人口总数的79%，市镇人口占11%，城市人口占10%[③]，这与乔启明的调查相一致，也被认为是20世纪上半期最为可信的城市人口统计。[④]据国民政府1931年和1932年的调查统计，居住在1000人以上的市镇和县城的人口占全国人口总数的42.81%[⑤]，1936年的《中国年鉴》认为居住于2500人以上的城市人口占全国总人口的28%。[⑥]美国学者珀金斯（D. H. Perkins）在《中国农业的发展（1368～1968）》一书中估计，1900～1910年中国城市人口数为16851000人，1938年为27323000人，分别占当时人口总数的4.32%和5.25%。[⑦]

乔启明的调查还有城市人口与种植作物的分布关系，对本研究较有价值，兹列于表1-4。

---

① 《茂新福新申新总公司三十周年纪念册》，1929年1月，第8页。

② 胡焕庸、张善余：《中国人口地理》，上海：华东师范大学出版社，1984年，第266～268页。

③ 〔美〕卜凯主编：《中国土地利用》，南京：金陵大学农学院农业经济系，1941年，第501页。

④ 侯扬方：《中国人口史》第6卷，上海：复旦大学出版社，2005年，第483页。

⑤ 李昌熙：《人口普查》，《服务》"调查统计专号"第2卷第3～4期合刊，1939年12月1日，第39～84页。

⑥ 孙本文：《现代中国社会问题》第2册，上海：商务印书馆，1946年，第118页。

⑦ 〔美〕德怀特·珀金斯：《中国农业的发展（1368～1968）》，宋海文等译，上海：上海译文出版社，1984年，第386～395页。

表 1-4　全国 19 省 168 县 173 地区的城市与乡村人口（1929 ～ 1933）

地带及地区	占总户数的百分比（县调查资料）%		
	城市	市镇	村庄
中国	10	11	79
小麦地带	10	10	80
水稻地带	10	11	79
小麦地带各区（%）			
春麦区	18	8	74
冬麦小米区	6	10	84
冬麦高粱区	9	12	79

资料来源：转引自侯扬方：《中国人口史》第 6 卷，上海：复旦大学出版社，2005 年，第 483 页。

当代学者也对 1949 年前的中国城市人口问题进行了详细研究。据何一民估计，抗战前中国城市化水平约为 12.5%。[①]行龙估算 1920 年为 10.6%，1936 年上升为 11.4%，1949 年再降为 10.6%。[②]姜涛估计非农业人口为 16.7%。[③]另据研究，1843 年中国城镇人口为 2070 万人，占总人口的 5.1%；1893 年上升为 2350 万人，占总人口的 6.6%；1949 年我国城镇人口总数已达 5765 万人，与 1893 年相比增加 1.45 倍，年均增长率为 16.1%，城镇人口比重净增长 4.6%，达到了 10.6%。[④]这个数据学界认可度亦非常高。

城市人口的增加必然会带来城市粮食消费量的增加。城市粮食消费主要集中在大米与面粉两个方面。根据乔启明对 19 省 168 县的城镇人口分布状况分析，可以看出，小麦地带与水稻地带的比例基本相等，也就是城镇人口约有一半以面粉为食。

第四，城市人民消费习惯改变，面食、糕点逐渐推广，机制面粉平均消费水平提高。

---

① 何一民：《从农业时代到工业时代：中国城市发展研究》，成都：巴蜀书社，2009 年，第 208 页。

② 杨念群、黄兴涛、毛丹主编：《新史学：多学科对话的图景》下，北京：中国人民大学出版社，2003 年，第 541 页。

③ 姜涛：《人口与历史——中国传统人口结构研究》，北京：人民出版社，1998 年，第 171 页。

④ 胡焕庸、张善余：《中国人口地理》上，上海：华东师范大学出版社，1984 年，第 261 页。

据北洋政府农商部统计，1914～1921年全国有25个省份种植小麦，1914～1917年四年平均产量为2.37亿石，如按每石折合156市斤计算，则达369.7亿市斤；1918～1921年四年全国小麦平均产量为3.38亿石，折合527.5亿市斤。抗战前的年产量亦达460亿市斤～480亿市斤[①]，尤以豫、鲁、苏三省产量最丰，冀、皖、鄂、川、陕、晋、甘、浙等省次之，品质则以无锡最佳，山东、四川为次。[②]有人在20世纪30年代中期测算，1935年全国小麦可制粉846629220包，而每年需求量为1220068346包，缺口为373439126包。[③]

面粉是深受人们喜爱的主食食粮，或制成面条、面饼，或制成糕点，"麦乃馒头、烧饼等之原料，在吾国北方，为最重要之食料"[④]。有些地方许多社会习惯都以此为中心，比如订婚时，男方家送的最主要礼物就是用纯小麦粉做的花卷。[⑤]然而，面粉价格昂贵，在一些地方，非普通乡村农民所能经常食用，因此农民会将小麦出售，再换取杂粮以食。"小麦则为精粮，面粉工业取作原料；华北农民，刻苦已甚，在粮价未锐减以前，精粮与粗粮间价差颇巨，故农民恒售出小麦，购入粗粮。如沿卫河之龙王庙、大名府一带，为产麦名区；天津面粉厂到此采购小麦，恒载高粱入乡，与之相易。"[⑥]城乡之间亦有此项差别。"在北方除去小麦特别产量多的地方，其他地方，照普通习惯，均是城市人吃小麦，而乡间的农民多吃杂粮。"[⑦]以此之故，"小麦实为都市主要民食，以农村人口与都市人口比较，殆四与一至五与一之比耳"[⑧]。著名报人、小说家包天笑曾有这样的回忆："我是江南人，自出世以来，脱离母乳，即以稻米为主食，一日三餐，或粥或饭，莫不借此疗饥。但说到了辅食，每日的点心，间食，一切糕饼之类，都属于麦粉所制。尤其是面条，花样之多，无出其右，有荤面、煎面、冷面、阳春面（价最廉，当时每大碗仅制钱十文，以有阳春十月之语，美其名曰阳春面。今虽已成陈迹而价廉者仍有此称）、糊涂面（此家常食品，

---

① 中国科学院经济研究所、中央工商行政管理局资本主义经济改造研究室编：《旧中国机制面粉工业统计资料》，北京：中华书局，1966年，第105页。

② 张一凡主编：《粉麦业须知》，北京：中华书局，1947年，第12～22页。

③ 《实业经济消息·国内》，《实业杂志》第209号，1935年9月，第6页。

④ 顾复：《麦》，上海：商务印书馆，1926年，第1页。

⑤ 齐如山：《齐如山回忆录》，北京：中国戏剧出版社，1998年，第36页。

⑥ 陈伯庄：《平汉沿线农村经济调查》，上海：中华书局，1936年，第18～19页。

⑦ 曲直生：《华北民众食料的一个初步研究》，南京：参谋本部国防设计委员会，1934年，第9页。

⑧ 陈伯庄：《小麦及面粉》，上海：交通大学研究所，1936年，第7页。

以青菜与面条煮得极烂，主妇每煮之以娱老人），种种色色，指不胜屈。更有一种习俗，家庭中如有一人诞辰，必全家吃面，好像以此为庆贺，名之曰寿面，也蔚然成为风气呢。其次则是馒头（又名包子），或甜或咸或大或小，每多新制，层出不穷，这都属于面食，恐数百种未能尽述吧。”①

随着西方文化的不断传入，西方的面包、点心、布丁等在大城市和某些阶层中逐渐流行起来，面包、蛋糕、泡芙等相继出现，上海冠生园、泰丰、泰康等全国著名食品厂在南京、武汉、杭州等大中城市开有分店。1895年华资食品厂商只有4家，1913年增至105家，1920年增至280家，1933年493家，从业人员达44756人，年总产值达37747.6万元。②各类西餐烹饪书籍也应运而生，早期如《西法食谱》《造洋饭书》（1896年前），后来则有《治家全书》（1919）、《西餐烹饪秘诀》（1921）、《中西食谱大全》（1936）等。③这些点心、糕饼之类的制作原料大多为面粉，因此，面粉消费量逐渐增大，也推动了面粉业的进一步发展。

第二节　战前西北地区机制面粉工业

一、西北地区自然状况与社会概况

1. 自然状况

西北地域广阔，地势高亢，地形复杂，各省差异甚大。陕西可以分为关中盆地、陕北高原和秦巴山地。关中盆地以河道、河滩、阶地、黄土高原和山前洪积扇为主，渠道纵横，土质肥美，是我国开发较早的地区。陕北高原为黄土覆盖，西北高而东南低，多沙滩和丘陵沟壑，“可利用之河流颇少”；④山岳起伏，土地硗瘠，“冬季甚寒，天气亦加干燥，朔风扬沙，天日常为之无光”⑤。陕北地区霜期长，作物生长季节短，春旱多，雹灾严重，为一年一熟的旱作农业制度。秦巴山地主要地貌为秦岭山地、大巴山

---

① 包天笑：《衣食住行的百年变迁》，政协江苏省苏州市委员会，1974年，第8～9页。

② 史全生：《中华民国文化》，南京：南京出版社，2005年，第31页。

③ 王芙蓉：《民国时期上海西式饮食探析》，《扬州大学烹饪学报》2003年第3期，第6～7页。

④ 《全国经济委员会》，〈陕北灌溉工程建议书〉，1935年9月～1936年4月，台北“中央研究院”近代史研究所档案馆藏，档案号26－00－05－001－13，第6页。

⑤ 刘安国：《陕西交通挈要（上编）》，张研、孙燕京主编：《民国史料丛刊》第621册，郑州：大象出版社，2009年，第49页。

地和汉江谷地，汉江平原土地肥沃，沟渠纵横，山多草木，“颇具南方气象”。陕西境内的河流有黄河、长江二系，黄河两岸皆束于山，水患较少，但“水流湍急，不利舟楫”。[①]长江水系主要有汉水、褒水等。陕西降水量以地区而论，关中年均约500毫米，陕南地区可达760毫米，陕北高原少至200毫米以下，总的趋势是愈向北降水量愈少。以季节而论，以夏秋为多，冬春较少，春季占全年的11%，夏季为43%，秋季为40%，冬季不过6%。[②]

宁夏地处黄土高原与内蒙古高原过渡地带，地势南高北低，南部以严重流水侵蚀地貌为主，北部以干旱剥蚀、风蚀地貌为主，系蒙古沙漠余脉形成的沙地。境内地表形态复杂，地貌类型多样，可以分为平原区、高山区、高原区和戈壁区。宁夏平原南北约300里，东西最宽处约百里[③]，由黄河冲积平原和贺兰山东麓洪积扇组成。土壤种类多样，既有土质肥美的优质土壤，也有分布较广、不利于农耕的砾质土。[④]宁夏降雨量视季节、地形而变化，少而不稳定，季节分布不均匀，年均降雨量为388.3毫米，主要集中在夏季7、8两个月，其次为6月和9月，1937年7、8两个月的降水量占全年的49.23%，6月和9月占27.03%。[⑤]冬季寒冷，长达半年以上，多西北风；夏季仅有3个月左右，春秋季短促，年平均气温在6℃～8℃。[⑥]以有气象记录的省城宁夏（1935～1938年）和中宁（1940～1948年）降水量而言，四年间平均降水量分别为148.2毫米和239.8毫米。[⑦]

甘肃地势西北高而东部低，地表复杂多样，由黄土高原、陇南山地、甘南草原、祁连山地、河西走廊和北山山地构成。地理上可分为二部，自兰州以南循洮河谷地而南的直线为分界线，以西为黄土川谷区，以东为黄土高原。甘肃大部分地区为干旱和半干旱地区，全省降水量少且分布极不

---

① 许济航：《陕西省经济调查报告》，张研、孙燕京主编：《民国史料丛刊》第354册，郑州：大象出版社，2009年，第6～7页。

② 陈舜卿主编：《陕甘近代经济研究》，西安：西北大学出版社，1994年，第3页。

③ 孙翰文：《宁夏地理志》，《西北论衡》第5卷第6期，1937年6月15日，第18页；叶祖灏编著：《宁夏纪要》，南京：正论出版社，1947年，第4～7页。

④ 宁夏省政府编印：《宁夏资源志》，1946年，第6～11页；叶祖灏编著：《宁夏纪要》，南京：正论出版社，1947年，第8～10页。

⑤ 宁夏省政府编印：《宁夏资源志》，1946年，第14～15页；孙翰文：《宁夏地理志》，《西北论衡》第5卷第6期，1937年6月15日，第18页。

⑥ 胡序威：《西北地区经济地理（陕西·甘肃·宁夏·青海）》，北京：科学出版社，1963年，第103页。

⑦ 中央气象局、中国科学院地球物理研究所联合资料室编印：《中国降水资料（1841～1950）》，1954年，第311页。另据《宁夏纪要》（南京：正论出版社，1947年）记载，宁夏降雨量全年不超过201毫米，见该书第12页。

均衡，从东南而来夹杂着水蒸气的季候风，自东而西接连被秦岭、陇山、乌鞘岭等阻挡，从武都起愈向西雨量愈少，到西北部逐渐减少以至于无降水。据统计，甘肃中路各地约 18 英寸（兰州全年雨量据实测约只有 11 英寸，一英寸约 33 毫米），东路各地约 15 英寸，南路各地约 20 英寸，西路各地约 16 英寸，岷县最高年降水量为 678.9 毫米，陇南山地年降水量在 500 毫米左右，中部黄土高原约为 400 毫米。因此极易发生旱灾，大部分地区有“十年九旱”的说法。①除降水量较少外，季节分布亦极不均匀，有些地区月降水量占全年的 35% 以上，总体来说，夏末较丰沛，占全年六成以上，但时有暴雨，次为秋季，冬季最少，河西多数地区夏季降水量占全年的 70% 以上，冬季只有 4% ～5% 。②甘肃降水量少蒸发量却很大，兰州地区 1933 ～ 1939 年年均降水量为 328 毫米，但平均蒸发量为 1142.7 毫米③，蒸发量几乎是降水量的四倍。河西地区雨量自东南向西北约自 300 毫米减至 43 毫米，而年蒸发量约为 2000 毫米，以 5 月至 8 月为最④，如敦煌、安西两县年均降水量约为 50.8 毫米，而年蒸发量却高达 2000 毫米，大都集中于 4 月至 10 月。⑤酒泉则更甚，年均降水量仅为 85.3 毫米，而年均蒸发量却高达 2148.8 毫米，蒸发量是降水量的 25 倍多。⑥甘肃中部春旱严重，河西走廊多大风扬沙，“以致黄尘蔽天，空气浑浊”⑦，易形成风沙危害。全省总体而言“冬干、春寒、夏旱、秋涝”⑧，生态环境脆弱。

新疆地属高原，深处亚洲内陆，绝大部分地区海拔在 1000 米以上，地

---

① 《全国经济委员会》，〈甘肃水利过去情形及将来计划〉，1934 年 5 月，台北“中央研究院”近代史研究所档案馆藏，档案号 26 -00 -06 -007 -04，第 4 页；陈正祥：《甘肃之气候》，重庆：“国立中央大学”地理系，1943 年，第 14 页。

② 陈正祥：《河西走廊》，出版地、出版社不详，1943 年，第 8 页。

③ 《河西水利工程处关于兴修已成各渠概况、工程说明及水利工程规划与计划书一览表》，甘肃省档案馆藏，档案号 38 -1 -7，第 62 页；张宗汉编：《甘肃中部之砂田》，中国农民银行土地金融处，1947 年 3 月印行，第 5 页。

④ 《甘肃河西水利工程总规划书（一）》，1947 年 12 月，甘肃省档案馆藏，档案号 38 -1 -8，第 1 页。

⑤ 《甘肃河西水利工程总队关于疏勒河、西大河流域灌溉工程规划书（一）》，1947 年 12 月，甘肃省档案馆藏，档案号 38 -1 -56，第 8 ～10 页。

⑥ 《甘肃河西水利工程总规划书（一）》，1947 年 12 月，甘肃省档案馆藏，档案号 38 -1 -8，第 17 页；政协甘肃省酒泉市委员会文史资料委员会、酒泉市博物馆编印：《酒泉文史资料》第 7 辑，1994 年，第 60 页。

⑦ 陈博文：《甘肃省一瞥》，张研、孙燕京主编：《民国史料丛刊》第 823 册，郑州：大象出版社，2009 年，第 8 页。

⑧ 赵世英：《甘肃历代自然灾害概述》，政协甘肃省委员会文史资料研究委员会编：《甘肃文史资料选辑》第 20 辑，兰州：甘肃人民出版社，1985 年，第 3 页。

势西高东低，南有昆仑山，北有阿尔泰山，天山横贯中部，自然将新疆分为阿尔泰山地、天山山地、昆仑山山地及介于其间的准噶尔盆地和塔里木盆地五个地理单元，有绿洲、沙漠、山间谷地、冲积平原和盆地等。新疆北部气候旱寒，雨雪较多，融雪溢于田野，聚为湖泊，便于灌溉。南部气候炎热，间有终年不雨之区，"为内地所未见"。[①]南疆较大的河流有塔里木河、叶尔羌河等，北疆有伊犁河、额尔齐斯河、玛纳斯河等，河流的补给主要依靠冰雪融水，年降水量稳定，保证了农业灌溉。但因山麓冲积洪积扇砾石层广泛分布，渗漏、蒸发强烈，一定程度上影响了雪水的利用率。塔里木盆地、吐鲁番－哈密盆地、天山东端北侧的淖毛湖戈壁、阿拉善高原北部和柴达木盆地西部年降水量都在50毫米以下，属极端少雨区。新疆若羌年降水量仅为18.3毫米，其106年的总降水量大约相当于广州一年的降水量；托克逊仅为5.9毫米，其285年的总降水量大约相当于广州一年的降水量[②]，甚至有终年滴雨未降之地。[③]北疆土壤以灰棕色荒漠土为主，南疆盆地以棕色荒漠土为主，有机质含量皆较少。[④]草场分布广泛，地下矿产蕴藏丰富。

总之，西北地区气候复杂，以干燥为主要特征，除个别地区有较为丰泽的雨露外，大部分地区雨贵如油，季节性分布不均，西北地区东部为较多雨区，少雨区大致在黄土高原以西，约占十分之八的广大区域，年降水量在400毫米以下，其中又多不足100毫米。[⑤]从多种资料记载来看，就雨量分布地域而言，民国时期西北各地年均降水量自东南向西北呈递减趋势，愈向西向北，降水量愈少；就分布季节而言，夏季降雨较多，且多集中在七八月间，春、秋、冬降水较少，一年之中不降水的时间明显多于降水的时间，雨量变率较高。同时，西北雨量"下降的时候却往往成一种暴雨性，对土壤和农作物的影响颇大"。西北且多冰雹，主要出现在3月至9月间，损害农作物甚巨，以柴达木盆地及黄河上游山区为多，如甘肃1932～1935年，4月至9月共发生冰雹221次，每年平均55次。[⑥]西北"是最极端的大

---

① 华企云编著：《新疆问题》，上海：大东书局，1931年，第32页。

② 刘奕频、张继书：《西北的气候》，西安：陕西人民出版社，1988年，第82～84页。

③ 韩清涛：《今日新疆》，贵阳：贵阳"中央"日报总社，1943年，第2页。据1942年测候记录记载，焉耆与吐鲁番终年未雨。

④ 周立三：《新疆维吾尔自治区经济地理》，北京：科学出版社，1963年，第3～4页。

⑤ 罗家伦：《西北建设考察团报告》，台北："国史馆"，1968年，第46页。

⑥ 严重敏：《西北地理》，上海：大东书局，1946年，第47～49页；秦化行：《近四年来甘肃之雹》，《气象杂志》第11卷第1～6期合刊，1935年11月，第233页。

陆性气候区”。[①]

西北各省深居内陆，雨量稀少，除宁夏基本仰仗水渠灌溉，水田比例较高（71.16%）之外[②]，其他各省水田少而旱地多，以旱作农业为主。据20世纪30年代初统计，甘肃水田面积占全省耕地面积16.42%，陕西占9.28%[③]，青海水田约占耕地面积六分之一至四分之一。[④]因此，西北地区农作物以旱作作物小麦、大麦、燕麦、玉米、荞麦、青稞和豆类为主，尤以小麦种植面积最广，主要产区在陕西临潼、渭南、朝邑、蒲城、长武，甘肃秦安、天水、固原、泾川、灵台，宁夏平罗、贺兰、中卫，青海西宁、湟中、乐都、互助，新疆塔城、疏勒、叶尔羌等地。[⑤]陕西渭南象峰面粉厂创办人李百朋曾说，渭南“自古就是产麦的有名地区，颗粒肥大而质高，磨成粉，色白性韧而味香。办面粉厂，原料是取之不尽的”。[⑥]

表1-5　陕西省农作物面积与产量统计表

种类	面积（千亩）	产额（千斤）	种类	面积（千亩）	产额（千斤）
米	1912	721539	大麦	3176	431107
小麦	14829	1875447	杂谷	1641	150007
高粱	1983	258147	豌豆	656	72069
粟	4941	495193	杂豆	540	67155
大豆	2204	238522	甘草	110	71868
玉米	3771	523163	马铃薯	90	59344

资料来源：西北研究社编印：《抗战中的陕西》，1940年，第4页。

引者说明：该表数字系1934年《中国经济年鉴》统计。

从表1-5可以看出，陕西省农作物中以小麦种植面积最广，产量亦最

① 孟琳：《从经济观点论西北》，《西北通讯》第2卷第1期，1948年1月15日，第4页。

② 杨文洵、韩非木、葛绥成等：《中国地理新志》，上海：中华书局，1935年，第242页，转引自胡平生：《民国时期的宁夏省（一九二九—一九四九）》，台北：学生书局，1988年，第223页。

③ 张承炽编著：《边疆一览初编》，蒙藏委员会，1947年，第6页；“中央”银行经济研究处编：《甘宁青经济纪略》，1935年，张研、孙燕京主编：《民国史料丛刊》第353册，郑州：大象出版社，2009年，第400～401页；许济航：《陕西省经济调查报告》，张研、孙燕京主编：《民国史料丛刊》第354册，郑州：大象出版社，2009年，第44页。

④ 张其昀、李玉林：《青海省人文地理志（续）》，《资源委员会月刊》第1卷第6期，1939年9月1日，第416～442页。

⑤ 西北军政贸易委员会编：《西北商业概况》，西安：西北人民出版社，1952年，第10页。

⑥ 李百朋：《解放前的渭南象峰面粉厂》，政协甘肃省委员会文史资料委员会、《西北近代工业》编写组编：《西北近代工业》，兰州：甘肃人民出版社，1989年，第421页。

大，这为机制面粉工业的发展提供了丰富的原料。

有记载表明，黄土高原杂作区小麦种植比例占总耕地面积的31%，陕甘二省小麦耕地面积占耕地总面积45%～60%，新疆占38%。[①]表1-6大致反映了1914～1921年及1928～1937年西北各省小麦产量。

表1-6　西北各省小麦产量统计表（1914～1921，1928～1937）　　单位：千市担

年份	全国	陕西	甘肃	宁夏	青海	新疆	西北各省合计
1914	262853	8710	4820	—	—	5866	19396
1915	108326	9703	4129	—	—	5875	19707
1916	358386	7528	4976	—	—	6360	18864
1917	216250	1038	5284	—	—	6063	12385
1918	356748	11870	5311	—	—	6913	24094
1919	330995	10979	—	—	—	—	10979
1920	369216	7939	—	—	—	—	7939
1921	295594	4779	—	—	—	—	4779
1928	440958	18750	12480	520	—	7600	39350
1929	432540	18700	12485	510	—	7620	39315
1930	448026	18754	8475	526	—	7620	35375
1931	463960	11892	6171	491	—	—	18554
1932	474244	8543	5744	612	—	—	14899
1933	467842	10910	5799	282	—	—	16991
1934	456149	27311	8769	419	—	—	36499
1935	446282	24129	8918	215	4307	—	37569
1936	480897	17758	8298	370	3577	—	30003
1937	362200	9760	8003	474	3991	—	22228

资料来源：北洋政府农商部第三次至第十次《农商统计表》；《国际贸易导报》第4卷1号，“各省米、麦常年面积及其产量调查”；《中行月刊》第4卷第6期，1932年6月，“最近四年间全国农田及其产量调查”（1929～1932年）；金陵大学农业经济系第1～7期“各省小麦各年收获数量”；实业部“中央”农业实验所：《农情报告》第3卷第8期，1931～1934；《统计月报》第113、114期，国民政府主计处统计局编，“主要冬季作物生产估计”；“中央”农业实验所农业经济系：《民国二十六年至三十三年后方

① 吴传钧编：《中国粮食地理》，上海：商务印书馆，1946年，第127～134页。

十五省小麦产量统计》，《公益工商通讯》第1卷第5期，1947年6月15日，第31页。

从表1-6可以看出，西北五省皆出产小麦，尤其是陕西、甘肃、新疆三省，产量非常丰富，足以为机制面粉业提供源源不断的原料。

2. 社会概况

从行政区划上看，1936年西北五省土地面积为3467990平方公里（另有记载五省面积为3380911平方公里[①]），占全国土地总面积的29.45%，人口23190955人，占全国人口总数的4.97%，人口密度平均为每平方公里6.69人。与全国情况相似，西北地区人口分布也极不均匀，陕西人口最多，土地面积最小，故而人口密度也最高，达51.86人，次为甘肃17.69人，宁夏不足4人，新疆不到3人，青海仅为1.72人，陕西人口密度是青海的30倍有奇，西安人口密度更高达12552.73人。西北地区人口密度如与人口稠密的东南各省相比，则更为悬殊，即与全国平均39.65人的水平相比，亦相差甚远。[②]

西北五省距离沿海口岸较远，虽然中国的近代化进程已进行了七八十年，但对于西北社会来说，仍相当落后。黄仁宇说："中国内陆到底有多落后，可以如此形容：不但血量不足，更糟的是，连血管都没有。"[③]以影响近代化进程较巨的铁道交通为例，20世纪30年代中期，华北和江浙超过40%的县有铁路经过[④]，而西北截至1934年6月底除了陕西有12.898公里的铁路外，其他各省没有铺设一寸铁轨。[⑤]截至1936年年底，中国铁路总长度为20009公里（关于中国铁路的各项统计数字，正如宓汝成所指出的，历来缺乏准确的统计，另有资料显示，截至1937年6月全国共有铁路14382公里[⑥]，今从宓说）。[⑦]西北地区不足500公里，仅占2.5%。

西北地区初级公路居多，有些甚至是官马大道，即或由其改造而成。[⑧]

---

① *China Handbook*, 1937 ～ 1944, *A Comprehensive Survery of Major Development in China in Seven Years of War*, Chungking, Published by Chinese Ministry of Information 1944, pp. 1 ～ 2.

② 《全国面积人口统计》，《国货月刊》第3卷第11期，1937年5月15日，第17～19页。

③ 黄仁宇：《黄河青山：黄仁宇回忆录》，张逸安译，北京：生活·读书·新知三联书店，2001年，第223页。

④ 周飞舟：《制度变迁和农村工业化：包买制在清末民初手工业发展中的历史角色》，北京：中国社会科学出版社，2006年，第99～100页。

⑤ 国民政府主计处统计局编：《中华民国统计提要（二十四年辑）》，上海：商务印书馆，1936年，第1078页表179"分布各省铁路实有里数（1933年）"。

⑥ 姜明清编：《中华民国交通史料·铁路史料》，台北："国史馆"，1992年，第86页。

⑦ 宓汝成：《帝国主义与中国铁路：1847～1949》，上海：上海人民出版社，1980年，第670～671页。

⑧ 寄紫：《西安漫游杂记》，《道路月刊》第41卷第1号，1933年7月15日，第4页。

“陕西交通，闭塞固甚，甘肃则尤过之，青海新疆，更不待论。”[①]陕西“南北皆山，历来转输，仅恃驮骡运载，及人力负荷。关中区域虽多河流，而或因淤塞浅涸，或以奔流湍急，舟楫之利迄未发展。交通工具，惟赖木构铁轮之骡车，运送货物……而载重能力，多则千斤，少仅五六百斤，以人力驾驶一头至三头之牲畜拖挽之”[②]。1921～1922年，冯玉祥修筑了长潼汽车路（长武经西安至潼关，长400余里，两日可达[③]，归军用汽车管理局管辖，“全作军用，商旅仍感不便”[④]），“总算为陕人开一新纪元”。[⑤]但“其便利仅及省之一部分，而不普遍于全省”，且由于“办理既未得法，经理亦屡次易人，或措施失当，或朝令夕改，加以时时仍拉民夫修路，军人仍到处拉车，不啻于拉车之外，又加一重苛政，于是怨声载道，物议沸腾，遂致不二年间，路车俱已全废，此种计划，即行结束”。[⑥]蒋廷黻20年代中期到陕西游历时，殊觉公路“坎坷难行”。[⑦]交通工具有骡车、人力车、轿子、大车和小手车等，最常见的是马、驴、牛及骆驼，马和驴以运送旅客为主，“汽车仅督署及各师旅长各有数辆，用以作远路之交通机关，平时不用也”。[⑧]据国民政府“中央”社记者冯志翔记述：“陕省交通，颇为闭塞，且均受自然之限制……各路交通，因道路泥泞，车辆及骡马等，均不能行驶，一切皆形隔绝，由东路来陕，或由陕东行，每因雨滞于潼关及西安者，由数日甚至半月。”[⑨]

甘肃1924年开始修建公路。是年在陆洪涛的倡导和支持下，由省工程营修筑了兰州东稍门至东岗镇一段汽车路。同年，泾川县动员民工整修了窖店至平凉花所汽车路。[⑩]至1929年，甘肃共修筑了8条汽车路，全长5907公里，多以兰州为起点，路面皆为泥土[⑪]，“兰州城内及城外附近各街道路，一遇天雨，泥淖辄深至尺许”，交通工具主要是骡马、骆驼、

① 《论西北建设》，《大公报》1932年4月26日，第2版。

② “中国国民党中央党部”国民经济计划委员会主编：《十年来之中国经济建设》，南京：扶轮日报社，1937年，第17章第19页。

③ 张其昀：《中国经济地理》，上海：商务印书馆，1935年，第2版，第113页。

④ 王勤堉：《民国以来之中国公路建设》，出版信息不详，第169页。

⑤ 《长安交通之现状》，《道路月刊》第4卷第3号，1923年2月15日，第6页。

⑥ 刘安国：《陕西交通挈要（下编）》，张研、孙燕京主编：《民国史料丛刊》第621册，郑州：大象出版社，2009年，第159～160页。

⑦ 蒋廷黻：《蒋廷黻回忆录》，长沙：岳麓书社，2003年，第112页。

⑧ 王桐龄：《陕西旅行记》，北平：文化学社，1928年，第27页。

⑨ 冯志翔：《西北游踪（续）》，《“中央”日报》1934年4月26日，第3版。

⑩ 甘肃省公路交通史编写委员会编：《甘肃公路交通史》第1册，北京：人民交通出版社，1987年，第193～194页。

⑪ 《甘肃建设厅通志材料》，甘肃省图书馆西北地方文献阅览室（图书）藏，1929年，抄本。

大车。

新疆建省之前，与内地的交通线有南北两条：北线由古城北入科布多，最后抵达京绥，主要是驼运，需时七八十日；南线由哈密、安西入嘉峪关而抵达兰州，大多为畜力车，需时至少两三个月。建省之后，形成了以迪化为中心的交通网络，共有省内交通干线15条，总里程10891公里[①]，但多为大车路和马路，只有畜力车可以通行[②]，并没有真正近代意义上的公路。1920年，设立公路局，修筑了迪化至奇台的公路，长225公里，这是新疆第一条可以通行汽车的公路，但无汽车，因此有“曾几何时，所修之汽车路竟至不能开车”之说。至国民政府成立，能通行汽车的公路干线有5条，但车次少且不定期，十分不便。除了省内交通线外，由于特殊的地理位置，新疆还筑有国际交通线，皆非近代意义上的公路，仅供畜力运输通行。[③]1935年春至1937年6月，新疆修筑了迪化至伊宁、迪化至哈密两条路，全长1859公里。

建省前的宁夏，公路更是稀罕之物，货物常靠骡马运输，所修道路勉强通行汽车。宁夏“地处边陲，交通梗阻，行旅困难，近两年来，方开始修筑公路，稍称便利。惟因沟渠纵横，工程简陋，牛车骡车混合通行”[④]，至1932年春，宁夏能通行汽车而阻碍较少的路程有386公里[⑤]，而且常常由于汽车、燃料、司机缺乏和车次少、不定期等因素影响客货运输。

省际交通也异常落后。1933年夏曾赴陕、甘、青三省考察的顾执中、陆诒把西安至兰州的路称为“阎王路”[⑥]，其艰难程度可想而知。据1935年到过西北的毛漱霞记载：“从西（安）至兰（州），共走了十一天，若中途遇大雨大雪，则一二月不到，亦不为奇。”[⑦]大公报社甚至不无讥诮地说：“西北各省间之旅行，其费时远过于环游世界。”[⑧]1935年尚且如此，

① 张大军：《新疆风暴七十年》第5册，台北：兰溪出版社有限公司，1980年，第2328～2329页。

② 李国幹：《开发新疆与我国经济前途》，《新亚细亚》第3卷第6期，1931年，第62页。

③ 新疆社会科学院历史研究所编著：《新疆简史》第3册，乌鲁木齐：新疆人民出版社，1980年，第38页。

④ 傅作霖：《宁夏省考察记》，南京：正中书局，1935年，第85页。

⑤ 宁夏回族自治区交通厅编写组编：《宁夏交通史》，银川：宁夏人民出版社，1988年，第167页。

⑥ 顾执中、陆诒：《到青海去》，上海：商务印书馆，1934年，第49页。

⑦ 毛漱霞：《西北归鸿》，《新中华》第3卷第4期，1935年2月25日，第66页。

⑧ 《论西北建设》，《大公报》1932年4月26日，第2版。

之前可想而知了。如果说“西北一般的交通，都停滞在中世纪型”[①]，一点都不为过。从战前西北各省省会至南京所需时间（西安7日，兰州10日，新疆60日[②]）也可以看出，西北交通相当落后。

水运方面，古老的运输工具如羊皮筏子、木筏等依然穿梭于湟水与黄河之间，从青海至宁夏皆有使用。水面交通多用皮艇（牛皮浑脱）、皮筏这种“再古老也没有了”的“唯一的水路交通工具”。[③]陕西诸水流域可通舟楫的河道主要有渭河、洛河和黄河一小部分河段，1930年洛河和黄河的航道长度约为190公里。1928年开始的大旱灾之所以饿殍遍野，一个重要的原因即是“运输尤感困难”，其他省份“偶受偏灾，商运粮食尚可接济”，而陕西、甘肃、青海等“商运阻塞，粮食无法转运”，“一遇灾祲，所以立呈绝食之境”。[④]

交通落后导致货弃于地。时人指出，陕西中部小麦运至上海、汉口，每吨价格为一百三四十元，而美国小麦运至沪、汉仅需30元左右，二者相差极大。汉口商人从美国进口面粉较自川黔为廉价，运费差额为四比一。“此种祸国病民之现象，皆由于交通不便所致”[⑤]，反映了交通尤其是铁路、水运不便导致工商业不发达。

西北虽然煤、石油等资源丰富，但大多是小规模开采，且沿用旧法，技术落后，设备陈旧，资金短缺，人数极少。

宁夏设省后，工业并无大的发展，“惟省会有制花毯毛毡之户五十余”，出品价值约6300元。商人以晋商为主，输出品以羊毛为大宗。[⑥]宁夏工业“多手工业，无用机器生产者”[⑦]。傅作霖1933年调查时称：“宁夏向无机器工业，手工业最有成绩者，为栽绒毛毯，花纹精美，远近驰名，实为本省之特产。其他如制造皮货毛毡，亦较优良，此外则无足称也。”

---

① 凤玄：《卓尼归来》，本书编委会编：《中国西北文献丛书》总139册，兰州：兰州古籍书店，1990年，第180页。

② 孙科：《庚关两款筑路计划提案》，罗家伦主编：《革命文献》第26辑，台北：“中央”文物供应社，1963年，第15～16页。

③ 周振鹤编：《青海》，长沙：商务印书馆，1938年，第195～196页；朱家骅：《西北经济建设之我见》，中国第二历史档案馆编：《国民政府资源委员会公报》第1卷第4期，1941年，北京：档案出版社，1990年，影印版，第95页。

④ 中国第二历史档案馆编：《中华民国史档案资料汇编》第5辑第1编“财政经济”（七），南京：江苏古籍出版社，1994年，第492页。

⑤ 陈正谟：《战时粮食问题的解决方法》，南京：中山文化教育馆，1937年，第3页；乔启明、蒋杰：《中国人口与食粮问题》，上海：中华书局，1937年，第114页。

⑥ 佘兆麒、凌普：《西北经济概况》，马大正主编：《民国边政史料续编》第27册，北京：国家图书馆出版社，2010年，第67页。

⑦ 孙翰文：《宁夏地理志》，《西北论衡》第5卷第6期，1937年6月15日，第24页。

宁夏新式工业“素极落后，一切用品，端赖外省输入”。[①]宁夏省（今宁夏回族自治区，下同）政府主席马鸿逵亦毫不讳言：“关于工业方面，实际上，只是小规模的半手工、半机械的加工业，自然谈不上新式工业。”[②]

甘肃因左宗棠的倡办，近代工业稍有发展，20 世纪 20 年代全省有官办工业 45 家，资本总额 7810 元，完全以栽绒织毯为主，均“系手工艺，无足称道”。[③]以兰州为例，“兰州工业，与其他西北各地无异，以远处西陲，交通不便，文化落后，颇不发达。工厂大率规模狭小，设备简陋，旋兴旋仆，鲜克坚持”。[④]据宣侠父称：“在兰州除了小规模的一所发电厂，和一家小火柴厂外，其余连手工业的工人都是很少的。”[⑤]从 1929 年开始，甘肃省政府筹设了一些民生工厂，其实也只是手工作坊，主要从事毛棉编织、栽绒、制革等，且时常停工。[⑥]潘益民 1935 年调查后感叹：“盖兰州工业数十年来，不惟进步毫无，实日趋于衰微澌灭也。”[⑦]

1924 年，河北著名学者王桐龄应西北大学与陕西教育厅合邀赴陕讲学，其对长安实业的描述是农、林、工、商俱不发达，“机器工业尚未输入”，“交通不便，运价太贵”，输入、输出俱感困难。大街仅有数盏路灯，小巷尚无。电气工业方面，仅有电灯、电话及电报局，规模俱不甚宏敞。电报不甚发达，电杆甚矮小。[⑧]据陕西建设厅报告，1930 年全省有官办工厂 9 家，资本总额 155288 元，每年出品总值 151902 元，工人 1040 名。民营工厂主要集中在西安、富平、邠县等 20 余市县，以制造油茶纸和纺织工业为主，资本总额 436258 元，出品总值 2349952 元，工人 7482 人，大都行销本省，间有至甘肃等地。[⑨]规模小，设备极简陋，产品亦不精良，“对国计民生不足有所轻重”。[⑩]1935 年，陕西有 2 家工厂，工人 82 人，分别

---

① 傅作霖：《宁夏省考察记》，南京：正中书局，第 11 页；宁夏省政府秘书处编印：《十年来宁夏省政述要·建设篇》，1942 年，第 151 页。

② 马鸿逵：《马少云回忆录》，香港：龙文出版社股份有限公司，1994 年，第 146 页。

③ 余兆麒、凌普：《西北经济概况》，马大正主编：《民国边政史料续编》第 27 册，北京：国家图书馆，2010 年，第 64 页。

④ 高良佐：《西北随轺记》，兰州：甘肃人民出版社，2003 年，第 50 页。

⑤ 宣侠父：《西北远征记》，北京：文史资料出版社，1982 年，第 86 页。

⑥ 甘肃省政府编：《甘肃省之经济建设》，秦孝仪主编：《革命文献》第 89 辑，台北：“中央”文物供应社，1981 年，第 599 页。

⑦ 潘益民编：《兰州之工商业与金融》，张研、孙燕京主编：《民国史料丛刊》第 461 册，郑州：大象出版社，2009 年，第 354 ～ 355 页。

⑧ 王桐龄：《陕西旅行记》，北平：文化学社，1928 年，第 24、29 ～ 37 页。

⑨ 余兆麒、凌普：《西北经济概况》，马大正主编：《民国边政史料续编》第 27 册，北京：国家图书馆出版社，2010 年，第 63 页。

⑩ 宋国荃：《陕西省工业建设之演进》，《陕行汇刊》第 7 卷第 2 期，1943 年 4 月，第 34 页。

占全国0.03%和0.02%，在统计省市中与威海并列末位。[①]

新疆工业“犹中古时代之工业情形也”，产品“多出手制，以人少物稀之故，因陋就简，迄少进步”，和阗的毛毡、拜城的铜器、迪化的陶瓷、南疆的制革等出产较丰，但仅供本地消费[②]，1937年，乌鲁木齐的街道没有一根电线杆，更无路灯，只是在个别地方拉有电话线，小型发电站约有十余处。总发电能力为4～20千瓦，大都用的是蒸汽机，亦有水力发电。[③]

商业方面，1926年西安、渭南、三原等30个市县有各类商号2727家，资本额3175977元，以日用商品为主，全年售货总值约9448672元，当年新增商号204家，资本额为144446元，倒闭578家，资本额434090元。[④]西安因交通不便，南方水果皆无。[⑤]甘肃商业以皋兰、嘉峪关两地较繁盛，皋兰有洋行7家，专办羊毛和土货，输出品以烟草、兽皮、羊毛、皮革、药材等为主，输入则以杂货和盐为主。宁夏商业以省城和石嘴子为盛，其余皆不足论。青海商业以畜产为大宗输出品，输入则以烟酒、布匹、挂面为主。[⑥]新疆设省以来，北路服用所需，无不仰给内地，故商多工少，南路则商少工多。“新疆商业，既因内地交通断绝而受重大之亏损，又因苏俄倾销政策之侵略而破产，其幸存数家，危险状态，已达极点，同时苏俄既垄断我商务，复操纵我经济，政府若不亟谋补救，恢复内地商运，抵制苏俄侵略，则国防重镇，宝藏富区，将非我有矣。”[⑦]

西北与东南相比无疑处于“后列”，有人从1930年西北各省拥有的

---

① 陈真、姚洛编：《中国近代工业史资料》第1辑，北京：生活·读书·新知三联书店，1957年，第87页；张玉法：《中国现代史》下册，台北：东华书局股份有限公司，1977年，第503页。

② “行政院”新疆建设计划委员会编：《新疆建设计划大纲（草案）》，马大正主编：《民国边政史料续编》第28册，北京：国家图书馆出版社，2010年，第565页；余兆麒、凌普：《西北经济概况》，马大正主编：《民国边政史料续编》第27册，北京：国家图书馆出版社，2010年，第65页。

③ 哈木札·卡日巴衣：《新疆解放前的电力、电影和汽车运输事业》，政协新疆区委员会文史资料研究会委员会编：《新疆文史资料选辑》第13辑，乌鲁木齐：新疆人民出版社，1984年，第101页。

④ 余兆麒、凌普：《西北经济概况》，马大正主编：《民国边政史料续编》第27册，北京：国家图书馆出版社，2010年，第63～64页。

⑤ 王桐龄：《陕西旅行记》，北平：文化学社，1928年，第29～37页。

⑥ 余兆麒、凌普：《西北经济概况》，马大正主编：《民国边政史料续编》第27册，北京：国家图书馆出版社，2010年，第67页。

⑦ “行政院”新疆建设计划委员会编：《新疆建设计划大纲（草案）》，马大正主编：《民国边政史料续编》第28册，北京：国家图书馆出版社，2010年，第554、565页。

人均耕地、公路里程、稻米产量、马达车、商店和餐馆五个方面比较了西北各省经济在全国所占比重，从中亦可看出西北经济社会的落后。详见表1－7。

表1－7　1930年西北地区在全国所占经济比重统计表

	人口数		人均耕地	产米量	公路里数	马达车	商店和餐馆
	百万人	%	（亩）	（%）	（%）	（%）	（%）
宁夏	1.0	0.2	2.50	—	4.2	0.1	—
甘肃	6.5	1.4	4.49	—	1.1	0.1	0.6
陕西	9.7	2.1	5.57	0.2	1.9	0.6	1.9
青海	1.3	0.3	6.00	—	1.9	—	0.1
新疆	2.7	0.6	5.93	—	2.2	0.2	—
全国	465.3	100.0	2.79	—	100.0	100.0	100.0

资料来源：侯继明：《1937年至1945年中国的经济发展与政府财政》，张玉法主编：《中国现代史论集》第9辑，台北：联经出版事业公司，1982年，第314页。

原表说明：1. 全国总量不包括东北各省、西藏等地。2. 米产量和公路里数为1933年统计数。

及至战前，西北工业状况稍有改善，陕西共设立工厂41家，资本总额为8577000元，但符合《工厂法》的仅10家，工人4635名，资本额276万元，分别占全国的0.25%、1.01%和0.74%；甘肃9家，工人1152名，资本额30万元，分别占0.23%、0.25%和0.08%。[①]宁夏规模较大的有2家，一是甘草药膏厂，一是电灯股份有限公司。[②]新疆工业也有一定发展，主要集中在迪化、塔城及阿克苏三地。[③]

张玉法在研究近代山东省的现代化问题时认为，一个地区现代化的动力、动向和成败不完全靠外来的因素和力量来决定，而该地区的自然和人文状况才是最基本的因素。张玉法进而指出，现代化成败的决定因素有以下六个方面：第一，该省区在传统时代的地位以及传统制度在该省区的破坏状况；第二，中央政府的政策、措施及对该省区影响的程度；第三，地方官和地方领导阶层对该省区地位的自觉状况；第四，该省区所受外力冲

① 陈真编：《中国近代工业史资料》第4辑，北京：生活·读书·新知三联书店，1961年，第97页。

② 纪坤：《宁夏甘草药膏厂的变迁》，政协甘肃省委员会文史资料委员会、《西北近代工业》编写组编：《西北近代工业》，兰州：甘肃人民出版社，1989年，第474～477页。

③ 杜重远：《盛世才与新新疆》，汉口：生活书店，1938年。

击的强度；第五，该省区的地理条件，如地形、气候、物产、资源、交通状况等；第六，该省区的人文条件，如人口素质及人口数量、财富分配状况等。①

如果拿这几个条件去衡量20世纪30～40年代的西北地区的话，西北地区可以说是动力严重不足，状况堪忧。自然条件方面，除了矿产资源是西北地区的一大优势外，就气候、地形、物产等"自然状况"皆与现代化的发展要求相去甚远，而人文状况虽然在古代创造出了非常灿烂的文化，并数度成为全国的政治、经济、文化中心，但随着自然条件更好的南方诸地的开发，经济、政治重心逐渐南移，导致文化中心亦随之迁移，人文亦不复盛大，且日益被边缘化。及至近代海禁开放以来，海上交通成为影响地方发展的一大因素，而西北诸省深处内陆，无海陆交通优势，所受的外力冲击远逊于沿海省份，即使握有各种资源的地方政府官员也囿于主客观条件的限制，只能忝列识见短浅的井底之蛙之列，甚或为了一己乌纱、一族兴亡忙于内斗，丝毫不会顾及人民死活。"陕西农民悲惨命运之最可哀者，则为在军阀、贪污、土劣、地主之残酷剥削下，又遇数年来的普遍之灾荒，而在此严重之灾荒中，军阀、贪污、土劣、地主更加紧其剥削，由剥削而摧毁农村，而陷于无法救济之灾荒中，又因灾荒而更施行更野蛮之剥削手段。相因相果，陕西农村破产到无法再破之程度，而灾荒亦连年继续，大有'不知伊于胡底'之慨。"②宁夏"建省之初，人民苦于土匪的骚扰，十八年三月土匪马仲英更攻陷了省城，……二十三年十一月，孙殿英十万大军压境，……区区宁夏遭受了空前未有的洗劫，孙军败退，人们正想恢复一下元气，而二十五年六月共军徐海东部又侵扰盐池、豫旺，……人们希望一个安定生活的来临，但这是可能的吗？"③。西北地区局势不安定，经济发展也无从谈起。

二、战前西北地区面粉工业

西北地区机制粉厂出现较晚。1914年，西安出现了首家机制粉厂，但只是昙花一现。其时，西安官绅集资15万元合办了一家面粉公司，制

---

① 张玉法：《中国现代化的区域研究：山东省，1860～1916》下册，台北"中央研究院"近代史研究所，1982年，第831～834页。

② 冯和法编著：《中国农村经济资料续编（上编）》，张研、孙燕京主编：《民国史料丛刊》第497册，郑州：大象出版社，2009年，第585页。

③ 黄风：《宁夏纵横谈（宁夏通讯）》，《西北通讯》第2期，1947年4月10日，第27～28页。

粉机为1913年由上海购入的美国机器，1914年一二月间开始营业，“因每月平均折损五六十元”，遂停产。关于该公司的情形，刘安国《陕西交通挈要》一书有简略记载。[①]陈光垚《西京之现况》在论及西安工业时指出，“工业中，以前原有官商合办之面粉公司、服装公司、工艺厂等等大工业，然不久均先后倒闭”，其中所提到的官商合办面粉公司应是这家面粉公司，并谓其规模较大。[②]从各方记载来看，这应是陕西也是西北地区第一家机制粉厂。由于其存在时间较短，记载简略，故今人相关研究成果多未注意，从而将陕西乃至西北机制面粉业的创设时间推迟了20年。[③]此后，西北面粉工业沉寂多年。1931年“九一八”事变之后，开发西北的呼声此起彼伏，在“开发西北”的热潮中，尽管有人制订了详尽的西北面粉工业分期发展计划[④]，但限于各种原因，并未立即按照计划建立新的机制粉厂。乔启明等学者1936年9月利用中国总人口数据、每人每日所需热量、中国各种粮食每年产量及消费量等，经过测算后提出，战前中国实为缺粮国家，全国27省净缺43328461人食粮，缺口相当大。为了解决中国粮食短缺问题，乔启明、蒋杰提出必须从治标、治本两个方面予以解决，其中治标方法之一即为应在内地分设面粉厂，以调节粮食消费。[⑤]1933年，渭南建立了西北聚记打包面粉公司，资本额30万元，工人69人，钢磨3部，日产面粉290袋。[⑥]这应该是陕西和西北的第二家机制粉厂。

20世纪30年代中期，在“开发西北”“振兴实业”的号召下，西安出现了两家机制面粉公司，一是成丰面粉公司，一是华峰面粉公司。成丰粉厂原位于“面粉业六大中心”之一的济南[⑦]，由山东实业家苗星垣、王冠东等1921年集资7万元发起筹备，1922年8月正式投产，日产面粉2000袋，1924年资本增至100万元，1930年拥有钢磨25部，日产量达8100袋。1935年，苗星垣鉴于西北地区实业尚待开发，陇海铁路日渐西

---

① 刘安国：《陕西交通挈要》，张研、孙燕京主编：《民国史料丛刊》第621册，郑州：大象出版社，2009年，第54～55页。

② 陈光垚：《西京之现况》，南京：西京筹备委员会，1933年，第8页。

③ 交通银行总管理处编印：《全国工矿资料》“全国机制面粉工业概况统计表”，1950年调查，铅印本，第262～278页。

④ 徐尚：《西北面粉工业初步计划》，《建设》第11期“西北专号”，1931年，第F17～F22页。

⑤ 乔启明、蒋杰：《中国人口与食粮问题》，上海：中华书局，1937年，第140、143页。

⑥ 陕西省地方志编纂委员会编：《陕西省志·粮食志》，西安：陕西旅游出版社，1995年，第42～43页。

⑦ 龚骏：《中国都市工业化程度之统计分析》，上海：商务印书馆，1933年，第159页。

展，沿海各省遭受日本经济侵略及更有日本发动军事侵略之忧虑，遂决定“向内地发展”，将公司扩展至西安。[①]1935 年 8 月，苗星垣在西安市玉祥门外购地 29 亩（后扩至 44 亩）兴建厂房，1936 年 1 月完工，2 月 1 日正式营业，原定资本 40 万元。动力方面，有英国产管子式锅炉 1 部，2000 千瓦发电机 1 部，300 匹马力引擎 1 部，透平发电机 1 部，初时装旧式钢磨 8 部，后又加装新式双机钢磨 12 部，美式筛麦机 4 部，英式清粉机 3 部，麸皮机 3 部，美式润麦机 1 部，各种设备在西安面粉行业中是“属第一位的”。该厂由苗星垣任经理，王扶九为厂长，职员 39 人，工人 136 人，月需小麦 3 万包，系由本厂自渭南、兴平、咸阳等地自购自运，日产面粉 3000 多包，随产随销，开业当年盈利 21 万元，表现出广阔的发展前景。[②]

华峰面粉公司也是在“开发西北”声中由开封信昌银号在西安投资筹设的。[③]公司位于西安北城外车站北，交通便利，占地 25 亩，资本 30 万元，1936 年 2 月正式营业，有德国产改良最新式磨粉机 12 部，“为各厂所未有，出粉之优良亦为东南各机制粉之冠”，月需小麦 500 万斤[④]，以兴平、扶风、渭南所产小麦为主，自购自运，遇有歉薄之年，亦会赴河南、山西采买，“亦属不少”。[⑤]公司聘请苏联技师格洛米林负责制粉车间，动力车间由别达科夫和苏拉负责，各类工人 216 人，其中职员 61 人，每月可产华山牌面粉 75000 袋。[⑥]面粉销售在城内设一总批发处，各街巷均有分销，街市“遍处堆积面粉”以方便民众购买，如遇丰年，粉量过剩，则外

---

① 苗永荃：《解放前的济南机制面粉工业》，政协山东省文史资料委员会编：《山东工商经济史料集萃》第 1 辑，济南：山东人民出版社，1989 年，第 265 页。

② 晋震梵：《西安成丰面粉公司及面粉业概况》，政协甘肃省委员会文史资料委员会、《西北近代工业》编写组编：《西北近代工业》，兰州：甘肃人民出版社，1989 年，第 410 ～ 417 页；陕西省银行经济研究室编：《西京市工业调查》，西安：秦岭出版公司，1940 年，第 16 ～ 17 页；陈宏绪：《成丰面粉公司》，《西北经济》第 1 卷第 1 期，1948 年 3 月 15 日，第 39 ～ 41 页；晋震梵：《成丰面粉公司及西安面粉业》，政协陕西省西安市委员会文史资料委员会编：《西安文史资料》第 19 辑，西安：西安出版社，1993 年，第 155 ～ 156 页。

③ 魏君：《西安华峰面粉公司参观记》，《陕行汇刊》第 9 期，1936 年 10 月，第 84 页；陕西省银行经济研究室编印：《西京市工业调查》，西安：秦岭出版公司，1940 年，第 20 页。

④ 陕西省银行经济研究室编：《西京市工业调查》，西安：秦岭出版公司，1940 年，第 20 页；魏君：《西安华峰面粉公司参观记》，《陕行汇刊》第 9 期，1936 年 10 月，第 85 页。

⑤ 魏君：《西安华峰面粉公司参观记》，《陕行汇刊》第 9 期，1936 年 10 月，第 86 页。

⑥ 陕西省银行经济研究室编：《西京市工业调查》，西安：秦岭出版公司，1940 年，第 20 ～ 22 页；《西安市志・商业志》志稿：《西安近代机器制粉工业》，政协陕西省西安市委员会文史资料委员会编：《西安文史资料》第 19 辑，西安：西安出版社，1993 年，第 147 页。

销邻省。[①]战前西安有2家粉厂，占全国总数的3.8%，日生产能力7200包，占7.7%。[②]

抗战前甘肃面粉业中有2户采用钢磨，但品质低劣，有油气味，不为民众喜食，销路不如石磨面粉。[③]虽然1934年有将甘肃造币厂改设粉厂之议，但未实现。[④]

20世纪20年代，宁夏面粉业只有旧式磨坊，以畜力或人力为动力，产量极低。1935年5月，宁夏创设普利机器面粉厂（普利面粉公司），由社会集资27500元创办，厂长下设总务、工务两科，总务负责文件、会计等文案事项，工务科内辖锅炉部、汽机部和磨坊部，全厂有工人45人，技师9人，职员13人，加上其他人员共计78人。该厂机器由中国天津盐双福成厂出品，较为落后，设备有五节卧式锅炉1具，三节卧式锅炉1具，25匹马力蒸汽机1部，18匹马力蒸汽机1部，石磨12盘，筛子4架，麸皮机2部，8尺车床1部，水泵1部。“锅炉汽机，皆已陈腐，不敢满载”，规模狭小，日磨麦40石，出粉13000斤。[⑤]

1936年7月，新疆有2家商办粉厂开工建设，一为伊犁面粉厂，一为迪化面粉厂，两厂皆于1937年6月完成。[⑥]前者系由伊犁第一实业股份有限公司创办，资本额187500元，其中机器及装置费10万元，系于1936年3月从苏新贸易公司订购，建筑费87500元，1936年7月开工，1937年6月完成，每昼夜可磨小麦1.5吨。后者为迪化商会承办，1936年7月开工兴筑，1937年6月完工，资本额10万元，其中购买机器装置费5万元，厂房建筑费5万元，每日夜可生产面粉14吨。[⑦]

表1-3未将甘、宁、新几家粉厂列入，可能是统计时间稍早或与《工厂法》不符。

---

① 魏君：《西安华峰面粉公司参观记》，《陕行汇刊》第9期，1936年10月，第87页。

② 中国科学院经济研究所、中央工商行政管理局资本主义经济改造研究室编：《旧中国机制面粉工业统计资料》，北京：中华书局，1966年，第20页。

③ 《兰州市私营工业初步情况材料》，《甘肃政报》第2卷第2期，1951年1月23日，第26页；薛义：《兰州市机器面粉工业解放前后生产及工厂简介》，甘肃省工商业联合会、兰州市工商业联合会编印：《甘肃工商史料》第2辑，1990年，第58～59页。

④ 甘肃省政府：《甘肃省经济概况》，1944年，甘肃省档案馆藏，档案号4-1-292，第8页。

⑤ 宁夏省政府秘书处编印：《十年来宁夏省政述要·建设篇》，1942年，第209～211页；宁夏省政府建设厅编印：《宁夏战时工业（二）》，1943年，第38～39页；黄震中编：《宁夏机械工业（一）》，出版地、出版社不详，1945年，第50～52页。

⑥ 张大军：《新疆风暴七十年》第7册，台北：兰溪出版社有限公司，1980年，第3888页。

⑦ 新疆第一期三年计划设计委员会编：《新疆第一期三年计划》，乌鲁木齐：新疆日报社，1942年，第2版，第103页。

三、战前西北地区机制面粉工业的特点

战前西北机制面粉业的创设与发展，表现出明显的地域性。首先是省份之间的差异，即陕西发展较快，拥有的面粉厂数、从业人员、设施设备、产销量皆较多，不但西北第一家机制面粉公司创设于西安，占得先机，而且终近代之世始终领跑西北地区，是西北机制粉业的领头羊，而甘肃显示出稍有发展的特点，新疆、宁夏则介于两者之间。

西北面粉业的发展除了各省之间的差异之外，即使一省之内的各城市之间也表现出相当大的差异性。城市之间的差异性主要表现在陕西。陕西各市县中，先后设立粉厂的有西安、渭南，其他城市皆无机器粉厂设立。而如果分析粉厂所在城市的特点，即可发现，“此皆由政治、经济、交通等条件所致”①，其最大的差异性主要体现在交通便利尤其是铁路交通便利的城市，“就工厂之分布地区而言……均在关中平原陇海路附近”②，“一般说来，国内面粉工业都是寄足在少数几个通都大邑上的，十分偏远的地方仍旧未脱幼稚阶段”。③这一点在交通便利的西安发展历程上表现得相当显著，而其他未通铁路或交通相对不发达的城市则表现出明显的不发展。如前所述，1914 年西安出现了西北第一家面粉厂，但存在时间很短。西安虽然曾是全国政治、经济、文化中心，但时至近代，西安的昔日繁盛早已不再，只是无足轻重的一个普通省会城市而已。而 20 世纪 30 年代尤其是“九一八”事变之后，在民族危机日益深重的背景下，这种情况发生了变化，1936 年先后有两家粉厂在此设立，但这两家公司皆系由外省资本在陕设厂，而非本省资本投资。

从规模上来说，1933 年至抗战前，陕西共有面粉厂 3 家，资本总额为 120 万元，职工 370 人，动力设备 1080 匹，钢磨 23 部，日产面粉 7490 袋，可以说是面粉业的起步阶段，但因成丰、华峰二厂系由外省资本设立，故虽为起步阶段，但水平不低。

从 1914 年陕西省出现首家机制面粉厂至 1933 年渭南聚记打包面粉公司成立，在将近 20 年的时间里，陕西乃至西北只是昙花一现般地出现了一家粉厂，未几便夭折了。按中国其他地区面粉工业发展历程，1914 ～ 1921 年正是中国面粉业发展的黄金时期或者说全盛时期，而为什么陕西乃至西北没

---

① 宋国荃：《陕西省工业建设之演进》，《陕行汇刊》第 7 卷第 2 期，1943 年 4 月，第 34 页。

② 罗家伦：《西北建设考察团报告》，台北：“国史馆”，1968 年，第 305 页。

③ 陈真编：《中国近代工业史资料》第 4 辑，北京：生活・读书・新知三联书店，1961 年，第 412 页。

有像沿海地区一样，出现第二家或更多家的机制粉厂？其原因是多方面的，如“交通阻滞，地方不靖，资金短缺，与一般企业家忽视”等[①]，其中一个主要原因即为时局不靖，这在陕西主政人员的频繁更换上表现至为明显。从1912年至1937年短短25年间，陕西先后有17位主政者，平均主政时间为17.6个月，时间长者不过5年，而短者仅3个月，如阎相文、吴新田、王一山之流，真可谓走马灯。

张朋园先生在论及湖南早期的现代化历程时，认为湖南的现代化有了初步的发展，但大多尚在萌芽初期，究其原因，除了缺乏强有力的领导和资本分散、投资观念薄弱外，动乱频仍、地方不安也是影响湖南现代化的主因之一。[②]

就主政者来说，北伐前皆为武人主政，军阀割据一方，对地方经济发展殊为不利。驻地军阀还征收所谓各种杂税和摊派。[③]袁世凯死后，北洋军阀四分五裂，中国几乎“每一省都处在军阀部队的控制下”[④]，“军队的向心力不在国法与纪律，而在忠义的成分，亦即是私人关系与私人道德。军队的维持又靠地方上鸦片的贩卖与内陆的物品转口税，也伏下了‘地盘’的观念。这两种成分加起来就是军阀体制”。[⑤]西北算是吴佩孚旧部冯玉祥的势力范围，在军事上完全处于独立的地位。冯玉祥在20世纪20年代平甘援陕时对陕西地方军阀有如下描述：“此时井岳秀等驻榆林，坐观成败；田玉洁、党玉昆，则各占据二城或三城，只管鱼肉百姓，吃喝玩乐；吴新田亦听吴佩孚之命，以汉中为其根据地，整天抽大烟。他的部队原是张敬尧的旧部，纪律败坏，此时无人约束，益发无所不为。这就是陕西地方上一般状况。”[⑥]甘肃亦大同小异。西安事变发生后，陇海路交通被阻，面粉米粮无法西运，只得暂时卸在连云港栈房内。[⑦]

然而，20世纪30年代民族危机日益上升，却为开发西北、经济建设及面粉工业发展带来了转机。

---

① 狄超白主编：《中国经济年鉴》中编，上海：太平洋经济研究出版社，1947年，第141页。

② 张朋园：《湖南现代化的早期进展（1860～1916）》，长沙：岳麓书社，2002年，第439页。

③ 韩自兴：《解放前宝鸡县苛捐杂税概述》，政协陕西省宝鸡县文史资料委员会编印：《宝鸡县文史资料》第14辑，2002年，第46～47页。

④ 〔美〕艾格妮丝·史沫特莱：《伟大的道路——朱德的生平和时代》，梅念译，北京：生活·读书·新知三联书店，1979年，第154页。

⑤ 黄仁宇：《近代中国的出路》，台北：联经出版公司，1995年，第30页。

⑥ 冯玉祥：《我的生活》下，哈尔滨：黑龙江人民出版社，1981年，第507页。

⑦ 《西安事变发生　西北联运中断　货卸连云港栈　停装上海去货》，《申报》1936年12月20日。

1. 民族危机导致西北地位上升

南京国民政府成立后，即有开发西北之议，尤其是“九一八”事变和“一·二八”事变发生后，开发西北的呼声更为高涨，一时间国民政府要员、学术团体甚至个人皆蜂拥至西北，进行各类考察活动，各种开发主张也是层出不穷，发展交通、开发水利、移民垦殖、发展工业是比较多地被提及的四项主张。在发展工业的设想中，即有人制订了详尽的西北面粉工业发展计划，在计划中，制订者对西北面粉业分期发展所需的设备费、流动资本、原料来源及数量、面粉出产及销售数量、盈亏状况等做了详细测算，论证了西北发展面粉业的必要性和可行性，描绘出了灿烂的发展前景。[①]可以说，这些计划虽然限于各种因素当时并没有立即执行，但毕竟有人在关心西北的面粉业发展，并且在此后不久的1933年，陕西渭南就设立了一家面粉厂。之后，1935年至1936年，在华北事变影响下，成丰、华峰两公司借助“开发西北声浪渐高”，先后迁至西安。[②]

在开发西北声和国难潮中，西安的政治地位被大大抬升。1931年10月3日上午，蒋介石在与熊式辉谈备战计划时指出：“余意此次无论对日和与战，而西北实为政府之第二根据地（着重号为原书所加——引者注）。万一首都沦落，即当迁于洛阳，将来平时亦以洛阳与西安为陪都也。”[③]1932年3月5日，国民党四届二中全会通过了《提议以洛阳为行都以长安为西京案》，提议将西安定为陪都，并改名为西京，组设西京筹备委员会，从事建设。[④]之后，“国民政府中央执行委员会”政治会议决议组设西京筹备委员会，以张继为委员长。10月10日傍晚，蒋介石“考虑东北与西北”问题[⑤]，11月17日，蒋介石在“国民党中央执行委员会”四届47次常务

---

① 徐尚：《西北面粉工业初步计划》，《建设》第11期“西北专号”，1931年，第F17～F22页；张人鉴：《开发西北实业计划》（著者书店1934年）第八章第五节有“面粉工业计划”，详见该书第203～213页。该计划拟订于1933年前。

② 陕西省银行经济研究室编印：《西京市工业调查》，西安：秦岭出版公司，1940年，第20页；贺志云：《我所知道的西安面粉业经营情况》，政协陕西省西安市委员会文史资料委员会编：《西安文史资料》第19辑，西安：西安出版社，1993年，第164页。

③ 周美华编注：《蒋中正总统档案：事略稿本》12，台北：“国史馆”，2004年，第128～129页。

④ 国民党“中央”常务委员会：《提议以洛阳为行都以长安为西京案》，《革命文献》第89辑，台北：“中央”文物供应社，1981年，第4页。

⑤ 王正华编注：《蒋中正总统档案：事略稿本》17，台北：“国史馆”，2005年，第120页。

会议上，提议将西安改为直辖市，“兼负建设陪都之专责”。[①]这一行政上的设置，使得西安的政治地位大为提高，各种建设举措次第展开，西安城市面貌大为改观，人口渐增，商业趋于繁荣，面粉厂的设立也是顺理成章的。

2. 陇海铁路的带动作用

陇海铁路在修至潼关前，西北交通十分落后，货弃于地，各种农产包括小麦无法及时运出，20世纪20年代早期陕西小麦供过于求，价格不及上海的四分之一，但因交通不便而无人问津。[②]“国内交通不发达，缺乏流通性，致局部的剩余，局部的缺乏，不能互相调剂”，“交通之影响于农产品之贩运买卖甚巨”。[③]1930年11月，陇海铁路灵宝至潼关段开工建设，1931年12月底完工，通车至潼关。时人评述道：“当陇海铁路尚未通达潼关之前，陕西之经济及社会状态实与今日之甘肃、青海相似，及铁路通达潼关而陕西情形一变，及通车至西安而更大异于从前矣。”[④]1932年8月，陇海铁路潼关至西安段正式开工，1934年12月完工通车，其时“居民惊喜相告，佥谓此后工商业之调剂盈虚，将惟运输便利是赖”[⑤]。陇海铁路展筑至西安后，“该省（指陕西省——引者注）始渐为人所注意，远见之士，乃相率至西安、咸阳一带，经营工商业”[⑥]，市面日渐繁荣，渐成为西北工业之重心。[⑦]陇海铁路通车后，渭南面粉业也得到新的发展，西安、天津、徐州、郑州、济南、开封等地面粉厂派人前来收购小麦，铁路沿线先后建起了纺织、面粉、火柴、化学、机器制造等一系列近代工业，极大地带动了西安乃至西北商业的繁盛。1935年1月，陇海铁路西安至宝鸡段开工，1936年年底完工，带动了宝鸡经济的快速发展。“宝鸡在陇海铁路未到达前，仅一普通县城，至为敝陋，城内不过有资本微薄之商号百余家，自民国二十五年铁路通至本城后，商业始渐繁盛，迨抗战军兴，川陕甘各线公路相续修成，宝鸡当陕甘之要

① 蒋中正等：《切实进行长安陪都及洛阳行都之建设事宜案》，《革命文献》第89辑，台北：“中央”文物供应社，1981年，第6～7页。

② 蔡受百：《中国麦产及面粉业概况》，《国闻周报》第1卷第4期，1924年8月24日，第16～20页。

③ 曹慎修：《中国土地问题之研究》，南京：明日书店，1932年，第99页。

④ 铁道部业务司商务科编：《陇海铁路甘肃段经济调查报告书》，铁道部业务司商务科，1935年，铅印本。

⑤ 罗家伦主编：《革命文献》第28辑，台北：“中央”文物供应社，1963年，第451页。

⑥ 许济航：《陕西省经济调查报告》，张研、孙燕京主编：《民国史料丛刊》第354册，郑州：大象出版社，2009年，第57页。

⑦ 《陕省交通中心之咸阳》，《西北导报》第3卷第9期，1937年6月25日，第22～25页。

冲，扼南北交通之枢纽……更有迁建之工厂多家，开成西北工业区域，现宝鸡工商业之盛，仅次于西安。"①吴相湘亦曾指出，国民政府把西北地区作为未来对外战争的后方基地来经营，"筑成了渭北灌溉工程，将陇海路向西延长，修筑西兰公路直达兰州；西荆公路经过河南的紫荆关通到了湖北的襄樊；川陕公路已跨越了秦岭，经过汉中到了成都和重庆。在惨淡的经营下，西京陪都已有了规模"②。

第三节　战前西南地区机制面粉工业

一、西南地区自然与社会状况

1. 自然状况

战前人们对西南的总体印象是"地形的复杂，交通的不便，地理上的远离，政治的不上轨道，资金的短绌，以及其他一切主观及客观条件的阻挠，使西南成了荒僻之区，在未开化的名词下，被沿海的繁荣地带的人们所忽略而漠视"。③这一点与西北地区极为相似。但西南地区自然条件较为优越，人口繁多，水运较便利。

四川居长江中游，东邻湘鄂，南接云贵，西连西康，北界甘陕，西北一角又与青海毗连，全省面积 1216586 平方里，占国土总面积的 3.57%。成都平原广袤，达 6000 平方公里，岷江、沱江贯穿其中，水道如网，阡陌纵横。四川气候条件较好，年降雨量为 1500 毫米至 2200 毫米，川西区、川南区、川中区雨量丰沛，作物生长期较长；川北区雨量较少，季节分配不均，常有干旱现象发生，年温差较大，生长期较短；川东区雨量适中；川西南冬温夏凉，雨量主要集中在夏季；川东南地势较高，雨量丰沛，分配不均；川东北气温较低，生长期最短。④

---

① 许济航：《陕西省经济调查报告》，张研，孙燕京主编：《民国史料丛刊》第 354 册，郑州：大象出版社，2009 年，第 75 页。

② 吴相湘：《第二次中日战争》上，台北：综合月刊社，1973 年，第 329 页。

③ 白水编著：《今日的新西南》，上海：言行出版社，1939 年，第 1 页。

④ 《四川省之地理》，《复兴月刊》"四川专号"，第 3 卷第 6 ～ 7 期合刊，1935 年 3 月 1 日，第 3 页；吕平登编著：《四川农村经济》，上海：商务印书馆，1936 年，第 2 页；周立三、侯学焘、陈泗桥：《四川经济地图集说明》，出版地不详，中国地理研究所，1946 年，第 2 ～ 4 页；楼云林：《四川》，上海：中华书局，1941 年，第 7 ～ 8 页。另据 1938 年的一份数据，川康分治后，四川省 135 县面积为 318151 平方公里，约合 477169620 亩。参见任敏华编：《四川田赋概况》，成都：四川省银行经济研究室，1941 年，第 9 页。

四川地形、地质复杂，土壤性状丰富，大致可分为冲积土、紫棕色土、棕壤及黄壤。据国民政府主计处统计，四川省农田面积达96276000余亩，耕地数量居全国第四①，可分为桐油水稻区、水稻杂粮区、甘薯稻棉区、水稻区、稻麦玉蜀黍区、玉蜀黍区及农牧区。②粮食作物以水稻、小麦、玉米、高粱、大麦等为主，全省常年种植面积约8000万市亩，产稻、麦、玉米、甘薯等1.9亿市石。③水稻因气候适宜、收益较高而广泛种植，面积约占全省耕地面积的60%以上。亩产量较低的麦类作物（144斤，花费12道工序）约占冬季作物50%以上，占耕地总面积的17%，是仅次于水稻的农作物，1931年四川小麦种植面积为18437千亩，位居全国第九位，产量2646256千斤，位居全国第七位。④小麦种植区域除懋功、理番以北及黔江种植较少外，以成都平原及川北最广，成都平原灌溉便利，土地在冬季不需蓄水休闲，冬季作物面积最广，小麦产量亦最多，尤以都江堰区域为然。与水稻、甘薯产量相比，小麦年产量约占稻米产量的四分之一，居冬季作物之冠。⑤川北一带少雨多晴，旱地较多，尤宜小麦种植，种植面积占耕地面积的50%，保宁（今阆中）小麦全川最优。⑥四川小麦"多为软麦，缺乏蛋白质，不易发酵做成面包馍馍等优良食品"。⑦与华北地区硬麦相比，"品质似觉逊色，面筋殊劣"。但小麦仍为四川主要民食之

① 吕平登编著：《四川农村经济》，上海：商务印书馆，1936年，第2页；楼云林：《四川》，上海：中华书局，1941年，第110页。关于四川耕地面积，多方记载不一，据四川省政府建设厅1937年统计，全川耕地面积为108174564市亩，其中水田为44952366市亩，旱地占63222198市亩。参见国民经济研究所编印：《四川食米调查报告》，1940年，第1页。另据1938年统计，全川耕地面积为112787207亩。参见任敏华编：《四川田赋概况》，成都：四川省银行经济研究室，1941年，第10页。

② 潘鸿声编：《中国农民银行四川省农村经济委员会四川农村经济调查报告第一号：总报告》，中农印刷所，1941年，第1～10页。

③ 刘湘编：《四川后方国防基本建设大纲》，出版信息不详，第5～6页。

④ 吕平登编著：《四川农村经济》，上海：商务印书馆，1936年，第228～244页；吴传钧编：《中国粮食地理》，上海：商务印书馆，1946年，第146页；楼云林：《四川》，上海：中华书局，1941年，第111页；蔡旭主编：《四川小麦之调查试验与研究》，成都：四川省农业改进所，1942年，第12页。蔡旭书中称"本省小麦生产总量，所约三千一百五十六万三千余市担，仅次于冀、鲁、豫、苏、鄂五省，而列居全国之第六位"，见该书第12页；另外，四川省政府统计处1944年编印的《四川省三十三年小春农作物种植面积及产量》亦有相同记载，见该书第1页。亦有数字显示，四川小麦年产量约为37067000市担以上，参见汤湘雨、李焕章：《成都平原小麦改良问题》，《农林新报》第16卷第12～14期合刊，1939年5月11日，第2页。

⑤ 周立三、侯学焘、陈泗桥：《四川经济地图集说明》，出版地不详，中国地理研究所，1946年，第15页。

⑥ 张肖梅编著：《四川经济参考资料》，重庆：中国国民经济研究所，1939年，第2版，第15页；郑励俭编著：《四川新地志》，上海：正中书局，1947年，第80页。

⑦ 《重庆面粉工业的剖视》，《新世界》11月号，1944年11月15日，第27页。

一，关系民食至巨，是增产粮食中的主要作物，“其于小春农作物中之地位，乃为吾人所不庸忽视者”。[①]

表1-8　四川省各农业分区丰年小麦亩产统计表

区域	水田	旱田	坡田
桐油水稻区（市石）	15.99	17.50	14.27
水稻杂粮区（市石）	18.08	16.31	11.18
甘薯稻棉区（市石）	13.02	14.97	15.61
水稻区（市石）	17.75	17.51	15.13
稻麦玉米区（市石）	15.35	15.26	12.56
农牧区（市石）	—	5.04	8.16

资料来源：蔡旭主编：《四川小麦之调查试验与研究》，成都：四川省农业改进所，1942年，第38页。

贵州位于云贵高原，地处西南地区中心，东界湖南，南邻广西，西接云南，北达四川，当时面积170196平方公里，合255294300市亩，占当时全国面积的1.53%。[②]贵州全境多山，“万山丛簇，地势隆崇”，山地面积占全省面积的70%。[③]“僻处边陆，更以崇山峻岭，向称闭塞。”[④]主要河流有乌江、清水江、榕江、盘江等，但“均水急滩多，船只载重有限”，航运并不发达，可通航里程为2700里，水运在“交通经济上言，无大作用”。[⑤]土质属于新成红色黏土，富含氧化铁，低洼地多冲积，表面呈灰褐色或黄褐色，黏松适度，富有机质，适于稻麦生长。高地多未经开垦，排水不良，较为贫瘠，保留者则成梯田。[⑥]据1937年统计，贵州耕地面积

① 四川省政府统计处编印：《四川省三十三年小春农作物种植面积及产量》，1944年，第6页。

② 贵州省政府统计室编印：《贵州省统计年鉴》，1947年，第47页。另有统计为179470平方公里，参见丁道谦：《贵州经济地理》，上海：商务印书馆，1946年，第1页。另据贵州省建设厅统计，贵州土地面积为176470平方公里，合26470余万市亩，参见张肖梅编著：《贵州经济》，重庆：中国国民经济研究所，1939年，第A2页。

③ 蔡笃濂：《贵州省水稻栽培概况调查》，1936年，手写稿，不分页码；张肖梅编著：《贵州经济》，重庆：中国国民经济研究所，1939年，第A1页。

④ 《本公司五年概况》，1943年，贵州省档案馆藏，档案号M78－1－619，第4页。

⑤ 贵州省政府秘书处编印：《黔政五年》，1943年，第68页；《水利》，《贵州企业季刊》第1卷第1期，1942年10月，第88～89页；丁道谦：《贵州经济地理发凡》，《贵州企业季刊》第1卷第2期，1943年2月，第36页。

⑥ 丁道谦：《贵州经济地理》，上海：商务印书馆，1946年，第50～51页；贵州省人民政府财政经济委员会编印：《贵州财经资料汇编》，1950年，第2页。

17389331市亩（另有可耕地5300万亩之说[①]），占总面积的6.82%，垦殖指数为11.79。[②]

贵州农作物以水稻、玉米为主，次为小麦，全省81县（1942年调整为78县5专署1市）中有78县种植。

表1-9　贵州小麦产量一览表

年产量	分布区域
5000担以下	后坪、铜仁、水城、兴义、普定、普安、威宁等13县
5000～10000担	赤水、清镇、安顺、大定、贵定、郎贷6县
10000～20000担	黔西、修文、兴仁、毕节等8县
20000担以上	仁怀、思南、平坝、独山、江口等10县

资料来源：丁道谦：《贵州经济地理》，上海：商务印书馆，1946年，第178～179页；丁道谦：《贵州资源分布及其利用》，贵州企业公司成立三周年纪念会筹备委员会宣传组编：《贵州企业公司成立三周年纪念特刊》，贵州企业公司成立三周年纪念会筹备委员会，1942年，"特载"第7页。

据国民政府主计处统计，贵州小麦种植面积为265万亩，亩产量为173市斤，较全国122市斤平均水平高出42%，但总量较少。据张心一估计，贵州小麦年产量约457千担，面积与产量分别占全国0.83%和2.55%。另据"中央"农业实验所调查统计，贵州冬季作物收获率中小麦占65%。贵阳、定番（1941年3月改名为惠水）、遵义、思南、镇远等10县所产小麦质量出众，甚至超过改良麦种"开封一二四号"。[③]据贵州农业改进所农业经济室1938年调查统计，全省小麦种植面积为260万亩，占全省耕地面积的8.3%，年产量为370余万担。[④]

---

① 丁道谦：《贵州经济地理》，上海：商务印书馆，1946年，第142页。另有数据记载耕地面积为17398381市亩。参见蔡笃濂：《贵州省水稻栽培概况调查》，1936年，手写稿，不分页码。还可参见张肖梅编著：《贵州经济》，重庆：中国国民经济研究所，1939年，第A5页；尚传道：《对吴鼎昌主黔七年的回忆》，政协贵州省委员会文史资料委员会编印：《贵州文史资料选辑》第31辑，1992年，第38页。亦有记载已开垦3000万亩，参见伊普：《贵州的农业建设》，《青年月刊》第3卷第2期，1941年2月15日，第8页。

② 丁道谦：《贵州经济地理》，上海：商务印书馆，1946年，第142页。

③ 贵州物产陈列馆编印：《贵州物产名称一览表》，1942年，第6页；张肖梅编著：《贵州经济》，重庆：中国国民经济研究所，1939年，第A11～A12、G10页。

④ 贵阳"中央"日报社资料室编：《新贵州概观》，贵阳：贵阳"中央"日报社，1944年，第313～314页；沈骊英、张宪秋、庄巧生：《贵州之小麦》，荣昌：经济部"中央"农业实验所，1940年，第7页；张公溥：《贵州省小麦推广之回顾与前瞻》，《农业推广通讯》第7卷第1期，1945年1月，第11页。

表 1-10　贵州小麦面积与产量统计表[①]

年份	1931	1932	1933	1934	1935	1936	1937
面积（市亩）	2904000	2862000	2582000	2355000	2348000	3014000	3082000
产量（市担）	5779000	5610000	4415000	5436000	3595000	5584000	4545000

资料来源：张肖梅编著：《贵州经济》，重庆：中国国民经济研究所，1939 年，第 A13 页；贵州省政府统计室编印：《贵州省统计年鉴》，1947 年，第 82 页。

引者说明：1. 张肖梅编著《贵州经济》1931 ～ 1937 年数据采用的是“中央”农业实验所统计数据，1937 年面积及产量与《贵州省统计年鉴》数据不一致，引者采用了后者数据。2. 1931 ～ 1936 年两项数据原书单位为千市亩与千市担，现为求统一，引者补为市亩与市担。

以品质言，贵州小麦以黔北息烽、遵义、仁怀、思南各县所产较优，面筋含量和出粉率较高，其他各地小麦亦“颇有发展希望”。[②]

云南东连黔桂，西毗缅甸，南邻越南，北接川康，为我国西南部重要屏障，“边疆之雄区也”。[③]省内山脉主要有乌蒙山、六诏山、横断山脉等。河流有金沙江、西江、怒江、澜沧江等，水流异常湍急，无航运灌溉之利。全省地处温带，气候分为旱季与雨季，3 月至 9 月为雨季，时雨时晴；9 月至次年 3 月为旱季，少雨多风，有“四季无春夏，一雨便成冬”，“半年阴雨半年风”之说。[④]1928 ～ 1937 年年均降水量为 1230. 6 毫米，1928 年最多时达 1743. 4 毫米，最少的 1931 年亦达 936. 7 毫米，可谓雨水丰沛。[⑤]

---

① 贵州小麦面积与产量各方记载不一，且多个年份缺载，现根据《贵州财经资料汇编》整理如下表，作为参考。

年份	面积（市亩）	产量（市担）	资料来源
1936	2594647	3763292	《贵州省统计资料汇编》
1936	—	1198508	张肖梅《贵州经济》（1939 年）
1937	1736000	2433000	张肖梅《贵州经济》（1939 年）
1938	835580	651117	农改所农业普查
1942	838458	688512	《贵州省统计年鉴》（1945 年）

② 《黔省小麦之品质初步检验》，《中农所简讯》第 8 期，1939 年 2 月 1 日，第 13 页。

③ 京滇公路周览筹备会云南分会编印：《云南概览》“二地理”，1937 年，第 3 ～ 5 页；詹念祖编：《云南省一瞥》，上海：商务印书馆，1931 年，第 1 ～ 4 页。

④ 赵平公编著：《云南省指导》，昆明：南华印务局，1939 年，第 6 页。

⑤ 张肖梅编著：《云南经济》，重庆：中国国民经济研究所，1942 年，第 A15 页。

云南境内山峦重叠，有“山国”之称，耕地面积据国民政府统计为27125000亩，占全省土地面积的4.52%。[①]其中水田占45.14%，旱田占54.86%。[②]该省平原地区以黏土为主，壤土次之，适宜种植稻作；山坡地以砾土为主；梯田以壤土较多。[③]但因烟瘴、寒瘠、缺水、洪水等原因，“令可耕之大段荒地废弃”。[④]农产主要有水稻、麦类、玉米、药材等，但产量并不十分充足，米、麦“平时只够供给境内的消费，碰到荒年，收成不好，还得要向缅甸、安南等地方求助”。[⑤]据国民政府统计局1932年调查数据，小麦种植面积4443000亩，产量616299000斤[⑥]，战前由于禁烟成效较著，“原有烟亩，多改种豆麦”，各项农产尤其是豆麦面积与产量均有增加，可达2倍。[⑦]

表1-11　云南省主要农产品出产统计表（1935年部分县局）

种类	出产县局数	出产数量（担）	价值（元）	产地面积（亩）
稻	108	34312376	1852868304	11782797
小麦	91	2305672	131423304	769416
大麦	91	2860129	76265289	821018
莜	92	3712419	92810475	986062
高粱	70	869291	30425185	304488
玉米	110	14770863	590834520	5639763
大豆	101	2835323	155943315	1302001

① 京滇公路周览筹备会云南分会编印：《云南概览》“六建设”，1937年，第6页；“行政院”农村复兴委员会编：《云南省农村调查》，上海：商务印书馆，1935年，第1页。另有资料认为云南省耕地面积为35836352亩（郭垣编著：《云南省经济问题》，上海：正中书局，1939年，第8页；张肖梅编著：《云南经济》，重庆：中国国民经济研究所，1942年，第A58页）。

② “行政院”农村复兴委员会编：《云南省农村调查》，上海：商务印书馆，1935年，第12页。另据“中央”农业实验所在云南70县所做调查，稻田面积平均占耕地面积54.41%，其中占70%以上者24县，40%～70%者27县，不满40%者19县，“执此以推测之，全省稻田面积当在耕地面积一半以上，殆无疑义”。参见汤惠荪、杜修昌：《云南省米谷运销及价格之研究》，云南省财政厅印刷局，1940年，第1页。

③ 郭垣编著：《云南省经济问题》，上海：正中书局，1939年，第23页。

④ 云南实业改进会编印：《云南实业改进会讲演录》，1923年，第8页。

⑤ 詹念祖编：《云南省一瞥》，上海：商务印书馆，1931年，第7页；赵平公编著：《云南省指导》，昆明：南华印务局，1939年，第8页。

⑥ “行政院”农村复兴委员会编：《云南省农村调查》，上海：商务印书馆，1935年，第46页。

⑦ 京滇公路周览筹备会云南分会编印：《云南概览》“六建设”，1937年，第11～12页。

（续表）

种类	出产县局数	出产数量（担）	价值（元）	产地面积（亩）
蚕豆	99	3969804	138943140	3115402
豌豆	102	1349484	45882456	1290518
马铃薯	101	10661913	159928695	1749520

资料来源：京滇公路周览筹备会云南分会编印：《云南概览》“六建设”，1937 年，第 11 页。

云南小麦为冬季作物，除省内极南部分县份外，其他各县均有出产，曲靖、陆良、会泽、蒙自、大理、玉溪、昆阳等县为小麦主产区，年产量达 2305672 石，运销昆明相当便利，昆明所属各县市产量亦较丰，据 1923 年调查数量为 213800 石。据中农所云南省工作站 1938 年在 50 余县实地调查，产麦各县冬季休闲土地甚多，耕地多未充分利用，如果减少冬季休闲地而改种小麦，则其“增加生产面积之可能性颇大”。[①]据中农所 1938 年五六月间调查，云南小麦品种“极为混杂”，“种类较西北诸省尤多”[②]，“品种有与河南、山东无异者，可以磨制上等面粉”。[③]主要有圆锥小麦、普通小麦、密穗小麦（圆粒紫麦）、紫麦等，昆明、呈贡以圆锥小麦为主，约占六成，普通小麦约占三成，密穗小麦不及一成，楚雄一带普通小麦约占九成，圆锥小麦与密穗小麦不足一成。紫麦产量、品质均佳，“农民颇喜之”[④]，“粉质极佳”，全部用来磨粉食用，春麦质松，多用来制作粑粑。[⑤]平原地区晋宁、昆明等地气候适宜、土地肥沃，亩产量达二三百市斤，“产量较为优渥”，所调查 52 县平均亩产量为 168 市斤。[⑥]

云南小麦以红皮硬麦即长粒紫麦为主，约占全省产量的 85%，虽不及鲁、豫硬麦，但较长江流域所产为佳，“其质既硬，粒且饱满”，可与

① 铁道部财务司调查科编印：《粤滇湘滇两线昆明县市经济调查报告书》，1929 年，第 86 页；张邦翰：《云南省农业之建设》，《中农月刊》第 4 卷第 1 期，1943 年 1 月 30 日，第 59 页；徐季吾、陆钦范：《云南之小麦与面粉》，《西南边疆》第 4 期，1939 年 1 月，第 14 页；狄超白主编：《中国经济年鉴》中编，上海：太平洋经济研究出版社，1947 年，第 129 页。

② 《云南小麦品种及面粉之调查》，《中农所简讯》第 2 期，1938 年 8 月 1 日，第 5 页。

③ 蒋君章编著：《西南经济地理纲要》，重庆：正中书局，1943 年，第 130 页。

④ 《云南小麦品种之调查》，《农报》第 1 ～ 3 期合刊，1940 年 1 月 1 日，第 1173 页；吴传钧编：《中国粮食地理》，上海：商务印书馆，1946 年，第 150 页。

⑤ 张维亚：《昆明基要商品之生产运销调查报告（上）》，《“中央”银行月报》第 1 卷第 12 期，1946 年 12 月，第 48 页。

⑥ “行政院”农村复兴委员会编：《云南省农村调查》，上海：商务印书馆，1935 年，第 45 页；徐季吾、陆钦范：《云南之小麦与面粉》，《西南边疆》第 4 期，1939 年 1 月，第 16 ～ 18 页。

美国硬麦相仿，而较澳洲小麦筋力为高，“制粉力较优”，昆明附近各县出产的大粒黄皮小麦虽“失于过软”，但粒大饱满，“出粉量极好”，粉色亦佳，如与硬麦混合磨粉，“则可出色力均佳之最高面粉也”。[①]圆锥小麦在水田产量颇丰，普通小麦多分布于山地及河边沙地，密穗小麦则两处均有。普通小麦较宜制粉，次为密穗小麦，而圆锥小麦最劣，面筋较少，不宜制粉及馒头。[②]据稻麦改进所检定，昆明、呈贡、宜良三县小麦品种如表1－12。

表1－12　云南昆明、呈贡、宜良小麦品种统计表

县别	品种名称	品种总数	主要品种
昆明	昆明春麦、长芒紫麦香条穗、紫麦、光头小麦、香条麦、黄壳小麦、火皮麦	11	昆明春麦、长芒紫麦、长芒香条穗
呈贡	春麦光光头、长芒秧把穗、火麦光光头、秧把穗、光光头香条穗、香条、草鞋麦、长芒小麦、长芒红壳小麦、有芒秧把穗、黑芒秧把穗、青芒秧把穗、短芒红壳小麦	14	春麦光光头、长芒秧把穗
宜良	长芒小麦、猪屎麦、紫麦、春麦光头麦、秧把麦、黄皮麦、大黑麦、火烧麦、短芒光头麦、毛壳光头麦、老黑麦	12	长芒小麦、猪屎麦

资料来源：张维亚：《昆明基要商品之生产运销调查报告（上）》，《“中央”银行月报》第1卷第12期，1946年12月，第48页。

昆明春麦产丰粉白，耐肥，耐迟栽，长芒紫麦抗旱但产量不丰，长芒香条穗面筋多而产量不丰；光头小麦耐贫瘠之田而产量低，粉质不白，长芒小麦产丰质佳，成熟整齐。[③]据“中央”农业实验所云南工作站在52县统计，小麦种植面积为2939502亩，其中以昆明、镇南、呈贡、蒙化种植比例最高，占当地耕地面积的50%，总产量为6110329市担。[④]另据统计，

---

① 《云南小麦制粉问题》，《中农所简讯》第4期，1938年10月1日，第8页；徐季吾、陆钦范：《云南之小麦与面粉》，《西南边疆》第4期，1939年1月，第14、20页。

② 《云南小麦品种及面粉之调查》，《中农所简讯》第2期，1938年8月1日，第5页；《云南小麦品种之调查》，《农报》第1～3期合刊，1940年1月1日，第1173页。

③ 张维亚：《昆明基要商品之生产运销调查报告（上）》，《“中央”银行月报》第1卷第12期，1946年12月，第49页。

④ 张肖梅编著：《云南经济》，重庆：中国国民经济研究所，1942年，第A63～A65页；徐季吾、陆钦范：《云南之小麦与面粉》，《西南边疆》第4期，1939年1月，第18页。

1936 年云南省小麦产量为 7195000 市担。[①]云南小麦种植多集中于省会及沿滇越铁路各县，火车运输便利，亦有畜驮或汽车、帆船运输。据中农所调查，昆明年产量为 565979 市担，呈贡 340634 市担，罗次 169359 市担，路南 240445 市担，宜良 102954 市担，霑益 100000 市担，嵩明 163459 市担，保山 147864 市担。[②]

表 1-13　云南小麦历年面积与产量统计表（1931 ～ 1938）

年份	面积（亩）	产量（千斤）	年份	面积（亩）	产量（千斤）
1931	3057000	571700	1935	3430000	594700
1932	3430000	658600	1936	3782000	719500
1933	3728000	521900	1937	4399000	577200
1934	3508000	649000	1938	4851913	596916

资料来源：张肖梅编著：《云南经济》，重庆：中国国民经济研究所，1942 年，第 K30 ～ K31 页。

广西地跨西江中流两岸，东和东南与广东接壤，东北与湖南为界，北连贵州，西界越南。广西境内主要山脉有五岭山脉、凤凰山脉、六诏山脉等，河流主要有西江、郁江、黔江、柳江、桂江等，诸江之间皆有小平原。西江流域航线 2000 余里，梧州至柳州、梧州至南宁、梧州至桂林、南宁至百色、南宁至龙州、梧州至广州、梧州至三水、梧州至香港皆有水路可通航。[③]广西土壤以页岩与石灰石岩为主，一般为红壤和黄壤，肥力不甚高，所含有机质极少，而郁江流域最为肥美，“既饶水运，尤利灌溉，人口稠密，物产繁盛”[④]，桂江、柳江次之，左右江及柳江上游较劣。广西南部属热带，北部接近北温带，气候呈半热带状态，全年温度在 21℃左右，无霜期极长。广西全年降雨量在 1400 毫米至 2000 毫米之间，以 5 ～ 8 月为多，且季节性明显，分配不均，“夏季多倾盆骤雨，而冬季则往往干旱

---

① 郭垣编：《云南省经济问题》，上海：正中书局，1939 年，第 53 ～ 54 页。

② 张维亚：《昆明基要商品之生产运销调查报告（上）》，《“中央”银行月报》第 1 卷第 12 期，1946 年 12 月，第 49 ～ 50 页。

③ 沈永椿编：《广西指南》，长沙：商务印书馆，1940 年，第 68 ～ 107 页；广西统计局编：《广西年鉴》（1933 年），桂林：广西印刷厂，1934 年，第 27 ～ 34 页；万光汉编：《分省地志 · 广西》，上海：中华书局，1939 年，第 113 ～ 116 页。

④ 万光汉编：《分省地志 · 广西》，上海：中华书局，1939 年，第 7 页；萧辅：《广西农业区域》，《浙大农艺》第 2 期，1948 年 1 月 1 日，第 4 页；张先辰：《广西经济地理与经济建设》，《建设研究》第 4 卷第 4 期，1940 年 12 月 15 日，第 44 页。

连月”。[①]总体而言，各地以春夏两季降水最多，尤其是夏季，约占全年雨量的半数。

广西耕地3200余万亩，约为全省面积的9%。[②]据国民政府主计处统计局估计及各方报告，全省水田面积2836余万亩，旱地5503余万亩，荒地1324余万亩，石山4884余万亩，其他土地18289余万亩。[③]全省可以分为水稻小麦区、水稻两获区、水稻玉米区、水稻一获区。[④]主要农作物有水稻、玉米、甘薯、大豆、高粱、大小麦等，水稻最为普遍，全年产量估计有4500万担。[⑤]大小麦在桂省属杂粮，种植面积在所有作物中仅占第九位，产值占第八位，其属冬季作物，主要在桂省北部、西部种植较多，如全县、兴安、义宁、桂林、阳朔等县，年产量分别在一万担至五万担，主要利用一季稻土地在冬季水源较少休闲时种植，或利用水源缺乏的旱作地种植，东南部小麦较少。据1933年统计数据显示，全省小麦种植面积约30万亩，1935年产量约为397770市担，1933～1936年平均亩产量约为1.14市担，低于全国平均水平。[⑥]桂省小麦因在生长、成熟期间雨量过多且温度过高而“品质欠佳，产量尚少”[⑦]，“粉质粗陋”，缺乏黏性，仅能制作线面，如桂林的大墟面、田阳的那波面，不适合制作面包。[⑧]“全省的粮食，并未充足有余，且因人口增加，及灾害歉收等关系，而时起粮

① 虞伯舜编著：《抗战后方的新广西》，汉口：建国书店，1938年，第3～4页；张先辰：《广西经济地理》，桂林：文化供应社，1941年，第10页；沈永椿编：《广西指南》，长沙：商务印书馆，1940年，第2页；萧辅：《广西农业区域》，《浙大农艺》第2期，1948年1月1日，第4页。

② “行政院”农村复兴委员会编：《广西省农村调查》，上海：商务印书馆，1935年，第2版，第2页；虞伯舜编著：《抗战后方的新广西》，汉口：建国书店，1938年，第2页。广西耕地面积、水田面积说法颇不一致，有的记载数据为2900万余亩，其中水田面积1915万亩，占耕地面积64%，旱田1075万亩，录此备考。参见万光汉编：《分省地志·广西》，上海：中华书局，1939年，第70、140页及张培刚：《广西小麦问题》，上海：商务印书馆，1938年，第30页；张先辰：《广西经济地理》，桂林：文化供应社，1941年，第35页；荒地面积有记载7000万亩者。参见陈正祥编著：《广西地理》，上海：正中书局，1946年，第54～57页；虞伯舜编著：《抗战后方的新广西》，汉口：建国书店，1938年，第32页。

③ “行政院”农村复兴委员会编：《广西省农村调查》，上海：商务印书馆，1935年，第2版，第2页。

④ 萧辅：《广西农业区域》，《浙大农艺》第2期，1948年1月1日，第5页。

⑤ 广西统计局编：《广西年鉴》（1933年），桂林：广西印刷厂，1934年，第172页。

⑥ 张先辰：《广西经济地理》，桂林：文化供应社，1941年，第47页；陈正祥编著：《广西地理》，上海：正中书局，1946年，第68页；张培刚：《广西小麦问题》，上海：商务印书馆，1938年，第8、17～26页。

⑦ 万光汉编：《分省地志·广西》，上海：中华书局，1939年，第77页。

⑧ 邱昌渭：《广西县政》，桂林：文化供应社，1941年，第22页；张先辰：《广西经济地理》，桂林：文化供应社，1941年，第47～48页。

食的恐慌。”[①]

西南各省为水稻主产区，稻谷产量占全国总产量的57%，但雨量多而气温高，多数地区不适于小麦生长，有些省份将小麦看作“副作物”“杂粮”，小麦产量占全国总产量的12%，杂粮占26%。[②]据统计，西南各省1915年前后小麦产量分别为：四川1914年为121138105石；广西1914年为420422石，1915年为709205石，1916年为13985石；云南1914年为1082093石；贵州1914年为7000石，1915年为7200石。[③]在全国范围内，四川小麦产量居全国第四位，云南、贵州分别为第15、16位。[④]

20世纪30年代中期，西南四省粮食生产与消费数量详见表1－14。

表1－14　西南四省粮食生产、消费估计表

省别	稻谷（千市担）		小麦（千市担）		杂粮（千市担）	
	产量	消费量	产量	消费量	产量	消费量
广西	54112	39793	444	2408[⑤]	13000	61601
贵州	26252	18143	4927	3086	15859	15764
四川	172491	118946	37360	45373	140081	111707
云南	37523	36849	5992	7907	26582	22175
四省合计	290378	213731	48723	58774	195522	211247
全国总计	1026011	959872	446339	462435	1089463	887912
占全国比例（%）	28	22	11	13	18	24

资料来源：余定义：《西南六省社会经济之鸟瞰（上）》，《中行月刊》第16卷第3期，1938年3月，第2页。

原表说明：本表据国民经济建设委员会江苏分会编《国民经济建设》二卷二期，蒋学楷著《中国食粮供求的新估计》第9页，中国食粮供求状况表改制。该表产量系

① “行政院”农村复兴委员会编：《广西省农村调查》，上海：商务印书馆，1935年，第2版，第21～32页。

② 《西南资源与经济建设》，《经济研究》第1卷第1期，1939年9月1日，第1～3页；中国旅行社编印：《西南揽胜》，1940年，序言；沈学年：《吾国小麦生产区域与面粉工业区域》，《浙大农艺》第2期，1948年1月1日，第1页。

③ 中国科学院经济研究所、中央工商行政管理局资本主义经济改造研究室编：《旧中国机制面粉工业统计资料》，北京：中华书局，1966年，第106～107页。

④ 抗日战争时期国民政府财政经济战略措施研究课题组编写：《抗日战争时期国民政府财政经济战略措施研究》，重庆：西南财经大学出版社，1988年，第14页。

⑤ 广西小麦消费量另有不同记载，且差距非常大。据《广西粮食问题》（上海：商务印书馆，1938年）一书估计，1935年广西小麦消费总量为614100市担，参见该书第7页。

根据《农情报告》1933 年至 1935 年之平均产量，除籼粳稻及小麦独立计算外，其他如大麦、燕麦、高粱、小米、糜子、玉米、甘薯、豌豆、蚕豆等合为杂粮一项。又广西省亦系参照《广西年鉴》折合列入，该表消费量则系该文作者自行推算而得，其中人口数字乃据 1935 年《申报年鉴》，食粮成数乃据“中央”农业实验所估计，食粮消费量，乃据张心一之调查（米），侯厚培（小麦）及蒋氏（杂粮）之估计。

引者说明：原表六省包括广东、湖南二省，今根据行文需要删去。

从表 1－14 可以看出，西南地区农作物产量丰富，尤以稻米为甚，小麦种植面积与产量相对较小，但总体而言，西南地区具备发展面粉工业所需的原料及人口剧增之后对农产品的消费需要。

此外，西南各省可以利用的荒地面积不小，农业发展潜力巨大。

表 1－15　西南四省面积、耕地、荒地统计表

省别	全省面积	耕地面积		荒地面积	
	亩数	亩数	占总面积百分比（%）	亩数	占总面积百分比（%）
四川	701995273	93635583	13	55386166	8
云南	520916636	29485616	6	19976322	4
贵州	292118394	33636243	12	16128686	6
广西	354129952	29892152	8	14942309	4

资料来源：史维焕：《西南经济建设问题》，中国经济学社编：《战时经济问题》，长沙：商务印书馆，1940 年，第 347 ～ 348 页。

说明：原表有湖南省数据，今据行文需要未录入。

表 1－15 反映了西南各省的荒地面积，总计约占总面积的 22%，即五分之一的土地可供开垦利用。

2. 社会状况

战前西南地区政局不稳，各项统计未尽准确，数据多不一致，但可窥其一斑。

四川人口据 1936 年《申报年鉴》估计数为 48812021 人，国民政府迁渝后，曾对后方人口做过统计，四川总人口 1938 年为 46349257 人，1939 年为 46402432 人，1940 年为 46701847 人，1941 年为 46438490 人，1942 年为 45828243 人，1943 年为 46142858 人，1944 年为 47500587 人，1945

年为47547120人，人口密度约为159.6人。[①]四川共有143个城市，除江北、巴县、华阳、靖化、成都外，其余138市共有人口380余万，占全省人口的8.4%。其中重庆、成都及自贡占全部城市人口之半数。[②]就城市而言，成都市区人口呈上升趋势，1916年约为30万，20世纪30年代保持在40余万，占总人口的36%左右。[③]战时成都人口增长来源主要是公务人员、服务行业、农业、工业、交通运输业等。1935年，重庆市警察局实行户口清查，调查范围扩大到江北及南岸五渡，人口数为408178人。国府西迁后，军、政、教各色人等会集山城，更显拥挤。于是江北一带、成渝公路沿线新村勃兴，沙坪坝、小龙坎、新桥、歌乐山、九龙铺皆一变而为市镇。1939年5月5日大轰炸之后，重庆被划为“行政院”特别市，市区面积随之扩大，相当于原来的3.5倍，达328平方公里，此所谓“大重庆”之由来。1940年9月6日，重庆被定为陪都。“战时蔚成军事政治经济之枢纽，战后为西南建设之中心”[④]。据估计，1940年由战区迁移至后方的人口约5000万，后方人口达到2.3亿，增加25%。重庆人口1941年增为60万～70万，1943年超过90万，1945年超过125万。[⑤]20世纪30年代初，贵州人口统计数字为765万[⑥]，据贵州省政府1936年统计，全省共1850000户10486618人[⑦]，1937年开始有较为准确的数字，全省计1797718户10302507人。云南1923年时人口为9839180人，人口密度为17人，1929年海关报告数为11020807人，1932年为2338272户11795486人，占全国总人口的2.6%。[⑧]1934年12

---

① 四川省政府统计处编印：《四川省统计年鉴》（1946年），1947年，第57页；郑励俭编著：《四川新地志》，上海：正中书局，1947年，第10页。

② 周立三、侯学焘、陈泗桥：《四川经济地图集说明》，出版地不详，中国地理研究所，1946年，第11页。

③ 张学君、张莉红：《成都城市史》，成都：成都出版社，1993年，第230页。

④ 傅润华、汤约生主编：《陪都工商年鉴》，重庆：文信书局，1945年，第1编第1章第1页。

⑤ 抗日战争时期国民政府财政经济战略措施研究课题组编写：《抗日战争时期国民政府财政经济战略措施研究》，重庆：西南财经大学出版社，1988年，第29页。

⑥ 严新农编：《贵州省》，上海：商务印书馆，1933年，第1页；重庆市地方志编纂委员会总编辑室编：《重庆市志》第1卷，成都：四川大学出版社，1992年，第774～775页。

⑦ 丁道谦：《贵州经济地理》，上海：商务印书馆，1946年，第1页；张肖梅编著：《贵州经济》，重庆：中国国民经济研究所，1939年，第A1页。

⑧ 郭垣编著：《云南省经济问题》，上海：正中书局，1939年，第5～16页；“行政院”农村复兴委员会编：《云南省农村调查》，上海：商务印书馆，1935年，第5页；京滇公路周览筹备会云南分会编印：《云南概览》“三民政”，1937年，第1页；詹念祖编：《云南省一瞥》，上海：商务印书馆，1931年，第1～4页；赵平公编著：《云南省指导》，昆明：南华印务局，1939年，第1页。

月底，云南人口数为12042157人，据1936年《中华民国统计提要》统计，云南人口密度为36.86人。[①]广西1927年总人数计10753155人，1935年统计局调查共计1286万人，但分布不均匀，“东南密而西北疏”，主要分布在省境东南谷地，如浔江、抚河、柳江流域，玉林县人口密度达184人，而西北人口较稀，每平方公里仅有5人。[②]农业人口占90%，“生活极其简单朴素”。[③]

交通方面，四川地形复杂，古有“蜀道难，难于上青天”之叹。及至近代，现代交通渐有发展。川省铁路发轫较早，但进展迟缓，修通运营的主要有北川铁路、綦江铁路、滇越铁路、个碧石铁路，另有成渝铁路、川湘铁路、宝成铁路、川汉铁路、川黔铁路、川滇铁路等施测线路，但战前均未修通。[④]四川新式公路肇始于20世纪20年代中期，但无具体计划。1927年以官督民办方式修筑重庆至简阳公路，1931年始告通车，此为四川干线公路之始。1934年10月，国民政府谕令川、黔、湘、鄂、陕五省限期完成五省联络公路，川省公路建设渐上轨道，主要干路有川黔路、川陕路、川湘路、川鄂路、川康路、川滇路、川青路、川甘路，另有支线20余条。[⑤]四川河道错杂密布，航线总长7000公里左右，但可供轮船运输者为数不多。在枯水季节，可以行驶的船只更少，如宜渝段水道迂回曲折，险滩甚多，春冬枯水期凡1000吨以上大船无法航行，合川、重庆间航道枯水期200吨以上船只即无法行驶，只能调往他处。重庆以西航道枯水季节可行轮船吨数仅为972吨，而丰水期则有2144吨。[⑥]

四川地域广大，省内城市众多，最重要的为重庆与成都，而重庆贸易地位更为重要。重庆地处四川东南部，为半岛形山城，有“好个重庆城，

---

① 张肖梅编著：《云南经济》，重庆：中国国民经济研究所，1942年，第E5、A29页。

② 广西统计局编：《广西年鉴》（1933年），桂林：广西印刷厂，1934年，第130页；沈永椿编：《广西指南》，长沙：商务印书馆，1940年，第3～4页；白水编著：《今日的新西南》，上海：言行出版社，1939年，第13页；张先辰：《广西经济地理》，桂林：文化供应社，1941年，第15～17页；陈正祥编著：《广西地理》，上海：正中书局，1946年，第108页。

③ 蔡次薛：《新广西的经济建设》，《东方杂志》第37卷第2号，1940年1月16日，第31页。

④ 楼云林：《四川》，上海：中华书局，1941年，第87～92页；周立三、侯学焘、陈泗桥：《四川经济地图集说明》，出版地不详，中国地理研究所，1946年，第118页。

⑤ 周立三、侯学焘、陈泗桥：《四川经济地图集说明》，出版地不详，中国地理研究所，1946年，第118页；楼云林：《四川》，上海：中华书局，1941年，第82～87页。

⑥ 全国经济委员会编印：《四川考察报告书》，1935年，第128～131页；周立三、侯学焘、陈泗桥：《四川经济地图集说明》，出版地不详，中国地理研究所，1946年，第35页。

山高路不平”之谚[①]，三面环水，位于长江与嘉陵江交汇处，“会川蜀之众水，控瞿塘之上游，临驭蛮僰，地形险要”。[②]重庆因其地理位置重要，不但在四川，在西南地区也居于中心地位。据学者研究，战前重庆在长江沿岸商埠中，地位仅次于上海、汉口，居第三位。在四川贸易总额中，重庆占80%以上。[③]水路交通线路主要有长江下游重庆—宜昌线、嘉陵江重庆—合川线。短程线路有渝涪线、渝木线、渝松线、渝温线、渝磁线等。公路则有四川公路局成渝路、西南公路局渝筑段、西南公路局渝沅段。航线较多，计有渝港线、渝昆线、渝桂线、渝蓉线、渝筑线等9条国内航线及渝河线（重庆—越南河内）国际航线。[④]

云南山多谷深，交通多有不便。陆路交通方面，铁路只有滇越路已通车，运营状况良好。公路以昆明为核心，有7条线路，截至1942年，通车里程3300余公里，进展较为缓慢。[⑤]广西最早的公路为南（宁）武（鸣）路，1915年修筑，1919年通车，全长69公里，截至1938年，全省公路通车里程约4685公里。[⑥]贵州现代公路开始于1926年，当年成立路政局，主要增辟贵阳市街道及环城马路，次年改为公路局，发动全省民工修筑公路。1933年前为黔省公路创始期，1934～1937年为发展期。[⑦]1937年，贵州通车里程达2000余公里。[⑧]

工业方面，抗战全面爆发前，四川全省共有工厂583家，资本总额为648.5万元，工人总数18710人，“工厂的数量既少，规模又小”，大多不

---

① 陈友琴：《川游漫记》，南京：正中书局，1936年，第31页。

② 顾祖禹：《读史方舆纪要》卷69“重庆府”，北京：中华书局，2005年，第3271页。

③ 抗日战争时期国民政府财政经济战略措施研究课题组编写：《抗日战争时期国民政府财政经济战略措施研究》，重庆：西南财经大学出版社，1988年，第10页。

④ 楼云林：《四川》，上海：中华书局，1941年，第200～202页。

⑤ 张肖梅编著：《云南经济》，重庆：中国国民经济研究所，1942年，第161页。

⑥ 万光汉编：《分省地志·广西》，上海：中华书局，1939年，第111～118页。另有数据记载，截至1935～1936年，广西公路里程数为7000余公里，应该包括县乡公路在内。参见张先辰：《广西经济地理》，桂林：文化供应社，1941年，第209页。

⑦ 贵阳“中央”日报社资料室编：《新贵州概观》，贵阳：贵阳“中央”日报社，1944年，第18～19页。

⑧ 贵州公路记载多有不同数据，有资料记载，1937年以前，贵州修筑公路共计为1693.91公里。参见李大光：《抗战时期贵州的行政概况》，政协贵州省委员会文史资料委员会编印：《贵州文史资料选辑》第31辑，1992年10月，第9页。另据贵州省政府秘书处统计室1938年6月编印《贵州一览初稿》，贵州1937年已完成通车公路有4条干线、3条支线，计1796.21公里，仅初成路基而未通车的有203公里，另有4条省际公路，即黔湘线1015公里，黔川线483公里，黔滇线644公里，黔桂线476公里。参见该书第91～92页。

使用动力，“严格地说，尚是属于工场手工业的性质”[①]，既缺乏技术、机械设备，也无工业组织，手工业则较普遍，尤以织布、织绸、缫丝、火柴等厂为多[②]，各个重要城市工业较为落后。成都工业也较为薄弱，截至1935年2月，较有规模的工厂44家，工人最多时为400人，资本额超过10万元的只有3家。“成都市之大规模工厂，清末宣统年间劝业道周孝怀所创办之同仁工厂为嚆矢，其继起之秀有启明电灯公司。晚清以还，时局未靖，政府既未顾及实业，而成都又非工业原料生产地，兴办工厂，亦非易事。于是，在此二十余年之过程中，成都市之工厂遂寥若晨星。晚近数年，虽有不少工厂出现，但其中实具有工厂之规模者极少，大多数皆系由小手工业稍事扩大，易名而为工厂。故成都之工业，迄今犹在小手工业时期。”[③]重庆在抗战前夕有工厂77家，资本818万元，分别占全国总数的1.96%和2.42%。“重庆近代工业的产生和初步发展，成为了后来重庆乃至整个四川工业发展的基础。”[④]

贵州工业“以新式之工业而言，实属甚晚”[⑤]，因交通不便，原料缺乏，行销困难，甚不发达，多为小规模手工业，自制自贩，资本数百元至数万元不等，最多为10万元，产品行销本省而少有外销。1935年，黔省符合《工厂法》的仅有文通书局和永丰纸厂，资本总额为50万银圆。据黔省政府秘书处统计室1937年调查，全省较大工厂仅13家，包括制革、印刷、酿酒、火柴、染织、玻璃，其中贵阳7家，遵义3家。[⑥]

云南工商业“还没有十分发达”，内地贸易以粮食、布匹为大宗，次为锡与棉花等；对外贸易以日、美两国输入棉纱、棉布、火柴、烟草、木材为主，输出品有锡、茶、药材等。[⑦]昆明民营工业相当落后，合于《工厂法》规定的工厂少之又少，资本总额不及新滇币1000万元（合法币500万元），机器工业甚为落后，资本额为新滇币13000余元（合法币6500元），只占各厂资本总额的0.0015%。手工业亦较落后，1936年

---

① 李紫翔：《抗战以来四川之工业》，《四川经济季刊》第1卷第1期，1943年12月15日，第17～43页。

② 《蓉土布业公会请省府通令采用土布》，《四川月报》第8卷第4期，1936年4月，第92～93页；周立三、侯学焘、陈泗桥：《四川经济地图集说明》，出版地不详，中国地理研究所，1946年，第31页。

③ 重庆中国银行调查组：《成都市之工厂》，《四川月报》第6卷第2期，1935年2月，第1～15页。

④ 隗瀛涛主编：《近代重庆城市史》，成都：四川大学出版社，1991年，第209～210页。

⑤ 丁道谦：《贵州经济地理》，上海：商务印书馆，1946年，第206页。

⑥ 张肖梅编著：《贵州经济》，重庆：中国国民经济研究所，1939年，第K25～K26页。

⑦ 詹念祖编：《云南省一瞥》，上海：商务印书馆，1931年，第11～12页。

各类手工业计有1921户，从业人员7209人，资本总额为376412.5元。“外县手工业发展情形，不若昆明之盛”，只是特产较为著名。[①]

广西工业素称落后，传统工业可分为三种类型，一是与农业相结合的农家副业手工业，位于桂省西部及西北部各县，以棉纺织业为代表。二是特产原料加工业，如宾阳瓷器业、都隆那纱纸业、临桂麻布业及各地制糖业等。三是日用消费品制造业，如玉林、桂林的土布业。[②]新式工业自1926、1927年之后“始稍兴盛”，可分为官营与民营两种，官营工业“于本省经济之发展，殊少助益”，主要集中于梧州、南宁等地，民营工业主要集中在梧州，但“仍脱不了手工工场的形式”，且限于资本、原料、技术、销场等因素，“亦多在没落途中”。以新式工业较为集中的梧州而言，29家工厂共有发动机35座，马力216匹，电力91千瓦[③]，其他各地则更为落后。[④]抗战爆发后，广西省（今广西壮族自治区，下同）政府以“振兴与农业相适应之工业，使农工互相促进，以达到工业化为目的”，创设了酒精厂、硫酸厂、电力厂、自来水厂等，梧州、南宁、桂林等11县全年发电总数达2415千瓦时。[⑤]广西商业因僻处边地、工业落后而“远逊于其他各省”，以商业较为繁盛的梧州而言，共有商店1393家，资本总额2782293元，全年营业额129789715元；南宁有商家979家，资本总额895296元，全年营业额35110709元。全省输出品以谷米、油类为主，约占29%，牲畜为次，占24%，输入商品以棉纱为大宗，达31%，棉布及棉织品居第二，占25%。[⑥]广西鸦片运输泛滥，每年过境鸦片有3700万两之巨，少者亦有2000万两。[⑦]

二、战前西南各省面粉工业

1. 四川面粉工业

与内地其他省区一样，民国初年四川磨粉业皆为土法，产量丰富、“质列中等”的小麦不经机制，沿用旧法磨制，以制作点心、面条、糕饼

---

① 张肖梅编著：《云南经济》，重庆：中国国民经济研究所，1942年，第O2、A99～A100页。

② 张先辰：《广西经济地理》，桂林：文化供应社，1941年，第245～246页。

③ 万光汉编：《分省地志·广西》，上海：中华书局，1939年，第93～98页。

④ 虞伯舜编著：《抗战后方的新广西》，汉口：建国书店，1938年，第5～38页。

⑤ 梁明政：《战时基层经济建设》，南宁：民团周刊社，1938年，第18页；万光汉编：《分省地志·广西》，上海：中华书局，1939年，第98～99页。

⑥ 万光汉编：《分省地志·广西》，上海：中华书局，1939年，第99～105页。

⑦ 虞伯舜编著：《抗战后方的新广西》，汉口：建国书店，1938年，第41页。

之用。[①]但存在的问题是长途运输均感困难，成本太高，品质又劣。[②]随着经济交往及近代化程度不断深入，渐有外省机制面粉输入。

四川机制面粉业首先是从重庆发展起来的，而重庆亦赖外省输入[③]，并渐为当地人所接纳。1909 年，长寿县孙建中、舒绍芳、陈廷章在县城外东街创设长寿禁烟改种纪念公司，亦称“孙家面坊”，该公司资本额 23. 8 万银圆，磨粉机、柴油机各 1 部，雇佣工人 20 余人，日生产能力为 600 包。“面粉质优而洁白，销路甚畅。”[④]第一次世界大战期间，面粉工业长足发展，刺激着各地尤其是沿海各省机制面粉工业的发展，重庆机制面粉工业进一步发展也是基于此一时期。[⑤]长寿面粉厂在此一时期也有所发展。1921 年年底重庆海关署理税务司古禄（J. Klubien）认为，尽管该厂所产面粉质量优良，但“还不是成功的企业”，“绝未真正繁荣”。[⑥]关于该厂在 20 世纪 20 年代的发展状况，相关资料记载较少，有人估计 1931 年停产。[⑦]

1923 年，重庆面粉厂创办，该厂位于李家沱，资本 10 万元，英国产 40 英寸、30 英寸粉机各 1 部，日产量 800 袋。[⑧]1925 年，天津单松年鉴于当地大量低价原料及当地社会上层人士模仿上海、汉口等大城市食用机制面粉的风气，投资 4. 5 万元在重庆牛角沱创设新丰面粉厂，该厂 2 部磨粉机系从汉口向美商购入，另有小型蒸汽发电机 1 部，日产面粉 100 包，所产面粉“又洁白，又不含泥沙”，从过去食用泥沙较多的土粉到洁净的机粉，人们“自极满意”，“面粉供不应求”[⑨]，“初时营业极为良好”。1928

① 汤湘雨、李焕章：《成都平原小麦改良问题》，《农林新报》第 16 卷第 12 ～ 14 期合刊，1939 年 5 月 11 日，第 3 页。

② 张仲谋：《成都的新兴工业》，《新生路月刊》第 7 卷第 4 期，1941 年 12 月，第 13 页。

③ 重庆中国银行编印：《重庆经济概况（民国十一年至二十年）》，1934 年，第 170 页。

④ 四川省地方志编纂委员会编：《四川省志 · 粮食志》，成都：四川科学技术出版社，1995 年，第 219 页。

⑤ 鲜伯良：《陪都面粉工业概况》，《川康建设》第 1 卷第 5 ～ 6 期合刊，1944 年 12 月，第 1 页。

⑥ 周勇、刘景修译编：《近代重庆经济与社会发展，1876 ～ 1949》，成都：四川大学出版社，1987 年，第 345 页。

⑦ 上海市粮食局、上海市工商行政管理局、上海社会科学院经济研究所经济史研究室编：《中国近代面粉工业史》，北京：中华书局，1987 年，第 422 ～ 423 页。

⑧ 四川省地方志编纂委员会编：《四川省志 · 粮食志》，成都：四川科学技术出版社，1995 年，第 219 页。

⑨ 鲜伯良：《陪都面粉工业概况》，《川康建设》第 1 卷第 5 ～ 6 期合刊，1944 年 12 月，第 1 页；《重庆面粉工业的剖视》，《新世界》11 月号，1944 年 11 月 15 日，第 27 页；鲜伯良：《我经营重庆复兴面粉厂的回忆》，政协四川省委员会、四川省省志编辑委员会编印：《四川文史资料选辑》第 4 辑，1962 年，第 98 页；鲜伯良：《我所经营的复兴面粉厂》，中国民主建国会重庆委员会、重庆市工商业联合会编印：《重庆工商史料选辑》第 1 辑，1962 年，第 153 ～ 154 页；四川省地方志编纂委员会编：《四川省志 · 粮食志》，成都：四川科学技术出版社，1995 年，第 219 页。

年扩大规模，增资为 10 万元（有记载 15 万元，这可能是资本额最多时的数据[①]），并改组为股份有限公司，添置 31 英寸半钢磨 2 部，日产量提高至 300 包，工人 30 名[②]，“营业尚称不恶”[③]，但与以前“厂方不必费力推销，购者反多方迁就”的状况不同的是，“没有以前那么容易了”。[④]“后因管理不良，营业毫无起色，以致年有亏折。”[⑤]

1929 年 8 月，重庆淑和渝丝厂负责人邹列三鉴于丝厂生意萧条，而机制粉业生意兴隆，遂将位于江北香国寺丝厂改建为先农面粉厂，购置 24 英寸钢磨 2 部，资本额 8 万元（有记载 10 万元[⑥]），工人 18 人，日产量为 250 袋，面粉销于涪陵、泸州、嘉定、成都等处。[⑦]

与此同时，巴县人杨学优自日本归国后，有志于发展家乡机制粉业，遂集资 20 万元，与日本人共同筹办昭华面粉厂，设备有日本造 12 英寸钢磨 4 部，筛麦机、打麦机、蒸汽机、引擎、锅炉各 1 部，刷粉机 2 部，大型磨辊拉丝机、30 匹马力电动机各 1 台，并聘请日本粉师来渝安装。该厂位于重庆南岸翘角沱，1929 年建厂，1930 年正式生产，日产量 200 袋。投产一年多，因亏损太大，日商退股返国，杨学优亦因此卧床。[⑧]嗣后，该厂由杨学优胞弟杨乾经接办，并更名为岁丰面粉厂，资本额 6 万元，工人 20 名，每日出粉增至 300 包。为了增加销量，岁丰在合川、泸州、宜宾、长

---

① 重庆中国银行编印：《重庆经济概况（民国十一年至二十年）》，1934 年，第 170 页。另有记载，新丰面粉公司资本为 12 万元，每日产量为 300 包。参见交通银行总管理处设计处：《复兴面粉股份有限公司 1941 年 6 月调查报告》，重庆市档案馆藏，档案号 0288000100155000018 0000。

② 重庆中国银行编印：《重庆经济概况（民国十一年至二十年）》，1934 年，第 170 页。

③ 鲜伯良：《陪都面粉工业概况》，《川康建设》第 1 卷第 5 ～ 6 期合刊，1944 年 12 月，第 1 页；鲜伯良：《我经营重庆复兴面粉厂的回忆》，政协四川省委员会、四川省省志编辑委员会编印：《四川文史资料选辑》第 4 辑，1962 年，第 98 页。

④ 《重庆面粉工业的剖视》，《新世界》11 月号，1944 年 11 月 15 日，第 27 页。

⑤ 交通银行总管理处设计处：《复兴面粉股份有限公司 1941 年 6 月调查报告》，重庆市档案馆藏，档案号 02880001001550000180000。

⑥ 重庆中国银行编印：《重庆经济概况（民国十一年至二十年）》，1934 年，第 171 页；张肖梅编著：《四川经济参考资料》，重庆：中国国民经济研究所，1939 年，第 2 版，第 R90 页。

⑦ 鲜伯良：《陪都面粉工业概况》，《川康建设》第 1 卷第 5 ～ 6 期合刊，1944 年 12 月，第 1 页；鲜伯良：《我经营重庆复兴面粉厂的回忆》，政协四川省委员会、四川省省志编辑委员会编印：《四川文史资料选辑》第 4 辑，1962 年，第 98 页；重庆中国银行编印：《重庆经济概况（民国十一年至二十年）》，1934 年，第 171 页；张肖梅编著：《四川经济参考资料》，重庆：中国国民经济研究所，1939 年，第 2 版，第 R90 页；四川省地方志编纂委员会编：《四川省志・粮食志》，成都：四川科学技术出版社，1995 年，第 219 页。

⑧ 鲜伯良：《陪都面粉工业概况》，《川康建设》第 1 卷第 5 ～ 6 期合刊，1944 年 12 月，第 1 页；王金明、苏力：《岁丰面粉股份有限公司兴办始末》，政协四川省重庆南岸区文史资料委员会编印：《重庆南岸文史资料》第 8 辑，1992 年，第 48 页。

寿、涪陵等地设立办事处和面粉销售服务公司。[①]至此，重庆在短短5年时间内创设了新丰、先农、岁丰三厂，资本共计22万元（有的记载为31万元，其中新丰15万元，先农10万元，岁丰6万元；有的记载为33万元[②]），全年开工10个月，三厂日产量达750袋，年产量30余万袋，形成了重庆机制面粉业的三足鼎立之势。[③]小麦来源主要有泸州、遂宁、顺庆、保宁、潼川等县，销路以重庆为多，但机粉仅占全市销量十分之三，其他仍为土粉。[④]

但情况不妙的是，在土粉产量没有减少、人们对机粉未能普遍接受的情况下，750袋面粉对于此时的重庆来说，过剩了[⑤]，销售出现很大障碍，"有时面粉送去二三月之久，厂方还收不到钱，如果催讨太急，不是藉词批评面粉不好，便干脆的叫厂方收回"，与新丰初创时的情形判若霄壤。[⑥]重庆面粉"产量过多，均有亏折之势"。[⑦]加之川局动荡，交通不便，且受到价格低廉的土粉冲击，负有统税、包装及运输成本的机粉不易在价格上与土粉竞争（20世纪30年代初，重庆机制面粉每50公斤价格为7元，土

① 重庆中国银行编印：《重庆经济概况（民国十一年至二十年）》，1934年，第171页；鲜伯良：《我经营重庆复兴面粉厂的回忆》，政协四川省委员会、四川省省志编辑委员会编印：《四川文史资料选辑》第4辑，1962年，第98页；王金明、苏力：《岁丰面粉股份有限公司兴办始末》，政协四川省重庆南岸区文史资料委员会编印：《重庆南岸文史资料》第8辑，1992年，第48页。1940年9月1日，岁丰改名为裕记岁丰面粉股份有限公司，资本额20万元，选杨乾经、杨樨芬、王兰楫、秦圣清、孙树培、彭诚孚、李觉鸿为董事会，曾子高、游仕渤、杨有仪三人为监察委员，计划每年磨麦35000市石，年可获纯利39000元。参见陈松如、游守仕、朱小佛等：《陈松如、游守仕、朱小佛等关于组织成立岁丰面粉股份有限公司的呈、批（附营业计划书、认股数目清单、发起人姓名、经历表）》，1939年10月11日，重庆市档案馆藏，档案号00600002003310000004；重庆市社会局：《重庆市社会局关于派员查验资本、核发验资证明书给岁丰面粉股份有限公司的批（附表）》，1940年11月19日，重庆市档案馆藏，档案号006000020031000005；裕记面粉股份有限公司、重庆市社会局、经济部：《裕记面粉股份有限公司、重庆市社会局、经济部关于核发公司登记执照的呈、训令、指令（附营业计划书、章程、登记事项表等）》，1940年11月27日，重庆市档案馆藏，档案号00600002003310000008。

② 楼云林：《四川》，上海：中华书局，1941年，第158页。另有记载重庆的三家面粉厂分别为新丰面粉厂，资本额为15万元；先农厂，资本额8万元；日商朝华厂，资本额10万元。参见周勇、刘景修译编：《近代重庆经济与社会发展，1876～1949》，成都：四川大学出版社，1987年，第362页；《重庆海关税务司李规庸给海关总署的报告》（1931年12月31日），转引自隗瀛涛主编：《近代重庆城市史》，成都：四川大学出版社，1991年，第195页。

③ 鲜伯良：《陪都面粉工业概况》，《川康建设》第1卷第5～6期合刊，1944年12月，第1页。

④ 赵永余：《四川重庆之食粮》，出版地、出版社不详，1936年，第5页。

⑤ 《厉无咎先生讲："面粉的生产与消费"》，《西南实业通讯》第5卷第1期，1942年1月31日，第48页。

⑥ 《重庆面粉工业的剖视》，《新世界》11月号，1944年11月15日，第28页。

⑦ 重庆中国银行编印：《重庆经济概况（民国十一年至二十年）》，1934年，第170页。

粉仅为5元[①])，销路渐滞。

新丰、先农、岁丰三厂从创设之初“营业极为发达”到面粉销出而无法回款，何以会出现这种局面？有人指出其原因是“同业竞争，互相倾轧”，遂致各厂均有亏折之虑，“所在机器生财，均成为负债抵押品”，而不得不向金融机构借款度日。[②]甚至出现“彼此不问成本，拼命竞销”的局面，结果“三败俱伤”，亏累不堪。[③]三家粉厂面对此一局面，并非坐以待毙，而是采取了新的联营策略。1932年，为了避免恶性竞争，解决面粉销路问题，三厂合组为重庆三益面粉公司，按照比例配额产销，即新丰占四成，先农、岁丰各占三成。“三益”者，三方得益之谓，而各厂却降低品质，形成了“质低价高”的不利局面，销路日窄，亏折亦愈大，三厂联营模式遂在一年后撤销。[④]先农面粉厂因亏损多年，1934年上半年濒于停产边缘。新丰亦因经营不善，不光原有资本亏累殆尽，且负债累累不能偿还，遂公开登报售厂。

1934年7月，新丰协理鲜伯良乘机集资90000元，承接新丰粉厂，改名为复兴面粉厂，旋改为复兴面粉股份有限公司，自任总经理。[⑤]该厂资本20万元，共有职工160人[⑥]，位于牛角沱，总经理为最高决策者，“对外代表公司并综理公司一切事务”。总公司设有五人董事会，主要机构有经理室、事务部、厂务部与各地办事处，下设经理、襄理、厂长各一名，经理为葛乔，厂长为邹列三。经理室下设秘书、稽核两处，事务部下设总务、业务、会计三部，厂务部设厂长一名，各地办事处设主任一名及办事

---

① 四川省地方志编纂委员会编：《四川省志·粮食志》，成都：四川科学技术出版社，1995年，第219页。

② 楼云林：《四川》，上海：中华书局，1941年，第158页。

③ 鲜伯良：《陪都面粉工业概况》，《川康建设》第1卷第5～6期合刊，1944年12月，第1页。

④ 鲜伯良：《我经营重庆复兴面粉厂的回忆》，政协四川省委员会、四川省志编辑委员会编：《四川文史资料选辑》第4辑，1962年，第98～100页；李贵荣：《重庆海关1922～1931年十年调查报告》，李孝同译，政协四川省委员会、四川省志编辑委员会编印：《四川文史资料选辑》第13辑，1964年，第211页；龙明桥：《“面粉大王”鲜伯良》，政协重庆市中区委员会文史资料委员会编印：《重庆市中区文史资料》第5辑，1993年，第55页。

⑤ 龙明桥：《“面粉大王”鲜伯良》，政协重庆市中区委员会文史资料委员会编印：《重庆市中区文史资料》第5辑，1993年，第53～55页；《重庆面粉工业的剖视》，《新世界》11月号，1944年11月15日，第31页；复兴公司原名复新，因与江苏南通复新面粉公司同名，故申请改为复兴，四川省政府1938年6月批准。参见四川省政府：《关于更改复新面粉股份有限公司给复兴面粉股份有限公司的批》，1938年6月17日，重庆市档案馆藏，档案号0024－0001－00474－0000－110－000，第110页。

⑥ 交通银行总管理处设计处：《复兴面粉股份有限公司1941年6月调查报告》，重庆市档案馆藏，档案号02880001001550000180000。

员若干，受总公司督导。

鲜伯良，字文圆，别名鲜骏，四川省西充县太平乡人，生于1903年6月，出身农家，曾入私塾发蒙，1921年毕业于西充县师范速成班。之后独自到重庆谋生。当过学徒、兵营司书、印刷社职员、二十一军军医处中校主任等职，在任职军医处期间，专管各医院医药、开支费用，得回扣10000多元，此为鲜伯良的第一桶金。1933～1934年，鲜伯良通过倒卖刘湘发行的库券、公债，掘得第二桶金。之后，投资江海银行重庆分行，并升任经理。他随后开办华兴地产公司及投资南充实业公司、南充面粉厂等。

复兴公司成立后，鲜伯良仔细研究重庆面粉市场，发现民众每日面粉消费总量较低，仅为八九百袋，其中大部分为品质低劣、价格低廉的土粉，如果机制粉厂能降低成本，加上品质优良，定会焕发生机。鲜伯良遂派人赴汉口福新面粉厂参观学习，约请美国面粉专业技师华尔英赴渝，为复兴公司制订了全新的改造计划，在电力、工资、管理费用均不增加的情况下，只增加少量资金利息，精简机构，紧缩开支。添加重要辅助设备，动力采用原厂80匹马力锅炉1部，同时在汉口添购2部36英寸爱立斯式双面新型磨粉机，2部31英寸半德式双面磨粉机，1部24英寸美式制粉机等。经过改造后的复兴公司果然焕发出新的生机，产量由之前的300包增至1000包，成本降至与土粉相差不远，“可以和其他两家面粉厂以及土磨坊竞争，而操必胜之权了”。华尔英协助复兴改组，起到了“起死回生”的关键作用。公司遂在重庆市区开设义厚生粮食商行，在合川设置小麦收购点，保证原料充足供应，并专门建立特约承销店20处，自设10处挂面厂，价格与土粉切面价格持平，推广机制挂面，每日可消纳面粉百余包。经过一个时期的市场争夺，逐渐压垮了土粉切面铺，每日需粉增至500余包。此外，复兴公司利用重庆便利的水路运输，将产品运至长寿、涪陵、万县、江津、合川等地销售，开拓外县销场，曾远销贵阳等地。复兴生产成本下降，销路畅通，销量大增，占整个重庆机制面粉市场的一半以上。1937年资本增至40万元。①

1937年，先农因经营不佳，资本耗尽，次年复兴遂将之收购，改为复兴二厂，地皮租用、地基建筑费5000元，厂房建筑费55000余元，有3间

① 交通银行总管理处设计处：《复兴面粉股份有限公司1941年6月调查报告》，重庆市档案馆藏，档案号02880001001550000180000；张肖梅编著：《四川经济参考资料》，重庆：中国国民经济研究所，1939年，第2版，第R90页。

洋房1座，价值17000元，瓦房1座，价值1000元[①]，并花费26万余元大力改造，其中20.6万余元用于添购3部30.5英寸美式双面新型磨粉机，仓库厂房5万余元，动力由重庆电力股份有限公司提供。[②]经过合并改组、添置设备，复兴二厂产量大为提高，由以前的日产300包增至八九百包，“最高纪录曾达一千〇三十九包，将来再加调整，可望每日出一千二百包”[③]，但因江北电力供应有限，产量亦受影响。[④]总体而言，战前重庆机制面粉工业取得了较大发展，但从平汉铁路管理局经济调查组的角度来看，与沿海粉厂相比，“发达限度极低”。[⑤]

除了重庆，成都机制面粉工业亦有所发展。1912年，成都创办裕德面粉厂，该厂采用机械动力传动石磨制粉，资本额10000元，日产面粉90包。[⑥]兆丰机器面粉厂全名“兆丰机器麦粉厂无限公司”，创立于1936年6月28日，位于成都市新东门外天兴桥，为本地人创办[⑦]，股东谢德堪（法人）出资法币4万元，熊哲帆出资1万元，资本总额5万元，公司下设工务与业务二组，前者管理生产，后者主对外营业。动力采用瑞士最新出产50匹马力马达1部，清麦机、制面机、分面机、筛粉机、清粉机等全套设备，每日产量四五百袋，每年可产粉3307500斤，每斤售价0.13元[⑧]，除供本

---

① 交通银行总管理处设计处：《复兴面粉股份有限公司1941年6月调查报告》，重庆市档案馆藏，档案号02880001001550000180000。

② 《重庆市面粉厂用电情形一览表》，1942年9月21日，重庆市档案馆藏，档案号02190002000810000018。

③ 《复兴面粉股份有限公司第四次董事会议记录》，1941年1月16日，重庆市档案馆藏，档案号00600002003300000022，第119～121页。另有记载，第二厂全部建筑费用约78000元。参见交通银行总管理处设计处：《复兴面粉股份有限公司1941年6月调查报告》，重庆市档案馆藏，档案号02880001001550000180000。

④ 鲜伯良：《陪都面粉工业概况》，《川康建设》第1卷第5～6期合刊，1944年12月，第1～2页。如据记载，1942年8月，复兴一厂用电3325千瓦时，二厂用电12163千瓦时，用量与其他各厂相比，不是很大。参见《重庆市面粉厂用电情形一览表》，1942年9月21日，重庆市档案馆藏，档案号02190002000810000018。

⑤ 平汉铁路管理局经济调查组编印：《重庆经济调查》，1937年，第3页。

⑥ 四川省地方志编纂委员会编：《四川省志·粮食志》，成都：四川科学技术出版社，1995年，第219页。

⑦ 山川出版社编译所编著：《成都指南》，成都：山川出版社，1943年，第34页；张再生：《回忆成都大星面粉厂的艰苦历程》，政协西南地区文史资料协作会议编：《抗战时期内迁西南的工商企业》，昆明：云南人民出版社，1988年，第281页。

⑧ 《实业部》，〈兆丰机器面粉厂公司（成都）〉，1936年8月～1936年10月，台北“中央研究院”近代史研究所档案馆藏，档案号17－23－01－17－04－003；建成实业股份有限公司成都面粉厂：《建成实业股份有限公司成都面粉厂计划书》，重庆市档案馆藏，档案号0234－0001－00009－009；山川出版社编译所编著：《成都指南》，成都：山川出版社，1943年，第34页。

市外，并售于邻县，成都市售粉场所六成为该公司所有。①当年收入429975元，支出包括职员薪水7920元，技工薪水13920元，损耗与折旧49920元，购麦318998元，盈余39217元。净利分配如下：提取公积金十分之一，3921元；股息五厘，计2500元；股东红利占十分之六，计19677元；执行业务股东酬劳约十分之一，计3279元；职员及技工奖金约为十分之二，计6559元；特别公积金为十分之一，计3281元。②1938年7月，职工人数为26人，年产量为59400袋。③总体而言，战前成都面粉业仍以土法为主，约有土磨坊87家，年产量156600石。④

1936年年底，四川实存机器粉厂4家，其中重庆3家，即先农、岁丰和复兴，资本总额890000元，工人总计84人，磨粉机10部，年需小麦94000担，生产面粉193000包，产品总值665400元，本市销售四成，余运销省内其他各地。⑤成都有1家，即兆丰，资本总额39万元，日产量2000包。⑥其他各县另有数家传统磨坊。

截至抗战全面爆发前，四川面粉业重新组合，详情见表1-16。

表1-16　战前四川面粉业一览表

企业名称	开办时间	地点	资本（万元）	设备	年产量	工人数
兆丰机制麦粉厂	—	成都	—	机制	75000袋	30
利华改良面厂	—	成都	—	—	1800担	12
周家磨麦房	—	江津	—	—	540担	5
德茂长	—	江津	—	—	450担	6

---

① 谭寿清：《成都经济（下）》，《经济汇报》第5卷第10期，1942年5月16日，第43页；山川出版社编译所编著：《成都指南》，成都：山川出版社，1943年，第34页；张肖梅编著：《四川经济参考资料》，重庆：中国国民经济研究所，1939年，第2版，第R89～R90页。

② 《实业部》，〈兆丰机器面粉厂公司（成都）〉，1936年8月～1936年10月，台北“中央研究院”近代史研究所档案馆藏，档案号17-23-01-17-04-003，第19页。

③ 《成都市工厂一览表（二十七年）》，《四川统计月刊》第1卷第2期，1939年2月25日，第54页。

④ 张仲谋：《成都的新兴工业》，《新生路月刊》第7卷第4期，1941年12月，第13页；谭寿清：《成都经济（下）》，《经济汇报》第5卷第10期，1942年5月16日，第43页。

⑤ 刘大钧：《中国工业调查报告》中册，出版地不详，经济统计研究所，1937年，第177～180页。有资料记载，三家面粉厂资本总额为22万元，每日可产面粉1100包，销量占全市总销量十分之三。参见国民经济研究所编印：《四川重庆之食粮》，出版时间不详，应在1936年前后，第2页。

⑥ 四川省地方志编纂委员会编：《四川省志·粮食志》，成都：四川科学技术出版社，1995年，第220页。此处日产面粉2000包似有所夸大。

（续表）

企业名称	开办时间	地点	资本（万元）	设备	年产量	工人数
新丰面粉厂	1925	重庆	15	机制	日产80包，后增为600包	—
瑞丰机制面粉厂	1930.9	江北	30	电力制粉机	75000袋	30
合记荣华面厂	1937	合江	2	石磨、铜压片滚子	1687袋	10
先农机制麦粉厂	—	—	10	机制	特等粉4800担，二等粉27600担，三等粉7200担	25
复兴机制麦粉厂	1934	巴县	9	机制	240000袋	60

资料来源：四川省政府编印：《四川省概况》，1939年，第72页；鲜伯良：《我经营重庆复兴面粉厂的回忆》，政协四川省委员会、四川省省志编辑委员会编印：《四川文史资料选辑》第4辑，1962年。

从表1-16可以看出，除了数量较多、分布范围较广、产量较大的土磨业之外，四川机制面粉工业仍处于起步阶段。从地域分布来讲，主要分布在重庆与成都或其周边县市，其他市县几乎没有。

据学者研究，战前四川面粉业采用机器的企业占企业总数的56%，是近代四川工业中很有生气的部门。面粉厂基本由绅商投资开办，显示出地方势力对行业的影响较大。复兴总经理鲜伯良系刘湘亲信，曾任四川善后督办公署医务处主任，后聘请刘湘部属朱大维、鲜英、何北衡、李汝衡等为董事和监察，在他们的支持下，增加投资，更新设备，扩大生产，吞并中小粉厂，垄断面粉市场，掌握小麦供应来源，成为重庆面粉业的新霸主，是重庆工商界叱咤风云的人物，人称“面粉大王”。[①]战前，成都面粉业主要是传统土磨加工而成，去麸不净，研磨不细，色泽不白，比较粗糙，产销量皆小。[②]

① 张学君、张莉红：《四川近代工业史》，成都：四川人民出版社，1990年，第297～331页；龙明桥：《“面粉大王”鲜伯良》，政协重庆市中区委员会文史资料委员会编印：《重庆市中区文史资料》第5辑，1993年2月，第53页。

② 何致中：《抗战初期我到成都筹办建成面粉厂的经过》，政协西南地区文史资料协作会议编：《抗战时期内迁西南的工商企业》，昆明：云南人民出版社，1988年，第295页。

2. 云南、贵州、广西面粉业

战前云南、贵州、广西均无机器制粉业，各省皆为手工作坊或机器磨坊。云南每家磨坊有磨盘二三盘、四五盘不等，每日用麦100余石，产粉约10000斤（每袋60斤），销于磨粉坊、面铺及沿街叫卖小贩，各糕饼店、零食铺亦有洽购，由磨坊按日送货。所制土粉称为“灰面”，主要用作点心、挂面、粑粑、糕饼、油条、包子，战前昆明土面每日销量不过2000斤，机制面粉消费量不过20袋。[①]云南面粉以土粉为主，亦有外粉运滇，昆明及滇越铁路沿线所食面粉多从越南输入之“洋面”，每年进口面粉200万斤，约值15万元，其中洋面输入10万元，由上海转运而来者5万元，洋面价格每斤0.35元，而土粉为0.07元，价格上洋面为土粉的5倍。[②]云南切面业主“大都只有切面机一架，小铺营业，无足称述”。[③]多利用水力推动轮磨而磨制，一船民众皆食土粉。曲靖共有磨坊百余家，多系农村副业，石磨约百部，四成集中于县城，12小时可磨粉20～30斤，所磨面粉主要制作挂面，年产鸡蛋挂面万余斤，盐水挂面3000余斤，以昆明、重庆、贵阳为主要销场，亦远销京、沪、汉等地。[④]

民国初年，贵州遵义有名为麦香村的机器制面厂，1918年迁至贵阳，机器购自上海，生产盒装、把装干湿面条，价格从四分至二角不等。[⑤]传统制面行业工具简单，效率很低，“这个行业不需要讲究什么门面，只要有个小作坊，用一张案板，一根不到二公尺长的木杆，一把切面刀和一个盛碱坛子，以及少量资金，就可以生产……每天从清晨六点到晚上十一、二点，也只能赶出百把斤面条。整天地劳动，把人累得精疲力竭，所得利润只能维持每日最低生活”，但投资少，市场广泛，成本回收很快，扩充起来亦较易。[⑥]后来，遵义人喻森看到贵阳面条生意红火，遂托人从重庆购得一部双头制面机，开办“稻香村”机制面条店，“一部双头机，两个人工，

① 狄超白主编：《中国经济年鉴》中编，上海：太平洋经济研究出版社，1947年，第122页；张维亚：《昆明基要商品之生产运销调查报告（上）》，《“中央”银行月报》第1卷第12期，1946年12月，第50～51页。

② 《云南小麦品种及面粉之调查》，《中农所简讯》第2期，1938年8月1日，第5页；《云南小麦制粉问题》，《中农所简讯》第4期，1938年10月1日，第8页；徐季吾、陆钦范：《云南之小麦与面粉》，《西南边疆》第4期，1939年1月，第14、24页。

③ 京滇公路周览筹备会云南分会编印：《云南概览》“六建设”，1937年，第77、73页。

④ 叶懋、潘鸿声：《云南省曲靖县经济调查》，四川省农业改进所统计室，1942年，手写稿，不分页码。

⑤ 林兴黔：《贵州工业发展史略》，成都：四川省社会科学院出版社，1988年，第121页。

⑥ 王伦：《贵阳面粉业简介》，政协贵州省贵阳市委员会文史资料研究委员会编印：《贵阳文史资料选辑》第25辑，1988年10月，第132页。

一天的生产，是十家人工面的总和”，产量大为增加，100 斤面粉可获毛利 7.2 元，如果日产 1000 斤的话，每月净利润为 972 元，获利不菲。喻氏夫妇薄利多销，生意日渐兴隆，并扩大经营，招收学徒，将店名改为“麦香村”，最多时日产量达 3000 斤。所产面条包装图案精美，销路大增。此为贵阳第一家机制面条店。[①]1922 年，镇宁南街魏姓人氏购得制面机一架，以后逐年增多。1935 年国民政府派部队入黔，加上贵州修筑道路、人口增加，面条业日益兴盛。1937 年 5 月 1 日，李泽民开办李鑫记面坊，资本 500 元，麦、粉自购自运，每年购麦 300 市石，年售面粉 34000 市斤[②]，“制面业在黔省较大之城镇间，亦时有所见”。安顺年产土粉 30 万斤，行销于本省各县及云南，挂面 5 万斤，销于邻县。这两项是仅次于铁器业（剪刀、菜刀）的大宗产品。[③]抗日战争爆发后，贵阳制面店增至 200 多家。[④]

战前广西磨粉业采用牛力磨与人力磨两种，前者每天可磨麦 100 斤，后者仅 50 斤[⑤]，并无机制粉厂。

三、战前西南地区面粉工业的特点

西南各省因地理、气候等因素，粮食作物以水稻为主，民众大多以稻米为食，面粉需求量较小，且几乎以土粉为主。但随着近代化的推进，面粉加工机械化亦逐渐从沿海地区传入内陆城市，西南个别城市亦出现机制粉厂。纵观此一时期西南地区面粉工业，可以看出如下特点。

第一，机制粉厂出现较早，曲折中缓慢进步。

如果以 1900 年正式开工的中国首家民族机制面粉厂阜丰为参照，西南地区第一家机制粉厂出现在 1909 年，相距不过 10 年，比西北地区早四年，这对于不以产麦食面为主且交通相对封闭的地区来说是难能可贵的，说明西南地区的制粉业近代化推进速度要稍快于西北地区。

但与西北地区颇为相似的是，在设立了第一家粉厂后，并未有后继者

---

① 王伦：《贵阳面粉业简介》，成都：四川省社会科学院出版社，第 132 ～ 133 页；王廷栋：《麦香村机制面条》，政协贵州省贵阳市委员会文史资料委员会编印：《贵阳文史资料选辑》第 36 辑，1992 年 10 月，第 212 ～ 215 页。

② 蓝天：《解放前贵州的粮食加工业》，政协贵州省贵阳市委员会文史资料研究委员会编印：《贵阳文史资料选辑》第 17 辑，1986 年 3 月，第 86 页。

③ 张肖梅编著：《贵州经济》，重庆：中国国民经济研究所，1939 年，第 L7、P8 页。

④ 王廷栋：《麦香村机制面条》，政协贵州省贵阳市委员会文史资料委员会编印：《贵阳文史资料选辑》第 36 辑，1992 年 10 月，第 215 页。

⑤ 张培刚：《广西粮食问题》，上海：商务印书馆，1938 年，第 84 页。

快速跟进，而是在15年之后才有第二家粉厂的设立，这一点与东南地区粉厂发轫之初密集创办有明显差异。20世纪20年代中后期，重庆设立粉厂数量明显增加，新丰、先农、岁丰先后创设，至此，重庆在短短5年时间内创设3厂，形成了重庆机制面粉业的三足鼎立之势。[①]但3厂未对市场需求进行充分调查研究，只是一味恶性竞争，遂形成各不相能的危局。究其原因，既有市场尚未开拓的问题，也有粉厂管理不善、产品销售策略有待优化的问题，复兴的出现则有效地解决了以上问题，形成一家独大、欣欣向荣的局面，这说明重庆有发展机制粉业的潜力。从资本来源看，既有本地资本，也有与日本商人合资，这与南洋兄弟烟草公司早期发展状况比较相似。这一点虽然在东南、东北地区或其他行业并不鲜见，但就西北与西南地区来说，仍属凤毛麟角。尽管合资时期很短暂，结果也是不欢而散，但仍为重庆发展机制粉业提供了一种思路。

第二，地域特别集中，两极分化现象严重。

从粉厂分布地域来看，两极分化特别严重，即四川一枝独秀，其他省份均无机制粉厂设立。从四川省内而言，又以重庆一地非常集中，其他城市包括成都这样的中心城市也非常零散乃至于阙如。重庆“会川蜀之众水，控瞿塘之上游，临驭蛮僰，地形险要”[②]，是“长江上流第一大商埠”[③]、“川省第一商埠”。[④]作为西南地区地理位置优越、最具活力的商业城市，重庆1890年已开埠，外来因素影响亦较其他城市为深。因此，粉厂设立数量远较其他城市为多。成都“虽为四川省会，而工业尚未发达，故以物产而言，机器品及化学成品均极少，手工制品亦不多”。[⑤]抗战前只有一家机制粉厂。相反，西南地区其他省会城市或交通枢纽城市则表现出特别不发展的态势，均无机制粉厂建立，只有传统水旱磨坊或机器磨坊。

第三，规模明显较小。

首先，资金规模较小。重庆新丰、先农、岁丰三厂资本约30万元，最多的新丰也仅15万元，而最少的岁丰仅6万元。[⑥]这不但与西北地区粉厂相差甚远，与东南地区相比亦是霄壤之别。其次，工人数量少。除了新丰

---

① 鲜伯良：《陪都面粉工业概况》，《川康建设》第1卷第5～6期合刊，1944年12月，第1页。

② 顾祖禹：《读史方舆纪要》卷69“重庆府”，北京：中华书局，2005年，第3271页。

③ 黄九如编：《中国十大名城游记》，上海：中华书局，1935年，第110页。

④ 薛绍铭：《黔滇川旅行记》，上海：中华书局，1937年，第164页。

⑤ 周芷颖：《新成都》，成都：复兴书局，1943年，第105页。

⑥ 楼云林：《四川》，上海：中华书局，1941年，第158页。

30人，刚达到《工厂法》最低要求外，先农18人，岁丰20人[①]，均未达到当时现代化工厂要求，与全国粉厂平均工人数相差甚远。最后，产量规模小。三厂全年开工10个月，每日总产量750袋，年产量约30余万袋，明显落后于西安的成丰与华峰，更不能与东南粉厂同日而语。

小　结

近代以来，中国逐渐被纳入全球化活动，西方对中国影响渐著，其间既有侵夺之害，也有促进之功，中国工业发展路径即有明显体现。但中国工业的发展与布局有一个显著特点，即皆为自发行为，缺乏科学合理的规划，地域分布极不合理，上海尤为集中，西南、西北地区工业甚不发展。近代中国机制面粉工业形成一南一北两大面粉工业中心，其他城市也围绕两个中心有所发展。

战前西北、西南面粉工业虽有所发展，但与当时全国发展状况类似，分区布局并无科学规划，全凭投资者以一己之力谋划，从厂址选取、厂房建筑、设备安装、原料购运、面粉销售，皆独力为之。以厂址选择而言，或靠近交通便利之地，以利于原料购运；或集中于通商大埠，以利于产品销售；或开设于社会资本发达之地，以利于资金周转。在政局动荡背景下，工业发展很难觅到地方政府积极促进的身影。

战前西北与西南地区各有为数不多的机制面粉厂，两个地区皆呈现出两极分化的特点，即某一省市粉厂较多，而某些省份则是不甚发展或完全不发展。西北地区以陕西较多，陕西则集中于西安。民初陕西地方军阀势力强大，导致地方局势动荡，省政府上层更迭频繁，尽管机制面粉工业萌发较早，但并未引起主政者的足够重视，亦未形成规模。1933年时仅有渭南一家稍具规模的机制粉厂，再次筹设新厂则是在20年之后的20世纪30年代中期，即华北事变之后，此时其实已经呈现出“危机下的融合与发展”的特点，成丰、华峰二厂皆系在华北事变、民族危机日渐加深时，由政局动荡扰攘的山东、河南迁移而来，随之民族资本、制粉技术亦相率而至，带动了陕西机制面粉工业的发展。只不过此时民族危机呈现间歇式发展，并未上升至顶点，还有缓和的余地，故而内迁只是表现出趋势，未形成规模。尽管如此，成丰、华峰仍是西安机制面粉工业走向规模发展过程

① 楼云林：《四川》，上海：中华书局，1941年，第158页。

中最重要的两家机制粉厂。如果说战前成丰与华峰开启了陕西乃至西北地区机制面粉工业在民族危机下的融合与发展模式，那战时则展现出范围更广、规模更大、涉及粉厂与人员更多的融合与发展的特点。

甘肃、宁夏、新疆与青海四省面粉工业则呈现出迥然不同的面貌。新疆因其毗邻苏联，制粉机器来自境外，借助外力实现了机制粉业的发展，这与北方面粉工业中心哈尔滨的情形非常类似，且两家粉厂皆为商营，产量亦较可观，展现出较好的发展势头。宁夏面粉业采用石磨而非钢磨，不能作为机制工业来看待，所用动力来自天津较为落后的机械，制约了其进一步发展。甘肃与青海则完全是传统磨坊一统天下，机制面粉工业尚未萌芽，这表现出西北地区自东向西的不发展趋势，即与东部沿海地区靠近或与境外接壤省份率先发展，而愈是位于西北内陆，现代化的步伐愈慢。

西南地区面粉工业以四川较多，其中又以重庆较为集中。以重庆为代表的四川机制面粉工业也是从省外乃至国外输入并发展起来的。新丰面粉厂系单松年模仿上海、汉口制粉行业，将沿海制粉设备与技术引进川省，显示出省外制粉业对四川此一行业的影响日渐加深，也表明中国机制面粉工业正在由东部沿海地区向西部内陆城市逐步渗透与传导，省外输入的特点非常明显。新式机制粉厂创办之前，川省民众皆食土粉，并不知机粉为何物。1909 年新式粉厂的创设使得人们从食用“全属用土法制成之麦粉”转换至感觉新奇、色白质优的机粉，并且“销路甚畅”，反映了部分民众口味的变化及对机粉的逐渐接纳。这一方面彰显出机制面粉工业旺盛的生命力与不可遏制的扩张势头，虽然开始时势单力薄乃至阻力重重，但隆隆作响的机器声正在逐渐代替传统旱磨里的吆喝声与水磨里的水流声，另一方面也显示出传统土粉行业将要面对生产力更为强大、价格更为低廉且质量更为上乘的新兴机制面粉业的挑战，尽管土粉行业对此还一无所知、从未察觉。

重庆机制面粉工业的发展，还有一个特点即是国外输入的路径。昭华面粉厂创办人杨学优的学术背景可以看作“以日为师”，其回国后的举动是创办机制粉厂，应该说杨学优的这一想法具有长远眼光且符合潮流，切合实际。机制面粉工业方兴未艾，在沿海地区已有大批成熟企业，只要将其做法移植过来，随着雪白的面粉源源不断生产出来的则是源源不断的财富，而且杨学优还具有别人无法比拟的优势，因为他不但可以聘请到日本制粉技师，切实指导粉厂创办、制粉，而且还有日商参股，这很容易让人想到简照南创办南洋兄弟烟草公司之初的情形。[①]昭华粉厂尽管因经营不善而未能获得更长远的发展，但这可以看作是观念、技术、资本等各方面的融合以及由之带来的新机遇。机遇往往伴随着挑战，融合亦充满争斗与调整。重庆粉厂从最初的一家到后来的复兴、先农、岁丰三足鼎立，面粉产量、机器设备等实现了较快的增长，但三家粉厂很快即因争夺市场而展开争斗，致使重庆面粉工业格局发生了变化，形成了复兴粉厂一家独大的局面。经过创办之初的各自为政，再到趋利妥协走向联合，进而合并，渐趋稳定，重庆机制面粉工业上演了一场面粉市场争夺战。

20 世纪 30 年代的“民族危机”自北而南、自东而西侵蚀攘夺，各地对危机的反应及应对策略各有不同，面粉行业的表现亦有差异，山东、河南某些有远见的粉厂负责人选择向西迁移，不但保存了本厂的实力，也带动了迁入地的行业发展，上海等地粉厂在无法坚守局面下亦考虑内迁。深处内陆的西南地区，危机迹象不似华北、东南地区明显，加之地理位置、饮食习惯、受外力冲击力度、传统经济解体速度等因素，战前亦表现出甚不发展的态势。但当民族危机以汹汹之势席卷而来时，“危机下的融合与发展”趋势愈发显现。

① 〔美〕高家龙：《中国的大企业——烟草工业中的中外竞争》，樊书华、程麟荪译，北京：商务印书馆，2001 年。

第二章　融合与发展（一）：战时西北地区机制面粉工业

抗战全面爆发后，中国东部地区先后沦陷，沦陷区的面粉企业亦先后被日军把持操纵。据统计，沦陷区内的面粉厂有36家完全被日本企业或个人瓜分，太原、汉口、开封等地的17家工厂悉数被日本制粉会社侵占，天津、徐州、上海等地的15家面粉厂皆被日东制粉会社把持，日清会社经营着北平和济南的各一家工厂，无锡九丰面粉厂、南京扬子面粉厂皆被日商侵占。中国民族企业面粉厂损失在50%以上，产量减少60%以上。①

在民族危机日益加深的同时，为减少损失，支援抗战，以免沦陷区工业落入敌手以资敌，国民政府决定尽可能将沿海沿江工业向西迁运。随着东南地区先后陷落，经济中心被占领，内迁工厂更多，门类也较齐全，极大地带动了后方各省工业的发展。随着战争局势的发展，后方地区的重要性日益凸显，1942年蒋介石提出了"西南是抗战的根据地，西北是建国的根据地"，使得持续了多年的开发西北、西南的呼声更加热烈，也在某种程度上肯定了后方的地位。就经济开发的效果而言，战时交通、农田水利、工矿业、移民垦殖等成果足以令世人称道，甚至在一定程度上奠定了此后后方经济发展的基石。而这些成果的取得，即如蒋介石所言："若非抗战，其成功未必能如此之速也。"②

第一节　战时西北机制面粉工业

战时西北各省机制面粉工业可以省区发展情况分为三类：一是陕西和

① 中国通商银行编：《五十年来之中国经济：1896～1947》，台北：文海出版社有限公司，1974年，影印版，第235页。

② 周美华编辑：《蒋中正总统档案：事略稿本》51，台北："国史馆"，2011年，第127页。

甘肃两省既有内迁粉厂，也有本地新设粉厂，形成一定规模，与其他三省发展路径不同，故而结果亦有异，表现出厂数多、规模大、资金相对雄厚、发展较快的特点；二是新疆、宁夏两省战时仍有一定进步，但明显滞后于陕、甘，可以说处于中间状态；三是青海自始至终未有机制粉厂创设，属于不发展状态。

一、陕西机制面粉工业

抗日战争全面爆发后，民族危机空前严重。随着战局的变化，沿海沿江工业中心相继沦陷，而恰在此一时期，陕西机制面粉业迎来了发展的春天，面粉厂相继在各地涌现。战时陕西机制面粉厂主要有两个来源，一是内迁，一是新设。

迁陕面粉厂共有 6 家，分布在西安、宝鸡、渭南和褒城 4 个交通便利、原料丰富的市县。1938 年迁入西安的为泰记和合面粉公司，1933 年 2 月创立于河南许昌，1938 年 11 月迁至西安，改名为福记和合面粉公司，租用金家巷通济公司楼房办厂，1939 年复工，负责人为孔子杰。1941 年 4 月，因资金短缺，经理牛盈五、孔子杰以 70 万元的价格将产权转予西安信谊公司和德泰祥银号，遂更名为泰记和合面粉公司。公司改组后，资本为 100 万元，经理为毛虞岑，主要设备有英国产 45 匹马力煤气机 1 部，108 匹马力木炭引擎 4 部，钢磨 3 部，职员 32 人，工人 64 人，年需小麦 4.5 万包，年产“和合二仙”牌头等粉 32500 袋，二等粉 87500 袋，四等粉 3 万袋，主要销于本地。[①]

1943 年迁入的是福豫面粉公司，该公司原系李晓东 1937 年 2 月筹设于郑州，机器设备从德国礼和洋行订购，7 月厂房完工时适逢抗战全面爆发，未能开工。后因零件不齐，一直延宕至 1941 年 6 月。1941 年 10 月郑州发生紧急战事，遂奉国民政府经济部令于 1943 年 2 月迁陕。1944 年 1 月在西安北关复兴路购地建筑厂房，5 月完工后即安装设备，并增资至 3000 万元，董事长为李晓东，常务董事张伯驹、谢鉴泉，总经理贾玉璋，职员 38 人，工人 118 人。1944 年 9 月试机开工，设备计有 195 匹马力蒸汽机 1 部，60 英寸钢磨 1 部，40 英寸钢磨 2 部，30 英寸钢磨 3 部等，每日需麦 10 万斤，购自陕西陇海路粮食集散市场，平均每日可产“鸿福牌”面

① 《面粉厂、火柴业工厂有关情况登记表》，1942 年，陕西省档案馆藏，档案号 72－3－249，第 58～59、35 页；谢剑云：《西安的面粉工业》，《西北通讯》第 3 卷第 1 期，1948 年 7 月 15 日，第 13～14 页；《西安市志·商业志》志稿：《西安近代机器制粉工业》，政协陕西省西安市委员会文史资料委员会编：《西安文史资料》第 19 辑，西安：西安出版社，1993 年，第 148 页。

粉1344袋，全年产量106959袋，销于西安市及陕西省外。[①]

迁入渭南的是同兴面粉厂，该厂先由青岛迁入西安，1940年迁至渭南后改组为象丰面粉厂复工，负责人为徐宏志。褒城有三泰面粉公司，经理徐滋叔，1942年7月迁陕后复工，职员10人，工人20人，年需小麦3万包，面粉销量10万袋，行销汉中一带，每年盈余20万元。[②]

宝鸡则有大新面粉厂、福新五厂（详见第五章）。大新面粉厂最早是买办焦子斌提议创设于1931年的石家庄面粉厂，但由于资金、人手不足而未能正式开工，后迁于河南漯河。该厂于1933年春开始迁建，1934年1月正式建成，并改名为"河南省漯河大新面粉股份有限公司"，焦子斌任董事长。公司有5部德产"米亚克"磨粉机，2部平筛，1台拉丝机床，工人90人，日产面粉1000余袋。1935年7月，公司人员发生变故，生产一度停顿。后由河南商会会长、和丰转运公司经理杨靖宇接办，并于1936年年初复工。[③]1938年10月迁于宝鸡，在十里铺购地70余亩建筑厂房，1939年7月13日正式开工生产，原厂资本10万元，1940年增为30万元，1941年增至90万元，职员34人，工人46人。公司有英国产200匹马力蒸汽机1部，英国产132匹引擎1部，德国产32千瓦发电机1部，国产34匹水泵4部，德国产钢磨5部，所需原料从本地及虢镇、绛帐、千阳、陇阳、凤翔等地购进，也有青海、宁夏各地小麦，年需小麦7万余包，年产面粉20万袋，主要销于汉中和西安。[④]随着老厂职工陆续到厂，新厂职工一度增至140人。大新公司兴办学校、购置果园、安装水磨、纺纱织布，

① 《福豫面粉公司营业计划书发起人姓名、经历及认股数目、收支对照表、章程、股东名簿及本厅批文等》，陕西省档案馆藏，档案号72－3－534；《西安市志·商业志》志稿：《西安近代机器制粉工业》，政协陕西省西安市委员会文史资料委员会编：《西安文史资料》第19辑，西安：西安出版社，1993年，第148～149页。

② 《面粉厂、火柴业工厂有关情况登记表》，1942年，陕西省档案馆藏，档案号72－3－249，第20～32页；《内迁民营厂矿名称及地址一览表》，1942年3月，秦孝仪主编：《中华民国重要史料初编——对日抗战时期》第4编"战时建设"（三），台北："中国国民党中央委员会"党史委员会，1988年，第753页。

③ 周健、张利生、刘述尧：《走社会主义康庄大道——宝鸡大新面粉厂的公私合营》，中共宝鸡市委统战部、中共宝鸡市委党史办公室编：《伟大的历史性胜利：宝鸡市资本主义工商业社会主义改造资料汇编》，1990年，第61～62页。

④ 《面粉厂、火柴业工厂有关情况登记表》，1942年，陕西省档案馆藏，档案号72－3－249，第58～59、35页；《宝鸡虢镇工业调查报告》，《陕行汇刊》第5卷第2期，1941年2月15日，第35页；陕西省银行宝鸡办事处：《宝鸡经济调查》，《陕行汇刊》第7卷第1期，1943年2月，第52页。

解决了职工及亲友的安置问题。[①]1942 年 5 月 24 日，翁文灏赴西北考察时曾到大新粉厂参观，谓其设备较旧。[②]

除了内迁面粉厂外，战时陕西各地尤其是西安还掀起了兴建面粉厂的热潮。就性质而言，新建面粉厂中既有官僚资本面粉厂，亦有民族资本所开设，但以民营厂为主。就数量而言，新设厂数较之战前有明显增长，达到了 14 家。如 1940 年成立的西北纺建公司第一面粉厂，有工人 96 人，日产面粉 1040 袋；以后西安又陆续开办了“永丰”“裕丰”“宝成”“建中”等面粉厂。[③]福记中原机器米面厂，设立于 1939 年 9 月，动力有英制和日制马达各 1 部，总动力 35 匹马力，钢磨有 10 英寸、12 英寸、15 英寸、18 英寸各 1 部，其他设备基本齐全，1948 年每月产粉 1106 袋，月需小麦 626 包，最大产额为 2800 袋，职员 12 人，技工 14 人，学徒 8 人。[④]永丰面粉公司 1943 年 8 月设立于西安玉祥门，资本额 300 万元，经理为江苏人于松乔，职员 16 人，工人 50 人，双滚钢磨 4 副，化学钢磨 14 部，动力设备有德式 40 匹马力 1 部，西门子 11 匹马力 1 部，缝口机、麸皮打包车等系建中机器厂制造。公司年需小麦 720 万斤，购自陕豫二省，年产面粉 12 万袋，主要销于陕西省。建中面粉厂前身为建中机器厂，创立于 1945 年 5 月，虽然创设较晚，但生产能力占西安各粉厂第 5 位，动力有卧式木炭马力机 2 座，总动力为 80 匹马力，有 20 英寸钢磨 6 部，其他设备一应俱全，系建中机器厂制造，“生产能力并不亚于舶来品”。该厂 1948 年每月可产粉 13500 袋，最大产额为 15000 袋，月需小麦 3915 包，职员 12 人，工人 55 人。[⑤]宝成面粉厂 1944 年 3 月设立，为西安各厂中设备简单、规模最小的粉厂，动力仅有沪产 30 匹马力马达 1 部，由西京电厂供应电力，有 20 英寸钢磨 2 部，由建中厂制造，其他设备齐全。1948 年

---

① 周健、张利生、刘述尧：《走社会主义康庄大道——宝鸡大新面粉厂的公私合营》，中共宝鸡市委统战部、中共宝鸡市委党史办公室编：《伟大的历史性胜利：宝鸡市资本主义工商业社会主义改造资料汇编》，1990 年，第 62 页。

② 翁文灏著，李学通、刘萍、翁心钧整理：《翁文灏日记》下，北京：中华书局，2014 年，第 803 页。

③ 《第一区面粉工业同业公会》，1942 年，陕西省档案馆藏，档案号 90－4－98；《同业公会面粉厂公会章程及会议记录等（一）》，1945 年，陕西省档案馆藏，档案号 82－1－1060（1），第 4 页。

④ 谢剑云：《西安的面粉工业》，《西北通讯》第 3 卷第 1 期，1948 年 7 月 15 日，第 14 页。

⑤ 《永丰面粉厂有关工厂登记甲乙两种表》，陕西省档案馆藏，档案号 72－3－420，第 14～21 页；谢剑云：《西安的面粉工业》，《西北通讯》第 3 卷第 1 期，1948 年 7 月 15 日，第 14 页。

时每月产粉 3600 袋，月需小麦 1044 包，职员 6 人，工人 18 人。[①]渭南象峰面粉公司 1941 年 8 月开工，职员 22 人，工人 26 人，建厂之初日产面粉五六百袋，改进后增至 800 余袋，年产面粉 6 万余袋，年需小麦 2.6 万余石，购自渭南、蒲城、白水、大荔各县，借助陇海路运输，动力设备 25 匹马力，有苏联产钢磨 5 部，煤气引擎 2 座，每月最高销量达 20000 袋，每年可盈余 6 万元。[②]渭南除了象峰面粉厂之外，还建立了利民、瑞昕两个厂，但利民、瑞昕二厂因出粉率低、质量差、销路窄等原因，开业不久即告停产，只剩下战前建立的聚记和战时的象峰两个厂。兴平、武功、周至、礼泉、眉县、扶风、长安、三原、咸阳、南郑、城固等县有半机器小型面粉厂数家，西安有自备动力及利用电机带动之石磨粉厂十余家，还有军政、交通等机关自用小型制粉厂数家，这些小型粉厂则是前文所述及的机器磨坊。1943 年，陕西省小型面粉厂约有 50 家，日产量约为 4000 袋。[③]

除了数量众多的民营粉厂外，国营粉厂亦有创设。战干面粉厂于 1941 年 10 月设立，属于国民党“中央”战干第四团，后由西安绥靖公署接管。动力有 52 匹马力 2 部，24 英寸钢磨 4 部，每日可能产量为 500 袋，1942 年上半年产粉 45000 袋，全年估计产量为 10 万袋。[④]

据陕西省建设厅统计，1945 年陕西全省产粉 4116000 袋。另据 1946 年 6 月底统计数据显示，陕西面粉业共有 16 家工厂，资本额 72740000 元。[⑤]可惜的是，各厂资料不全，现根据有关记载，将战时陕西新建面粉厂概况整理如表 2－1。

---

① 谢剑云：《西安的面粉工业》，《西北通讯》第 3 卷第 1 期，1948 年 7 月 15 日，第 14 页；晋震梵：《成丰面粉公司及西安面粉业》，政协陕西省西安市委员会文史资料委员会编：《西安文史资料》第 19 辑，西安：西安出版社，1993 年，第 156 页。

② 《面粉厂、火柴业工厂有关情况登记表》，1942 年，陕西省档案馆藏，档案号 72－3－249，第 20～32 页；李百朋：《解放前的渭南象峰面粉厂》，政协甘肃省委员会文史资料委员会、《西北近代工业》编写组编：《西北近代工业》，兰州：甘肃人民出版社，1989 年，第 426 页。

③ 尹仁甫：《陕西机制面粉业之前途》，《陕行汇刊》第 7 卷第 6 期，1943 年 12 月，第 9～12 页。

④ 中国第二历史档案馆编：《中华民国史档案资料汇编》第 5 辑第 2 编“财政经济”（六），南京：江苏古籍出版社，1997 年，第 359 页。

⑤ 狄超白主编：《中国经济年鉴》中编，上海：太平洋经济研究出版社，1947 年，第 141 页。

表 2-1　战时陕西省各类（官僚资本、民族资本）面粉厂概况统计表

名称	设立时间	厂址	创办人或负责人	资本额（万元）	职工人数	动力设备		钢磨（部）	日产量（袋）
						电动机（部）	马力（匹）		
象峰面粉公司	1941.8	渭南	李百朋	30	70	2	25	6	300
西安面粉厂*	1940	西安	—	—	24	3	55	7	480
西北纺建公司第一面粉厂*	1940	西安	—	—	96	—	—	—	1040
雍兴公司岐山面粉厂*	1940	岐山	吕凤章	500	—	—	—	—	300
战干面粉厂*	1941	西安	吴彰耿	5.2	—	—	—	—	—
晋丰面粉厂	1942	西安	曹彬、荆雨生	20	—	—	—	3	200
民丰面粉厂	1943	西安	牛揖唐、贾晓农	285	37	—	—	3	100
永丰面粉公司	1943	西安	陆天池、崔魁梧、于松乔	300	70	—	51	5	600
复兴面粉厂	1943	西安	—	—	—	—	—	—	—
福中面粉厂	1943	西安	—	—	—	—	—	—	—
宝成面粉厂	1944.3	西安	闻谋广、吴建本	250	25	1	30	3	280
同丰面粉厂	1944.3	西安	董子丰	150	—	—	—	—	—
福利面粉厂	1944	西安	—	—	74	1	80	4	370
明德面粉厂	1944	西安	—	—	—	—	—	—	—
建中面粉厂	1945.11	西安	吴宝山	3000	81	木炭引擎 3	105	6	600

资料来源：中国科学院经济研究所、中央工商行政管理局资本主义经济改造研究室编：《旧中国机制面粉工业统计资料》，北京：中华书局，1966 年，第 239～272、281～283 页；《第一区面粉工业同业公会》（1942 年），陕西省档案馆藏，档案号 90-4-98，第 75 页；《西安市各工厂向经济部呈请工厂登记及附表（一）》（1945～1946 年），陕西省档案馆藏，档案号 72-3-640（1），第 12～20 页。

原表说明：有*者为官僚资本面粉厂。

战时陕西机制面粉业的发展，与战前相比可以说成绩斐然，所设工厂数量有了快速增长，大中型工厂新增14家，加上战前所设3家及战时迁入6家，共计23家。

面粉业的壮大使得成立同业公会成为可能。1939年，陕西面粉业奉经济部令成立同业公会，于是华峰、成丰、大新、三泰四厂发起组织并征得其他粉厂同意，共同谋划。1940年4月8日，经济部指示“以陕西省界为公会区域，设事务所于西安”，并定名为“第一区面粉工业同业公会”。[①] 10月5日，于乐初、李国伟、祝伯柔等成立陕西省面粉工业同业公会，该会“以谋工业之改良发展及矫正同业之弊害为宗旨”，由各粉厂经理组成委员会，遴选主席和常务委员，定期到会办公，遇到重大问题时召集全体委员开会，各厂经理不在时派代表参会。据曾经任职渭南象峰面粉厂的贺志云回忆，公会每次开会时都是先由秘书报告对上次会议议决事项的办理情况，然后提出本次会议需要研究解决的问题及详细内容，如军麦加工任务、粉价问题、税收摊派问题、敲诈勒索或坏人捣乱，等等。该公会初时只有7家会员单位（成丰、华峰、和合、大新、福新、象峰和三泰）24人，1943年增为8家，1944年10月会员单位发展至12家，新加入的有福豫、永丰、宝成和同丰4厂，1945年3月雍兴公司蔡家坡面粉厂加入，11月建中面粉厂加入，至此会员单位共计14家，5年之内增加了一倍，会员人数达53人。[②]该公会为西安行业中具有影响力的公会之一，同业公会的成立及壮大也从一个侧面反映了战时陕西面粉业的快速发展。

再就分布地域而言，亦较广泛，西安、宝鸡、渭南、褒城等多个市县都设立了机制面粉厂，其中西安市厂数最多。产量方面，也比战前有了长足进展，除了成丰、华峰，尤以雍兴公司岐山面粉厂和福新五厂宝鸡分厂为大，年产量达二十六七万袋，这还是在有些厂家开工不足的情况下的统计，如果机制面粉厂与小型面粉厂全部足年开工，则年产量可达6600000袋，每袋以42斤计，为2.77亿斤。[③]销场主要集中在陕、甘、宁、豫、皖各省及陇海路沿线各大城市和商埠。表2－2反映了1941年至1945年陕西主要机制面粉厂的产销情况。

---

① 《西安市志·商业志》志稿：《西安近代机器制粉工业》，政协陕西省西安市委员会文史资料委员会编：《西安文史资料》第19辑，西安：西安出版社，1993年，第149页。

② 《第一区面粉工业同业公会》，1942年，陕西省档案馆藏，档案号90－4－98；《同业公会面粉厂公会章程及会议记录等（一）》，1945年，陕西省档案馆藏，档案号82－1－1060（1），第4页；贺志云：《我所知道的西安面粉业经营情况》，政协陕西省西安市委员会文史资料委员会编：《西安文史资料》第19辑，西安：西安出版社，1993年，第167页。

③ 尹仁甫：《陕西机制面粉业之前途》，《陕行汇刊》第7卷第6期，1943年12月，第9～12页。

表 2-2 陕西部分机器面粉厂产销概况表

公司名称	收购小麦数量（市石）						出粉量（袋）						供应地区
	1941	1942	1943	1944	1945	历年平均	1941	1942	1943	1944	1945	每年产量估计	
福豫	—	—	—	—	94906	—	—	—	—	70899	131328	131328	西安
永丰	—	—	—	—	—	34483	—	—	4722	96610	80403	88507	西安
成丰	—	34202	10416	17682	52890	28798	301011	244436	未开磨	250960	208201	251152	西安
雍兴	—	—	—	—	114826	—	—	—	—	68275	268948	268984	蔡家坡、宝鸡、西安
福新	21120	113965	28712	53663	54832	62793	38375	303446	155089	213525	393743	266452	宝鸡至西安沿陇海路县
大新	75735	—	—	—	—	48789	317519	219312	171611	257261	200131	233167	宝鸡、西安
象峰	63364	—	—	—	—	—	14829	27152	23763	33967	69381	38566	渭南、临潼、西安
三泰	—	13563	10473	30914	11230	17539	—	—	30664	78831	31619	55225	褒城、南郑

资料来源：李国桢主编：《陕西小麦》，西安：陕西省农业改进所，1948 年，第 33 页。

原表说明：1. 本表系陕西省农业改进所 1946 年 8 月通讯调查结果，各公司多未能详细填写，故结果欠完善。2. 各公司成立年份：福豫 1944 年 4 月开始制粉，雍兴 1944 年 8 月开工，余则不悉。又福记公司设于西安，未填写调查表。3. 数字只有一年的，未予平均。

需要指出的是，陕西机制粉厂除成丰、华峰之外，其余规模普遍较小，这也是与战前的一个明显区别。

二、甘肃机制面粉工业

抗战前甘肃面粉业全部为手工业，“迨抗战军兴，各地主要机制面粉厂，相继沦陷，战区民众，亦渐集中于后方，本省为西北重镇，为中外人士所瞻仰，人口亦日益增繁，面粉需要孔殷，若专赖附近民间石磨、水磨、船磨手工制粉，实不敷市场之供应，是故利用机器设备制粉，于是兴焉”①。抗战期间，甘肃共有民营面粉厂3家，即西北机器面粉厂、福兴五厂天水分厂（详见第四章）及陇丰面粉厂，此3家面粉厂均采用电力发动机，建厂之初日产面粉共计900袋，以后陆续有所增加。②

西北面粉厂于1940年7月筹建，机器购自重庆，1941年春开工，负责人为韩俊臣，有钢磨2部，职员20人，工人16人，位于兰州萃英门内，资本额120万元，为一私人集资经营粉厂。小麦自临洮、定西、永登和皋兰购运，日产面粉200袋，全年产额为720000斤。据资源委员会1942年统计，该厂1941年制粉8240袋，1942年上半年为6682袋，所磨制军粉交第八战区，其余销于本市，但质量较差，原料运输困难，后与兰州面粉厂各出资25000元共同经营。③

陇丰面粉厂设于1944年，投产后不久因资金困难而转让，1945年改为天峰面粉厂，仍未见好转。1947年转予国民党第八补给区，专磨军粉。该厂有磨机4台，日产量为500袋。④

甘肃国营粉厂有两个，一为后勤军需部兰州军粉厂，1944年设立，钢磨6部，职工89人，日产量720袋。一为雍兴公司兰州面粉厂，该厂由西安雍兴实业股份有限公司于1940年8月开始筹建，位于兰州七里河，资本额500万元，建筑面积36.64亩，1942年年底全部建成，有钢磨8部，锅

---

① 朱允明：《甘肃省乡土志稿》，甘肃省图书馆西北地方文献阅览室（图书）藏，手抄本，第140页。

② 甘肃省银行经济研究室编：《甘肃之工业》，张研、孙燕京主编：《民国史料丛刊》第584册，郑州：大象出版社，2009年，第561～562页。

③ 《兰州市集成丰、三友烟厂、光明火柴公司等工业调查表》，甘肃省档案馆藏，档案号46－1－279，第1～5页；玉英：《雍兴兰州面粉厂简记》，政协甘肃省委员会文史资料委员会、《西北近代工业》编写组编：《西北近代工业》，兰州：甘肃人民出版社，1989年，第435页；中国第二历史档案馆编：《中华民国史档案资料汇编》第5辑第2编“财政经济”（六），南京：江苏古籍出版社，1997年，第360页。

④ 单宏儒：《兰州制粉工业发展概况》，政协甘肃省兰州市委员会文史资料委员会编印：《兰州文史资料选辑》第2辑，1984年，第113页。

炉、引擎各1部，马达5部，共150匹马力，另有铜磨4套，80匹马力锅炉2台，升降机、洗麦、筛粉等机器俱全，各类人员155人，所需小麦由省内各县购进，1941年11月产出第一袋面粉，日产面粉200余袋（每袋40市斤），后增至五六百袋。据资源委员会1942年调查，该厂1942年上半年制粉25571袋，全年可能产量为73000袋。以后陆续新添机器，皆由重庆制造，计有25英寸石磨8部，自动调整四口平筛、打麦机、吸粉收热机、风车各2部，洗麦机1部，日产面粉1500袋，年产量达547500袋，所产面粉量大质优，为兰州机制面粉工业之最。①

此外，战时甘肃亦有小型民营粉厂设立，但时间较晚，仍集中于兰州与天水。1944年，兰州建立了规模较小的建成机器磨粉厂，该厂位于益民路颜家巷5号，有职员1人，工人9人，资本150万元，每日出粉100袋。② 1945年7月2日，兰州森森机器铁工厂经理李觉生申请设立“兰州天丰面粉厂股份有限公司”，章程、资本等皆已齐备，报请登记时，经济部却以公司名称与开封南关公司同名未予批准，延宕至11月而令更正，但最终未能设立。③天水新建有“豫兴”“明德祥”“大陇”和“麦积峰”等小型面粉厂，规模小于福新，但日产量也很可观。④此时，兰州机制粉业资本额为60万元，占同期所有行业资本总额的40.65%，此后兰州面粉业裹足不前，资本额至1944年6月仍无增加，而随着其他行业的发展，其所占资本总额的比重已降至6%。⑤

甘肃机制粉厂中民营与国营旗鼓相当，主要集中在兰州与天水两大城市，规模均较小。

---

① 《兰州市集成丰、三友烟厂、光明火柴公司等工业调查表》，甘肃省档案馆藏，档案号46-1-279，第1～5页；玉英：《雍兴兰州面粉厂简记》，政协甘肃省委员会文史资料委员会、《西北近代工业》编写组编：《西北近代工业》，兰州：甘肃人民出版社，1989年，第432～438页；单宏儒：《兰州制粉工业发展概况》，政协甘肃省兰州市委员会文史资料委员会编印：《兰州文史资料选辑》第2辑，1984年，第113页；中国第二历史档案馆编：《中华民国史档案资料汇编》第5辑第2编“财政经济”（六），南京：江苏古籍出版社，1997年，第359页。另有数据记载，雍兴面粉厂年产量为15万袋，二者相差甚远，录此一说。参见甘肃省政府编印：《甘肃省政府三年来重要工作报告》，1944年，第27页。

② 《兰州市集成丰、三友烟厂、光明火柴公司等工业调查表》，甘肃省档案馆藏，档案号46-1-279，第6页。

③ 《经济部、省政府、建设厅等就兰州天丰面粉厂公司发人组织公司成立登记、查验资金等的训令、批示、呈》，甘肃省档案馆藏，档案号43-1-176。

④ 马英毫、韩雨民：《解放前后天水城区私营工商业概述》，政协甘肃省天水市委员会文史资料委员会编印：《天水文史资料》第1辑，1987年，第105页。

⑤ 甘肃省银行经济研究室编：《甘肃之工业》，张研、孙燕京主编：《民国史料丛刊》第584册，郑州：大象出版社，2009年，第561～562页。

三、新疆、宁夏机制面粉工业

新疆此一时期由于实施第二个三年计划，且有苏联的资金和技术输入，工业也有一定的发展，至1942年，全疆共有轻工业工厂45家。①新疆的工业，在十年来的努力中，已具备了轻重工业的规模，煤矿工业已由土法开采进入半机械化生产，全省煤炭年产量增加至1800000余吨，超过10年前产量的10倍；电气工业方面，全省交流发电机有21部，直流发电机8部，总的电力合计1725千瓦；机器工业方面，有各类修理机与制造机118架，这还不包括特种用途机器，总马力为2257匹马力；液体燃料工业方面，每天可以生产原油110吨，可供全省之需；其他各业，“亦均有进步”。②面粉业就是在这一背景下渐次发展的。

抗战时期，新疆新建了塔城面粉厂，该厂由商会承办，资本额83250元，其中机器装置费45750元，建筑费37500元，1937年7月开工建设，1938年6月正式营业，内含磨面、制油、碾制小米三项业务，每昼夜可产粉10吨，约合450袋。③1938年12月底，新疆成立第二期三年计划设计委员会，对全疆经济发展做出规划。1940年6月，新疆第二个三年计划编制完毕。在该计划的轻工业计划中，规划设立塔城面粉厂与喀什面粉厂，皆由工商会筹建，属于商人资本，计划投资额分别为5万元，占此期计划食品行业总投资的三分之一。④1943年筹设日产15000斤的面粉厂一家。⑤

1940年5月，宁夏战前设立的普利机器面粉公司因所磨面粉全部供应当地驻军，故改名为第十一军磨面厂，有工人68人。⑥其后又成立了磨面

---

① 陈真编：《中国近代工业史资料》第3辑，北京：生活·读书·新知三联书店，1961年，第1372页。

② 黄奋生：《边疆屯垦员手册》，重庆：青年出版社，1944年，第105～107页；马大正主编：《民国边政史料续编》第19册，北京：国家图书馆，2010年，第601～603页。

③ 张大军：《新疆风暴七十年》第7册，台北：兰溪出版社有限公司，1980年，第3888页；新疆第一期三年计划设计委员会编：《新疆第一期三年计划》，乌鲁木齐：新疆日报社，1942年，第2版，第105页。

④ 新疆第二期三年计划设计委员会编：《新疆第二期三年计划》，乌鲁木齐：新疆日报社，1941年，第122～124页。

⑤ 黄奋生：《边疆屯垦员手册》，重庆：青年出版社，1944年，第105～107页；马大正主编：《民国边政史料续编》第19册，北京：国家图书馆，2010年，第601～603页。

⑥ 宁夏省政府建设厅编印：《宁夏战时工业（一）》，1941年；宁夏省政府建设厅编印：《宁夏战时工业（二）》，1943年；林运元：《西北工业建设的远景》，《西北论坛》第1卷第6期，1948年10月25日，第29～41页。

代办所，为驻军服务，产量十分有限。1942 年生产能力只有原来的 60%。[①]1943 年上半年，该厂因设备陈旧而停产。

1943 年 1 月，宁夏省政府与宁夏省银行合资筹设利民机器面粉公司，政府出资 1200 万元，银行出资 800 万元，在南关建筑厂房，历时一年，费用 500 万元，24 英寸小钢磨 4 部、平筛 1 部自西安订购，磨粉技工 3 人、机器技工 21 人、木工 1 人随同来宁，1944 年 8 月 1 日正式开工，所出"双塔"牌面粉中，头、二、三等面粉供应社会，其余供应军队，担负起了供应省垣民食的重担。马鸿逵在其晚年说设置的碾米厂、面粉厂加工碾制的精米、白面运销西南、西北各省，应是夸大之词。[②]公司共有各类人员 146 人，其中职员 32 人、技工 27 人、学徒 31 人、仓夫 56 人。设备有三节、五节锅炉一具，20、40 匹卧式蒸汽机各一具，每昼夜生产能力为 700 袋，但因动力不足，仅能出 500 袋。如果夜间停工，则又减半。[③]

战时西北地区面粉业的发展，与战前相比可以说成绩斐然，所设工厂分布地域广泛，除了青海之外，陕西、甘肃、宁夏、新疆四省皆有机制面粉工厂，其中尤以陕西省为最，厂数最多，分布县域最广，规模最大，从业人员最众，产量最丰，资金力量也最为雄厚。抗战结束后，据统计，"中华民国面粉工业同业公会全国联合会"9 个区的 219 家面粉厂中，陕西有 14 家，每天可生产面粉 21700 包；甘肃有 6 家，每天可生产面粉 1085 包[④]，陕甘两省合计 20 家，日产面粉共为 22785 包。宁、新两省数据不详。

第二节　西北机制面粉工业的发展与不发展

一、空间上的发展与不发展

（一）省际的发展与不发展

战时西北机制面粉业的创设与发展，表现出明显的地域性差异。首先

---

① 宁夏省政府秘书处编印：《十年来宁夏省政述要·建设篇》，1942 年，第 209 ～ 211 页；宁夏省政府建设厅编印：《宁夏战时工业（二）》，1943 年，第 38 ～ 39 页。

② 马鸿逵：《马少云回忆录》，香港：龙文出版社股份有限公司，1994 年，第 146 页。

③ 黄震中编：《宁夏机械工业（一）》，出版地、出版社不详，1945 年，第 39 ～ 40、50 ～ 55 页。

④ 陈真编：《中国近代工业史资料》第 4 辑，北京：生活·读书·新知三联书店，1961 年，第 409 ～ 410 页。

是省际的差异，即陕西、甘肃两省发展较快，拥有的面粉厂数、从业人员、设施设备、产销量皆较多，尤其是陕西，不但西北第一家机制面粉公司创设于西安，占得先机，而且终近代之世始终领跑西北地区，是西北机制面粉业的领头羊，而青海显示出完全不发展的特点，新疆、宁夏则介于两者之间。

西北机制面粉厂最初诞生于1914年的陕西，此时距全国第一家机制面粉公司的创设已过去了近20年，就西北地区在近代工业发展进程中的地位而言，尚不算晚。可惜此一面粉公司维持的时间不长，只是昙花一现。20世纪30年代中期，济南成丰面粉公司、开封华峰面粉公司亦相继迁至西安。至此，陕西已拥有3家机制面粉厂，一为本省人士创办，其余两家系从外省迁入，为西北地区机制面粉业之翘楚。

抗战全面爆发后，在工厂内迁的促动下，陕西机制面粉业得到了更大的发展，先后迁入的面粉厂有6家，亦为后方各省之冠。“新的城市是在抗战中不断地产生着的，西安，成都，昆明，贵阳，重庆等内地城市，现在已随着政治经济的内移逐渐现代化，重庆尤有小上海之称，一切上海所有的东西，这里也无不尽有。”①西北各省市中，“以西安之工业较为发达，计有大小工厂约四十家”②，这些工厂涵盖了机器制造、电器制造、化工、酒精、玻璃、火柴、纺织、饮食等众多行业，发展势头也很强劲，“在（民国）二十八九年时颇现繁荣”。“衡之后方各省，除四川外，惟陕西新式动力设备较多，亦即新式工业，较为发展。”③“兰州更转向繁荣途径，工业欣欣向荣，西北较大工厂，多集中于此。举凡纺织业……面粉业、牛奶业、烟草业、纸烟业、营造业等，均有一日千里之势。”④据统计，甘肃省1943年面粉产量已达164892袋。⑤

表2-3反映了1940年至1943年陕西、甘肃两省面粉产量及其在后方面粉业所占比重。

---

① 白水编著：《今日的新西南》，上海：言行出版社，1939年，第35～36页。

② 中国第二历史档案馆：《经济部西北工业考察通讯（上）》，《民国档案》1995年第4期，第56页。

③ 许济航：《陕西省经济调查报告》，张研、孙燕京主编：《民国史料丛刊》第354册，郑州：大象出版社，2009年，第69页。

④ 甘肃省贸易公司统计组：《兰州市产业初步调查》，《甘肃贸易》第5～6期合刊，1943年9月30日，第99～122页。

⑤ 宋彦科：《抗战前后之面粉工业（中）》，《公益工商通讯》第2卷第5期，1947年12月15日，第10～15页。

表 2-3　陕甘两省 1940 ～ 1943 年面粉产量统计表

省别	1940 年		1941 年		1942 年		1943 年	
	厂数	袋数	厂数	袋数	厂数	袋数	厂数	袋数
陕西	6	2885900	8	2694460	14	2548815	12	2312011
甘肃	—	—	1	8240	2	105255	2	164892
两省合计	6	2885900	9	2702700	16	2654070	14	2476903
后方总计	20	3791483	33	3929505	42	3846376	42	4050703
陕甘两省占后方总数百分比（%）	30. 00	76. 12	27. 27	68. 78	38. 10	69. 00	33. 33	61. 15

资料来源：宋彦科：《抗战前后之面粉工业（中）》，《公益工商通讯》第 2 卷第 5 期，1947 年 12 月 15 日，第 10 ～ 15 页。

引者说明：1. 两省合计及占后方百分比为引者所加。2. 此处后方各省系指四川、贵州、云南、湖南、广东、广西、江西、福建、陕西、甘肃、湖北 11 省。

新疆、宁夏粉厂稍有发展，但出粉量仍无法与西安大厂相提并论。1943 年 1 月 4 日，庄晚芳随西北工业考察团赴新疆考察时，参观了伊犁面粉厂，称该厂“规模宏大，机器亦新颖，全部系苏联制造，日出面粉五百袋，大部运销迪化”①。宁夏利民机器面粉厂则因设备陈旧，常发生故障，连年亏损。②

青海仍完全仰仗旧式水磨与旱磨，无机制粉厂建立，即使到了 20 世纪 40 年代，西宁人民所食用的面粉，亦全靠水磨磨制。③

因此，西北地区面粉工业在各省的发展也很不平衡，自东向西呈现出渐不发展的态势。

（二）城市之间的发展与不发展

西北面粉业的发展除了省际差异之外，即使一省之内各城市之间也表现出相当大的差异。城市之间的差异主要表现在陕西和甘肃面粉业相对发展的省份。陕西各市县中，先后设立面粉厂的有西安、宝鸡、渭南、褒城、岐山、汉中等 6 个县市，其他城市皆无机器粉厂。而如果分析面粉厂

---

① 庄晚芳：《西北纪行》，福州：艺声图书出版社，1948 年，第 75 页。

② 徐世雄：《银川机器面粉厂记略》，政协甘肃省委员会文史资料委员会、《西北近代工业》编写组编：《西北近代工业》，兰州：甘肃人民出版社，1989 年，第 418 ～ 419 页。

③ 《利用水力推动之磨房，西宁需用之面粉全用此法磨成》，《良友》第 171 期，1941 年 10 月 15 日，第 23 页。

所在城市的特点，即可发现，“此皆由政治、经济、交通等条件所致”[①]，其最大的差异主要体现在交通便利尤其是铁路交通便利的城市，陕西面粉厂的分布，无论城镇与乡村，其特点：一是铁路沿线，二是便于利用水力之地，三是人口集中之地，因此西安、宝鸡最多。两地且有设备、技术、人才，且机关、学校、工厂、商店亦多。“就工厂之分布地区而言……均在关中平原陇海路附近”[②]，“一般说来，国内面粉工业都是寄足在少数几个通都大邑上的，十分偏远的地方仍旧未脱幼稚阶段”。[③]这一点在西安、宝鸡两地尤其是西安的发展历程上表现得相当显著，而其他未通铁路或交通相对不发达的城市则表现出明显的不发展。

历史上的西安虽然曾经是全国政治、经济、文化中心，但时至近代，西安的昔日繁盛早已不再，只是西北地区无足轻重的一个普通省会城市而已。在民族危机日益深重的背景下，这种情况发生了变化，1936 年先后有两家面粉厂在此设立，战时迁入者 6 家，新增 14 家，新设小型面粉厂约 50 家，生产能力节节攀升，其在全国的比重亦逐渐上升。据统计，1937 ～ 1945 年，全国新设厂数为 180 家，其中东北 23 家，关内沦陷区 68 家，后方 89 家，平均每年新设 22. 5 家，除去东北新厂，为 19. 6 家，日产能力为 721 包。而西北地区共新建面粉厂 20 家，其中西安市的面粉厂增速最快，总数增至 17 家，除去战前 3 家，战时共计 14 家，其中迁入者 1 家，新建粉厂 13 家。表 2-4 反映了西安机制面粉业在 20 世纪 30 ～ 40 年代的发展概况。

表 2-4　西安民族资本面粉厂实存数及其占全国比重（1932 ～ 1949）

年份	全国合计		西安			
	厂数	生产能力（包）	厂数	占全国比重（%）	生产能力（包）	占全国比重（%）
1932 ～ 1936	163	301665	2	1. 2	7200	2. 4
1937 ～ 1945	237	330409	13	5. 5	11500	3. 5
1946 ～ 1949	349	384153	24	6. 9	14365	3. 7

资料来源：中国科学院经济研究所、中央工商行政管理局资本主义经济改造研究室编：《旧中国机制面粉工业统计资料》，北京：中华书局，1966 年，第 46 ～ 47 页。

① 宋国荃：《陕西省工业建设之演进》，《陕行汇刊》第 7 卷第 2 期，1943 年 4 月，第 36 页。

② 罗家伦：《西北建设考察团报告》，台北：“国史馆”，1968 年，第 305 页。

③ 陈真编：《中国近代工业史资料》第 4 辑，北京：生活 · 读书 · 新知三联书店，1961 年，第 412 页。

从表2-4可以看出，战时西安机制面粉业获得了飞速发展，厂数、生产能力及占全国比重皆有显著提升，尤其是在民族危机日益加深的抗战时期，表现更为明显，民族资本面粉厂战时所占全国的比重增加了四倍多，显示出“危机下的融合与发展”的态势与特点。

除了西安，宝鸡也是陕西机制面粉业发展较快的城市之一。抗战全面爆发后，由外地迁来的工厂络绎不绝，新办工厂亦迭有增加，个体手工业也日益增多。就机制面粉业而言，内迁宝鸡者共有2家，即大新面粉厂和福新五厂宝鸡分厂。兰州与天水也表现出发展态势，两地均有新厂建立或迁入。

西北机制面粉厂主要集中于交通干线和人口繁密之区，而无此优势的市县则只能作为原料产地或销场。此外，机粉对土粉的冲击也是显而易见的。西安土粉业1923、1924年时颇为发达，全城共有200余家土磨作坊，“尚有一家数磨者，每日每家有磨麦三四石者，至少亦在一石”，但1926年围城及1928年大旱灾及洋面输入后，“各面房营业，日形没落”，更减为四五家，且“营业情形，较前锐减”，洋面充斥市面，“居户则多购买洋面”。[①]时人指出，陇海铁路通车至西安后，“铁路趋使机制粉厂出现，更以机器制造业逐渐发展于各地之结果”[②]。

二、时间上的发展与不发展

西北机制面粉业的发展还表现出明显的时间性，即20世纪30年代以前，处于萌芽时期；30年代初至抗战前，为缓慢发展时期；抗战时期则呈现出井喷态势，发展速度明显加快；战后平稳发展中渐趋低落。

西北地区的第一家面粉厂诞生于1914年，但该厂关闭后，西北各省却一蹶不振，在接下来的20年中竟然没有新建一家面粉厂，而此时的中国面粉业却迎来了发展的黄金期，尤其是第一次世界大战时期。据统计，在1913～1921年，全国有123家面粉厂设立，平均每年设厂13.7家，平均日产面粉2284包。之后，发展步伐放缓，从1922～1931年的10年间，全国新设面粉厂85家，平均每年新设8.5家，平均日产能力为1962包。[③]

1933年，在中国机制面粉工业整体放慢步伐时，西北地区创设了第二

① 李亦人：《开发西北声中之西安商业观（续）》，《钱业月报》第15卷第5号，1935年4月15日，第103～110页。

② 尹仁甫：《陕西机制面粉业之前途》，《陕行汇刊》第7卷第6期，1943年12月，第9～12页。

③ 中国科学院经济研究所、中央工商行政管理局资本主义经济改造研究室编：《旧中国机制面粉工业统计资料》，北京：中华书局，1966年，第2～3页。

家面粉厂，即西北聚记打包面粉公司。1935 年，宁夏成立了普利机器面粉公司。1936 年，西安又有 2 家面粉公司相继设立，但这 2 家公司皆系由外省资本在陕设厂，而非本省资本投资。

抗战全面爆发后，沿海各省愿意内迁的工厂在国民政府的组织下迁往内地，就迁入的省份来说，西南地区以四川最多，西北地区则以陕西最多。据统计，截至 1938 年 10 月 3 日，内迁工厂计 339 家，设备 58902.4 吨，其中陕西迁入 18 家，设备吨数为 9660 吨。①截至 1940 年年底，迁陕工厂 27 家，设备 10534 吨，分别占内迁总数的 6.02% 和 14.84%，而到了 1942 年，厂数方面陕西占 10%，甘肃占 4%②，就行业而言，饮食品工业 1938 年年底迁入 15 家，1939 年又迁入 7 家，达 22 家，机料设备 3212.7 吨，分别占 1939 年年底内迁各业总数的 5.26% 和 4.59%。③"民国二十六年，是后方工业一个划时代的转变，这个转变，开始于厂矿内迁。"④

抗战胜利后，由于国民党大举进攻陕甘宁边区，屯重兵于秦陇，军粮需要孔急，陕西面粉产量再次出现激增，1947 年前 11 个月，陕西各面粉厂共生产面粉 5607600 袋。⑤到中华人民共和国成立前，西安已有大中型面粉公司 10 余家，钢磨 78 部，从业人员 1000 余人，月产面粉 42 万余袋；西安还有小型面粉公司 10 余家，钢磨 37 部，从业人数近千人，月产量 36000 余袋，除供应西安市民及附近各县外，还远销其他省市，如徐州、蚌埠、天津等地。⑥抗战时期形成的西北地区面粉业格局，一直延续到中华人民共和国建立后。据统计，1950 年，全国有面粉厂 970 家，其中西北区 101 家（公营 8 家，私营 93 家），日产面粉 32778 包，占全国总产量的 6.5%。西北地区又以陕西产量最丰，日产 28628 包，占全国总产量的 5.1%。⑦

---

① 钟兆睿：《战时之后方工业建设》，重庆：国民图书出版社，1941 年，第 41 页。

② 吴文建：《我国战时民营工业之鸟瞰》，《西南实业通讯》第 8 卷第 4 期，1943 年 10 月 31 日，第 11 ～ 12 页。

③ 经济统计处：《历年迁建厂矿情形》，《统计月报》第 70 期，1942 年 6 月，第 42 ～ 43 页。

④ 吴文建：《我国战时民营工业之鸟瞰》，《西南实业通讯》第 8 卷第 4 期，1943 年 10 月 31 日，第 11 ～ 12 页。

⑤ 黎小苏：《从数字上看陕西》，《西北通讯》第 2 卷第 1 期，1948 年 1 月 15 日，第 14 ～ 22 页。

⑥ 晋震梵：《西安成丰面粉公司及面粉业概况》，政协甘肃省委员会文史资料委员会、《西北近代工业》编写组编：《西北近代工业》，兰州：甘肃人民出版社，1989 年，第 410 页。

⑦ 陈真编：《中国近代工业史资料》第 4 辑，北京：生活·读书·新知三联书店，1961 年，第 413 ～ 414 页。

三、规模的发展与不发展

根据经济部统计处1942年的报告，截至1942年，整个后方（此处后方概念比本书后方概念要宽泛）共有粉厂71家，资本总额为2700万元，最大的为陕西成丰厂，日产量不超过5000袋，日产量在二三千袋的只有四五家。[①]从西北地区机制面粉业1933年至1949年的发展规模来看，除了成丰与华峰之外，规模也甚为有限，也经历了起步、高潮、衰落的过程。

1933年至抗战全面爆发前，陕西共有机制面粉厂3家，资本总额为120万元，职工370人，动力设备1080匹，钢磨23部，日产面粉7490袋，可以说是面粉业的起步阶段，但因成丰、华峰二厂系由外省资本设立，故虽为起步，但水平不低，皆可日产3600袋。

全面抗战时期是陕西机制面粉业发展最快的时期，就规模而论，也比战前有了较大增长，这种增长主要是通过面粉厂内迁而实现的。1938年，日产1200袋的大新面粉公司从漯河迁至宝鸡。内迁粉厂使得陕西机制面粉业的规模顿增。1940年，陕西有面粉厂6家，年产额2885900袋，之后大约稳定在250万袋，年产额比战前增长了近400倍，可以说是陕西面粉史上的一个奇迹。[②]而战后14家面粉厂每天可产21700袋，平均每厂日产1500多袋，相当于战时福新五厂宝鸡分厂产量最高时的一半。

规模上的另一个特点是外省资本在陕设立或迁入厂家规模一般都比较大，而陕西本省自建粉厂规模皆偏小。战前的成丰面粉公司，资本额60万元，20世纪40年代中期增至136万元，日产量占战前陕西面粉总产量的48%。福新五厂1919年开设时资本额30万元，钢磨22部，可日产面粉6000袋，1936年该厂资本额已达150万元，钢磨38部，全年产量为2469880袋。[③]1939年迁至宝鸡后，仍能马上复工，年产量达60余万袋。[④]据资源委员会1942年调查数据显示，陕西7家民营粉厂每日可能产量为

---

① 《经济部统计处发表民国三十一年“后方工业鸟瞰”》，秦孝仪主编：《中华民国重要史料初编——对日抗战时期》第4编“战时建设”（三），台北：“中国国民党中央委员会”党史委员会，1988年，第690页。

② 宋彦科：《抗战前后之面粉工业（中）》，《公益工商通讯》第2卷第5期，1947年12月15日，第10～15页。

③ 中国科学院经济研究所、中央工商行政管理局资本主义经济改造研究室编：《旧中国机制面粉工业统计资料》，北京：中华书局，1966年，第222、186页。

④ 《面粉厂、火柴业工厂有关情况登记表》，1942年，陕西省档案馆藏，档案号72－3－249，第74页；《内迁工厂已相继复工》，《陕行汇刊》第5卷第8～10期合刊，1941年12月，第96页。

13000袋，1941年全年产量为2690460袋，1942年全年可能产量为3184500袋，在后方各省中是最多的。其中成丰面粉厂每日可能产量高达5000袋，1941年产量为1204044袋，占当年总产量的44.75%，1942年占43.40%[①]，可以说是陕西民营粉厂中的魁首，即使在后方各厂中也是翘楚，这种规模的面粉厂在后方各省中是极为少见的，即使有政府背景的各公营粉厂，也难以望其项背。

甘肃战时机制面粉厂规模较小，不及陕西省。前文提到的西北面粉厂，其动力为电力，洗麦及烘干尚赖人工，可见其规模较小。此三家中，雍兴公司兰州面粉厂日产2万斤，属于规模较著之粉厂，而西北面粉厂日产仅3000斤，加上1943年建立的民生电力磨坊日产少至1000斤，三家合计不满25000斤，年产量不足1000万斤，只能供应兰州面粉十分之一。而且兰州电力设备有限，粉厂常因电力不足及原料等原因停工。[②]在20世纪50年代初资本主义工商业的社会主义改造前所进行的调查中，兰州面粉业情况亦不乐观，资料显示，当时兰州机制面粉与机器磨坊共有18家，而采用钢磨的仅有2户，其余全系石磨，另有水磨70家，畜力磨坊400家。在这18家近代磨坊中，开工的8家，不及总数的一半，筹备中的4家，另有6家则拟改业其他行业。[③]这则材料发表的时间是1951年年初，调查时间应该更早一点，基本上反映了1949年前后兰州面粉业的概貌，从中可以看出，兰州机制面粉业并未在1949年之后马上有更大的发展，甚至一度有所衰落。

四、发展与不发展原因解析

正如前文所述，抗战爆发之前，西北面粉业除了零星几家机器粉厂外，几乎纯为旧式磨坊。然而，随着民族危机的日益深重，在全国面粉工业危机重重的关头，西北机制面粉工业却迎来了转机，这种转机是我们所不愿看到的“危机下的转机”，即如果没有负面的外来力量——层层危机的到来，西北地区的面粉业很难实现“超常规”“跨越式”发展。

（一）发展原因解析

抗战全面爆发后，中国农业也遭受重大打击，就全国而言，1938年粮

---

① 中国第二历史档案馆编：《中华民国史档案资料汇编》第5辑第2编“财政经济”（六），南京：江苏古籍出版社，1997年，第360页。

② 甘肃省政府：《甘肃省经济概况》，1944年，甘肃省档案馆藏，档案号4－1－292，第8～9页。

③ 《兰州市私营工业初步情况材料》，《甘肃政报》第2卷第2期，1951年1月23日，第26页。

食作物产量都有不同程度下降，如稻谷下降近二成，小麦只有1937年的45%，就后方各省来说，1937、1938年为丰年，但随着战局深入，粮食短缺现象日渐严重，政府起而采取多项措施发展农业，后方粮食生产“颇呈增加趋势”。[①]据统计，1938年小麦种植面积为111029千市亩，1939年为114742千市亩，1940年为118870千市亩，1941年为125469千市亩，1942年为133420千市亩，1943年为140963市千亩，1944年为146735千市亩。尽管年成有好有坏，最好时六成八（1940、1944），最坏时五成三（1941年），亩产量也未能保持持续增长（亩产量最高的为1938年，达183市斤，最低的为1941年，仅为132市斤，比1937年多7斤），但总产量仍呈上升之势，1938年为202911千市担，1939年为198188千市担，1940年为201110千市担，1941年为165120千市担，1942年为209729千市担，1943年为199196千市担，1944年为248264千市担。[②]

1. 原料基本有保障

原料基本有保障可以分为几个方面来看：

第一，总体而言，西北地区小麦种植面积广泛。

小麦因其在西北地区“可以不施肥而期丰收”[③]，故而在西北各省种植范围广泛。陕西北部、宁夏北部及甘肃北部和西部适宜种植春小麦，陕西中部和甘肃东部以冬小麦为主，甘肃西部和新疆、青海则适合冬春小麦。[④]陕西小麦分布广泛，本省各县，无不产之[⑤]，主产区主要在渭河流域，平均种植面积占作物栽培面积的41.8%[⑥]，“除供本省之食用外，尚能输出省外各地”。[⑦]1937年在14省所做的调查中，陕西省的小麦种植面积排第四位，1941年居后方15省中的第二位。[⑧]甘肃兰州及河西一带为春

---

① 文化供应社编印：《实用国民年鉴》，1941年，第137页。

② 国民政府主计处统计局编印：《中华民国统计提要》，1945年，第18～19页。

③ 金善宝：《小麦实用论》，上海：商务印书馆，1934年，第2页。

④ 崔读昌、曹广才、张文等：《中国小麦气候生态区划》，贵阳：贵州科技出版社，1991年，第66～68页。

⑤ 许济航：《陕西省经济调查报告》，张研、孙燕京主编：《民国史料丛刊》第354册，郑州：大象出版社，2009年，第9页。

⑥ 李国桢主编：《陕西小麦》，西安：陕西省农业改进所，1948年，第19页。

⑦ 王金绂：《西北之地文与人文》，上海：商务印书馆，1935年，第70页；陈言：《陕甘调查记》上，北平：北方杂志社，1937年，第101页；西北军政贸易委员会编：《西北商业概况》，西安：西北人民出版社，1952年，第10页。

⑧ 原鸿儒：《陕西省之改良小麦推广（上）》，《农业推广通讯》第5卷第3期，1943年3月，第50～54页。

麦区，平凉及陇南一带为冬麦区，总产量亦较富。[①]宁夏各县皆有小麦，尤以贺兰、平罗、惠农三县为主要产地，种植面积占作物总面积的30%以上。[②]青海东部的西宁、乐都、巴燕、循化等县为小麦主产区，种植面积占粮食种植总面积的40%左右。[③]新疆以南疆及伊犁为主要产区，阿山、塔城一带次之，种植面积占40%以上，最高者占80%。[④]除陕西外，青海、新疆亦有小麦输出。

对于1913年至1949年西北各省小麦的产量，当时曾有统计[⑤]，除了宁夏省小麦种植面积和产量相对较少之外，陕、甘、青、新四省的小麦种植面积和产量相对都较多，遗憾的是，青海与新疆两省个别年份资料不全，使我们无法做出全面准确的判断，如果把所缺各年的数字按正常年份补全的话，经过初步计算可知，西北五省每年的小麦总产量约占全国小麦总产量的10%，即每年生产的小麦数量在50亿斤左右。而在有统计资料的1937至1941年，陕、甘、宁、青四省的小麦种植面积和产量指数与1933年至1937年的平均指数相比，大抵皆呈上升趋势[⑥]，因此，这几个年份的小麦产量还要高一些。

第二，战时农业增产措施得当，成效显著。

战时陕西"增产之作物对象，小麦独重"，"政府不惜巨款，工作人员竭虑以赴，直至日寇投降，无时或懈"，陕西小麦增产成绩斐然。"金大二九〇五号""武功七七四号"及"中大二四一九号"在城固均较当地品种为佳，农棉试验场、西北农场、西北农学院农场、大荔农场、陕南农场等

---

① 安汉、李自发：《西北农业考察》，南京：正中书局，1936年，第61页。

② 陈仁：《宁夏省之稻作》，《农报》第10卷第19～27期合刊，1945年9月10日，第155～162页；宁夏省政府编印：《宁夏资源志》，1946年，第86页；宁夏农业志编纂委员会编：《宁夏农业志》，银川：宁夏人民出版社，1999年，第84页。

③ 王金绂：《西北地理》，北平：立达书局，1932年，第98～99页；青海省地方志编纂委员会编：《青海省志·农业志　渔业志》，西宁：青海人民出版社，1993年，第89、94页。

④ 张大军：《新疆风暴七十年》第7册，台北：兰溪出版社有限公司，1980年，第3859页。另根据邱均实《清末民国时期新疆耕地面积和主要农作物产量》，新疆维吾尔自治区农业厅农业志编辑室1989年编印：《新疆通志·农业志》（资料汇编第八辑）第88～91页数据计算。因为资料不全，只能得到如下年份数据：1914年小麦种植面积和产量分别占农作物总面积的56%和总产量的44%，1918年分别占47%和50%，1932年分别占43%和37%，1946年分别占49%和52%，1949年分别占50%和45%。

⑤ 上海市粮食局、上海市工商行政管理局、上海社会科学院经济研究所经济史研究室编：《中国近代面粉工业史》，北京：中华书局，1987年，第370～387页。

⑥ 农林部"中央"农业实验所：《中国各省小麦产量及种植面积（二十二年至三十年）》，《中农经济统计》第1卷第6期，1941年12月31日，第41～42页。

机构成果显著。[①]著名农业专家李国桢与王伯材等人在泾阳农场用混合选种法选育出“兰花麦”，以后又选育出“陕农七号”“西北三〇二号”“西北六〇号”“郁郁大荔五二号”“泾惠六〇号”等小麦良种。[②]金陵大学“二九〇五号”小麦在陕南试种成效亦著，再加上其他地区的推广面积，1941 年全省共推广小麦良种种植面积达 439600 余亩，产量每亩增加 15%。“泾阳六〇号”和“泾阳三〇二号”均为陕西省西北农事试验场选育，1940 年在高陵、泾阳、长安、蒲城、富平等县推广，前者亩产约 300 斤，较当地种增产 27 斤，后者亩产 240 斤，增产 19 斤。[③]

“陕农七号”由陕西农棉试验场用混合选种育成，比普通农家品种增产 13%[④]，1937 年开始在长安细柳乡推广 1237 亩，后扩大至关中中部及东部各县，1939 年在渭南、兴平、长安、大荔四县推广 7500 亩，1940 年又增加咸阳一县，面积扩大为 55000 亩。到 1941 年，种植面积达 245678 亩，亩产约 350 斤，较当地种增产 70 余斤，且成熟较早，耐霜、耐寒、杆强、粉质特佳，普通小麦每亩产三四斗，而“陕农七号”则产五六斗，高者达八九斗。蓝芒麦系金陵大学西北农事试验场 1936 年选育成功，其特点是适应性好，茎秆强硬，不易倒伏，产量高，较当地品种增产 20%，每亩地可增收 4 市斗，“附近农民大都羡慕该麦种之纯粹与生产之能力”，当年农民购种 80 市石，种植面积 1000 亩。1937 年农户再次购买、调换该品种 96 市石，种植 1200 亩。此两年为示范及非正式推广。1938 年开始做有计划推广，集中推广麦种 8464 斤，种植面积 760 亩，1939 年在泾阳县 26 村推广 8500 余亩，并在高陵、三原、周至、泾阳四县 30 户特约农家推广 2200 余亩，面积共为 10280 亩，1940 年为 63252 亩，1944 年合计推广面积为 109252 亩，主要集中在高陵、三原、临潼、富平等县，平均亩产约 350 斤，平均产量超出农家品种 19%，较当地农家种增产 70 余斤。[⑤]

战时陕西小麦良种推广可以 1940 年为界分为两个时期，1940 年之

---

① 李国桢主编：《陕西小麦》，西安：陕西省农业改进所，1948 年，第 26、48 ～ 58 页。

② 张学敏：《李国桢与陕西农业》，政协陕西省委员会文史资料委员会编：《陕西文史资料选辑》第 24 辑，西安：陕西人民出版社，1991 年，第 280 页。

③ 霍席卿、张德常：《泾阳农业推广所推广蓝芒麦经过与效果》，《农业推广通讯》第 1 卷第 5 期，1939 年 12 月，第 40 ～ 41 页；《本厅政绩交待比较表》，陕西省档案馆藏，档案号 72 - 2 - 235，第 12 页。

④ “中央”农业实验所麦作系：《中国改良小麦品种名称及特性一览表》，《面粉工业》第 1 卷第 10 期，1948 年 5 月 25 日，第 9 ～ 10 页。

⑤ 《本厅政绩交待比较表》，陕西省档案馆藏，档案号 72 - 2 - 235，第 12 页；霍席卿、张德常：《泾阳农业推广所推广蓝芒麦经过与效果》，《农业推广通讯》第 1 卷第 5 期，1939 年 12 月，第 40 页。

前良种推广机构“尚欠健全”，各农业机关分途进行，各自办理推广工作，“组织简单，办法各别”。如最早从事小麦改良与推广事宜的陕西省建设厅农棉试验场，曾将农家种兰花麦加以混合选种，并在长安未央宫一带推广。1937 年，该场育成“陕农七号”，在长安姜仁村示范推广 140 亩，产量极高，大受农民欢迎，1938 年秋以贷种方式在长安小张村、义井寨等 8 村推广 1237 亩。1938 年 10 月，陕西省农业改进所成立，在农改所的推动下，1939 年“陕农七号”以换种方式在渭南、兴平、大荔、长安等县大量推广，面积达 7500 亩。西北农场战前亦有推广，1936 年推广蓝芒麦 1000 亩，1937 年推广 1200 亩，“产量很好”，“颇得农民欢迎”。西北农学院农场从 1937 年开始大量培育蚂蚱麦，在武功、宝鸡、凤翔等县做小规模推广。[①]孙本文引述“中央”农业实验所的估计数据，陕西省 1938 年小麦种植面积较 1937 年增加 200 万亩，产量增加 1200 万担。这一数据应有夸大之处，但国民政府“在西北增加粮食”的“预定方针”则是坚定不移的。[②]

1940 年至 1941 年，在陕西省农改所的统筹下，西北农学院及西北农事试验场等机构合作办理推广事宜，并由“行政院”农产促进委员会补助经费。1941 年之后，农林部为粮食增产起见，亦拨给经费，“中央”农业实验所及陕西省建设厅派员襄助，陕西省合作事业管理处及各县政府亦从中协助，在各县成立农业推广所，划分区域，充实人员，利用农业推广机构，统一步骤，以县或乡镇为单位，在各县或乡镇设立示范田与繁殖田若干处，收获后即以该县、乡镇为中心向周围村庄辐射推广，以扩大种植面积。田地分为特约繁殖田与种子田，前者为繁殖改良麦种，保持麦种纯度，后者是指导农民举行混合选种。良种推广前，举办推广人员训练班及推广工作讨论会，登记推广田亩。针对农民守旧心理及缺乏进取精神，推广人员制作挂图散发乡村，利用集会讲解良种优点与栽培方法，组织少年农学团、农会、作物改良会等，联络乡村小学，实施小学生生产训练，介绍改良小麦知识。播种前进行室内检定，播种后予以田间检定，指导农民去杂去伪，召集农民实地视察，比较改良麦种与当地麦种之优劣，并进行生产调查或改良小麦展览会与竞赛。麦种收获后，及时进行成效调查与纯度调查，将麦种按纯度与发芽率分为甲、乙、丙三等，除合作农家留种外，繁殖场全部购换收集，同时详细登记推广农

① 李国桢主编：《陕西小麦》，西安：陕西省农业改进所，1948 年，第 111 ～ 114 页。

② 孙本文：《现代中国社会问题》第 3 册，上海：商务印书馆，1947 年，第 2 版，第 174 页。

田，再根据登记数量与计划予以推广，如甲等小麦按市价加15%售予一般农民，乙等加价10%，丙等加价5%，换种亦采取同样方法。如是合作农户，则采用农贷方式。①

1942年，推广工作改由陕西省粮食增产督导团负责，督导团将全省分为省东、省会、泾惠渠、省西、陕南五个区，由总督导团商请合作机构或有关机关派员督导，技术部分则由陕西省农改所及合作机关会商办理，各县工作仍由推广所或农场遵照计划及办法负责执行。1943年，督导团裁撤，小麦推广工作复由农改所负责。1942年，陕西良种推广工作全面展开，主要采取良种繁殖（包括原种繁殖、特约繁殖及合作繁殖、田间检定），示范宣传，麦田登记及麦种收购、散发，指导农民自动换种，推广结果调查，推广成效估计等方式渐次展开，多种良种在多个县份得到推广。“陕农七号”在全省推广后，收获产量为289776.26担，蓝芒麦为475507.59担，蚂蚱麦为29461担，“金大二九〇五号”为123273担，“六〇号”小麦为15276.08担，“三〇二号”小麦为1309担。②蚂蚱麦由西北农学院选育，具有生长整齐，抗旱、抗寒、抗病、杆健，成熟较早，品质亦佳等特点，亩产340斤，较当地农家种增产60余斤，产量超出普通品种5.3%～27.5%，平均达19.38%，1937年在武功大量繁殖，1938年范围扩大至宝鸡、凤翔、乾县等县，1939年繁育面积为190亩，1940年推广至3200亩。③各县推广情形详见表2－5。

表2－5　陕西各县播种小麦良种品种、产量统计表（1942）

县份	品种	产量（担）	县份	品种	产量（担）	县份	品种	产量（担）
长安	陕农七号	60188	礼泉	陕农七号	2160.86	武功	蚂蚱麦	7551
	六〇号	682	永寿	陕农七号	520	乾县	蚂蚱麦	1042
蓝田	陕农七号	2275	郃县	陕农七号	475	周至	蚂蚱麦	943

① 原鸿儒：《陕西省之改良小麦推广（下）》，《农业推广通讯》第5卷第4期，1943年4月，第45～47页。

② 同上注，第45～49页。

③ 霍席卿、张德常：《泾阳农业推广所推广蓝芒麦经过与效果》，《农业推广通讯》第1卷第5期，1939年12月，第40～41页；《本厅政绩交待比较表》，陕西省档案馆藏，档案号72－2－235，第12页；沈学年、史奇生：《西北农学院改良麦种之成就——蚂蚱麦（武功二十七号）之育成与推广》，《农业推广通讯》第3卷第4期，1941年4月，第18～20页。

（续表）

县份	品种	产量（担）	县份	品种	产量（担）	县份	品种	产量（担）
临潼	陕农七号	1977	长武	陕农七号	430	眉县	蚂蚱麦	670
渭南	陕农七号	83433	岐山	陕农七号	6200	扶风	蚂蚱麦	9463
华县	陕农七号	7592.5	宝鸡	陕农七号	8013	凤翔	蚂蚱麦	7980
华阴	陕农七号	2500	泾阳	蓝芒麦	282217.4	陇县	蚂蚱麦	406
潼关	陕农七号	625		六〇号	8000	汧阳	蚂蚱麦	605
大荔	陕农七号	5065	临潼	蓝芒麦	35750.76	麟游	蚂蚱麦	801
朝邑	陕农七号	2076	高陵	蓝芒麦	54512.45	南郑	金大二九〇五	90280
平民	陕农七号	2000		六〇号	2994.08	褒城	金大二九〇五	4900
韩城	陕农七号	5550	三原	蓝芒麦	70095.98	沔县	金大二九〇五	1200
澄城	陕农七号	1500		六〇号	4000	城固	金大二九〇五	25722
郃阳	陕农七号	4495	富平	蓝芒麦	30133	洋县	金大二九〇五	884
蒲城	陕农七号	2160		三〇二号	130	西乡	金大二九〇五	287
	三〇二号	1179	耀县	蓝芒麦	1950	兴平	陕农七号	70877.9
咸阳	陕农七号	17005	淳化	蓝芒麦	150	同官	蓝芒麦	648
户县	陕农七号	2658	栒邑	蓝芒麦	50	合计		935002.9

资料来源：原鸿儒：《陕西省之改良小麦推广（下）》，《农业推广通讯》第5卷第4期，1943年4月，第48～49页。

战前陕南小麦年产量约75万石，但从无良种可言。战时陕南农场征集各省优良麦种，并在陕南各县征集地方麦种81种进行育种试验，以“武功七七四号”与“武功七七五号”为较优，耐旱丰产，1942年大量繁殖。“金大二九〇五号”较本地土种蓝绿麦每亩多收131斤，1941年推广面积27699亩，1942年陕农所农场、第六区模范农场、各县中心农场以及城固与南郑二农场推广所等分头并进，直接推广指导换种及自留种，推广亩数不下30万亩，平均每亩增产4市斗，“实开陕南良种推广之新纪元”。[①]

陕西小麦良种推广成绩显著，据统计，1939年至1940年，改良小麦推广面积仅占全省麦田面积的0.2%，而到1945年至1946年，这一比例已提高至8.96%。另据资料显示，1941年陕西小麦种植面积较1937年至1941年五年平均面积增加将近10%，如以此五年间小麦种植指数为100的话，1938年至1941年，此一指数则从65上升至109，“递增之象”至为明显。[②]这在战时经费与人员都较为欠缺的情况下，已是难能可贵了。

表2－6　陕西省历年改良小麦推广面积占麦田面积百分表

年份	麦田面积（亩）	改良小麦推广面积（亩）	所占百分比（%）
1939～1940	16642000	18434	0.11
1940～1941	17034000	182619	1.07
1941～1942	18060000	439691	2.43
1942～1943	18777000	934602	4.98
1943～1944	19263000	1215184	6.31
1944～1945	19471000	1614421	8.29
1945～1946	20640000	1849951	8.96

资料来源：李国桢主编：《陕西小麦》，西安：陕西省农业改进所，1948年，第123页。

1941年至1945年，陕西省80县小麦平均种植面积19849426市亩，平均产额为1758280800市斤。1939年至1945年，陕西全省共增产小麦1083623担。[③]另据统计，陕西1939年推广17265亩，1940年为182619亩，1941年为439691亩，1942年为934602亩，1943年1500000亩，1944年2614421市亩，1945年1845951亩，1946年1867344亩，1947年面积为2028896亩。[④]据测算，良种推广后，平均每亩可增产2斗，每年小麦总产

① 《本厅政绩交待比较表》，陕西省档案馆藏，档案号72－2－235，第12页；王宝善：《陕南稻麦建设之过去与将来》，《农业推广通讯》第4卷第1～2期合刊，1942年12月，第63～67页。

② 章柏雨、汪荫元：《各国农产物价统制实施》，上海：商务印书馆，1946年，第117～118页。

③ 李国桢主编：《陕西小麦》，西安：陕西省农业改进所，1948年，第20～26、123页。

④ 《本厅政绩交待比较表》，陕西省档案馆藏，档案号72－2－235，第12页。

量可以增加225万余担。[①]

良种小麦质优产丰，小麦种植农户乐于种植，推广起来颇为容易，故而小麦种植总面积、总产量皆有所增加。

表2－7　抗战时期陕西省小麦种植面积、产量和产额统计表

年度	面积（千市亩）	产量（千市担）	产额（市斤/市亩）	年度	面积（千市亩）	产量（千市担）	产额（市斤/市亩）
1937	13650	9429	60	1942	18060	23373	129
1938	14853	28134	189	1943	18777	17982	96
1939	15827	23908	151	1944	19263	33136	172
1940	16642	22057	133	1945	19472	18232	94
1941	17034	16876	99				

资料来源：许道夫编：《中国近代农业生产及贸易统计资料》，上海：上海人民出版社，1983年，第70页。

西北各省中，陕西小麦种植面积最广，产量最丰，小麦产量呈现稳定增产之势，为面粉工业的发展提供了坚实的、源源不断的原料来源。

甘肃亦成立农业改进所、农业技术推广所等，创办刊物，派员赴成都参加金陵大学农学院代办的农业推广视导员训练班，人员学习结束后任职于甘肃省农业改进所农业推广组，进行良种推广、指导生产等工作。在此背景下，甘肃在多个县份设立农业推广所。天水筹设“农产促进委员会、甘肃省农业改进所天水中心实验推广所”，并且将其定为全省重点所，主要人员有郭普、焦之琪、胡焕章、陈希鼎、李育忠等。战时天水面粉业的发展，也得益于小麦良种推广工作的大力开展。民国时期，天水小麦种植面积约占全部播种面积的40%，但由于麦种较差、灌溉设施不健全、施肥不及时等原因，小麦在天水属于低产作物。推广所成立后，良种推广提上日程。试种的麦种有武功“774”，但结果不甚理想。后又引进“泾阳三〇二号”，试种后比当地品种可增产32%，每亩增产30～40斤，1943年起在东二十里铺、东泉、三阳川等地重点种植，1944年推广133亩，1945年扩大至2000余亩，1946年猛增至36000亩，1947年为55000亩，1948年

① 许济航：《陕西省经济调查报告》，张研、孙燕京主编：《民国史料丛刊》第354册，郑州：大象出版社，2009年，第54页；张绍钫、徐树基：《陕西农作物改良之成绩及今后之希望》，《陕农月报》第2卷第2期，1941年2月，第10～11页；仇元、孙福绥：《近年后方各省推广稻麦改良品种概况》，《农业推广通讯》第7卷第6期，1945年6月，第8～18页。

为57000亩，1949年增至85000亩。[①]从陕西引进小麦良种，美国良种小麦亦有之，提高了小麦的抗倒伏、抗病虫害品质，并试种成功三个品种，提高了产量。1941年，检定各县优良麦种共13种，推广优良麦种49949亩，增产14985担；1942年检定14种，推广17371亩，增产522担；1943年检定3种，推广优良麦种51673亩，增产2502担。[②]据相关部门1945年预测，这些品种在五年内可推广500万亩，年产量可增加100万担。[③]

此外，还通过施用有机肥、绿肥，改良播种方法，试验科学的播种数量，研究小麦成熟期抗雨性状，预防病虫害等途径提高小麦产量。

第三，兴修农田水利，保证了小麦面积扩大，产量增加。

抗战时期，国民政府制定推行了一系列有关农田水利的法令、法规，如经济部1938年1月拟具《水利建设纲领》，后又颁布《水利法》《办理各县小型农田水利贷款暂行办法》《兴办水利事业奖励条例》《中国农民银行办理小型农田水利工程贷款办法》等，以发展后方农田水利，扩大粮食生产，提供军糈民食。

陕西在李仪祉的擘画下，战前规划了著名的"关中八惠"。1936年年底，渭惠渠第一期工程完工后，第二期工程因工款支绌，未能完成。战时继续修浚，此时陇海路西展至工地附近，筑渠材料运输较易，故进展较快，1937年12月15日完工放水，共支用工款219万余元。流量为每秒30立方米，第一渠长53.1公里，第二渠长21.5公里，第三渠长41.07公里，第四渠长21公里，共计136.67公里[④]，引水、输水、分水等工程"均以钢筋混凝土为主干，跻于现代工程之林，中外专家，交相称誉……陕西水利之信誉，乃传遍全国"。[⑤]

渭惠渠灌溉面积逐年增加，1937年为51995亩，1938年增至264096

---

① 农夫：《解放前天水农业技术推广简况》，政协甘肃省天水市委员会文史资料委员会编印：《天水文史资料》第5辑，时间不详，应为1991年，第214～224页。

② 朱允明：《甘肃乡土志稿》，本书编委会编：《中国西北文献》第30册，兰州：兰州古籍出版社，1990年，第501～503页。

③ 转引自罗舒群：《民国时期甘肃农林水牧事业开发状况研究》，《社会科学（甘肃）》1986年第3期，第96～104页。

④ 《渭惠渠管理局工作报告》，1939～1940年，陕西省档案馆藏，档案号96－1－475，第74页；傅健：《陕西渭惠渠土渠工程》，《水利》第11卷第6期，1936年12月，第429～438页；傅健：《渭惠渠第一渠放水及灌溉》，《陕西水利季报》第2卷第3～4期合刊，1937年12月，第8页；胡步川：《渭惠渠第二期工程纪略》，《陕西水利季报》第5卷第1～2期合刊，1940年6月，第10页；《二十八年渭惠渠灌溉区域农村经济状况调查》，《陕西水利季报》第5卷第3～4期合刊，1940年9月，第63页。

⑤ 刘钟瑞：《陕西省水利》，《水利》第14卷第6期，1947年6月，第305页。

亩，1942 年增至 688761 亩，粮棉产量大幅增加①，人口较大旱灾时增加 18%，较修筑前增加 8%，地价由旱灾时的平均 27 元增至 1937 年的 153 元，1939 年更涨至 198 元，并且即使想出大价钱在灌区内购地也“至为不易”。“渠水增加了农村经济，经济增加，使农民生活稳定，生活稳定，使死亡率及背井离乡出外谋生者都大大减少”②，是“继泾惠渠后，又一新成功”③。据测算，1938 年渭惠渠流域受惠农田达 20 万亩，平均每亩可增益 10 余元，共计 200 万元。④1939 年，又将各渠增修延长，四渠共增修渠道 388.82 公里，增益 300 万元。⑤

梅惠渠是在原梅公渠的基础上整修而成的，1936 年 7 月兴工修筑，计有分水闸 1 座、跌水 6 座、桥梁 13 座、涵洞 5 道、斗门 30 座。⑥1938 年 6 月工程完成，干渠长 121 公里，可灌溉眉县、岐山农田 132000 市亩。⑦各惠渠完成后，“全省农田总计蒙灌溉之惠者，殆及三百万亩”，每年平均增益食粮最低限度估计在 150 万石。⑧

抗战时完成的还有黑惠渠、泔惠渠、汉惠渠、褒惠渠和织女渠，并设立管理局，另有定惠、涝惠、涡惠只完成了大半，沣惠、湑惠二渠至 1947 年全部完成。在每一渠道完成之后，沿渠栽种树木，既可起到固堤、涵养水分的作用，也增加了当地的林木资源。

---

① “行政院”编印：《国民政府年鉴（第二回）》，1944 年，第 19 章第 14 页附表。

② 《二十八年渭惠渠灌溉区域农村经济状况调查》，《陕西水利季报》第 5 卷第 3 ～ 4 期合刊，1940 年 9 月，第 65 ～ 66 页。

③ 傅健：《渭惠渠第一渠放水及灌溉》，《陕西水利季报》第 2 卷第 3 ～ 4 期合刊，1937 年 12 月，第 8 页。

④ 陈禾章、沈雷春、张韵华编：《中国战时经济志》，台北：文海出版社有限公司，1973 年，第 4 章第 16 页；《二十八年渭惠渠灌溉区域农村经济状况调查》，《陕西水利季报》第 5 卷第 3 ～ 4 期合刊，1940 年 9 月，第 68 页。

⑤ 《渭惠渠管理局工作报告》，1939 ～ 1940 年，陕西省档案馆藏，档案号 96 - 1 - 475，第 82 页；赵敏求：《跃进中的西北》，西安：新中国文化出版社，1941 年，第 38 页；《二十八年渭惠渠灌溉区域农村经济状况调查》，《陕西水利季报》第 5 卷第 3 ～ 4 期合刊，1940 年 9 月，第 67 ～ 68 页。

⑥ 《全国经济委员会》，〈全国水利报告汇编〉（1937 年 2 月），台北“中央研究院”近代史研究所档案馆藏，档案号 26 - 21 - 007 - 07，第 28 ～ 31 页。

⑦ 王成敬：《关中水利建设》，《中国银行月报》第 4 卷第 4 期，1949 年，第 72 页。另记载面积为 20 万亩（参见陈禾章、沈雷春、张韵华编：《中国战时经济志》，台北：文海出版社有限公司，1973 年，第 4 章第 16 页）。

⑧ “行政院”编印：《国民政府年鉴》，1943 年，“地方之部”第 285 页。

表 2-8　抗战时期陕西修筑水渠概况表

渠名	水源	灌溉县份	渠道长度（公里）	灌溉面积（市亩）	较不灌溉田亩增益估计		兴工时间	完成时间
					每亩（石）	全区概数（石）		
渭惠渠	渭水	眉县、扶风、武功、兴平、咸阳	177	600000	0.5	300000	1935.4	1937 年 12 月第一期工程完成
梅惠渠	石头河	眉县、岐山	121	132000	0.5	66000	1936.7	1947 年 10 月完成
黑惠渠	黑峪	周至	55	160000	0.5	80000	1938.9	1942 年年底全部完成
汉惠渠	汉水	勉县、褒城、南郑	41	110000	0.7	77000	1938.12	1941 年 4 月全部完成
褒惠渠	褒水	褒城、南郑	55	140000	0.7	89000	1939.9	1942 年 6 月 15 日放水
泔惠渠	泔水	礼泉	5	3000	—	—	1943.6	1944 年 1 月全部完成
潼惠渠	潼峪	—	—	10000	—	—	1945.8	已完成
沣惠渠	沣水	户县、长安、咸阳	48	230000	0.5	115000	1941.9	1947 年 6 月完成放水
湑惠渠	湑水	城固、洋县	41	160000	0.7	112000	1941.9	1947 年年底完成放水
织女渠	无定河	榆林、米脂、绥德	18	40000	0.5	20000	1937	1938 年年底完成
定惠渠	无定河	横山、榆林	34	40000	—	—	1941.4	已完成 86%
涝惠渠	涝峪	户县	22	100000	—	—	1943.2	已完成 85%
涡惠渠	涡水	—	—	21000	—	—	1945.8	已完成 85%
合计	—	—	617	1746000	—	—	—	—

资料来源：黎小苏：《从数字上看陕西》，《西北通讯》第 2 卷第 1 期，1948 年 1 月 15 日，第 18 页；《陕西省水利局施政报告》，陕西省档案馆藏，档案号 72-6-6；《陕西省政府交代比较表（一）》，陕西省档案馆藏，档案号 72-2-1236（1），第 1 页；陈禾章、沈雷春、张韵华编：《中国战时经济志》，台北：文海出版社有限公司，1973 年，第 4 章第 16～17 页；王成敬：《关中水利建设》，《中国银行月报》第 4 卷第 4 期，1949 年 4 月，第 72 页；“行政院”编印：《国民政府年鉴》，1943 年，“地方之部”第 286～288 页。

陕西各渠“工程较进步，有利于民生者兹大，于是陕西水利驰名中外矣”[①]，对战时军糈民食有重大贡献，“其他各地亦争先仿效。蔚为各地兴办新式水利灌溉工程之模范”[②]。

陕西除了发展新式灌溉渠外，还对旧有渠堰进行整修，据统计，共整修大小渠堰1147处，灌田总面积为1474700亩，其中规模较大的465处，灌田近70万亩。[③]

为了推行于右任1941年提出的十年万井计划，1944年1月和10月，陕西省建设厅先后选派两期共14名学生，赴兰州参加国立西北技艺专科学校举办的凿井训练班，以培养专门凿井人才。[④]十年万井计划是农林部发展小型农田水利的一个组成部分，1941年3月，陕西成立凿井队3队，5月成立5队，在秦岭等地开凿自流井及在长安等县开凿水车井，“颇具成效，深得农民之信仰”[⑤]。1942年在长安西北乡开凿水车井17口，每井可灌田30亩，每亩地冬夏两季可增产1市石，并在南乡开凿自流井，大井可灌稻田17亩，旱田54亩，小井可灌稻田14亩，旱田45亩，每年可增产168市斗。[⑥]陕西省政府1943年拟订《陕西省小型农田水利计划（草案）》，其中亦有开凿自流井、水车井、河滩井及改良旧井计划，计划由西安农民银行提供贷款，驻防军队担任义务劳动，本年凿井万口，灌溉面积50万亩。[⑦]1944年3月制定《陕西省小型农田水利事业奖励规则》，对卓有成效者予以奖励[⑧]，并开展水利工作竞赛。[⑨]同年，中国农民银行专门发放凿井

---

① 《陕南各县兴修水利情况（五）》，陕西省档案馆藏，档案号72－6－206（5），第317～318页。

② 王成敬：《关中水利建设》，《中国银行月报》第4卷第4期，1949年，第73页。

③ 王成敬：《西北的农田水利》，上海：中华书局，1950年，第22～24页。

④ 《建设厅十年万井计划（一）》，陕西省档案馆藏，档案号72－6－113（1）；《建设厅十年万井计划（二）》，陕西省档案馆藏，档案号72－6－113（2）。

⑤ 《本厅政绩交待比较表》，陕西省档案馆藏，档案号72－2－235，第15页；《陕西省一九四四年小型农田水利计划（一）》，1944年，陕西省档案馆藏，档案号72－6－110（1），第13页。

⑥ 李国桢：《陕西三十一年度新兴农业建设概况》，《农业推广通讯》第4卷第1～2期合刊，1942年12月，第29～30页。

⑦ 《陕西省一九四四年小型农田水利计划（一）》，1944年，陕西省档案馆藏，档案号72－6－110（1），第12～31页；《八区今年将凿万井》，《陕行汇刊》第7卷第1期，1943年2月，第62页。

⑧ 《省府关于兴办水利事业奖励条件的通知及条例》，陕西省档案馆藏，档案号72－5－136；《陕西省一九四四年小型农田水利计划（二）》，1944年，陕西省档案馆藏，档案号72－6－110（2），第95～96页。

⑨ 《陕西省一九四四年小型农田水利计划（三）》，1944年，陕西省档案馆藏，档案号72－6－110（3）。

贷款200万元，在大荔、朝邑试凿水井200口，拟试验成功后再予以推广[①]，后来确认凿井实为一良法，“经济价值甚为合算”，有一劳永逸之优点[②]，可以推广。据统计，此一时期各地共开凿浅井39959处，灌田面积为295721亩。[③]这些浅井灌田能力不及旧有渠堰，更不能与新式渠道相提并论，却是新旧灌溉渠道的有益补充，“可以补救渠水灌溉之不及，且各地均能挖凿，分工修筑并进，费时较短，需费甚省而普遍尤易，凡此优点，实非大型水利工程所能及”[④]，对缓解当地旱情，弥补当地灌溉能力的不足也发挥了一定作用。农田水利兴修后，灌溉区小麦单位面积产量较前增加一倍以上，“对于本省小麦亩产功效殊大”。[⑤]

战时甘肃农田水利建设成就亦值得大书特书，最重要者即为甘肃水利林牧公司成立及其举办的一系列工程。

1940年9月，中国银行代表霍宝树到西北考察，与朱绍良商谈了发展西北农田水利的重要性。甘肃省政府邀请中国银行合办一专门机构，以竟事功。[⑥]1941年3月20日，中国银行董事会议议决与甘肃省政府合组公司，4月23日，甘肃省政府与中国银行总管理处订立《甘肃省政府、中国银行总管理处发展甘肃省农田水利及林牧事业合作办法》，翌日，召开公司成立大会。[⑦]

甘肃省水利建设，大体可分为河东与河西两大部分[⑧]，河西东起乌稍岭与陇坂高原分界，西迄星星峡与新疆接壤，南北两侧有祁连山与合黎山，河西地区东西长1000余公里，南北较狭，总面积约为18万平方公里，

---

① 《本省经济动态》，《陕行汇刊》第8卷第1期，1944年2月，第79页。

② 李国桢：《凿井灌田与粮食增产》，《农业推广通讯》第4卷第10期，1942年10月，第6页。

③ 王成敬：《西北的农田水利》，上海：中华书局，1950年，第25～26页。

④ 《陕西省一九四四年小型农田水利计划（一）》，1944年，陕西省档案馆藏，档案号72－6－110（1），第81～82页。

⑤ 李国桢主编：《陕西小麦》，西安：陕西省农业改进所，1948年，第16页。

⑥ 甘肃省政府建设厅编：《水利林牧公司》，甘肃省政府建设厅编：《甘肃省经济建设纪要》，1940.12～1946.12，第59号，甘肃省图书馆西北地方文献阅览室（图书）藏，油印本；甘肃水利林牧公司总管理处编：《甘肃水利林牧公司大事记（三十年～三十三年）》，甘肃省图书馆西北地方文献阅览室（图书）藏，1944年，稿本。

⑦ 《甘肃省政府建设厅、水利林牧公司、兰州电厂等就补发留用人员薪津差额、津贴计算表、水利工程查勘队合约及交接办法、安装电表、电灯、电表过户等的公函》，1941年7月29日，甘肃省档案馆藏，档案号39－1－122，第10～27、46～52页；甘肃水利林牧公司总管理处编：《甘肃水利林牧公司大事记（三十年～三十三年）》，甘肃省图书馆西北地方文献阅览室（图书）藏，1944年，稿本。

⑧ 《建设厅关于甘肃省经济建设纪要（农林水利类）、河西水利工程历年成果概述和湟惠渠工程报告书纪要》，1942年12月20日，甘肃省档案馆藏，档案号38－1－11。

占甘肃省总面积的46%，包括武威、张掖、酒泉、敦煌等17县局。河西地区之外、乌稍岭以东的地区统称为河东。[①]从1941年8月开始及战后一段时间内，公司的农田水利建设即是围绕河东与河西两大部分进行的。

河东水利建设。河东地区非水不足，而在平旷之地少，此区多系狭长形，沟多坡陡，地高水深，建筑物多，料具工粮，皆感困难，举办水利工程“未能太抱乐观”[②]。在公司接办前，省政府先后在河东地区修复了洮惠渠、湟惠渠、溥济渠、汭丰渠、永丰渠和永乐渠。1944年4月完工的汭丰渠是公司独立承办完工的第一条水渠，“公司以独力完成此渠为荣”[③]，渠成后泾川县政府立碑纪念之，碑的阳面为孔祥熙亲笔题字“泽流亿载”，阴面系谷正伦为之撰写的碑文。[④]该渠灌溉田地10000亩，每亩约可增收小麦9市斗。[⑤]

举办河西水利。河西水源主要有湟水、大通河、黑河、讨赖河、疏勒河和党河等，经过历代开发，河渠密布，阡陌纵横，水渠数占全省水渠总数的三分之二[⑥]，地位相当重要，但土地抛荒严重。据统计，石羊河、黑河、疏勒河等9河流域有熟荒1273723市亩，生荒6786590市亩，两者合计8060313市亩。[⑦]“就灌溉工程而言，河西之基本条件固非优良，惟在本省内不失为

---

① 《甘肃河西水利工程总规划书（一）》，1947年12月，甘肃省档案馆藏，档案号38－1－8，第1页。

② 《建设厅关于甘肃省经济建设纪要（农林水利类）、河西水利工程历年成果概述和湟惠渠工程报告书纪要》，1942年12月20日，甘肃省档案馆藏，档案号38－1－11，第38页；周礼：《办理甘肃农田水利四年来之认识》，《“行政院”水利委员会季刊》第3卷第1期，1946年3月31日，第40页。

③ 徐盈：《当代中国实业人物志：沈怡》，《新中华》复刊第3卷第10期，1945年10月，第94～99页；徐盈：《当代中国实业人物志》，上海：中华书局，1948年，第145页。

④ 谷正伦：《汭丰渠记》，1944年4月，中国国家图书馆特藏古籍。

⑤ 《省水利林牧公司、陇南畜牧场等关于酪素价格、数量、公司组织章程、函索汭丰渠建设照片、工程计价方式资料等的公函、函》，1944年5月12日，甘肃省档案馆藏，档案号39－1－216，第39～42页。

⑥ 甘肃水利林牧公司编：《甘肃水利林牧公司成立两年概况》，1943年8月，甘肃省图书馆西北地方文献阅览室（图书）藏，油印本。另外，河西水利在甘肃省举足轻重的作用，还可以从以下情况中得到反映：1944年4月，国民政府军政部谕令各省实施军屯，但甘肃省建设厅、地政局、保安处等给出了三个不宜兴办的理由，除了第一条和第二条是冠冕堂皇的推诿之辞外，其第三条“本省所在荒地或以灌溉之困难，或以土质碱性过重，作物耕种难期滋长，实施屯垦势必投资庞大，经费恐有得不偿失之虞，因此本省只宜奖励垦殖，或俟河西水利整修至相当程度时再办”，反映了河西水利事关屯垦者至大。参见《军政部、甘肃省政府、民乐县政府等就抄发荣军垦区垦务实施办法、开垦荒地、产权情形、荒地督垦、办理人民荒地等事项的指令、呈等》，1943年11月，甘肃省档案馆藏，档案号26－1－275，第87～88页。

⑦ 《甘肃河西水利工程总规划书（一）》，1947年12月，甘肃省档案馆藏，档案号38－1－8，第10页。

有利开发之地带。”这种优越的自然条件主要是相对于省内其他狭窄的地方而言，河西平原辽阔，“旷野千里”，有大片平畴相连的土地，确实十分难得，即使对开发甘肃水利颇抱悲观态度的沈怡到河西考察后，亦“不觉希望顿生”①。其所存在的问题即是植被脆弱，土地荒漠化程度较为严重，河渠渗漏较剧，有些流量较小的河渠还未到田间地头即已渗漏殆尽。②

1942年8月15日至9月14日，蒋介石赴甘、青、宁、陕四省巡视，在莅甘期间，蒋介石先后视察了兰州、酒泉、玉门和武威等地，“鉴于河西水利，不但为养民之源，且有卫国实边之效”③，提出“应特别重视甘省河西一带之经济开发，尤应从速开发水利”。④9月2日，“行政院”会议通过了每年由国民政府国库拨款1000万元，专办河西水利，由公司具体承办，以十年为期的议案。⑤公司随后拟定《甘肃河西农田水利计划纲要》和《开发河西农田水利第一期实施计划》，以“扩大灌溉面积，增加粮食生产，保持现有人口，招徕外省移民”为十年建设总目标。⑥1942年秋，国民政府派遣西北建设考察团到甘肃考察时，针对河西水利计划的时间提出异议，认为应从速完成，以便在抗战结束后便可屯垦。⑦1944年5月，国民党五届十二中全会通过开发河西水利的12年计划，将之提升为国家事业而非地方事业，每年所需经费由国库指拨，整个计划从1945年起实行，尽快完成。⑧

为了落实计划纲要和实施计划，从1943年春开始，公司在酒泉、武威、民勤等9县着手整理旧渠62处，受益田亩1000239市亩，每亩约可增产粮食1石，共增产100万石。⑨

---

①《省水利林牧公司、汭丰渠公程处等就召集各渠渠务会议、会议日程、参加人员同人通讯录、工作报告等的公函、电》，1943年12月30日，甘肃省档案馆藏，档案号39－1－116，第8页。

②《建设厅关于甘肃省经济建设纪要（农林水利类）、河西水利工程历年成果概述和湟惠渠工程报告书纪要》，1942年12月20日，甘肃省档案馆藏，档案号38－1－11，第33页。

③ 甘肃省政府统计处编印：《甘肃省统计年鉴》，1948年。

④《甘肃省政府统计室、建设厅、省水利林牧公司等就查报省营事业机关之组织资本、业务及盈亏情形等的函、呈》，甘肃省档案馆藏，档案号39－1－23，第36页；重庆市档案馆、重庆市人民银行金融研究所编：《四联总处史料》，北京：档案出版社，1993年，第199～200页。

⑤《总经理沈怡就筹办省水利林牧公司等的函》，1941年9月27日，甘肃省档案馆藏，档案号39－1－259，第59～60页。

⑥《甘肃省水利林牧公司、省动员委员会关于抄送经营业务、年度贷款、农田水利工作计划、调查表等的公函》，1940年4月8日，甘肃省档案馆藏，档案号14－1－523，第24页。

⑦《建设厅关于甘肃省经济建设纪要（农林水利类）、河西水利工程历年成果概述和湟惠渠工程报告书纪要》，1942年12月20日，甘肃省档案馆藏，档案号38－1－11，第4～5页。

⑧《甘肃省水利林牧公司、省动员委员会关于抄送经营业务、年度贷款、农田水利工作计划、调查表等的公函》，1940年4月8日，甘肃省档案馆藏，档案号14－1－523，第24页。

⑨《甘肃省政府统计室、建设厅、省水利林牧公司等就查报省营事业机关之组织资本、业务及盈亏情形等的函、呈》，甘肃省档案馆藏，档案号39－1－23，第58～65页。

除了整修渠道，蓄水方面最大的成就是修筑鸳鸯池水库（即肃丰渠水利工程，此项工程还包括整理酒泉、金塔两县渠道）。鸳鸯池水库位于金塔南10公里的佳山峡，其修建起因于酒、金两县由来已久的水利纠纷及救济金塔水荒。①1938年，金塔县长赵宗晋实地勘查后，认为修建水库是解决两县用水问题的唯一良策，于是与酒泉县长凌子惟联名向省政府呈递报告，请求建设水库。但限于经费，修建水库之事久议未决。有鉴于此，甘肃省主席谷正伦将两县水源争夺战上报至国民政府，求其解决。曾出任甘肃省长、时任水利部长的薛笃弼责令调查，之后责成公司修建水库，以从根本上解决此一问题。②

公司经过勘测，认为修建蓄水库确实可行，因此很快获批修建。在各方的共同努力下，1947年5月31日全部完成。“国内土坝工程之巨，尚无出其右者”③。鸳鸯池水库是中国自建的第一个大型土坝水库。④自鸳鸯池水库完成后，金塔县的灌溉问题基本解决，粮食连年增产。根据甘肃省水

---

① 《甘肃省水利林牧公司、省动员委员会关于抄送经营业务、年度贷款、农田水利工作计划、调查表等的公函》，1940年4月8日，甘肃省档案馆藏，档案号14－1－523，第11页；甘肃省政府建设厅编：《水利林牧公司》，甘肃省政府建设厅编：《甘肃省经济建设纪要》，1940.12～1946.12，第59号，甘肃省图书馆西北地方文献阅览室（图书）藏，油印本。金塔地处下游，引水不易，与玉门县亦存在水利纠纷，如1944年11月至1949年3月，农林部甘肃河西关外垦区管理局鉴于安西县东湖及玉门县报恩寺一带有官荒两处，但两处荒地相连，位置适中，碱质较轻，且原有余水可供灌溉，交通便利，附近还有驻军，治安较稳定，于是招收本地垦民311人从事开垦。而远在清雍正时，两地就有用水协议，即所引昌马大坝河水从柴坝庙处分流，上六下四，即玉门占河水的六成水权，安西占四成，直至垦区设立之前未曾改变。1944年垦场设立后，引发了两县新的争议，安西县请求撤销垦区，恢复到以前的状态（见《甘肃省政府、省地政局、安西、玉门县政府、河西垦区管理局就垦区设立、水利工程、土地管理、垦场租粮等事项的代电、呈等》，1944年10月2日，甘肃省档案馆藏，档案号26－1－235）。因此，安西县的灌溉用水问题十分突出，确有兴建蓄水库的必要。

② 张清江口述、程索群整理：《酒金两县水利纠纷记略》，政协甘肃省酒泉市委员会编印：《酒泉文史资料》第4辑，1991年，第147～149页；郭建中：《民国时期酒泉的水规制度》，政协甘肃省酒泉市委员会编印：《酒泉文史资料》第3辑，1990年，第130～132页；张文质：《酒金两县水利纠纷之缘起》，政协甘肃省金塔县委员会编印：《金塔文史资料》第1辑，1990年，第103～105页；赵发礼：《酒金水利纠纷之始末》，政协甘肃省金塔县委员会编印：《金塔文史资料》第3辑，1997年，第118～122页。

③ 《河西水利工程处关于兴修已成各渠概况、工程说明及水利工程规划与计划书一览表》，甘肃省档案馆藏，档案号38－1－7，第7页；子里：《鸳鸯池——中国的第一蓄水工程》，《西北文化》第1卷第5期，1948年3月1日，第30～32页；成守铭：《鸳鸯池蓄水库兴建始末》，政协甘肃省金塔县委员会编印：《金塔文史资料》第1辑，1990年，第116页。

④ 张心一：《我的自述》，政协甘肃省委员会文史资料研究委员会编：《甘肃文史资料选辑》第23辑，兰州：甘肃人民出版社，1985年，第58页；顾淦臣：《鸳鸯池水库工程初建史》，政协甘肃省委员会文史资料和学习委员会、甘肃省水利厅编：《甘肃文史资料选辑》第57辑，2003年，第328页。

利局的调查，往年金塔因水量不足每亩平均仅收小麦一石五斗，1947 年利用蓄水库灌溉之后，每亩可增至两石五斗至三石。[①]水库使得酒、金两县呈现出“流进来一潭碧水，倒出去万担金粮”的丰收景象。甘肃省主席郭寄峤特撰写碑铭纪念。[②]

小型水利建设。公司在抗战胜利前后还利用银行贷款、国际救济会贷款、河西水利专款，在 10 县修建了一些小型水利工程，主要有高台三清渠[③]、永昌金龙坝渠[④]、张掖永兴渠、甘谷渭济渠[⑤]、天水三阳川渠[⑥]、靖远复兴新渠。战时新修的小型水利工程，渠道总长度 175.5 公里，计灌溉 123800 亩。[⑦]

除了修建水渠外，公司从 1941 年 9 月至 1946 年，通过修理水车、放淤、筑堤护田、开渠等多种措施，借助合作社或农会贷款，促进小型水利事业发展。经过六年努力，受益县份为 81 个，建设合作社或农会 196 个，受益田亩达 583298.45 市亩。[⑧]

水利设施兴修与改善的直接结果就是灌溉田亩增加和粮食产量提高。如永丰渠一带，旱田每亩平均收麦四升，而水车田每亩每年可收麦四斗，较之多收三斗六升，水量充足时可种两季，且可种棉花。永丰渠村民“男女老幼，均感欣慰”，县里徐姓村民特地赶到工地向工作人员致谢。[⑨]夏惠渠沿岸旱田产量平均为五六升，水田则可收 3 斗以上。汭惠渠一带旱田每亩收 2.5 斗，水田可收 7 斗，几近 3 倍。“渠成后向之每亩仅

---

① 贾兰坡：《由酒泉到金塔》，《西北通讯》第 3 卷第 9 期，1948 年 11 月，第 24 ～ 26 页。

② 赵发礼：《赵积寿与鸳鸯池水库》，《金塔文史资料》第 1 辑，1990 年，第 88 页；成守铭：《鸳鸯池蓄水库兴建始末》，政协甘肃省金塔县委员会编印：《金塔文史资料》第 1 辑，1990 年，第 118 页。

③ 甘肃省政府建设厅编：《高台三清渠》，甘肃省政府建设厅编：《甘肃省经济建设纪要》，1940.12 ～ 1946.12，第 31 号，甘肃省图书馆西北地方文献阅览室（图书）藏，油印本。

④ 甘肃省政府建设厅编：《永昌金龙坝工程》，甘肃省政府建设厅编：《甘肃省经济建设纪要》，1940.12 ～ 1946.12，第 32 号，甘肃省图书馆西北地方文献阅览室（图书）藏，油印本。

⑤ 甘肃省政府建设厅编：《甘谷渭济渠工程》，甘肃省政府建设厅编：《甘肃省经济建设纪要》，1940.12 ～ 1946.12，第 30 号，甘肃省图书馆西北地方文献阅览室（图书）藏，油印本。

⑥ 甘肃省政府建设厅编：《天水三阳川渠工程》，甘肃省政府建设厅编：《甘肃省经济建设纪要》，1940.12 ～ 1946.12，第 33 号，甘肃省图书馆西北地方文献阅览室（图书）藏，油印本。

⑦ 《河西水利工程处关于兴修已成各渠概况、工程说明及水利工程规划与计划书一览表》，甘肃省档案馆藏，档案号 38－1－7，第 47 页。

⑧ 甘肃省政府建设厅编：《贷款举办小型农田水利工程》，甘肃省政府建设厅编：《甘肃省经济建设纪要》，1940.12 ～ 1946.12，第 15 号，甘肃省图书馆西北地方文献阅览室（图书）藏，油印本。

⑨ 徐盈：《当代中国实业人物志：沈怡》，《新中华》复刊第 3 卷第 10 期，1945 年 10 月，第 94 ～ 99 页；徐盈：《当代中国实业人物志》，上海：中华书局，1948 年，第 146 页。

产小麦一二斗或全不生产者一变而产三四石，较未灌溉前至少每亩多收获两石。”[①]1945年夏，全省苦旱，而湟惠渠灌溉区禾苗健秀，且产量增加。[②]

河西地区经过几年水利开发，1944年耕地恢复至5341613亩[③]，变成了令人艳羡的粮仓，除个别渠道整理后产量略有下降或与此前持平外，绝大多数土地收益增加不少。[④]

第四，移民垦殖助力良多。

抗战初期，随着大批难民流入后方，组织难民垦荒不仅于支持抗战有益，亦有生产自救、稳定社会秩序的积极意义。国民政府先后颁布一系列垦荒法令，成立专门垦务机关。1938年，国民党临时全国代表大会通过《战时土地政策大纲》[⑤]，并颁布《非常时期垦殖大纲》《非常时期难民移垦殖规则》，规定垦殖行政由国民政府经济部会同“内政部”“财政部”、赈济委员会统筹办理，地方由各省设立垦务委员会负责，规定公有荒地分配给垦户耕作，垦竣后可无偿取得所有权，垦殖方式分为国营、省营、民营三种。[⑥]1939年又改颁为《非常时期难民移垦条例》。1940年，国民政府农林部成立，垦务工作由其负责。1941年2月，设置垦务总局，为全国最高垦务机关，负责直接办理实验性示范性垦殖和屯垦等业务及调查全国荒地与垦务概况，并通过《“中央”补助各省难民垦殖经费办法》《中国农民银行兼办土地金融业务条例》等法令、法规[⑦]，在移垦机关的设立、具体的移垦事宜及组织和补助办法等方面做了详细规定。

1942年9月23日，蒋介石在手令《关于移民西北从事林牧垦殖资金提供办法》中提出：“西北移民方案应即研究拟定，凡‘中央’及内

---

① 《河西水利工程处关于兴修已成各渠概况、工程说明及水利工程规划与计划书一览表》，甘肃省档案馆藏，档案号38－1－7，第88～100页。

② 甘肃省政府建设厅编：《水利林牧公司》，甘肃省政府建设厅编：《甘肃省经济建设纪要》，1940.12～1946.12，第59号，甘肃省图书馆西北地方文献阅览室（图书）藏，油印本。

③ 中国工程师学会第十三届年会兰州区分会：《河西水利问题》，甘肃省图书馆西北地方文献阅览室（图书）藏，1945年，油印本。

④ 郭寄峤主编：《甘肃省统计年鉴》（1946年），兰州：甘肃省政府统计室，1947年，第156～157页。

⑤ 荣孟源主编：《中国国民党历次代表大会及中央全会资料》，北京：光明日报出版社，1985年，第507～508页。

⑥ 中国第二历史档案馆编：《中华民国史档案资料汇编》第5辑第2编“财政经济”（八），南京：江苏古籍出版社，1997年，第219页。

⑦ 重庆市档案馆编：《抗日战争时期国民政府经济法规》下，北京：档案出版社，1992年，第3～7页。

地各省之机关冗员及其眷属等，似可移往西北工作，又各省灾区之灾民亦可移往西北垦殖。其第一步可先移至河西，其次再移往新疆。‘中央’每年应指定一项经费，专供移民之用，一面再由官民双方联合组织林牧垦殖等公司，由四行放款，作为开发西北实业之机构，俾有志之士得从事于其间。希即召集农林部、财政部与运输统制局等有关各机关共同讨议，拟订方案呈报为要。”9月28日，蒋介石在审阅了国民政府组织部长朱家骅关于移民西北的呈文后，又以快邮代电的方式，致函孔祥熙，就朱家骅提出的移民宁夏的事宜做出批示：“查西北移垦问题迭经于本月廿一、廿二两日先后手函核办，并据张副院长钫条陈转达各在案，希即并案核办为盼。”10月24日，蒋介石第四次就移民开发西北问题进行批示。其实，在此之前，国民政府即已有裁撤党、军、政各机关冗汰人员的打算，在1942年9月22日《蒋介石关于“中央”党军政各机关裁员三分之一移居西北事致孔祥熙、何应钦令》中，即有“全国军队已定缩编三分之一，目前‘中央’党军政各机关官员太多，人浮于事，似可按照上述原则裁减三分之一”等语，对于拟被裁人员，“即准备分批移送至西昌与西北，从事于屯垦或开发实业等工作……使集中‘中央’及都市之人员得以逐渐移往西北从事开发事业，树立建国之基础”，且“第一年拟移一千至两千户，第二年以后，每年逐增一千户，以十年为限”。吴忠信、翁文灏、俞鸿钧、陈立夫等皆做出移民西北的积极响应，且吴忠信拟具了三项迁移办法，俞鸿钧拟订了裁减人员移殖西北办法纲要，翁文灏和陈立夫则分别提出了几项具体意见①，可见国民政府上层人士对移民西北是相当重视的。

西北地区制订了较为详细的农垦计划。1938年6月，经济部在《抗战建国之经济建设工作报告》中对移民垦荒做了具体规划，一是在陕西黄龙山地区做大规模垦殖，派专人前往调查。该地区“地跨七县，延绵三百余里，土壤膏腴，蕴藏极富，可农可牧，林矿亦富”②，“气候适宜，土壤肥沃，可资开垦之地达500万亩”，国民政府补助经费111000元，并由经济部派员指导协助。而对于小规模垦殖即招领开垦，亦需杜绝需索陋规，减

① 马振犊主编：《抗战时期西北开发档案史料选编》，北京：中国社会科学出版社，2009年，第166～187页。

② 中国第二历史档案馆编：《中华民国史档案资料汇编》第5辑第1编“财政经济”（七），南京：江苏古籍出版社，1994年，第281页。

省周折手续，宽其升科年限，予以资金接济[①]，便于垦民认领。移垦方式分为国营、省办和私人集团经营三种方式，其中以地方举办为主，对此，国民政府予以资金和技术协助。1939 年，国民政府垦务主管部门又拟定“筹设国营垦区计划纲要”，经“行政院”核准，计划在川、陕、康、滇、桂、湘、甘等省选择适宜移垦之荒区，设置国营垦区 10 处。1942 年，国民政府还计划在豫、皖、湘三省受水灾地区，调移 20 万人口，分送兰州、西安等转赴西北各地，从事垦殖工作。[②]

表 2－9　抗战时期西北地区垦殖事业

办垦地区		主办单位	收容移民（人）	垦地面积（亩）
陕西	汧山垦区	—	2000	54000
	各军营垦社	军办	4210	63800
	合作社五单位	民办	59424	264906
甘肃	垦务机构三处	—	1372	13512
宁夏	贺兰垦区	—	1556	500000
合计			68562	896218

资料来源：许涤新、吴承明主编：《中国资本主义发展史》第 3 卷，北京：人民出版社，2003 年，第 355 页。

西部共有 11 个国营垦区，其中西北有五个，分别是陕西黄龙山垦区、黎坪垦区，甘肃岷县垦区、河西永昌垦区和河西关外垦区。省营垦区有陕西的凤翔垦区、眉扶垦区、汧山垦区和泾阳嵯峨山垦区，甘肃有陇南垦殖团，青海有柴达木垦务督办公署，宁夏有云亭渠垦区，新疆也曾于 1944 年招募河南省难民约一万人入疆垦荒。1941 年，甘肃天水小陇山举办军垦实验区，到 1942 年 7 月底共有荣誉军人 580 人，开垦荒地 3580 亩，作物栽培面积 815 亩。[③]1942 年 5 月，农林部又在甘肃酒泉县东部筹备成立了甘肃河西屯垦实验区，该区荒地面积约 1417500 亩，当年计划招收垦民 400 人，垦殖士兵 600 人。[④]

---

① 章伯锋、庄建平主编：《抗日战争》第 5 卷，成都：四川大学出版社，1997 年，第 52 ～ 53 页。

② 中国第二历史档案馆编：《中华民国史档案资料汇编》第 5 辑第 2 编“财政经济”（八），南京：江苏古籍出版社，1997 年，第 219 ～ 225 页。

③ 陆和健：《抗战时期西部农垦事业的发展》，《民国档案》2005 年第 2 期，第 87 ～ 92 页。

④ 中国第二历史档案馆编：《中华民国史档案资料汇编》第 5 辑第 2 编“财政经济”（八），南京：江苏古籍出版社，1997 年，第 220 ～ 221 页。

陕西省于1938年5月成立了垦荒委员会，1939年改组为垦务委员会，1939年8月又成立眉扶工垦委员会，具体负责农垦事宜。1943年4月，颁布《陕西省扶持自耕农办法》，规定：限制非自耕农对农地的兼并；具有耕作能力的自耕农不得随意转让自己不足额的耕地；自耕农得向土地金融机关借款。随后，陕西省地政局与西安农行商洽，核准扶持自耕农放款1000万元，并选定平民、扶风、武功三县试办。[①]

陕西黄龙山垦区位于陕西省中部宜川、洛川、黄陵、宜君、白水、韩城、合阳等县之间，总面积达500万亩。垦区于1938年3月设立，1939年改为国营，自1940年接受垦民，1941年9月共收容难民26537人[②]，至1942年7月底，共有垦民29500人，已垦地178886亩，作物栽培面积134954亩，有耕牛5849头。1944年7月，"在六年又四个月的时间内，总计招收垦民54800余人，垦荒面积计331000余市亩，栽培作物之面积601900余市亩，收获作物产量计761000余市担，为西北及全国垦区之冠"。[③]汧山垦区历年接收垦民及垦荒面积如下：1940年，接收垦民1002人，开垦荒地3116亩；1941年，接收990人，开垦2356亩；1942年，接收6699人，开垦39318亩；1943年，接收674人，开垦9000亩；1944年，接收808人，开垦1050亩；1945年，接收374人，开垦1950亩，至1945年共收容垦民1万余人，垦荒5万余亩。[④]

黎坪垦区截至1943年开垦荒地2000亩。此外，宽滩、太白山、扶眉、终南山等垦区共垦荒132300亩；横山、靖边、商南、西乡、镇坪、武功等县自垦荒地932354亩。[⑤]

宁夏拟订了《初步难民垦荒计划大纲》，将全省荒地划分为移垦、民垦、蒙垦、屯垦等区域。1939年10月成立垦务委员会，设立垦荒办事处，颁布《宁夏省垦荒规程》，指导垦荒事宜。[⑥]宁夏于1941年制定《垦荒规

---

① 王乃式：《陕西扶植自耕农问题》，《人与地》第3卷第9期，1943年9月，第38～41页。

② 中国第二历史档案馆编：《黄龙山垦区难民人数统计表》，转引自苏智良等编著：《去大后方——中国抗战内迁实录》，上海：上海人民出版社，2005年，第311页。

③ 中华文化复兴运动推行委员会：《中国近代现代史论集》第26编《对日抗战》，台北：商务印书馆，1986年。关于面积与垦民人数，有不同记载，《中华年鉴》载，计垦区地264906亩，招收垦民59424人。参见中华年鉴社编印：《中华年鉴》下册，1948年，第1325页。

④ 黎小苏：《从数字上看陕西》，《西北通讯》第2卷第1期，1948年1月15日，第14页；中华年鉴社编印：《中华年鉴》下册，1948年，第1325页。

⑤ 张倒纯、王长玺：《陕西地政最近一年来之检讨》，《人与地》第3卷第10期，1943年10月，第35～38页。

⑥ 施珍：《成长中之中国垦殖》，《中农月刊》第6卷第9期，1945年9月30日，第31～44页。

程》，计划垦荒50万亩，并规定自1941年起，免收承领荒地手续费，所开垦田地免税五年，五年之后按收获5%征税，由于土质较好，开垦荒地一般当年即可收获。①

此外，病虫害防治亦功不可没。从1940年12月至1944年4月，甘肃省政府还积极防治小麦黑穗病，处理麦种269725市石。②陕南小麦病害以黑穗病尤为广泛，损失在20%左右，工作人员遂以碳酸铜拌种及温水浸种、灰水浸种予以防治，陕南农场1942年特约农家示范，每亩可增收一斗八升，以陕南180万亩小麦面积计，可增产32万石。③

2. 工厂内迁的刺激

抗战全面爆发后，鉴于战争发展态势和上海的战略意义，国民政府做出了把沿海工厂向武汉迁移的决定，甚至有人主张尽量再向内地迁移。④工厂内迁经历了三个阶段。第一阶段从1937年7月到11月12日上海沦陷，迁出的主要是苏、浙、沪一带工厂，迁入地以武汉为主，利用水路迁出工厂146家，抢运机料1.46万吨；随迁技师和工人2500余名。⑤第二阶段从上海沦陷到1938年12月，内迁厂矿306家，物资总吨数51182.5吨，工人1793人，门类有矿冶业、机器五金业、电气工业等。其中迁陕20家，物资10199吨，工人58人。以业别论，机器五金业3家，机料138吨，技师4人；化学工厂2家，物资2吨；纺织业14家，物资9659吨，工人54人；其他1家，机料400吨。⑥第三阶段从1939年1月到1940年年底，共迁出452家，抢运机料12万吨，技师和工人1.2万人。其中迁入四川的250家，湖南121家，陕西43家，广西25家，福建105家，浙江86家，其他省份15家，工业界移民10万人。⑦据1941年统计，内迁的工程技术人员共计2万余人。⑧此外，未及统一内迁而流亡到西北、

---

① 宁夏省政府秘书处编印：《十年来宁夏省政述要·建设篇》，1942年，第403页。

② 甘肃省政府编印：《甘肃省政府三年来重要工作报告》，1944年，第24页。据统计，1935年冬季作物中，全国受黑穗病、黑锈病、黄锈病、褐锈病等病害者20省，产量损失达29887000市担；受蝗虫、钻心虫、土蚕等虫害者计16省，产量损失达2869300市担。参见乔启明、蒋杰：《中国人口与食粮问题》，上海：中华书局，1937年，第109页。

③ 王宝善：《陕南稻麦建设之过去与将来》，《农业推广通讯》第4卷第1～2期合刊，1942年12月，第67页。

④ 中国第二历史档案馆选编：《抗战时期工厂内迁史料选辑（一）》，《民国档案》1987年第2期，第35～53页。

⑤ 林继庸：《民营厂矿内迁纪略》，出版地、出版社不详，1942年，第14～15页。

⑥ 《工矿内迁概况》，《统计月报》第38号，1939年3月～6月，第22～23页。

⑦ 张锡昌等：《战时的中国经济》，桂林：科学书店，1943年，第174页。

⑧ 陆仰渊、方庆秋：《民国社会经济史》，北京：中国经济出版社，1991年，第585页。

西南地区的技术人员也有很多，“沿海技术青年员工，自动来至内地参加生产”，中国工业合作协会西北区办事处 1938 年 8 月在宝鸡成立，该处有许多此类人员。①

南京失守后，战火随之蔓延到华中地区，迁汉工厂复工率很低。②因此，一些大厂负责人 1938 年 1 月飞赴重庆，考察迁川可能性，归来后一致认为以工商业“稍有发展”③的四川为宜，并成立迁川工厂联合会。9 月，迁汉各厂连同当地工厂开始向川、湘、滇、鄂、桂、黔、陕、甘等省迁移。④在内迁工厂门类中，以机器工业最多，占 40.40%，厂数为 181 个，设备约 13000 吨，至 1942 年年底，已增为 682 厂，资本总额 3.3 亿元，工人 3 万名以上，使用动力 1.6 万匹马力，在全部工业中占第三位，产品以工具机、作业机和动力机为主。⑤

内迁不但为后方各省带来了机器设备，而且也带来了技术人员，极大地促进了后方各省工业的发展。一方面，内迁工厂自身在后方获得新的发展，另一方面，在内迁工厂的带动下，后方各省兴起了设厂热潮。

陕甘两省因有内迁工厂助力，与其他三省发展路径不同，故而结果亦有差异，表现出厂数多、规模大、发展快的特点。从时间上来说，1938 ～ 1943 年是陕甘两省设厂最多的时期。据陕西省建设厅不完全统计，此一时期设立的机器与铁业工厂有 15 家。⑥1942 年经济部核准登记的工厂有 222 家，1943 年 5 月底增至 248 家，门类有面粉业、机器铁工业、纺织业等，资本总额 6933 万余元，动力总数为 6969 匹马力，未登记的尚有相当数目。1944 年全省工厂登记 79 家，最多的三个行业分别是纺织业 62 家、机器业

---

① 朱世珩编：《抗战中经济建设——抗战以来工业及交通实施概况》，西南游击干部训练班，1939 年，第 13 页；伍启元：《中日战争与中国经济》，长沙：商务印书馆，1940 年，第 29 页。

② 吴文建：《中国工矿业之内迁运动》，《新经济》第 7 卷第 9 期，1942 年 8 月 1 日，第 172 页。

③ 中国第二历史档案馆选编：《抗战时期工厂内迁史料选辑（三）》，《民国档案》1987 年第 4 期，第 60 页。

④ 翁文灏：《经济部的战时工业建设》，中国第二历史档案馆编：《国民政府资源委员会公报》第 1 卷第 1 期，1941 年，北京：档案出版社，1990 年，影印版，第 91 页；孙果达：《民族工业大迁徙——抗日战争时期民营工厂的内迁》，北京：中国文史出版社，1991 年，第 107 ～ 108 页。

⑤ 经济部统计处编印：《后方工业概况统计（1942 年）》，1943 年，第 7 页；经济统计处：《历年迁建厂矿情形》，《统计月报》第 70 期，1942 年 6 月，第 42 ～ 43 页。

⑥ 《工厂登记（机器、铁工业）》，1942 年，陕西省档案馆藏，档案号 72 - 3 - 1268；《西安市各工厂向经济部呈请工厂登记及附表（一）》，1945 ～ 1946 年，陕西省档案馆藏，档案号 72 - 3 - 640（1）；《西安市各工厂向经济部呈请工厂登记及附表（二）》，1945 ～ 1946 年，陕西省档案馆藏，档案号 72 - 3 - 640（2）。

7家、化学酒精业4家，工厂总数达278家。[①]抗战胜利时仍保持在271家。[②]时人将陕西工业在1938年至1942年的发展称为发达期，此一时期陕西新设厂数较创始期（1931年前）增加8倍，资本增加95倍以上，较抬头期（1931～1938年）各增加1倍多和3倍多。[③]另据统计，1941年7月至1944年2月，陕西登记公司91家，其中经济部核准38家，建设厅备案53家[④]，仅1944年就登记84家[⑤]，截至1944年年底公司总数达175家。[⑥]"抗战以后，因一部分内迁工厂的迁入，及在战时为适应需要而兴起的工厂，已在这片沙漠上开出了繁花。廿六年以后成立的工厂，竟比战前原有的厂数，超出几达六倍。"[⑦]另有记载显示，西安在抗战时期共兴建各类工业企业79家，其中机器工业39家，电力工业1家，投资总额达1177万元，面粉工业投资占8%。[⑧]

1943年10月，据兰州四联分处调查，兰州工厂数猛增至212家（1943年5月甘肃建设厅报告，甘肃有经济部核准登记工厂164家，资本总额为5595万余元，动力总数为496匹马力[⑨]），几乎比战前翻了9倍，1944年6月时已分别增至236家、3383人、1亿余元[⑩]，远远超过了兰州创办现代工厂以来所有工厂的总和，并且有些工业门类如制药业、面粉业、造纸业、玻璃制造业、工具机与作业机等对兰州乃至甘肃而言是全新的。据统计，1943年时，甘肃全省有小型纺织厂168家，资本总额为814万元，本国工人数为3988人，加上学徒和外籍工人，总数当在5500人。如果按成立年份的话，1938年成立8家，1939年23家，1940年44家，1941年47家，1942年18家，1943年28家。其中兰州最为集中，达67

---

① 《本厅一九四四年度工作检讨报告（草稿）》，1944年，陕西省档案馆藏，档案号72－7－6，第14页。

② 《本厅政绩交待比较表》，陕西省档案馆藏，档案号72－2－235，第18、39页；罗家伦：《西北建设考察团报告》，台北："国史馆"，1968年，第305页。

③ 宋国荃：《陕西省工业建设之演进》，《陕行汇刊》第7卷第2期，1943年4月，第33～34页。

④ 《本厅政绩交待比较表》，陕西省档案馆藏，档案号72－2－235，第38页。

⑤ 《本厅一九四四年度工作检讨报告（草稿）》，1944年，陕西省档案馆藏，档案号72－7－6，第14～15页。

⑥ 政协全国委员会文史资料研究委员会编：《工商经济史料丛刊》第2辑，北京：文史资料出版社，1983年，第75页。

⑦ 建子：《西北民营工业概观》，《西南实业通讯》第9卷第3期，1944年3月31日，第9页。

⑧ 西安市地方志办公室编：《西安市志》第3卷，西安：西安出版社，2003年，第87页。

⑨ 罗家伦：《西北建设考察团报告》，台北："国史馆"，1968年，第306页。

⑩ 甘肃省档案馆编：《晚清以来甘肃印象》，兰州：敦煌文艺出版社，2008年，第9页。

家，天水次之，为16家。[①]"自抗战军兴，七年以来，西北形势愈形重要。兰州更转向繁荣途径，工业欣欣向荣，西北较大工厂，多集中于此。举凡纺织业……制药业、玻璃业……面粉业、牛奶业、烟草业、纸烟业、营造业等，均有一日千里之势。"[②]

张玉法将抗战带给中国社会的变迁归结为三点，其中在论述工厂内迁时写道：抗战前期许多人民及工业设备由沿海迁往四川、贵州等省，抗战胜利后又迁回来；战争期间，人民为逃避战火，东奔西走，造成重大的人口流动。这些活动有利于社会的和谐与政治的统一，省与省的隔阂减少，交往增加。[③]工厂内迁的载体作用不容低估。

工厂一边内迁，一边在政府资金的协助下着手复工。据统计，1938年复工厂数占总数的26.16%，1939年占58.95%，1940年占12.93%，至1941年年底已有70%复工。[④]内迁工厂不但能在四年内基本完成复工，而且还实现了新的发展，不断有新厂创设，1938年开设209家，1939年新增419家，1940年新开517家，1941年增设866家，1942年开设1138家，1943年新设1049家，后方工厂总数达5266家，资本总额4.87亿元，工人359600多人。[⑤]如以产值论，除了防毒面具外，其余皆飞速增长，尤以陶瓷砖瓦业增幅最快，1940年产品价值是1938年的853倍。据估计，1940年后方各重要厂矿全年出品价值47亿元，随着市场的扩大，企业资产也迅速增长。[⑥]

正如前文所述，抗战时期西北各省面粉厂来源有二，一是内迁，一是新设。其中内迁工厂的作用不可小觑。从1938年到1941年，国民政府迁到陕西宝鸡地区的工厂有申新纱厂、洪顺机器厂、华兴机器厂、民康毛纺厂、民康药棉厂、福新面粉厂、大新面粉厂等，"经过三年来之惨淡经

---

① 朱允明：《甘肃省乡土志稿》，甘肃省图书馆西北地方文献阅览室（图书）藏，手抄本，第133～138页。尽管兰州纺织厂有一定规模，但以毛织厂为主，棉织厂仍数量有限，所产棉布亦不敷使用，有资料显示，雍兴兰州面粉厂1940年及其后装粉所用土布袋洽购于河南，且数量较多。参见玉英：《雍兴兰州面粉厂简记》，政协甘肃省委员会文史资料委员会、《西北近代工业》编写组编：《西北近代工业》，兰州：甘肃人民出版社，1989年，第436页。

② 甘肃省贸易公司统计组：《兰州市产业初步调查》，《甘肃贸易》第5～6期合刊，1943年9月30日，第99页。

③ 张玉法：《中国现代史》上册，台北：东华书局股份有限公司，1977年，第6～7页。

④ 吴文建：《中国工矿业之内迁运动》，《新经济》第7卷第9期，1942年8月1日，第174页。

⑤ 张宪文主编：《中华民国史纲》，郑州：河南人民出版社，1985年，第582页。

⑥ 翁文灏：《经济部的战时工业建设》，中国第二历史档案馆编：《国民政府资源委员会公报》第1卷第1期，1941年，北京：档案出版社，1990年，影印版，第93页；吴文建：《中国工矿业之内迁运动》，《新经济》第7卷第9期，1942年8月1日，第174页。

营”，一个初具规模的工业区——秦宝工业区在西北大地出现，以此为契机，宝鸡也一跃成为西北地区的工业重镇。[①]抗战前西北地区机器工业有所发展的为陕甘两省，但也为数极微，无足轻重，宁夏、新疆、青海皆不值一提。而到了抗战时期，西北各省的情况却发生了很大的变化，尤以陕甘两省工业各项指标增长最为迅速，陕西更是独领西北之风骚。“中国抗战工业之建立，即以此种内迁工厂为基础。”[②]翁文灏认为：“后方新兴工厂，四年之间，其发展的速度，确使人感到满意。”[③]战争结束时后方工厂已达6000家之多，设于战前的不过7%，资本总额85亿元，约合战前币值5亿元。[④]黄立人指出：“工厂内迁不仅刺激了重庆、贵阳、昆明、桂林、西安等中国西部经济相对发达地区近代工业的发展，同时在西部和中部靠西的边远地区造成了若干近代工业新的生长点。”[⑤]《中国西部开发与近代化》评论道：“这次异常的工业地域分布结构从现代化发达地区向不发达地区的反向空间位移，促进了西部大后方地区社会经济能够有一短暂的跳跃式的超常发展，在一定程度上改变了中国经济现代化的地域空间结构。可以说，这次举国民族工业大迁徙是民国时期西部经济发展的最重要的契机。”[⑥]

表2-10　1937年全国、后方、陕西工厂统计表

	工厂数	所占百分比（%）	资本数（千元）	所占百分比（%）	工人数	所占百分比（%）
全国	3935	100	373359	100	456973	100
后方	237	6.02	15234	4.08	33108	7.25
陕西	10	0.25	2757	0.74	4636	1.01

资料来源：陈真编：《中国近代工业史资料》第4辑，北京：生活·读书·新知三联书店，1961年，第94～97页。

原表说明：后方是指云南、贵州、四川、西藏、陕西、甘肃、宁夏、青海、新疆、广西、湖南。

---

① 秦宝工业区公共事业委员会筹备会：《秦宝工业区之缘起》，1941年9月20日。转引自黄立人：《抗日战争时期工厂内迁的考察》，《历史研究》1994年第4期，第120～136页。

② 章伯锋、庄建平主编：《抗日战争》第5卷，成都：四川大学出版社，1997年，第22页。

③ 翁文灏：《抗战以来的经济》，张研、孙燕京主编：《民国史料丛刊》第325册，郑州：大象出版社，2009年，第153页。

④ 中国通商银行编：《五十年来之中国经济：1896～1947》，台北：文海出版社有限公司，1974年，影印版，第182页。

⑤ 黄立人：《抗战时期大后方经济史研究》，北京：中国档案出版社，1998年，第175页。

⑥ 戴逸、张世明主编：《中国西部开发与近代化》，广州：广东教育出版社，2006年，第43页。

如果拿陕西与后方各省相比，1944 年陕西工厂亦占有重要地位。

表 2－11　1944 年后方、陕西工厂统计表

	工厂数	所占百分比（%）	实缴资本（元）	所占百分比（%）	币值资本（元）	所占百分比（%）	工人数	所占百分比（%）
后方	5266	100	4801245	100	487480	100	359663	100
陕西	367	6.97	315941	6.58	35402	7.26	31204	8.68

资料来源：转引自宋仲福主编：《西北通史》第 5 卷，兰州：兰州大学出版社，2005 年，第 466 页。

原表说明：后方是指云南、贵州、四川、西藏、陕西、甘肃、宁夏、青海、新疆、广西、湖南及广东、湖北、河南、安徽、福建、江西等省国民政府辖区内的工厂。实缴资本是指 1938 ～ 1944 年每年缴纳资本的累计数；币值资本是指每年缴纳的资本依重庆趸售物价指数而计算的货币购买力，即所折合的战前法币价值。

工厂内迁带来了西北工业包括面粉工业在内长足的发展。以宝鸡的发展而言，20 世纪 20 年代时，宝鸡工商业皆无足观，工业落后，商号 600 多家。[①]1934 年西汉公路通车后，宝鸡商业渐有起色，商号增多，1937 年陇海铁路通车宝鸡之后，宝鸡渐趋繁荣。抗战爆发后，由外地迁来的工厂络绎不绝，新办工厂亦迭有增加，个体手工业也日益增多。

就面粉业而言，有大新面粉厂、福新五厂宝鸡分厂等，并在周边形成了一个“秦宝工业区”。据统计，到 1941 年，迁至宝鸡的工厂有申新纱厂、洪顺机器厂、华兴机器厂、民康毛纺厂、民康药棉厂、福新面粉厂、大新面粉厂等，宝鸡俨然成了西北地区、黄土高原上的工业重镇。[②]在这一系列工厂当中，“历史最久规模最大及设备最佳者，当推申新第四纱厂及有连带关系之福新面粉厂。申新纱厂于二十七年八月即由汉迁宝，二十八年八月开工，总经理为李国伟氏，对其经营各厂擘画之周详、管理之得宜，不仅在宝鸡首屈一指，且可为整个西北工业之模范”。该厂“现共开纱锭二万二千枚……附设之铁工厂有各种母机八十余部，其中大部为一年来自制，并已开始自制纺纱机……并可自（制）织布机、造纸机及面

① 强寿天：《抗战胜利前后宝鸡工商业的变化》，政协陕西省宝鸡市委员会文史资料研究委员会编印：《宝鸡文史资料》第 4 辑，1986 年，第 220 ～ 222 页。

② 秦宝工业区公共事业委员会筹备会：《秦宝工业区之缘起》，1941 年 9 月 20 日。转引自黄立人：《抗日战争时期工厂内迁的考察》，《历史研究》1994 年第 4 期，第 120 ～ 136 页。

粉机”。[①]

抗战时期陕西面粉业之所以发展更为迅速，一是因为工厂内迁，另一个不容忽视的原因，是在内迁工厂的带动下，此一时期陕西工业总体发展较快，门类齐全。

抗战爆发前，陕西工业与后方各省相比并无明显优势，而内迁工厂极大地带动了陕西工业的发展。据1943年4月统计，经济部核准的各类工厂237家，其中西安123家，宝鸡44家，渭南8家，其他各县62家[②]，以后又有增加。据经济部工矿调查处统计，1943年年底登记的民营工厂数上升为343家。以成立时间而论，明显可以看出工厂内迁对陕西工业的促进作用，1937年以前成立的有72家，1938～1943年252家，时间未能确定者19家，1942年年底资本总额为61702561元，平均资本额179891元，行业涉及电力、五金制造、面粉等35个门类。[③]1944年，工厂数增至367家，占后方厂数的6.97%；资本额31594万元，占6.58%；币值资本3540万元，占7.26%；工人31204人，占8.68%。[④]有些工业门类的产品产量占全国半壁江山，如1945年所产刨床占全国产量的59.46%，烧碱占56.07%，毛呢占51.32%[⑤]，陕西企业公司机器厂每年可在陕、甘、宁、青四省销售各种动力机械约200匹马力，工作机20余吨，价值七八百万元[⑥]，亦可看出战时发展之快。

得惠于工厂内迁的甘肃工业在抗战初期也有相当大的发展，机制工业由战前的25家增至97家，增加了72家，为原来的近三倍，不可谓无长足之进步。在97家工厂中，其中“纺织业27家，机器冶炼业23家……玻璃业、面粉业、火柴业各2家”，门类也算齐全。就年销售额而言，“以纺织

① 中国第二历史档案馆：《经济部西北工业考察通讯》上，《民国档案》1995年第4期，第55页。

② 《一九四三年农业杂项电、函（二）》，1943年，陕西省档案馆藏，档案号72－8－179（2），第83～97页。

③ 许济航：《陕西省经济调查报告》，张研、孙燕京主编：《民国史料丛刊》第354册，郑州：大象出版社，2009年，第57～61页；《工厂登记（机器、铁工业）》，1942年，陕西省档案馆藏，档案号72－3－1268；《西安市各工厂向经济部呈请工厂登记及附表（一）》，1945～1946年，陕西省档案馆藏，档案号72－3－640（1）；《西安市各工厂向经济部呈请工厂登记及附表（二）》，1945～1946年，陕西省档案馆藏，档案号72－3－640（2）；《经济部核准陕西省工厂登记分类表（二）》，1945年，陕西省档案馆藏，档案号72－3－567（2）；《一九四三年农业杂项电、函（二）》，1943年，陕西省档案馆藏，档案号72－8－179（2），第83～96页。

④ 宋仲福主编：《西北通史》第5卷，兰州：兰州大学出版社，2005年，第466页。

⑤ 范宝信编：《陕西省政述要》，陕西省政府统计室，1947年，第64页。

⑥ 《永丰面粉厂有关工厂登记甲乙两种表》，陕西省档案馆藏，档案号72－3－420，第10页。

居第1位，计有2260余万元，次为制革、面粉、火柴等业，各数百万元”，亦相当可观。

表2－12　1937年、1942年西北各省工厂对比表

	省别	厂数	百分比（%）	资本（千元）	百分比（%）	工人数	百分比（%）	动力设备（马力匹）	百分比（%）
1937	全国总计	3935	100	373359	100	456973	100	—	—
	陕西	10	0.25	2757	0.74	4635	1.01	—	—
	甘肃	9	0.23	295	0.08	1152	0.25	—	—
1942	后方总计	3758	100.00	1939026	100.00	241662	100.00	143916	100.00
	陕西	385	10.24	105319	5.43	23510	9.73	13855	9.63
	甘肃	139	3.70	61906	3.19	7888	3.26	1638	1.14
	青海	1	0.03	1000	0.05	11	—	70	0.05
	宁夏	14	0.37	950	0.05	1448	0.60	155	0.11

资料来源：根据陈真编：《中国近代工业史资料》第4辑，北京：生活·读书·新知三联书店，1961年，第96、97页表改制，原表为全国工厂的统计数，为了行文需要，只选取了西北各省的数据及1937年全国总计数和1942年后方总计数。

说明：本表仅限于国统区工厂数目，不包括沦陷区。

战时陕西机器业的发展，推动或保证了面粉业的发展。宝鸡铁厂除了可以制造工作母机外，还可以修理全套面粉机，成都建成面粉厂、甘肃油矿局面粉厂等处的制粉机器，都是宝鸡申新机器厂所修造。①西安永丰面粉公司成立于1943年10月，其最大产能为每月15000袋，所需设备均系建中机器厂制造。②蔡家坡酒精厂改为面粉厂后，其所装设的大型面粉机亦是由西北机器厂自制，可日产面粉500袋。③渭南象峰面粉厂打麦机、筛麦机等，则是本厂自制。宝鸡等地的面粉厂碰到技术难题，则是派人赴西安学习后加以解决，而无须远赴省外。④因此，战时陕西面粉业发展较快，从2

① 上海社会科学院经济研究所编：《荣家企业史料》下册，1937～1949年，上海：上海人民出版社，1980年，第219、210页。

② 马登崧：《西京机制面粉业》，政协陕西省西安市委员会文史资料委员会编：《西安文史资料》第19辑，西安：西安出版社，1993年，第161页。

③ 傅道伸：《我所知道的東云章和雍兴实业公司》，政协陕西省委员会文史资料研究委员会编：《陕西文史资料》第17辑，西安：陕西人民出版社，1986年，第291页。

④ 李百朋：《解放前的渭南象峰面粉厂》，政协甘肃省委员会文史资料委员会、《西北近代工业》编写组编：《西北近代工业》，兰州：甘肃人民出版社，1989年，第423页。

家激增到17家，资本额从88万元猛增至7299万元[①]，“此项建设之成效，可以民营事业所得之生产力量作为标准……就面粉言，自每年一百五十万袋，增至四百八十八万袋，计增三倍又半……凡此皆就后方战前及民国三十一年之生产能力互相比较，而确见已有长足进步”[②]。可见，抗战爆发后陕西工业的发展之快。兰州的一些机器厂如兰州机器厂（1941年建立）、兰州市益民路机器生产合作社（1943年1月成立，资本70000元）也可以制造面粉机。[③]

工厂内迁不但带来了资金和设备，同时也带来了人员与技术。据1939年9月统计，抗战爆发以来，入陕避难的技术人员有15人，主要分布在公路、机器、制药、面粉等行业。[④]在1940年10月成立的第一区面粉工业同业公会12名会员中，只有象峰公司的李百朋系陕西渭南人，其余均来自外省，如山东（3人）、河南（5人）、江苏（2人）、湖北（1人）。[⑤]抗战胜利前，该公会会员发展至14家，会员53人，但亦只增加了2名陕籍人士，剩余50人皆为迁入陕西的外省籍人士。[⑥]据章剑慧回忆，1938年至1939年，他在西安筹办纱粉厂时，得知西安卷烟纸均系舶来品，因被日本封锁后缺纸而无法开工。于是章剑慧与其造纸机器专家朋友设计了一小型纸厂，在宝鸡开办宏文造纸厂，为卷烟厂提供卷烟纸。该厂从小到大，到抗战胜利时已获利二三百万美元。[⑦]申新、福新各厂在重庆与宝鸡、天水等地的发展，也得力于原有“一班旧人”，如瞿冠英、蒋叔澄、华尔英、龚一鸥、李统劼、李启明、荣志仁等，皆为荣氏企业骨干人才。此类事件，足以证明战时技术、人才、资金各方面的融合与发展。

---

① 黎小苏：《从数字上看陕西》，《西北通讯》第2卷第1期，1948年1月15日，第19页。

② 翁文灏、顾诩群：《中国经济建设与农村工业化问题》，1944年1月，张研、孙燕京主编：《民国史料丛刊》第495册，郑州：大象出版社，2009年，第550页。

③ 甘肃省银行经济研究室：《甘肃之工业》，张研、孙燕京主编：《民国史料丛刊》第584册，郑州：大象出版社，2009年，第568～591页。

④ 《1942年度建设事业费分配（一）》，陕西省档案馆藏，档案号72－2－1253（1），第31页。

⑤ 《第一区面粉工业同业公会成立有关文件及章程、名单》，陕西省档案馆藏，档案号17－6－1092，第31页。

⑥ 《第一区面粉工业同业公会》，陕西省档案馆藏，档案号90－4－98；《同业公会面粉厂公会章程及会议记录等（一）》，1945年，陕西省档案馆藏，档案号82－1－1060（1），第4页。

⑦ 章剑慧：《雪泥杂记》，政协全国委员会文史和学习委员会编：《文史资料选辑》合订本第42卷（总第122辑），北京：中国文史出版社，1986年，第98页。

3. 日益高涨的民族危机再次催生经济开发热潮

国民政府迁渝后，西南、西北成了抗战大后方基地，“惟抗战军兴，以沿海各省相继沦陷，人民向内地迁移，以致西南西北各省地位，颇形重要”①。严重的民族危机使得西北的战略地位又一次被国民政府和社会各界所重视，西北经济开发热潮因之再次涌起。

与战前相似，战时国民政府也通过了多项关于开发西北的议案②，各种考察活动络绎不绝，丝毫不亚于战前，尤以20世纪40年代初次数多、规模大，既有新闻记者、作家，也有金融家、企业家，官方考察活动亦规模浩大。1940年4月中下旬，陈嘉庚到甘、青、宁、陕四省考察，“观感甚佳”，在目睹了西北各地军政社会生产建设皆有长足进步后，认为大西北正在抗战中逐渐长成。③1941年6月，虞洽卿赴西北考察后，拟利用沪港及各地游资，会同陕西实业界，共同组织大规模企业公司开发西北资源。④1941年7月底，农林部长陈济棠赴陕、甘、宁视察。⑤蒋经国在1941年夏视察归来后，呼吁有志的青年应当到西北去。⑥1941年秋，朱家骅视察甘、宁、青、陕四省，归来后勉励国人“重建西北”，呼吁“同胞们风起云涌，赶快到西北去工作”。⑦1942年9月，国民政府经济部组织西北工业考察团，主要由工矿调整处及迁川工厂联合会约集重庆市工业界人士组成，均为具有一定专业技术的企业家。⑧在团长林继庸的带领下，9月21日从重庆出发，由川入陕，经宁夏再到甘肃、青海、新疆⑨，直至1943年2月12日返回，历时近5个月，考察团根据各省情况，因

---

① 《农林部推行粮食增产概况（附表）》，《浙光》第8卷第12期，1941年10月16日，第12页。

② 《李鸿文、董必武、沈钧儒等〈请速筹西北经济建设机关发展西北利源以增强抗战建国力量案〉》，1939年1月，马振犊主编：《抗战时期西北开发档案史料选编》，北京：中国社会科学出版社，2009年，第28页。

③ 《陈嘉庚发表视察西北印象》，《申报》1940年6月27日，第6版；白芦：《陈嘉庚先生行踪记》，《厦大通讯》第2卷第11期，1940年11月9日，第19页。

④ 《虞洽卿发动组织企业公司　冀能利用沪港各地游资开发西北大后方之资源》，《申报》1941年6月25日，第7版；《组织西北企业公司　资本一千万元　虞洽卿发起自认二百五十万　目的在导引沪港游资之内移》，《申报》1941年6月30日，第7版。

⑤ 《陈济棠将赴西北视察》，《申报》1941年7月17日，第7版。

⑥ 蒋经国：《伟大的西北》，成都：天地出版社，1943年，第34～35页。

⑦ 朱家骅：《到西北去——朱部长家骅在“中央”电台广播词》，《“中央”党务公报》第3卷第24期，1941年11月16日，第10页。

⑧ 《西北工业考察团出发考察》，《钢铁界》第1卷第2期，1942年10月，第76页。

⑨ 中国第二历史档案馆选编：《经济部西北工业考察通讯》上，《民国档案》1995年第4期，第54页。

地制宜，对各省工业予以规划，协助西北各省民营工业发展。颜耀秋考察后则有“再以全力促使工厂向西北迁移，作开发西北之实践”的想法与计划。[①]林继庸也疾呼：“建工业者向西北去!”[②]1943年6月，国民政府组织西北建设考察团，“为考察西北五省建设现状，拟具战时及战后十年建设计划……旨在认识西北五省在各项建设部门中已有之基础、现在之缺陷及今后发展之可能，从而寻取改进发展之途径”[③]。考察团每到一地，首先商请地方当局召开负责人及技术人员座谈会了解情况，然后再根据分工分别走访，参观现有建设项目或预期项目。每完成一省考察，均召开团务会议，交流所得，“尽情发挥其主张与意见，共同商讨，以求得一共同认识与互相配合”。[④]团长罗家伦于1944年2月22日撰著《西北建设考察团报告》进呈国民政府。报告分门别类详加论述，并根据各省实际提出许多建设性方案，这是国民政府时期西北考察活动中门类最全、最为详备的一次。

除了考察，各种学术团体和刊物论著亦步战前后尘，相继创办出版，进一步申述西北经济开发尤其是战时与战后的开发问题。[⑤]这些论著保存了20世纪40年代关于西北地区的原始资料，对当时西北经济问题的研究及推动地方经济发展起到一定的指导作用，不失为研究此一问题的第一手资料。

随着滇缅战局的变化，1942年3月13日，蒋介石明确提出：“今后我国局势，西北重于西南，对内重于对外，整军重于作战，经济重于政治。”[⑥]在这一方针的指导下，西北的政治地位明显提升。8月，蒋介石再次视察西北，历时一个月，对西北各省抗战以来政治、经济、文化各方面的进展表示称许，对以后在党务、政治、经济、军事各方面的工作做了指示，要求西北驻军在军事训练之外，要致力于开发建设，完成屯垦、畜牧、兴办水利、植树造林和发展交通运输五大任务，并特别指示

---

① 《西北工业考察团考察范围已确定　林继庸谈此行计划　特别注意各地设厂条件》，《“中央”日报》1942年9月5日，第5版。

② 林继庸：《西北工业考察归来的感想》，《大公报》1943年2月28日，第2版。

③ 罗家伦：《西北建设考察团报告》，台北：“国史馆”，1968年，第18～20、3页。

④ 张晓京：《近代中国的“歧路人”——罗家伦评传》，北京：人民出版社，2008年，第257页。

⑤ 彭竹册主编：《民国时期（1911～1949）总书目》经济卷，北京：北京图书馆出版社，1993年；刘鸿石主编：《民国时期（1911～1949）总书目》政治卷，北京：北京图书馆出版社，1996年。

⑥ 张其昀：《党史概要》第4册，台北：“中央”文物供应社，1951年，第1678页。

了开发西北的方针。[①]《“中央”日报》将蒋介石此行称为西北的建设“展开新页”，是“西北的新生”[②]，特别是蒋介石回到重庆后，宣告“西南是抗战的根据地，西北是建国的根据地”之后，号召要切实加强对战时西北的建设，并在国民党五届十中全会通过了《关于积极建设西北增强抗战力量奠定建国基础案》，规定了建设的基本原则和建设事项。[③]“于是随着这样重视西北的号召，怎样开发西北和怎样建设西北的呼声，又响遍了全国，而吸住了每个关心西北问题的人们，因为抗战建国到了今天，才正确地和明白地决定抗战中建国的根据地是在大后方的西北，这实在是一个有深长意义的抉择。”[④]“后方重镇……遂一跃而为工商要区；行见内地工业之发展，要亦不幸中之一幸也”。[⑤]1944 年 6 月 15 日，王世杰在陪同蒋介石赴兰州视察时，尽管对兰州市民的穷苦之状不无失望，但对兰州整体印象颇佳，在日记中留下了“兰州较为整洁，似略有朝气”之语。[⑥]

4. 战时人口增加，面粉需求上升

抗日战争造成了中国人口的历史大迁徙，“造成世界移民史上划时代之纪录”。[⑦]据学者研究，战时各省市难民及流离人口总数为 9500 多万。[⑧]人口迁徙的路线，“大致从东部移向西部，以长江为主途。除有一部分沿江迁入江西、湖南、湖北各省外，大都分布于西南西北各省”。[⑨]陕西是战时西北地区涌入人口最多的省份。邻近省份如河南、河北、山西等皆有大量人口入陕，如河北战时有难民 6774000 人，除省内各县之间互避及被敌征调出关劳工 250 余万之外，“余均流落后方各省，以陕西、甘肃、四川为最多”，河南“逃往皖、陕、甘、宁、青、新、川、

① 总裁（蒋介石）：《开发西北的方针》，《“中央”周刊》第 5 卷第 27 期，1942 年 2 月 18 日，第 3 页。

② 《蒋委员长亲临视察，建设西北展开新页》，《“中央”日报》1942 年 9 月 23 日，第 5 版。

③ 中国第二历史档案馆编：《中华民国史档案资料汇编》第 5 辑第 2 编“政治”（一），南京：江苏古籍出版社，1997 年，第 592 页。

④ 徐旭：《西北建设论》，上海：中华书局，1945 年，第 2 版，第 1 页。

⑤ 张肖梅主编：《中外经济年报》，上海：中国国民经济研究所，1939 年，第 121 页。

⑥ 王世杰：《王世杰日记》手稿本，第 4 册，台北“中央研究院”近代史研究所，第 332 页。

⑦ 国民出版社编印：《飞跃中的西南建设》，1939 年，第 11 页。

⑧ 张根福：《抗战时期的人口迁移——兼论对西部开发的影响》，北京：光明日报出版社，2006 年，第 39 页。

⑨ 孙本文：《现代中国社会问题》第 2 册，上海：商务印书馆，1946 年，第 260 页。

冀、晋、鄂、云南诸省者，达五百二十余万”，留陕难民达200多万。[①]1942年豫省旱灾，此一年逃往陕省的难民即达40余万，“实数恐尚不止此”。[②]整个抗战时期，陕西人口总数大约不少于960万人，这还不包括流动人口在内。

西安和兰州城市人口在战时的增长可以作为西北地区的代表。西安城市人口1926年总数不足10万。陇海路修通后，1935年增至29840户154540人。“七七”事变爆发后，晋冀两省民众为躲避战祸，涌入者至多。[③]兰州的情况与西安相似，但因为交通不便，距战区相对较远等原因，涌入的人口不像西安那样多，1935年兰州市区人口96944人[④]，1936年增至105724人，战时有增有减，两市人口增减详情见表2－13。

表2－13　1936～1942年西安、兰州城市户口增加情况统计表

城市		1936年	1937年	1938年	1939年	1940年	1941年	1942年
西安	户数	34395	36541	45875	44835	48066	52772	61970
	口数	189679	209519	248819	221613	223847	253161	277496
兰州	户数	22491	23104	23467	20504	19120	22521	34179
	口数	105724	108170	108037	90907	81745	92471	142956
两市合计	户数	56886	59645	69342	65339	67186	75293	96149
	口数	295403	317689	356856	312520	305592	345632	420452

资料来源：《各大城市按月户口变动》，《统计月报》第78号，1943年2月，第12～13页。

说明：两市合计为引者所加。

从表2－13可以看出，西安市人口在1937年年底突破20万，此后除了1939年和1940年人口稍有下降之外，其他各年都呈增长态势，1942年更是达到277496人，比1936年增加了近9万人，增长率达50%，可以说相当高。战时兰州城市人口虽起伏较大，但在1942年时仍然达到了142956人，与1936年相比增长了40%。“西安绾毂中原，为开发西北之枢

① 张根福：《抗战时期的人口迁移——兼论对西部开发的影响》，北京：光明日报出版社，2006年，第127～138、51页。

② 《一九四三年农业杂项电、函（一）》，1943年，陕西省档案馆藏，档案号72－8－179（1），第36页。

③ 王荫樵：《西京指南》上册，西安：天津大公报西安分馆，1936年，第19页。

④ 孙本文：《二十四年之人口》，《时事月报》第14卷第19期，1936年1月，第59～66页。

纽，人口增加尤为各大都市之冠。”[①]1936年近19万人，1937年突破20万，此后除了1939年和1940年稍有下降之外，其他各年都呈增长态势，1944年更是达到378253人，比1936年增加了18万有余，将近翻了一番。而据陕西省政府1944年统计，西安本年出生1149人，死亡1392人[②]，也就是说，1944年西安市的人口呈现负增长。因此，此一时期西安增加的人口绝大部分是外来人口，包括数量巨大的儿童。[③]抗战期间是民国时期西安人口快速增长的一个时期。抗战胜利时则达到39万余人，1946年时更增至55万左右[④]，1947年略有下降，为523183人[⑤]，1949年再增至628449人。[⑥]

除了大城市之外，中小城市、乡镇迁入的人口更多，战争时期产生的大量难民，其迁移有一定的规律，即“大率先往城市；城市不能容纳时，再入内地市镇或乡区”[⑦]，因此，中小城市和交通沿线成了难民的主要迁入地，豫、冀、晋、鲁等省难民流落陕西为数甚多，南郑、褒城、城固、凤县、宝鸡、华阴、天水等陇海路沿线，皆有大量难民涌入。并且不容忽视的一个事实是，这300万难民大抵皆来自豫、晋、冀、鲁等小麦主产区（河北、河南、山西、山东四省小麦用于食用的比重分别为74%、85%、82%、73%[⑧]，华北五省小麦产量占全国总量的26%以上[⑨]），皆系食面之民（河北、河南、山西、山东四省农民食麦量占主要粮食的比重分别为14%、30%、27%、19%[⑩]，平均为22.5%，高于全国平均水平6.25%）。另1938年的资料统计表明，豫籍难民入陕者达

① 《福豫面粉公司营业计划书发起人姓名、经历及认股数目、收支对照表、章程、股东名簿及本厅批文等》，陕西省档案馆藏，档案号72－3－534，第5页。

② 《西安市人口出生及死亡》，《统计月报》第103～104期合刊，1945年4月，第9页。

③ 国立西北师范学院小学教育通讯研究处：《小学教育实际问题》，上海：正中书局，1948年，第160页。

④ 《统计月报》第33号，1937年7月，第6页；第78号，1943年2月，第13页；第117～118期合刊，1947年5月～6月，第30页。

⑤ 中华年鉴社编印：《中华年鉴》下册，1948年，第89页。

⑥ 华商报社资料室编纂：《国民年鉴》，上海：华商报社，1949年，第9页。

⑦ 孙本文：《现代中国社会问题》第2册，上海：商务印书馆，1946年，第260页。

⑧ 中国科学院经济研究所、中央工商行政管理局资本主义经济改造研究室编：《旧中国要制面粉工业统计资料》，北京：中华书局，1966年，第133页。

⑨ 叶健青编注：《蒋中正总统档案：事略稿本》37，台北：“国史馆”，2009年，第279～280页。

⑩ 中国科学院经济研究所、中央工商行政管理局资本主义经济改造研究室编：《旧中国机制面粉工业统计资料》，北京：中华书局，1966年，第134页。

78.5%，冀籍者达11.7%[①]，因此，其对面粉的需求在一定程度上拉动了西北面粉业的发展。此外，陕西、甘肃等后方省份驻军多，食用面粉量大，再加上内迁高校和中学、银行以及外省各地的银楼、剧团、部队家属等[②]，这在三泰面粉厂得到了最好的明证。1942年年底迁建汉中的三泰面粉厂两年中资本即扩大至1000万元，生意红火，“面粉紧俏”。[③]

（二）不发展原因解析

1. 技术、设备的限制

机器工厂的内迁和发展，为后方其他工业的进步打下了基础，但由于战前西北各省工业基础太过薄弱，短期内实难有大的发展。虽然兰州机器厂、兰州市益民路机器生产合作社可以制造面粉机[④]，但此类面粉机械尚不能与大型进口机器相比，只能供应小型粉厂或机器磨坊使用。而技术设备不成熟则会极大地影响面粉质量，“机粉品质低劣且有油气”[⑤]，从而导致销路不畅。显然，面粉品质低劣、油气味浓，主要是技术不成熟导致的，可以说，技术设备落后在一定程度上限制了兰州机制面粉业的进一步发展。1940年9月，兰州面粉厂向经济部工矿调整处订购的马达即无法购得，皮带盘等配件当地亦无法制造，只能向“中央”电工器材厂重庆办事处订购，所需磨辊亦先向宝鸡分厂订购[⑥]，后

① 孙艳魁：《苦难的人流——抗战时期的难民》，桂林：广西师范大学出版社，1994年，第268、72页。

② 张文德口述、周建民整理：《忆青年军二〇六师在汉中》，政协陕西省汉中市委员会文史资料委员会编印：《汉中市文史资料》第8辑，1990年，第65～69页；王复忱：《略考汉中人口》，政协陕西省汉中市委员会文史资料委员会编印：《汉中市文史资料》第8辑，1990年，第162～163页。

③ 蒋志德：《抗战时期“三泰”迁汉记》，政协陕西省汉中市委员会文史资料委员会编印：《抗战时期的汉中》，1994年，第103～104页。

④ 甘肃省银行经济研究室编：《甘肃之工业》，张研、孙燕京主编：《民国史料丛刊》第584册，郑州：大象出版社，2009年，第568～591页。

⑤ 《兰州市私营工业初步情况材料》，《甘肃政报》第2卷第2期，1951年1月23日，第26页。

⑥ 经济部工矿调整处材料库：《关于告知无法购得马达致兰州中国银行兰州面粉厂筹备处的电》，1940年9月11日，重庆市档案馆藏，档案号00190001004720000046；许应期、高远春：《许应期、高远春关于制造兰州面粉厂所需马达、皮带盘并告知交货日期的电》，重庆市档案馆藏，档案号02150001001300000087；豫丰纱厂重庆分厂：《关于兰州面粉厂制造磨辊事宜致章剑慧的函》，1942年9月5日，重庆市档案馆藏，档案号0234－0001－00041－0000－051－000。

又向申四公司重庆分厂订购。[①]此外，时人在分析兰州面粉业存在的困难时指出，技术人员招募不易也是制约其进一步发展的瓶颈。[②]

2. 小麦及面粉生产成本较高

战时物价腾贵，其变动可以分为四个时期：第一时期为 1937 年 7 月至 1938 年 10 月，即淞沪会战至武汉会战结束，时间共计 16 个月，趸售物价指数上涨至 144（以 1937 年 7 月为 100）。第二时期为 1938 年 11 月至 1939 年 9 月，共 11 个月，指数升为 249，其原因一是广州失守后外货来源更为困难，武汉弃守后长江转运不易，二是国民政府西迁后，后方需求陡增，三是外汇黑市日趋猖獗。第三时期为 1939 年 10 月至 1940 年 7 月，共 10 个月，指数上升至 524，波动较第二个时期更甚。第四时期为 1940 年 8 月至 1945 年 7 月，为时 5 年，期末指数狂涨至 235922。[③]

1940 年 6 月枣宜会战之后，各地物价波动“愈失常轨，相激相荡，竞涨争高”[④]，其中粮价上涨亦较为激烈。据日本大使馆所做的调查，四川乐山食物类物品价格指数如果以 1937 年为 100 的话，至 1939 年年底涨至 189.8，1940 年年底涨至 1109.8，至 1941 年 7 月，已涨至 2817.1，涨幅达 28 倍多，上涨速度是十分惊人的。[⑤]成都粮价上涨亦非常迅速。根据金陵农学院农业经济系的调查，1937 年每市石零售米价平均为 10.38 元，1938 年为 11.15 元，1939 年为 12.35 元，1940 年猛涨至 52.35 元。如以 1937 年每市石米平均指数为 100，1938 年因丰收，稍有下降，为 88.9，1939 年为 98.5，1940 年骤然上涨至 400 多，涨了 4 倍

---

① 申新第四纺织公司重庆分厂：《关于代制兰州面粉厂磨辊一事的函》，1942 年 9 月 8 日，重庆市档案馆藏，档案号 0234－0001－00041－0000－049－000；豫丰纱厂重庆分厂：《关于兰州面粉厂磨辊交货事宜至章剑慧的函》，1942 年 5 月 15 日，重庆市档案馆藏，档案号 0234－0001－00041－0000－074－000；潘世经、束士方：《关于兰州面粉厂待用磨辊事宜致章剑慧的函》，1942 年 6 月 17 日，重庆市档案馆藏，档案号 0234－0001－00041－0000－068－000。

② 经济部“中央”工业试验所兰州工作站、甘肃省银行经济研究室、兰州交通银行、甘肃省政府建设厅编：《甘肃工业资源兰州市工厂调查》下编“甘肃省兰州市工厂调查报告”，兴陇公司印刷厂，1942 年，第 27 页。

③ 吴宗汾：《十年来之物价》，谭熙鸿主编：《十年来之中国经济》下册，上海：中华书局，1948 年，第 M7 ～ M8 页。

④ 重庆市政府编印：《重庆市政府核定物价运价工资汇编》第 1 编“物价类”，1943 年，第 1 页。

⑤ 〔日〕上海日本大使馆特别调查班编印：《四川省农村物价统计表》，1943 年，第 16 ～ 17 页。

多。[①]孔祥熙1941年6月亦承认："自去年暑期以来，粮价上涨，成为社会上焦虑的中心问题。"[②]1943年1月中旬，全国实行限价政策，意在使"重要必需品及其他物品价格务须达到同一地区同一时期同一物品只有一个价格之目的"[③]。

"物价管制，在我国尚属创举。"自1943年1月中旬实行后，因各省市准备时间不足，以致调查、登记、宣传等未能举行，人才、经费两缺，各级管制机构未能设立，虽有各种法令颁布，但"实难积极进行"，限价之初尚有效果，但限价地区过少，物资"相率逃避"，以致"供求不合"，导致黑市发生，并且容易从贵贱转向有无，所以管制不免稍予通融。加之久旱不雨，军事繁兴，人民动荡，"于是由积极而消极，管制乃多名不符实"。[④]

对于粮食而言，属于"'中央'有专管机关之物资"，其价格之制定由专管机关与当地政府会商办理，国民政府在全国主要粮食市场设立粮食调节处，拨付实物及资金，机动调节，民众恐慌心理逐渐消除，个别地区粮食市场有所好转，但后方各地价格高低不一，同一市场有厂价、官价、市价和黑市之别，相当紊乱。为了对全国粮情有所了解，1943年5～9月，国民政府粮食部与农林部"中央"农业实验所合作，派遣具有丰富农业知识的调查人员，历时5个月调查了川、滇、康、黔、桂、湘、赣、闽、粤、浙、鄂、皖、豫、陕、晋、甘、宁、青18省764县粮食生产情形，各县调查乡镇多者达13处，少者亦有二三处，范围相当广泛，所采数据亦有代表性，在中国尚属首次。

在西北地区调查者有四省142县，即陕西（70县）、甘肃（57县）、宁夏（8县）和青海（7县），将生产每一石小麦的成本分为12个等级，最低等成本为100～199元，每100元作为一个级数，依次往下划分，最高成本为2000元，其中陕、甘、宁、青四省每市石小麦的生产成本如表2-14。

---

① 潘鸿声编著：《成都市附近七县米谷生产与运销之调查》，四川省政府建设厅印发，时间不详，第27页。

② 全国粮食管理局编印：《全国粮食会议报告》，1941年，第17页。

③ 重庆市政府编印：《重庆市政府核定物价运价工资汇编》"市政府公告"，1943年，第2页。

④ 国家总动员会议编印：《管制物价简报》，1943年，第5～6页。

表 2－14　陕甘宁青四省小麦生产成本分级统计表

级别（每市石每元）	陕西县数	甘肃县数	宁夏县数	青海县数	县数合计
100 以下	—	—	—	—	—
100 ～ 199	2	1	—	2	5
200 ～ 299	10	11	3	3	27
300 ～ 399	9	12	4	2	27
400 ～ 499	4	11	—	—	15
500 ～ 599	4	4	1	—	9
600 ～ 699	8	8	—	—	16
700 ～ 799	3	—	—	—	3
800 ～ 899	3	5	—	—	8
900 ～ 999	—	3	—	—	3
1000 ～ 1499	20	2	—	—	22
1500 ～ 1999	5	—	—	—	5
2000 以上	2	—	—	—	2
县数合计	70	57	8	7	142

资料来源：刘德秀：《三十二年度全国各省小麦生产成本调查》，《粮食问题》第 1 卷第 2 期，1944 年 5 月 25 日，第 82 页。

从表 2－14 可以看出，宁夏和青海小麦的生产成本比较接近，且处在较低水平，区间为 200 ～ 400 元的最多。在所调查的陕西省 70 个县当中，因地域、离水源地远近、灌溉费用等因素，各县呈现出明显的差别，成本为 2000 元以上的县有 2 个，1500 ～ 1999 元的县有 5 个，1000 ～ 1499 元的县数高达 22 个，这说明陕西小麦的种植成本是相当高的，明显高出甘、宁、青等省，即使与川、康、皖、豫等省相比，也是相当高的。

单位小麦生产成本亦较高。

表 2-15　西北四省每市石小麦生产费用统计表

省别	种籽		人工		畜力		肥料		土地		农具		农舍		总费用		副产收入	净费用
	元	%	元	%	元	%	元	%	元	%	元	%	元	%	元	%	元	元
陕西	10	11.1	256	28.4	15	17.1	80	3.3	205	33.9	41	4.5	15	1.7	622	100	50	851
甘肃	87	14	133	21	12	17.7	35	5.5	216	34	26	4.1	11	1.7	520	100	66	569
宁夏	44	12.4	89	24.3	53	14.5	34	9.7	125	34.5	24	3.8	6	1.6	375	100	26	340
青海	30	10.9	61	22.3	45	19.4	21	7.7	101	36.1	11	4	5	1.8	274	100	41	233

资料来源：国民政府粮食部调查处：《各省小麦及面粉之生产运销成本调查》，《粮政月刊》第 2 卷第 1 期，1944 年 4 月 16 日，第 44～52 页。

引者说明：原表中陕西、甘肃、宁夏三省的“总费用”分别为 901、635、364，疑有误，改如上数。

从表 2 - 15 可以看出，生产成本费用包括人工费、土地租赋费用、畜力费和种子、肥料、农具、农舍等，四省中以陕西为最高，达 622 元，最少的是青海，仅为 274 元，两者相差近 350 元。与全国平均数 471 元相比①，陕西也是高于平均数的。扣除土地副产品收入，陕西小麦的成本为 851 元，甘肃为 569 元，宁夏为 340 元，青海为 233 元，四省平均为 498 元。而同时期四川为 457 元，西康为 416 元，安徽为 280.6 元，河南为 705 元，八省平均为 481.5 元②，陕西小麦成本高于其他七省。在生产成本中，除了种子、畜力及农具所占比例较少外，土地及附征的税赋杂费所占比例最高，达 36.1%，也就是说，成本中的三分之一主要来自土地使用费，这部分费用包括投资利息、租赋及人工费用，占了六成多，无形中增加了小麦的种植成本。

除了种植成本外，运销成本也是制约西北面粉业发展的一个重要因素。在国民政府粮食部所做的调查中，西北四省每市石小麦的运销成本如表 2 - 16 所示。

表 2 - 16　西北四省每市石小麦运销成本分级统计表　　级别：每 10 华里元

费用	陕西	甘肃	宁夏	青海
10 元以下	2	1	1	—
10 ～ 19 元	16	12	4	4
20 ～ 29 元	22	19	3	3
30 ～ 39 元	18	13	—	—
40 ～ 49 元	8	—	—	—
50 元以上	4	—	—	—

资料来源：国民政府粮食部调查处：《各省小麦及面粉之生产运销成本调查》，《粮政月刊》第 2 卷第 1 期，1944 年 4 月 16 日，第 44 ～ 52 页。

表 2 - 16 反映出，陕西、甘肃、宁夏、青海四省因交通发展状况不尽相同，小麦产量各异，故而运输力量导致的小麦运销成本也是不同的，陕西运销成本最高，青海最低。另外，运销费用以每石 20 ～ 29 元所占比重

---

① 刘德秀：《三十二年度全国各省小麦生产成本调查》，《粮食问题》第 1 卷第 2 期，1944 年 5 月 25 日，第 83 页。

② 国民政府粮食部调查处：《各省小麦及面粉之生产运销成本调查》，《粮政月刊》第 2 卷第 1 期，1944 年 4 月 16 日，第 44 ～ 54 页；刘德秀：《三十二年度全国各省小麦生产成本调查》，《粮食问题》第 1 卷第 2 期，1944 年 5 月 25 日，第 83 页。

最大，10元以下及50元以上皆属少数。

生产成本高导致小麦售价总体而言也是较高的。

表2-17　西北四省主要地区每市石小麦生产成本与市价比较表

省别	县市别	价值		比较	
		市价（元）	成本（元）	价差（元）	价比（%）
陕西	西安	1500	1085	415	138
	宝鸡	1706	616	1090	277
甘肃	酒泉	600	377	223	159
	皋兰	730	334	396	219
青海	西宁	578	390	188	148
宁夏	永宁	546	332	214	164

资料来源：刘德秀：《三十二年度全国各省小麦生产成本调查》，《粮食问题》第1卷第2期，1944年5月25日，第85页。

引者说明：原表中“价比”栏所标单位为“元”，查价比应为市价除以成本再乘以百分数所得数值，因此改为百分比。

表2-17反映出，四省六县中每石小麦的市价各不相同，即使同一省内，不同县份的小麦市场价格也并不一致。最高市价与最低市价相差1000余元。市价最高的为宝鸡，达1706元，高出成本1090元，价差比也是最高的，达277%，也就是说，市价是生产成本的2.77倍。一般而言，市价与成本价格之间的关系即价比最理想的区间是150～200，这说明农民种粮有利可图，而粮食的市场价格也在消费者可接受范围之内，市场与成本之间是正常的正相关，如果高出2倍以上，则表示粮食供应不足，粮价过高，或有粮商控制黑市，操纵粮价，此时政府应采取措施平抑粮价。若低于150，则说明粮食供过于求，市场充足，粮食滞销，政府应酌予提高，以免出现谷贱伤农的情况。①

高昂的种植、运销成本，导致西北各省小麦成本居高不下，面粉生产费用也水涨船高。

① 刘德秀：《三十二年度全国各省小麦生产成本调查》，《粮食问题》第1卷第2期，1944年5月25日，第88页；重庆市粮政局：《关于严办秦仲平高价收买黑市面粉给该员的处分书》，1943年8月19日，重庆市档案馆藏，档案号00700002003280000013。

表 2 - 18 1944 年西北各省小麦出粉率及面粉生产费用统计表

省别	小麦生产成本（每市石每元）	出粉率		面粉生产费用（每市石每元）
		%	每市斗麦出粉斤数	
陕西	851	76	110	775
甘肃	569	75	109	524
宁夏	340	71	102	239
青海	233	77	112	219
四省平均	498	75	108	439

资料来源：国民政府粮食部调查处：《各省小麦及面粉之生产运销成本调查》，《粮政月刊》第 2 卷第 1 期，1944 年 4 月 16 日，第 44 ～ 52 页。

小麦生产成本高、运输费用昂贵，再加上各种税费，导致面粉成本亦居高不下。

表 2 - 19 1943 年西北四省面粉生产成本分级统计表

级别	陕西	甘肃	宁夏	青海	合计
100 ～ 199 元	4	1	—	4	9
200 ～ 299 元	12	13	4	2	31
300 ～ 399 元	7	14	3	1	25
400 ～ 499 元	4	8	—	—	12
500 ～ 599 元	8	8	1	—	17
600 ～ 699 元	2	3	—	—	5
700 ～ 799 元	5	1	—	—	6
800 ～ 899 元	1	2	—	—	3
900 ～ 999 元	3	1	—	—	4
1000 ～ 1499 元	18	4	—	—	22
1500 ～ 1999 元	4	1	—	—	5
2000 元以上	2	1	—	—	3
合计	70	57	8	7	142

资料来源：国民政府粮食部调查处：《各省小麦及面粉之生产运销成本调查》，《粮政月刊》第 2 卷第 1 期，1944 年 4 月 16 日，第 44 ～ 52 页。

从表 2 - 14 到表 2 - 19 各项统计数字可以看出，1943、1944 年西北四省小麦生产成本、生产费用、运销成本等均处在高位，占面粉生产费用主要方面的原料价格居高不下，工价、物价亦不断上涨，粉厂银行贷款利息等均会对粉价产生影响，因之面粉生产成本亦节节攀升，在 1943 年前国民政府管制粉价而不管制麦价的情况下，麦价上涨速度、幅度远高于粉价，这一点与重庆面粉行业比较相似，所以粉厂要求提高粉价的呼声接连出现。[①]随着通货膨胀加速，粉价、粮价、物价犹如脱缰的野马，一发不可收。

3. 战时磨制军粉的负面影响

抗战全面爆发后，动员各方力量实现抗战胜利成了头等大事，广东省主席李汉魂在湘桂粤赣浙闽六省战时粮食调节会议上曾有言："军食与民食有不可分之关系；在军事第一之原则下，固应先顾及军食。"[②]当时亦有人指出，战时为增加士兵给养，除碾米厂、面粉厂须大量开设外，尚须设立军粮制造厂，将军粮制成适合士兵携带且富有营养的食品。[③]军粮供应成了粮食管理部门、地方政府着力解决的问题。

为了保证军粮供应，陕甘两省所产面粉七成供军用，其余售予地方民众消费。[④]据记载，1942 年，申新曾连续三次接到国民政府特别是地方政府摊派的军粮和公债，计军粉 1430 包，公债 50 万元，之后各种摊派变本加厉。[⑤]1944 年豫湘桂战役爆发后，河南战事吃紧时，福新五厂宝鸡分厂"赶磨军粉，以济急需"，本年申新四厂被迫捐摊次数不下百余次。[⑥]陕西磨制军粉始于 1938 年下半年，规模较著之厂皆有磨制军粉任务[⑦]，大公司

---

① 重庆市粮食管理委员会：《关于派员出席谈话会议给复兴面粉公司、福民实业公司机制面粉厂等的通知》，1940 年 12 月 13 日，重庆市档案馆藏，档案号 00700001000710000019，第 67 ～ 69 页；重庆市政府：《重庆市政府关于调整面粉价格给社会局的训令》，1941 年 5 月 27 日，重庆市档案馆藏，档案号 00600002009700000034，第 96 ～ 97 页。

② 《湘赣粤桂浙闽六省盐粮战时调节会议录》，1940 年 10 月 25 日 ～ 28 日，国民政府军事委员会桂林办公厅，第 68 页。

③ 施建生：《西南工业建设方案》，重庆：中山文化教育馆，1939 年，第 14 页。

④ 周融：《陕甘二省的纺织工业及面粉业》，《旅行杂志》第 18 卷第 1 期，1944 年 1 月，第 99 ～ 100 页。

⑤ 上海社会科学院经济研究所编：《荣家企业史料》下册，1937 ～ 1949 年，上海：上海人民出版社，1980 年，第 234 页。

⑥ 李国伟：《关于赶磨军粉、内汇款项情况致厉无咎的函》，1944 年 5 月 29 日，重庆市档案馆藏，档案号 0234－1－0102－072；上海社会科学院经济研究所编：《荣家企业史料》下册，1937 ～ 1949 年，上海：上海人民出版社，1980 年，第 234 页。

⑦ 《西安、成丰、泰记和合面粉厂产销面粉数量日报表》，陕西省档案馆藏，档案号 17－3－165；周融：《陕甘二省的纺织工业及面粉业》，《旅行杂志》第 18 卷第 1 期，1944 年 1 月，第 99 ～ 100 页；朱在勤：《蒋鼎文、毛虞岑的合股公司西安和合面粉公司》，政协甘肃省委员会文史资料委员会、《西北近代工业》编写组编：《西北近代工业》，兰州：甘肃人民出版社，1989 年，第 429 页；晋震梵：《西安成丰面粉公司及面粉业概况》，政协甘肃省委员会文史资料委员会、《西北近代工业》编写组编：《西北近代工业》，兰州：甘肃人民出版社，1989 年，第 414 页；陕西省银行经济研究室编：《西京市工业调查》，西安：秦岭出版公司，1940 年，第 16 页；郑延韶：《宝鸡大新面粉厂简史》，政协陕西省宝鸡市委员会文史资料研究委员会编印：《宝鸡文史资料》第 5 辑，1987 年，第 95 页。

（日出面粉3000袋以上者）每月20天，中等公司（日出面粉500袋以上者）每月18天，小公司（日产不足500袋者）每月17天，剩余时间才能磨制厂粉。[①]时间一经确定，未经批准，不准变动。如需变动，驻厂员即须向省粮政局报告备案，而“厂粉”也就是用于满足广大民众食用的商品粉，则只有等到军粉磨制完毕或军麦供应不继、停机待料时，才能见缝插针，予以磨制。[②]

华峰面粉公司1938年下半年起开始磨制军粉，除去工厂休假和维修机器时间，自由磨制厂粉时间为一个月7天，不得自由营业。[③]成丰公司与华峰公司同属大公司，磨粉任务相同。据记载，1940年12月2日至1941年4月15日，华峰共磨军麦64518包，出粉187902包；至1941年8月9日，购麦3880537斤，磨粉85503包；9月3日，购麦505625斤，磨粉88014包；9月23日，购麦295173斤，磨粉89491包。[④]福豫公司全年磨制军粉156966袋。[⑤]大新面粉厂每月磨军粉20天，1940年年底，除军粉外，每月可售出面粉15000袋。[⑥]

军粉磨制对象主要有粮秣处、驻陕军粮局、驻豫军粮局、第九十军等，另有性质如同军粉的面粉，如军事委员会工程委员会第三十七工程处1945年7月在凤翔修筑机场，所需6万袋面粉分别派发大新（7500袋）、福新（7500袋）、雍兴公司蔡家坡动力酒精厂面粉厂（15000袋）、华峰、成丰等公司赶时磨制。[⑦]此外，各面粉公司还要在各单位驻厂员的监督下，单独磨制粮政局（后改为田粮处）员工自食粉、陇海路员工消费合作社混合粉、“中央”军校第七分校面粉、陕西省购粮委员会面粉、省政府员工给养粉、保警团队面粉等。这种各自为政、“麦出多门”的局面，极易出

---

① 《本局关于磨制军用、民用粉管理暂行办法、机制粉分商组织及取缔面粉囤积居奇实施办法等文件（一）》，1942年，陕西省档案馆藏，档案号17-6-1049（1），第24页。

② 《西安成丰、泰记和合面粉厂产销面粉数量日报表》，1942年，陕西省档案馆藏，档案号17-3-165；《华峰面粉公司呈报有关磨军粉情形等文件（二）》，陕西省档案馆藏，17-6-421（2）。

③ 《面粉厂、火柴业工厂有关情况登记表》，陕西省档案馆藏，档案号72-3-249，第21页；陕西省银行经济研究室：《西京市工业调查》，西安：秦岭出版公司，1940年，第20～22页。

④ 《成丰面粉公司关于1940年9月至1941年9月份军粮提运报表》，陕西省档案馆藏，档案号17-6-1734，第25、78～80页。

⑤ 《福豫面粉公司营业计划书发起人姓名、经历及认股数目、收支对照表、章程、股东名簿及本厅批文等》，陕西省档案馆藏，档案号72-3-534，第53页。

⑥ 《宝鸡虢镇工业调查报告》，《陕行汇刊》第5卷第2期，1941年2月15日，第35页。

⑦ 《本处1945年有关面粉配销等文书（二）》，1945年，陕西省档案馆藏，档案号92-4-32（2）。

现停机待料的不经济现象[①]，也限制了面粉业的发展。

尽管各粉厂均利用大部分时间磨制军粉，但官方犹嫌不足，1941 年 11 月 25 日，陕西省粮政局张志俊召集军粮局局长萧湘、股长朱企云，会同成丰、和合、大新、三泰、福新、象峰等面粉公司，召开商讨磨制军粉办法的联席会议，要进一步缩短厂粉磨制时间。[②]华峰面粉公司 1943 年春报告，该公司竟连续 3 个月未磨制厂粉，“厂粉一袋无存，营业因之停顿，社会一般人士纷纷来厂质询”[③]，“各机粉公司每月以三分之二时间磨制军粉，赔贴血本数额至巨”。[④]尽管如此，各厂每年还需缴纳数百万元税款。庄晚芳 1942 年 10 月中旬随西北工业考察团赴西北考察时，在华峰面粉公司参观时亦对此有所见闻。[⑤]

雍兴兰州面粉厂 1943 年 12 月 18 日起也承担磨制军粉任务，每月 18 天，其余时间为自制厂粉及维修、洗刷锅炉时间，如军麦运输不及时，厂方可以呈请磨制厂粉，但军粮一到则须立即停止，还须补足磨制军粉天数，不得短少。[⑥]

重庆各厂基本无磨制军粉任务，但所产面粉均归粮食部门管制。[⑦]1942 年 7 月，重庆市政府委托在渝各公司加工面粉，原料概由政府供给，成品亦由政府统筹分配，“本身毫无营业可言……仅赖加工费维持一切”。但仅

---

① 《华峰面粉公司呈报有关磨军粉情形等文件（一）》，1941 ～ 1942 年，陕西省档案馆藏，档案号 17 - 6 - 421（1），第 14、21 页；《华峰面粉公司配发各机关、学校、团体、工厂面粉数量报表（下）》，1942 年，陕西省档案馆，档案号 17 - 5 - 346，第 7 页。

② 《本局关于磨制军用、民用粉管理暂行办法、机制粉分商组织及取缔面粉囤积居奇实施办法等文件（一）》，1942 年，陕西省档案馆藏，档案号 17 - 6 - 1049（1），第 7 页。

③ 同上注，第 87 ～ 88 页。

④ 《本局、省合作事业管理处关于调整面粉供销计划及推销土粉联系办法等文件》，陕西省档案馆藏，档案号 17 - 6 - 1059，第 58 ～ 59 页。

⑤ 庄晚芳：《西北纪行》，福州：艺声图书出版社，1948 年，第 22 页。

⑥ 玉英：《雍兴兰州面粉厂简记》，政协甘肃省委员会文史资料委员会、《西北近代工业》编写组编：《西北近代工业》，兰州：甘肃人民出版社，1989 年，第 435 页。

⑦ 关于在渝粉厂磨制军粉情况，有的记载显示个别粉厂亦有磨制军粉的临时任务，但如果将之看作代加工亦似无不可。1940 年度，复兴粉厂代军政部军粮总局第一粮秣实验场磨制军粉 28000 余包。参见交通银行总管理处设计处：《复兴面粉股份有限公司 1941 年 6 月调查报告》，重庆市档案馆藏，档案号 0288000100155000018000 0。另据载，1945 年 6 月 25 日，福民粉厂呈文重庆市田赋粮食管理处，称因机器陈旧损坏，急需修理，从即日起“停车修理，约须半月始可竣事开工”，田粮处长李永懋 7 月 4 日下达指令，谓“面粉一项，目前须大量增供前方军需，暨盟友食用”，要求福民粉厂“克日复工，加紧生产，以济军需为要”。参见重庆市田赋粮食管理处、福民实业股份有限公司机制面粉厂：《关于福民实业股份有限公司机制面粉厂修理面粉机器尽快复工的呈、指令》，1945 年 6 月 25 日，重庆市档案馆藏，档案号 02720001000340000080000，第 80 ～ 81 页。

凭加工费亦“维持困窘，已达极点”。[①]重庆各厂战后才有磨制军粉任务。[②]

4. 征实征借的影响

1941年4月，国民党五届八中全会决定各省田赋收归国民政府，并改征实物。6月，第三次全国财政会议议决实行，规定各省田赋征收实物，依据1941年度省县正附税总额每元折征稻谷2市斗为标准，产麦区得征等价小麦，杂粮区亦然。此外，尚有定价收购办法，即以法定价格配搭若干粮食库券，收购民间贮粮。陕西为小麦主产区，征实亦以小麦为主，但各地稍有差别，陕西北部为中共中央所在地，情形特殊，无征实情形；其余70余县中，关中产麦区涉及40～50县；陕南则以稻谷与玉米为主。

自1941年下半年起，陕西政府遵照国民政府法令，开始实行征实征购政策，“功实办理，成效卓著，对抗战期之军糈民食贡献非小也”。据对1941～1946年的统计，全省每年征起小麦平均为2209千市担，约占全省小麦平均总量21033千市担的11%。[③]但是，征实征购并未考虑到各地土地肥瘠、气候变化、小麦产量、年景好坏等因素，而是采取统一的征收标准，对于水利设施不甚完善、收成不好的地区甚至成了沉重的负担，“征购征实，负担特重，以致室如悬罄，户鲜盖藏”[④]。

表2－20　陕西省历年小麦征实数及收起数额表

年度	粮别	配征额数（石）	收起数额（石）	征收率（%）
1941	赋粮	390117.654	616143.837	157.94
1942	赋粮	2347253.606	1842056.942	78.48
	军粮	1408351.563	1105616.256	78.50
	合计	3755605.169*	2947673.198*	78.49

① 于松乔、袁国梁：《关于重庆不磨制军粉的电》，1945年1月10日，重庆市档案馆藏，档案号02720001000260000016000；复兴面粉股份有限公司：《复兴面粉公司股份有限公司一九四三年业务报告书》，重庆市档案馆藏，档案号00600002003280000015，第162～164页；重庆市商会、“财政部”公债筹募委员会重庆市分会：《关于减轻面粉厂派额的函》，1943年3月22日，重庆市档案馆藏，档案号00640008003080000094000。

② 四川省政府：《关于各面粉厂代磨面粉及军粉致北碚管理局的代电》，1947年2月，重庆市档案馆藏，档案号00810004054370000008000；“财政部”重庆货物税局：《关于规定部队自备原料交厂代制军粉免税出厂给驻中粮面粉税务员的训令》，1946年12月16日，重庆市档案馆藏，档案号0274－0002－00011－0000－038－000。

③ 李国桢主编：《陕西小麦》，西安：陕西省农业改进所，1948年，第133、141页。

④ 《一九四三年农业杂项电、函（一）》，陕西省档案馆藏，档案号72－8－179（1），第37页。

（续表）

年度	粮别	配征额数（石）	收起数额（石）	征收率（%）
1943	赋粮	2559546.257	1794647.290	70.12
	军粮	1377061.652	970277.046	70.46
	合计	3936607.909	2764924.336	70.24
1944	赋粮	2677710.967	2053996.539	76.71
	军粮	1341412.074	1028805.333	76.70
	大户借粮	226387.735	162595.741	71.82
	合计	4245510.776	3245397.613*	76.44
1945	赋粮	1612549.914	1053865.591	65.35
	军粮	777713.705	529501.528	68.08
	大户借粮	138353.077	91288.443	65.98
	合计	2528616.696	1674655.562*	66.23

资料来源：李国桢主编：《陕西小麦》，西安：陕西省农业改进所，1948 年，第 135 ～ 136 页。

原表说明：粮别栏之军粮包括征借征购数字。

引者说明：1. 带*数字系引者根据每一栏数据重新计算后所得的数值，原表数值疑有误。2. 征收率一栏系引者所加。

征实征借也直接影响到了面粉公司的业务，华峰面粉公司 1942 年 10 月向陕西省政府报称，武功、扶风、眉县、岐山等 8 县政府为了完成征实征借任务，不惜强征该公司在以上各县购存的小麦，如武功县长李小峰“派员勒借移垫征购”，周至、眉县亦有同样情事发生。[①]1944 年陕西省奉配由征实征借项下拨交军粮 23415000 包[②]，也导致面粉公司原料短缺、停机待料。

小　结

抗战时期，全国新设面粉厂 180 家，后方共设新厂 89 家，约占战时全

① 《华峰面粉公司呈报有关磨军粉情形等文件（二）》1941 ～ 1942，陕西省档案馆藏，档案号 17 －6 －422（2），第 107 页。

② 《省政府 1944 年度政绩比较表（二）》，陕西省档案馆藏，档案号 72 －2 －402（2），第 125 页。

国新设厂数的一半，生产能力占战时全国新设厂生产能力的23.4%[①]，如果以1938年发展指数为100的话，则1939年为127.29，1940年为214.09，1941年为298.08，1942年则达到了322.54[②]，翻了两倍多。所设各厂平均有职工33.3人，钢磨4.2部，日产能力654包。[③]

西北地区作为小麦主产区，具有发展面粉工业的良好条件，但在战前仅个别省份、个别城市有寥寥几家粉厂，且由山东、河南西迁而来，本地自建者无论钢磨数量、资本额、生产能力均无法与之相提并论。但这种情况在抗战全面爆发后得到了很大改观。

从空间来说，设厂省份有所扩展，战前制粉相对较为发达的陕西省则由原来的西安、褒城进一步扩展为西安、宝鸡、渭南、褒城、岐山、汉中六个城市，分布更为合理。内迁粉厂数量更形增加，深刻体现了民族危机下粉厂的迁移与融合，并在迁入地实现了新的发展。陕西粉厂战时达23家，比战前增加了近7倍，二者不啻天渊之别，这可能是中国近代机制面粉工业史上的一个奇迹，至少在西北、西部而言不为过。战前并无粉厂的甘肃省因抗战军兴、人口增繁、面粉需要迫切而实现了机制粉厂零的突破，出现了3家机制民营粉厂与2家国营粉厂，其中既有内迁粉厂，也有本地新设粉厂，小型民营粉厂亦在其带动下相继设立，数量明显增加。虽然各厂规模不大，但与战前相较亦属一大进步。

从时间而言，全面抗战时期也是西北地区历史上机制粉业发展最快、最好的时期。短短几年时间，无论民营粉厂还是国营粉厂，都有不同程度的增设，可以说战时是西北地区机制面粉工业发展的黄金时期。1945年，川陕两省民族资本面粉厂由战前的8家增至24家，日产面粉由10690包增至39340包，占全国的总生产能力由2.36%上升至8.8%，比战前增加了将近4倍。[④]西安的新设厂数及生产能力占战时后方新设厂的三分之一。[⑤]

粉厂数量有一定程度的增加，其中既有内迁者，也有新建者，其原因

---

① 中国科学院经济研究所、中央工商行政管理局资本主义经济改造研究室编：《旧中国机制面粉工业统计资料》，北京：中华书局，1966年，第4页。

② 宋彦科：《中国面粉厂设厂区位之选择（上）》，《公益工商通讯》第1卷第4期，1947年5月31日，第4～6页。1943年之后有所下降，为272.97，1944年为211.03，1945年为135.88。

③ 中国科学院经济研究所、中央工商行政管理局资本主义经济改造研究室编：《旧中国机制面粉工业统计资料》，北京：中华书局，1966年，第30页。

④ 徐新吾、杨淦、袁叔慎：《中国近代面粉工业历史概况与特点》，《上海社会科学院学术季刊》1987年第2期，第60～65页。

⑤ 中国科学院经济研究所、中央工商行政管理局资本主义经济改造研究室编：《旧中国机制面粉工业统计资料》，北京：中华书局，1966年，第4页。

主要是民族危机加深再次催生经济开发热潮、原料供应相对充足、工厂内迁的刺激、人口增多从而导致市场需求上升等。但资金及技术的制约，为军政部门磨制军粉，国家实行的田赋征实、粮食征购政策，战时小麦与面粉生产成本增加等因素也限制了西北各省机制面粉的进一步发展。如与战前通商大埠粉厂相比，战时后方包括西北地区新开设粉厂呈现出规模趋小的特点，除了战前几个规模较著的粉厂外，新设各厂规模均难望其项背，像成丰这样在后方各省首屈一指的大厂凤毛麟角。但各厂能在短短几年时间于战争环境下完成设备迁移、重新建厂、复工生产确属不易。尽管战时条件异常艰苦，掣肘因素颇多，然而粉厂负责人皆能体恤时艰、兢兢业业、勉力为之，其精神实非平时可比。

从粉厂性质而言，战时西北地区面粉行业呈现出另一个特点，即民营粉厂发展的同时，国营粉厂亦有所发展。这也是战时中国面粉业的一个特点。战前民族粉厂全部为民营企业，政府并未介入此一行业，更未建立由国民政府控制的任何粉厂。战时粮食危机日益加重，解决军粮供应、调剂民食尤其是军粮供应问题更加突出。同时，统制经济呼声甚嚣尘上，对粮食进行更为严格的管理势在必行，以保证军、公粮供应，稳定军心及公务员队伍，创设国营粉厂顺理成章。西北地区雍兴公司兰州面粉厂、后勤军需部兰州军粉厂、战干面粉厂就是在这一背景下创设的。

国营性质很容易让人联想到晚清弊端丛生的官僚企业，战时国营粉厂在某些方面确与之有很多相似之处，如机构臃肿、人浮于事、效率较低、裙带关系严重等，不过也不尽然。雍兴公司兰州面粉厂 1940 年 8 月开始筹建，下设总务课、营业课、会计课、工务课及运输课，每课设课长 1 人，课下设股。对于粉厂管理，厂方制定详细的规章制度，其中办事细则 9 章 42 条，管理规则 16 条，职员考核奖惩规则 12 条，职员服务规则 13 条，工人服务规程 1 条，组织大纲 20 条，工人请假规则 12 条，技工考核奖惩规则 14 条，员工值日规则 10 条，进厂离厂规则 7 条。技工守则规定：第一，厂内工作时间不准饮酒、吸烟、赌博；第二，厂内公物不准无故损坏以及偷盗私藏；第三，应服从厂方指挥，不得自由停工；第四，未经主管课允许，不得停工等。如有违章事项，一经发现，即予开除。[①]作为国营粉厂，雍兴公司兰州粉厂体现了国营厂矿的特点，即管理规章十分详备，既有厂务管理制度，也有身份管理规定，将厂内各种人员均纳入制度之内。

---

① 玉英：《雍兴兰州面粉厂简记》，政协甘肃省委员会文史资料委员会、《西北近代工业》编写组编：《西北近代工业》，兰州：甘肃人民出版社，1989 年，第 432 ～ 438 页。

雍兴公司还规定，如果厂长调迁或另有任用时，可以在不妨碍本厂工作的情况下自由往来，这体现了比较灵活的用人政策。

毋庸置疑，身处西北，心怀“实业救国”的粉厂负责人在战火中生产细白如雪的面粉时，也遭遇到地方政府与地方势力的黑心敲诈。在福五内迁过程中，陕西地方军政机关“均热忱协助”，但及至复工正常生产后，地方军政机关则呈现出另一种面目，“不是要面粉，就是要棉纱，企业的负担很重”，如若逾期或交缴不足，则以贻误军需、妨碍抗战论罪。“资本家对此虽然深表不满，但是也没有抵制的办法”，“实令人寒心”。政府实施粉价管制、磨制军粉后，几无营业可言的粉厂境况更为恶劣，陕西各粉厂即因磨制军粉而陷入经营困境。面粉统税改征营业税后，税率由2.5%改为3.0%，亦加重了生产困难。[①]不独陕西如此，西南各粉厂在战时获得长足进步，走向融合与发展道路的同时，亦面临诸多掣肘之处。

① 上海社会科学院经济研究所编：《荣家企业史料》下册，1937～1949年，上海：上海人民出版社，1980年，第64、234～235、243页。

第三章　融合与发展（二）：战时西南地区机制面粉工业

与西北地区一样，战时西南各省除设立较晚、情形较为特殊的西康省之外，其他各省机制面粉工业都有不同程度的发展，战前并无机制粉厂的贵州、云南、广西，此时都有新厂创设，实现了从无到有的突破，战前即已有相当基础的四川省（包括重庆），战时发展更为迅猛，重庆则成了后方机制面粉工业的中心。

第一节　战时西南地区机制面粉工业

一、四川机制面粉工业

战时四川机制面粉工业，仍以重庆与成都为主，尤其是重庆。“全川各地之面粉，都仰给于成渝各厂”，“重庆面粉厂之多，为西南各都市之冠，可称为西南面粉业之中心”。[①]战时重庆机制面粉工业也可以分为两个类别，一是本地粉厂一定程度的再度勃兴，二是内迁粉厂的继续发展。战时重庆较大粉厂分别为复兴、福民、福新（详见第四章）、天城、岁丰，另有多家小型粉厂。

复兴公司作为重庆最大的机制粉厂，战前共有两个厂，一厂位于牛角沱，二厂位于江北香国寺，资本额 100 万元，职员 72 人，工人 160 名，两厂各有钢磨 4 部，并有 80 匹马力水汀引擎 1 部，锅炉 1 座，60 匹、40 匹、35 匹、20 匹电动马达各 1 部，方筛 2 部、圆筛 1 部，打麦、刷麦、洗麦、烘麦机各 2 部，麸皮车 2 部，“两厂机器设备费用

① 蒋君章编著：《西南经济地理纲要》，重庆：正中书局，1943 年，第 129 ～ 130 页。

约在四十三万二千余元”。[①]该厂自备船舶板车等运输工具，一为购运原料，二来输出产品，卫生、消防设施亦相当齐全，据1944年统计，复兴一厂资产共计3906833.5元。[②]出品麦穗牌面粉，每月可产面粉7万袋；1942年公司替政府代为加工后，面粉产量有所降低，月产量为21000袋。[③]

1940年，复兴一、二两厂总计产粉283958包，“产量不及预期之半”。其原因为“非常时期，空袭之阻碍，动力之停顿，原料之短绌”。[④]1941年1月20日，复兴召开股东大会，决意增资100万元，至4月5日收足，总资本增为200万元，产量亦因之增加不少，1941年产量增至33万余袋。[⑤]设备亦相应改善，1942年，复兴一厂动力为80匹蒸汽马力1部，筛麦机、打麦刷麦机、选粉机各1部，30英寸磨粉机、36英寸磨粉机、11格平筛、麸皮车各2部，圆筛3部，每日产量为1000包至1100包。二厂有33匹电动机2部，40匹电动机、60匹电动机各1部，24英寸磨粉机2部，31英寸、36英寸各1部，筛麦打麦连合机、筛麦刷麦连合机各1部，11格平筛2部，圆筛4部，选粉机1部未用。每日产量达到1100包。[⑥]1942年1月24日，公司在第六届股东大会上，计划在南充成立第三厂，计划每日出粉200袋，以供应川北民食。[⑦]1943年，复兴在产麦区南充投建面粉厂，钢磨

① 复兴面粉公司第一厂：《复兴面粉公司第一厂主要作业机器表》，重庆市档案馆藏，档案号0288000100155000018000。

② 复兴面粉股份有限公司第一厂：《复兴面粉股份有限公司第一厂房屋机器目录》，重庆市档案馆藏，档案号02890001002920000202000。

③ 重庆市第二区面粉工业同业公会：《重庆市第二区面粉工业同业公会关于报告各会员厂一览表上重庆市社会局的呈（附表）》，1945年5月1日，重庆市档案馆藏，档案号00600009000370000058。

④ 交通银行总管理处设计处：《复兴面粉股份有限公司1941年6月调查报告》，重庆市档案馆藏，档案号02880001001550000180000。

⑤ 重庆市社会局、复兴面粉股份有限公司：《重庆市社会局、复兴面粉股份有限公司关于报送一九四一年营业账项的呈、批（附盈余分配表）》，1942年5月31日，重庆市档案馆藏，档案号00600002003280000005。

⑥ 粮食部：《关于告知随时派员考察复兴、福民、福新等面粉厂机件设备给重庆市粮政局的训令》，1942年10月26日，重庆市档案馆藏，档案号00700002001910000002。

⑦ 重庆市社会局、复兴面粉股份有限公司：《重庆市社会局、复兴面粉股份有限公司关于报送一九四一年营业账项的呈、批（附盈余分配表）》，1942年5月31日，重庆市档案馆藏，档案号00600002003280000005，第94～95页。

4部，日产面粉600包，三个厂的日产量总计为2800包。[①]截至1943年年底，公司注册资本增为400万元。[②]公司共有140人，其中职员45人，工人95人，产粉281435袋。[③]附设铁工厂修配机器并制造各式面粉机械。[④]“在战时的后方……该公司之规模，已为渝市面粉业中首屈一指者。”业务经营“较之重庆各友厂为优越”。[⑤]1938年，复兴公司纯利润达20余万元[⑥]，1939年盈利53余万元（其时资本额仅40万元），1940年为40余万元（资本额100万元），1943年为58万元。[⑦]如果考虑币值贬值，所获利润实较微薄。这一点在抗战后期表现得更为明显。据史料记载，复兴面粉公司1945年8月15日即日本宣布投降之日，申请以全厂资产押借5000万元，以维持生产，其理由为一、二两厂日产量为2400袋，“对于军公民粮之供应不无微劳”，但因抗战时期物价步涨，举凡五金器材、人工伙食及其他一切加工费用，无不节节上涨，而加工费用增长则颇为有限，公司各项物料均无原始价格计算成本，但一经耗用，即不得不照市价补购，故账

---

① 鲜伯良：《陪都面粉工业概况》，《川康建设》第1卷第5～6期合刊，1944年12月，第2页；重庆市档案馆、重庆师范大学编：《中国战时首都档案文献·战时工业》，重庆：重庆出版社，2014年，第643页；鲜伯良：《我经营重庆复兴面粉厂的回忆》，政协四川省委员会、四川省志编辑委员会编：《四川文史资料选辑》第4辑，1962年，第102～103页；龙明桥：《“面粉大王”鲜伯良》，政协重庆市中区委员会文史资料委员会编印：《重庆市中区文史资料》第5辑，1993年2月，第55页；四川省地方志编纂委员会编：《四川省志·粮食志》，成都：四川科学技术出版社，1995年，第220页。

② 鲜伯良：《陪都面粉工业概况》，《川康建设》第1卷第5～6期合刊，1944年12月，第2页。

③ 复兴面粉股份有限公司：《复兴面粉公司股份有限公司一九四三年业务报告书》，重庆市档案馆藏，档案号00600002003280000015，第162～164页。

④ 鲜伯良：《陪都面粉工业概况》，《川康建设》第1卷第5～6期合刊，1944年12月，第2～3页；《重庆面粉工业的剖视》，《新世界》11月号，1944年11月15日，第31页。一项1944年8月的统计资料显示，民营工矿业主要产品中的面粉机制造，1942年上半年数量为5部、下半年为6部，1943年上半年为4部、下半年为21部，1944年上半年猛增至30部。参见《第三届国民参政会第二次大会“行政院”工作报告补编》（1944年5月～7月），1944年8月，第34～35页。

⑤ 交通银行总管理处设计处：《复兴面粉股份有限公司1941年6月调查报告》，重庆市档案馆藏，档案号02880001001550000180000；重庆市档案馆、重庆师范大学编：《中国战时首都档案文献·战时工业》，重庆：重庆出版社，2014年，第643页。

⑥ 鲜伯良：《陪都面粉工业概况》，《川康建设》第1卷第5～6期合刊，1944年12月，第1～2页；鲜伯良：《我经营重庆复兴面粉厂的回忆》，政协四川省委员会、四川省志编辑委员会编：《四川文史资料选辑》第4辑，1962年，第101～102页；《重庆面粉工业的剖视》，《新世界》11月号，1944年11月15日，第28页；龙明桥：《“面粉大王”鲜伯良》，政协重庆市中区委员会文史资料委员会编印：《重庆市中区文史资料》第5辑，1993年2月，第55页。

⑦ 交通银行总管理处设计处：《复兴面粉股份有限公司1941年6月调查报告》，重庆市档案馆藏，档案号02880001001550000180000；重庆市档案馆、重庆师范大学编：《中国战时首都档案文献·战时工业》，重庆：重庆出版社，2014年，第643页。

面虽稍有盈余，但每月收入恒不敷开支。[①]

福民实业股份有限公司机制面粉厂，原系位于湖北沙市的正明面粉厂，因战局所迫，1939 年初秋迁至重庆江北红沙碛良心桥，随迁机料 151.4 吨，负责人为余克明，迁渝后机器设备租给福民面粉公司，1940 年 6 月 20 日正式开工[②]，注册资本 200 万元，1944 年增资至 800 万元。公司总经理为袁国梁，亦是重庆市面粉同业公会理事长。公司下设业务、会计、事务各部，设厂长一人，由刘洪源担任，主持厂务，职员 30 人，工人 121 名，拥有钢磨 6 部（18 英寸长磨辊钢磨 2 部，24 英寸长磨辊 4 部），电动机 8 部，计 201 匹马力，另有洗麦机 1 部，筛麦机 3 部，筛粉机 7 部，打麦机、麸皮机、打包机、缝袋机各 2 部，以电力为动力来源，由重庆电力公司提供，日产面粉 1200 袋至 1300 袋，为重庆第二大厂，公司还开设碾米厂与毛纺织厂，1942 年由福民公司全部收购。[③]该厂设备优良，“对重庆民食供应贡献颇大”。据创办人之一章剑慧晚年回忆：“每天早晨，市长吴国桢亲自到我公司来，了解三家面粉厂的所产面粉的销售情况，此亦古

① 中中交农四行联合办事总处秘书处、复兴面粉股份有限公司：《关于复兴面粉股份有限公司申请抵押借款的代电、函》，1945 年 8 月 15 日，重庆市档案馆藏，档案号 02850001002460000205000。

② 经济部：《关于核发工厂登记证并自行补贴印花及催送 1940 年度厂务报告表给福民实业股份有限公司机制面粉厂的通知》，1941 年 7 月 22 日，重庆市档案馆藏，档案号 02720002000830000152000，第 152 ～ 153 页；同仁农场：《关于请出席福民面粉厂成立大会致章剑慧的函》，1943 年 6 月 17 日，重庆市档案馆藏，档案号 0234 - 1 - 0234 - 034；《内迁民营厂矿名称及地址一览表》，1942 年 3 月，秦孝仪主编：《中华民国重要史料初编——对日抗战时期》第 4 编“战时建设”（三），台北：“中国国民党中央委员会”党史委员会，1988 年，第 730 页；湖北省委党史研究室编：《湖北省抗日战争时期人口伤亡和财产损失》，北京：中共党史出版社，2014 年，第 366 页。

③ 《关于报送复兴、福民面粉公司成本计算表及售价一览表等上重庆市社会局的呈（附表）》，1940 年 8 月 8 日，重庆市档案馆藏，档案号 00600002011680000006；中国西南实业协会编：《四川工厂调查录》，重庆：文渊印书馆，1942 年，第 76 ～ 78 页；鲜伯良：《陪都面粉工业概况》，《川康建设》第 1 卷第 5 ～ 6 期合刊，1944 年 12 月，第 1 ～ 5 页；傅润华、汤约生主编：《陪都工商年鉴》，重庆：文信书局，1945 年，第 5 编第 3 章第 26 ～ 27 页；鲜伯良：《陪都面粉工业概况》，《川康建设》第 1 卷第 5 ～ 6 期合刊，1944 年 12 月，第 1 ～ 5 页；《重庆面粉工业的剖视》，《新世界》11 月号，1944 年 11 月 15 日，第 29 页；重庆市第二区面粉工业同业公会：《重庆市第二区面粉工业同业公会关于报告各会员厂一览表上重庆市社会局的呈（附表）》，1945 年 5 月 1 日，重庆市档案馆藏，档案号 00600009000370000058；《重庆市面粉厂用电情形一览表》，1942 年 9 月 21 日，重庆市档案馆藏，档案号 02190002000810000018；福民实业股份有限公司：《福民实业股份有限公司重庆面粉厂主要生产设备清册》，重庆市档案馆藏，档案号 02720002000980000300000。另据 1942 年 10 月调查，动力总马力数为 160 匹（粮食部：《关于告知随时派员考察复兴、福民、福新等面粉厂机件设备给重庆市粮政局的训令》，1942 年 10 月 26 日，重庆市档案馆藏，档案号 00700002001910000002）。

往今来所鲜见的。”[①]1943 年 11 月，中国工商新闻社重庆总社在编印《经济建设年鉴》时致函福民公司，称其“对经建一道劳绩素著，誉满全国”[②]，函文虽不无溢美称誉之处，但也从侧面说明福民公司在后方粉业中占有重要一席。因此，某些学校学生也申请到福民公司实习。[③]

岁丰面粉股份有限公司位于重庆南岸王家沱复兴街 38 号，1930 年 9 月开办，经理杨柏林，厂长夏厚丞，资本 60 万元，职员 17 人，工人 24 名，设备有制粉机全套，采用电力为动力，月生产能力 6000 袋，实际生产 2000 余袋。[④]1942 年，岁丰主要设备有 30 匹马力电动机 1 部，筛麦机、打麦刷麦机各 1 部，12 英寸磨粉机 4 部，11 格方筛、圆筛、麸皮车各 1 部，每日出产 330 包至 350 包，出粉量超过常例 20%，动力消耗减少 15%，“为抗战期间最合理之粉厂”。[⑤]但因建立时间较早，设备使用时间较长，也存在“机械古旧，障碍时常发生，生产力薄弱，成本过高”的缺点。[⑥]

重庆天厨味精公司面粉厂创办于 1940 年，位于重庆猫儿石 106 号，创办者为方皖生，拥有钢磨 5 部，日产能力 800 包。[⑦]战后，该厂规模有所缩小，1946 年 9 月，资本 2040 万元，每月产量 9000 包，经理一职由吴志超

① 重庆市档案馆、重庆师范大学编：《中国战时首都档案文献・战时工业》，重庆：重庆出版社，2014 年，第 644 页；章剑慧：《雪泥杂记——我的创业生涯》，政协全国委员会、文史资料委员会《文史资料选辑》编辑部编：《文史资料选辑》合订本第 42 卷（总第 122 辑），北京：中国文史出版社，1986 年，第 99 页。

② 中国工商新闻社重庆总社：《关于编印〈经济建设年鉴〉请撰寄“一年来福民机制面粉厂”一文致福民机制面粉厂的公函》，1943 年 11 月 15 日，重庆市档案馆藏，档案号 02720001000310000027000，第 27 页。

③ 经济部工矿调整处：《关于检送专科以上学校理工科系学生分发经济交通军事各部所属工厂实习办法给福民实业股份有限公司面粉厂的训令（附办法）》，1944 年 2 月 2 日，重庆市档案馆藏，档案号 02720001000040000014000。

④ 中国西南实业协会编：《四川工厂调查录》，重庆：文渊印书馆，1942 年，第 76 ～ 78 页；鲜伯良：《陪都面粉工业概况》，《川康建设》第 1 卷第 5 ～ 6 期合刊，1944 年 12 月，第 1 ～ 5 页；傅润华、汤约生主编：《陪都工商年鉴》，重庆：文信书局，1945 年，第 5 编第 3 章第 26 ～ 27 页；重庆市第二区面粉工业同业公会：《重庆市第二区面粉工业同业公会关于报告各会员厂一览表上重庆市社会局的呈（附表）》，1945 年 5 月 1 日，重庆市档案馆藏，档案号 00600009000370000058。

⑤ 粮食部：《关于告知随时派员考察复兴、福民、福新等面粉厂机件设备给重庆市粮政局的训令》，1942 年 10 月 26 日，重庆市档案馆藏，档案号 00700002001910000002。

⑥ 重庆市档案馆、重庆师范大学编：《中国战时首都档案文献・战时工业》，重庆：重庆出版社，2014 年，第 642 页。

⑦ 鲜伯良：《陪都面粉工业概况》，《川康建设》第 1 卷第 5 ～ 6 期合刊，1944 年 12 月，第 1 ～ 5 页。

担任。所产面粉自销6000包，市销3000包。[①]

允利实业股份有限公司白沙面粉厂，初设白沙高塘，继迁白沙民生路66号，改水力动力为木炭引擎，1940年10月筹备，1941年7月开工，7月15日经济部发给执照，股本30万元，流动资金60万元，职员5人，工人22人，杂役2人。董事长吴稚晖，常务董事郑爕康、王祖廉、屠子金，董事薛明剑、周证因、孙爕铨、郑振泽、鲜伯良，监察吴宪成、陈孔达，薛明剑兼总经理，经理为刘佑汉。该厂设备有2.5千瓦发电机、30匹马力木炭机各1部，磨粉机3部，平筛、麦筛、打麦车各1部，风车2部，每日出粉200袋，但因白沙市场狭小，且附近产麦不多，每年仅能工作一两个月，或成品堆积，或原料不足，粮食部建议迁至万县。[②]后来该厂迁至万县，亦带动了本地机制面粉业发展，1947年万县有机制粉厂3家。[③]

1940年春，为了解决味精原料供应问题，吴蕴初的“天字号”工厂天厨味精厂与金城银行合资筹设天城面粉淀粉工业股份有限公司，1942年5月更名为天城面粉工业股份有限公司，经理李祖芬，金城银行主要代表人戴自牧任面粉公司董事长。[④]1942年4月正式开工，注册资本200万元，职员10

---

① 天厨味精厂股份有限公司：《关于检送天厨味精厂股份有限公司面粉厂概况表致郭栋的函（附表）》，1946年9月21日，重庆市档案馆藏，档案号02620001000290000079000。

② 重庆市粮政局、允利实业股份有限公司：《关于准予将粉厂迁移到重庆市开工的批、呈（附面粉厂概况）》，1942年9月30日，重庆市档案馆藏，档案号00700002003580000012；粮食部、重庆市粮政局：《关于准予将白沙面粉厂迁往重庆开工的指令、通知》，1943年1月26日，重庆市档案馆藏，档案号00700002003580000014。

③ 魏光孚、杨必河：《解放前万县城区市场概况》，政协四川省万县委员会文史资料工作委员会编印：《万县文史资料选辑》第3辑，1989年6月，第173页。

④ 叶世强：《我知道的“天原化工厂”——十四年（1935～1949）工作中的见闻》，政协四川省宜宾市委员会文史资料研究委员会编印：《宜宾文史资料选辑》第2辑，1982年，第9页；天城面粉工业股份有限公司：《关于天城公司更名为天城面粉工业股份有限公司致重庆市机制面粉厂联合办事处的函》，1942年5月25日，重庆市档案馆藏，档案号03040001025800000033000，第33～35页。关于该公司成立情形，另有一段插曲可述。金城银行拟成立面粉淀粉工业公司前，曾购买小麦1900余石、布匹2400匹，不料被重庆市总工会、重庆市农会及重庆市妇女会在1942年1月举报，称“某银行竟利用行款三百余万化名天城面粉淀粉工业股份有限公司，购囤小麦……只图投机取利，罔顾国计民生，行同汉奸，罪不容恕”（中国第二历史档案馆选编：《关于战时后方黑市活动的一组史料》，《民国档案》1994年第2期，第36页）。重庆经济检查队得知后进行侦办，情况基本属实，但并非用于“购囤”，而是事先购买制粉及制作袋布原料。1942年4月，该案经查明，系子虚乌有，处理结果如下：“（一）该公司违背法令，久不办理登记部分，函请经济部依法办理（二）该公司使用金城银行资金部分违犯银行管理，函请‘财政部’并核办理（三）该公司小麦及布匹部分，既据查明面粉厂机器已装配齐全，姑予启封发还，以便开工，藉鼓励生产（四）所缴各种证件分别存转发还。”参见金城银行信托部重庆分部：《关于处理天城面粉淀粉工业股份有限公司久未登记事宜、解封小麦布袋等上金城银行重庆管辖行的函》，1942年3月31日，重庆市档案馆藏，档案号03040001000330000036000，第36～37页。不过该公司从其筹备至开工生产，周期确实较长。

人，工人51人，位于化龙桥猫儿石即重庆市民族路37号。制粉设备有60匹电动机1部，24英寸磨粉机4部，元筛、筛麦机各2部，打麦刷麦机、11格平筛、选粉机、麸皮车各1部，日产面粉六七百袋，每月产量约9000袋。①

表3-1　战时重庆民营机制面粉厂概况表

<table>
<tr><th>厂名</th><th>开工年月</th><th>资本（元）</th><th>月生产能力（袋）</th><th>1940年</th><th>1941年</th><th>1942年</th><th>1943年</th></tr>
<tr><td>复兴一厂</td><td>1934. 8</td><td rowspan="2">400万</td><td>348992</td><td rowspan="2">338000</td><td rowspan="2">348392</td><td rowspan="2">288260</td><td rowspan="2">277533</td></tr>
<tr><td>复兴二厂</td><td>1939. 3</td><td>80000</td></tr>
<tr><td>福民</td><td>1940. 6</td><td>200万</td><td>250000</td><td>91296</td><td>197157</td><td>169192</td><td>219674</td></tr>
<tr><td>福新</td><td>1939. 5</td><td>150万</td><td>93000</td><td>115394</td><td>93808</td><td>74578</td><td>77217</td></tr>
<tr><td>岁丰</td><td>1941. 1</td><td>20万</td><td>20000</td><td>35000</td><td>56120</td><td>60000</td><td>55000</td></tr>
<tr><td>天城</td><td>1942. 4</td><td>200万</td><td>180000</td><td>—</td><td>—</td><td>66319</td><td>121472</td></tr>
</table>

资料来源：于登斌：《战时重庆面粉产销管制之回顾与展望》，《四川经济季刊》第1卷第3期，1944年6月15日，第287页。

引者说明：原表有中粮公司开设面粉厂1942年的产量，现根据引文需要，未予列入。

此外，由于政府面粉统制对象为复兴、福民等5大厂，起初对小厂并无管制，采取放任态度，因此地方士绅见面粉业有利可图，小厂多有创设。位于重庆的小型面粉厂有和泰（日产量250袋）、大同（100袋）、实验（100袋）、竞新（80袋）、恒信（50袋）、中渝（50袋）乃至机器磨坊。德茂长，位于江津石狮子街，1938年设立，经理为刘自楚，出品面粉、干面、水面；②

① 重庆市第二区面粉工业同业公会：《重庆市第二区面粉工业同业公会关于报告各会员厂一览表上重庆市社会局的呈（附表）》，1945年5月1日，重庆市档案馆藏，档案号0060000900037000058；天城面粉厂：《天城面粉工业股份有限公司章程、章程草案》，重庆市档案馆藏，档案号030400010035000001250000，第125～139页；中国西南实业协会编：《四川工厂调查录》，重庆：文渊印书馆，1942年，第76～78页；鲜伯良：《陪都面粉工业概况》，《川康建设》第1卷第5～6期合刊，1944年12月，第1～5页；傅润华、汤约生主编：《陪都工商年鉴》，重庆：文信书局，1945年，第5编第3章第26～27页。《天城面粉工业股份有限公司章程》规定，"公司以经营机制面粉厂之购麦制粉销售事业及其他有关粮食之工业事项为业务"，股东中有杜月笙、卢作孚、杨管北、李祖芬、徐国懋、戴自牧、钱新之等人，都在6000股以上。参见天城面粉工业股份有限公司：《天城面粉工业股份有限公司关于设立股份有限公司依法申请登记上重庆市社会局的呈（附章程、名簿、概算书等）》，1942年7月20日，重庆市档案馆藏，档案号00600002003350000011。

② 中国西南实业协会编印：《四川工厂调查录》，重庆：文渊印书馆，1942年，第76～78页；傅润华、汤约生主编：《陪都工商年鉴》，重庆：文信书局，1945年，第5编第3章第26～27页。

一心面粉厂，1941年1月登记，位于香国寺。[①]义丰隆面粉厂，以水力为动力，位于江北县舒家镇。[②]中国工矿建设公司实验面粉厂，1943年2月5日正式开业。[③]荣华面粉厂，位于合江牵藤街，1937年开设，经理为张鼎堂，出产富贵牌面粉，日产量为30袋，据统计，1941年制粉1417袋，1942年上半年为492袋。[④]华美电业机器厂经理李贻棠1945年4月18日致函战时生产局，拟扩充业务，增设日产300包面粉厂。[⑤]温泉面粉厂情况不详。[⑥]据调查，1943年重庆小型粉厂有20～30家，月产量7.68万包，相当于5家大厂总和，大部分供应重庆市场。[⑦]小麦产地亦有多家此类粉厂，达10余家，每月产量为6万袋左右。[⑧]但小型粉厂所出面粉“其质低劣，实不堪

① 重庆市社会局：《重庆市社会局关于查明一心面粉厂新迁地址致“财政部”川康直接税局重庆分局的公函》，1942年10月26日，重庆市档案馆藏，档案号00600009000370000020。但该厂情况不详，亦未加入面粉业同业公会（重庆市第二区面粉工业同业公会：《重庆市第二区面粉工业同业公会关于无从查明一心面粉厂是否营业及新迁地址上重庆市社会局的呈》，1942年10月21日，重庆市档案馆藏，档案号00600009000370000021），登记后再无记载，情况不明（参见重庆市社会局：《重庆市社会局关于查明一心面粉厂是否营业给重庆市第二区面粉工业同业公会的训令》，1942年10月13日，重庆市档案馆藏，档案号00600009000370000022；“财政部”川康直接税局重庆分局：《“财政部”川康直接税局重庆分局关于查明一心面粉厂新迁地址致重庆市社会局的公函》，1942年10月6日，重庆市档案馆藏，档案号00600009000370000023）。后经查验，“本市机制面粉厂计有复兴与福民、天城、福新、岁丰五家，并无一心面粉厂”（粮食部陪都民食供应处：《关于抄送重庆市机制面粉厂并无一心面粉厂致“财政部”川康直接税局重庆分局的函》，1942年9月29日，重庆市档案馆藏，档案号02730001006880000046）。

② 重庆卫戍总司令部：《关于派警保护义丰隆面粉厂给重庆市警察局的训令》，重庆市档案馆藏，档案号0061001503377000088000。

③ 中国工矿建设股份有限公司面粉厂：《中国工矿建设股份有限公司面粉厂1946年计划书》，重庆市档案馆藏，档案号02020001001230000106000。

④ 中国西南实业协会编印：《四川工厂调查录》，重庆：文渊印书馆，1942年，第76～78页；傅润华、汤约生主编：《陪都工商年鉴》，重庆：文信书局，1945年，第5编第3章第26～27页；中国第二历史档案馆编：《中华民国史档案资料汇编》第5辑第2编“财政经济”（六），南京：江苏古籍出版社，1997年，第360页。

⑤ 华美电业机器厂：《关于报送扩充业务拟设面粉厂呈请赐准价购面粉机上战时生产局的呈（附单）》，1945年4月18日，重庆市档案馆藏，档案号00190001000390000128。

⑥ 温泉面粉厂：《温泉面粉厂职员名单》，重庆市档案馆藏，档案号0081000400264000029000。

⑦ 经济部、四川省建设厅税务署、国民参政会经济策进会等实地调查。转引自周勇主编：《重庆抗战史（1931～1945）》，重庆：重庆出版社，2005年，第367页。

⑧ 《重庆面粉工业的剖视》，《新世界》11月号，1944年11月15日，第29～30页。据重庆市警察局1944年九十月份的调查，此类小厂或磨坊还有：欧荣盛磨坊，1943年10月20日开设；益群磨坊，1944年6月开设；和记玉森面粉厂，拟于1944年11月开工；荣茂祥面厂，1943年12月开设；源兴粉厂，1944年1月开设；利生隆，1944年10月开设；万金磨坊，1943年3月开设；少武磨坊，1944年3月开设。参见彭菊五：《重庆市警察局第五分局辖区机制面粉厂调查表》，重庆市档案馆藏，档案号0061001503192000125000；徐澍：《重庆市警察局第十分局管内机制面粉调查表》，重庆市档案馆藏，档案号0061001503192000125000。

与大厂竞争”，“其粉质黑”，销路仅限于一般小食馆与家庭自用①，所用小型粉机出粉率低②，此亦其主要问题之一。1944 年 8 月，粮食部提出对于设备简陋、产量较小的面粉厂，一概不予登记，并制定了《重庆市机制面粉厂筹设标准》，对小型粉厂进行限制。③

除了战前三家之外，战时迁入者亦有不少。1938 年 7 月，裕龙面粉厂由武汉迁入重庆。④信义隆面粉厂，由沙市迁入重庆，机料 5 吨。五丰面粉厂 1938 年 9 月由武汉迁至湖南桃源，1939 年再迁到重庆，负责人为施昌址。⑤

战时后方国营面粉厂亦有创设与发展。据资源委员会 1942 年调查，后方公营粉厂除了陕甘二省外，其他各省计有四川北碚的“中央”工业试验所面粉厂，贵州遵义的大兴面粉厂，云南昆明的嘉农面粉厂，广西桂林的广西省面粉厂，广东曲江的广东省面粉厂，福建南平的福建企业公司南平面粉厂，江西临川的民生面粉第一厂。⑥这一调查并不全面，如中国粮食工业公司亦设有面粉厂。

为了解决陪都民食供应及粮食加工问题，1941 年 10 月 1 日，粮食部下属中国粮食工业股份有限公司正式成立。⑦1942 年，逐渐走上正轨的中国粮食工业公司制订了业务计划，进一步明确了业务范围为碾制谷米、磨制面粉、杂粮研粉、干粮制造及其他有关粮食加工、制造、贮存、运销暨

---

① 中国工矿建设股份有限公司面粉厂：《中国工矿建设股份有限公司面粉厂 1946 年计划书》，重庆市档案馆藏，档案号 02020001001230000106000。

② 大星实业股份有限公司面粉厂：《大星实业股份有限公司面粉厂 1945 年大粉机出粉比例数与 1945 年度小粉机出粉比例数比例表》，重庆市档案馆藏，档案号 02030001002570000001000。

③ 重庆市政府、重庆市警察局：《关于取缔新设机制面粉厂的训令（附调查表式）》，1944 年 9 月 8 日，重庆市档案馆藏，档案号 00610015031920000085000。重庆市警察局第十三分局：《关于查报未经呈准登记自行开业之新设机制面粉厂给重庆市警察局第十三分局各分驻所的训令》，1944 年 9 月 23 日，重庆市档案馆藏，档案号 00610015030020000147000。

④ 中国第二历史档案馆、《中国抗日战争大辞典》编写组编：《中国抗日战争大辞典》，武汉：湖北教育出版社，1995 年，第 810 页。

⑤ 湖北省委党史研究室编：《湖北省抗日战争时期人口伤亡和财产损失》，北京：中共党史出版社，2014 年，第 366 页。

⑥ 中国第二历史档案馆编：《中华民国史档案资料汇编》第 5 辑第 2 编“财政经济”（六），南京：江苏古籍出版社，1997 年，第 359 页。关于以上各厂是否均为国营粉厂，各方资料记载不一，如嘉农面粉厂一开始系私人资本所开设，非国营性质。后地方政府强行入股，应为公私合营性质。

⑦ 王伯天：《三年来之中国粮食公司》，《粮政季刊》第 2 ～ 3 期合刊，1945 年 12 月，第 26 页；《中国粮食工业公司》，《工商调查通讯》第 438 号，1944 年 6 月 17 日，无页码。

粮食加工用机器修造等业务。[①]中粮公司建有2家粉厂，一为李家沱面粉厂，一为合川面粉厂，后者规模较大。为避免空袭，二厂皆不在市区。合川为小麦集散中心，两处临江，成品运输便利，是建设面粉工厂及仓库最适宜的地点 。该厂位于嘉陵江边三佛滩，内设厂长、副厂长各1人，下分会计、总务、器材、工务、副产、仓务、运输7个组，磨粉机4部，发电机3部，120匹马力，每台磨机每日产量为350袋，每月可产特粉5000袋，统粉15000袋，小麦由该公司购储委员会收购，所制面粉交由陪都民食供应处统一分配。每日用煤10吨，由天府、华安煤矿公司供给。粉厂有机工40人，斗工3人，力夫等约164人，职员30人。[②]厂房由本公司筹备员工王一鸣会同建筑工程师袁吉武设计。面粉厂所用机器系向汉口五丰面粉厂购进而由英国亨利粉厂制造，由汉运渝，费用加上缴送工矿调整处代垫运费共计80万元，如向国外订购，则需四五百万元。所需零件由本公司机品修造工厂设计承造，其余材料分别向港渝订购，每日可产粉2300袋。“产量之巨、粉质之优，堪为后方各面粉厂之冠。”[③]合川下游五里许仓盘石及小澜沱基地约40亩，原有仓库一所，可贮小麦7000余石，价4万余元。代理厂长朱楚辛，1943年7月开工生产，有动力及水电，全系自给，装有粉机4部，蒸汽发动机2部，每月生产能力为2万袋。1943年为提高生产，该厂加装煤气机1部。开工以来，其生产能力及产品品质与重庆各民营粉厂相比“并无逊色”。[④]

李家沱面粉厂1942年4月开工，厂主任李仲绥，采用煤气机动力，所需机器仿照美国流动型制粉机式样由本公司机器修造工厂设计承造，设于红沙溪。[⑤]该厂较重庆各使用电力的民营粉厂生产成本较高，设备有自造小型三袋式磨粉机1部，每月生产能力为6000袋，产品品质与其他各厂相比“并不稍逊”，且出粉率较高，每市石乙级下等小麦可出粉2.25袋，较普通民营粉厂出粉率2.1袋为高。除加工面粉外，并利用渝市其他各厂所出

---

① 《粮食部长徐堪谈征购粮食办法，粮食部与信托局合组中国粮食工业公司将成立》，《金融周报》第12卷第11期，1941年9月10日，第15页。

② 刘敬益：《三十三年合川经济动态》，《四川经济季刊》第2卷第2期，1945年4月1日，第147页。

③ 中国粮食工业公司：《中国粮食工业公司筹备报告书》，重庆市档案馆藏，档案号0015－0001－00065－0000－169－000，第169页。

④ 王伯天：《三年来之中国粮食公司》，《粮政季刊》第2～3期合刊，1945年12月，第32页。

⑤ 中国粮食工业公司：《中国粮食工业公司筹备报告书》，重庆市档案馆藏，档案号0015－0001－00065－0000－169－000，第169～170页。

麸皮提炼余粉，每日可出面粉 250 袋。[①]

中粮公司面粉部门以代磨粮食部陪都民食供应处军粉、统粉为主，原料由该处及中粮公司粮食购储委员会供给，每日生产能力最高为 1200 余袋。[②] 1942 年年初至 1945 年 6 月，政府交办加工小麦 159402.115 市石，制成特粉 77968 袋，统粉 276946 袋，合计 354914 袋，约占同期重庆面粉店消费量的 10%。并且产量续有提高，1944 年产量比上一年度增加 10 倍以上。[③]

表 3－2　中国粮食工业公司粉厂制粉数量统计表（1942 年～1945 年 6 月）

年份			1942 年	1943 年	1944 年	1945 年 1～6 月	总计
原货品	小麦	数量（包）	4245.3	41138.15	69092.275	44926.39	159402.115
		指数	100.0	969.1	1627.5	1058.3	—
制成品	特粉	数量（包）	3085	17868	33245	23770	77968
		指数	100.0	579.2	1077.6	770.5	—
	统粉	数量（包）	6419	68089	125028	77380	276916
		指数	100.0	1060.7	1947.8	1205.5	—

资料来源：王伯天：《三年来之中国粮食公司》，《粮政季刊》第 2～3 期合刊，1945 年 12 月，第 32 页。

引者说明：原表中 1944 年统粉指数为 1948.3，疑有误。现根据计算，改为 1947.8。

表 3－2 所列产量中，包括一部分军粮，计有 54273 袋。磨制军粮时，军政当局规定每市石小麦（135 市斤）出粉率为 2.25 袋，公司将其提高至 2.65 袋，即每市石小麦约多出 17.78 市斤，且品质亦有所改进，维生素 B 含量特别多，“极适于前线军士之营养”。[④]

“中央”工业试验所淀粉加工实验工厂位于北碚杜家街，1940 年 1 月成立，厂长为金培松，出品面粉、淀粉、糊精、可溶性淀粉、改良食品

① 中国粮食工业公司：《中国粮食工业公司筹备报告书》，重庆市档案馆藏，档案号 0015－0001－00065－0000－169－000，第 169～170 页；王伯天：《三年来之中国粮食公司》，《粮政季刊》第 2～3 期合刊，1945 年 12 月，第 32 页。

② 《中国粮食工业公司》，《工商调查通讯》第 438 号，1944 年 6 月 17 日，无页码。

③ 王伯天：《三年来之中国粮食公司》，《粮政季刊》第 2～3 期合刊，1945 年 12 月，第 32 页。

④ 同上注，第 33 页。

等。面粉日产能力为2800袋，1941年制粉160730袋，1942年上半年为154406袋，1942年预计产量为355700袋。[①]

战时成都机制粉业发展较为缓慢。李国伟鉴于成都地理位置优越，物产丰富，故而有在成都设厂的打算。1940年7月，由李国伟在成都东郊沙河堡大观堰购买地皮筹建，建成机制面粉股份有限公司1941年6月建成投产，资本100万元[②]，抗战胜利时增至400万元，设备有钢磨3部（30英寸、18英寸、15英寸各1部），60匹马达、平方筛、清粉机、麸皮车、头道麦筛、清麦机、二道麦筛及刷麦机各1部，圆筛4部，松粉机2部，全系美制。公司采用电力，来自启明电灯公司。每月磨麦8188市石95斤，购自成都邻县，每日面粉产量为450包，每月开工27日，产粉12150包，麸皮产量2392担20斤。每月盈余20396.84元。[③]公司为股份制，分为1000股，每股1000元，发起人包括李国伟、蒋鼎五、荣一心、荣鸿元、华栋臣、章剑慧、袁国梁，负责人为李国伟、章剑慧，股东为申四、福五资方和职员，董事会设董事11人，监察5人，个别为地方恶霸和国民党官僚，主要管理人员和技师从福新厂内迁人员中选调而来，增雇个别本地职员，一般工人均在成都本地招收。车间实行两班制，每班12小时，建厂初期有生产工人60名，日产量400袋。1943年增加30英寸钢磨2部，由重庆申四厂铁工厂自制，将6路平筛改为10路平筛，增添1台60匹马力发电机，工人增至80～90人，日产量1000袋，成为成都规模最大的粉厂。[④]所需小麦购自成

---

① 中国第二历史档案馆编：《中华民国史档案资料汇编》第5辑第2编“财政经济”（六），南京：江苏古籍出版社，1997年，第359页。

② 建成实业股份有限公司成都面粉厂：《建成实业股份有限公司成都面粉厂招股简章》，重庆市档案馆藏，档案号0234－001－00009－0000－002－000；山川出版社编译所编著：《成都指南》，成都：山川出版社，1943年，第34页。

③ 建成实业股份有限公司成都面粉厂：《建成实业股份有限公司成都面粉厂计划及设备状况、营业预算、财务情形、进行程度、借款用途说明及附件》，重庆市档案馆藏，档案号0234－0001－00009－0000－030－000；《建成实业股份有限公司成都面粉厂计划书》，重庆市档案馆藏，档案号0234－0001－00009－003；建成实业股份有限公司成都面粉厂：《建成实业股份有限公司成都面粉厂计划书》，重庆市档案馆藏，档案号0234－0001－00009－009；《建成实业股份有限公司成都面粉厂发起人姓名经历及认股数目单及有关附件》，重庆市档案馆藏，档案号0234－0001－00009－004。

④ 上海社会科学院经济研究所经济史组编：《荣家企业史料》下册，1937～1949年，上海：上海人民出版社，1980年，第217～218页；申四、福新、公益、建成、宝兴公司总管理处：《关于调王君式到建成机制面粉厂的通告》，1944年12月9日，重庆市档案馆藏，档案号0234－0001－00053－0000－045－000，第45页；申新、福新、公益、建成、宝兴公司总管理处：《关于王伯静调任建成机制面粉公司副厂长的通告》，1945年2月6日，重庆市档案馆藏，档案号0234－0001－00053－021，第24页；孙克鸿：《成都工厂调查日记》，《中国工业》第24期，1944年2月1日，第17页。

都东山五场，因其所产小麦质量最好。[①]面粉主要销于本地与乐山，成为有口皆碑的名品，当时冠生园、上海食品公司、“盼湖春”等大餐馆皆长期使用建成面粉厂产品，所产头等粉甚至被冠生园称为全国第一，可与加拿大面粉相媲美，飞虎队亦曾指定购用。驻蓉美军日需面粉150袋，皆由该厂供给[②]，“号称资本最雄厚”。[③]该厂开工后营业蒸蒸日上，历年颇有盈余。[④]1944年，贵州企业赴川考察四川工业时，注意到建成面粉厂只能开半工，与成都、重庆的大多数厂家一样，其原因为原料缺乏、动力不足。[⑤]成都大星机制面粉公司1944年秋末建成正式投产，所需机器设备全部由重庆调拨，厂长张再生，分两班生产，每班9小时，每小时出面粉12袋，全月生产25天，产量11200余袋，每袋25公斤，分甲、乙、丙三级，质量好，价格公道，主要销于本地。[⑥]该厂后被大川实业公司并购。[⑦]

除了渝蓉，四川其他城市亦有粉厂创设。宜宾在民国初年有水磨2家，谓之为“水箩柜”，三四家旱磨“打箩柜”，水旱磨日产面粉二三千斤。抗战全面爆发后，宜宾人口增加，对面粉的需求也随之增大，水旱磨增至12户，日产量增至8000余斤，但仍供不应求。1940年，蜀丰实业股份有限公司成立，主要业务是磨制面粉，附设大米加工厂。蜀丰公司位于北门外陕西会馆，董事来源广泛，数目达50余人，资本400万元。1942年开工时日产量为60袋，1944年改装机器，增加动力，产量增至150袋至200袋。全体职工

---

① 何致中：《抗战初期我到成都筹办建成面粉厂的经过》，政协西南地区文史资料协作会议编：《抗战时期内迁西南的工商企业》，昆明：云南人民出版社，1988年，第291～292页；上海社会科学院经济研究所编：《荣家企业史料》下册，1937～1949年，上海：上海人民出版社，1980年，第216页。

② 同上注，第217页。

③ 播春：《麻痹状态的成都工业》，《经济周报》第4卷第10期，1947年3月6日，第20页。

④ 上海社会科学院经济研究所编：《荣家企业史料》下册，1937～1949年，上海：上海人民出版社，1980年，第217页。

⑤ 叶绍南：《贵州企业公司四川区工矿参观团报告》，《贵州企业季刊》第2卷第1期，1944年3月，第142～143页。1941年5月6日，四厂联合办事处致函重庆市粮食管理委员会，提出岁丰厂拟于7日停工，其原因为“小麦业已推尽”，“原料缺乏”，“是日起则无面粉供应”。参见重庆市粮食管理委员会，复兴、福新、福民、岁丰四厂联合办事处：《关于报送岁丰面粉厂小麦原料缺乏无粉供应拟停工的指令、呈》，1941年5月6日，重庆市档案馆藏，档案号00700001000310000019。5月20日，全国粮食管理局指令其他三厂暂借小麦给岁丰，以令开工。参见全国粮食管理局：《关于令知岁丰面粉厂缺乏原料已令其他三厂供给准备查给重庆市粮食管理委员会的指令》，1941年5月27日，重庆市档案馆藏，档案号00700001000300000018。

⑥ 张再生：《回忆成都大星面粉厂的艰苦历程》，政协西南地区文史资料协作会议编：《抗战时期内迁西南的工商企业》，昆明：云南人民出版社，1988年，第282～284页。

⑦ 大星实业股份有限公司：《大星实业股份有限公司机制面粉厂董监事名单》，重庆市档案馆藏，档案号03550001001940000024，第52～54页。

50余人，并在泸县、嘉定设有办事处。明德面粉厂，由精通制粉工艺的胡仲猷独资经营，资本500元，位于小较场，1945年5月出粉，每日产粉20余袋（1946年收购李卓如制粉机器，规模有所扩大，日产量达到50余袋）。大诚面粉公司，先后易名为兴昌公司、和益公司、互惠公司，为军阀所办，董事长夏继虞，总经理是驻军十八师旅长彭斌的参谋长李西月，因部队调动而由泸州迁入，1944年10月开始营业，次年3月正式开业，全体职工30余人，每日最高生产能力为100袋，未几解体。和昌面粉公司，1945年由吕甫章与同乡何耀先、何霁光兄弟及吕镇华、齐国材倡办，厂址位于大巷口，1946年试车投产，资本2000余万元，日产面粉200袋。宜宾机器磨坊与机制面粉厂兴起后，水旱磨坊逐渐被淘汰。[①]长寿小型粉厂有裕民面粉厂，1942年元旦在河街镇东街设立，年产面粉31000袋。富国面粉厂创立于1944年，亦位于河街镇东街，由雷尧阶、张居达、张汝舟、李俊武、何铭瑞、欧阳致钦等人合资开办，年产面粉56000袋，销往本县、重庆、宜昌、涪陵等地。泰康面粉厂，1944年8月开办，年产面粉10800袋。[②]

为了鼓励战时生产，工作竞赛推行委员会于每年7月7日举行全国各项工作竞赛，面粉竞赛亦为其一。[③]为筹备面粉工作竞赛，1942年12月，重庆面粉业同业公会会同粮食部、经济部在第二区成立工作竞赛委员会，聘请叶实夫、严子祥、曹家齐、梅盛懋、杨乾经五位专家组成工作竞赛设计委员会，设计委员会召开两次会议，拟具《面粉工业工作竞赛通则》[④]及《渝市面粉厂工作竞赛实施细则草案》[⑤]，各粉厂间举办面粉工业工作竞赛，比赛分为生产率竞赛、品质竞赛和成本竞赛三种。生产率竞赛是指用同量小麦生产的面粉量多寡为标准，生产率愈高则成绩愈优；品质竞赛“以参加竞赛者

① 屠永康：《宜宾面粉行业情况简介》，政协四川省宜宾市文史资料委员会编印：《宜宾文史》第8辑，1990年11月，第46～50页；龚瑞征、黄殿民：《解放前宜宾粮食商业行业简况——兼谈国民党粮食征实以后宜宾地方官商勾结的种种黑幕》，政协四川省宜宾市委员会文史资料研究委员会编印：《宜宾文史资料选辑》第2辑，1982年，第96页；龚瑞征：《建国前宜宾粮食业的回忆》，政协四川省宜宾市文史资料委员会编印：《宜宾文史》第7辑，1989年12月，第38～39页。

② 《长寿工业》编辑委员会编：《长寿工业》，重庆：重庆出版社，2015年，第17页。

③ 工作竞赛推行委员会：《关于请求赠送奖品事宜致福新面粉厂的函》，1945年6月19日，重庆市档案馆藏，档案号0234－0001－00132－0000－078－000。

④ 工作竞赛推行委员会：《关于推选叶实夫、严子祥、曹家齐为面粉工业工作竞赛督导委员会督导委员等致严子祥的函》，1944年9月29日，重庆市档案馆藏，档案号03040001037010000079000；第二区面粉工业同业公会：《关于抄发面粉工业工作竞赛通则致天城公司面粉厂的函（附通则）》，1943年2月2日，重庆市档案馆藏，档案号03040001025910000039000。

⑤ 《渝市面粉厂工作竞赛实施细则草案》，重庆市档案馆藏，档案号02720001000100000047000。

所制出品成色是否合予规定标准以评定其优劣，成色愈佳者，成绩愈优”；成本竞赛则以“参加竞赛者在同时同地所产每一单位成品制造费用之全部或一部之多寡为标准，费用愈低者成绩愈优”。[①]1943年7月7日在重庆上清寺广播大厦举行工作竞赛。[②]1944年，重庆市两次举办面粉工业工作竞赛，福新面粉厂在竞赛中产量超过规定标准，获得特优奖。[③]福新面粉厂在第二届全国各项工作竞赛中表现优异，经济部部长翁文灏特为该厂题词：“业精于勤。”[④]各粉厂在工作竞赛中成绩优异，说明粉厂管理较为科学有效。

尽管战时四川粉业飞速发展，但亦会出现粉质低劣、以次充好的现象。1941年7月，兵工署第三十厂所购复兴公司4等面粉200袋，却不料面粉中掺有麸皮，“品质恶劣，麸皮颇多，以致工众拒领”。兵工署第三十厂提出后，复兴公司急谋解决之法，将之换为三等粉。[⑤]更有甚者，个别投机取巧者在土粉中掺杂砂灰冒充机粉，充斥应市[⑥]，重庆有些面食店因所领官粉不敷应用，则以土粉掺入同售。[⑦]

二、贵州机制面粉工业

抗战全面爆发前，贵州并无机制粉厂，民众所食之面皆为传统磨坊磨制。抗战以来，后方人口大量增加，贵州人口变动亦较大，据统计，1938年贵阳人口总计37万，其中城居13万，面粉需求大为增加。[⑧]1938年贵阳饮食

---

① 《面粉工业工作竞赛通则》，1942年，重庆市档案馆藏，档案号02720001000100000045000，第45～46页。

② 福民实业股份有限公司机制面粉厂、工作竞赛推行委员会、第二区面粉工业同业公会等：《关于报送福民实业股份有限公司机制面粉厂1943年5月至1945年5月份产量报告表、开工记录表等的呈、函、通知（附表）》，1943年5月28日，重庆市档案馆藏，档案号02720001000100000000100。

③ 国防最高委员会：《颁给在面粉工业工作竞赛中成绩特优的福新面粉厂奖状》，1944年7月7日，重庆市档案馆藏，档案号0272－1－0001－013。

④ 翁文灏：《关于福新面粉厂参加工作竞赛纪念题词》，重庆市档案馆藏，档案号0272－1－0001－014。

⑤ 军政部兵工属第三十工厂：《关于请换掉复兴公司此次所售面粉致重庆市政府的函》，1941年7月30日，重庆市档案馆藏，档案号00700001001240000028。

⑥ 允利面粉实验工厂筹备处、重庆市政府粮食管理室：《关于请准予将实验面粉工厂登记的呈、函》，1944年3月26日，重庆市档案馆藏，档案号00700002002070000007。

⑦ 重庆市粮政局、重庆市面食商业同业公会：《关于将停配官价面粉改为厂价或提高面粉价格并请恢复停粉会员面粉的呈》，1942年6月24日，重庆市档案馆藏，档案号00700002003580000028，第85～93页。就机粉与土粉二者的销售问题而言，各省市政策略有差异，陕西省合作供销业务代营局与陕西省粮食管理局拟定《陕西省会面粉代销商搭售土粉办法》，该办法规定各面粉代销商每次购领机粉时应购领总量三分之一的土粉，普通用户亦有相应规定。各机关、团体、学校如只购买机粉而同时不按规定购买土粉的，取消其购粉资格。参见《粮管局推广土粉拟定代销商搭售土粉办法》，《陕行汇刊》第5卷第1期，1941年1月，第97页。

⑧ 张肖梅编著：《贵州经济》，重庆：中国国民经济研究所，1939年，第L2页。

品总共有648家，资本总额163011元，营业总额1295670元。其中制面业共有16家，有切面与面粉之别，资本额1380元，高者200元，低者仅20元，营业额15300元，营业收入最高者2400元，低者三四百元。①1940年8月10日，杨淮清在贵阳设立杨复兴面坊，资本额700元，雇工2人，供膳宿，月薪700元。年购麦400市担，制粉以售，年销售量45000市斤，顾客以饭馆、点心铺、零食小贩为主。②从资本额、营业额来看，此时的制面业为机器磨坊性质或前店后场的传统磨坊，并非采用钢磨的机制面粉厂。

抗战军兴，需用浩繁，黔省厉行禁种鸦片，“可将一百四十万亩之半”改种小麦。③据记载，1939年冬，贵州利用鸦片种植地及冬闲地增种小麦40万亩，每亩地可收获小麦1市石，计40万市石。④由于良种推广，病虫害防治等措施行之有效，小麦产量有较大增加，“为推广往后小麦之销场计，决定在各区设面粉厂”。⑤1939年3月，适有上海“中国国货联营公司”与实业界人士组织“西南实业考察团”，考察团以集合工、商、农、矿、金融各业，开发西南地区资源，增进国民经济，协助政府开发西南实业相号召，深入西南湘、桂、滇、黔、川各省考察，“以为发展西南实业之参考”。⑥鉴于贵州地位重要，工业有待举办，面粉为军民必需生活品，遂有设立机制粉厂之议。1939年6月，贵州企业公司成立后，亟谋创办地方工矿事业，遂于1939年7月15日在贵阳设立筹备处（1939年3月在上海亦

---

① 张肖梅编著：《贵州经济》，重庆：中国国民经济研究所，1939年，第L1、L7页；蓝天：《解放前贵州的粮食加工业》，政协贵州省贵阳市委员会文史资料研究委员会编印：《贵阳文史资料选辑》第17辑，1986年3月，第84页；林兴黔：《贵州工业发展史略》，成都：四川省社会科学院出版社，1988年，第121～122页。

② 蓝天：《解放前贵州的粮食加工业》，政协贵州省贵阳市委员会文史资料研究委员会编印：《贵阳文史资料选辑》第17辑，1986年3月，第86页。

③ 张肖梅主编：《中外经济年报》，上海：中国国民经济研究所，1939年，第96页。根据金陵大学农业经济系在22省151县164个地区16456个农家的调查，鸦片种植面积平均占作物种植面积为1%。小麦地带占0.7%，水稻地带占1.3%。如果分区而言，春麦区达2.3%，水稻茶区占0.2%，四川水稻区占2.0%，西南水稻区高达8.4%，冬麦小米区、冬麦高粱区、扬子水稻区和水稻两获区较少。“云，贵，川，甘，陕等省，实为国内鸦片流毒的发源地，而该五省中有四省的粮食，何以最感觉恐慌，当然这是主因之一。”参见乔启明、蒋杰：《中国人口与食粮问题》，上海：中华书局，1937年，第106页。贵州地处西南水稻区，依此比例计算，贵州鸦片种植面积不在少数。

④ 沈雷春、陈禾章编著：《中国战时经济建设》“农业”，上海：世界书局，1940年，第33页。

⑤ 张肖梅编著：《贵州经济》，重庆：中国国民经济研究所，1939年，第A29页；国民出版社编印：《飞跃中的西南建设》，1939年，第80、88页。

⑥ 《中国西南实业协会》，《云南实业通讯》第1卷第1期，1940年1月，第4页；《西南实业协会四川分会举行年会》，《银行周报》第23卷第4期，1939年1月31日，第3页；《西南实业考察团莅校参观》，《大夏周报》第14卷第9期，1938年7月1日，第13～14页。

有筹备处），推举王宝泰、赵雨圃、单葆真与王性尧为筹备人，12月18日召开成立大会，大兴面粉厂股份有限公司正式创立，推举贵阳市长、贵企公司董事长何辑五为董事长，王宝泰为经理（后王宝泰因病回上海，改由吴鹏高、姜梦赍先后担任），加紧筹备，着手原料调查等事宜。[①]

1939年10月，贵企公司决定在黔北重镇、盛产小麦并素有“黔北粮仓”之称的遵义设厂，在地方士绅张肇奎的介绍下，选城郊扁岩子（后改为大兴路）为厂址，购置土地12亩建设厂房。该地位于遵义新城与老城之间，背山面水，符合建厂条件，1940年2月开工兴建厂房，4月落成。[②]粉厂内设总务、会计、工务、营业四部[③]，所用粉机及其附属机

---

① 姜梦赍：《大兴面粉厂的筹建和经营情况》，政协贵州省遵义市委员会文史资料委员会编印：《遵义文史资料》第1辑，1983年，第161～168页；吴鹏高：《三年来的大兴面粉厂》，贵州企业公司成立三周年纪念会筹备委员会宣传组编：《贵州企业公司成立三周年纪念特刊》，贵州企业公司成立三周年纪念会筹备委员会，1942年，“各业动态”第16～17页；蓝天：《解放前贵州的粮食加工业》，政协贵州省贵阳市委员会文史资料研究委员会编印：《贵阳文史资料选辑》第17辑，1986年3月，第86～87页。何辑五除了担任贵阳市长外，自1936年8月至1949年11月，还曾担任贵州省政府委员，贵州省军管区参谋长，贵州企业公司董事长，贵州省建设厅长，贵州省水利局长，贵州省禁烟委员会主任委员，贵州省戒烟经费管理委员会常务委员等职，1945年任国民党六届“中央”候补委员，1946年当选制宪国大代表，1948年当选行宪国大代表（参见蒋国生、韩义义主编：《民国贵州省政府委员会会议辑要》上册，贵阳：贵州人民出版社，1999年，第978～979页）。此外，何辑五还兼任多家企业公司的委员、理事等职，如大兴面粉公司董事长、贵阳中国国货公司董事长、中国农业机械公司董事、贵州火柴公司董事、贵州水泥公司董事长、贵州木业公司董事长、贵州水利林牧公司董事、贵州烟草公司股东、贵阳电气股份有限公司董事、贵州电灯厂委员，贵阳建筑股份有限公司理事、官股代表等（《职员请假登记、投资股东名单、股东当选名单、离职、通信录、四年报告、各种移交清册、人事通知等》，1940～1948年，贵州省档案馆藏，档案号M78－1－280，第21～51页）。何辑五最初在大兴公司拥有3200股（1945年股数为10000股，参见《股东分红名单》，1945年，贵州省档案馆藏，档案号M78－1－300，第1～2页），股权数2881，仅次于项原康，与王性尧并列第二大股东。大兴公司股东较多，1945年3月时达106名，共计8万股（参见大兴面粉厂股份有限公司：《遵义大兴面粉股份有限公司股东名录》，1945年3月，重庆市档案馆藏，档案号02300002000700000018000；《职员请假登记、投资股东名单、股东当选名单、离职、通信录、四年报告、各种移交清册、人事通知等》，1940～1948年，贵州省档案馆藏，档案号M78－1－280，第49页）。此外，陶桓棻亦曾担任大兴面粉公司常务董事。参见《职员请假登记、投资股东名单、股东当选名单、离职、通信录、四年报告、各种移交清册、人事通知等》，1940～1948年，贵州省档案馆藏，档案号M78－1－280，第49页。

② 《贵企有关事业一年来概况及其展望》，《贵州企业季刊》第4卷第1期，1946年7月，第25～26页；蓝天：《抗日战争初期的遵义工商业》，政协贵州省遵义市委员会文史资料委员会编印：《遵义文史资料》第13辑，1988年，第61页。

③ 贵州省建设厅编印：《贵州建设概况》，1941年，第50～66页；吴鹏高：《三年来的大兴面粉厂》，贵州企业公司成立三周年纪念会筹备委员会宣传组编：《贵州企业公司成立三周年纪念特刊》，贵州企业公司成立三周年纪念会筹备委员会，1942年，“各业动态”第16～17页；姜梦赍：《大兴面粉厂的筹建和经营情况》，政协贵州省遵义市委员会文史资料委员会编印：《遵义文史资料》第1辑，1983年，第161～168页。

件自上海厚仁机器厂订购并经改良而成，“出品之数量与色泽，均能超出一般固定成色之上”①，经香港由越南海防自滇越铁路辗转运来，制粉技师与电气技师亦聘自上海。动力机器自重庆华生电器厂订购。1940年8月中旬，即将建成之际，由渝装运途中遽遭日机轰炸，一再延期。1941年6月安装完毕，即日试车，8月始正式投入生产，此时距开始筹备几近两年有半。主要设备有100马力立顿式英制引擎、8马力引擎、12千瓦发电机各1部，胜利牌炉气发生煤2套，上海厚仁厂制Aliss 30英寸双面钢磨2部，所需煤气机自上海华生电器厂订制。松粉机2部，吸粉机、擦麦机、刷麦机、筛麦机、分麦机、升降机、漂粉机、麸皮机、平筛、圆筛、小圆筛各1部，筛麦机2部等，另外有修理设备若干，价值158818.54元，及车床、锥床等辅助设备，价值1750元，“足敷应用”②，每昼夜可生产面粉600袋，“其制造能力，亦属不弱”。③粉厂初创时工人仅10人，随着规模增大，职工人数也大为增加，1940年增至41人，1941年为60人，1942年为55人，1943年为74人，1944年为79人，1945年为80人，1949年达到最多的109人。④除职工外，亦有练习生、学徒，如1944年即有学徒3人⑤，1949年大兴粉厂有练习生10人、学徒27人。⑥原料以遵义小麦为主，桐梓、湄潭、永兴亦设有收料栈，后因原料收购困难，又在赶水、绥旭、息烽、贵阳、清镇、安顺等地增设收购栈，并

---

① 朱辛钜：《贵州小麦与机器制粉之我见》，《企光》第3卷第3～4期合刊，1942年5月1日，第6页。

② 《关于介绍遵义大兴面粉厂前来定制煤气机致周茂柏的函》，1940年4月1日，重庆市档案馆藏，档案号02070006000220100037；《关于告知遵义大兴面粉厂煤气引擎业已全部装妥的函》，1940年8月14日，重庆市档案馆藏，档案号02070006000220200132；《贵企有关事业一年来概况及其展望》，《贵州企业季刊》第4卷第1期，1946年7月，第25～26页；朱耀初：《贵州之新兴工业》，《经济汇报》第9卷第6期，1944年3月16日，第88页；经济部工矿调整处西南区驻贵阳专员办公处：《关于报送贵州遵义大兴面粉厂填呈面粉工业调查表请鉴核存转上西南区办事处的呈（附表）》，1944年2月23日，重庆市档案馆藏，档案号00190001014280000059。

③ 沈雷春、陈禾章编著：《中国战时经济建设》“工业”，上海：世界书局，1940年，第16页；蒋君章编著：《西南经济地理纲要》，重庆：正中书局，1943年，第130页。

④ 贵州省人民政府财政经济委员会编印：《贵州财经资料汇编》，1950年，第103页；蓝天：《解放前贵州的粮食加工业》，政协贵州省贵阳市委员会文史资料研究委员会编印：《贵阳文史资料选辑》第17辑，1986年3月，第88页。

⑤ 《大兴面粉厂》，《贵州企业季刊》第2卷第2期，1944年6月，第126页；吴鹏高：《三年来的大兴面粉厂》，贵州企业公司成立三周年纪念会筹备委员会宣传组编：《贵州企业公司成立三周年纪念特刊》，贵州企业公司成立三周年纪念会筹备委员会，1942年，“各业动态”第16～17页。

⑥ 贵州省人民政府财政经济委员会编印：《贵州财经资料汇编》，1950年，第105页。

提高收购价格，以鼓励农民多种小麦。[①]1941 年收小麦 5826 老石，1942 年为 6591 石，1943 年为 3340 老石，1944 年为 2900 老石，1945 年为 2600.6 老石。[②]大兴面粉厂是遵义第一家近代工业企业，也是贵州抗战以来食品工业“值得一述的厂”。[③]

大兴面粉厂系被誉为“开发贵州资源之先锋”“助成西南建设之力士”的贵企公司开办[④]，该公司“冶‘中央’机关、地方政府、国家银行、当地商股之资力于一炉……获得政府之督导与维护，及金融界暨地方人士之合作与支持……利用国家金融资本与社会游资，以举办本省各种事业”[⑤]，系战时首创的官商合办大型公司，以“开发贵州资源，增加后方生产，以期助成西南各省之经济建设为宗旨”。公司 1939 年 6 月创立时，资本总额为 600 万元，其中官股 180 万元，商股 412 万元。1940 年 6 月增至 1000 万元，后因物价上涨，屡有增加，至 1943 年 2 月时资本共计 3000 万元。[⑥]股东有官股、特种商股和商股三部分，官股有贵州省政府、经济部，特种商股有中国银行、交通银行、中国农民银行（以上三行投资比例为 3∶2∶1）、贵州银行及其他商股[⑦]，最多时有 28 家各类公司，涉及玻

---

① 《大兴面粉厂》，《贵州企业季刊》第 2 卷第 2 期，1944 年 6 月，第 128 ～ 129 页；姜梦赍：《大兴面粉厂的筹建和经营情况》，政协贵州省遵义市委员会文史资料委员会编印：《遵义文史资料》第 1 辑，1983 年，第 161 ～ 168 页；吴鹏高：《建设中之贵州工业》，《国货与实业》第 1 卷第 3 号，1941 年 3 月 1 日，第 30 页。

② 《贵企有关事业一年来概况及其展望》，《贵州企业季刊》第 4 卷第 1 期，1946 年 7 月，第 25 ～ 26 页；蓝天：《解放前贵州的粮食加工业》，政协贵州省贵阳市委员会文史资料研究委员会编印：《贵阳文史资料选辑》第 17 辑，1986 年 3 月，第 89 页。一老石折合三市石。

③ 陈禾章、沈雷春、张韵华编：《中国战时经济志》，台北：文海出版社有限公司，1973 年，第 4 章第 72 页；沈雷春、陈禾章编著：《中国战时经济建设》“工业”，上海：世界书局，1940 年，第 16 页。

④ 张肖梅编著：《贵州经济》，重庆：中国国民经济研究所，1939 年，第 B9 页。

⑤ 《贵州企业公司四年报告》，1943 年 6 月，贵州省档案馆藏，档案号 M78 －1 －257，第 4 页；彭湖：《贵州企业公司概述》，《经济建设季刊》第 1 卷第 2 期，1942 年 10 月，第 288 页。

⑥ 《贵州企业公司四年报告》，1943 年 6 月，贵州省档案馆藏，档案号 M78 －1 －257，第 5 页。原书记载商股为 412 万元，疑为 420 万元之误。

⑦ 贵州省人民政府财政经济委员会编印：《贵州财经资料汇编》，1950 年，第 65 页。在创立时的 600 万元股本中，贵州省政府投资额为 123 万元，经济部 125 万元，中国银行 170 万元，交通银行 120 万元，农民银行 60 万元，地方商股 11.5 万元，1940 至 1949 年先后六次增资，银行贷款亦累年增加（大兴面粉厂股份有限公司：《大兴面粉厂股份有限公司第四届股东常会决议录》，1945 年 3 月 21 日，重庆市档案馆藏，档案号 0230000200070000019000。此处数据加起来与总数 600 万元不一致，但原文如此），抗战时期最后一次增资是 1943 年 2 月，资本总额为 3000 万元，贵州省政府为 3664500 元，经济部 97.5 万元，中国银行 1194 万元，交通银行 834 万元，农民银行 399 万元，贵州省银行 97.5 万元，地方商股 11.5 万元。参见上书。三行投资比例参见桂锦洋、金法棣：《抗战时期的贵州企业股份有限公司》，政协贵州省委员会文史资料委员会编印：《贵州文史资料选辑》第 33 辑，1996 年，第 84 页。

璃、化学、水泥、烟草、丝织等众多行业，职工三四千人。公司“赖政府当局之维护，金融界之协助，及地方人士之合作，业务设施尚能循序渐进。一时省区企业，蔚为风气，各省仿效此种办法，先后组设各省企业公司”。[①]大兴面粉厂只是企业公司中投资的“有关事业”之一，有别于公司的“自办”事业。[②]

大兴面粉厂创办之初额定资本为100万元，最初实收资本额20万元，1940年5月增至30万元，9月增为50万元（其中贵企公司资本207100元[③]，其余为上海中国国货联营公司人员投资[④]），1941年8月再增为100万元（其中贵企公司318400元[⑤]），1942年10月增至200万元，其中贵企公司股本593600元，其他商股1417000元。1945年增资至800万元，其中贵企公司2374400元。[⑥]粉厂建立之初，日产能力600袋，全年产量约为20万袋[⑦]，头等粉占45%，二等粉占40%，三等粉占15%。[⑧]

---

① 《贵州企业公司四年报告》，1943年6月，贵州省档案馆藏，档案号M78－1－257，第4页。

② 贵企公司下属企业共有三种性质，一为自办，如化学工业厂、陶瓷厂、玻璃厂、印刷所等；二为合办，如中国机械厂、贵州烟草公司、贵州火柴公司、贵州油脂工业厂等；三为投资，如贵阳电厂、贵州煤矿公司、大兴面粉厂等。参见《有关企业公司镇压职工工潮和联合反抗等的有关案件来往文件》，贵州省档案馆藏，档案号M78－1－61，第186页。

③ 另据资料显示，贵州企业公司投资额为318400元，参见彭湖：《贵州企业公司之第三年》，贵州企业公司成立三周年纪念会筹备委员会宣传组编：《贵州企业公司成立三周年纪念特刊》，贵州企业公司成立三周年纪念会筹备委员会，1942年，“概论”第7页。1945年额定资本增为800万元，企业公司投资额亦增至2374400元。参见彭湖：《贵企业务近况与战后方针》，《贵州企业季刊》第3卷第1期，1945年6月，第3页。

④ 杨大士、桂锦洋：《贵州企业公司概述》，政协贵州省委员会文史与学习委员会编：《贵州文史资料选粹·经济社会篇》，贵阳：贵州人民出版社，2009年，第58页。

⑤ 《职员请假登记、投资股东名单、股东当选名单、离职、通信录、四年报告、各种移交清册、人事通知等》，1940～1948年，贵州省档案馆藏，档案号M78－1－280，第386页；彭湖：《贵州企业公司三年业务报告》，《贵州企业季刊》第1卷第2期，1943年2月，第98页。

⑥ 《贵州企业公司四年报告》，1943年6月，贵州省档案馆藏，档案号M78－1－257，第13页；吴鹏高：《三年来的大兴面粉厂》，贵州企业公司成立三周年纪念会筹备委员会宣传组编：《贵州企业公司成立三周年纪念特刊》，贵州企业公司成立三周年纪念会筹备委员会，1942年，“各业动态”第16页；《大兴面粉厂》，《贵州企业季刊》第2卷第2期，1944年6月，第126页；彭湖：《今日之贵州企业公司》，《贵州企业季刊》第1卷第3期，1943年6月，第74页；彭湖：《贵企业务近况与战后方针》，《贵州企业季刊》第3卷第1期，1945年6月，第3页；《董监会股东会董事会会议记录、三十四年业务报告、人员保证书登记》，1944～1948年，贵州省档案馆藏，档案号M78－1－2，第216页。

⑦ 贵州省政府秘书处编印：《黔政五年》，1943年，第64页；“行政院”编印：《国民政府年鉴》，1943年7月，“地方之部”第220页。

⑧ 蓝天：《解放前贵州的粮食加工业》，政协贵州省贵阳市委员会文史资料研究委员会编印：《贵阳文史资料选辑》第17辑，1986年3月，第89页。

大兴粉厂所产“麦袋”牌面粉，以“洁白精良、筋线充足、发酵力强”相标榜[①]，初以贵阳、遵义食面较少之故，积滞颇多，粉厂遂在贵阳、遵义各设营业处一所，并在筑设立两处特约经销处，在遵义设立三处特约经销处以利销售。[②]同时经理吴鹏高亦向20家在筑单位赠送面粉1袋，同时赠送面值5元的节约建国储蓄券一张，以广招徕，自此食用者增多，食品店、酒肆等亦愿洽购[③]，“每次面粉到筑，仍即销售一空”，“颇得社会好评”[④]，继之“当地采用机制面粉者益多，销（消）费数量日增”。[⑤]头号粉以销往重庆、广州为主，销路最畅，成为另一主要销场，并在广州设立代销处。[⑥]二号粉以贵阳、柳州为多，转运重庆后大受欢迎，半个月中售去大半，重庆天厨味精厂“函咨不拘数量，嘱尽量供给”，甚至江津、綦江、昆明亦有运销，粮食部亦洽购三五千袋不等。[⑦]1941年年底，华南战局吃紧，入滇粤部队士兵人数增加，为了解决士兵食粮，粮食部订购大兴粉厂生产面粉50000袋。[⑧]“其他各方面尚在接洽中，销货将来不愁无办法”。[⑨]销路逐渐打开后，半月可销数

---

① 见《贵州企业季刊》各期广告插页。

② 《职员请假登记、投资股东名单、股东当选名单、离职、通信录、四年报告、各种移交清册、人事通知等》，1940～1948年，贵州省档案馆藏，档案号M78－1－280，第386页。

③ 《遵义大兴面粉厂开售面粉》，《西南实业通讯》第4卷第2期，1941年8月31日，第65～66页；《关于水泥、粉、面等商品销售价格之文件》，1940～1945年，贵州省档案馆藏，档案号M78－1－336，第13页。

④ 吴鹏高：《三年来的大兴面粉厂》，贵州企业公司成立三周年纪念会筹备委员会宣传组编：《贵州企业公司成立三周年纪念特刊》，贵阳：贵州企业公司成立三周年纪念会筹备委员会，1942年，“各业动态”第16～17页；《企光》编辑室：《有关事业动态》，《企光》第3卷第3～4期合刊，1942年5月1日，第15页。

⑤ 朱耀初：《贵州之新兴工业》，《经济汇报》第9卷第6期，1944年3月16日，第89页。

⑥ 吴鹏高：《三年来的大兴面粉厂》，贵州企业公司成立三周年纪念会筹备委员会宣传组编：《贵州企业公司成立三周年纪念特刊》，贵阳：贵州企业公司成立三周年纪念会筹备委员会，1942年，“各业动态”第16～17页。

⑦ 吴鹏高：《三年来的大兴面粉厂》，贵州企业公司成立三周年纪念会筹备委员会宣传组编：《贵州企业公司成立三周年纪念特刊》，贵阳：贵州企业公司成立三周年纪念会筹备委员会，1942年，“各业动态”第16～17页；蓝天：《解放前贵州的粮食加工业》，政协贵州省贵阳市委员会文史资料研究委员会编印：《贵阳文史资料选辑》第17辑，1986年3月，第91页；《职员请假登记、投资股东名单、股东当选名单、离职、通信录、四年报告、各种移交清册、人事通知等》，1940～1948年，贵州省档案馆藏，档案号M78－1－280，第385～386页。

⑧ 粮食部编印：《粮食部报告》（1941年），1942年，第5页。

⑨ 《职员请假登记、投资股东名单、股东当选名单、离职、通信录、四年报告、各种移交清册、人事通知等》，1940～1948年，贵州省档案馆藏，档案号M78－1－280，第385页。

千袋，粉商纷纷以骡马、板车等驮运。[①]面粉销售出现供不应求的局面，甚至采取限购措施，“一般消费者有不能多购之憾”。但贵州运力十分有限，不得不托中国煤气车营运公司、四十一兵工厂便车代为运送，并随时接洽商车运送，董事会亦同意购得木炭车两辆以解麦、粉运输燃眉之急。据记载，1941 年销售收入共计 1558622.59 元，纯利润 195607.82 元。[②]

表 3－3　大兴面粉厂面粉及麸皮产量统计表（1941～1945）

年度		头号粉（袋）	二号粉（袋）	三号粉（袋）	麸皮（袋）
1941	下半年	18014	10920	3462	3659
1942	上半年	7936	3790	1258	1603
	下半年	15670	5843	2683	2831
	合计	23606	9633	3941	4434
1943	上半年	7085	3100	1167	1375
	下半年	8039	4595	—	1853
	合计	15124	7695	1167	3228
1944		18039	9356	—	4188
1945		15428	8781	—	1774
总计		90211	46385	8570	17283

资料来源：1941～1943 年数据根据《大兴面粉厂》，《贵州企业季刊》第 2 卷第 2 期，1944 年 6 月，第 127～128 页；1944～1945 年数据根据贵州省人民政府财政经济委员会编印：《贵州财经资料汇编》，1950 年，第 105 页。

引者说明：1. 粉厂产量，另有记载，1941 年为 32221 袋，1942 年为 35887 袋，1943 年为 23990 袋，1944 年为 28025 袋，1945 年为 11919 袋。参见《贵企有关事业一年来概况及其展望》，《贵州企业季刊》第 4 卷第 1 期，1946 年 7 月，第 25～26 页。2. 原表有 1946～1949 年的数据，今为行文需要删去。

大兴粉厂规模扩大后，产量增加，所产面粉皆能畅销，详情见表 3－4。

① 板车数量亦极有限，据统计，1945 年各县呈报板车仅 811 辆，1946 年新增 657 辆，新增手推车 765 辆。参见贵州省政府秘书处编印：《黔政三年》，1947 年，第 127 页。

② 《职员请假登记、投资股东名单、股东当选名单、离职、通信录、四年报告、各种移交清册、人事通知等》，1940～1948 年，贵州省档案馆藏，档案号 M78－1－280，第 386～390 页。

表 3-4　大兴面粉厂面粉销量及销售额统计表(1941 ～ 1943)

年度		头号粉		二号粉		三号粉		总计	
		销量（袋）	金额（元）	销量（袋）	金额（元）	销量（袋）	金额（元）	销量（袋）	金额（元）
1941	上半年	12945	824528.95	10161	567809.14	2217	101210.75	25323	1493548.84
1942	上半年	10037	1371717.76	2078	220592.40	1747	165789.00	13862	1758099.16
	下半年	15959	3012471.98	6114	1117686.20	2352	353952.00	24425	4484110.18
	合计	25996	4384189.74	8192	1338278.60	4099	519741.00	38287	6242209.34
1943	上半年	9076	2005488.26	4866	917777.01	1807	312564.40	15749	3235829.67
	下半年	8053	3763851.45	4459	2114940.30	217	44669.00	12729	5923460.75
	合计	17129	5769339.71	9325	3032717.31	2024	357233.40	28478	9159290.42
总计		56070	10978058.40	27678	4938805.05	8340	978185.15	92088	16895048.60

资料来源：佚名：《大兴面粉厂》，《贵州企业季刊》第 2 卷第 2 期，1944 年 6 月，第 128 页。

大兴粉厂创办不久，即取得骄人业绩，如以初创时为生产指数为100，1943年上半年大兴生产指数为426；如以价值衡量，大兴粉厂每月产量为16000袋，价值400万元。[①]1944年度可供分配盈余总数为2242275.72元[②]，截至1945年年底，大兴粉厂资产总值72443256.02元，企业公司投资占比为29.68%。[③]大兴粉厂面粉质量一流，营业情况良好，战时除1945年外，每年都有盈余。

表3-5　大兴面粉厂收支统计表

年份	收入（元）	支出（元）	盈亏（元）
1941	1801667.61	1606059.52	195608.09
1942	6736755.68	6290366.20	446389.48
1943	10512416.15	9588421.80	923994.35
1944	30739305.56	28497929.84	2241375.72
1945	35405427.70	39341137.34	-3935709.64

资料来源：贵州省政府统计室编印：《贵州省统计年鉴》，1947年，第86～87页。

表3-5反映出大兴面粉厂从创办到抗战结束，所产面粉销路良好，粉厂每年都有盈余利润，且年有增加。然而，抗战结束之后，粉厂出现亏损，且数额较大，充分说明贵州及至整个后方机制面粉业确为抗战时期特殊产物，是民族危机背景下所呈现出来的转机或曰危机下的融合与发展，等到危机一旦化解，发展即陷于停顿，随之而来的即是机制面粉业的衰落。

遵义除大兴粉厂外，亦办有三厂，唯规模较小，不足以与大兴齐肩。一为华昌面粉厂，位于北大路170号，经理吴介威，资本6900万元，设备有磨粉机、筛麦机、打麦机、匀粉机等各1部，月产量为180石；一为华材面粉厂，厂址位于新桥，经理钱冯春，资本3300万元，打麦机、磨粉机、筛粉机各1部，日产统粉440斤，月产量为13200斤；[④]一为锦屏县征属习艺厂，每日产量为10袋，1942年上半年制粉800袋。[⑤]

① 彭湖：《今日之贵州企业公司》，《贵州企业季刊》第1卷第3期，1943年6月，第64～65页。

② 《贵州企业公司四年报告》，1943年6月，贵州省档案馆藏，档案号M78-1-257，第8页；大兴面粉厂股份有限公司：《大兴面粉厂股份有限公司第四届股东常会决议录》，1945年3月21日，重庆市档案馆藏，档案号02300002000700000019000。

③ 彭湖：《贵企第七年》，《贵州企业季刊》第4卷第1期，1946年7月，第10页。

④ 贵州省人民政府财政经济委员会编印：《贵州财经资料汇编》，1950年，第147页。

⑤ 中国第二历史档案馆编：《中华民国史档案资料汇编》第5辑第2编"财政经济"（六），南京：江苏古籍出版社，1997年，第360页。

1944年，安顺创办两家小型面粉厂，1945年贵阳创办一家，规模皆较小。[①]据统计，1945年贵州面粉产量为22.5万袋，占西南地区总产量的7%，四川的11.3%[②]，在贵州工业部门中并不占主要地位，这一点从其在贵州企业公司中所占的地位亦有所体现。

三、广西机制面粉工业

广西机制面粉工业以苍梧为中心，有2家粉厂，但“资本皆甚短绌，产量亦甚有限”[③]。在1939年广西省经济发展计划中，关于省营工业中的“食类”，提到碾米、制粉、制糖、酿酒等门类。[④]时人在广西工业发展计划中指出，发展广西工业，除了国防工业之外，首先应该“以民生工业的建设为主”[⑤]，广西面粉厂遂应运而生。

广西面粉厂为广西企业公司投资的一个企业，广西企业公司是在后方各省区竞相创办企业组织的背景下于1941年9月2日创办，资本额为5000万元，其股本全系商股，其中大部分又系省内各区县地方人民公股，广西银行1000万元，各县区地方公股2400万元，各发起人共计1600万元，1942年7月增资为1亿元。其性质为“地方公营”普通股份有限公司，与其他省份所办企业公司——政府公营或官商合办的特种股份有限公司，非侧重于国民政府或地方政府机关的官股，即侧重于以国家银行占最大成分之商股——有异，是广西省“唯一地方财力经营地方事业之企业组织”。企业公司创办后，随即将省营广西面粉厂接办，省政府投资股本亦得接收，截至1943年，广西面粉厂投资额占企业公司总投资额的0.93%，投资额占单位资本总额的9%。[⑥]广西面粉厂位于临桂大圩，每昼夜可出粉200袋至500袋，1941年制粉49500袋，1942年上半年为

① 《贵企有关事业一年来概况及其展望》，《贵州企业季刊》第4卷第1期，1946年7月，第25～26页。

② 林兴黔：《贵州工业发展史略》，成都：四川省社会科学院出版社，1988年，第126页。

③ 蒋君章编著：《西南经济地理纲要》，重庆：正中书局，1943年，第130页。

④ 《广西省经济建设计划》，《银行周报》第23卷第42期，1939年10月24日，第1～2页。

⑤ 张先辰：《广西工业建设中的几个问题》，《建设研究》第2卷第6期，1940年2月15日，第41页。

⑥ 何海筹：《创业二年之广西企业公司》，《广西企业季刊》第1卷第4期，1943年9月，第28～35页；陈雄：《广西企业公司概况》，《建设研究》第8卷第2期，1942年10月15日，第52页；麦树楠：《创业二年的广西企业公司》，《经济汇报》第8卷第11期，1943年12月1日，第44～51页；记者：《广西企业公司》，《实业之友》第1卷第1期，1943年1月1日，第15页。

8978 袋，1942 年全年可达 25000 袋，并计划在全县筹办第二厂。[①]粉厂共 18 个股东，计 1050 股，其他面粉公司的负责人亦为该公司股东，如章剑慧为其股东之一，共有 60 股，股金 6000 元。[②]福民公司的袁国梁亦为股东之一，股金 7500 元。还有刘洪源、唐克仁、荣广铨、曾家齐、沈佐卿、欧书元、徐开云等 14 人。[③]

四、云南机制面粉工业

战前云南并未开设机制面粉厂，当地食用的面粉约有三种，一为传统磨坊磨制土面，一为国外输入洋面，一为上海转运而来的面粉。后两种面粉虽然质量上乘，但价格不菲，如昆明市场行销的澳大利亚面粉价格约为当地土面的 5 倍，两者相差悬殊。因此有人建议自设面粉厂，用本地小麦制粉，一来可以压低洋面价格，二来可以减少进口，农民所种小麦亦有较大销路，并可刺激小麦大量种植，增加农民收入，可谓一举三得。[④]中农所云南工作站 1938 年上半年在 52 县调查后认为，“云南实有立即设法创立机制面粉厂之必要”，并编制《云南省小麦与面粉之调查》，分寄各地，以期引起实业界人士注意。销路方面，据昆明面商估计，昆明一地每年土面消费量约有 300 万市斤，矿区个旧亦为粮食消费中心，销量不在昆明之下，加上其他交通便利产麦食面地区，年销量约在 600 万市斤。随着昆明人口的大量增加，销量定会更多。面粉只征统税而无其他捐税，运费亦较低廉，亦较进口洋面占优[⑤]，加之外来因素促进，云南遂有机制粉厂建立。

---

① 浩然：《战时农业设施在广西》，《公余生活》第 3 卷第 1 ～ 2 期合刊，1940 年 8 月 16 日，第 65 页；中国第二历史档案馆编：《中华民国史档案资料汇编》第 5 辑第 2 编“财政经济”（六），南京：江苏古籍出版社，1997 年，第 359 页。

② 广西面粉厂：《广西面粉厂股票清单》，1943 年 11 月 18 日，重庆市档案馆藏，档案号 0234－0001－00112－0000－026－000。

③ 同上。

④ 《云南小麦品种及面粉之调查》，《中农所简讯》第 2 期，1938 年 8 月 1 日，第 5 页。

⑤ 《云南小麦制粉问题》，《中农所简讯》第 4 期，1938 年 10 月 1 日，第 8 页；徐季吾、陆钦范：《云南之小麦与面粉》，《西南边疆》第 4 期，1939 年 1 月，第 23 ～ 24 页。据中农所驻滇工作人员调查，澳洲洋面经香港运抵昆明，每吨价格为 652.5 元，但须纳运费及捐税数目如下：香港至海防运费 20 元，海防至老街运费 50 元，河口至昆明运费 121 元，安南过境税 14 元，关税 62 元，云南特种消费税 47 元，合计 314 元，尚且不包括上下脚力及栈租等费。昆明洋面售价中 48% 为运费及捐税，由上海运达昆明面粉，捐税有 5 种，税率亦不低，税目与税率分别为：统税 5%，上海出口税 7.5%，安南过境税 1%，云南特种消费税 10%，洋麦进口关税每担 1.24 金单位。参见《云南外来面粉之运费及各种税则之调查简报》，《中农所简讯》第 10 期，1939 年 4 月 1 日，第 9 ～ 10 页。

嘉农面粉厂。1939年，上海大昌建筑公司经理施嘉干由沪来昆，办理建筑、五金等，结识了云南商界巨子董澄农，二人合组大成实业公司，开展面粉、电石、矽铁、润滑油等业务。面粉厂由董澄农任经理，施嘉干任协理，1939年秋筹设，厂址位于昆明县黑林铺北夏窑村，1944年资本为40万元，工人40余人（有资料称昆明的一家面粉厂有工人229人[①]），主要设备有上海永兴机器厂所产磨面机，规格为24英寸、32英寸各1部，碎粉机2套，漂粉机1架，1940年6月出粉，原料来自本省小麦，每年磨紫麦16000石，日产面粉600袋，所产青龙牌特种粉品质优良，或与洋面媲美；红龙二等粉用途与洋面相同，色泽略次而优于土粉；蓝龙三等粉与土粉相同；四等粉用于制作麦糊或制酱。“质量精良，价格公道，一举成名，颇为畅销，历久不衰”，其中以二等粉居多，每袋价格38元，每户以购买50袋为限。[②]据统计，1941年产量为47904袋，1942年上半年为13504袋，1945年产量猛增至85000余袋。[③]

复华面粉厂。原名健华糖面厂，经营制糖与制粉，由广东商人程达云1938年12月集资20万元开设，厂址位于西坝，聘请王昌玺、甘维忠为技师，日产量11袋（后增为20袋，每袋重36市斤）。后因资金不敷周转，1942年秋转让给云南四行，由矿业银行经理赵贯一接管，改组为复华糖面粉股份公司，注资至100万元，同时修建厂房，添置设备，有上海产制粉机4部，漂粉机1部，洗麦机1部等，产量增至30袋，每月产量八九百袋，每年用麦5000石，职员11人，工人40名。1941年制粉4312袋，

---

① 陈达：《我国抗日战争时期市镇工人生活》，北京：中国劳动出版社，1993年，第197页。资源委员会1942年调查时，将嘉农面粉厂归于公营面粉厂，其原因是地方政府强行加入公股。参见中国第二历史档案馆编：《中华民国史档案资料汇编》第5辑第2编“财政经济”（六），南京：江苏古籍出版社，1997年，第360页；中国民主建国会云南省委员会、云南省工商业联合会编印：《云南工商史料选辑》第1辑，1988年，第157～158页。

② 张维亚：《昆明基要商品之生产运销调查报告（上）》，《“中央”银行月报》第1卷第12期，1946年12月，第52页；张肖梅编著：《云南经济》，重庆：中国国民经济研究所，1942年，第78页；中国民主建国会云南省委员会、云南省工商业联合会编印：《云南工商史料选辑》第1辑，1988年，第156页；经济部工矿调整处西南区办事处：《关于检送面粉厂调查表致经济部工矿调整处业务组的函（附表）》，1944年2月3日，重庆市档案馆藏，档案号00190001012840000012；陈谦平编：《翁文灏与抗战档案史料汇编》上册，北京：社会科学文献出版社，2017年，第409页。

③ 中国第二历史档案馆编：《中华民国史档案资料汇编》第5辑第2编“财政经济”（六），南京：江苏古籍出版社，1997年，第360页；中国民主建国会云南省委员会、云南省工商业联合会编印：《云南工商史料选辑》第1辑，1988年，第156页。

1942 年上半年为 2659 袋，商标为旗牌、健华牌与狮牌。[①]

滇新企业股份有限公司滇新面粉厂。该厂由施次鲁、周润苍、章剑慧、李岫青、沈艺香等发起成立，1944 年 5 月陆续圈购场地、建筑厂房、购置机器，厂址位于昆明黑林铺海源支路班庄村，资本 2000 万元，12 月出粉，日产量 200 余袋，“营业甚旺”，出品绿飞马、红飞马、蓝飞马面粉。[②]该厂所用制粉机器由章剑慧在重庆所创办的机器厂所造，虽然系小型粉机，但对机器业不甚发达的云南来说，其作用也得以彰显。[③]

大中面粉厂，位于昆明潘家湾，经理郭佐卿，出产球马牌面粉。穗丰面粉厂，位于昆明黄土坡，经理范任之。[④]

据统计，1944 年昆明每日需用面粉 34000 斤，而产量为 23300 斤，不足之数约 10000 斤，补充途径有三，一为自呈贡、宜良等县输入土面，二为由曲靖、会泽等县输入挂面，三为盟军以飞机运入。[⑤]昆明面粉消费最高峰为 1944 年至 1945 年 9 月，其时盟军来华作战，面粉销路大增，每日消费量约 34000 斤。另据统计，1942 年至 1945 年，驻滇盟军 20000 余人共消费面粉 2. 19 万袋。[⑥]此为战时云南面粉业产销概况。

与战前相比，战时西南地区机制面粉工业实现了快速发展，厂数增多，覆盖地域更为广大，甚至在此前从未设厂的城市也出现了机制粉厂，但城际差异也非常明显。作为国民政府所在地及陪都，重庆在复兴、岁丰两厂基础上扩展至五大粉厂，成为机制面粉工业发展最快的城市。相应地，重庆面粉业所呈现出的面相也最丰富，国民政府、地方政府、面粉企

---

① 狄超白主编：《中国经济年鉴》上编，上海：太平洋经济研究出版社，1947 年，第 122 页；张维亚：《昆明基要商品之生产运销调查报告（上）》，《“中央”银行月报》第 1 卷第 12 期，1946 年 12 月，第 52 页；经济部工矿调整处西南区办事处：《关于检送面粉厂调查表致经济部工矿调整处业务组的函（附表）》，1944 年 2 月 3 日，重庆市档案馆藏，档案号 00190001012840000012；中国第二历史档案馆编：《中华民国史档案资料汇编》第 5 辑第 2 编“财政经济”（六），南京：江苏古籍出版社，1997 年，第 360 页。

② 张维亚：《昆明基要商品之生产运销调查报告（上）》，《“中央”银行月报》第 1 卷第 12 期，1946 年 12 月，第 52 ～ 53 页；狄超白主编：《中国经济年鉴》中编，上海：太平洋经济研究出版社，1947 年，第 122 页；陈谦平编：《翁文灏与抗战档案史料汇编》上册，北京：社会科学文献出版社，2017 年，第 410 页。

③ 章剑慧：《雪泥杂记——我的创业生涯》，政协全国委员会文史和学习委员会编：《文史资料选辑》合订本第 42 卷（总第 122 辑），北京：中国文史出版社，1986 年，第 99 页。

④ 黄复然调查、编印：《昆明市工厂清册》，1947 年，无页码。

⑤ 张维亚：《昆明基要商品之生产运销调查报告（上）》，《“中央”银行月报》第 1 卷第 12 期，1946 年 12 月，第 51 页。

⑥ 云南省档案局（馆）编：《抗战时期的云南——档案史料汇编》上，重庆：重庆出版社，2015 年，黄凤平序第 7 页。

业负责人、消费者乃至不法之徒围绕原料、粉价、面粉市场等展开角逐，面粉业成了没有硝烟的战场。贵州、广西两省则在本省企业公司的积极倡导下，分别在遵义、苍梧创办了机制面粉厂，尽管它们只是企业公司的一个附属公司，但其开创性依然不可低估。云南也因技术、资金流动而创办了多家机制粉厂，较早的复华粉厂由广东商人创办，规模较大的嘉农则由上海商人与本土商人联袂创办，体现出融合与发展的特点。

表 3－6　战时西南地区机制面粉业概况统计表（1943）

省别	厂名	地址	成立年份	资本（千元）	锅炉部数	小麦日用量（担）	面粉日产量（袋）	备注
四川	复兴第一厂	重庆	1934	4000	8	700	1000	
	福新渝厂	重庆	1939	1500	3	300	500	
	岁丰渝厂	重庆	1929	600	4	160	350	
	中粮公司渝厂	重庆	1943	—	—	200	400	
	复兴第二厂	江北	1940	在第一厂内	在第一厂内	630	900	
	福民公司	江北	1940	2000	5	400	800	
	天城渝厂	江北	1942	2000	6	350	700	
	建成厂	成都	1942	2000	4	270	400	
	兆丰厂	成都	—	250	3	280	500	
	复兴第三厂	南充	1941	3000	4	—	—	未开工
	中粮公司合川厂	合川	1943	6500	4	800	1200	
	允利公司万县厂	万县	1941	200	2	150	300	
	惠民粉厂	泸县	—	10000	—	—	200	
	永同厂	綦江	1942	1000	4	—	—	未开工
	裕民厂	长寿	1942	1000	3	90	200	
小计	15 家			34050	50	4330	7450	
云南	嘉农厂	昆明	1940	400	4	200	500	
	健华厂	昆明	1939	1500	4	6	11	
小计	2 家			1900	8	206	511	
广西	厚丰厂	梧州	1941	—	—	—	—	
	广西面粉厂	桂林	1940	4500	6	600	1200	

（续表）

省别	厂名	地址	成立年份	资本（千元）	钢磨数	小麦日用量（担）	面粉日产量（袋）	备注
小计	2家			4500	6	600	1200	
贵州	大兴面粉厂	遵义	1939	1000	2	200	400	
总计	20家			41450	66	5336	9561	

资料来源：《粮食问题》资料室：《后方各省机制面粉工业概况》，《粮食问题》第1卷第2期，1944年5月25日，第105～109页。

引者说明：原表中所列湖南、广东数据，现根据行文需要，未列入。

从表3－6可以看出，川、滇、黔、桂四省机制面粉工业在战时发展非常迅速，战时所设粉厂达15家之多，加上战前原有粉厂，达19家，实际开工者13家，占总数的68%，资本总额达4000余万元，钢磨数量、原料需要量、面粉产量均比战前大为提高。从各省粉厂数量来看，四川占有绝对优势，四川省内又以重庆及其周边地区为最，充分体现了经济中心地区的辐射效应及传统中国拱卫京畿的理念，也是民族危机日益深重的背景下面粉工业寻求自救，向纵深地区发展的必然之路。西南地区面粉业在短短几年时间走过了沿海地区几十年的道路，这一局面来之不易，其深层原因也值得分析。

第二节　战时西南地区机制面粉工业快速发展原因

一、政权转移，西南政治地位提升

西南各省自然条件相对优越，人口众多，矿藏丰富，社会普遍认为西南要优于西北。郭廷以认为，如果确定战时后方，西北是不够条件的，与其经营西北，不如经营四川或西南，因为四川的人力、物力都充足。[①]西南地区的优越性主要体现在以下几个方面：第一，西南地区自然条件优越，拥有出海口，在战时可以接连境外，起到接济之效。[②]西南各省农业较发

① 郭廷以口述，张朋园、陈三井、陈存恭等整理：《郭廷以口述自传》，北京：中国大百科全书出版社，2009年，第165页。

② 丁步武：《抗日准备与整理西南》，《人民周报》第56期，1933年2月10日，第12～14页。

达，四川是中国内地最大的省份，“天然富藏极厚”，米、麦、丝产量极富；云南森林与矿产最富，锡矿世界闻名，个旧每年产量达7000吨，价值2000万元以上；贵州亦富于矿藏，煤矿遍布全省；广西虽然经济贫乏，但“以人力与领袖著名”。六省稻谷产量占全国总产量的57%，小麦占12%，杂粮占26%，具备发展工业所需的原料及人口剧增之后对农产品的消费需要。第二，西南地区人口众多，可以满足抗战时期兵员补充和劳动力需求。1938年，西南六省人口达1.5亿人①，占中国总人口的三分之一，而西北五省约为2500万人，两者相差太远。第三，国民政府迁都重庆后，西南占有政治优势。在国家层面考虑战时首都问题上，西北地区曾经是首选之区，“九一八”事变之后，蒋介石对西北瞩目较多，“一·二八”事变之后，国民政府曾迁至洛阳办公，将西安改为西京，从事建设。但后来这一设想逐渐被四川、西南取代。1934年3月4日，蒋介石在重庆做了题为“四川应作复兴民族之根据地”的讲演，内中称：“就四川地位而言，不仅是我们革命的一个重要地方，尤其是我们中华民族立国的根据地。无论从哪方面讲，条件都很完备。人口之众多，土地之广大，物产之丰富，文化之普及，可说为各省之冠。”②1935年5月28日，蒋介石致电“财政部”部长孔祥熙，有如下指示：“日本在华北似有箭在弦上之势，最近必有举动，彼之目的在扰乱我经济之发展与妨碍我军事之成功。此时我方军事与政治重心全在四川，请兄对于四川经济有关之各种问题，从速解决，并早定川中金融之根本方策，不致发生根本之动摇，如能多解现银入川，以备万一更好。务请急办为盼。”③以后又多次就筹建四川做出指示。后来，将各项建设范围渐扩至西南。④

国民政府在筹建新的经济中心区域时，从地理条件、原料来源、动力来源、产品销路、交通便利程度等多方考虑，划定10个重点建设区域，其中有8个位于西南，而西北仅有陕、甘、青三省5个市县。⑤1936年，国民

---

① 《西南资源与经济建设》，《经济研究》第1卷第1期，1939年9月1日，第1～4页。

② 《蒋委员长讲：四川应作复兴民族之根据地（民国二十四年三月四日在重庆出席四川党务办事处扩大纪念周讲）》，秦孝仪主编：《中华民国重要史料初编——对日抗战时期》绪编三，台北：“中国国民党中央委员会”党史委员会，1981年，第329页。

③ 《蒋委员长致孔祥熙部长告以我军事与政治重心全在四川请对四川经济有关问题从速解决电》，秦孝仪主编：《中华民国重要史料初编——对日抗战时期》绪编三，台北：“中国国民党中央委员会”党史委员会，1981年，第335页。

④ 经济部编：《经济部二十八年上期工作进度报告》，出版地、出版社不详，1939年。

⑤ 齐植璐：《十年来之经济建设》，谭熙鸿主编：《十年来之中国经济》下册，上海：中华书局，1948年，第V31～V32页。

政府向西南拨款1000万元，做相应准备。经济部成立以后，拟订了《西南西北工业建设计划》，计划规定新的工业基地以四川、云南、贵州、湘西为主，并划定范围及其功能，四川是重中之重，规划最多。据统计，截至1938年年底，资源委员会在后方经营的厂矿共有63家，而位于西北的只有7家。“工矿建设之中心，因战局之变化，已逐渐由华中移至西南。”① 1939年前“西南各省之经济建设，闻‘中央’已设有专会积极进行”②，翁文灏指出：“自抗战以还，政府及人民均集中力量发展西南各省之经济建设事业，而于西北各省，则尚少致力。”③随着战局的变化，西南地位明显上升。“近因粤汉沦于敌手，西南地位，更臻重要”。④翁文灏1941年3月所拟《国防工业战时三年计划纲要》中，建设地域亦“以西南各省为中心”，而西北则是“兼及”。⑤因此，西南的建设明显优于西北各省。

除了优越的自然条件、国家政策考量等因素外，地方政府的积极争取也是一个方面。工业同样较为落后但思想不落后的川、湘各省当局，在工厂内迁之际，除自身强大的运输能力外，四川先后派人到武汉进行游说，鼓动社会舆论进行广泛宣传，制定优惠内迁办法。四川省政府主席刘湘即云：“四川有原料有人力，但是缺乏资本，缺乏技术人才。四川不仅宜于各种工业的发展，尤其适于国防工业动力工业的建设。我可以代表四川同胞欢迎全国企业家，民族产业家，华侨资本家及一切技术专家在四川投资建设。”他于1937年9月派四川工业专家胡光麃与四川省建设厅长何北衡赴汉口，向迁移委员会解说四川的资源与设厂环境，欢迎企业迁到四川去。⑥优惠政策方面，针对有的厂家对厂址、地价、地租、捐税的疑虑，四川省政府成立迁川工厂土地评价委员会，并制定了《迁川工厂用地评价实施办法及评价标准》。税收方面，规定迁川工厂厂地印契准免收附加税三成，后降至一半。组织木船承运迁川物资，保险费由省政府补助79%，并

---

① 陈真编：《中国近代工业史资料》第3辑，北京：生活·读书·新知三联书店，1961年，第844页。

② 《李鸿文、董必武、沈钧儒等〈请速筹西北经济建设机关发展西北利源以增强抗战力量案〉》，1939年1月，马振犊主编：《抗战时期西北开发档案史料选编》，北京：中国社会科学出版社，2009年，第28页。

③ 《西北视察纪要》，中国第二历史档案馆编：《国民政府资源委员会公报》第2卷第6期，1942年，北京：档案出版社，1990年，影印版，第60页。

④ 张国瑞：《开发资源与西南新经济建设》，重庆：西南导报社，1939年，第41页。

⑤ 陈谦平编：《翁文灏与抗战档案史料汇编》上册，北京：社会科学文献出版社，2017年，第36页。

⑥ 刘湘：《长期抗战中的四川》，《大公报》1937年12月31日；胡世华、吕慧敏、宗朋整理：《胡厥文回忆录》，北京：中国文史出版社，1994年，第52页。

由重庆民生轮船公司全力抢运。[①]云南、湖南等省也派人游说，力求工厂迁至本省。考虑到当时工厂内迁各方面的因素，“安全、原料、交通三点，可说是确立工业区域的重要条件。就目前情况言，能适合这三个条件的地方，要算是湖南和四川两省……至于四川，所谓天府之国，其物产之丰富，尽人皆知；毋待赘述”[②]。亦有人立足于川康地区，指出战时该地区地位的提升，“大川康之地位，因此次抗战关系而增加其重要性，并因抗战之关系，使在建设上增加许多优越之条件，促成大川康建设之天然机会”[③]。这样优越的条件，再加上国民政府的政策倾向，西南成为战时中国政府的首选之区及其发展优于西北是情理之中的。

二、开发西南热潮的积极促进

“九一八”事变之后，西北、西南边疆引起了国人的广泛瞩目，开发之声不绝于耳。“自国民政府以全力开发西南后，公路交通，四通八达，地方建设，突飞猛进，一种蓬勃之气象，令人惊异而兴奋，凡游西南者，莫不津津乐道，中外报章，尤迭有记载，欧美人士，咸致其乐观之热望，与无限之同情。”[④]

国民政府西迁之后，对于开发西南更为注重。时人在抗战爆发一周年时认为，“西南各省，已成为抗战建国的重心”，“为贯彻持久抗战之计，必须建设后方，尤其要开发西南”。[⑤]国民政府对于开发西南亦有相当谋划，1938 年 6 月 24 日，翁文灏在致电何廉时称：“奉委座手谕：照现在战事实情，请速定西南、西北及江南即湘、鄂、赣、粤三区分别设计一个经济轻工业开发计划及其程序，并分作战时三年、战后五年两个计划。”可见在武汉会战前后，国民政府上层人士对开发西南已较为瞩目，并确定人选予以规划。25 日，经济部召开部务会议，制定战时工业建设的原则、轻工业种类及实施区域、资本、步骤等，从此次会议记录可以看出，西南各省的地位明显高于西北各省。[⑥]

---

① 周勇主编：《重庆抗战史（1931 ～ 1945）》，重庆：重庆出版社，2005 年，第 349 页。

② 杨智：《抗战与民族工业》，张研、孙燕京主编：《民国史料丛刊》第 569 册，郑州：大象出版社，2009 年，第 80 页。

③ 崔昌政：《川康建设问题》，重庆：国民图书出版社，1941 年，第 82 页。

④ 中国旅行社编印：《西南揽胜》，1940 年，“序言”。

⑤ 瑞：《抗战一周年》，《西南导报》第 1 卷第 3 期，1938 年 6 月 25 日，第 1 页。

⑥ 中国第二历史档案馆：《酝酿制定“西南、西北及江南三区轻工业开发计划”史料两件》，《民国档案》2000 年第 2 期，第 13 ～ 14 页；翁文灏著，李学通、刘萍、翁心钧整理：《翁文灏日记》上，北京：中华书局，2014 年，第 257 页。

1938 年 10 月 25 日，“行政院”第 386 次会议通过了《西南经济建设委员会组织规程》，并送交国防最高会议核定后实施。1939 年 1 月 15 日，在重庆召开的西南实业协会四川分会年会上，分会理事长张群曾言：“今后建国的基础，必须建筑在西南的开发和建设上。”[①]次年 6 月，“行政院”公布《川康经济建设委员会组织规程》，决定成立川康经济建设委员会，川康两省政府主要军政、财经负责人及国民政府各部代表均为委员，该会职掌包括“经济建设之设计与审议”“经济事业之提倡与协助”及“经济建设机构之联络”，并将川康兴业公司作为其执行机关。[②]之后，相关省份均成立企业公司或企业局，如贵州企业公司（1939 年 6 月）、广西企业公司（1941 年 9 月 2 日）、云南省企业局（1942 年元旦）等。贵企公司系战时后方首创的官商合办大型公司，“冶‘中央’机关、地方政府、国家银行、当地商股之资力于一炉……获得政府之督导与维护，及金融界暨地方人士之合作与支持……利用国家金融资本与社会游资，以举办本省各种事业”[③]，贵企公司初创时有 6 个事业单位，1943 年 6 月增至 29 个，涉及玻璃、化学、电力、煤矿、机械、水泥、火柴、烟草等 16 个工业部门，员工总数 3428 人。[④]

就资源委员会在后方经营的工矿业、电业来说，也是西南地区占绝对多数。据统计，截至 1945 年 7 月 1 日，资源委员会在后方所经营的事业共计 123 家，包括工业 58 家，矿业 38 家，电业 27 家，加上服务部门，共计 140 处，而位于西北的仅 18 家，加上兰州办事处，总计 19 处，只占 13.57%。[⑤]因此，西南地区的开发是在国民政府迁渝之后得到明显改善的，虽然西北的开发早于西南，但因西南占有以上所述的诸多优势，开发西北与开发西南相比，西北地区毫无疑问处于劣势。“在西北与西南的比较上

---

① 翁文灏著，李学通、刘萍、翁心钧整理：《翁文灏日记》上，北京：中华书局，2014 年，第 288 页；《西南实业协会四川分会举行年会》，《银行周报》第 23 卷第 4 期，1939 年 1 月 31 日，第 3 页。

② 吴承洛：《川康经济建设委员会成立》，《时事月报》第 23 卷第 6 期，1940 年 12 月号，第 195 页；《川康经济建设委员会组织规程》，《“中央”银行经济汇报》第 2 卷第 10 期，1940 年 11 月 16 日，第 1290 页。

③ 彭湖：《贵州企业公司概述》，《经济建设季刊》第 1 卷第 2 期，1942 年 10 月，第 288 页。关于贵州企业公司的相关论述，可以参考莫子刚《贵州企业公司研究（1939 ～ 1949）》（《近代史研究》2005 年第 1 期，第 104 ～ 136 页）及其博士论文等。

④ 《贵州企业公司四年报告》，1943 年 6 月，贵州省档案馆藏，档案号 M78 - 1 - 257，第 5 ～ 7 页。

⑤ 《资源委员会经办事业一览表》，中国第二历史档案馆编：《国民政府资源委员会公报》第 9 卷第 2 期，1945 年，北京：档案出版社，1990 年，影印版，第 43 ～ 51 页。

讲，自然西北在今日还显得天老地荒，和落后的现象；而西南各省，虽开发较迟，而进步甚速，比较西北各省，相差很大。”①

卢作孚1939年10月曾言：“抗战以前，各处企业家多以为四川处境困难，不愿来川投资开发。现在迁川工厂约一百二十家，泰半复工。所有大银行均已迁来，在从前希望开发西南，非数十年不能做到，现在一二年内，居然已有了相当的成绩。”②随着战局的演进，这些成绩亦逐渐扩大，当中即有机制面粉工业的发展。因此，国民政府战时开发西南及其带动相关工农业发展，对于助推战时西南地区机制面粉工业发展不无作用。

三、农业改良措施得力有效

国民政府成立后，1929年成立“中央”农业推广委员会，主持全国农业推广事务，颁布规程，订立程序，专门组织办理农业推广事务。1934年，全国经济委员会增设农业处，农推工作步入新的阶段，乔启明等人战前的数据显示，小麦种改良成功并已推广15个品种，正在繁殖即将推广的约10个品种，试验优良但未确定推广的品种尚未计入。良种较农家种产量增加7% ～72%，各品种平均可增加20%以上。③但存在的问题也是非常突出的，机构仍不健全，各级机关各自为政，因此力量较小，缺少确定充足的经费，人才、材料、计划皆感缺乏，虽在倡导下略有起色，但效果并不明显。

抗战全面爆发后，国民政府及地方政府对农业推广工作极为重视，积极推进，此一工作得到普遍发展。“所探寻的途径，以推广良种，扩大冬作，督种杂粮，垦殖荒地等为主，以防治病虫害，推广肥料，整理农田水利等为辅。”④1938年5月在汉口成立农产促进委员会，以工商部、实业部次长穆藕初为主任，统筹全国农业推广事业，12月迁渝。随着战局的变化，农促会工作范围由最初的川、滇、桂三省扩大至后方15省，并及冀、鲁、苏三战区，人员从最初的3人扩充至1941年的3000余人，经费从成立之初的4.6万元增至1941年的180万元，组织机构与督导制度相继建立并完善，各省亦组设机构，筹措资金，积极进行。

---

① 王燕滨：《西南与西北》，南平：国民出版社，1943年，第5页。

② 卢作孚：《改良木船的四大意义》，凌耀伦、熊甫编：《卢作孚文集》，北京：北京大学出版社，1999年，第506页。

③ 乔启明、蒋杰：《中国人口与食粮问题》，上海：中华书局，1937年，第97页。

④ 沁青：《积极推行中的扩大冬作运动》，《农业推广通讯》第2卷第10期，1940年10月，第73页。

1. 四川省农业措施

1933年2月，四川省民政厅长甘典夔倡导在巴县成立四川中心农事试验场，并自任场长，试验场陆续设立农艺科、园艺科、植物病虫害科、农业推广科测候所、农业调查委员会及农业技术人员训练学校等，意在从事“农业问题研究，改良农业方法”。植物病虫害科成立于1934年秋，主要进行农作物、果蔬病虫害研究与防治及土制药物推广等，虽规模狭小、人员单薄，但亦不无成绩。[①]

国民政府迁川后，四川作为后方大省，农业推广势在必行。1938年9月，四川省政府将原有9个农业机关改组，成立四川省农业改进所，着重加强农林行政管理，发挥农业改进效能，集中事权，节省人力财力，展开全省农林建设事宜，并制定四大方针：一是增加衣食生产，以济军民之需；二是发展国际贸易农产品，以换取外汇；三是促进工业原料生产及农村副业，以充实工业资源，增加农民收益；四是培养战区农业复兴资源。[②]筹设农业推广委员会，设主任委员一人，由农改所主任兼任，另有委员15至25人，总干事、总督导各1人，负责处理日常事务或技术工作，设干事书记10～20人，办理各项推广事宜。[③]嗣后，农业推广委员会联合农本局、中农所、农促会、各大学农学院、川省水利局、川省粮食管理委员会等十几家单位，1938年冬在成都成立农业推广协进会，以调整、联系各有关农事机关工作，协同从事农业推广。协进会经费由参加机关分担，每年例会4次。为方便督促指导全省各县推广工作，筹设成都区、内江区、江津区等12个农业推广督导区，每区设督导主任一人，督导员及技术员若干，以利巡回督促，提高推广效率。[④]1939年年初，四川农改所呈准省政府同意，在成都等65县区设立农业推广所，所需人才由3月份办理的农业推广技术人员训练班予以培训，共毕业学员118名，嗣后分派各县负责筹备工作。4月底，已有三台、内江、金堂等23县成立推广所，其他各县亦先后成立，并在重要督导区选定华阳、内江、三台等10县设立中心推广所，加强财力人力，以树立模范。[⑤]1939年5月1日至6月20日，农改所

---

① 陈让卿编著：《两年来之四川中心农事试验场》，出版地、出版社不详，1935年。

② 赵连芳：《一年来四川之农业推广》，《农业推广通讯》第3卷第1期，1941年1月，第6页。

③ 《四川省农业改进所农业推广委员会组织规程》，《农业推广通讯》第1卷第2期，1939年9月，第19页。

④ 《各省推广概况——四川省》，《农业推广通讯》第1卷第1期，1939年8月，第8页；《四川农业推广协进会章程》，《农业推广通讯》第1卷第1期，1939年8月，第19页。

⑤ 《各省推广概况——四川省》，《农业推广通讯》第1卷第1期，1939年8月，第8页。

通过举办农林技士调训班，为各县区推广所培养专门人才，具体执行繁殖、检定、宣传、推广各类优良品种，协助农业合作、农田水利及垦殖事项，并接受农改所指导监督。[①]

小麦良种推广。四川农民麦种来源单一，多属自产自留，经年不掉换，或向邻县邻乡交换，而向专门机构购买者极少，换种习惯仅在郫县、遂宁个别县份有之，且川农种植小麦，每家常用两种麦种，而选种方法亦极简单，或多晾晒，或仅多筛几次，收获时容易混杂，加上田亩狭小，故此特易混杂，“飞花”现象非常普遍，很有推广良种必要。[②]四川省优良麦种推广始于1936年4月，由四川省建设厅与四川大学合组成立稻麦试验场，当年即向省内外征集大量麦种进行试验，并与全国稻麦改进所合作举行区域试验。11月，试验场扩充为稻麦改进所，确定“金大二九〇五号”小麦为过渡时期推广品种。1936年试用产量超过标准34%，“结果甚佳”，“堪称为负有厚望之优良品种”。此为抗战前四川小麦试验推广概况。[③]

四川土种小麦成熟晚，易倒伏，粒小皮厚，“质列中等”。[④]因此，四川小麦改良从四个方面着手，一是成熟期早；二是茎秆坚强，根群发达，不易倒伏；三是抵抗散黑穗病、杆黑粉病及赤微病；四是籽粒大、色白、皮薄、比重高、腹沟浅等。[⑤]“金大二九〇五号”小麦“品质甚佳，抗病力强”，种纯穗长，生长齐一，较当地种产量提高10%～46%，增收25市斤至75市斤，颗粒粗而比重大，蛋白质含量、出粉率均高，被当地人称为“洋麦子”，每斗多出粉3斤，各地面粉商愿加一成收买。1938年，四川小麦良种推广工作在中农所的指导下，在四川省稻麦改进所的直接推动下，分两组展开，第一组包括广汉、什邡、新都、成都、金堂五县，第二级别包括华阳、温江、崇庆、新津、双流五县，收买改良麦种792石，推

---

① 《四川省县、区农业推广所暂行组织规程》，《农业推广通讯》第1卷第2期，1939年9月，第8、19页；《各省推广概况——四川省》，《农业推广通讯》第1卷第1期，1939年8月，第8页。

② 蔡旭主编：《四川小麦之调查试验与研究》，成都：四川省农业改进所，1942年，第27～28页。

③ 四川省政府秘书处法制室编印：《四川省现行法规汇编》第5册，1941年，第1391页；蔡旭主编：《四川小麦之调查试验与研究》“序二”，成都：四川省农业改进所，1942年，第2页；卢作孚：《改良木船的四大意义》，凌耀伦、熊甫编：《卢作孚文集》，北京：北京大学出版社，1999年，第506页。

④ 张仲谋：《成都的新兴工业》，《新生路月刊》第7卷第4期，1941年12月，第13页。

⑤ 汤湘雨、李焕章：《成都平原小麦改良问题》，《农林新报》第16卷第12～14期合刊，1939年5月11日，第4页。

广面积11546亩。详情如表3－7。

表3－7　四川省10县小麦良种推广概况表（1938）

县别	收买种子数量（市石）	合计价格（元）	平均每市石价格	估计推广亩数
成都	42.41	287.91	6.79	555.50
新都	244.31	1609.48	6.59	3186.25
广汉	16.78	104.43	6.22	230.62
什邡	44.18	235.40	5.33	615.75
金堂	36.11	220.07	6.09	451.32
华阳	248.15	1813.55	7.31	3919.95
温江	57.72	373.13	6.46	937.00
崇庆	47.23	332.67	7.04	728.45
新津	13.86	87.47	6.31	227.86
双流	41.45	282.78	6.82	693.50
合计	792.20	5346.89	6.75	115 46.20

资料来源：《协助川省推广金大二九〇五号小麦之工作》，《中农所简讯》第3期，1938年9月1日，第8页。

引者说明：原表中金堂、华阳、温江、崇庆、新津、双流“平均每市石价格”和各县“合计价格”计算有误，现已重新计算改正。

同时，华阳、温江、崇庆、新津、双流五县测定“金大二九〇五号”小麦中含面筋量，除崇庆外，其他四县皆较当地农家品种为多，平均高出8%，“非特丰产，且其品质亦佳”。[①]在中农所协助下，华阳、广汉、新繁、彭县、崇宁五县进行“金大二九〇五号”小麦对比测定试验，结果显示，各县栽培该小麦产量均较当地土种为高，新繁200区域对比结果最为理想，亩产量为268.6市斤，较当地土种高出15.42%[②]，1938年在成都试验结果更优，每亩产量为387市斤至440市斤，高出农家品种12%～34%，出粉率亦高，

① 《测定金大二九〇五号小麦与农家品种面粉中所含面筋量以作品质比较》，《中农所简讯》第3期，1938年9月1日，第8页；仇元、孙福绥：《近年后方各省推广稻麦改良品种概况》，《农业推广通讯》第7卷第6期，1945年6月，第13页。

② 《川省推广金大二九〇五号小麦成绩之一斑》，《中农所简讯》第13～14期合刊，1939年8月1日，第10～11页。

“甚为粉厂所欢迎”，黑穗病及锈病“为害甚微”，当地农民颇愿种植。[①]1939年在绵阳等28县推广良种小麦10万亩，增产140000市石，每市石价值10元。[②]1940年推广县份扩大至40县，面积8万亩，增收13700余市担。[③]射洪县1939年5月开始推广该麦种，经过两年多时间，“一般农民十分信仰”，1941年继续推广，计各合作社、普通农户、示范户共推广1937户，贷种393.56市石，面积3958.6市亩[④]。1940年，金陵大学农学院在仁寿推广“金大二九〇五号”小麦500亩，每亩估计平均增益2.5元，计1250元。[⑤]全省当年推广面积总计4万余亩。[⑥]1941年，选定川北及成都平原35县作为推广与特约农家栽培县份，嘉陵江流域、川陕路沿线区域及沱江流域各县均推广40亩以上，成都平原各县每县推广百亩。[⑦]

“落霞”小麦原产意大利，系“中央”农业实验所引进培育，引进四川后，“生长特优，适应性亦宽”，其成熟时麦穗“现棕色，簇立田间，太阳映射，宛若落霞”，故名。该麦种茎秆粗硬，抗倒伏性强，成熟期适中，抗病力强，产量高而稳定，每亩较本地土种增产29市斤至48市斤[⑧]，增幅达10%[⑨]，适宜在成都平原、涪江流域中游、合川、泸县一带种植，尤其是成都平原及风力较大区域，可以取代“金大二九〇五号”小麦推广。[⑩]从1940年起，预定3年内推广良种130万亩，增产133000石。[⑪]据记

---

① 《金大二九〇五号小麦在川省推广情形》，《中农所简讯》第1期，1938年7月1日，第6～7页。

② 四川省农业改进所编印：《四川省农业改进所施政报告》，1939年12月，第4页。

③ 赵连芳：《一年来四川之农业推广》，《农业推广通讯》第3卷第1期，1941年1月，第7～8页；黄国华：《四川农业生产业务之推广》，《农业推广通讯》第3卷第3期，1941年3月，第19页。

④ 赵一之：《三十年度农推工作在射洪》，《农业推广通讯》第3卷第4期，1941年4月，第17页。

⑤ 《农产促进委员会》，贵州省档案馆藏，档案号M62－1－174，第163页。

⑥ 《黔、滇、川、桂四省小麦改进工作之近况》，《中农所简讯》第6期，1938年12月1日，第2页。

⑦ 四川省政府秘书处法制室编印：《四川省现行法规汇编》第5册，1941年，第1391页。

⑧ 黄国华：《四川农业生产业务之推广》，《农业推广通讯》第3卷第3期，1941年3月，第19页。另有材料记载其每亩地增收25.4市斤，参见四川省农业改进所编印：《四川省农业改进所施政报告》，1939年12月，第9～12页。

⑨ 四川省农业改进所编印：《四川省农业改进所施政报告》，1939年12月，第9～12页；四川省生产计划委员会编印：《四川省经济建设三年计划草案（大纲）》，1940年，“农林部门”第3页。

⑩ 黄国华：《四川农业生产业务之推广》，《农业推广通讯》第3卷第3期，1941年3月，第19页。

⑪ 四川省生产计划委员会编印：《四川省经济建设三年计划草案（大纲）》，1940年，“农林部门”第4页。

载，1940年在成都平原及合川一带43县共推广“金大二九〇五号”“落霞”两个品种良种，并对种植“落霞”小麦的农户予以奖金，共计推广288625市亩，增产50000市石。1941年绵阳等37县推广305371.65市亩，增产61063.6市石，有些县份增产达40%。1942年在绵阳、德阳等50余县推广506971.45市亩，增产139636.72市石。[①]

四川小麦品种较多，适于川东栽培者有“莫字一〇一号”，该麦适应性强，较土种多收50%，出粉率与“金大二九〇五号”相同，含面筋多。[②]川西有“中农二八号”，川北有“金大二九〇五号”。成都光头麦产量亦颇丰，主要在川南地区。还有“中大二四一九”“合川光头麦二六号”等。“中农二八号”系意大利原产，抗战初期中农所在长江流域选育试验，后在四川继续试验，产量颇高，1939年在成都平原及合川各地示范推广，每亩产量280余斤，较农家种增产40～50市斤，抵抗病害能力强，不倒伏，缺点是脱粒稍难，麦秆粗短，不适于编制草帽。[③]“莫字一〇一号”与“中农二八号”1938年推广，当年面积为23932亩，1939年为95999亩，1940年为88734亩，1941年为305316亩，合计为513000余亩。[④]后推广品种有所扩大，如“中大矮立多”“川福麦”“合川光头麦三六号”等，尤以前两种产量优异，“为前此品种所未见”[⑤]，较当地麦种增产量在5%～30%。“川福麦”原产澳大利亚，1938年引进四川，“其适应性之强与生产力之高，为其他麦种所不逮”。1942年4月农林部长沈鸿烈至四川视察时，见该麦“姿态雄壮，簇立田间”，欣然命名为“川福”。该麦还有不易倒伏，对于黄锈病、黑穗病完全免疫，麦粒大而匀整，壮满而皮薄，出粉多而洁白的特点，唯筋力稍差，适宜制作糕饼。在川省11处27个农场培育记载，平均亩产348市斤，较各地普通麦种平均增产84市斤，

---

① 四川省政府建设厅秘书编审股主编：《四川食粮作物的改进与增产》，1943年，第16～20页；四川省生产计划委员会编印：《四川省经济建设三年计划草案》，1940年，“麦作”第14页。

② 黄国华：《四川农业生产业务之推广》，《农业推广通讯》第3卷第3期，1941年3月，第20页。

③ 仇元、孙福绥：《近年后方各省推广稻麦改良品种概况》，《农业推广通讯》第7卷第6期，1945年6月，第13页；《陈济棠撰：“抗战四年来之农业”》，1941年7月，秦孝仪主编：《中华民国重要史料初编——对日抗战时期》第4编“战时建设”（三），台北：“中国国民党中央委员会”党史委员会，1988年，第844页。关于“中农二八号”小麦亩产量，另有不同记载，据《中国战时经济建设》一书，1937～1938年在四川试验结果，每亩平均产量为301市斤，较成都最好的农家小麦光头麦高41市斤，较“金大二九〇五号”小麦高33市斤。参见沈雷春、陈禾章编著：《中国战时经济建设》“农业”，上海：世界书局，1940年，第33页。

④ 四川省政府建设厅秘书编审股主编：《四川食粮作物的改进与增产》，1943年，第2页。

⑤ 蔡旭主编：《四川小麦之调查试验与研究》“序二”，成都：四川省农业改进所，1942年，第2页；四川省政府建设厅秘书编审股主编：《四川食粮作物的改进与增产》，1943年，第2～7页。

约增产31.6%，比“金大二九〇五号”还要多收63斤，增产率高出21.9%。“中大矮立多”原产地为意大利，茎秆粗健稍矮，遇狂风暴雨或亦能不倒伏，抗黄锈病与黑穗病，芒短穗饱，收获省工，脱粒方便，麦粒大而整齐，出粉率亦较高，适宜制作挂面。由“中央”大学农学院首先引进，试种于南京，1937年引进四川试种，亩产292市斤，超过本地种26市斤，如果地力较肥，还有较大增产空间，如在成都龙潭寺示范农场，亩产3市石4市斗，增产8市斗。①1944年继续推广“中农二八号”5万亩，川福麦及矮立多合计2万亩，“金大二九〇五号”60万亩，本年可增产7万市石。②泸州一带有美国玉皮小麦，该麦产量颇高，较土种白麦每亩多产14市斤，品质特佳，出粉率及含面筋量均高，抗病力强，茎秆强健，不易倒伏，成熟期较本地种早四五日。③

随着良种的推广，四川小麦种植面积有所增加，1941年在成都等41县扩充90万亩，1942年扩充至200万亩，1943年扩充至400万亩，3年共可扩充690万亩，增收690万石。④据统计，从1938年起至1943年，四川省共推广良种小麦150余万市亩，占小麦耕作面积的4%，“尚有待于继续努力”⑤。1940年时亦有人提出，四川作为小麦种植大省之一，在抗战这一非常时期，若把四川水田划出三分之一左右的面积来种植小麦，则川省小麦产量必可增加一倍。⑥当然，这只是农业研究者一种美好的愿望，其可行性则另当别论。

表3-8　四川小麦良种推广概况表

年份	1938	1939	1940	1941	1942	1943
推广品种	二九〇五号	二九〇五号	二九〇五号及中农二八号等4品种	二九〇五号及中农二八号等4品种	二九〇五号及川福麦等5品种	二九〇五号及川福麦、矮立多等7品种

① 四川省政府建设厅秘书编审股主编：《四川食粮作物的改进与增产》，1943年，第7～8页。

② 叶懋、左用中：《三十三年度四川之农业》，《四川经济季刊》第2卷第2期，1945年4月1日，第48页。

③ 黄国华：《四川农业生产业务之推广》，《农业推广通讯》第3卷第3期，1941年3月，第20页。

④ 四川省生产计划委员会编印：《四川省经济建设三年计划草案（大纲）》，1940年，“农林部门”第4页。

⑤ 叶懋、杨晓钟：《七年来之四川农业改进》，《四川经济季刊》第2卷第2期，1945年4月1日，第208页。

⑥ 陈正谟：《米谷生产成本及川粮管理问题》，重庆：中山文化教育馆，1940年，第43页。

（续表）

年份	1938	1939	1940	1941	1942	1943
推广地区	成都等33县	成都等36县	成都等34县	成都等40余县	阆中等26县	绵阳等28县
推广亩数	24923.80	90599.20	88639.63	305316.91	506971.45	560565.71

资料来源：叶懋、杨晓钟：《七年来之四川农业改进》，《四川经济季刊》第2卷第2期，1945年4月1日，第208页。

战时四川小麦良种推广成绩斐然。当然，限于战时环境，四川农业推广存在较多问题，如江津区农业推广人员1942年前皆为兼职人员，之后才有专职工作人员。另外，存在“纸上谈兵的多，脚踏实地的少；计划的多，执行的少，提倡的多，总结的少；农民自发推广的多，组织农民推广的少”等问题。[①]战时为增加特种作物如油菜、甘蔗、棉花、烟叶等的种植面积，“皆直接间接减少小麦之种植面积，尤以城市附近，交通便利之处为甚”。尤其像油菜与小麦属同期作物，但油菜成熟期早，市场需求旺盛，副产油枯可以作为优质肥料，加之政府提倡，两者争夺农田是不言而喻的，且小麦工序多而处于劣势。据统计，1938年小麦种植面积为12389000市亩，而1940年减至8328000市亩，相应产量亦下降。[②]1939年油菜种植面积较1938年增加12%，1940年较1938年增加达到60%以上，小麦种植面积减少较多。同时，“从事农业技术推广的人员少，推广面也不大”的情况，以致结果未臻理想。[③]

防治病虫害。四川地形复杂，气候温和，作物种类繁多，病虫害问题亦甚为严重。病害以黑穗病、白锈病、黄锈病、立枯病、赤微病等为多，稻、麦、棉等每年损失约达25万担。虫害亦较多，各种作物每年损失70万担。[④]中农所与金陵大学植物病理研究室从1936年起即致力于小麦病害研究，中农所1938年在四川省15县进行调查研究，结果显示小麦病害以散黑粉病最为普遍，除乐山等八九县稍轻外，其余各县均普遍发现，危

---

① 梁大成：《江津县农业推广所史略》，政协四川省江津县委员会文史资料委员会编印：《江津文史资料选辑》第11辑，1990年，第41页。

② 四川省生产计划委员会编印：《四川省经济建设三年计划草案》，1940年，“麦作”第1～2、14、20页。

③ 梁大成：《江津县农业推广所史略》，政协四川省江津县委员会文史资料委员会编印：《江津文史资料选辑》第11辑，1990年，第34～41页。

④ 庄纾：《四川作物病虫之防治》，《农业推广通讯》第3卷第3期，1941年3月，第26页。另有资料显示，四川麦类黑穗病每年导致的损失在100万石以上。参见叶懋、杨晓钟：《七年来之四川农业改进》，《四川经济季刊》第2卷第2期，1945年4月1日，第213页。

害程度相当严重，川南一带尤甚，川陕一带以杆黑粉病较为普遍，损失约为1.0%～2.0%，散黑粉病为3.0%～5.0%，条纹锈病、褐锈病为10.0%～25.0%，赤微病最高估计为1.0%，其比例各有参差。①川北一带黄锈病亦甚普遍，杆黑穗病亦不少。②四川小麦黑穗病常年较剧，据金陵大学病理系估计，散黑穗病使小麦产量损失4%，约达1482680市担③，“川北一带，为害最甚，损失有达百分之三〇以上者”④，全省因此损失或减产常在百万石以上。⑤西充县小麦散黑穗病率达25%，坚黑穗病5%，大邑县黄锈病发病率为20%，黑穗病18%，坚黑穗病3%，这些数据是在“染病中庸之麦田”调查所得，可以看作是平均数据。⑥

从1938年起，农改所开始在川北、川东一带着手防治麦病。1938年在三台等4县防治60197亩⑦，1939年在三台、绵阳等18县防治大小麦黑穗病18万亩。⑧1940年在三台、德阳、绵阳等8县采用拔除病穗、温水浸种、碳酸铜拌种等方法有效防治黑穗病，在春季采用拔除病穗方法，共拔除病穗85827723穗，秋季采用碳酸铜拌种、温水浸种等方法，制作拌种器31具，病虫喷雾器130架，防治小麦黑穗病358371市亩，增产70000市担。1941年防治面积464234.4市亩，减少损失46423.44市石。⑨1942年在射洪、遂宁和三台3县防治小麦病害61082.4市亩，增产12216.48市石。⑩此外，四川还设厂制造碳酸铜粉末，以供他省之用。⑪

---

① 《川省小麦病害之调查》，《中农所简讯》第7期，1939年1月1日，第6～7页；庄纾：《四川作物病虫之防治》，《农业推广通讯》第3卷第3期，1941年3月，第26页；汤湘雨、李焕章：《成都平原小麦改良问题》，《农林新报》第16卷第12～14期合刊，1939年5月11日，第2页。

② 庄纾：《四川作物病虫之防治》，《农业推广通讯》第3卷第3期，1941年3月，第26页。

③ 汤湘雨、李焕章：《成都平原小麦改良问题》，《农林新报》第16卷第12～14期合刊，1939年5月11日，第2页。

④ 孔雪雄等：《四联总处四川省农贷视察团报告书》，重庆：中中交农四行联合办事总处秘书处，1942年，第45页；赵连芳：《一年来四川之农业推广》，《农业推广通讯》第3卷第1期，1941年1月，第8页。

⑤ 四川省农业改进所编印：《四川省农业改进所病虫防治督导团卅二年年报》报告第二号，1944年，第9页。

⑥ 《各县推广工作一瞥》，《农业推广通讯》第3卷第4期，1941年4月，第20～21页。

⑦ 孔雪雄等：《四联总处四川省农贷视察团报告书》，重庆：中中交农四行联合办事总处秘书处，1942年，第45页。

⑧ 四川省农业改进所编印：《四川省农业改进所施政报告》，1939年12月，第5页。

⑨ 赵连芳：《一年来四川之农业推广》，《农业推广通讯》第3卷第1期，1941年1月，第8～9页；庄纾：《四川作物病虫之防治》，《农业推广通讯》第3卷第3期，1941年3月，第26～27页。

⑩ 四川省政府建设厅秘书编审股主编：《四川食粮作物的改进与增产》，1943年，第16～20页。

⑪ 蔡旭：《近年来我国麦产改进工作概况》，《农业推广通讯》第7卷第6期，1945年6月，第19～21页。

表 3-9　成都附近 3 县 61 农家小麦黑穗病防治及效果（1941 年 10 月～1942 年 9 月）

县别	调查户数	种植面积（市亩）	未防治者			防治者					
						温水浸种			折病麦		
			面积（市亩）	占比（%）	每市亩平均产量（市石）	面积（市亩）	占比（%）	平均产量（市石）	面积（市亩）	占比（%）	平均产量（市石）
成都	34	252.8	227.2	89.9	1.82	25.5	10.1	1.84	—	—	—
双流	19	215.4	147.7	68.6	1.68	67.7	31.4	1.74	—	—	—
新津	8	16.2	8.7	53.7	1.44	5.2	32.1	1.44	2.4	14.8	1.4
总计或平均	61	484.4	383.6	79.2	1.65	98.4	20.3	1.67	2.4	0.5	1.4

资料来源：孙祖荫：《战时我国粮食增产问题与四川成都附近六县一八九农家粮食增产效率之研究》，《农业推广通讯》第 6 卷第 10 期，1944 年 10 月，第 53 页。

1942 年，农改所成立督导团，专门负责此项工作，当年在川北 9 县进行防治，共减少损失 16440 市石。1943 年，农改所在三台、绵阳、射洪、仁寿和大邑 5 县派遣工作人员 29 人，拨款 140354.5 元，对 10095 户农户的 46010.4 市亩进行黑穗病防治，共处理麦种 2300.51 市担，推广播种面积 46010.4 市亩，预期可增收 62020.8 市石，价值达 6441456 元。[①] 1944 年，四川全省病虫害发生严重，绵阳、三台等 5 个县份大小麦黑穗病发生严重，病害面积达 2801000 亩，农改所积极防治，可增加产量 3001.32 市石，估计增加产值 4926862.81 元。[②]据农改所统计，1938 年至 1944 年，四川全省共有 60 县防治麦类黑穗病，累计增产 193668 市担。[③]

此外，还采取推广绿肥与速成堆肥（1939 年在乐山等 18 县繁殖推广苕子绿肥 2000 亩，1940 年扩大至 22 县，面积为 2652 亩。农改所特制元平菌酵母堆制堆肥，该酵母所需原料为稻草、野草、作物茎秆及人粪尿等，可在四周内完成发酵，1939 年在温江等 8 县推广，效果颇好。1940 年扩大至 21 县[④]）、补充农业劳力、改善冬蓄水、兴修农田水利、利用冬夏休闲田地种植小麦。[⑤]

农村土地冬闲习惯各省皆有，或占用休闲土地种植烟叶、油菜等，在粮食需求更为孔急的情况下，1940 年开始有计划地减少，预计可以增加休闲地种粮 400 万亩，放干水田一项可以增加 270 万亩。[⑥]据统计，1941 年四川共扩大各类耕地 400 万亩，增产 7900 万石，约占后方各省总面积、总产量的 5%。[⑦] 1942 年举办春耕扩大运动和厉行隙地种植，10 月，重庆市政府

---

① 四川省农业改进所编印：《四川省农业改进所病虫防治督导团卅二年年报》报告第二号，1944 年，第 4 ～ 11 页。

② 叶懋、左用中：《三十三年度四川之农业》，《四川经济季刊》第 2 卷第 2 期，1945 年 4 月 1 日，第 50 页。

③ 叶懋、杨晓钟：《七年来之四川农业改进》，《四川经济季刊》第 2 卷第 2 期，1945 年 4 月 1 日，第 214 页。

④ 黄国华：《四川农业生产业务之推广》，《农业推广通讯》第 3 卷第 3 期，1941 年 3 月，第 24 页；赵连芳：《一年来四川之农业推广》，《农业推广通讯》第 3 卷第 1 期，1941 年 1 月，第 9 页。

⑤ 四川省政府建设厅秘书编审股主编：《四川食粮作物的改进与增产》，1943 年，第 16 ～ 22 页；四川省农业改进所编印：《四川省农业改进所病虫防治督导团卅二年年报》报告第二号，1944 年，第 19 页。

⑥ 四川省生产计划委员会编印：《四川省经济建设三年计划草案（大纲）》，1940 年，“农林部门”第 3 ～ 4 页。

⑦ 《农情特辑》，《农业推广通讯》第 3 卷第 4 期，1941 年 4 月，第 22 页。

训令市郊各区镇，劝导农民冬耕种麦与杂粮，并列为区镇基层官员考绩标准。[①]1943 年和 1944 年，四川继续扩大冬耕面积，两年冬耕面积分别为 57340000 市亩和 57485000 市亩，远远高出休闲土地面积（两年分别为 26715000 市亩和 26570000 市亩），其中小麦面积分别为 17890000 和 17201000 市亩，分别占 31% 和 30%，就占全省耕地面积比重而言，也是比较高的，分别为 21.3% 和 20.5%。[②]

2. 广西省农业改进措施

广西农业改进始于清末，但因政局变迁，甚少具体成绩可言。[③]农事试验场创设于 1926 年，1927 年改为广西实业院，1929 年易名为广西农务局，1931 年再改为柳江农林试验场，1934 年改名为广西柳州农场，1935 年又改为广西农事试验场。试验场共有职员 95 人，其中 18 人为省政府派驻人员，下设农艺、园艺、森林、病虫害、农业化学与总务六组，试验地 1281 亩，园艺试验地 1995 亩，油桐试验地 2425 亩，各种园圃 812 亩，水田及水塘 418 亩，林地 20439 亩。拥有各种仪器、药品，书刊资料亦非常丰富。[④]

广西农业推广机构始于 1929 年广西农务局下设的农业推广部，但其作用有限。[⑤]1937 年 4 月 6 日，省政府第 343 次会议修正通过《广西省各县农业管理处组织章程》，详细规定各县农业管理处职掌，包括优良作物栽培推广，优良农具推广，病虫害防治方法与推广，冬季作物栽培与推广等 16 项。[⑥]1938 年 2 月，广西省政府将建设厅所管的农林部分单独划出，成立农业管理处，省政府委员会第 331 次会议议决通过《广西省政府农业管理处组织规程》，其职掌有五：一是全省农业生产设计、指导、监督；二是组织、训练农民经济团体；三是训练、指导各级农业指导人员；四是筹措、分配各县农业生产资金；五是其他有关农业生产事项。管理处下设农务

---

① “行政院”编印：《国民政府年鉴》，1943 年 7 月，“地方之部”第 114 页；重庆市政府：《关于重庆市郊各区镇劝导农民冬耕种植小麦、杂粮的训令》，1942 年 10 月 28 日，重庆市档案馆藏，档案号 0053－0028－00015－0000－063－000，第 63～64 页。

② 叶懋、左用中：《三十三年度四川之农业》，《四川经济季刊》第 2 卷第 2 期，1945 年 4 月 1 日，第 45～46 页。

③ 刘钦晏：《一年来广西之农业推广》，《农业推广通讯》第 3 卷第 1 期，1941 年 1 月，第 10 页。

④ 广西农事试验场等编印：《科学与广西植物生产》，1943 年，第 4 页。

⑤ 刘钦晏：《一年来广西之农业推广》，《农业推广通讯》第 3 卷第 1 期，1941 年 1 月，第 11 页。

⑥ 《广西省各县农业管理处组织章程》，《广西省政府公报》第 129 期，1938 年 4 月 13 日，第 3～4 页。

组、林务组、垦殖水利组、畜牧兽医组及农村经济组，农务组掌理农业生产改进与推广、农具改良制造、农作物病虫害防治。[①]之后为加强推广工作，管理处增设农业督导室，掌理该处各组推广业务与各项督导工作之间的联系，调整、研究、设计推广方法，训练推广人员，督导室主任由农产促进委员会推广专员兼任。各县亦设立农业管理处，负责全县农业行政及推广，指导乡镇村街、合作社、互助社，其间农产促进委员会分别补助8700元和35000元，以竟事功。[②]先后制定多项农业法令规章，如《广西省各区农业督导员督导规程》《广西省各区农业督导实施办法》《广西农业专业督导规程》《广西省农业推广实验县设置中心推广区办法》《关于垦殖水利方面可收容义民事项》《广西省各县收容被难农民及战区撤退民众垦殖荒地办法》《广西省农业推广实验县农业生产训练实施办法》《广西龙川区各县农业推广员设置及集训办法》《农事指导员训练班学员成绩考核办法》《农事指导员训练班学员奖惩办法》等。

1938年3月12日，广西省政府通过了《二十七年度广西省施政计划纲要》，对政治、经济、文化等做了提纲挈领的规划，在制定的发展本省经济计划中，农林计划内容最为丰富，共计29项，其中明确规定，充实中心农事试验机关，并整理其他试验场所；调整及充实各县农业行政及技术机构；调整各级技术人员工作，并加强各级技术人员工作力量；积极促进水稻、小麦、玉米等重要粮食作物生产等，推广病虫害防治方法，促进冬作物栽培，重新分配农林经费等。[③]同时，省政府很快将该规划分解至各县，详细规定某项工作应办理至何种程度或达到某种数量，制定具体办理方法和考核标准，再根据最后结果予以打分考核。如增加农产一项，所要达到的目标有四：一是稻、麦、棉、麻、玉米、甘薯等主要作物产量应较上年增多，具体方法是推广良种检定品种，指导农民选种并扩充栽培面积，最后将面积与产量切实上报，分值为250分；二是冬季作物栽培面积要比上年增加，因此要普遍推广冬季作物栽培，上报推广面积与产量，计分250分；三是绿肥栽培面积增加，将绿肥种子分发各乡村种植，并指导农民制造堆肥，检查是否普遍推行，计分250分；四是病虫害导致的损失

---

① 陈雄：《广西建设厅报告》，《建设研究》第1卷第4期，1939年6月15日，第59～60页；《广西省农业管理处组织规程》，《广西省政府公报》第80期，1938年2月15日，第1～2页。

② 《各省推广概况——广西省》，《农业推广通讯》第1卷第1期，1939年8月，第12页；《各省推广概况——广西省》，《农业推广通讯》第1卷第2期，1939年9月，第9页；蒋杰：《一年来之省县农业推广机构》，《农业推广通讯》第6卷第1期，1944年1月，第23页。

③ 广西省政府编印：《二十七年度广西省政府施政计划纲要》，1938年，第10～13页。

要较上年减轻，做法是遵照颁发的种种病虫害挂图，开展宣传与切实防治，并检验效果，分值为250分。这些措施今天看来或许流于疏阔，但就战时而言，仍有其积极意义。并且需要指出的是，对比其他门类如财政、教育、民政等措施的考绩分值，仅次于强迫适龄儿童入学分值260分，居于第二，这也反映了广西省政府对增加农作物生产非常重视，想在此一方面有所作为。[①]经费投入方面，1937年为5315555元，占岁出总额17.5%，1938年为3200517元，占19%，1939年为5354353元，占17.4%。[②]

广西全省分为六个区，各区设农业督导主任一名，督导员若干，常年驻区督导，并就各项专业，分设专业督导主任一名，督导员若干，负责考查全省各项农业改进工作。1938年1月，农林部"中央"农业实验所内迁重庆后，为协助广西改进农业事宜，在南宁设立广西工作站。1939年2月1日，广西农业管理处在农产促进委员会补助5000元费用的支持下，借助柳州沙塘农事试验场开办农林技术人员训练班，培训历时45天，3月15日结业，38人由省府分派各县参与推广工作。[③]1942年6月，广西推广繁殖站成立，广西工作站相应并入，隶属于农林部，下设三股，即农事、林垦与总务，职员40名。[④]

小麦试验开始于1934年，选育纯系桂3566号、3956号，桂3566号亩产量较农家品种可增产27.29%，且不易感染黑穗病，在宜山、桂平、南宁三县连续三年的试验中，超过标准品种19.98%～42.10%。桂3956号超过15.22%～19.77%，并从1942年起在宜山县示范推广。从中农所选出杂交系166号和199号，在广西各地颇适宜种植，每亩超出农家品种30%以上，且成熟早，麦粒不易脱落，茎秆坚强，抗锈病力较强。[⑤]1941年，据桂省已报80县统计，连同大麦合计1128705亩，1942年预计增加栽培面积连同大麦共计80万亩，并在临桂、柳城等县小规模推广小麦良种，如"中农二八号""金大二九〇五号"等，"结果均甚良好"。[⑥]

小麦抗病工作开展于1938年冬，1941年，小麦麦蚜虫在全省猖獗，损失达5497担。而锈病与白粉病更为普遍。至1941年共选育抗黄锈病及

---

① 广西省政府编印：《二十七年度广西县设施准则及进度考核表》，1938年。

② 陈雄：《近年来广西经济建设概况》，《广西省政府公报》第617期，1939年11月，第6～10页。

③ 《各省推广概况——广西省》，《农业推广通讯》第1卷第1期，1939年8月，第12页。

④ 广西农事试验场等编印：《科学与广西植物生产》，1943年，第4页。

⑤ 同上注，第5、21、98页。

⑥ 刘钦晏：《一年来广西农业推广简报》，《农业推广通讯》第4卷第12期，1942年12月，第46～47页。

抗褐锈病小麦品种4种，1942年开始与纯系桂3566号、杂交系166号及199号进行杂交试验，1943年起开始繁殖推广。1943年，试验场与繁殖站共进行各类试验121项，其中农艺39项，园艺16项，森林24项，病虫害23项，农业化学19项。[①]黑穗病为广西小麦普遍发生的病害，1939年防治此一病害为主要工作之一，采用温水浸种法在柳江县三都乡小规模推广，由县政府主其事，广西农事试验场及广西第三区各县联合农场予以技术协助，9月下旬县府派员赴乡镇宣传登记，10月中旬开始处理，下旬浸种工作结束，原定浸种10000斤，但因农民对于温水浸种“不能充分了解处理之意义。目睹将其麦种浸于热水中。咸相惊讶……致多不能依照登记数量挑来”，结果浸种2000余斤，但在工作人员的努力下，“结果均发芽”，成绩颇好。[②]之后，广西省政府、农业管理处确定宜山、全县、靖西三县为试行温水浸种方法防治麦类黑穗病，省政府派员赴宜山指导实施，并在其他受害县份向农民分发文字、图片资料，进行劝说，增加其防治意识与知识。[③]

在1937年4月制定的《广西省各区农业督导员督导规程》中规定，督导员每年分两期赴本区负责各县予以督导，必要时可以增加期数、日程及旅费，督导期间，召集各县农林技术人员开展谈话会或讲习会，听取报告或做出指示，除对各县农林经费筹措、分配、农民耕作状况、农林物产分布概况、农村经济多加留意外，还要注意各县推行农林政令状况，办理农场状况，各级农林工作人员的精神状态及其工作能力。[④]

增加冬季作物生产，扩充小麦栽培面积。抗战初期，广西省政府有每年增产水稻100万担、小麦50万担计划。[⑤]此一工作始于1938年冬，主要采用贷种方式，凡农户愿增种小麦1亩，由省政府贷予麦种10斤或法币5角，并由省政府或金融机关贷予肥料款1元，实施的县份有桂林区7县，柳州区8县，平乐区5县，南宁区6县等，共计42县，1938年八九月间到各县进行宣传、登记、购种、贷放等工作，增种面积约25万亩，比原定24.4万亩有所增加，估计可增产30余万担。播种完毕后，省政府农业管

---

① 广西农事试验场等编印：《科学与广西植物生产》，1943年，第15～16、5～6、98页。

② 《广西第四次农业督导会议》，《广西农业》第1卷第1期，1940年2月，第56、61页。

③ 陈雄、陈大宁：《广西农业建设现况》，《建设研究》第1卷第6期，1939年8月15日，第68页。

④ 《广西省各区农业督导员督导规程》，《广西省政府公报》第129期，1938年4月13日，第2～3页。

⑤ 陈雄：《抗战以来广西经济建设之演进》，《西南导报》第2卷第6期，1939年7月20日，第38页。

理处派员分赴各地，视察小麦长势，“大体均属良好”，但也存在部分县份种植过于零星分散而遭鸟害。1939 年五六月间即可将贷款收回。[①]1942 年，广西大小麦种植面积为 176 万亩，较前为多。[②]

1939 年，为了研究农业推广方法，提高农民的农业知识，推动农业推广事业发展，增产增收，省政府与农管处会同农产促进委员会举办农业推广实验县，选择桂林、柳州、武鸣、田东、龙津 5 县为实验县。[③]同时，制定《广西省二十八年冬季作物之种子与肥料贷款简则》，确立推广目标为 40 万亩，仍然采用增种地亩得借种子及肥料专款的贷款办法，并将原来的每亩 1 元提高至 2 元，原种麦田亩每亩亦可贷款肥料款 1 元。各县对于规定限度大抵能够达到，亦有超过者，不达标者甚少。从 1939 年起，规定各实验县份在 5 年之内栽培冬耕面积达到总面积的五分之一至三分之二不等。[④]本年度另一主要工作，在农产促进委员会补助 7000 元经费情况及派员指导之下，于农业区域中心乡镇、圩集、乡镇公所所在地、交通便利的县份，择定桂林、柳州、武鸣、田东、龙津 5 县设置中心推广区，办公地点以便利农民接洽为宜，中心区归县政府管辖并接受指导，派遣常驻人员实地负责，依据县农管处工作计划和经费预算编撰本区工作计划、工作进度和经费预算，联络区内各机关团体，协助农业推广工作。中心推广区组织农会，设置特约农户，训练农业推广基层干部。[⑤]蒙山县划定 80 个村街为实施区域，面积总计 12000 亩以上，栽培作物限定小麦、油菜、豌豆 3 种。平治县规定，在实施区域内，每个农户至少种植小麦或荞麦 2 亩。天河县则开展冬耕竞赛，要求各乡村公所均应参加，选定的地亩佃主不得拒绝，在评判标准上采用百分制，规定面积占 50 分，管理情形占 25 分，收获量占 25 分，由省政府派 3 到 5 人实地评定，其结果制表呈报审

---

① 《广西农业推广实验县农业生产训练实施办法》，《农业推广通讯》第 2 卷第 11 期，1940 年 11 月，第 60 ～ 63 页；浩然：《战时农业设施在广西》，《公余生活》第 3 卷第 1 ～ 2 期合刊，1940 年 8 月 16 日，第 65 页；张先辰：《广西经济地理》，桂林：文化供应社，1941 年，第 47 页；陈正祥编著：《广西地理》，上海：正中书局，1946 年，第 68 页。

② 广西农事试验场等编印：《科学与广西植物生产》，1943 年，第 98 页。

③ 《广西农业推广实验县农业生产训练实施办法》，《农业推广通讯》第 2 卷第 11 期，1940 年 11 月，第 60 ～ 63 页。

④ 陈雄、陈大宁：《广西农业建设现况》，《建设研究》第 1 卷第 6 期，1939 年 8 月 15 日，第 67 ～ 68 页；陈雄：《广西最近半年之建设》，《行政与训练》第 1 卷第 1 期，1940 年 12 月 15 日，第 80 页；《广西省第四次农业督导会议》，《广西农业》第 1 卷第 1 期，1940 年 2 月，第 556 ～ 557 页。

⑤ 《各省推广概况——广西省》，《农业推广通讯》第 1 卷第 2 期，1939 年 9 月，第 9 页；《广西省第四次农业督导会议》，《广西农业》第 1 卷第 1 期，1940 年 2 月，第 56 页；《广西省农业推广实验县设置中心推广区办法》，《农业推广通讯》第 2 卷第 5 期，1940 年 5 月，第 42 页。

查，成绩优秀的前三名由省政府给予奖品及奖牌。其他各县亦有各项增种措施。11 月 11 日至 15 日，在桂林召开第四次农业督导会议，出席会议的有农管处各组组长、技正，各专业督导主任，各农业督导区主任及各农业推广实验县督导人员 30 余人。会上，各农业督导区主任、专业督导主任、各实验县督导员分别报告了各自的工作情况，还讨论了粮食问题、病虫害问题、农业推广问题、垦殖水利问题等。农业督导区主任提出的困难有：经费不足，工作人员出差费过少，县政府忽视农业工作，县长及乡村长不能与农管处人员合作甚至歧视，推广项目过多，人员不足分配，推广材料太少等。①1939 年，实际据 59 县呈报（18 个指定县份未报），全省总计增种小麦 41 余万亩（有的资料记载为 50 万亩）②，大小麦总计增产 100 万市担以上。③

广西因气候关系，除东北部少数县份外，冬作并不普遍，冬闲耕地面积极广。1938 年起，开始推行小麦、豆类、冬季绿肥作物、油菜及马铃薯等。④1939 年冬，广西利用一季稻水田增种小麦 20 余万亩，每亩可收获小麦 1 市石，总计 20 余万市石。⑤1940 年年初，制定《广西省二十九年度提倡栽培冬季作物实施办法》，该办法共计 21 条，提出 1940 年全省 48 县冬季作物栽培要比上一年度增加一倍，达到 800500 亩。为此，将贷种、肥料贷款等工作提前进行，为鼓励农户扩大冬耕面积，将每亩贷款额增至 2 元，办法层层落实，以乡镇长为责任人，在 4 月底以前将实施步骤、区域、最低标准、可以达到的总面积进行登记，填写《民国二十九年冬季作物登记及勘查表》，呈报省府。推广冬耕费用由省县共同负担，省方负责督导员旅费、印刷费、调用人员经费及其他杂费 3700 元，县方负担印刷费、工作人员旅费、绿肥作物购种费及其他杂费 400 ～ 900 元，办法还责令各县在 5 月底前拟订本县本年度相应实施办法呈报省府。⑥但由于 1940 年入秋以来

---

① 《广西省第四次农业督导会议》，《广西农业》第 1 卷第 1 期，1940 年 2 月，第 55 ～ 60 页。

② 陈雄、陈大宁：《广西农业建设现况》，《建设研究》第 1 卷第 6 期，1939 年 8 月 15 日，第 67 ～ 68 页；张先辰：《广西经济地理》，桂林：文化供应社，1941 年，第 47 页；陈正祥编著：《广西地理》，上海：正中书局，1946 年，第 68 页；陈雄：《广西最近半年之建设》，《行政与训练》第 1 卷第 1 期，1940 年 12 月 15 日，第 80 页。

③ 陈正祥编著：《广西地理》，上海：正中书局，1946 年，第 68 页。

④ 马保之、黄继芳：《广西之粮食增产》，《农业推广通讯》第 6 卷第 11 期，1944 年 11 月，第 32 页。

⑤ 沈雷春、陈禾章编著：《中国战时经济建设》“农业”，上海：世界书局，1940 年，第 33 页。

⑥ 《广西省二十九年度提倡栽培冬季作物实施办法》，《广西农业通讯》第 1 卷第 2 期，1940 年 5 月 1 日，第 47 ～ 49 页。

久旱无雨，受灾县份达44个，加之虫害影响，呈报24县实际增加309466亩，加上未指定县份，结果小麦冬耕增种面积为50余万亩，增产40万担。[①]1940年秋，为缓解粮食恐慌，广西省政府力谋尽量扩充冬作栽培面积，规定至少要达到耕地面积的20%～30%，并组织扩大冬作委员会协助推动。[②]在地方政府督促与小麦价格逐节攀升等因素的促进下，广西民众"乐于扩充冬作"，据统计，1941年冬作总面积达750万亩（另有数据记载为6353703亩[③]和900万亩[④]），1942年增至1100万亩（另有记载，本年75县预报冬作面积为8999868亩[⑤]），"泰半面积乃新近增种者"。[⑥]

3. 贵州省农业改进措施

贵州本地小麦品种以"遵义一三六号""一三七号""一五一号""一五二号""仁怀一五〇号""绥阳一三五号"以及"黔农四〇号"为主。[⑦]就小麦与全省耕地面积比例而言，面积较小，总产量亦较低。考其原因，第一，环境因素，贵州多雨，不利于小麦生长。第二，"小麦与罂粟季节相同……举凡田地肥料人力畜力等均留作种烟用，故小麦虽为主要粮食，而在种烟时代之贵州，则被忽视为无用隙地之辅助作物"[⑧]。而且种植小麦的效益远远低于罂粟，罂粟每亩产值40～60元，而且小麦只有10元，利益大小多寡立判，而且罂粟运输便利自不待言[⑨]，故农民多种罂粟。在禁政实施第二年，农民对于"洋烟的栽种尚恋恋不舍，大家均故意把田土空

① 陈雄：《广西最近半年之建设》，《行政与训练》第1卷第1期，1940年12月15日，第80页；浩然：《战时农业设施在广西》，《公余生活》第3卷第1～2期合刊，1940年8月16日，第65页。

② 陈雄：《广西最近半年之建设》，《行政与训练》第1卷第1期，1940年12月15日，第80页。

③ "行政院"编印：《国民政府年鉴》，1943年，"地方之部"第167页。

④ 《马保之谈：桂省农业动态，冬作占耕地面积三分之一》，《湖南农业》第1卷第9期，1941年9月，第48页。

⑤ "行政院"编印：《国民政府年鉴》，1943年，"地方之部"第167页。

⑥ 马保之、黄继芳：《广西之粮食增产》，《农业推广通讯》第6卷第11期，1944年11月，第32～33页；《马保之谈：桂省农业动态，冬作占耕地面积三分之一》，《湖南农业》第1卷第9期，1941年9月，第48页。

⑦ 贵州省建设厅编印：《贵州建设概况》，1941年，第16页。

⑧ 沈骊英、张宪秋、庄巧生：《贵州之小麦》，荣昌：经济部"中央"农业实验所，1940年，第7页。

⑨ 《在贵州采集重要作物种子并实地研究替代罂粟之作物》，《中农所简讯》第2期，1938年8月1日，第4页；张肖梅编著：《贵州经济》，重庆：中国国民经济研究所，1939年，第G15、G44页。

着等待洋烟开禁，甚至将土整好，粪亦搁好，就等下种”①。禁种罂粟之后，禁种地区②农民“有得吃，没得用”，而缓禁地区则利用最后的机会，“倾其一切肥料、人力、财力”加紧种植，“除公路沿线极狭之地带外，缓禁区内，遍地皆是罂粟”③。农户忽视其他冬季作物，故种麦积极性不高，往往侵夺粮食作物，每家仅在山坡旱地种二三亩，或利用隙地，不施肥除草，粗放耕种，产量只有70～100市斤，100市斤以上的“殊属少数”。④且埋怨小麦瘦田，从而形成了深恶种植小麦的心理。第三，“人事之忽视”⑤，一是“黔省小麦因从未加以改良，故麦粒多晚熟而混杂；小麦完全收获会迟至次年6月中下旬，收成晚则有妨夏作栽种，谓之‘误大春’，即耽误插秧而为农民所深忌，每喜以田蓄水之农民宁愿土地冬闲而不种小麦。麦粒杂则影响产量与面粉之成色”⑥。农民下种时不加选择，紫皮、红皮、黄皮、白皮等各色均有。⑦二是农民误认为西南各省小麦半夜开花，食之伤身，这一谣言在川黔两省“牢不可破”⑧，“西南数省对于小麦，向有一种不利之传说，谓华南小麦，半夜开花，食之伤身；华北小麦，白天开花，食之养人，此种无稽之谈，乃竟深入人心，予麦产以重大之打击”⑨。

---

① 张公溥：《贵州省小麦推广之回顾与前瞻》，《农业推广通讯》第7卷第1期，1945年1月，第12页。

② 贵阳“中央”日报社资料室编：《新贵州概观》，贵阳：贵阳“中央”日报社，1944年，第313～315页。根据1935年10月15日贵州省政府委员会第190次会议通过的《贵州省分期分区禁种鸦片办法》规定，黔省禁种鸦片分五期完成，自1935年10月起每年为一期，至1939年10月为最后一期，此即“五年计划”。第一期计23县，第二期计12县，第三期19县，第四期15县，第五期12县。未至禁种时间的，为缓禁地区。参见张肖梅编著：《贵州经济》，重庆：中国国民经济研究所，1939年，第Q29～Q30页。

③ 《在贵州采集重要作物种子并实地研究替代罂粟之作物》，《中农所简讯》第2期，1938年8月1日，第4页；张肖梅编著：《贵州经济》，重庆：中国国民经济研究所，1939年，第G15、G44页。

④ 沈骊英、张宪秋、庄巧生：《贵州之小麦》，荣昌：经济部“中央”农业实验所，1940年，第14页。

⑤ 张肖梅编著：《贵州经济》，重庆：中国国民经济研究所，1939年，第G15页。

⑥ 张肖梅编著：《贵州经济》，重庆：中国国民经济研究所，1939年，第G15页；张公溥：《贵州省小麦推广之回顾与前瞻》，《农业推广通讯》第7卷第1期，1945年1月，第11页。

⑦ 朱辛钲：《贵州小麦与机器制粉之我见》，《企光》第3卷第3～4期合刊，1942年5月1日，第6页。

⑧ 张肖梅编著：《贵州经济》，重庆：中国国民经济研究所，1939年，第G15页。这一说法主要来自唐段成式《酉阳杂俎》：“江南麦花夜发，北地麦日中吐花。”宋沈括《梦溪笔谈》对此曾有评述，谓“段成式《酉阳杂俎》记事多诞。其间述草木异物，尤多谬妄”。从唐至民国，段成式此一说法流传甚广，西南地区表现尤为明显，沈括之说却被人所忽视。

⑨ 沈骊英、张宪秋、庄巧生：《贵州之小麦》，荣昌：经济部“中央”农业实验所，1940年，第1页。

有鉴于此，中农所沈宗瀚在贵阳进行了西南各省小麦开花期试验，试验小麦除川、黔、湘、滇四省各项品种外，还选择一些改良品种共同试验，计观察植株近6000株。试验结果表明，各品种小麦开花习性大致相似，外省麦种开花时间与黔省麦种并无不同。[①]其实时人亦指出，“伤身麦粉”其实是紫色小麦磨制之粉，食用后“耐饥而不易消化，胃弱者食之，似觉饱闷”之故。[②]因此，“证明子时开花之不确，多食伤身之无稽”[③]。丁道谦还指出，贵州人民对小麦营养成分不甚了解，“仅知何者收成数量有多寡”[④]。三是产量较低。产量低下，其原因颇多，如土质贫瘠，肥料缺乏，耕作不良，病虫害猖獗，品种低劣，种子混杂，排水灌溉不良，旱作肥料过少。[⑤]四是黔省交通阻隔，小麦运销不便，工业落后，与小麦直接相关的面粉工业发展滞后，小麦销路出现问题。[⑥]

设立机构，培养人员。贵州省农业改进所由经济部与黔省政府合作设立，1937年12月，中农所总技师、麦作系主任沈宗瀚奉军委会第四部命令，赴贵州视察农业，拟订贵州农业改进方案、工作计划，将贵州原有农林机关合并改组为农改所，隶属于建设厅。1938年3月中旬成立筹备处，随后勘定试验地亩、办公场所，4月1日正式成立，以皮作琼为首任所长。[⑦]临时费10万元，由经济部下拨三成，其余由黔省政府筹集，经常费20万元，按七折拨发，第一年部、省各担一半，以后再协商分担。改进所下设农艺系、森林系、畜牧兽医系、柞蚕室、农业经济室及防治水旱研究室六部门，协助农业改进工作。附属机关有贵阳农艺试验场、罗甸种苗繁殖场、施秉植棉试验场等8个机关[⑧]，举办少年农学团，分总团和分团，总团以县立初级农校全体学生为团员，在三县组织分团3处。办理定番县

---

① 《西南各省小麦开花期之探究》，《中农所简讯》第13～14期合刊，1939年8月1日，第7页；张公溥：《贵州省小麦推广之回顾与前瞻》，《农业推广通讯》第7卷第1期，1945年1月，第12页。

② 朱辛钜：《贵州小麦与机器制粉之我见》，《企光》第3卷第3～4期合刊，1942年5月1日，第6页；吴传钧编：《中国粮食地理》，上海：商务印书馆，1946年，第109页。

③ 吴传钧编：《中国粮食地理》，上海：商务印书馆，1946年，第44页。

④ 丁道谦：《贵州经济地理》，上海：商务印书馆，1946年，第180～181页；吴传钧编：《中国粮食地理》，上海：商务印书馆，1946年，第44页。

⑤ 《在贵州采集重要作物种子并实地研究替代罂粟之作物》，《中农所简讯》第2期，1938年8月1日，第3页。

⑥ 张肖梅编著：《贵州经济》，重庆：中国国民经济研究所，1939年，第G15页。

⑦ 《部省合办贵州省农业改进所之成立》，《中农所简讯》第1期，1938年7月1日，第7页。

⑧ 贵州省政府秘书处法制室编：《贵州省单行法规汇编》第3辑下，贵阳：文通书局，1938年，第808～812页；《东西南八省农业推广近况鸟瞰》，《农业推广通讯》第2卷第10期，1940年10月，第73页。

初级农校及训练农业推广辅导员4名，筹办农业讲习会。[①]

农艺系设立后，“以解决食粮、油料、衣被原料及工艺作物四项问题为着眼点”，一为增加种植面积，二为进行研究实验，以奠定改进基础。拟定《贵州省二十八年度限制冬闲增加生产办法》，利用贵阳附近9县为禁种鸦片推广小麦地区，9县共可增加小麦面积399374亩，占耕地面积的21%，农民对此欣然接受。[②]时人在黔西25县经过调查后建议，禁种罂粟后，首应以小麦、油菜为抵补作物，并在当地设立大型面粉厂和榨油厂，一来可以就地取材，加工制造；二来可以运销外地，以免谷贱伤农。[③]

良种培育、示范与推广。贵州小麦品种较多，既有黔北贵阳、定番、思南、遵义等十余县容重超过60磅的本地品种或改良品种，亦有“品种移种黔省，其优良品质，仍可保持”的外省品种。[④]但存在的主要问题是麦种混杂不齐，成熟期太晚或成熟迟早不一，以致所收麦粒中青色者甚多，对小麦品质影响颇大。麦粒硬度多为“软”及“半硬”性，长度为“短”至“中长”，颗粒亦较小，因之出粉率较低，面筋多而口感亦差。[⑤]成熟太晚则易受天气影响而减产，贵州气候属山地兼高原性气候，温度变化较大，全年降雨量约为1200毫米，雨量对小麦而言实属过多，且其雨量的时间分布以5月后突增，6月则是降雨最多的月份，而五六月恰值小麦成熟、收割、脱粒之际，贵州小麦大多6月上旬始收割，而抽穗较晚品种会延至6月15日前后始成熟，“似嫌过晚”。[⑥]如此时阴雨绵绵，则小麦品质与产量皆受影响。如能培育早熟及抗病品种以推广则利益增加，农民自会愿意种植。因此，良种改良尤属必要，且经中农所人员初步观察，贵州小麦若加改良，“前途殊多希望”。[⑦]

经济部“中央”农业实验所1938年派员赴黔，协助地方改进农业，贵州省政府斥令各县所有耕地一律不准休闲，以七成栽种粮食作物，三成栽种经济作物，黔省农改所贷发小麦、菜籽、棉花等种子，派人到黔西22

① 《各省推广概况——贵州省》，《农业推广通讯》第1卷第1期，1939年8月，第12页。

② 贵州省农业改进所编印：《贵州省农业改进所两年来工作概况报告》，1940年4月，手写稿，不分页码。

③ 张肖梅编著：《贵州经济》，重庆：中国国民经济研究所，1939年，第G44～G46页。

④ 《黔省小麦之品质初步检验》，《中农所简讯》第8期，1938年11月1日，第13页。

⑤ 贵阳“中央”日报社资料室编：《新贵州概观》，贵阳：贵阳“中央”日报社，1944年，第321页；《贵州省小麦之初步观察》，《中农所简讯》第3期，1938年9月1日，第7页。

⑥ 《小麦品种试验田间观察及产量考查》，《中农所简讯》第13～14期合刊，1939年8月1日，第8页。

⑦ 《贵州省小麦之初步观察》，《中农所简讯》第3期，1938年9月1日，第7页。

县实地指导，1939 年粮食生产较上一年增加了 1400 万担有奇。①

改良麦种方面，1938 年之内增加 60 万担，以“金大二九〇五号”为主。②贵州农改所成立后，先后建立定番直辖区联合农场，遵义第五区联合农场，兴仁第三区联合农场及黔西、思南两个工作站等研究实验场所，以利育种、观测等。③农改所制定《改进贵州小麦品质计划》，通过“田间去杂”选留纯良麦种、预定麦种、赴良种原产地农家访问等方法，着手培育产丰质美的早熟品种，去杂汰劣，以选育优质麦种，进而提高出粉率。1938 年秋，农改所在黔省 37 县搜求 54 种麦种，采选单穗 16000 余株，分别在贵阳、定番、遵义等 8 县种植，进行区域实验及纯系育种，以资培育优良品种。次年，再从 54 种麦种中选出 36 种予以培育试验。④此次试验以“金大二九〇五号”“金大二六号”及常德小麦为标准品种，经过对比发现，“金大二九〇五号”小麦“生长高健，抽穗亦早”，只是分蘖略逊一筹，“遵义一号”“遵义二号”等亦较佳。产量则以“遵义一号”为最高，达 440 余市斤，“黔农三六号”“黔农四〇号”亩产量达 350 市斤以上，且“黔农三六号”早熟，成熟时间为 5 月 25 日，在所有试验品种中“实颇难得”，唯一不足的是罹患散黑穗病较烈。⑤

经精心培育，选育出“遵义一三六号”“遵义一三七号”“遵义一五一号”“遵义一五二号”，改良种“金大二六号”“仁怀一五〇号”“绥阳一三四号”“大定一五五号”“黔农四〇号”“白玉麦六二号”“特早麦四八三号”等品种，经农改所农艺系实验，产量甚佳，且适应范围广，尤以“遵义一三六号”与改良种“金大二六号”“产量确甚优异”，每亩可产 300 余斤，“遵义一三六号”小麦亩产 350 市斤，“定农一号”亩产 350 市斤，“仁怀一五〇号”亩产 340 市斤，可与“金大二九〇五号”的 350 市斤，

---

① 国民出版社编印：《飞跃中的西南建设》，1939 年，第 78 页。

② 沈骊英、张宪秋、庄巧生：《贵州之小麦》，荣昌：经济部“中央”农业实验所，1940 年，第 1 页。

③ 贵州省农业改进所编印：《贵州省农业改进所两年来工作概况报告》，1940 年，手写稿，不分页码；张公溥：《贵州省小麦推广之回顾与前瞻》，《农业推广通讯》第 7 卷第 1 期，1945 年 1 月，第 11 页。

④ 张肖梅编著：《贵州经济》，重庆：中国国民经济研究所，1939 年，第 G11 ～ G16 页；贵州省农业改进所编印：《贵州省农业改进所两年来工作概况报告》，1940 年，手写稿，不分页码；《贵州省小麦品种比较观察试验》，《农报》第 5 卷第 34 ～ 36 期合刊，1940 年 12 月 1 日，第 753 页。

⑤ 《贵州省小麦品种比较观察试验》，《农报》第 5 卷第 34 ～ 36 期合刊，1940 年 12 月 1 日，第 753 页。

“中农二八号”的360市斤相媲美。[①]从常德引进的小麦品种，“其优良品质，仍可保持”[②]，与上述几种同样“区域适应能力亦均佳”[③]。浙江大学农学院西迁湄潭后，也在当地开展试验研究专题，据1943年统计，达89项之多，浙大农学院农艺系搜集小麦品种1483个，培育良种2个，该校林世成教授引种的中农所“中农二八号”在湄潭长势良好，产丰质优，受到当地农民普遍欢迎。[④]

小麦良种选择、培育甫一结束，农改所即着手在个别县份示范推广，观测农民对于改良麦种试种的态度，经过在贵阳、龙里、安顺等9县观测，效果相当显著。

表3－10　贵州小麦良种示范结果统计表（1939）

县别	示范麦田处数	发出良种数量（斤）	实种亩数	收益估计（市担）	农民对改良种意见
贵阳	74	370	37	103	改良种粒大早熟，农民请求贷种者极踊跃
龙里	32	160	16	44	因改良种早熟，农民有放弃大麦改种小麦之表示
贵定	24	120	12	33	改良种成熟早，植株高，农民要求贷种
安顺	47	235	23	64	改良种茎高叶大色佳，生长特盛，农民皆表欢迎
清镇	46	230	23	64	改良种不误大春，农民希望政府大量贷种
平坝	44	220	22	61	改良种似较本地种早熟，唯尚未确定
遵义	100	500	50	140	领改良种之农民均喜形于色，未领者要求明年贷种

① 贵州省农业改进所编印：《贵州省农业改进所两年来工作概况报告》，1940年，手写稿，不分页码；贵州省农业改进所编印：《贵州省农业改进所概况》，1946年，第6页；《小麦品种试验田间观察及产量考查》，《中农所简讯》第13～14期合刊，1939年8月1日，第8页；贵州省人民政府财政经济委员会编印：《贵州财经资料汇编》，1950年12月，第310～332页。

② 张肖梅编著：《贵州经济》，重庆：中国国民经济研究所，1939年，第G11页。

③ 贵州省建设厅编印：《贵州建设概况》，1941年，第15～16页。

④ 练农：《辛勤的劳动，深远的影响——浙大农学院西迁中对黔北农业科研上的深远影响》，政协贵州省湄潭县委员会文史资料征集办公室编印：《贵州省湄潭县文史资料》第6辑，1989年，第68页。

（续表）

县别	示范麦田处数	发出良种数量（斤）	实种亩数	收益估计（市担）	农民对改良种意见
息烽	50	250	25	70	改良种抽穗早，产量高，农民甚为欢迎
桐梓	50	250	25	70	改良种抽穗早植株高，县府来函请求推广
总计	467	2335	233	649	

资料来源：张公溥：《贵州省小麦推广之回顾与前瞻》，《农业推广通讯》第7卷第1期，1945年1月，第13页；《贵州推广小麦之田间观察》，《农报》第5卷第31～33期合刊，1940年11月1日，第670～671页。

引者说明：关于示范麦田处数，《农业推广通讯》与《农报》两刊所载数据颇不一致，因张公溥系亲历其事者，故以张文数据为准。

1939年在10县378户农户中推广189亩，增产约39690斤；1940年在清镇、平坝、安顺、遵义4县进行较大规模的示范推广，面积增至1306亩，增产274260斤，并推广“遵义一三六号”小麦105亩，增产23415斤。[①]

1940年春，农林部训令各省增加粮食生产，以应战时需要。遵照经济部命令，贵州省政府成立了贵州省粮食增产督导团，所有技术事务由农改所承担，并设视导组，随时视察各县粮食增产情况，督导各县推广所努力实施。1941年3月，黔省政府发布训令（省建三通第二十二号），责成各专员公署、县政府及农业改进所，制定《贵州省粮食增产督导团实施大纲》，责令各级管理机关逐级督导，“以谋生产之安定而促进行”，增加粮食生产。[②]在督导团的督促下，贵州良种推广继续进行。选定“金大二九〇五号”“遵义一三六号”“遵义一三七号”为推广品种，并将推广区域做了规定，即将适宜种麦并已举行示范地区，交通方便利于运送良种地区，粮食增产组织、团体或农民请求推广地区这三类地区作为推广区域。推广方式有二：一是收购前一年度良种，利用黔省农改所农艺试验场及各区农场繁殖育种；二是由督导团专业推广人员、各县推广所人员及各县粮食增产机构分工合作，由督导负总责。继而派遣推广人员8名及委托合作机关9处，在28县同时启动收购种子、登记农户、散发良种工作，当年种量多，

① 贵州省建设厅编印：《贵州建设概况》，1941年，第17～18页。

② 《令发贵州省粮食增产督导团实施大纲仰遵办》，贵州省政府秘书处公报室编印：《贵州省政府公报》第10卷第128期，1942年3月17日，第1147页。

散发县区广，时间集中，送达及时，专门包租贵州公路局汽车从遵义、贵阳、清镇、平坝四县运送良种至各县，至11月底全部工作即告结束，共收购种子49389市担，实际推广5727市亩，“可谓黔省改良小麦种推广之空前大举动”。1941年，在全省25个产麦较丰县份，贷放良种45822斤，实际种植面积3727亩，估计可以增加小麦产量13966市担。①

1941年良种推广成效显著，但也存在一些问题，如将农民栽种的种子现金收购后，先是储藏在当地仓库，到栽种时再行转贷，此一方法既浪费财力如工作人员差旅费，又消耗人力如专门派赴专人负责，且有储藏期间晾晒、仓鼠食蚀之损耗（1941年损耗3568市斤，占总量的7%），手续更为繁复。

1942年针对上年存在问题，省政府做了相应改革，即除了作价收买指定场所——农改所农艺试验场及区农场——繁殖良种，尽量避免向各县农户收购；对于上年接受良种农户，按当初约定加一成偿还外，所余良种禁止转卖，而是严格监督，提倡农民自行换种借种，继续推广种植，并进行详细登记，如上年度接受良种农户所产麦种数量、拟与人交换数量、拟借给亲友数量、可能栽种亩数及其保甲住址等。此一工作在4月启动，在10余名专任推广人员及10余处委托机关的努力下，10月底大部完成，实际推广工作及示范工作11月底先后完竣，较本地种每亩增产超过30斤，计可增产15万斤。②

除贷购良种，各地农民将历年试种优良麦种予以调换，以保持良种优势，效果显著。③

从1939年开始推广良种，经过4年时间，总计在全省植麦各县推广优良麦种108227市斤，种植面积为13465市亩，增产33442市担。详情见表3－11。

表3－11　贵州改良小麦推广统计表（1939～1942）

年度	推广种量（市斤）	种植亩数（市亩）	产量估计（市担）
1939	2335	233	694
1940	10717	1340	3751

① 张公溥：《贵州省小麦推广之回顾与前瞻》，《农业推广通讯》第7卷第1期，1945年1月，第14～15页。

② 虞振镛：《三十一年度贵州省农业推广概况》，《农业推广通讯》第4卷第1～2期合刊，1942年12月，第23页；张公溥：《贵州省小麦推广之回顾与前瞻》，《农业推广通讯》第7卷第1期，1945年1月，第16～17页。

③ 张公溥：《贵州省小麦推广之回顾与前瞻》，《农业推广通讯》第7卷第1期，1945年1月，第17～18页。

（续表）

年度	推广种量（市斤）	种植亩数（市亩）	产量估计（市担）
1941	45821	5727	13966
1942	49354	6165	15031
总计	108227	13465	33442

资料来源：张公溥：《贵州省小麦推广之回顾与前瞻》，《农业推广通讯》第7卷第1期，1945年1月，第18页。

厉行推广冬耕。贵州农民对于冬耕素来缺乏积极性，或因地形、土质所限而无法排水或排水不畅，或蓄水以防止病虫害，或有碍春耕等，在夏收、秋收能够满足基本生活需要的情况下，很少有冬耕习惯。加之抗战时期劳力缺乏，人工更为宝贵。[①]据农改所调查，50县中有32县冬闲田地面积占耕种面积半数以上，龙里、遵义、平坝等县则达60%以上，甚至有高达72%者。[②]据中农所调查统计，1938年冬季，贵州省休闲土地面积占稻田总面积的27%，“弃利于地，殊为可惜”。[③]战时粮食需要孔急，各级政府对粮政无不相当重视，派员督导，“除绝对不能排水之滥田及秧地外，绝对不容将田土冬季休闲”，并且“尽量种植小麦为第一企图”。[④]经过劝导，“经以利诱威胁”，各县能种小麦土地已栽种达80%以上，如清镇上年度仅种小麦1700余亩，1939年冬增至5万余亩，平坝从4000余亩增为38000余亩，安顺由4万亩增至7万亩。相应地，冬闲土地面积大为缩减，清镇从1938年的93%减为1939年的19%，平坝从84%减至21%，安顺由66%缩减为21%，贵阳、安顺、遵义等9县面积达397374亩，另有油菜360660亩，其他豆类等约40万亩，产生价值700万～1000万元，而如果以减少冬闲土地增种小麦40%计算，上述9县约可增产100万亩，连同原

① 《民国二十七年冬季各省稻田休闲调查——休闲面积，占总面积百分之六十二》，《中农所简讯》第11期，1939年5月1日，第2页。

② 《协助黔省进行限制冬闲增加生产——增产增值之估计，年可得七百万至一千万元》，《中农所简讯》第12期，1939年6月1日，第3页；《民国二十七年冬季各省稻田休闲调查——休闲面积，占总面积百分之六十二》，《中农所简讯》第11期，1939年5月1日，第2页。

③ 《协助黔省利用冬闲田地增种小麦油菜近况》，《中农所简讯》第13～14期合刊，1939年8月1日，第4页。

④ 叶纪元：《贵州省之农业建设》，《中农月刊》第4卷第1期，1943年1月30日，第57页；《协助黔省进行限制冬闲增加生产——增产增值之估计，年可得七百万至一千万元》，《中农所简讯》第12期，1939年6月1日，第3页。

有面积可达150万亩左右，产值在300万～600万元之间，成效显著。①

1941年，省政府对冬耕更为重视，规定如果冬耕成绩不足六成者，自县长以下有关各级职员皆将受“严重处分”。②全省冬耕成绩非常显著，各项面积达1821884亩，计增加粮食约12727180市担，价值约25.9亿元，其中小麦计增产达6000余万元。③1942年推广冬耕，规定应占耕地面积的八成，共计18312000亩，比1941年增加二成，其中一半栽种麦类。据呈报55县统计，实际为七成四六，其中麦类约占46.75%，豆类占15.72%，油菜占20.96%，其他占16.57%，合计可增产2312.6万市担。④1943年，冬耕面积占全省耕地面积的78%，逐年增加，“较为乐观”。⑤

小麦病虫害防治。1938年春，“中央”农业实验所鉴于全国麦病为害甚烈，乃选定贵州为麦病防治研究与良种推广工作区域与中心，派员赴筑着手进行，在中农所麦作系驻黔技正兼贵州农改所农艺系名誉主任沈骊英的协助下，派员分赴贵州各县采选麦种，协同调查，初步奠定了贵州麦病防治与良种推广基础。⑥贵州麦类病害约有24种，主要为腥黑穗病、杆黑穗病、线虫病、赤微病、粉微病、叶锈病等13种。1938年至1941年，中农所与农改所采取两种方法予以调查，一为征种检查，即1938年5月在全省81县483乡区征集66县1934项农家麦种以肉眼或显微镜直接检查，并进行栽培试验，以检视效果。二为田间勘查，派员在全省麦产多、麦病重的47县6967区展开实地调查，以探究其蔓延面积、发生程度、损失情形等，采集的数据具有代表性。⑦赤微病为害“散布于全省之各县”，无显著

① 张公溥：《贵州省小麦推广之回顾与前瞻》，《农业推广通讯》第7卷第1期，1945年1月，第12页；《协助黔省利用冬闲田地增种小麦油菜近况》，《中农所简讯》第13～14期合刊，1939年8月1日，第4～5页。

② 叶纪元：《贵州省之农业建设》，《中农月刊》第4卷第1期，1943年1月30日，第57页。

③ 虞振镛：《新贵州之农业建设》，《中国农村生活》第1卷第1期，1944年5月1日，第33页；贵州省建设厅编印：《贵州建设概况》，1941年，“绪言”、第35页。

④ 虞振镛：《三十一年度贵州省农业推广概况》，《农业推广通讯》第4卷第1～2期合刊，1942年12月，第23页；《贵州省民政厅、教育厅、财政厅、建设厅报告》，1943年3月，手写稿，不分页码。

⑤ 叶纪元：《贵州之粮食增产》，《农业推广通讯》第6卷第11期，1944年11月，第25页。

⑥ 朱凤美、朱恒纪：《贵州省境之麦病及其防治》，《农报》第7卷第16～21期合刊，1942年7月31日，第271页。

⑦ 《协助黔省检查各地麦种健康状态——经肉眼检查之结果，病害以赤微病最流行》，《中农所简讯》第8期，1939年2月1日，第4～6页；朱凤美、朱恒纪：《贵州省境之麦病及其防治》，《农报》第7卷第16～21期合刊，1942年7月31日，第271～278页；张肖梅编著：《贵州经济》，重庆：中国国民经济研究所，1939年，第G35页；贵州省农业改进所编印：《贵州省农业改进所两年来工作概况报告》，1940年，手写稿，不分页码。

之地域界限，“各地皆有”，被害率多在2%～5%，最严重的黔西县第四区高达29.7%[①]，虽然与安徽高达85%的发现率相比不算太高，但其为害范围极广。[②]叶锈因贵州温暖多雨故在各种病害中普遍而严重，达到了较高的四级和五级（最高级）。腥黑穗病存在于黔西清镇、安顺、普安、盘县、平坝等16县，病害率在7%～25%，如安顺为7.7%，盘县为15.40%，普安为21.96%，即受害面积达五分之一，亦有高达50%之县区。[③]线虫病在贵州39个县区发现，主要分布在黔东与黔南，中部地区亦有，在所调查的69县中有37县发生，被害率在12%～64%，如息烽为12.86%，平坝达24.38%，广顺为40%左右，贵阳近郊更是高达46%，几达半数为其侵害[④]，每年小麦损失161439担，遵义、息烽、贵阳、定番、清镇、平坝、普安、盘县等8县因病害所致损失，计21万余石[⑤]，全省损失甚至有百万市担之说。[⑥]杆黑穗病在贵阳附近及黔东地区较为猖獗，在69县中有28县为害甚烈，贵阳近郊被害率达24%，个别县区高达28%。[⑦]据中农所与黔农所调查，全省麦产每年因病损耗达200余万担，价值4亿元之巨，可折合20万人口粮。[⑧]

鉴于小麦病害严重程度较剧，中农所与农改所择定麦产丰富、麦病严重、交通方便及治安无虞各县先行举办。贵州农业改进所麦病防治推广始于1938年秋，主要方法是中农所研究发现的温水浸种与清水洗选，此法对

---

① 贵州省农业改进所编印：《贵州省农业改进所两年来工作概况报告》，1940年，手写稿，不分页码；张肖梅编著：《贵州经济》，重庆：中国国民经济研究所，1939年，第G39页；朱凤美、朱恒纪：《贵州省境之麦病及其防治》，《农报》第7卷第16～21期合刊，1942年7月31日，第271～278页。

② 夏文华：《利用农会防治作物病虫害刍见》，《农业推广通讯》第3卷第5期，1941年5月，第64页。

③ 张肖梅编著：《贵州经济》，重庆：中国国民经济研究所，1939年，第G39页；贵州省农业改进所编印：《贵州省农业改进所两年来工作概况报告》，1940年，手写稿，不分页码。

④ 贵州省建设厅编印：《贵州建设概况》，1941年，第25～26页；贵州省农业改进所编印：《贵州省农业改进所两年来工作概况报告》，1940年，手写稿，不分页码；《滇黔湘陕四省麦病调查》，《农报》第5卷第34～36期合刊，1940年12月1日，第757页；虞振镛：《新贵州之农业建设》，《中国农村生活》第1卷第1期，1944年5月1日，第33页。

⑤ 《防治川黔麦病与吾人应有之认识》，《中农所简讯》第6期，1938年12月1日，第6页。

⑥ 贵州省农业改进所编印：《贵州省农业改进所概况》，1946年，第14页；虞振镛：《新贵州之农业建设》，《中国农村生活》第1卷第1期，1944年5月1日，第33页。

⑦ 张肖梅编著：《贵州经济》，重庆：中国国民经济研究所，1939年，第G39页；贵州省农业改进所编印：《贵州省农业改进所两年来工作概况报告》，1940年，手写稿，不分页码。

⑧ 朱凤美、朱恒纪：《贵州省境之麦病及其防治》，《农报》第7卷第16～21期合刊，1942年7月31日，第271～272页。

线虫病非常有效，可以提高产量60%[①]，对于黑穗病类防治亦成效显著，是减少病害的一大成就。[②]当年在5县选定186户，处理麦种97.47市斗，推广200亩。1939年，"中央"农产促进委员会补助农改所农艺室农业推广款项39760元。贵州黑穗病防治，1938年为200亩，1939年增为16000亩，增产3000余市石，市值60000余元；1940年增为31000余亩，增产6000余石，价值16万元。[③]

1942年，贵州农改所与中农所会同农林部贵州推广繁殖站、"中央"农业实验所贵州工作站、农产促进委员会、贵州省粮食增产总督导团，合组贵州省农业推广联合委员会，内设技术委员会与执行部，技委会分设稻作、麦作、肥料等组，执行部分设编辑、督导、统计三组，各负其责[④]，并先后在遵义、兴仁、盘县、独山、镇远、贵筑等县成立12个农业推广所，至1945年增至73县，机构更为充实。同时，"中央"农业实验所、农改所派员12名赴定番、贵定、安顺、盘县、平坝5县继续防治，防治面积扩大16300亩，可增产3700石左右，增加收益约6万元。[⑤]同年夏，病虫害室与农艺室会同一起设计制造体积轻便、易于拆装的小麦线虫选除机7架，拣选优质小麦育种，至少可以淘汰99.5%～99.7%的线虫病小麦，每架机器每小时可以精选小麦8斗至1石，每日可处理麦种16担以上，"颇称便利"，而其造价以1939年8月币值计算仅30元，被誉为"防治线虫病害之一大利器"，使小麦增产15%以上。[⑥]他们还制作碳酸铜粉拌和器20架，秋季推广应用，"各方尚觉满意"。[⑦]1938年防治县份为贵阳、清

---

① 《提要》，《中农所简讯》第2期，1938年8月1日，第2页。

② 《麦种温浸处理实验上之两大成就》，《中农所简讯》第5期，1938年11月1日，第9～10页。

③ 贵州省建设厅编印：《贵州建设概况》，1941年，第30～31页。

④ 虞振镛：《三十一年度贵州省农业推广概况》，《农业推广通讯》第4卷第1～2期合刊，1942年12月，第22页。

⑤ 贵州省农业改进所编印：《贵州省农业改进所概况》，1946年，第14～16页；虞振镛：《三十一年度贵州省农业推广概况》，《农业推广通讯》第4卷第1～2期合刊，1942年12月，第22页；贵州省农业改进所编印：《贵州省农业改进所两年来工作概况报告》，1940年，手写稿，不分页码；贵州省政府秘书处编印：《黔政三年》，1947年，第140页；贵州省政府秘书处编印：《黔政五年》，1943年，第59页。

⑥ 贵州省农业改进所编印：《贵州省农业改进所两年来工作概况报告》，1940年，手写稿，不分页码；贵州省建设厅编印：《贵州建设概况》，1941年，第30～31页；贵州省农业改进所编印：《贵州省农业改进所概况》，1946年，第14～16页；蔡旭：《近年来我国麦产改进工作概况》，《农业推广通讯》第7卷第6期，1945年6月，第19～21页。

⑦ 贵州省农业改进所编印：《贵州省农业改进所两周年来工作概况报告》，1940年，手写稿，不分页码；贵州省农业改进所编印：《贵州省农业改进所概况》，1946年，第14～16页。

镇、平坝、普安、盘县、定番六县，1939年为贵阳、平坝、安顺、盘县、定番、贵定六县，1940年为贵阳、清镇、平坝、盘县、定番、贵定、长顺七县，1941年为贵阳、清镇、平坝、普安、盘县、定番、长顺、贵定、都匀、铜仁10县，防治率达90%以上，四年共处理麦种4704.59市石，面积9409.17亩。防治过腥黑穗病的小麦1939年至1941年分别平均增产51.4斤、59.8斤、85.1斤，防治过线虫病的每亩平均增产76.4斤、45.4斤、31.9斤。[①]1940年面积进一步扩大，计37000余亩，增产9000余担，价值16万元。1941年增至12950亩。并制作水温测定器25副，碳酸铜拌粉机14架（每小时处理麦种7～8斗）分发各地，协助推广工作；1942年防治小麦线虫病231813亩，腥黑穗病2676亩。[②]在中农所的协助下，黔省农业改进所查明全省60余县麦病情况，施治10余万亩，并且将这一成功工作经验推广至川、陕、甘、滇等省，业绩显著。[③]从1943年至1945年，防治工作由各县自行进行，成绩亦较显著，1943年推广63905亩，1944年推广16148亩，1945年17410亩。经过防治，发病率不足10%，产量提高6倍以上。[④]1944年贵州各地“虫害损失，大为减少，仅有一二县份发现”[⑤]，因防治麦类黑穗病增加产量45000市担，1945年为31608市担。[⑥]

至于虫害，战前鲜少调查记录数据，故亦从调查入手，开展实地调查、通讯调查、设立观测站、开办讲习所，1938年6月，在贵阳职业学校开设昆虫常识及害虫调查，并赴田间实习、观察，采集、制作标本等，共招收学员42人，每星期授课3小时，此一举措亦取得相应成效。[⑦]

4. 云南省农业措施

云南省山多地少，粮食向属不敷。1937年，抗战军兴，“全国人士，或挟资以至，藉作开发富源之准备；或怀才而来，从事研究设计之工作”，各类人员相继内迁至云南，包括各类农业人员，人口激增，粮食尤感缺乏。为纾民困，国民政府协助云南省成立推广、指导、改进机关十余处，

---

① 朱凤美、朱恒纪：《贵州省境之麦病及其防治》，《农报》第7卷第16～21期合刊，1942年7月31日，第284～286页。

② 贵州省建设厅编印：《贵州建设概况》，1941年，第30～31页；贵州省农业改进所编印：《贵州省农业改进所概况》，1946年，第14～16页。

③ 朱凤美、朱恒纪：《贵州省境之麦病及其防治》，《农报》第7卷第16～21期合刊，1942年7月31日，第271页。

④ 贵州省农业改进所编印：《贵州省农业改进所概况》，1946年，第35、15页。

⑤ 叶纪元：《贵州之粮食增产》，《农业推广通讯》第6卷第11期，1944年11月，第25页。

⑥ 贵州省人民政府财政经济委员会编印：《贵州财经资料汇编》，1950年，第311页。

⑦ 张肖梅编著：《贵州经济》，重庆：中国国民经济研究所，1939年，第G41～G42页。

如“中央”农业实验工作站、稻麦改进所、粮食督导团、垦荒委员会、农田水利贷款委员会等，“各项生产事业之发皇，遂有一日千里之势”。1938年4月，成立“中央”农业实验所工作站，主要开展棉作、稻作、麦作、病虫害及蚕桑五方面工作，其中麦作工作由技正徐季吾负责，如改良滇省小麦品种，帮助建立面粉厂，在全国范围内搜集小麦良种，在昆明、曲靖、弥渡、蒙自四县试种。1939年9月，在建设厅之下成立稻麦改进所，常年经费6000元，国民政府每年补助5450元，主要用于全省34县小麦品种调查，小麦品种涉及全省200余种、省外与国外300余种；另外开展小麦种植实验如播种期试验、长江流域小麦区试验、西南五省小麦适应试验等十余种试验，在昆明推广小麦良种，并积极促成面粉厂设立。云南省农业改进机关萌芽甚早，晚清即已筹设。云南省建设厅成立后，机构日益完备，逐步增设至30处，每年常支经费62000元。云南省政府与经济部合组成立云南农业改进所，下辖森林系、畜牧兽医系、农艺系、农业经济研究室、植物病虫害研究室等9机构，各机构分工协作，开展各项农业试验与农作物改进工作。1939年关于麦作工作主要有：农艺系与“中央”农业试验所4月派麦作系技正、技佐各一人赴滇省麦作区域46县，负责麦作调查与采选麦种、小麦穗行试验、品种比较及肥料试验。①针对昆明附近所产小麦缺乏面筋，不适于制作面包、挂面的情形，试验所积极研究产量、成分、品质，以为改进。1942年垦殖荒地150万亩，私人团体及各垦殖公司开垦荒地10万亩，增产稻谷116250担，小麦杂粮1298000担，推广堆肥80000亩、绿肥20000亩，兴修水利灌溉田亩41090亩，棉、桑亦较有成绩。②

改进所推广试验“四川三号”“南宿州”“三月黄”等优良麦种138市斗，种植面积234亩，成熟较本地种早，平均亩产增加35市斤以上。为了督导滇省粮食增产，全省各县划分为直接督导区和间接督导区，前者包括20县，由督导处派遣专员分往督导，其余各县为间接督导区，由督导处规定办法，令饬各地行政长官代为督导。1938年至1941年，农林部派遣人员携带药品，会同防治大理等县小麦黑穗病，计处理小麦种子3276石，防治面积达47527亩，减少损失95000石，推广冬耕1869001亩。③1942年，推广优良麦种2000斤，种植面积234亩，试验优良稻麦品种406种。④直

---

① 张肖梅编著：《云南经济》，重庆：中国国民经济研究所，1942年，第K122～K126页。

② “行政院”编印：《国民政府年鉴》，1943年，“地方之部”第199页。

③ 张邦翰：《云南省之农业建设》，《中农月刊》第4卷第1期，1943年1月30日，第59～60页。

④ “行政院”编印：《国民政府年鉴》，1943年，“地方之部”第199页。

接督导区增至40县，增产稻谷116250石，小麦杂粮约1298800石。[①]

1941年，“行政院”通过粮食增产决议案，在后方15省推行，并责令各省根据国民政府所颁布的各项增产原则，结合本省实际，制定符合本省的增产区域与实施办法，“举凡足以增加稻麦等粮食生产者，莫不努力为之，悉心赴之”。截至1942年9月，有14省除去因丰收增产粮食之外，因政府推行粮食增产工作而增加的粮食共计6930余万市石，占全国粮食生产总量的4%，其中四川增产1088余万市石，广东增产2188余万市石，江西为1948余万市石，浙江509余万市石，广西为505余万市石，湖南421余万市石，陕西145余万市石，贵州107余万市石，甘肃14万市石。[②]小麦良种推广成效亦较显著，1942年推广面积达431027市亩，防治病虫害面积达6454638市亩，增施肥料面积2967629市亩。[③]

在各省政府和部门的共同努力下，后方各省粮食增产成效显著，与抗战前相比有较大提高，正如时人有言：“此次对日抗战政府推进粮食增产工作，不遗余力，故在抗战期内西南诸省之小麦栽植面积已有显著之增加矣。”[④]小麦产量增加有力地保证了后方粮食供给。小麦良种推广、病虫害防治、扩大冬耕面积等措施，使得小麦种植面积、产量有所增加，在一定程度上为面粉工业的发展提供了原料来源。但在战争背景下，原料问题仍然比较突出，这也成了制约粉厂进一步发展的瓶颈。

四、后方人口骤增，面粉消费市场扩大

抗日战争造成了中国人口的历史大迁徙，除了前文述及的迁往西北地区外，战时迁移西南地区的亦复不少，这从表3－12中可以得到反映。

表3－12　西南地区战前与战时（非战区）户口统计（1936、1943）

省别	战前			战时			
	县数	户数	口数	县数	非战区县数	户数	口数
四川	142	9889498	52963269	142	142	7775722	45924712
西康	—	249782	968187	50	50	330755	1748458
广东	101	6293271	32289805	101	59	3074164	15607579

① 张邦翰：《云南省之农业建设》，《中农月刊》第4卷第1期，1943年1月30日，第63页。

② 孙醒东：《中国之粮食问题及其政策》，出版地、出版社不详，1942年，第74～78页。

③ “中央”银行经济研究处编印：《三十一年上半期国内经济概况》，1942年，第274～275页。

④ 张沦波编著：《中国的资源》，上海：世界书局，1947年，第24页。

（续表）

省别	战前			战时			
	县数	户数	口数	县数	非战区县数	户数	口数
广西	100	2638087	13385215	100	100	2763070	14927438
云南	131	2389940	11994549	131	123	1734794	9224455
贵州	79	1802159	9043207	79	79	1928758	10755461
重庆	—	—	—	1	1	185505	1037630
合计	553	23262737	120644232	604	554	17792768	99225733

资料来源：侯扬方：《中国人口史》第6卷，上海：复旦大学出版社，2005年，第189～270页。

成都战时人口激增。据统计，20世纪40年代成都有8区8镇，面积27371市亩，1945年2月，人口214200户652129口[①]，1942年和1943年，内撤人员和援华盟军激增，聚集于成都，对面粉需求大增。尤其1943年成都附近新建和扩建了8大机场，盟国空军云集，都以面粉为主食。[②]1945年7月，粮食部谕令四川省田粮管理处，迫切要求在民众献粮数额中收集小麦以接济盟军[③]，这也说明盟军数量明显增加，对面粉需求骤增。

重庆人口增长迅速。1942年，重庆市实行身份证登记制度，人口调查统计日趋精确。1943年4月，重庆市长贺耀组报告称，重庆市区有户口统计的人口达89万，人口密度达2714人，新市区、南岸、江北、石桥铺等区人口增加1倍以上，沙磁区几增加4倍，歌乐山区增加达7倍，这也是重庆有史以来人口最多的年份。[④]1945年1月，重庆人口共计186098户1049450人，户均5.6人，人口密度3497.3人。[⑤]截至1945年6月底，人口增至1260428人，比1937年人数骤增约3倍。其间除1939、1940年两年因空袭疏散，人口略有减少外，其余年份皆屡有增加。[⑥]1945年3月，重

① 李澄波：《今昔之成都》，《成都市》第1期，1945年2月，第29～30页。

② 何致中：《抗战初期我到成都筹办建成面粉厂的经过》，政协西南地区文史资料协作会议编：《抗战时期内迁西南的工商企业》，昆明：云南人民出版社，1988年，第294页。

③ 四川省第三区行政督察专员：《关于抄发各县应收小麦数额表的代电（附表）》，1945年7月，重庆市档案馆藏，档案号00550005002550000034000，第35～36页。

④ 陈尔寿：《重庆都市地理》，《地理学报》第10卷，1943年6月15日，第126～129页。

⑤ 重庆市政府编印：《重庆要览》，1945年，第15页。另据《陪都工商年鉴》1945年5月22日发布的统计数据，截至1945年4月底，重庆人口为1266464人，"此为较正确最新之统计"（傅润华、汤约生主编：《陪都工商年鉴》，重庆：文信书局，1945年，第1编第1章第9页）。

⑥ 《重庆市概况》，《统计月报》第111～112期合刊"重庆市专号"，1945年12月，第1页。

庆市政府所辖各机构共有 15874 人，其中职员官佐 6890 人，长警工役 8984 人。其中市政府有 1200 人（职员 763 人，长警工役 437 人）。[①]工人数量也大幅增加。1936 年 2 月工人 3113 人，1941 年 12 月增至 81775 人。公共机关人口则从 12675 人骤增至 71101 人。[②]1945 年 1 月，重庆工业人口数为 152787 人，占人口总数的 14.58%，其中男工 101377 人，占全市男性的 15.94%，女工 51410 人，占 12.48%。[③]

表 3－13 战时重庆户口变动表

年别	户		人口					
			共计		男		女	
	户数	指数	人数	指数	人数	指数	人数	指数
1937	107682	100	475968	100	277808	100	198160	100
1938	114116	105.9	488662	102.6	283259	101.9	205403	103.6
1939	99203	92.1	415208	87.2	247203	88.9	168005	84.7
1940	89300	82.9	304092	82.7	245122	88.2	148970	75.1
1941	134183	124.6	702387	147.5	436636	157.1	265751	134.1
1942	165203	153.5	830918	174.5	530096	190.8	300822	151.8
1943	158231	146.9	923403	194.0	571533	205.7	351870	177.5
1944	185505	172.2	1037630	218.0	626701	225.5	410929	207.3
1945.1	186098	172.8	1049450	220.4	637218	229.3	412232	208.0

资料来源：重庆市政府编印：《重庆要览》，1945 年，第 19 页。

隗瀛涛指出，战时重庆人口剧增是人口向内地迁移的结果，也是重庆历史上最大一次移民活动的结果。[④]因此，发展粮食工业以解决军糈民食顺理成章。

除了大城市之外，中小城市、乡镇迁入的人口也很多，战时大量难民的迁移有一定的规律，即“大率先往城市；城市不能容纳时，再入内地市镇或乡区”[⑤]。贵阳 1943 年 12 月人口数 249721，昆明 1936、1937 年两年

① 重庆市政府编印：《重庆要览》，1945 年，第 10 页。
② 陈尔寿：《重庆都市地理》，《地理学报》第 10 卷，1943 年 6 月 15 日，第 130 页。
③ 重庆市政府编印：《重庆要览》，1945 年，第 17 页。
④ 隗瀛涛主编：《近代重庆城市史》，成都：四川大学出版社，1991 年，第 398 页。
⑤ 孙本文：《现代中国社会问题》第 2 册，上海：商务印书馆，1946 年，第 260 页。

人口均为142000余人，1939年增至196962人。①桂林全市人口从1936年的70107人，为广西第三大城市，增至1941年的118869人，1942年3月达到262334，成为桂省第一大都市，并成为新式工业及旧式手工业中心。②遵义人口的增加也比较明显，从1931年的337940人增至1936年2月的535459人，1940、1941年约为624594人。③

五、内迁工业的促进

内迁工厂最初迁入地为武汉，南京失守后，战火随之蔓延到华中地区，且迁汉工厂复工率很低。④因此，一些大厂负责人1938年1月飞赴重庆，考察迁川的可能性，并成立迁川工厂联合会。9月，迁汉各厂连同当地工厂开始向川、湘、滇、鄂、桂、黔、陕、甘等省迁移。⑤

在内迁工厂的带动下，“政府更在后方设立新工厂若干所，多属基本工业，且适合战时之需要”⑥，后方新设厂数明显增长。至1942年年底，后方民营工厂在经济部登记者已达3111家，较战前超出近5倍。⑦以地域而言，四川从240余家增为1600余家，占48%；湖南增加4倍，占14%；陕西5年间增加了4倍多，占10%；广西占8%，甘肃占4%，贵州占3%，云南占2%，其他省份占11%。工人约17万，资本总额为589774631元。⑧从迁移至后方各省的物资而言，在统计的304家工厂中，四川占迁移物资问题的62%，湖南占12.45%，广西占0.49%，陕西占0.19%，其他各省占0.45%，川、湘两省所占比例明显高于其他省份，四川更是占总数的一半以上。⑨贵州省1935年符合《工厂法》的企业仅有2家，1937年增至55家，1943年再增至97家，资本总额为47922000元，“成为民族工业

① 重庆市政府编印：《重庆要览》，1945年，第20页；张肖梅编著：《云南经济》，重庆：中国国民经济研究所，1942年，第A52、E15页。

② 陈正祥编著：《广西地理》，上海：正中书局，1946年，第118页。

③ 何华整理：《遵义人口概况》，政协贵州省遵义市委员会文史资料委员会编印：《遵义文史资料》第13辑，1988年，第262～265页。

④ 吴文建：《中国工矿业之内迁运动》，《新经济》第7卷第9期，1942年8月1日，第172页。

⑤ 翁文灏：《经济部的战时工业建设》，中国第二历史档案馆编：《国民政府资源委员会公报》第1卷第1期，1941年，北京：档案出版社，1990年，影印版，第91页；孙果达：《民族工业大迁徙——抗日战争时期民营工厂的内迁》，北京：中国文史出版社，1991年，第107～108页。

⑥ 刘大钧：《工业化与中国工业建设》，上海：商务印书馆，1946年，第66页。

⑦ 吴文建：《我国战时民营工业之鸟瞰》，《西南实业通讯》第8卷第4期，1943年10月31日，第12页。

⑧ 吴文建：《我国战时民营工业之鸟瞰》，《西南实业通讯》第8卷第4期，1943年10月31日，第12页；经济部统计处编印：《后方工业概况统计（1942年）》，1943年，第3页。

⑨ 文化供应社编印：《实用国民年鉴》，1941年，第130页。

发展的顶峰”。[①]据学者统计，20世纪30年代以前，云南企业总数不过二三十家，而到40年代中期，全省近代企业已达350家左右（包括国民政府与地方企业），增长率为11倍之多，“在较短的时间内其发展程度已远远超过了以往任何时期”[②]。因此，战时工厂内迁是后方工业一个划时代的转变[③]，甚至被称为“中国的工业革命”[④]。“如此大规模之工业迁移，路程计数千里，实为世所罕见，因不独为我国所未尝有也。”[⑤]这次工厂内迁给内地带来了新式工矿业的种子，奠定了内地新式工矿业的初步基础，很大程度上改变了此前西南与西北地区工业落后的面貌。有人评论道：“抗战后，沿海沿江民营厂矿的内迁运动，可以说是近六年来中国经济史以及民族抗战史上最精采（彩）最灿烂的一页……政府又代为动员无数万的人力，耗用几千万的资财，利用了一切可能利用的运输工具，从火车轮船，一直到独轮车马车，不分昼夜，经常在敌人飞机大炮火网的每一个空隙里，不断的牺牲，不断的奋斗，才使这无数吨的钢铁的行列，在血与汗的交流中，完成了其有史以来最伟巨最辛苦的万里长征！”[⑥]正是在这血与火的交流中，成就了后方工业成长的神话。“使全国工业，在西南、西北各内地，开辟新出路”，“此项迁移对于后方工业之增加，有莫大之贡献……足以促进后方他项工作之发展”。[⑦]工厂内迁不仅刺激了重庆、昆明、桂林、西安等地近代工业的发展，同时造成了若干新的生长点，也是西部经济发展最重要的契机，时人将其称为“八十余年来中国新工业之一大转捩点”[⑧]。

在内迁工厂各个行业中，以机器工业最多，占40.40%，厂数为181

---

① 周春元、何长凤、张祥光主编：《贵州近代史》，贵阳：贵州人民出版社，1987年，第321页。

② 陈征平：《云南早期工业化进程研究：1840～1949年》，北京：民族出版社，2002年，第7页。

③ 吴文建：《我国战时民营工业之鸟瞰》，《西南实业通讯》第8卷第4期，1943年10月31日，第12页；经济部统计处编印：《后方工业概况统计（1942年）》，1943年，第3页。

④ 罗继成、李本哲：《抗战时期的迁川工厂联合会》，四川省中国经济史学会、《中国经济史研究论丛》编辑委员会编：《抗战时期的大后方经济》，成都：四川大学出版社，1989年，第70页。

⑤ 刘大钧：《工业化与中国工业建设》，上海：商务印书馆，1946年，第65页。

⑥ “中国国民党中央执行委员会”宣传部编印：《抗战六年来之工矿》，1943年，第17页。胡厥文在其回忆录中对此也有详细记述。参见胡世华、吕慧敏、宗朋整理：《胡厥文回忆录》，北京：中国文史出版社，1994年，第48～57页。

⑦ 张肖梅：《实业概论》，上海：商务印书馆，1947年，第91页；刘大钧：《工业化与中国工业建设》，上海：商务印书馆，1946年，第66页。

⑧ 黄立人：《抗战时期大后方经济史研究》，北京：中国档案出版社，1998年，第175页；戴逸、张世明主编：《中国西部开发与近代化》，广州：广东教育出版社，2006年，第43页；张肖梅：《实业概论》，上海：商务印书馆，1947年，第103页。

厂，设备13000余吨，至1942年年底，已增为682厂，资本总额3.3亿元，工人3万名以上，使用动力1.6万匹马力，在全部工业中占第三位，产品以工具机、作业机和动力机为主。①战时后方各省电力工业也有了长足的进步，四川、云南、贵州、陕西、甘肃、湖南、湖北、安徽8省共投资20958003元，建设工厂与设备电力，发电总额达96175千瓦时。②

工厂一边内迁，一边着手复工，内迁各厂及10余万吨的新式器材与万余名的熟练技工，立即成为当地工业发展的骨干力量③，中国抗战工业之建立，即以此种内迁工厂为基础。④据云南省厂矿技术员工管制委员会统计，云南战时国营、省营、民营、官商合营等工厂有72家，技术员工最多时达7020人，每厂将近100名技术人员。⑤正如时人所评论："亦正因战事之发生与延长，使全国之许多专门技术人才，工厂企业，银行资本，以及工商业者之迁川，天然为川康增加巨量之人力财力与物力，成为大川康建设之巨量资源，为建设川康之最良机会。"⑥

表3－14　后方川、滇、黔、桂四省工厂、工人概况统计表（1942）

省别	工厂数		工人数	
	实数	百分比（%）	实数	百分比（%）
四川	1654	44.10	108205	44.77
云南	106	2.82	18094	7.49
贵州	112	2.98	4578	1.89
广西	292	7.77	15987	6.63
合计	2164	57.67	146864	60.78

资料来源：宫韵史：《1937年～1945年间国民党统治区工人阶级的状况》，黄逸平编：《中国近代经济史论文选集》，上海：上海师范大学历史系，1979年，第1689页。

引者说明：原表还有陕西、甘肃、湖南三省数据，今为行文需要，只选取了西南4省数据。

① 经济部统计处编印：《后方工业概况统计（1942年）》，1943年，第7页；经济统计处：《历年迁建厂矿情形》，《统计月报》第70期，1942年6月，第42～43页。

② 文化供应社编印：《实用国民年鉴》，1941年，第134页。

③ 许涤新、吴承明主编：《中国资本主义发展史》第3卷，北京：人民出版社，2003年，第546页。另据一项数据，截至1938年年底，经政府协助迁移的民营厂矿共计341家，机件共重65200余吨，加上汉阳铁钢厂及六河沟化铁炉，内迁机件共重十二三万吨。参见沈雷春、陈禾章编著：《中国战时经济建设》"工业"，上海：世界书局，1940年，第7页。

④ 章伯锋、庄建平主编：《抗日战争》第5卷，成都：四川大学出版社，1997年，第22页。

⑤ 云南省档案局（馆）编：《抗战时期的云南——档案史料汇编》下，重庆：重庆出版社，2015年，第927页。

⑥ 崔昌政：《川康建设问题》，重庆：国民图书出版社，1941年，第82页。

再以工厂内迁为例。从迁入内地工厂的数量来看，迁入西南各省厂矿显然要比西北的多，迁川工厂254家，占总数的57%，再加上迁入湖南、广西的144家，总数达398家，占89%，而迁入西北的仅27家，占6%。当然，这与国家当时的迁移政策有关，如在迁移之初，即“以迁移后设厂之地域分配言，遵照蒋委员长删午机洛代电意旨，以川黔湘西为主，视各地交通之便利，原料之供给，需要之性质，分设厂矿”，“四川以交通便利，原料丰富，已成后方工业之中心”。①

1942年，后方共有工厂3758个，绝大部分分布在西南地区，川、黔、滇、桂、粤、湘6省工厂数、资本额及动力数分别占总数的72.77%、83.77%和74.05%，四川份额更大，分别占44.01%、58.28%和43.22%，战时重庆甚至被称为“工业之家”。②

战时四川饮食品行业发展呈现出两个特点：一是新兴工厂的兴起，如机制糖厂、榨油厂、调味品制造厂等；二是战前工业的扩充，如面粉厂、碾米厂。据1942年统计，面粉厂占全川饮食品厂数的9.2%，资本额占19.6%，工人占10.24%，动力设备占34.4%，虽然面粉厂规模较小，资本额、工人数等所占比例不算大，但“如从农产品的加工，特别是从促使农产品的商业化程度上看，意义就不相同了。这类工业的发展，必然会对自足自给性相当高的四川农村经济投下深远的影响”，并且其发展前途远大。③

另据统计，贵阳700余家各种工业企业中，由外埠迁来者有101家，占14%。④

---

① 章伯锋、庄建平主编：《抗日战争》第5卷，成都：四川大学出版社，1997年，第61、24页。

② 章伯锋、庄建平主编：《抗日战争》第5卷，成都：四川大学出版社，1997年，第24～25页；沈雷春、陈禾章编著：《中国战时经济建设》“工业”，上海：世界书局，1940年，第12页。

③ 李紫翔：《抗战以来四川之工业》，《四川经济季刊》第1卷第1期，1943年12月15日，第41页。

④ 贵州省人民政府财政经济委员会编印：《贵州财经资料汇编》，1950年，第57页。

表 3-15　各类工业家数与资本

业别	1937		1938		1939		1940		1941		1942		1943		1944		1945	
	家数	资本	家数	资本	家数	资本	家数	资本	家数	资本	家数	资本	家数	资本	家数	资本	家数	资本
化工	4	24000	6	93000	13	139000	4	1199000	11	2450000	16	2785000	50	62548700	15	57000000	5	47000000
机械	2	345000	3	530000	4	1030000	5	4380000	7	8180000	13	14570000	32	37091000	2	500000	19	–
纺织	2	9000	2	130000	4	595000	5	775000	7	890000	7	2261000	9	5261000	–	–	2	5000000
饮食	3	37000	3	37000	5	307000	8	950000	3	700000	5	1740000	7	7850000	4	2100000	7	14450000
造纸印刷	2	150000	3	165000	6	185000	8	450000	12	710000	8	1140000	4	344000	–	–	–	–
土石	2	3000	3	4200	5	50000	5	80000	2	1028500	7	1000000	8	1400000	–	–	6	–
水泥	–	–	–	–	–	–	–	–	1	1000000	1	1400000	1	2000000	–	–	–	–
油脂	2	20000	3	75000	4	275000	4	750000	2	2000000	6	3000000	11	9750000	–	–	–	–
皮革	1	8000	4	17500	7	149000	7	160000	7	183000	4	200000	4	590000	–	–	–	–
医药	17	385000	17	1184350	18	1640000	14	1200000	14	1200000	5	2100000	12	4553000	–	–	–	–
橡胶	–	–	–	–	–	–	1	300000	1	500000	1	760000	1	1000000	–	–	–	–
电工	–	–	–	–	–	–	–	–	–	–	1	50000	–	–	2	137000	4	760000
金工	6	975000	6	975000	4	1240000	4	1500000	10	2000000	5	3500000	3	2750000	3	500000	6	–
冶炼	–	–	–	–	3	40000	2	150000	1	400000	2	400000	4	1600000	–	–	5	–
服饰品	13	67800	8	93000	12	198000	7	210000	8	467340	6	730000	6	750000	–	–	1	5000000
水电煤气	1	10	2	1100000	2	1100000	2	1600000	2	2500000	2	2500000	2	3400000	2	9000000	2	–
总计	55	2123800	60	4404050	87	6948000	76	13704000	88	24208840	89	38136000	154	140487700	28	69237000	57	7471

资料来源：贵州省政府统计室编印：《贵州省统计年鉴》，1947 年，第 90 页。

引者说明：资本额单位为元。

表3-15反映的是迁入数量、地点和工厂各类，如果从时间来说，战前和战时不可同日而语，战时迁入及新设工厂明显高出战前水平，即使连交通不便、工业基础更为薄弱的贵州也从中受惠良多。

内迁不但为后方各省带来了机器设备，而且也引进了技术人员。据记载，由上海、浙江等内迁经过武汉及由武汉起运的厂矿，通过工矿调整处协助及登记的有304家，物料51182.5吨，技术员工万余人，分布在川、湘、黔、桂、陕及其他各省①，极大地促进了后方各省工业的发展。中国粮食工业公司合川面粉厂16名职员中，标明籍贯的有13名，皆为外省籍人士，其中浙江7人，江苏3人，上海2人，湖北1人，厂长袁庶华为浙江鄞县人，副厂长胡奇系上海人，曾为铅矿公司工程师，粉厂技师吴树功原为上海立大面粉厂技师，粉厂其他办事员有的来自上海大昌精炼厂，有的从事过蚕丝改良、化学工业与麻织工作。②中粮公司营业处、器材库职员共19人，只有营业处的助理员徐学清是四川巴县人，其余皆来自川省之外，其中尤以江苏、安徽两省籍人数为多，占了将近一半。③福民公司1940年第一届21名董监事中，外省人士达14名，川籍只有7名。④另据1946年统计，福民面粉公司25名技工中，川籍人士有22名之多，占总人数近九成，这一比例是非常高的，其余3人为江苏人。⑤一方面，内迁厂矿自身在后方获得新的发展，另一方面，在内迁厂矿的带动下，后方各省兴起了设厂热潮。时人感叹曰："从云隙里，我似乎看到，在风沙中钻探油井的青年工程师们，在石山里凿着煤块的工人，在原野上代羊群治病的兽医，在沙滩上淘金的'工合'社友。还有大队的俄牌汽车，在输送皮毛和茶叶换取军火同汽油。物质的西北在进步中，这三年超过了过去的三十年。"⑥"最为重要与最为集中的，是重庆工业区。沿长江东起唐家沱，西至大渡口；沿嘉陵江北至磁器口、童家桥；沿川黔公路南至綦江，构成了我国抗

---

① 张肖梅：《实业概论》，上海：商务印书馆，1947年，第100页。

② 中国粮食工业公司：《中国粮食工业公司合川面粉工厂职员名册》，重庆市档案馆藏，档案号0028-0002-00001-0000-014-000，第14页。

③ 中国粮食工业公司：《中国粮食工业公司营业处职员名册》，重庆市档案馆藏，档案号0028-0002-00001-0000-004-000，第4页。

④ 福民实业股份有限公司机制面粉厂：《福民实业股份有限公司机制面粉厂第一届董监事名册、发起人姓名及经历、认股数目清册》，1940年，重庆市档案馆藏，档案号02720001000010000035000，第35～40页。

⑤ 福民实业股份有限公司：《福民实业股份有限公司面粉厂1943年6月份工友名册、1946年技术员工初审名册》，1946年，重庆市档案馆藏，档案号02720001000060000043000。

⑥ 赵敏求：《跃进中的西北》，西安：新中国文化出版社，1940年，第188页。

战时期的工业命脉。这是当时后方唯一的综合性工业区。”①

除了上述因素外，一些机构或人员也为后方机制面粉工业的发展颇有助力。如中农所驻滇工作站在《中农所简讯》上倡导在滇省设立粉厂②，并“曾建议滇省当局，认为有亟应设法创设机制面粉厂之必要”，编制《云南省小麦与面粉调查报告》分寄各地，以供有识之士参考采择，并引起了上海、汉口两地商人的重视。1938 年八九月间，中农所驻滇工作站人员与沪汉商人就设厂的各种问题书信往还予以讨论，两地商人根据该所报告，“决定至滇设厂，机器已由沪汉起运，负责筹备人已抵昆明，开始觅地建厂”，工作站人员积极协助，建言献策。③

第三节　对战时西南机制面粉工业的反思

战时西南机制面粉业发展迅猛，虽然各地情况千差万别，但亦有许多方面值得反思。

一、时局对粉厂的影响

民族危机给后方经济社会总体发展带来了新的转机，但在战争状态下，时局变化对个体来说又呈现出破坏性的一面，后方机制面粉业也深受战争之害。复兴公司规模较大，原料需求旺盛，所产面粉品质较高，远销后方各地，枣宜会战前可远销至长沙等地，之后政府为免资敌，禁止运售至宜宾、长沙一带，甚至昆明、贵阳一带亦禁止运销，销路大为缩小。对此，复兴公司 1940 年 6 月呈文四川省政府，请求“准予通行运粮”，扩大销路。④1940 年 7 月 31 日，日军飞机轰炸重庆，复兴厂不幸被炸，牛角沱面粉部房屋被破片击中，震毁网节 1 只，部分机械损失 2 万余元（系以时价估计，下同）；5 间职员宿舍被弹片击毁，损失 1 万余元；厂房各部损失 1 万余元；3 艘运输船只被炸沉没，损失七八千元；运煤船所运 47 吨煤炭及船只被炸，损失 3600 元；李双和运麦船及载运 800 余石小麦被炸，损失

---

① 刘敬坤：《重庆与八年抗战》，政协四川省重庆市委员会文史资料研究委员会编：《重庆抗战纪事》，重庆：重庆出版社，1985 年，第 12 ～ 13 页。

② 《云南省小麦品种及面粉之调查》，《中农所简讯》第 2 期，1938 年 9 月 1 日，第 5 页。

③ 《云南小麦制粉问题》，《中农所简讯》第 4 期，1938 年 10 月 1 日，第 8 页；《助成商民赴滇创设机制面粉厂》，《中农所简讯》第 5 期，1938 年 11 月 1 日，第 6 页。

④ 四川省政府：《关于禁止重庆复兴面粉厂机制面粉运销宜宾、长沙一带给四川省第三区行政督察专员公署的训令》，1940 年 7 月，重庆市档案馆藏，档案号 00550004000460000140002。

35000 余元；另有赵海元一艘运麦船被炸，所载 700 余石小麦尽数损毁，损失 3 万元；第二厂部分房屋被炸，损失三四千元。[①]1941 年 8 月 8 日，日军空袭重庆，致使复兴公司仓库着火，所存 4000 余石小麦、粉袋、物料、五金配件等一并被焚毁，共计损失 150 万元以上，致使复兴停工 1 个月，至 9 月中旬始告修复。[②]另有第二厂机械、材料、房舍、什物、职工等被灾，损失 157227.24 元。[③]

自滇缅公路中断后，筛绢、油料、五金材料等价格飞涨[④]，且不易购得。复兴所用磨辊订自英国，1941 年运至仰光时，被英国扣留，后经交涉才运抵重庆。[⑤]1942 年 7 月，福民从国外购进的设备不幸中途被毁，影响设备维修与正常生产。[⑥]

豫湘桂战役爆发后，陕西、贵州亦受影响，福新负责人有将福新宝鸡分厂“物资事先疏散”的考虑。[⑦]大兴面粉公司董事长亦言：“卅三年度冬又遇湘桂战事，震及黔边，不得不做必要之准备，其直接所蒙之损失尚微，但无形间接之损失则甚巨。”[⑧]

---

① 熊瑚：《熊瑚关于查报复兴面粉第一、二厂被炸情形上重庆市社会局的呈》，1940 年 8 月 3 日，重庆市档案馆藏，档案号 00600002019520000010。

② 龚彬：《龚彬关于告知复兴面粉股份有限公司第二厂被炸情况上中国农民银行重庆分行的呈》，1941 年 8 月 9 日，重庆市档案馆藏，档案号 02890001002920000098000；复兴面粉股份有限公司：《复兴面粉股份有限公司关于检送本公司 1941 年 8 月份业务报告书及资产负债表致孙禄钟的函》，重庆市档案馆藏，档案号 02890001002920000210000；重庆市社会局、复兴面粉股份有限公司：《重庆市社会局、复兴面粉股份有限公司关于报送一九四一年营业账项的呈、批（附盈余分配表）》，1942 年 5 月 31 日，重庆市档案馆藏，档案号 00600002003280000005，第 92 页；《复兴面粉公司第二制造厂房舍机械材料什物损失清册》，重庆市档案馆藏，档案号 02730001007750000039。

③ 复兴面粉股份有限公司：《关于报送复兴面粉公司第二制造厂房舍、机械损失清册上“财政部”川康直接税重庆分局的呈（附清册）》，1941 年 9 月 5 日，重庆市档案馆藏，档案号 02730001007750000039。

④ 重庆市商会、“财政部”公债筹募委员会重庆市分会：《关于减轻面粉厂派额的函》，1943 年 3 月 22 日，重庆市档案馆藏，档案号 00640008003080000094000。

⑤ 重庆市社会局、复兴面粉股份有限公司：《重庆市社会局、复兴面粉股份有限公司关于报送一九四一年营业账项的呈、批（附盈余分配表）》，1942 年 5 月 31 日，重庆市档案馆藏，档案号 00600002003280000005，第 96 页。

⑥ 福民实业股份有限公司机制面粉厂：《福民实业股份有限公司机制面粉厂归还所借物料事宜致申新第四纺织厂的函》，1942 年 7 月 7 日，重庆市档案馆藏，档案号 0234－0001－00050－0000－111－000，第 111～112 页。

⑦ 李国伟：《关于赶磨军粉、内汇款项情况致厉无咎的函》，1944 年 5 月 29 日，重庆市档案馆藏，档案号 0234－1－0102－072。

⑧ 大兴面粉厂股份有限公司：《大兴面粉厂股份有限公司第四届股东常会决议录》，1945 年 3 月 21 日，重庆市档案馆藏，档案号 02300002000700000019000。

二、资金不充裕

抗战期间时局动荡，市面资金量小，各粉厂资金也极不充裕，向银行贷款借款成为粉厂的无奈选择。福民公司开办之初，曾于1940年4月向经济部工矿调整处借款65000元，“为建筑栈仓、添置马达及机器配件之用”，周息七厘，分三年还清。[①]5月15日，福民公司在重庆益民钱庄承保下，又与交通银行重庆分行订立借款合同。[②]1941年11月，福民又以小麦、面粉及五金铜铁材料等做抵押，向重庆四行借款350万元。[③]福民公司短时期内多次借款，说明其资金短缺问题相当严重。1943年，经济部统计处为了研究战时后方工矿业资金情况，对后方121家厂矿资产负责情况进行了调查统计，121家企业涉及工业与矿业两大门类，工业主要有水电、电器制造、木材及建筑、土石品制造、化工、饮食品等，其中饮食品工业企业有9家，涉及面粉行业的有西安华峰面粉公司、西安成丰面粉公司、广西面粉公司与大兴面粉公司。在所调查的成丰、华峰、大兴及广西面粉厂四厂中，资本较为雄厚的是成丰与华峰，固定资产加上流动资产与其他资产均在500万元以上，这在后方民营粉厂中规模较大。尽管统计的四厂都基本能正常运转，但各厂都背负短期债务，华峰为4149649.15元，成丰为2756019.37元，广西面粉厂为272605.33元，大兴面粉厂为755955.08元，而且广西面粉厂还有649999.92元的长期负债。[④]1940年10月28日至1941年4月27日，复兴公司为了解决粉厂资金困难，遂向中、中、交、农四行借款60万元，月息9厘。[⑤]贷借款项虽为企业不可避免之事，但亦反映出其资金来源不充裕的现实。面对资金困难局面，政府虽有扶助企业、奖励生产，向企业发放低利借款之举，但急于纾解困难的复兴公司1942年却将借得四行低利资金转存至金城银行重庆市分行，且“为数甚巨”。时久事

① 经济部工矿调整处：《关于拨付福民实业股份有限公司机制面粉厂借款给福民实业股份有限公司机制面粉厂的批》，1940年5月11日，重庆市档案馆藏，档案号02720001000270000040000，第40～41页。

② 交通银行重庆分行、福民实业股份有限公司机制面粉厂：《关于福民实业股份有限公司机制面粉厂向交通银行重庆分行抵押借款的合约》，1940年5月15日，重庆市档案馆藏，档案号02720002000090000078000，第78页。

③ 中中交农四银行联合办事总处秘书处：《关于准予福民实业股份有限公司机制面粉厂贷款合约展期致福民实业股份有限公司机制面粉厂的函》，1942年3月6日，重庆市档案馆藏，档案号02720002000090000013000，第13页。

④ 经济部统计处编印：《后方工矿资金研究》，1943年，第17页。

⑤ 交通银行总管理处设计处：《复兴面粉股份有限公司1941年6月调查报告》，重庆市档案馆藏，档案号02880001001550000180000。

泄，复兴公司除被处以停止本年度贷款外，对于套利所得利息予以充公，另处以相同数额的罚金，并被告诫。[①]这一违规事件虽对复兴公司影响甚微，但捉襟见肘的资金情形亦未改观。

大兴面粉厂亦面临资金短缺问题。该厂生产能力为日磨小麦 90 老石，每年可磨麦 32000 担，以 1942 年每担小麦 3000 元计，则购买小麦的原料费逾 9000 万元，对于 1942 年资本额只有 200 万元的大兴而言不啻为无法筹措之巨款。[②]

导致资金不充裕的原因，还有政府所定粉价过低，而麦价、物价、材料、工资等不断上涨，致使制粉成本上升，粉、麦价格剪刀差较大，而政府所付加工费不抵成本支出，以致亏本经营。1941 年 3 月，重庆市政府根据购麦成本及合理利润，将渝市面粉价格确定为头号粉 57 元，二号粉 56 元，三号粉 55 元，四号粉 52 元。但粉厂对此提出异议，认为这一价格系按照当时各厂存麦成本 90 元计算而得，而市面麦价已涨至最低每市石 110 元，高出原价 20 元，显然原价与市价不符，而且麦价还在上涨之中，故而粉厂要求每袋再提高 10 元。重庆市政府经过实地调查，确认均属实情，故将粉价在原定基础上分别再提高 10 元，并于当月 25 日实施，以维持生产。[③]及至 6 月，四川及渝市麦价上涨至每市石 160 元，而政府对于面粉成本计算价格却为 110 元，差价从 20 元扩大至 50 元。面粉提价又被提上日程，但各等次面粉也只分别提至 80 元、79 元、78 元及 75 元，并于 12 日开始实施。[④]1941 年 11 月，政府对于面粉实行平价政策，规定每袋面粉 80 元，而实际成本却为 130 元，个别地方还要多出此数。尽管政府对于多出部分每袋补助 50 元津贴，但这也只能补齐成本而不能保证粉厂正当利润，因此粉厂只能一面咬牙苦熬，一面请求政府提高粉价，按照出厂价格配

---

① 重庆市银行商业同业公会：《关于告诫复兴面粉公司致金城银行重庆分行的函》，1942 年 4 月 29 日，重庆市档案馆藏，档案号 03040001005110000221000。

② 《大兴面粉厂》，《贵州企业季刊》第 2 卷第 2 期，1944 年 6 月，第 128 ～ 129 页。

③ 全国粮食管理局：《关于拟定调整重庆市面粉价格办法致重庆市政府的呈》，重庆市档案馆藏，1941 年 5 月，重庆市档案馆藏，档案号 00700001000710000055，第 212 ～ 213 页；重庆市政府：《重庆市政府关于调整面粉价格给社会局的训令》，1941 年 5 月 27 日，重庆市档案馆藏，档案号 00600002009700000034，第 96 ～ 97 页。

④ 全国粮食管理局、重庆市粮管会：《关于核定每袋面粉价格的训令、呈》，1941 年 6 月 12 日，重庆市档案馆藏，档案号 00700001000710000065，第 237 ～ 239 页。关于麦价高而粉价低导致各粉厂亏损的情况，粮食部陪都民食供应处 1941 年 9 月 11 日致函重庆市粮食管理委员会，拟自 1941 年 7 月 1 日起对各粉厂予以补偿，补偿期为一个月，规定 1 ～ 5 日，每袋补偿价格为 24 元；6 ～ 10 日为 44 元；“中下旬系按各厂成本之高低，将每袋酌量予以核减五元”。参见粮食部陪都民食供应处：《关于补偿四厂粉价及告知开始日期致重庆市粮食管理委员会的函》，1941 年 9 月 11 日，重庆市档案馆藏，档案号 00700001003570000007，第 11 ～ 14 页。

销。时间一长，粉厂亏损更为严重，甚至制粉越多，亏损越大，粉厂苦不堪言。1943 年 5 月下旬，天城公司致函重庆市机制面粉厂联合办事处，就每袋面粉 25 元加工费过低，在物价高涨的情况下，该公司近两个月每月赔累十余万元，要求政府提高加工费用。[①]

政府与粉厂关于面粉的管制与反管制或曰博弈自 1941 年 4 月即已开始，其中心议题即是麦价与粉价，尤其是麦价高而粉价低。对于粉、麦价的剪刀差问题，自始至终绊随着重庆面粉行业的发展。作为管理部门，无论是全国粮食管理局、粮食部及其下属的民食供应处，还是重庆市政府、重庆市粮政局，都试图在压低粉价的理念下予以解决。但作为自负盈亏的粉厂，则希望企业利益最大化，小麦能以较低价格购进，而面粉能以更高的价格卖出，或者粉厂能有更多价格决定权，以解决资金短缺问题，实现企业良性发展。然而，事实证明这在战时只是一种奢望。麦农则期望麦价保持较高水平，而打击麦价上涨过快又是政府义不容辞的责任。因此，三方利益并不一致，这是除了政府行为之外导致剪刀差过于悬殊的主要原因。处于弱势地位的粉厂，不可能取得粉、麦价格之间的平稳，粉厂欲从自身产品获利的希望变得日益渺茫，资金短缺则成了战时常态。粉厂即使盈利，其利润也基本被通货膨胀抵消，因之粉厂向银行借款者比比皆是。因此，战前根据市场需求自由定价的环境已不复存在，而代之以统制经济或国家资本主义的兴起，面粉行业“国进民退”的苗头在战时已经显现并展示出强劲的发展势头，但民营粉厂仍为后方面粉工业主体，而主体地位并不能改变其资金不充裕的状态，这也是战时后方机制粉厂规模普遍较小的一个因素。

三、原料收购困难

大兴粉厂的原料主要来自遵义，当年设厂于此，亦是何辑五及贵州农改所所长皮作琼鉴于遵义附近植麦广泛，年产小麦约 30 万担，品质亦佳，原料供应无虞。此虽无不确之处，但因小麦产区分散，麦农散处四乡，收获的小麦亦特别分散，农户只在赶场日用“堞堞筐”肩挑背扛而来，或用马驮运，单驮约装 5 ～ 7 斗，双驮约装 1 石 3 斗，四驮可装 2 石多，大场三日一集，小场五日、七日或十日一集，或委托粮行代卖[②]，

① 天城公司：《关于报送天城公司各厂加工费不敷情形并请调整救济致重庆市机制面粉厂联合办事处的函》，1943 年 5 月，重庆市档案馆藏，档案号 03040001026000000020000，第 20 ～ 26 页。

② 傅应钦：《贵阳的粮食业》，中国民主建国会贵州省委员会、贵州省工商业联合会工商史料小组编印：《贵州工商史料汇编》第 2 辑，1985 年，第 69 ～ 72 页。

间隔时间较长，粉厂只得派人“在遵义城内截购小麦，一日之间，所进不过数斗”，零星收购。加之经营小麦的粮行阙如，亦无经纪人从中调拨，因此收购异常困难，收购数量明显不足。从1940年5月至1941年6月正式开工，15个月总共收购小麦4800市石，只敷19天用量。每年所收10000担小麦只敷3个月之用，故每天只能开工12小时。据统计，1942年6月20日止，粉厂共收购小麦636640磅，合遵义老石1384石，仅供半个月开工之用。据统计，1941年至1946年，大兴粉厂产量只占生产能力的16%，最低时仅为4.27%。在1942年6月6日的股东大会上，董事长报告中亦提到1941年“小麦产量欠丰，交通又不便利，尚感不能尽量发挥生产能力”。[①]粉厂出现“原料缺乏……致筑垣面粉时断接济”[②]。大兴公司董事长在1945年3月召开的股东大会上坦承：“所惜者，原料集中非常困难，致不能尽量发挥生产能力，殊为憾事。”经理吴鹏高亦言：“所存原料因应付时局关系（指1944年豫湘桂战役），完全用去，现在继续收购甚少。”[③]“自三十一年起省府提倡冬耕，遵义四乡小麦历有增产，惟均散在乡间，并无集中地点，或中间经纪商贩，是以每届新麦登场，须以极大之人力，由乡人零星采购，收购期间，不过四个月，时间一过，颇有绝迹之苦。是以每年麦季集中资金收购全年所需之原料，颇感吃力，产量每受限制。”1945年仅收购小麦2606老石，只相当于生产能力的4.27%，最高的1946年也只不过16%。[④]原料缺乏既无法提高产量，又浪费人工、机器，成本无形增大，而市场则是供不应求，导致希冀购粉者“交相责难”。[⑤]贵阳小麦运输亦与遵义相似，农民用各种大小形制竹筐将粮食肩挑背扛或用牲畜驮至市内，委托粮行代卖。但麦行业务冷清，买卖

---

① 《职员请假登记、投资股东名单、股东当选名单、离职、通信录、四年报告、各种移交清册、人事通知等》，1940～1948年，贵州省档案馆藏，档案号M78－1－280，第385～390页。

② 《关于水泥、粉、面等商品销售价格之文件》，1940～1945年，贵州省档案馆藏，档案号M78－1－336，第18页。

③ 大兴面粉厂股份有限公司：《大兴面粉厂股份有限公司第四届股东常会决议录》，1945年3月21日，重庆市档案馆藏，档案号02300002000700000019000。

④ 李德芳、林建曾编：《贵州近代经济史资料选辑》上，第二卷（工业、交通篇），成都：四川省社会科学院出版社，1987年，第636～637页。

⑤ 《大兴面粉厂》，《贵州企业季刊》第2卷第2期，1944年6月，第128～129页；丁道谦：《贵州经济地理发凡》，《贵州企业季刊》第1卷第2期，1943年2月，第36页；姜梦赍：《大兴面粉厂的筹建和经营情况》，政协贵州省遵义市委员会文史资料委员会编印：《遵义文史资料》第1辑，1983年，第161～168页；卜青芳：《忆吴鼎昌治黔》，政协贵州省委员会文史资料委员会编印：《贵州文史资料选辑》第31辑，1992年，第98页；贵州省人民政府财政经济委员会编印：《贵州财经资料汇编》，1950年，第104页。

顾客均少。[①]

原料收购困难在战时重庆各厂亦有出现。1940年11月，重庆市粮食管理委员会对在渝粉厂产销情形调查时，福新公司即因“原料缺乏，囤风颇炽，故感供不应求”，每日仅能产粉450袋。复兴、福民、岁丰等厂亦无存货，随产随销。[②]1941年复兴面粉厂为了收购小麦，派员赴奉节、巫山一带地区，深入农村收购零星小麦，“甚有远赴鄂境购者，即川省之雷马屏峨各县，素称险塞之区，本公司亦曾派员前往，艰苦情形，难以罄述”，省内20余县收购小麦10余万石，其余不足之数，“多赖粮管机关拨麦接济”。1941年，复兴公司工作时间为9000余小时，产量33万余袋，“与规定产额相较，差数甚大”，即因原料缺乏无法开足工时。复兴公司亦认为本公司至少存在三大问题：资金不充、原料缺乏、物价飞涨[③]，尤其是政府管制小麦、面粉价格之后。据资料显示，1940年3月，每3市石小麦价格为35元左右，每市石十一二元，“随后每月一涨或数涨”，1940年年底涨至80元，1941年四五月间涨至四五百元，可以看出，一年之间麦价涨了十余倍之多。[④]1942年年初，重庆小麦政府定价每担300元，而合川为350，南充350～360元，宜宾400元，因此外地粮商皆不愿运麦至渝，以致粉厂原料短缺。[⑤]为此，有的粉厂亦不排斥购户零星以小麦换取面粉的做法。1941年7月，某兵工厂购到小麦249石余，即到福民公司直接换取面粉。[⑥]1944年，建成面粉厂面临的困难有二：一是原料缺乏，二是动力不足。原本每日生产能力为1000袋，但实际生产量只有500袋，只处于半开工状态。[⑦]1945年2月，福利委员会函告磐溪北碚各室厂联合委员会，中粮公司与复兴公司未收到统一拨付的平价小麦，尽管平价面粉请购手续已

---

① 傅应钦：《贵阳的粮食业》，政协贵州省贵阳市文史和学习委员会编：《贵阳文史资料选萃·经济社会卷》，贵阳：贵州人民出版社，2006年，第71～72页。

② 重庆市社会局：《重庆市社会局关于检送面粉产销情形及调查报告致粮食管理委员会的公函（附报告）》，1940年11月30日，重庆市档案馆藏，档案号00600002009700000026，第75～78页。

③ 重庆市社会局、复兴面粉股份有限公司：《重庆市社会局、复兴面粉股份有限公司关于报送一九四一年营业账项的呈、批（附盈余分配表）》，1942年5月31日，重庆市档案馆藏，档案号00600002003280000005，第89页。

④ 交通银行总管理处设计处：《复兴面粉股份有限公司1941年6月调查报告》，重庆市档案馆藏，档案号02880001001550000180000。

⑤ 《厉无咎先生讲：“面粉的生产与消费”》，《西南实业通讯》第5卷第1期，1942年1月31日，第49页。

⑥ 重庆市粮食管理委员会：《关于洽商换取面粉事宜致军政部兵工署第二十一工厂、福民实业公司机制面粉厂的函、通知》，1941年7月5日，重庆市档案馆藏，档案号00700001001270000047。

⑦ 中国工业经济研究所编印：《四川工矿业调查》，1944年，第9页。

经办妥，但该两厂“现尚无粉供应”。[①]

四、交通困难，运输力量不足

就大兴面粉厂而言，交通困难在建厂之初修建厂门口的大兴路即已显露端倪，该路虽为要道，但“地势崎岖，行人素感困苦”，粉厂为麦、粉进出厂方便，而向企业公司申请修通此路。在遵义县长孔福民的支持下，1941年春该路开始征地迁坟，实地测量，一个多月后即修通。但该路工程质量低劣，六月份的大雨致使路面损毁，修通两个多月后就不得不返工。1943、1944年该路有所拓宽。[②]

如果说大兴路的修建只是粉厂在交通运输方面迈出的较为容易的第一步，那以后的麦、粉运输形势则要严峻得多。这主要表现在原料收购与产品销售两个方面。原料收购除比较分散外，桐梓、永兴等产麦之地距离本厂颇远，均在100公里以外，如以汽车转运[③]，则运价太昂，难以承受，因此只能依赖人力及畜力，较之铁路、水路成本亦增加不少。产品销售方面，粉厂初以回程空车运送面粉，“尚感便利”，但政府统制车辆后，此项便利即消失。于是从1942年下半年起，改用牛车、板车甚至独轮手推车拉运，由遵义至贵阳需时10～20日，如遇雨天，则面粉易受潮湿，品质、价格皆会下降，加之运费高涨，从每袋15元涨至230元[④]，而厂方尽管“任何工具无一不予尝试，亦无一不告失望，所蒙之损失，不可胜计”[⑤]，“改进无力，颇感烦恼”[⑥]，甚至在战后检讨时有“自行置备汽车

---

① 经济部“中央”工业试验所福利委员会：《关于中粮公司与复兴面粉厂暂不供应平价面粉的代电》，1945年2月7日，重庆市档案馆藏，档案号0114000100809000014000。

② 翁仲康：《大兴路的兴修与扩建》，政协贵州省遵义市委员会文史资料委员会编印：《遵义文史资料》第8辑，1985年，第211～214页。

③ 关于贵州汽车数据，据1938年7月统计，除去国民政府驻黔交通机关车辆以外，贵州公私车辆总计327辆，其中能行驶者274辆，包括贵州公路局51辆，商行124辆，非营业机关及商行车辆99辆。如以车辆种类言，客货车151辆，其中能行驶者132辆，货车84辆，其中能行驶者70辆，另有小车61辆。从贵州省公路局对1937年全年营业统计来看，在929147.02元收入中，客运收入600478.41元，客运附属收入69903.94元，货运收入165207.73元，货运附属收入4065.35元，交通管理收入67561.55元，其他收入21930.04元，说明货运业务极不发达。参见贵州省政府秘书处统计室编印：《贵州一览初稿》，1938年，第93～94页。

④ 《职员请假登记、投资股东名单、股东当选名单、离职、通信录、四年报告、各种移交清册、人事通知等》，1940～1948年，贵州省档案馆藏，档案号M78－1－280，第385页；《大兴面粉厂》，《贵州企业季刊》第2卷第2期，1944年6月，第129页。

⑤ 《贵企有关事业一年来概况及其展望》，《贵州企业季刊》第4卷第1期，1946年7月，第25～26页。

⑥ 《大兴面粉厂》，《贵州企业季刊》第2卷第2期，1944年6月，第129页。

数辆，善为调用，俾自握支配之权，而免仰人鼻息之憾”①。

此外，粉机修理不便。粉机自渝订购之时，不意遭日机轰炸，迁延有时，装配运转期间亦数度发生故障，停工两月有余。贵州钢铁工业共14家，其中除黔西铁厂规模较大外，其余13家皆为小型铁厂，出品以白铁板、灰铁板、白钢板及毛铁为主，不具备制造或修理面粉机械能力。②遵义地处偏僻，当地并无大型机械厂或铁工厂，无法就地修理，致使粉厂损失颇重。③大兴面粉厂在兴建之初，本地并无动力设备，需要从外地运入，在动力机尚未运到之时，影响其开工日期及正常生产，而开工后其他机件出现问题则需运至重庆修理。④

五、官商合办粉厂弊端较多

大兴粉厂初拟为商办，但鉴于贵州企业公司也有创办机制面粉厂的计划，遂双方合作，上海股东占资本总额的51%，企业公司占49%，贵州企业公司性质为官僚资本，大兴性质遂成为官商合办企业。⑤官商合办虽有可资利用的官方资本与背景，但其存在的问题也是较多的。主要表现为管理未上轨道，人员配置比例失调。这可以从粉厂职员与工人配置比例得到反映。

表3－16　大兴面粉厂职员、工人概况统计表

年份	职工人数					
	合计		职员		工人	
	人数（人）	占比（%）	人数（人）	占比（%）	人数（人）	占比（%）
1939	10	100.0	6	60.0	4	40.0
1940	41	100.0	26	63.4	15	36.6
1941	60	100.0	32	53.3	28	46.7
1942	55	100.0	30	54.5	25	45.5

① 《贵企有关事业一年来概况及其展望》，《贵州企业季刊》第4卷第1期，1946年7月，第25～26页。

② 钟襄襄：《贵州工业鸟瞰》，《金融周刊》第5卷第34期，1944年8月21日，不分页码。

③ 《大兴面粉厂》，《贵州企业季刊》第2卷第2期，1944年6月，第129页。

④ 工矿调整处：《关于填送护照申请书及报关清单致遵义大兴面粉厂的函》，1941年2月11日，重庆市档案馆藏，档案号0020－0001－00086－0000－047－000；沈雷春、陈禾章编著：《中国战时经济建设》“工业”，上海：世界书局，1940年，第16页。

⑤ 姜梦赍：《大兴面粉厂的筹建和经营情况》，政协贵州省遵义市委员会文史资料委员会编印：《遵义文史资料》第1辑，1983年，第161～168页。

（续表）

年份	职工人数					
	合计		职员		工人	
	人数（人）	占比（%）	人数（人）	占比（%）	人数（人）	占比（%）
1943	74	100.0	46	62.2	28	37.8
1944	79	100.0	50	63.3	29	36.7
1945	80	100.0	48	60.0	32	40.0

资料来源：贵州省人民政府财政经济委员会编印：《贵州财经资料汇编》，1950年，第103页。

引者说明：所占比例一栏系引者所加。

从表3-16可以看出，从创办之初到抗战胜利，大兴粉厂职工人数除1942年略有减少并马上于下一年度大量补充外，其他年份都有增加，尤其是创办第二年，人数增长最为迅猛，净增31人，职工人数是上一年度的4倍余，1945年达到了最多的80人，这说明粉厂规模在逐年扩大，但也反映出另一个不容忽视的问题，即职工构成中，自始至终都是职员人数多于工人人数，历年无一例外，最高年份1940年比例达63.4%，反观工人数及其所占比例，最多时为46.7%，最低的1940年只有36.6%。这一点与早年其他地区创办的粉厂大异其趣。

据统计，1913年英商创办的增裕面粉厂共有职工75人，其中工人65人，占86.7%，工人与职员比例约为五比一。同期中国机制面粉厂职工构成比例整体情况是，职工总数为7111人，工人为5484人，工人平均比例高达77.1%。1922年，这一数字上升至82.9%，而创办较早的福新系统各厂工人所占比例除福新一厂和三厂皆为80%外，其余皆在85%以上，福新八厂更是高达92.5%，阜丰面粉公司1922年比例亦为86.2%，高出全国平均水平。在战前所呈报统计的79厂中，工人比例亦达78.8%，这与估计值78.3%基本持平，而最高的西安华峰、成丰比例为91.5%，最低的立丰粉厂亦有67.2%。同时期外资粉厂比例为80%。[①]职员与工人的比例构成使得战前各粉厂效率十分高效。而大兴粉厂却与此正好相反，说明大兴粉厂的管理还未臻完善，裙带关系、地方势力深深地渗透进了利益阶

① 上海市粮食局、上海市工商行政管理局、上海社会科学院经济研究所经济史研究室编：《中国近代面粉工业史》，北京：中华书局，1987年，第314～322页。华峰粉厂1948年职工总数为278人，其中工人229人，占总数82%；成丰职工总数为172人，工人128名，占74%。参见谢剑云：《西安的面粉工业》，《西北通讯》第3卷第1期，1948年7月15日，第13页。

层。同时，薪资较高的职员人数过多，无形中增加了粉厂的开支，加重了粉厂的经济负担，为科学管理增加了难度。

与内迁粉厂相比，后方自建粉厂管理水平不如内迁粉厂，虽然各粉厂规章健全，但实际管理中仍有不少漏洞。复兴面粉厂的管理方式，如鲜伯良所言，是一种封建关系，其职工人数七成以上与鲜伯良有乡梓之情甚至人身依附关系，鲜伯良在同乡眼中处于高高在上的偶像地位，是地方专员、县长、豪绅眼里的“陶朱公”，其对粉厂的管理却是封建家长式的管理。就粉厂股东而言，也逐渐形成了一股独大或“我即复兴、复兴即我”的局面，股东、监察很少过问厂务，董监事换届选举“不过徒具形式而已”。[①]

复兴管理人员普通机械常识较为欠缺，联络事务管理方面一、二两厂均极欠缺，机件管理方面一厂“比较稍有头绪，二厂一塌糊涂”，如一厂小麦堆在锅炉房，煤灰混入麦内，有欠清洁；锅炉陈旧，超过消耗量75%，每日用煤 7 吨，煤量消耗超过 50%，动力锅炉亦超负荷运转，超30%，“应更换动力以策安全”。二厂管理不善，耗弃小麦颇多，“机件管理人毫不注意面粉耗散，随处可见，选粉机备而不用，均不合厂家之规范”，吸尘设备未能装配到位，因此有人建议复兴事务人员及机务人员应往各厂参观或聘用指导员。福民厂机间全房摇动，应设法加固。天城面粉厂布置清洁，麦仓面栈坚固整齐，“尤为特色”，“惟无修理机设备，为缺点耳”。[②]

面粉厂作为追求利润的企业，在战时境遇下，其所受影响是多方面的，面粉作为商品之一种，亦受多种因素影响。抗战后期，物价腾贵，粉价亦大幅上涨，大兴面粉厂所产面粉“全部入于特殊有力之掌握中”，造成高出售价三四倍之黑市。四川各地面粉大量输入，“掺伪假冒，无奇不有”，“复员之声甚嚣尘止（上），人口锐减，市场上购买力随之薄弱”。[③]时人亦指出，缺乏战时办厂经验亦是其未能快速发展之一端。[④]还有一点不容忽视，战时制造费用较高，即间接或直接费用亦无不受各项物价飞涨影

① 鲜伯良：《我经营重庆复兴面粉厂的回忆》，政协四川省委员会、四川省省志编辑委员会编印：《四川文史资料选辑》第 4 辑，1962 年，第 102 ～ 111 页。

② 粮食部：《关于告知随时派员考察复兴、福民、福新等面粉厂机件设备给重庆市粮政局的训令》，1942 年 10 月 26 日，重庆市档案馆藏，档案号 00700002001910000002。

③ 《贵企有关事业一年来概况及其展望》，《贵州企业季刊》第 4 卷第 1 期，1946 年 7 月，第 25 ～ 26 页。

④ 《大兴面粉厂》，《贵州企业季刊》第 2 卷第 2 期，1944 年 6 月，第 128 ～ 129 页。

响而相应上升。[①]

此外，战时后方粉厂呈现小型化特点。1942 年 1 月 ～ 10 月，重庆 6 家粉厂资本总额为 1260 万元[②]，每厂平均为 210 万元，折合战前币值 105000 元。与战前福新比较，规模较小。

小　结

与西北地区一样，战时西南川、滇、黔、桂四省机制面粉工业也获得了相当大的发展，无论厂数、钢磨数量、面粉产销量、资本总额、工人数量等都实现了前所未有的发展，处于历史发展最好时期。从粉厂分布地域来看，陪都重庆因其政治地位重要、机关林立、人口骤增等因素，粉厂数量在后方城市中独占鳌头，五大粉厂规模较大，尤以复兴为最。成都粉厂基本保持战前水平。尤其需要指出的是，贵州、云南、广西机制面粉工业从无到有，实现了零的突破，这一点难能可贵。正如何辑五及贵州农改所所长皮作琼所言，兴建粉厂对于"民众心理之改观，事业成效之加速，农业推广基础之奠定，实属一种永久建设"。[③]西南机制面粉工业的发展一如西北地区，整体上呈现出抗战时期民族危机日益严重状态下融合与发展的明显特点。

战时西南机制面粉业的历史性发展，得益于五个方面，一是国民政府西迁后政治地位日益重要，二是开发西南政策与热潮持续开展，三是农业改良为面粉工业提供了源源不断的原料供应，四是后方人口骤增，市场消费量大增，五是内迁工业及技术人员的带动。作为国民政府有效统辖下的区域与重点建设地区，西南地区经济开发与建设自然而然相继展开，各类内迁工业与工厂不但实现了战时新发展，而且带动了当地工业与经济发展，在一定程度上改变了当地经济社会面貌。各级农业机关、农业技术人员及其一系列行之有效、广受农民欢迎的改进农业的措施，使得战时粮食生产不致过于匮乏，于国于民皆功莫大焉。贵州农改所第二任所长虞振庸（1942 年 4 月至 1945 年 10 月在职）对战时农业改进及粮食增产的认识是非常到位的，虞振庸曾在 1943 年 2 月的农民节纪念大会上说："田地是不

---

① 交通银行总管理处设计处：《复兴面粉股份有限公司 1941 年 6 月调查报告》，重庆市档案馆藏，档案号 02880001001550000180000。

② "行政院"编印：《国民政府年鉴》，1943 年，"地方之部"第 6 ～ 7 页。

③ 《农产促进委员会》，贵州省档案馆藏，档案号 M62 - 1 - 174，第 144 页。

能空闲的，秋天就要种上麦子、油菜和豆类，这样一亩地做两亩用是增加耕地面积最好的方法，种植改良籽种能在同一地亩多产食粮。每家多养牛、马、猪、羊，不独解决肥料的困难，还可以运输军货、食粮和供给营养……减少病虫害的损失，就是增加我们的收益，我们收获多，也就是中华民国生产多”，这样就“可以对得起政府的鼓励，报答前方将士的热血和各界同胞的期望”。[①]正因后方各省有大量虞振庸式的基层农业专业人员，战时后方农业才有了突飞猛进的发展。“抗战期间，最重要之工作，厥为粮政与兵役”[②]，1940年之后粮食问题越来越成为国民政府战时政策的一个中心。“足食足兵、抗战建国”是当时中国社会面临的时代主题，国民政府的粮食政策契合了这一主题。战时粮食增产有效缓解了后方各省粮荒，为征实征购政策的执行打下了坚实基础，也起到了安定民心的重要作用，从源头上对粮食问题的解决助力尤多，也是战时保障粮食安全的有效举措。国民政府在短时间内先后设立全国粮食管理局（1940年8月）、粮食部（1941年7月），对粮食进行管制，并保留农林部专门负责粮食增产，以及“财政部”对田赋征收的管辖，为抗战胜利提供了管理上的保障，也是实现孙中山三民主义尤其是民生主义，贯彻国民党粮食政策的一个重要途径。但战争背景下动荡的时局、资金短绌、交通不便导致原料收购与运输困难、官商合办企业的先天缺陷等因素则是制约粉厂更上层楼的瓶颈。尽管有的粉厂出现原料无法及时供应乃至停机待料的现象，但在战时背景下，人人皆能尽力而为。

抗战时期后方机制面粉厂既有建厂多年内迁而来，也有本地人士战时新建，既有占主体地位的民营粉厂，也有崭露头角的国营粉厂，各厂情形不同、背景各异，在内部管理上也呈现出不同的特点。

重庆各大民营粉厂对内部管理也较为重视，制定了较为全面的规章制度。复兴公司1940年12月先后在董事会通过《复兴面粉股份有限公司组织规程》《复兴面粉股份有限公司办事细则》《复兴面粉股份有限公司制造厂办事细则》《复兴面粉股份有限公司职工任用保证规程》《复兴面粉股份有限公司职工待遇规程》《复兴面粉股份有限公司奖惩规程》《复兴面粉股份有限公司给假规程》等。福民面粉厂定有详细的管理规章制度，如《福民面粉厂奖惩规则》《福民面粉厂暂行规则》《福民面粉厂工友进厂及服务规则》《福民面粉厂工友请假计工规则》《福民面粉厂工友食堂规则》《福

① 虞振庸：《纪念农民节大会》，贵州省档案馆藏，档案号M62－1－180。

② 叶纪元：《贵州省之农业建设》，《中农月刊》第4卷第1期，1943年1月30日，第56页。

民面粉厂工友宿舍规则》，对工人招募、食宿、请假、奖惩均有明确规定。如招聘临时工，还需填写《福民面粉厂临时工志愿书》，对临时工工资给付、请假、医疗、解聘等事项进行详细规定。[①]

战时多数粉厂尤其是民营粉厂在管理方面表现出较高的管理水平，福新五厂沿用战前摸索出的高效管理方法，将重庆分厂、宝鸡分厂、天水分厂管理得井井有条，可以看作是战时内迁粉厂新发展的典范。

① 福民实业股份有限公司：《福民面粉厂暂行规则》，重庆市档案馆藏，档案号 0082－0001－00004－0000－090－000，第 113 页。

第四章　内迁粉厂战时新发展——以福新五厂为中心

战时后方机制面粉工业是在民族危机日益深重的背景下迎来快速融合与发展的，这种融合与发展主要体现在两个方面，一是本地新厂的大量创办，二是内迁粉厂迁入后，借助当地原料、劳力等实现了自身新的发展。

福新五厂作为荣家粉业系统规模较大的粉厂，战前即已在汉口民族粉业中独占鳌头。武汉会战前夕及会战开始后，由沪迁汉企业及原来在汉企业即纷纷主张再向西迁移，或立即行动起来，以免损失、陷落或资敌。福新五厂内迁则在争论中逐渐完成，一则最大程度地避免了战争的破坏，二来在后方实现了新的发展。

第一节　战前福新五厂概况

荣家企业系统中大的类别共有两类，一为纺织，一为面粉。就面粉而言，荣家最早建立的为无锡保兴面粉厂。1912 年荣氏兄弟与王禹卿兄弟、浦文汀兄弟集资 4 万元在上海创办福新面粉厂，此为福新一厂。福新一厂得益于三驾马车之利（王氏兄弟销粉有办法，浦氏兄弟办麦有经验，再加上茂兴已有一定知名度的“兵船”牌商标），加之产品品质精良，经营得法，盈利丰厚。1913 年冬，依托福新一厂的成功，荣、王、浦又创办福新二厂。恰在此后不久第一次世界大战爆发，交战国面粉生产陷于萎缩，而面粉需求有增无已，中国民族面粉工业迎来了“黄金时代”。荣氏兄弟抓紧时机，大力扩充粉厂，1914 年和 1915 年先后增设福新三厂和四厂，之后更是一发不可收，1916 年至 1918 年承租无锡 3 家面粉厂（惠元、泰隆、宝新）、上海 2 家面粉厂（华兴、元丰），承租期满后即买下扩充为茂兴二厂（惠元）、福新六厂（华兴）。[①]

1918 年，荣氏兄弟瞅准汉口面粉市场，遂集资 30 万元创办福新五厂。汉口地处长江中游，水陆交通便利，鄂省、湘西及豫南地区小麦咸集于此，个别年份亦有川麦、皖麦运销汉口，常年约有 300 万石，最多时可达 400 万石，尤以豫南量多质优。汉口有机制粉厂始于 1896 年，即上海士绅盛竹书创办的汉丰面粉公司。之后有裕隆、金龙、和丰，以上四厂皆为华商所兴办。外人所办者有日商东亚粉厂。以上五厂均具相当规模，颇极一时之盛。辛亥革命后，汉丰、东亚衰落。但裕隆、金龙与和丰 3 家粉厂当时每年只能用麦百万石左右，因此余麦数量巨大。荣氏见此良机，遂创设福新五厂。

该厂位于汉口宗关，原动力为 600 匹马力蒸汽引擎一部，钢磨 22 部，系美国 Allis Chalners 厂所制，日夜用麦 7500 市石，产粉 6000 袋，但并未十足开工，常年开工六七成。[②]总经理为荣月泉，李国伟为协理，杨少棠主管营业（后由华栋臣接任）。商家“使用面类，虽比较的为少，而在下层细民，与其食米，宁为常食面类，特一切之点心类，皆以面粉为原料，其面粉之需要颇大，而充此多额之需要”。[③]该厂 1919 年 10 月开工，职员 22 名，工人 180 人。后渐增至 12000 袋，销路大畅。面粉“出口精良，粉色洁白，不数月而畅销于此省各埠及湘赣等省”，甚至远销英国、荷兰等国。[④]1936 年福新五厂盈利 41.35 万元，1937 年盈利 14.45 万元。[⑤]另据统计，从 1928 年至 1937 年，福五所获纯利总数达 2890687 元。[⑥]该厂由荣德生长婿李国伟任协理兼总工程师。李毕业于唐山工学院土木工程专业，曾任职陇海铁路徐州分段副工程师、陇海总工程局设计工程司，此一任职经历亦为后来福五、申四内迁过程中协调运力发挥了重要作用。[⑦]

同年，茂兴二厂附设三厂，之后在济南创办茂兴四厂。1920 年 9 月福

---

① 荣宗敬：《总经理自述》，《茂新福新申新总公司三十周年纪念册》，1929 年 1 月，第 1 页；许维雍、黄汉民：《荣家企业发展史》，北京：人民出版社，1985 年，第 18 页。

② 金城银行总经理处汉口调查分部编印：《汉口之粉麦市场》，1938 年，第 1 ～ 15、38、75 ～ 77 页。

③ 〔日〕水野幸吉：《汉口》，富山房，1907 年，第 30 页。

④ 《福新第五面粉厂概况》，《茂新福新申新总公司三十周年纪念册》，1929 年 1 月，第 11 页。

⑤ 上海社会科学院经济研究所编：《荣家企业史料》下册，1937 ～ 1949 年，上海：上海人民出版社，1980 年，第 51 页。

⑥ 唐庸章、龚培卿：《汉口福新第五面粉厂和申新第四纺织厂》，《武汉文史资料》编辑部编印：《武汉文史资料》总第 33 辑，1988 年 9 月，第 4 页。

⑦ 李国伟：《荣家经营纺织和制粉企业六十年》，政协全国委员会文史资料研究委员会编：《工商史料》第 1 辑，北京：文史资料出版社，1980 年，第 1 ～ 2 页。

新七厂建成开工，1921 年 6 月福新八厂开工。至此，荣家面粉企业达 12 个之多，拥有粉磨 301 部，日产量达 76000 袋，占全国民族粉厂生产能力的 31.4%，占全国中外商所办粉厂的 23.4%，“面粉大王”的地位日益巩固。[①]这种状态一直持续到抗战全面爆发。

表 4－1　茂、福新面粉厂在全国面粉工业中所占比重（1936）

项目	茂、福新粉厂	全国（东北除外）面粉工业	所占比重（%）
厂数	12	122	9.8
资本额（千元）	9601.32	29474.06	32.6
粉磨数（台）	347	1264	27.5
每日产粉能力（袋）	96500	295024	32.7
全年实际产粉量（千袋）	16941.01	63000	26.9

资料来源：上海社会科学院经济研究所经济史组编：《荣家企业史料》上册，1896～1937 年，上海：上海人民出版社，1962 年，第 552 页。

原表说明：全国面粉工业根据 1937 年 7 月 20 日上海《大公报》维章《中国面粉工业近况》一文所载资料，转引自陈真等编：《中国近代工业史资料》第 1 辑，北京：生活·读书·新知三联书店，1957 年，第 389 页。全国面粉工业包括关内 16 省的华商面粉厂，其中资本额为 116 厂的数字，粉磨为 98 厂的数字，日产量为 119 厂的数字。

表 4－1 反映了战前荣家粉厂的概况，厂数约为全国总数的十分之一，而资本额、粉磨数量、每日产粉能力及全年实际产量均占四分之一至三分之一，为全国之翘楚，“面粉大王”之名实至名归。

作为近代中国第二大民族工业，机制面粉业在曲折中逐渐发展，既有第一次世界大战时的骤时繁荣，也有之后的蹒跚而行，既有民族企业的内部竞争，也有与外资粉厂的抗争，而荣家面粉企业则在其中扮演了非常重要的角色。

第二节　福新五厂及各分厂的迁建

抗战全面爆发及抗战胜利之后，福新五厂先后在后方各省迁建多家分

① 佩水：《茂新福新申新创业史》，《纺织周刊》第 8 卷第 21～28 期合刊，1947 年 12 月，第 742 页；许维雍、黄汉民：《荣家企业发展史》，北京：人民出版社，1985 年，第 20 页。荣德生在 1919 年《乐农自订行年纪事》中有这样一段话：“茂、福新粉销之广，尝至伦敦，各处出粉之多，无出其上，至是有称以大王者。”

厂，包括1941年建立的宝鸡分厂和重庆分厂，1943年建立的天水分厂，1947年租进的福新芜湖厂①，1949年8月开工生产的广州分厂等。②本章主要论述战时后方的重庆分厂（有的称为福新第五面粉公司重庆分公司、福新面粉公司重庆分厂或福新面粉厂、福新机制面粉厂）、宝鸡分厂和天水分厂。

抗战全面爆发后，东南沿海沦陷，政府、企业纷纷内迁武汉，武汉纱粉市场为之活跃。1938年，汉口“福五照开，利厚”，因此连同申四获得暴利，以前所欠中国和上海两家银行的700万元借款在1938年8月内迁时一举全部清偿。③关于汉口企业内迁一事，早在国民政府规划之中。抗战全面爆发后，鉴于战争发展态势和上海的战略意义，国民政府做出了把沿海工厂向武汉迁移的决定，甚至有人主张尽量再向内地迁移。④

荣家汉口企业拆迁情形较为复杂。1938年年初，汉口厂即已有拆迁之意，1月25日，福五等派代表赴渝，参加筹备迁川工厂联合会。4月，李国伟亲赴四川，视察选购地亩。6月至8月，瞿冠英、李国伟等将旧纱机2000锭拆迁重庆，同时赴宝鸡购地，以备建厂。内迁之意最为坚决的李国伟、章剑慧虽然在5月徐州失陷后即已着手准备拆迁，但阻力相当大。各股东反应不一，尤其大股东不赞成，荣家反对拆迁的人很多。荣德生一向主张不拆、不迁，认为“汉口守不住，内迁也没有办法”，德公“在汉时所决定之宗旨，决不能变更”。故商定与美国企业公司代表奥而曼（Alman）合作，“深望有外人驻厂，或能略为挡挡也”，意在借美国的国际地位以冀求不搬。但奥氏8月初离汉后信息毫无，虽有西人来厂商酌执行职务事宜，但国民政府一再催促其搬迁。不得已，荣德生派薛明剑赴渝，托请吴稚晖代为说项，仍未得允。8月9日，薛明剑致电荣德生，告知“所报出租美商事”，“无法转圜”，但可以分重庆、宝鸡、宝庆（邵阳）三处搬迁。此一侥幸心理被国民政府经济部9月6日一纸“未便照准”通知打

① 该厂系1947年春末租进，当年除去12月份数据缺失外，共生产面粉10.2万袋，1948年1～7月产量为5.5万袋。见上海社会科学院经济研究所编：《荣家企业史料》下册，1937～1949年，上海：上海人民出版社，1980年，第777页。

② 该厂至中华人民共和国成立时共生产面粉2.9万袋。见上海社会科学院经济研究所编：《荣家企业史料》下册，1937～1949年，上海：上海人民出版社，1980年，第777页。

③ 上海社会科学院经济研究所编：《荣家企业史料》下册，1937～1949年，上海：上海人民出版社，1980年，第50～52页。

④ 中国第二历史档案馆选编：《抗战时期工厂内迁史料选辑（一）》，《民国档案》1987年第2期，第35～53页。

击甚重。[①]

武汉会战前，武汉三镇局势已非常危急，加之国民政府迁川后，鉴于后方产业基础非常薄弱，责令与军需直接相关的机器五金工厂及后方所需设备、技术人员皆须内迁，以助力后方工业发展，支援抗战。李国伟奉令将粉厂及纱厂内迁川、陕。但内迁川、陕皆非易事，迁川一方面路途遥远，运费昂贵，另一方面船只也不易安排。而宝鸡在一般人印象中偏僻荒芜，地近陕甘宁边区，对共产主义存有疑惧心理，即华栋臣致荣鸿元函中所称："将来工作上能否顺利，敝处实不能逆料。"[②]摇摆不定之际，李国伟首先赴宝鸡考察当地情形。归来后认为宝鸡不仅与武汉相近，陇海铁路已通至宝鸡，拆运方便，运费低廉，而且宝鸡棉花量多价廉，亦是陕西小麦主产地，粉厂原料供应不成问题，因此决定将纱厂、粉厂一部迁往宝鸡。

福新五厂内迁之初，即有分迁宝鸡与重庆双重计划，1938 年 8 月，福新五厂借助铁路与水路两途分别向宝鸡和重庆迁运，铁路经平汉路转陇海路，于 1938 年 8 月 31 日向宝鸡方向迁运，在章剑慧的争取下，先后用 20 多班列车将 10000 吨物资顺利运抵宝鸡，其中即有日产 3000 袋全套面粉机与发电机设备。[③]同时开始从武汉由水路迁运，主要设备有 12 部大型钢磨和 3000 千瓦发电机一组，滩险船塞，加上敌机轰炸，困难殊多，但在运往刘家庙途中，一套 1000 千瓦发电机、日产 9000 袋全套粉机及大量厂房地板沉于汉水，损失较重，殊为可惜。[④]1939 年，剩余设备运至宝鸡，存放于窑洞之中。1941 年 11 月复工，是为宝鸡分厂。[⑤]该厂所产面粉除供申新、福新两厂自用外，尚可售于宝鸡附近，因品质甚佳，乐为人所购用。[⑥]本厂附属设施有子弟学校、补习学校、医院、农场、消费合作社、书报室、娱

① 上海社会科学院经济研究所编：《荣家企业史料》下册，1937 ～ 1949 年，上海：上海人民出版社，1980 年，第 59 页。

② 同上注，第 62 页。

③ 许维雍、黄汉民：《荣家企业发展史》，北京：人民出版社，1985 年，第 176 页；梅兴：《章剑慧印象记》，政协重庆市委员会学习及文史资料委员会编：《重庆文史资料选辑》第 7 辑，重庆：重庆出版社，2004 年，第 174 页。

④ 李国伟：《荣家经营纺织和制粉企业六十年》，政协全国委员会文史资料研究委员会编：《工商史料》第 1 辑，北京：文史资料出版社，1980 年，第 14 ～ 15 页。

⑤ 《内迁工厂已相继复工》，《陕行汇刊》第 5 卷第 8 ～ 10 期合刊，1941 年 12 月，第 95 ～ 96 页。

⑥ 许济航：《陕西省经济调查报告》，张研、孙燕京主编：《民国史料丛刊》第 354 册，郑州：大象出版社，2009 年，第 68 ～ 69 页。

乐室、运动场等。①

1939年5月1日，重庆分厂建成开工，改名为“庆新”，意为欢庆新的开始，后恢复为福新五厂重庆分厂，或简称福五渝厂。该厂在内迁之初规模较小，虽然在会计和股权上是两个单位，但管理上却是一个单位，福五实际上是申四的一个部分，由申四在渝负责人章剑慧、厉无咎兼任经理，厂长为黄亦清，副厂长为章映芬，各位负责人均能同德一心，管理粉厂。②粉厂开工后，“大为政府及社会人士赞赏”。③1941年，李国伟将建成面粉厂列入福新、申新企业管理之下，职工福利与工资待遇皆无二致。

天水分厂系从宝鸡迁建而成。1941年中条山战役之后，宝鸡成为日寇飞机的轰炸目标，“因宝厂常受空袭”，各位负责人遂决定“移宝厂未装置之粉机（生产能力日出千包）”至天水。因此内迁宝鸡的福新五厂不得不将部分设备迁往天水。之所以迁建天水，原因有三：一是天水与宝鸡相距不远，便于设备运输；二是天水盛产小麦，可以提供丰富的原料；三是宝天铁路规划修建在即，如果该路建成，则原料、面粉等运输不成问题。④1942年初春动工，秋末建成出粉，日产面粉200余袋，资本额500万元，钢磨3部，工人1943年为40多人，是荣德生在甘肃投资的唯一企业，也是当时天水最大最先进的面粉厂。⑤

---

① 《面粉厂、火柴业工厂有关情况登记表》，1942年，陕西省档案馆藏，档案号72－3－249，第75页。

② 上海社会科学院经济研究所编：《荣家企业史料》下册，1937～1949年，上海：上海人民出版社，1980年，第199页；《重庆面粉工业的剖视》，《新世界》11月号，1944年11月15日，第32页。

③ 章剑慧：《雪泥杂记——我的创业生涯》，政协全国委员会文史和学习委员会编：《文史资料选辑》合订本第42卷（总第122辑），北京：中国文史出版社，1986年，第98页。

④ 上海社会科学院经济研究所编：《荣家企业史料》下册，1937～1949年，上海：上海人民出版社，1980年，第216页；刘大有：《天水福兴面粉厂》，政协甘肃省天水市委员会文史资料委员会编：《天水文史资料》第2辑，时间不详，应为1988年，第129页。

⑤ 甘肃省政府：《甘肃省经济概况》，1944年，甘肃省档案馆藏，档案号4－1－292，第8～9页；《兰州市集成丰、三友烟厂、光明火柴公司等工业调查表》，甘肃省档案馆藏，档案号46－1－279，第1～3页；《后方各省机制面粉业概况》，《粮食问题》第1卷第2期，1944年5月25日，第105～109页；交通银行总管理处：《全国工矿资料》“全国机制面粉工业概况统计表”，1950年调查（铅印本），第262～278页；经济部“中央”工业试验所兰州工作站、甘肃省银行经济研究室、兰州交通银行、甘肃省政府建设厅编：《甘肃工业资源兰州市工厂调查》，兴陇公司印刷厂，1942年；上海社会科学院经济研究所编：《荣家企业史料》下册，1937～1949年，上海：上海人民出版社，1980年，第216、432～442页；玉英：《雍兴兰州面粉厂简记》，政协甘肃省委员会文史资料委员会、《西北近代工业》编写组编：《西北近代工业》，兰州：甘肃人民出版社，1989年，第432～442页。

第三节　福新五厂战时新发展

福新五厂重庆分厂位于重庆南岸猫背沱，1939 年 5 月开办，经理李国伟、章剑慧（章剑慧前后历任职务有上海纺织联合会理事兼秘书长，申新第四纺织公司、福新第五公司副经理及驻沪代表，在上海还经营海新企业公司、建成面粉厂、中国工业保险公司，是李国伟的得力助手①），厂长黄亦清。该厂起初有工人 35 名，日产量为 500 包，每月可产面粉 14000 包。②后增资至 150 万元，职员 20 人，工人 57 名，设备有钢磨 3 部，清麦机、松粉机、清粉机、刷麦机各 2 部，平筛与圆筛 5 部，动力采用电力，由重庆电力公司供给，出品各级面粉及军用面粉，每月生产能力为 11000 包，1945 年产量有所下降，只出产 7500 包③（有的记载为 6301 包④）。据 1942 年调查，福新动力为 64 匹马力电动机 1 部，筛麦打麦机 1 部，18 英寸磨粉机 3 部，小磨 2 部，其他设备如 9 格平筛、麸皮车、选麦机各 1 部，圆筛 5 部，皆甚完备，每日出产 450 包。⑤该厂还雇佣徐炳璋律师事务所为

---

① 梅兴：《章剑慧印象记》，政协重庆市委员会学习及文史资料委员会编：《重庆文史资料选辑》第 7 辑，重庆：重庆出版社，2004 年，第 172 页。

② 上海社会科学院经济研究所编：《荣家企业史料》下册，1937 ～ 1949 年，上海：上海人民出版社，1980 年，第 197 ～ 198 页。根据重庆市社会局 1940 年 7 月调查，该厂属于重庆第三大面粉厂，每日可产粉 600 袋。参见重庆市社会局：《重庆市社会局关于报送复兴、福民面粉厂调查报告上重庆市政府的呈》，1940 年 7 月 30 日，重庆市档案馆藏，档案号 00600002011680000004，第 13 ～ 15 页。

③ 《福新面粉公司重庆分厂厂矿产量调查表》，重庆市档案馆藏，档案号 0234 -1 -0070 -027；重庆市第二区面粉工业同业公会：《重庆市第二区面粉工业同业公会关于报告各会员厂一览表上重庆市社会局的呈（附表）》，1945 年 5 月 1 日，重庆市档案馆藏，档案号 00600009000370000058；中国西南实业协会编：《四川工厂调查录》，重庆：文渊印书馆，1942 年，第 76 ～ 78 页；鲜伯良：《陪都面粉工业概况》，《川康建设》第 1 卷第 5 ～ 6 期合刊，1944 年 12 月，第 1 ～ 5 页；傅润华、汤约生主编：《陪都工商年鉴》，重庆：文信书局，1945 年，第 5 编第 3 章第 26 ～ 27 页；重庆卫戍总司令部稽查处：《申新纺织厂、福新面粉厂厂况调查表》，重庆市档案馆藏，档案号 0234 -1 -00261 -021。

④ 《申新纺织厂、福新面粉厂厂况调查表》，重庆市档案馆藏，档案号 0234 -1 -00261 -021。

⑤ 粮食部：《关于告知随时派员考察复兴、福民、福新等面粉厂机件设备给重庆市粮政局的训令》，1942 年 10 月 26 日，重庆市档案馆藏，档案号 00700002001910000002。

常年法律顾问①，公司配有警卫人员，连同申四厂共有警卫13人。②

福新五厂宝鸡分厂迁入后，1941年11月中旬复工，内有三层粉楼，磨粉机8盘，每昼夜可出面粉1700袋，职员13人，工人60人，年需小麦40余万担，购于本省各县，年产面粉60余万袋。③其所产面粉除供申新、福新两厂自用外，尚可售于宝鸡附近，1942年5月翁文灏赴厂参观时，盛赞其“品质特佳”，乐为人所购用。④该厂附属设施有子弟学校、补习学校、医院、农场、消费合作社、书报室、娱乐室、运动场等。⑤1941年该厂资本占到全县资本总额的6.53%。⑥

天水粉厂始建于1942年春，只有石磨5部，几十马力引擎1部，以木炭为燃料，日消耗木炭1000余斤。所用原料主要在本地收购，有时亦至盐官、礼县采购。每日产量为200袋，全年开工七八个月，主要售于宝天铁路职工、当地驻军及骑兵学校、党政机关和大饭馆等，“亦可供应当地需要”⑦。福新第五面粉厂天水分厂建成开工不久，宝天铁路开始动工修筑，大量的筑路工人和当地驻军、天水骑兵学校、党政机关、饮食业需用面粉，几乎皆由该厂供给，甚至运销兰州，因此该厂利润相当可观，工人也从1943年的40多人增加到1949年的109人。⑧

---

① 徐炳璋：《关于保障申新第四纺织福新第五面粉厂权益的常年法律顾问证书》，1942年8月1日，重庆市档案馆藏，档案号0234－0001－00184－0000－034－000。

② 重庆卫戍总司令部稽查处：《申新纺织厂、福新面粉厂厂况调查表》，重庆市档案馆藏，档案号0234－1－00261－021。

③ 《面粉厂、火柴业工厂有关情况登记表》，1942年，陕西省档案馆藏，档案号72－3－249，第74页；《内迁工厂已相继复工》，《陕行汇刊》第5卷第8～10期合刊，1941年12月，第95～96页。1942年5月，翁文灏赴该厂参观时，记其每日产量1300袋（参见翁文灏著，李学通、刘萍、翁心钧整理：《翁文灏日记》下，北京：中华书局，2014年，第803页），列此备考。

④ 郑延韶：《宝鸡大新面粉厂简史》，政协陕西省宝鸡市委员会文史资料研究委员会编印：《宝鸡文史资料》第5辑，1987年，第94～95页；许济航：《陕西省经济调查报告》，张研、孙燕京主编：《民国史料丛刊》第354册，郑州：大象出版社，2009年，第68～69页；翁文灏著，李学通、刘萍、翁心钧整理：《翁文灏日记》下，北京：中华书局，2014年，第803页。

⑤ 《面粉厂、火柴业工厂有关情况登记表》，1942年，陕西省档案馆藏，档案号72－3－249，第75页。

⑥ 许济航：《陕西省经济调查报告》，张研、孙燕京主编：《民国史料丛刊》第354册，郑州：大象出版社，2009年，第76页。

⑦ 甘肃省政府编印：《甘肃省政府三年来重要工作报告》，1944年，第27页。

⑧ 刘大有：《荣氏财团在甘肃的一家企业——天水福五面粉厂》，政协甘肃省委员会文史资料委员会、《西北近代工业》编写组编：《西北近代工业》，兰州：甘肃人民出版社，1989年，第439～443页。

表4－2　福新五厂系统各厂面粉产量（1941～1945）

年份	合计（千袋）	宝鸡厂（千袋）	重庆厂（千袋）	天水厂（千袋）
1941	133	38	95	—
1942	312	280	32	—
1943	95（179）	44（116）	（63）	51
1944	106（368）	2（300）	（68）	104
1945	197（287）	151（160）	（68）	46（59）

资料来源：上海社会科学院经济研究所编：《荣家企业史料》下册，1937～1949年，上海：上海人民出版社，1980年，第777页。

原表说明：1. 括号内为代加工数，其中1944～1945年宝鸡厂代加工数系根据代加工的收入估计。2. 汉口厂1937年产量为1563千袋，1938年为910千袋。

表4－2反映了1941年至1945年福新五厂内迁宝鸡、重庆、天水三家分厂的面粉产量，可以看出迁建较早的宝鸡分厂和重庆分厂复工较早，亦能正常开工，产量虽较战前有大幅下降，但毕竟实现了正常运转。据统计，福五各分厂1941年至1945年共生产面粉1678132袋，至1945年时增长了将近三倍，其中以宝鸡分厂产量最大，达1091573袋，占面粉总产量的65%。但如果仔细分析的话，这种增长主要是建立在代加工的基础之上，即重庆市机制面粉厂联合办事处1943年9月中旬所称，“本会所属各厂完全系代政府加工制粉”。宝鸡与重庆所不同者，前者主要以磨制军粉为主，在渝各厂包括重庆分厂则在陪都民食供应处管制之下，自1942年7月开始为政府磨制面粉即“拨麦加工”（详见第六章第一节），“并无营业可言”。[①]从1943年开始，除了天水分厂代加工任务较轻之外，宝鸡分厂与重庆分厂的代加工数量是较重的，重庆分厂甚至出现完全代加工的情况。从统计的数据来看，代加工数量在各厂所占比重是比较大的。1943年至1945年代加工面粉合计834549袋，占总产量的49.7%，几占一半。[②]代加工现象是战时后方机制面粉工业的一大特点，也是统制经济或国家资本主义在面粉业的强势表现。1943年1月，国民政府实施限价政策，成效并不显著。粮食部为了实现“控量制价”的“重要方策”[③]，自1944年1月起，在渝粉厂代加工数量有所

① 重庆市机制面粉厂联合办事处：《重庆市机制面粉厂联合办事处第二十三、二十四、二十九等次会议记录（规定小麦品质、核定麸皮价格、救济职员等）》，1943年1月3日，重庆市档案馆藏，档案号03040001025920000001000，第1～59页。

② 上海社会科学院经济研究所编：《荣家企业史料》下册，1937～1949年，上海：上海人民出版社，1980年，第308～309页。

③ 粮食部调查处第四科编印：《粮食部三十年度工作检讨报告》，1942年，第10页。

减少，因之重庆分厂产粉数量从1941年的9万余袋减至6万余袋。[①]

福新五厂迁建后方，除了抢运至后方的一些设备之外，其他设备基本上都是重新购置或依托后方机器厂制造，在边复工边生产中亦渐有发展，固定资产稍有增加。

表4－3 福五系统两个厂的账面固定资产（1941～1945）

年份	宝鸡厂（法币千元）	天水厂（法币千元）	合计（法币千元）
1941	492.13	—	492.13
1942	641.16	—	641.16
1943	673.77	1594.47	2268.24
1944	673.77	3965.28	4639.05
1945	103878.21	5116.31	108994.52

资料来源：上海社会科学院经济研究所编：《荣家企业史料》下册，1937～1949年，上海：上海人民出版社，1980年，第787页。

表4－3显示，战时宝鸡厂与天水厂固定资产在短时间内皆有不同程度的增加（不考虑通货膨胀的话），尤以宝鸡厂增加额较多，这表明两厂迁建后，在较为艰苦的条件下逐渐走上了正轨，也反映了沿海面粉企业内迁后方之后与当地原料、市场比较好地实现了融合与发展，也是粉厂负责人筚路蓝缕、倾注了大量心血的结果。

从企业利润来说，福五各厂在李国伟、章剑慧等人的勉力维持下，基本能够实现盈利。

表4－4 内迁初期福五的盈利数额（1941～1942） 单位：法币千元

年份	账面盈余	暗账盈余	总额	折合1937年上半年币值
1941	1040	337	1377	71.1
1942	1394	1760	3154	71.0
合计	2434	2097	4531	142.1

资料来源：上海社会科学院经济研究所编：《荣家企业史料》下册，1937～1949年，上海：上海人民出版社，1980年，第214页。

原表说明：1. 福五厂1939年盈余并入同年申四盈余账内。2. 1940年账表资料缺，故均未列入计算。3. 暗账即假账，供官方检查纳税之用。

① 重庆市社会局、粮食部陪都民食供应处：《重庆市社会局、粮食部陪都民食供应处关于由田赋粮食管理处统筹计划面粉厂承碾加工救济办法的函、训令》，1943年1月27日，重庆市档案馆藏，档案号0060000600091000013。

表4－4虽然只有福五三个分厂1941年至1942年两年的盈利统计数字，但可以看出，无论账面还是暗账，福五都处于盈利水平，扣除货币贬值，分别都在71万元左右，两年合计达142万余元，这一数字虽不能与战前同日而语，但在战时也是难能可贵的。

我们还可以单就宝鸡分厂在1941年至1945年的详细统计情况做一探讨。

表4－5 福五宝鸡分厂损益计算（账面数字，1941～1945） 单位：法币千元

项目		1941年	1942年	1943年	1944年	1945年
收入	成品收入	1644.29	33803.72	11208.13	794.82	465428
	期初、期末在制品及成品增减数	1206.87	－23.48	28132.01	—	—
	加工收入	—	59.86	2825.31	24851.22	66773
	副产品收入	—	—	—	4291.60	14849
	杂项收入	4.24	600.23	2932.19	1549.53	5687
	合计	2855.40	34440.33	45097.64	31487.17	552737
费用	原料消耗	848.32	25495.79	33087.02	561.78	299645
	直接工资	18.88	149.94	346.17	1322.97	15509
	制造费	1520.78	5514.50	4529.46	10373.54	116515
	营业管理费	174.45	1818.97	2719.80	6849.83	55294
	财务费	121.57	1184.70	517.51	3006.90	14017
	杂项支出	14.18	—	131.21	995.18	24
	费用合计	2698.18	34163.90	41331.17	23110.20	501004
纯收益	原始数据	157.22	276.43	3766.47	8376.97	51733
	折算战前币值	8.11	6.22	29.92	19.18	39.54

资料来源：上海社会科学院经济研究所编：《荣家企业史料》下册，1937～1949年，上海：上海人民出版社，1980年，第794页。

原表说明：1. 本表根据周伯符提供的福五宝鸡厂损益计算书的资料编制。2. 1944年因主要代国民党政府军政机关加工，故原料消耗费用很低。

引者说明：1. 纯收益中的折算后收益是引者所加。2. 原表有1946～1949年数据，今根据行文需要删去。

从表4－5可以看出，首先，1941年至1945年，宝鸡分厂是处于盈利状态，尽管盈利数额远逊于战前福五的水平，但反映出该厂经营状况良

好，产销两旺。其次，从每年上报数字来看，该厂五年间的纯收益总的趋势是逐年递增，而且 1943、1945 两年都实现了较大盈余。最后，从账面数据看，盈利数字全线飘红，这反映了福五各厂营业额呈上升之势，但盈利率却是反相关关系，呈逐年下降趋势，尤以 1944 年下降较为明显，这主要是币值贬值较烈及代政府加工所致。

战时福五各分厂面粉产量与战前相比较，战前福五汉口厂产量 1563424 袋，1945 年产量 484316 袋，战时产量仅为战前的 31%。这主要是由于内迁设备、原料供应及资金规模的限制。福五在内迁前原有生产设备的日产能力约 12000 袋，内迁部分仅有日产能力 3500 袋，尚不到内迁前设备的 30%，而资本额则从战前 150 万元减至 45 万元。①

抗战胜利后，各厂竞相复员，后方福新各厂亦相继迁回武汉，于 1946 年 6 月复工，日产量 1800 袋至 2000 袋。②因此战后营业额、盈利数额基本保持了抗战后期的水平，盈利所得主要是分配股东红利，约占七成，职工所得仅三成。

福新作为荣家经营多年，已是十分成熟的企业，其管理自成体系。战前福新系统各厂皆设一名经理，经理下设总管，由总管管理全厂职工。粉厂根据生产特点分为内场与外场，各有若干车间，如内场有下麦间、清麦间、机器间、打包间、堆栈间等，各个车间有工头掌管，工头下有领班，职责为管理和监督工人劳动生产情况。外场负责上麦、下粉，由工头负责。③

荣家企业内迁后，又利用当地棉纱、小麦、煤炭等原料创办了一些企业，如建成面粉厂、宝兴煤矿厂、公益机器厂、宏文造纸厂等，但这些企业厂矿散落于后方各城市，不易管理，于是创设总管理处作为统一管理机构，以提高效率。总管理处成立于 1941 年 6 月 1 日，设于宝鸡，分总务组、业务组、设计组、运输组等，先后有申四、福五、公益、建成、宝兴、宏文等纳入管理系统，总处“集大权于一手”，所辖各厂、处、庄除与总处直接通信外，还要将往来号信、重要报表副本寄至总处，以备查核。同时，所有资金、物料、原料概由总处统一调拨。④

---

① 上海社会科学院经济研究所编：《荣家企业史料》下册，1937 ～ 1949 年，上海：上海人民出版社，1980 年，第 309 ～ 312 页。

② 狄超白主编：《中国经济年鉴》中编，上海：太平洋经济研究出版社，1947 年，第 33 页。

③ 许维雍、黄汉民：《荣家企业发展史》，北京：人民出版社，1985 年，第 37 ～ 38 页。

④ 上海社会科学院经济研究所编：《荣家企业史料》下册，1937 ～ 1949 年，上海：上海人民出版社，1980 年，第 222 ～ 223 页。

福新系统面粉厂原本规模巨大、资金雄厚，本身具备机器修配和制造能力，如比较有名的公益铁工厂，初名复兴铁工厂，系兵工企业，迁建重庆之后由薛明剑任经理，共有职员30名，工人194人，学徒33人，不但于1938年6月迅速复工，而且开设分厂，可以制造日产100袋面粉机器，先后为重庆复兴面粉厂和永利面粉厂制造粉机。再如宝鸡铁工厂，该厂由申四宝鸡厂机修部门于1941年8月合并组建为公益纺织面粉机器股份有限公司，1942年1月1日正式开工，在不到半年的时间内建立“完备充实的生产事业机构”，既是奋斗“流汗”的结果，也是一个“奇迹”。公益公司经理李冀曜系江苏无锡人，毕业于美国密苏里大学机械工程系，获硕士学位，曾任职平绥铁路机厂厂长、南浔铁路机务处长、申新第七纺织厂厂长。①战时该厂规模更形扩大，工人有400余人，可以制造工作母机、车床、钻床等，除为福五宝鸡厂和天水厂修复旧粉机外，亦为新建的成都建成面粉厂制造全套制粉机，产品供不应求。②

天水厂管理沿用了福新系统比较成熟先进的管理方法，资方管理人员少而精，全厂只有十余人，经理是第一流的电气工程师，并精通企业管理，财会人员也是精打细算的好管家，几乎皆从无锡调用而来。③这与战前福新系统粉厂的人员构成极为相似。据1928年统计，福新五厂共有

① 《公益纺织面粉机器制造公司》，《新工商》第1卷第3期，1943年9月1日，第74页。

② 上海社会科学院经济研究所编：《荣家企业史料》下册，1937～1949年，上海：上海人民出版社，1980年，第202～203页；许维雍、黄汉民：《荣家企业发展史》，第82～83页；中国西南实业协会编：《四川工厂调查录》，重庆：文渊印书馆，1942年，第8页；《公益纺织面粉机器制造公司》，《新工商》第1卷第3期，1943年9月1日，第74页。此外，根据1944年的一份人员名单，公益纺织面粉机器制造厂外省来渝人士还有杨熙曾，江苏无锡人，1944年1月毕业于重庆小龙坎大公职业学校，专业为机械；鲍友华，江苏南京人；赵昌平，山东临清人，省立河北大学医学院医科，在厂内任医生；范泽霖，河北任邱（今任丘）人，32岁；艾荣祥，32岁，河南开封人；张东甲，34岁，河北丰润人；王正荣，湖北沙市人，19岁；刘巽珊，浙江镇海人，曾于1942年8月至1943年2月在成都建成面粉厂任营业员，之后至申新第四纺织公司成都分厂会计课任办事员，再奉调公益；陈立章，江苏无锡人，41岁；郭品华，浙江东阳人，27岁；李正芳，河北唐山人，33岁；何德勋，四川江津人，31岁；韩振铎，29岁，河北宛平人；车柏荣，29岁，江苏武进人；王在周，浙江吴兴人，47岁；李梦痕，江西南丰人，36岁；王谔，山东齐河人，30岁；何晓东，26岁，四川射洪人；秦长源，江苏无锡人，17岁；毕中鹄，江苏无锡人，36岁；伍万全，四川巴县人，18岁；吴振卿，江苏武进人；曹松泉，51岁，江苏无锡人；张安方，浙江鄞县人，27岁；过家佑，江苏武进人；胡仁初，江苏武进人；吴梦祥，江苏六合人；孙培德，浙江绍兴人；陶鼎勋，江苏无锡人；蒋元启，江苏无锡人。参见公益纺织面粉机器制造厂：《公益纺织面粉机器制造厂职员登记片》，重庆市档案馆藏，档案号02110003000010000034000。

③ 刘大有：《荣氏财团在甘肃的一家企业——天水福五面粉厂》，政协甘肃省委员会文史资料委员会、《西北近代工业》编写组编：《西北近代工业》，兰州：甘肃人民出版社，1989年，第441～442页。

职员26人，其中有20名无锡人，占总数的76.9%，如果再加细分，属于荣、王二姓的有9人，占34.6%，这与福新其他各厂情况基本一致。[①]可以看出，福新各厂职员大多是同族或同乡亲友推荐，很少聘用外地人员。

总体来说，内迁粉厂因创建时间长且具有现代企业管理经验而体现出较高的管理水平，人员结构优化。如福新各厂，内迁前即已形成成熟的管理体制与管理制度，各类人员也是从沿海地区迁移而来，见多识广，经验丰富，基本上保持了原有较为高效的管理方式与模式。

后方机制粉业发展迅速，福新则是内迁粉厂的楷模，一些机构及后方院校亦组织学生前往参观，如交通银行总管理处十余人于1943年12月9日赴福新参观，即因福新粉厂“规模恢宏，设备完善”。[②]贵州企业公司工矿参观团亦赴福新粉厂参观学习。[③]蒙藏委员会亦介绍远道而来的拉卜楞寺藏族僧民代表团于1944年1月15日赴福新参观。[④]此外，经济部根据《专科以上学校理工科系学生分发经济交通军事各部所属工厂实习办法》，派遣后方高校学生赴厂实习。“国立中央”技艺专科学校2名农产制造科学生于1945年暑假至福新第五厂实习[⑤]，甚至苏联大使馆馆员，美国政府派遣来华文化合作专家、教授也分别于1943年4月14日、6月25日到福新面粉厂参观。[⑥]

---

① 上海市粮食局、上海市工商行政管理局、上海社会科学院经济研究所经济史研究室编：《中国近代面粉工业史》，北京：中华书局，1987年，第338页。

② 交通银行总管理处设计处：《关于参观调查接洽事宜致福新面粉厂的函》，1943年12月7日，重庆市档案馆藏，档案号0234－1－0095－003。

③ 经济部工矿调整处业务组：《关于接待贵州工矿参观团参观事宜致福新面粉厂的函》，重庆市档案馆藏，档案号0234－0001－00060－0000－112－000。

④ 经济部：《关于藏族僧民参观纺织及面粉厂致福新面粉厂的通知》，1944年1月12日，重庆市档案馆藏，档案号0234－0001－00098－0000－057－000；经济部：《关于藏族僧民参观纺织及面粉厂致申新纱厂第四厂的通知》，1944年1月12日，重庆市档案馆藏，档案号0234－1－0098－033。

⑤ 经济部：《关于接洽学生实习事宜致福新第五面粉厂的通知》，1945年6月20日，重庆市档案馆藏，档案号0234－1－0124－035。

⑥ 经济部工矿调整处：《关于接待苏联大使馆馆员参观事宜致福新面粉厂的函》，1943年4月12日，重庆市档案馆藏，档案号0234－0001－00059－0000－083－000；经济部工矿调整处：《关于苏联大使馆员参观事宜致福新面粉厂的函》，1943年4月13日，重庆市档案馆藏，档案号0234－0001－00059－060；经济部工矿调整处业务组：《关于惠待参观人员事宜致福新面粉厂的函》，1943年6月19日，重庆市档案馆藏，档案号0234－0001－00059－110。

小　结

福新五厂是战前荣家12个粉厂中唯一内迁的面粉企业，尽管在是否内迁问题上分歧较大，但具有远见的李国伟等人还是力排众议，坚持内迁，事实证明内迁的决策是完全正确的，既免于沦陷资敌，又为发展后方机制面粉工业做出了贡献。

福新五厂内迁开始及迁入初期，既遭遇了落后的运输工具无法快速迁运、机器设备损失的无奈，也面临厂址选择、厂房建设、设备安装、原料购运等方面的困难，但令人称道的是粉厂负责人筚路蓝缕、身先士卒，粉厂很快复工生产，内迁初期获利丰厚，短期内渐有扩展，利用自设公益机器厂自制粉机，一方面迁建天水分厂，一方面在成都新建建成面粉厂，并整合各方资源筹建煤矿以解决纱厂、粉厂面临的动力问题。[①]可以说，福新五厂的管理者李伟国、章剑慧等人展现出杰出企业家应有的长远眼光与迎难而上的风采。长远眼光与风采来源至少有三：

一则因其怀揣“实业救国”理想，在民族危机高涨之时，救国理想非但没有泯灭，而且随着危机的严重亦复高涨。进而言之，救亡这一时代主题与企业发展、个人成长高度契合，在他们眼中，大力发展民族工业是救亡图存必不可缺的必要手段，也是个体成长的必由路径，这一理念必然会在战火中不避生死地抢救设备物资，必然会出现被外人称为“奇观”的工厂内迁。正是在这血与火的交融中，成就了后方工业成长的神话，实现了后方机制面粉工业危机下的融合与发展，带来了后方经济社会一定程度的繁荣。

二则因其战前长期丰富的从业经验。作为战前经历了30余年发展历程并博得“面粉大王”美誉的著名粉厂，福新五厂本身具有先进的生产设备、管理理念等，所担心者只是内迁事宜。尽管在是否内迁、是否奖励内迁有功人员等问题上分歧较大，但以李国伟为主的少壮派仍能认清战局发展趋势而力主内迁。事实证明，内迁过程虽有不可预料的损失，但却避免了沦陷区内其他未能内迁的荣家企业被日伪“劫管”、强占、掠夺的命运，并且内迁粉厂、纱厂均能获利。据统计，抗战胜利前夕，申四、福五共积

---

① 上海社会科学院经济研究所编：《荣家企业史料》下册，1937 ～ 1949 年，上海：上海人民出版社，1980 年，第 215 页。

累美金 309.47 万元，黄金 6000 余两。就福五而言，1942 年盈利折合战前币值为 71000 元，1943 年为 41600 元，1944 年为 57800 元，1945 年为 370300 元[①]，这在战时面粉管制之下难能可贵，也反映了办厂经验丰富的福五系统负责人能在艰苦条件下顺势而为。

三则因地制宜，与当地资源实现较好的融合，以助力自身发展，并在一定程度上带动当地经济社会发展，但也遭遇了意想不到的困难。对于迁入地来说，福五内迁带来了当地经济社会的快速发展。以面粉业为例，“自蚌埠，无锡，郑州等面粉工业区失去后，工厂亦多迁陕，致西安，宝鸡成为战时主要面粉工业区”。[②]福五内迁之前，尽管李国伟等人已先行赴陕、渝实地考察，对于迁入地工业状况、原料供应、产品市场等做了初步了解，但限于时间关系，这次考察是不深入的，对宝鸡的认识也存在较大误区。华栋臣即担心宝鸡“太荒僻，一切不便，去机恐永久搁置也”[③]。因此，福五在迁入之初，仍遇到了诸多困难，宝鸡、天水、重庆虽未沦陷，但敌机轰炸的危险无时不在并造成了实实在在的损失；厂房建立之前，机料设备无处堆放，只能存放在窑洞之中。待到复工之后，粉厂却面临地方军政势力无限勒索，因磨制军粉而无法自由营业，原料购运不易也一度成为制约粉厂扩大规模的瓶颈。

① 上海社会科学院经济研究所编：《荣家企业史料》下册，1937～1949 年，上海：上海人民出版社，1980 年，第 266～267 页。

② 狄超白主编：《中国经济年鉴》中编，上海：太平洋经济研究出版社，1947 年，第 141 页。

③ 上海社会科学院经济研究所编：《荣家企业史料》下册，1937～1949 年，上海：上海人民出版社，1980 年，第 62 页。

第五章　后方机制面粉工业工人

近代产业工人是中国社会进步、经济发展过程中出现的新兴群体，是在19世纪资本主义侵入后渐次产生的。甲午战争前夕，中国产业工人总数约有10万，“五四”运动前已有近200万，主要集中在沿海地区。

面粉业工人是在近代机器粉厂出现之后涌现出来的，人数迭有增多。战前粉业工人数除上海外，其他地区均无准确统计。据估算，1913年民族粉业工人总数约为7111人，1914年至1921年，经过了黄金时代后，增至13334人，将近翻了一番。之后面粉业发展缓慢，新建粉厂较少，甚至有所减少。据国民政府实业部统计，1932年粉业工人总数为7919人，位列前三甲的分别是上海（2112人，约占27%）、江苏（1323人，约占17%）、济南（738人，约占9%）。1936年粉业工人总数大有增加，约为15845人。①

表5－1　1936年全国机器面粉厂职工估算表

地区	实存厂数	职工总数	其中工人数	所占百分比（%）	平均每厂工人数
上海	11	2401	2032	84.6	185
无锡	6	1104	883	80.0	147
江苏其他地区	13	1724	1293	75.0	99
哈尔滨	9	1281	1025	80.0	114
东北其他地区	44	3356	2517	75.0	57
济南	7	1179	943	80.0	135
山东其他地区	6	617	463	75.0	77

① 上海市粮食局、上海市工商行政管理局、上海社会科学院经济研究所经济史研究室编：《中国近代面粉工业史》，北京：中华书局，1987年，第313～322页。

（续表）

地区	实存厂数	职工总数	其中工人数	所占百分比（%）	平均每厂工人数
北京	4	220	176	80.0	44
天津	6	715	572	80.0	95
河北其他地区	8	385	289	75.1	36
河南	9	596	447	75.0	50
武汉	5	763	610	80.0	122
湖北其他地区	2	48	36	75.0	18
山西	6	257	193	75.1	32
陕西	4	387	290	74.9	73
安徽	3	471	353	74.9	118
湖南	1	67	50	74.6	50
四川	4	89	67	75.3	17
绥远	3	67	50	74.6	17
宁夏	1	18	13	72.2	13
浙江	1	71	53	74.6	53
广东	1	29	23	79.3	23
民族资本工厂小计	154	15845	12378	78.1	80
外国资本工厂小计	17	1830	1464	80.0	86
全国合计	171	17675	13842	78.3	81

资料来源：上海市粮食局、上海市工商行政管理局、上海社会科学院经济研究所经济史研究室编：《中国近代面粉工业史》，北京：中华书局，1987年，第321～322页。

原表说明：1.1936年全国机器面粉厂数与日产能力，是根据该书附录的机器面粉工厂一览表中实存数计算的。2. 职工人数：上海与武汉来自《上海面粉史料》与《武汉面粉史》；其余各地是按劳动生产率估算的，哈尔滨、无锡、天津、济南等大中城市，以平均每个工人日产面粉40包计算；其余各省以平均每个工人日产面粉30包计算。职工总数中包括的职能管理人员，是按占职工总数的百分比（大中城市占20%，各省占25%）计算的。3. 外国资本工厂分布在哈尔滨、东北、山东等地，其职工人数也是比照大中城市民族资本工厂估算的。

引者说明：1. 工人数占职工总数百分比为引者所加。2. 原表中“日产粉能力”栏因行文需要删去。

从表5-1可以看出，战前中国民族资本机制面粉业职工数量达15845

人，分布在154家粉厂，平均每厂为103人，所占比例为21.9%。就普通工人而言，总数为12378人，平均每厂80人，所占比例为78.1%，与发展成熟的外资企业基本处于同一水平，这应该是一个峰值。就各地区民族粉厂工人所占比例而言，以南方机制面粉工业中心上海为最高，达84.6%，无锡、哈尔滨、济南、天津、北京、武汉同为80%，宁夏最低，为72.2%，其他各地在75%左右，相差不大。但不同地区、不同粉厂差别是较大的。

第一节 工人来源

在近代外资入侵、中国自然经济逐渐解体的过程中，中国大批农民、小手工业者破产，客观上为近代中国产业的发展提供了劳动力。面粉业作为起步较早的民族产业，工人来源亦主要为此类人员。对7位早期茂新、福新粉厂工人的采访表明，6人是来自江浙的贫苦农民，1位是城镇破产的商贩。[①]一项调查显示，1916年至1922年茂新、福新、申新14位工人在进厂前，10位是农民，占七成多，出身于小手工业者2人，占14%，其余是小商贩或店员。[②]20世纪二三十年代济南粉厂的工人绝大部分为农民，并且地域性非常强，成丰粉厂有所谓“桓台帮”，华庆粉厂以寿光同乡居多，惠丰粉厂则以桓台、博兴两县为主。[③]福新各厂职工籍贯多为无锡，即使是设于汉口的福新五厂，其25名员工中有20名来自无锡。[④]福新五厂内场工人多是无锡、常州、宁波人，外场工人多为湖北、苏北人，厂内也有“下江帮”。[⑤]20世纪二三十年代济南粉厂的工人状况也表明，来自江浙地区的机房工人“随同机器前来，负责安装，并留厂专司制粉操作……这班南方工人待遇较厚”[⑥]。

1922年，四川机制粉业从业人员共计29人，主要分布在两个城市，一是重庆18人，一是万县11人，尽管只占全国总数的0.4%，但亦表现

---

① 上海社会科学院经济研究所编：《荣家企业史料》上册，1896～1937年，上海：上海人民出版社，1980年，第119～122页。

② 许维雍、黄汉民：《荣家企业发展史》，北京：人民出版社，1985年，第264页。

③ 济南市志编纂委员会编印：《济南市志资料》第2辑，1981年，第18～19页；祝慈寿：《中国工业劳动史》，上海：上海财经大学出版社，1999年，第384页。

④ 《总公司及各厂职员录》，《茂新福新申新总公司三十周年纪念册》，1929年1月，第7～8页。

⑤ 济南市志编纂委员会编印：《济南市志资料》第2辑，1981年，第18～19页；祝慈寿：《中国工业劳动史》，上海：上海财经大学出版社，1999年，第384页。

⑥ 济南市志编纂委员会编印：《济南市志资料》第2辑，1981年，第18页。

出一定的发展势头。[①]1932 年 12 月，成都 2 家粉厂共有 44 人，其中技工 23 人，普通工人 21 人。如果再细分，管理员或工头 8 人，技工 16 人，普通男工 18 人，合计 34 人，童工 10 人。[②]战前重庆 3 家粉厂共有工人 84 人，其中男工 70 人，童工 14 人。[③]

战时重庆工厂较为集中，工人队伍亦空前壮大，是工人相对集中的地区，工人总数占后方工人总数的 26.9%，占川、康、滇、黔诸省工人总数的 47.9%，占四川工人总数的 58%。1940 年春重庆市总工会成立时，全市各业工人已超过 20 万。1944 年年底，重庆工厂总数达 1158 家，占后方工厂总数的 28.82%。抗战胜利后，多数内迁工厂先后复员，重庆工人减至 10 万人，但仍占后方工人总数的半壁江山。[④]1942 年重庆市机器、印刷、面粉及纺织 4 个产业工人概况见表 5－2。

表 5－2　重庆市机器、印刷、面粉及纺织产业工人概况统计表

业别	工人人数					
	共计		男		女	
	数目	比例（%）	数目	比例（%）	数目	比例（%）
机器	12789	58.6	12789	58.6	—	—
印刷	1714	7.8	1627	7.4	87	0.4
面粉	1322	6.1	1322	6.1	—	—
纺织	6002	27.5	2587	11.9	3415	15.6
总计	21827	100	18325	84.0	3502	16.0

资料来源：《重庆市产业工人工资指数权数表》，社会部统计处编制：《重庆市工资指数》第 7 期，1942 年 7 月，第 3 页。

1940 年的一份调查显示，战前西安面粉工人有 300 人，抗战爆发后增

① 实业部劳动年鉴编纂委员会编：《二十一年中国劳动年鉴》，上海：神州国光社，1933 年，第 44～45 页。

② 中国科学院经济研究所、中央工商行政管理局资本主义经济改造研究室编：《旧中国机制面粉工业统计资料》，北京：中华书局，1966 年，第 155 页。1932 年 12 月修订后的《工厂法》规定，年龄 14 岁以上而未满 16 岁者为童工，只准从事轻便工作。参见刘鸿万：《工业化与中国劳工问题》，上海：商务印书馆，1945 年，第 9 页。

③ 刘大钧：《中国工业调查报告》中册，出版地不详，经济统计研究所，1937 年，第 177 页。

④ 黄淑君、杨光彦：《抗战时期重庆工人运动刍论》，黄友凡、彭承福等：《抗日战争中的重庆》，重庆：西南师范大学出版社，1986 年，第 157～177 页；狄超白主编：《中国经济年鉴》中编，上海：太平洋经济研究出版社，1947 年，第 50～51 页。

加了600人，总人数达900人。[①]这一数据应该是包括了机器磨坊、小型粉厂从业人员。1941年，西安面粉与碾米业共有15家，工人587人，占总数的5%。[②]

受战争影响，战时后方工人地域来源更为复杂。据陈达对战时重庆68个工厂中有明确籍贯的20224人的调查，工人以四川籍最多，为15174人，占75.0%；其次为江苏省，1861人，占9.2%；湖北、湖南分居第三、第四，分别为6.3%、4.1%。但需要指出的是，“内地技术工人多是来自沿海一带”。根据张莳群对云南工人籍贯的调查，除本省外，前5名分别为江苏（包括上海）、湖南、四川、浙江和安徽，各超过100人。[③]这些外省人员因有一技之长，在厂内职位较高，待遇亦较普遍工人为优。复兴粉厂工人大多招于本地，鲜伯良接管公司后，对原有职工实行“汰弱留强”，“凡年老力差和不称我意的都加以淘汰”，显示出一定的随意性。复兴粉厂70%以上的职工来自西充，即鲜伯良的同乡[④]，与荣家企业极为相似。

工厂招工大体有5种方式，一是介绍，即工人彼此介绍、厂方有关方面介绍、工务总务科介绍、亲友介绍或职业介绍所介绍；二是考试，即公开招考；三是招募；四是随厂迁来；五是工人自荐。[⑤]粮食加工行业尤其是面粉业中，以介绍及随厂内迁为主，其他形式较少采用。随厂内迁或吸收沦陷区技工主要限于内迁粉厂，如福新五厂职员人数不多，一般从无锡老家随厂内迁而来，财会人员即来自无锡，精于算计，业务熟练，此类人才本地往往非常缺乏，即如省会兰州也是凤毛麟角。[⑥]此外就是后方民众转为

① 刘明逵、唐玉良主编：《抗日战争时期国民党统治区的工人阶级和工人运动》，北京：中共中央党校出版社，2002年，第72页。

② 陕西银行经济研究室编印：《陕西经济十年（1931～1941）》，西安：西安市档案局、西安市档案馆，1997年，第175页。

③ 陈达：《我国抗日战争时期市镇工人生活》，北京：中国劳动出版社，1993年，第35、195页。关于云南数据，系根据清华大学国情普查研究所张莳群的初稿改编而成，收入《我国抗日战争时期市镇工人生活》一书第三部分“国民党统治区——昆明”。

④ 鲜伯良：《我经营重庆复兴面粉厂的回忆》，政协四川省委员会、四川省省志编辑委员会编印：《四川文史资料选辑》第4辑，1962年，第103～111页。

⑤ 陈达：《我国抗日战争时期市镇工人生活》，北京：中国劳动出版社，1993年，第35～38页。

⑥ 甘肃水利林牧公司成立时，主要部门负责人皆系从重庆聘请，修筑水渠技工亦多招自外省，而所需一般会计人员，公司欲从本地招纳，但当地此类人才“亦极缺乏”。见周礼：《办理甘肃农田水利四年来之认识》，《“行政院”水利委员会季刊》第3卷第1期，1946年3月31日，第35页；《甘肃省政府建设厅、省水利林牧公司兰州农行等就核办各渠工程进行状况、改进工程办法、各项会计报表等的通函、函》，1941年9月2日，甘肃省档案馆藏，档案号39－1－85，第22页。甘肃高级及中级技术人员，九成以上来自外省。大部分技术工人，也是外省人居多。见张心一：《六年来甘肃生产建设（一九四一年至一九四六年）》，政协甘肃省委员会文史资料研究委员会编：《甘肃文史资料选辑》第26辑，兰州：甘肃人民出版社，1987年，第3页。

工人。

复兴公司对于职员招聘，除由总经理聘任或任用外，其余均实行公开考试，聘任后由公司出具聘请书，任用后由公司出具任用书。招工要求较为具体，不同岗位有不同要求，如办事员须具备以下资格之一始能任用：一是有高中及以上毕业文凭；二是曾在银行、公司、钱庄及工商机关任职并有一定经验；三是本公司助理员实习期满、卓有成绩。助理员须具有下列资格之一：一是高中毕业或具有同等学力；二是在工商业机关实习期满；三是有两年以上社会服务经验或成绩较优。练习生则二者具其一：一是初中毕业或具有同等学力；二是年龄在 16 ～ 22 岁，身体健壮，无恶习。主任技师须具有专门技术并曾在同类性质工厂服务五年以上且较有成绩。技师具有专门技能并在同类性质工厂服务三年以上且较有成绩，技工须具有专门技能或在同类性质工厂学徒学习期满，学徒须有高小毕业程度，年龄在 16 ～ 20 岁，身体健壮、无恶劣嗜好。[①]

遵义大兴面粉厂职工来源较广泛，技术员工人数不少，就其到厂前的经历而言，综合素质亦颇高。

表 5 - 3 反映出，大兴面粉厂技术员工到厂时间最早的是 1939 年 11 月，最晚为 1943 年，以 1940 年粉厂开工后居多（占 57%）。就地域来说，贵州籍技工极少，仅有 1 名，其他皆来自外省，主要是战前工业起步较早且技术力量相对较为雄厚的苏、浙、皖三省，尤以上海工人最多（包括嘉定），占总数的 57%。他们有的从事过面粉制造，熟稔这一行业，如朱辛钜曾在上海大中华面粉厂工作 5 年，所以入职大兴后是技工中的骨干力量，担任粉厂总技师兼工务主任，薪资也是最高的。有的则有多年工厂做工经历，或有专长，如浙江定海人王奕钰，虽出身于旧式私塾，但从 1922 年起就在工厂做工，达 18 年之久，且具有煤气引擎专长，加之正值壮年，能够胜任引擎间老轨这一重要职位，薪资在所有技工中仅居次席。[②]从年龄结构来说，技工年龄居于 23 ～ 52 岁，35 ～ 50 岁的占 57%，可以说结构合理，干劲十足。

---

① 复兴面粉股份有限公司编印：《复兴面粉股份有限公司职工任用保证规程》，1940 年，重庆图书馆藏，无页码。

② 《大兴面粉厂技术员工调查登记表》，1944 年 3 月 24 日，贵州省档案馆藏，档案号 M78 - 1 - 951，第 7 页。

表5－3　遵义大兴面粉厂技术员工调查登记表

姓名	年龄	籍贯	学历	工作经历	现职	到职年月	薪金（元）
朱辛钜	43	江苏嘉定	南翔义务中学	上海大中华面粉厂面粉师，5年	总技师兼工务主任	1939.11	530
陶定生	31	江苏江宁	南京市立第一中学高中毕业	汉口锦华制版公司会计员，经济部嘉陵江办事处办事员，1年	账务股股员	1940.10	300
严镇文	23	浙江鄞县	上海光华大学二年级商学院会计系肄业	上海德和银行会计，2年	账务股股员	1943	240
黄琼举	25	贵州遵义	遵义师范学校毕业	—	账务股股员	1941.6	220
金其康	30	江苏嘉定	上海中华职业学校毕业	上海中华珐琅厂会计，7年	代表出纳股股员	1942.4	260
王奕钰	41	浙江定海	旧式私塾	华生电器厂、大新电灯公司、美利化学厂、光明电灯厂，前后18年	引擎间老轨	1940.5	500
张民禧	36	江苏嘉定	高小	—	制粉间技工	1942.9	180
吴桂林	44	江苏上海	—	振阳电灯公司，11年	引擎间机工	1940.5	390
朱仁生	41	江苏上海	—	广明电灯厂、南翔电厂、华生电器厂，前后18年	引擎间电器机工	1940.9	300
蔡宝金	40	安徽合肥	—	运昌机器厂、振扬电灯公司、福运轮船公司、大新电灯公司、南翔光明电灯公司、富阳电力厂、永康电厂	引擎间机工	1940.5	360
沈松福	38	浙江镇海	—	—	铜匠	1940.10	360
黄寒松	36	江苏上海	—	—	铜匠	1941.8	260
狄长生	32	江苏无锡	—	—	木匠	1940.10	180
马关和	52	江苏上海	—	—	木匠	1940.10	200

资料来源：《大兴面粉厂技术员工调查登记表》，1944年3月24日，贵州省档案馆藏，档案号M78－1－951，第1～15页。

沦陷区技工到后方就业途径较多，一般有两个，一是内地工厂驻江浙办事处人员代为招募，一是技工自由流入内地后被当地工厂招收。从沦陷区招募技工虽然选择性较大，但耗费相当大。据统计，1939 年下半年至 1940 年上半年，从上海招募一名技工到昆明，平均至少要花费 400 元。滇越铁路受阻后，招工成本更高，且不易招到。第二种方式虽然“轻易省事”，但其流动性较大，工厂为了稳定人才、扩大生产，则会以提高工资为诱饵，这种方式招到的优秀技工会导致工厂支出增加不少。①

沿海地区工业较为发达，技工较多，战时有相当数量内迁。一项 1940 年 8 月至 10 月的调查显示，昆明工人一个最显著的特点是，“技工几全部来自外省，而帮工和小工的最大多数是取自云南”。外省技工又以江浙等长江下游为主，尤其是上海技工更占多数，“新式工厂里面，差不多全是上海工人的天下”。在《昆厂劳工》中，63 名“外来老师傅”中有 23 名来自江苏（包括上海），17 名来自浙江，湖北和湖南分别有 8 名和 4 名，云南本地只有 3 名。而本地帮工和小工（或被称为“本地小工”）分别占 78% 和 80%。小工与帮工主要是昆明当地为了逃避兵役、赚钱、提高社会地位或避免社会纠纷的农民、学生或工匠居多，占七八成，亦有商贾、军警局丁或失业人员夹杂其中。

对后方工人来说，来源不光是地域或来处这么简单，而是与等级、地位、收入、荣誉等紧密地联系在一起的，即便是该厂唯一一个以小工出身的“一技无长”的江浙工人，“那种种派头看来，简直和老牌的技工分不开”，一口下江话，直挺的工衣，口袋里常常插着一把折尺，都显示出外来工人与本地工人的差别。②

与技工主要来自外省相反，西南、西北人才极为欠缺。以西北各省来说，开展各项建设所需的专业人才十分匮乏，即所谓的“有人力而乏人才”。③其实即使人力，西北地区也非常稀少，举办大型工程常有人力不敷使用之感，各种专业人才更是稀缺。据统计，1930 年至 1937 年年底，西北地区只有 1 名矿业技师，籍隶陕西，而同期全国登记者共有 319 人；1928 年至 1937 年年底，西北只有陕西有 5 名工业技师，而全国总数为 1073 名；1931 年至 1937 年年底全国工业技副 244 名，竟无一名西北籍

① 史国衡：《昆厂劳工》，上海：商务印书馆，1946 年，第 22 页。

② 同上注，第 7 ～ 10、35 ～ 42、10 ～ 14 页。

③ 中国通商银行编：《五十年来之中国经济：1896 ～ 1947》，台北：文海出版社有限公司，1974 年，影印版，第 151 页。

人士。[①]另据统计，1932 年年底，全国登记的医师有 3031 人（包括根据变通办法登记者 131 人），西北仅陕西有 3 人，其他各省皆无登记。公务人员方面，全国共有公务人员 46266 人，其中陕西籍 483 人，甘肃籍 181 人，新疆籍 24 人，青海籍仅 2 人，无宁夏籍，合计为 690 人，仅占全国公务人员总数的 1.49%。1933 年全国高等考试 3297 人中，陕西 14 人，甘肃 4 人，宁、青、新三省皆无，结果无一人被录取。[②]1933 年全国登记的各类农业、工业、矿业技师共 192 人，西北各省仅陕西有一名土木技师。[③]据统计，1927 年至 1937 年全国共有会计师 1488 人，西北籍贯者无一人；1938 年至 1941 年，全国会计师增加 451 人，共达 1939 人，西北地区陕西和甘肃各 1 名，其他各省皆无。甘肃高级及中级技术人员，九成以上来自外省。大部分技术工人，也是外省人居多。[④]抗战时期，经济部登记的西北籍工业、矿业及会计人才也是凤毛麟角，屈指可数，见于记载的仅有 8 名，其中会计师 3 名[⑤]、矿业师 1 名[⑥]、工业技师 4 名。[⑦]甘肃水利林牧公司成立时，主

---

① 《矿业技师登记统计》，中国第二历史档案馆编：《国民政府经济部公报》第 1 卷第 18 期，1938 年，南京：南京出版社，1994 年，影印版，第 827 ～ 830 页。

② 高等考试典试委员会编：《民国二十二年高等考试总报告》，考试院考选委员会，1934 年，第一编第 12 页，第三编第 6 页。

③ 国民政府主计处统计局编：《中华民国统计提要（二十四年辑）》，上海：商务印书馆，1936 年，第 194 ～ 198 页。

④ 张心一：《六年来甘肃生产建设（一九四一年至一九四六年）》，甘肃省政协委员会文史资料研究委员会编：《甘肃文史资料选辑》第 26 辑，兰州：甘肃人民出版社，1987 年，第 3 页。

⑤ 《经济部核准会计师登记一览表（1938 年 12 月份）》，中国第二历史档案馆编：《国民政府经济部公报》第 4 册，第 2 卷第 3 期，1939 年，南京：南京出版社，1994 年，影印版，第 83 页；《经济部核准会计师登记一览表（1941 年 4 月份）》，中国第二历史档案馆编：《国民政府经济部公报》第 7 册，第 4 卷第 11 ～ 12 期合刊，1941 年，南京：南京出版社，1994 年，影印版，第 385 页；《经济部核准会计师检覆及格登记证书（1944 年 11 月至 1945 年 5 月份止）》，中国第二历史档案馆编：《国民政府经济部公报》第 13 册，第 8 卷第 7 期，1945 年，南京：南京出版社，1994 年，影印版，第 276 页。

⑥ 《经济部核准矿业技师登记一览表（1942 年 9 ～ 12 月份）》，中国第二历史档案馆编：《国民政府经济部公报》第 10 册，第 6 卷第 7 ～ 8 期合刊，1943 年，南京：南京出版社，1994 年，影印版，第 173 页。

⑦ 《经济部核发工业技师检覆及格登记证书一览表（1943 年 8 月至 1944 年 7 月 15 日止）》，中国第二历史档案馆编：《国民政府经济部公报》第 12 册，第 7 卷第 8 期，1944 年，南京：南京出版社，1994 年，影印版，第 409 页；《经济部核发工业技师检覆及格登记证书一览表（1944 年 9 ～ 10 月份）》，中国第二历史档案馆编：《国民政府经济部公报》第 12 册，第 7 卷第 12 期，1945 年，南京：南京出版社，1994 年，影印版，第 612 页；《经济部核发工业技师检覆及格登记证书一览表（1945 年 1 月份）》，中国第二历史档案馆编：《国民政府经济部公报》第 12 册，第 8 卷第 3 期，1945 年，南京：南京出版社，1994 年，影印版，第 131 页；《经济部核发工业技师检覆及格登记证书一览表（1945 年 4 月份）》，中国第二历史档案馆编：《国民政府经济部公报》第 12 册，第 8 卷第 6 期，1945 年，南京：南京出版社，1994 年，影印版，第 222 页。

要部门负责人皆系从重庆聘请，修筑水渠技工亦多招自外省，而所需一般会计人员，公司欲从本地招纳，但当地此类人才“亦极缺乏”。[①]1942 年 2 月 21 日，中国农民银行总管理处指出，甘肃水利工程人力较缺，尤其是中下级工程人员缺乏，以致工程迟缓，公司不得已，只能从外地招用各大学水利、土木两系优秀毕业生，陆续补充到公司。[②]林继庸亦曾言：“当时办工业最困难的地方是技术人才缺乏，管理亦欠严密。”[③]

在面粉业中，后方各省本地人才匮乏的现象也极为严重。1940 年 10 月，陕西机制面粉工业同业公会会员共 12 名，仅象峰公司的李百朋系渭南人，其余均来自山东（3 人）、河南（5 人）、江苏（2 人）和湖北（1 人）等省。[④]抗战胜利前，会员单位发展至 14 家 53 人，但亦只增加了两名陕籍人士。[⑤]表 5 -3 所列大兴粉厂技工籍贯也证明了这一点。

战时后方粉厂亦有童工存在。陈达在 1945 年 10 月对重庆 4 家粉厂 264 名工人的调查显示，有 2 名童工。[⑥]虽然与机械、化工、纺织等行业相比人数很少，但其存在是毋庸置疑的。各行业之所以雇佣童工，因其雇佣成本更为低廉。但除这一因素外，还有其他因素。据史料记载，经济部工矿调整处 1943 年 1 月给福民粉厂的训令有如下内容：

> 案奉经济部卅二年一月十二日（卅二）工字第 40659 号训令开：
>
> 案准振（赈）济委员会卅一年十二月十五日渝丙教字第 45103 号公函开：“本会为培育抗战建国时期各项生产事业之基本干部起见，经拟定难童生产教育实施办法……通饬本会各直辖儿童教养院□，对于年龄稍长之难童，施以技能训练□毕业儿童分发各公营工厂及同性质之工业社

---

① 周礼：《办理甘肃农田水利四年来之认识》，《“行政院”水利委员会季刊》第 3 卷第 1 期，1946 年 3 月 31 日，第 35 页；《甘肃省政府建设厅、省水利林牧公司兰州农行等就核办各渠工程进行状况、改进工程办法、各项会计报表等的通函、函》，1941 年 9 月 2 日，甘肃省档案馆藏，档案号 39 -1 -85，第 22 页。

② 《甘肃省政府建设厅、省水利林牧公司兰州农行等就核办各渠工程进行状况、改进工程办法、各项会计报表等的通函、函》，1941 年 9 月 2 日，甘肃省档案馆藏，档案号 39 -1 -85，第 16、21 页。

③ 张朋园、林泉访问，林泉纪录：《林继庸先生访问纪录》，台北“中央研究院”近代史研究所，1983 年，第 199 页。

④ 《第一区面粉工业同业公会成立有关文件及章程、名单》，1942 ～ 1943 年，陕西省档案馆藏，档案号 17 -6 -1092，第 31 页。

⑤ 《第一区面粉工业同业公会》，1942 年，陕西省档案馆藏，档案号 90 -4 -98；《同业公会面粉厂公会章程及会议记录等（一）》，1945 年，陕西省档案馆藏，档案号 82 -1 -1060（1），第 4 页。

⑥ 陈达：《我国抗日战争时期市镇工人生活》，北京：中国劳动出版社，1993 年，第 27 页。

所实习服务者，不下数百人，贵部所辖各机关工厂所需练习生及初级工作人员为数想必至夥……贵部所属各机关工厂需用各种学徒或初级工作人员本会当代为甄选，即请先将工作性质、工作地点及需用人数详晰见示，以便选送等由。准此。除分令外，仰即转饬各工厂将需用人数……详晰具报以凭，转送此令。等因。”[①]

可见，难童、孤儿也是战时童工的一个来源，似乎具有以工代赈或某种福利性质。国外学者 M. Colette Plum 的研究也注意到了这一点。[②]

第二节 工作时间

与其他行业相似，面粉业工人工作时间经历了从早期十七八小时到20世纪30年代渐有缩短的趋势，而且减少幅度较为明显。茂兴创办之初，工时是14小时。福新实行两班制，“六进六出”，即晚上6点进厂，次日早上6点下班出厂，工时12小时。如果碰上日夜班调班，则是18小时，夜班工人要工作至次日中午12点，并且没有星期天。福新五厂工人清晨6点30分上班，下午6点30分下班，但每天早上5点钟拉“位子”（鸣汽笛）三次，即关厂门。赶不上拉“位子”即算迟到，迟到后就进不了厂，而以旷工论。工人为了不迟到，多半凌晨4点半就起床。[③]福新五厂规定每月休息三天，这三天一律停工。但有时甚至半个月才算一个礼拜，即要比平时多做5天工才能休息。[④]

北伐之后，蒋介石提出10小时工作制，意在国民党训政5年时间里，每个劳动力每天比国外多工作2小时，这样全国劳动时间将是一个巨大的数字。不过当时就有人提出不同意见，即注意工时的同时要注意工作效

① 经济部工矿调整处：《关于填送各厂需用学徒及初级工作人员一览表给福民实业股份有限公司机制面粉厂的训令（附一览表）》，1943年2月18日，重庆市档案馆藏，档案号02720002000060000029000，第29～30页。

② M. Colette Plum, Lost Childhoods in a New China: Child-Citizen-Workers at War, 1937～1945, *European Journal of East Asian Studies*, 2012, pp. 237～258.

③ 上海社会科学院经济研究所编：《荣家企业史料》上册，1896～1937年，上海：上海人民出版社，1962年，第127、565页。

④ 金城银行总经理处汉口调查分部编印：《汉口之粉麦市场》，1938年，第84页；上海社会科学院经济研究所编：《荣家企业史料》上册，1896～1937年，上海：上海人民出版社，1980年，第566页。

率，否则得不偿失。[①]但这一提议也未能认真执行，各地各行业参差不齐。根据1929年上海社会局调查统计，上海工人工作时长在11小时至12小时的有缫丝、棉纺、棉织、面粉、造纸等行业，8小时至9小时的有玻璃业、火柴业、榨油业、烟草业等，只有漂染业平均时间在7小时至8小时。[②]20世纪30年代初的天津粉厂中，除三津永年与寿丰两个面粉公司实行三八制外，其余粉厂工人分为昼夜两班，工作时间皆在十二三小时。[③]

1929年12月30日，国民政府公布施行《工厂法》。《工厂法》第三章“工作时间”对成年男工、童工、女工的工时做了明确规定。第八条规定：成年工人每日实在工作时间以8小时为原则，如因地方情形或工作性质有必须延长工作时间者，得定至10小时。第九条规定：凡工厂采用昼夜轮班制者，所有工人班次至少每星期更换一次。第十条规定：除第八条之规定外，因天灾、事变、季节之关系仍得延长工作时间但每日总工作时间不得超过12小时，其延长时间每月不得超过36小时。该法案虽然规定工作时间为8小时，必要时可延长到10小时，但这一规定很少被遵守，“十一小时之工作为工业中普通之现象”，1936年上海各业工人平均工时为10.57小时，1938年延长至11.03小时。[④]

面粉行业工人劳动时间在各业中与棉纺织业工人同为时间最长的行业。据1930～1936年上海16个行业的调查，其中15个行业日平均工作时间都超过8小时。调查还显示，面粉业、棉纺织业工人的劳动时间长达十一二小时。[⑤]西安华峰和成丰面粉厂每日生产分为两班，每班12小时。[⑥]福新五厂天水分厂工时较为固定，每天常为12个小时，周日倒班时要干18个小时。每年正常开工生产时间为七至八个月，在检修机器时间，工人会被派出去收购小麦。[⑦]据1942年调查，兰州市工厂工人工作时间在9～12小时，1946年的调查亦显示，面粉、食品、印刷等行业工人超时严重。陈达在1945年10月对战时重庆机械、食物、化工、纺织、冶炼、电器、

---

① 滑秉忠：《工作时间与工作效率》，《生活》第5卷第48期，1930年11月9日，第789页。

② 刘鸿万：《工业化与中国劳工问题》，上海：商务印书馆，1945年，第11页。

③ 李文海编：《民国时期社会调查丛编》二编“社会组织卷”，福州：福建教育出版社，2014年，第567页。

④ 刘鸿万：《工业化与中国劳工问题》，上海：商务印书馆，1945年，第9页。

⑤ 《上海的工资统计》，《国际劳工通讯》第5卷第8期，1938年8月，第1～129页。

⑥ 《西安市志·商业志》志稿：《西安近代机器制粉工业》，政协陕西省西安市委员会文史资料委员会编：《西安文史资料》第19辑，西安：西安出版社，1993年，第147～148页。

⑦ 刘大有：《荣氏财团在甘肃的一家企业——天水福五面粉厂》，政协甘肃省委员会文史资料委员会、《西北近代工业》编写组编：《西北近代工业》，兰州：甘肃人民出版社，1989年，第440～442页。

印刷及造纸、兵工、船舶9个行业68个工厂工人状况的调查与研究中记载，12个厂为每日8小时，20个厂为9小时，13个厂为11小时，3个厂为12小时。此外尚有加班，每月时间自7.5小时至36小时不等，47个厂有深夜工。[①]根据1942年1月至1944年6月一份对重庆机器业、印刷业、面粉业和纺织业四大产业调查资料，各业每月工作日数与每日工作时数差别如表5－4所示。

表5－4　重庆市产业工人工时统计表（1942年1月～1944年6月）

年月		每日工作时间				每月工作日数			
		机器业	印刷业	面粉业	纺织业	机器业	印刷业	面粉业	纺织业
1942	平均	10.8	9.0	11.7	10.7	27.7	27.4	21.5	27.3
	1月	10.5	9.3	11.8	9.8	28.0	23.7	11.0	25.1
	2月	11.0	9.0	11.8	9.8	22.2	23.2	5.5	22.5
	3月	10.5	8.6	11.8	11.0	28.1	25.7	19.7	27.7
	4月	11.8	8.6	11.8	11.0	28.4	27.1	29.9	27.4
	5月	11.1	8.9	11.8	10.7	28.7	29.5	30.4	28.9
	6月	10.6	8.9	9.8	10.3	27.4	27.9	20.7	28.9
	7月	10.5	11.4	11.9	11.0	29.0	29.0	6.1	26.2
	8月	10.9	8.7	11.8	11.0	28.5	29.1	26.4	28.0
	9月	11.0	8.3	11.8	11.0	27.1	28.2	23.9	27.6
	10月	10.5	8.0	11.9	10.3	28.2	28.1	25.8	28.7
	11月	11.1	10.8	11.8	11.0	27.8	28.0	28.8	28.1
	12月	10.6	8.0	11.8	11.4	29.1	28.9	29.4	27.9
1943	平均	10.5	8.7	11.2	11.7	27.7	29.2	27.6	28.3
	1月	10.7	8.8	11.2	11.9	28.0	29.4	27.7	30.3
	2月	10.6	8.6	11.1	11.8	25.6	27.1	26.3	28.0
	3月	10.5	8.5	11.1	11.9	28.9	29.3	27.0	30.3
	4月	10.6	8.6	11.1	12.5	28.1	28.5	26.8	29.1
	5月	10.6	8.6	11.2	11.7	27.6	29.5	28.0	29.8
	6月	10.6	8.7	10.9	12.6	27.0	28.9	27.3	29.6

① 陈达：《我国抗日战争时期市镇工人生活》，北京：中国劳动出版社，1993年，第16页。

（续表）

年月		每日工作时间				每月工作日数			
		机器业	印刷业	面粉业	纺织业	机器业	印刷业	面粉业	纺织业
1943	7月	10.0	8.5	11.4	12.6	27.1	30.0	27.6	29.5
	8月	10.9	8.6	11.3	11.5	27.4	30.0	28.4	26.6
	9月	10.4	8.2	11.2	11.0	27.8	29.0	27.2	29.2
	10月	10.6	9.6	11.6	10.6	29.9	29.6	28.2	26.2
	11月	10.5	8.2	11.0	11.0	27.1	29.4	28.3	24.0
	12月	9.4	9.2	10.8	11.1	27.7	29.6	28.5	27.1
1944	1月	10.0	8.0	11.2	11.2	30.0	29.5	29.6	28.3
	2月	11.0	7.8	11.2	11.2	26.5	27.2	27.6	26.3
	3月	9.6	8.1	11.9	11.2	30.7	29.5	25.1	28.3
	4月	10.5	8.2	11.4	10.6	28.6	28.0	25.9	27.0
	5月	9.1	7.3	11.2	11.1	28.5	29.9	27.9	29.6
	6月	9.1	7.3	12.5	11.0	28.5	30.8	25.1	28.0

资料来源：《重庆市产业工人工时》，秦孝仪主编：《革命文献》第101辑“抗战建国史料——社会建设（六）”，台北：“中央”文物供应社，1984年，第204～207页。原表根据社会部统计处各厂之工资调查表编制。

原表说明：产业工人工时之调查，以厂为单位，以各厂工人数为权数，采加权平均法以求各业工人平均之工时。各业工作时间，有因加工、减工、停工等之影响而规定时间不同，本表所列工时，均系实际工作时间。

从表5－4可以看出，以每日工时来说，面粉行业介于9.8～12.5小时，平均为11.7小时[①]，与战前的十一二小时基本持平，尽管有过9.8小时的记录，但这只出现在1942年6月。从行业对比来说，面粉业每日平均工时在4个行业中也是最长的，甚至比印刷业多出2.7小时。[②]以每月平均工时来说，面粉业为274.95小时，居于机器业、纺织业之后，这应该与原料供应不足、战局变化如日军空袭等因素有关。1941年5月初，日军轰炸

① 据研究，1942年1月至1943年1月重庆面粉业平均每日工时最高为12.7小时，最低为9.8小时。参见齐武：《抗日战争时期中国工人运动史稿》，北京：人民出版社，1986年，第214页。

② 1943年1月，重庆市政府核定各业工资限额时，规定印刷业工人工作时间为9小时。参见重庆市政府编印：《重庆市政府核定物价运价工资汇编》，1943年，第23页。

重庆，致使复兴仓库着火，只得停工一个月。①另据学者研究，1942 年 1 月至 1943 年 1 月，重庆面粉业工人每日平均最短工时为 9.8 小时，仅次于机器业的 10 小时，差别并不明显，但显著高于纺织业的 7.4 小时与印刷业的 8 小时。②

复兴面粉公司的工时较为多样，不同工种工时长短不一，视工作繁简难易而有不同规定，主要有两班制、三班制、四班制三种。打包工人、粉部房技师、运面工、铜匠工工作较轻，分两班，日班由午前 6 点至午后 6 点，夜班自午后 6 点至次日午前 6 点，无日夜轮休。锅炉房分 3 班，每一班从前日午后 10 点至次日午前 6 点，第二班从午前 6 点至午后 2 点，第三班从午后 2 点至午后 10 点。接面工、马达房及引擎房分 4 班，每班 6 小时。运麦工不分班，以能供给粉间需要为度。③

与同时期欧美国家相比，中国面粉业工人工时远远长于欧美国家。刘鸿万曾对战时中国、德国、美国面粉业工人的工时进行了对比，美国工时最短，为 7.3 小时，德国稍长，为 7.6 小时，而中国为 11.5 小时，比德、美两国高出 4 小时左右。④美国劳工统计局 1944 年在对本国 12 个金属制造工厂进行的一项研究表明，每周 40 小时和每天 8 小时的劳动使生产达到了高峰，虽然超时工作会使产量增加，但其代价却是“随着工作时数的增加，工作效率不断减低和旷工的显著增加。最后竟至加长工作时间而不能生产出更多的东西，实际上可能还比较短的工作时间所生产的东西还要少些。除了很少数的例外，在调查过的工厂中，加长工作时间的结果是总的生产速度减低，不仅在额外增加的时间内如此，在整个工作周中也是如此”。这一结论也早被英国调查人员所认可。调查人员还发现，在所调查的某个工厂中，当每天的工作时间由 10 小时减至 8 小时后，工伤事故减少

---

① 复兴面粉股份有限公司：《关于报送复兴面粉公司第二制造厂房舍、机械损失清册上“财政部”川康直接税重庆分局的呈（附清册）》，1941 年 9 月 5 日，重庆市档案馆藏，档案号 02730001007750000039。

② 齐武：《抗日战争时期中国工人运动史稿》，北京：人民出版社，1986 年，第 214 页。据重庆市政府 1943 年 1 月核定工资限价时规定，机械业每日以工作 10 小时为标准。参见重庆市政府编印：《重庆市政府核定物价运价工资汇编》第 3 编“工资类”，1943 年，第 13 页。

③ 复兴面粉股份有限公司编印：《复兴面粉股份有限公司制造厂办事细则》，1940 年，重庆图书馆藏，无页码。关于各个面粉厂工作开始时间，行业并无统一规定，陈达对 4 家面粉厂的调查显示，全部为 6 时开工。参见陈达：《我国抗日战争时期市镇工人生活》，北京：中国劳动出版社，1993 年，第 94 页。在另一份档案中有不同记载，因锅炉工人工作至为艰苦，定为四班制，即每六七小时换一班。参见交通银行总管理处设计处：《复兴面粉股份有限公司 1941 年 6 月调查报告》，重庆市档案馆藏，档案号 02880001001550000180000。

④ 刘鸿万：《工业化与中国劳工问题》，上海：商务印书馆，1945 年，第 10 页。

了三分之二。工伤对工人的伤害是巨大的，美国1944年因工伤事故而残废的人共计2230400人，而1943年比之还要多8%，其结果是丧失了4360万个以上的工作日，相当于145000名工人的全年工作日。[①]

可以看出，随着时代的进步，面粉工人工时相比行业初创时有所缩短，但战时后方面粉工人工时与战前其他城市、其他行业相比，并无明显减少，地域性并不显著。尽管无法与同期欧美国家相比，但作为正处于近代化过程中的中国来说，也在向更为合理的工作时间过渡。

第三节　工人收入

一、工资

（一）纵向比较：战前与战时

1900年前后，上海磨坊普通工人月工资为3～4银圆，如果是“把作师傅”，则可以拿到5元，约合一石大米价值，另外还可以享受免费伙食。机制粉厂工人工资比磨坊为高。1900年开工的阜丰面粉厂工人在膳食自理的情况下最低月薪为7.5元，最高10元，如由厂里提供伙食，则每月扣除费用3元。与全国相比，上海粉厂处于中等水平。[②] 1913年的一项统计记载了上海10家面粉厂各类人员的工资概况，可以作为参考。

表5－5　上海各机器面粉厂资方代理人与技职人员工资概况表（1913）　单位：银圆

厂名	经副理	厂长	技师	主任及秘书	高级职员	中级职员	普通职员	学徒
阜丰	80～100	40～50	200美金（美国技师）	20～30	18～25	15～20	8～12	—
华兴	100～150	—	40～50	20～30	15～20	10～15	8～10	—
裕兴	100	—	—	30	18～20	12～15	8～10	—
中兴	80～100	40～50	—	—	16～20	12～15	8～10	—
立大	80～100	—	—	—	18～20	12～15	8～10	—

① 〔美〕美国劳工研究协会编：《美国劳工实况：1943～1944》，梅似译，北京：世界知识出版社，1957年，第162～167页。

② 上海市粮食局、上海市工商行政管理局、上海社会科学院经济研究所经济史研究室：《中国近代面粉工业史》，北京：中华书局，1987年，第323页。

（续表）

厂名	经副理	厂长	技师	主任及秘书	高级职员	中级职员	普通职员	学徒
申大	80～100	30～40（机务总管）	20～30	—	15～16	12～14	8～10	—
大有	40～50	—	—	—	14～16	11～13	8～10	—
立成	—	—	—	—	—	—	—	—
福新	—	—	40～50	—	16～20	12～15	8～10	1～2
华丰	80～100	—	40～50	—	18～20	12～16	8～10	1～2

资料来源：上海市粮食局、上海市工商行政管理局、上海社会科学院经济研究所经济史研究室编：《中国近代面粉工业史》，北京：中华书局，1987年，第324页。

山东作为食面大省，制粉业较为发达。有人在对20世纪二三十年代济南20个行业工人收入的研究中指出，食物、电汽、造纸和机器4个行业的工资与面粉工人的普通工资均超过15元，达到了15.08元，而面粉业最高工资达90元，最低工资亦达10.35元，不仅是所有20个行业中最高的，而且远超其他4个行业，甚至比第二名电汽业还多5元。而且济南的工资水平要低于青岛。[①]相较而言，青岛恒兴面粉公司工人工资要高一些。该公司由宫淑芳创办于1924年，后因营业不佳转让于鲁绍田，经营渐上轨道，1930～1932年每年纯利润在4万元上下，工人月工资最高68元，最低23元，休息日也会发给薪资。如果工作满一年且无过失，公司还会发给全额“劳动奖励金”，数目多寡由董事会按照工人技术与能力决定，工作不足一年的则按月奖励，应该说是相当高的。[②]山东日商面粉厂较多，工资水平应该与此有关。

20世纪30年代初，天津面粉工人工资亦较优。据天津面粉产业工会第一至第四分事务所调查，第一分事务所月工资平均约11元；第二分事务所平均为13元左右，“工人生活较优”；第三分事务所平均约为12元，但其实行三八制，工时只有8小时；第四分事务所平均为10元，在天津地区

① 于景莲：《民国时期山东城市下层社会物质生活状况研究（1912～1937）》，山东大学博士学位论文，2011年，第65～66页。

② 青岛市社会局编：《青岛市面粉业调查》，出版信息不详，第3～10页。

是最低的。[①]1934 年前后，天津 5 家粉厂的平均工资分别为：寿丰为 22.73 元，民丰为 18.66 元，大丰为 20.16 元，嘉瑞为 18.78 元，三星为 29.7 元[②]，平均为 22 元，亦不算低。

据上海社会局同期统计，丝织、印刷、造船、烟草、面粉等 20 个行业男工平均日工资率从 1.26 元至 0.47 元不等，面粉工人为 0.56 元，在各业中仅居第 17 位。[③]另据蔡正雅统计，1930 年上海面粉业工人月收入 17.58 元，远低于各业平均工资 23.89 元。[④]1933 年的一项统计数字表明，中国面粉业工人最高工资为 85 元，最低为 1.5 元，平均为 12 元。[⑤]

表 5－6　全国各地合于《工厂法》的面粉厂月工资统计表（1932）　　单位：元

省市	厂数	管理员或工头工资		工人最高工资				工人最低工资			
				免费食宿者		不免费食宿者		免费食宿者		不免费食宿者	
		最高	最低	技工	普通	技工	普通	技工	普通	技工	普通
江苏	10	140	6	34	21	88	28	1	12	8	6
浙江	1	60	16	—	—	40	18	—	—	10	2
安徽	3	45	10	40	10	60	60	2	6	8	6
湖北	5	130	12	45	18	90	30	9	16	20	6
湖南	1	55	30	30	—	—	—	0	—	—	—
四川	2	120	10	22	6	—	—	1	2	—	—
察哈尔	1	30	30	—	—	15	12	—	—	4	6
绥远	1	30	30	—	12	—	—	—	0	—	—
河北	7	108.23	10	45	14	43.33	21.67	10	5	12	7.58
山东	10	120	15	30	18	70	30	8	5	10	5
山西	3	95	35	20	7	50	9.50	3	6	20	9.50
河南	3	150	11	30	24	52	15	10	21	8	8

① 李文海编：《民国时期社会调查丛编》二编“社会组织卷”，福州：福建教育出版社，2014 年，第 567 ～ 568 页。

② 何德明编著：《中国劳工问题》，长沙：商务印书馆，1938 年，第 52、70 页。

③ 刘大钧：《中国工业调查报告》中册，出版地不详，经济统计研究所，1937 年，第 331 ～ 332 页。

④ 蔡正雅：《上海市罢工停业统计》，出版信息不详，应为 1931 年，第 13 页。

⑤ 何德明编著：《中国劳工问题》，长沙：商务印书馆，1938 年，第 29 页。

（续表）

省市	厂数	管理员或工头工资		工人最高工资				工人最低工资			
				免费食宿者		不免费食宿者		免费食宿者		不免费食宿者	
		最高	最低	技工	普通	技工	普通	技工	普通	技工	普通
南京	2	100	12	—	—	90	24	—	—	16	12
青岛	2	60	25	—	—	60	25	—	—	15	15
上海	15	100	1	—	—	—	—	—	—	—	—
全国合计	66	150	1	45	24	90	60	0	0	4	2

资料来源：刘大钧：《中国工业调查报告》中册，出版地不详，经济统计研究所，1937 年，第 331 ～ 332 页。转引自上海市粮食局、上海市工商行政管理局、上海社会科学院经济研究所经济史研究室编：《中国近代面粉工业史》，北京：中华书局，1987 年，第 329 页。

原表说明：原表中不免费食宿栏中的“未分类”未列入。

西安华峰面粉公司设立时，职员分为三部分，一部分在公司各股办事，一部分出外采买小麦，一部分在城内设立总批发处，大小职员共计 60 人。职员月薪从 10 元至五六十元不等。“机器头目系俄国人，工资稍大”。工人分为两部分，一部分为技术工人，负责管理机器及磨粉等事项，一部分为小工，搬运麦子、面粉，共计一百四五十人。①

战时工资与战前相比，有非常大的不同。根据陈达、张茕群等人的调查，其有两种含义，一是指工人的全部收入，二是指工人收入中的一个项目，但通常指的是第二种含义。也就是说，工资只是工人的部分收入，实际收入才是工人的总收入。而且工资收入在战时并不占收入的主体，只是地位的反映。雍兴兰州面粉厂厂长兼总技士，1942 年每月薪水以面粉结算，数量为 40 袋头等粉，并由厂方供给住房五六间，徒役一二人，同时奖金若干。②成丰面粉公司工人工资与其他粉厂有异，工人的工资高而职员的工资低，工人最高工资达百数十元，最少也有几十元，而职员月工资不能超过 30 元，最低五六元。工人年终还会发双工资，或加发两个月工资及年终奖金，这一点职员是没有的。但职员有年终分红，数目相

① 魏君：《西安华峰面粉公司参观记》，《陕行汇刊》第 9 期，1936 年 10 月，第 86 页。

② 玉英：《雍兴兰州面粉厂简记》，政协甘肃省委员会文史资料委员会、《西北近代工业》编写组编：《西北近代工业》，兰州：甘肃人民出版社，1989 年，第 434 页。

当可观。①

复兴公司1940年12月9日第四次董事会议通过的《复兴面粉股份有限公司职工待遇规程》，对公司内部职工按照九品中正制进行等级评定，除顾问及厨役、木工、船夫等临时工人薪金不做规定之外，对各等各级职工薪资做了明确规定，详见表5－7。

表5－7　复兴面粉股份有限公司职工薪资等级表　　单位：元

	三等一级	三等二级	三等三级	二等一级	二等二级	二等三级	一等一级	一等二级	一等三级
总经理	240	280	320	320	360	400	400	440	480
经理	200	220	240	240	260	280	280	300	320
副经理	160	180	200	200	220	240	240	260	280
襄理	140	160	180	180	200	220	220	240	260
主任	70	80	90	90	100	110	110	120	130
办事员	40	46	52	52	58	64	64	70	76
助理员	28	34	40	40	46	52	52	58	64
主任技师	140	155	170	170	185	200	200	215	230
技师	60	70	80	80	90	100	100	110	120
技工	25	29	33	33	37	41	41	45	49
工友	20	22	24	24	26	28	28	30	32

资料来源：复兴面粉股份有限公司编印：《复兴面粉股份有限公司职工待遇规程》，1940年，重庆图书馆藏，无页码。

从表5－7可以看出，复兴粉厂各级人员工资差别非常大，最大差级为20倍。单从普通工人层级来说，最低为20元，最高为32元，差级为1.6倍。如果与1937年上半年工资平均水平21元相比②，1940年平均工资约为26元，与战前相差无几。从表面看工资数额增加了，“多收了三五斗”，但1940年物价已较战前上涨了4.69倍③，因此，工资的实际购买力却下降了40%左右。

① 晋震梵：《西安成丰面粉公司及面粉业概况》，政协甘肃省委员会文史资料委员会、《西北近代工业》编写组编：《西北近代工业》，兰州：甘肃人民出版社，1989年，第416页。

② 《重庆市产业工人工资》，《中农经济统计》第3卷第10期，1943年10月31日，第5页。

③ 吴冈编：《旧中国通货膨胀史料》，上海：上海人民出版社，1958年，第165～170页。

随着物价节节上涨，工资数额虽亦有提升，但仍然难抵通货膨胀速度。据 1941 年 5 月调查，复兴公司一厂工友月工资最高 78 元，最低 43 元，平均 61 元。学徒最高 68 元，最低 62 元。二厂工友最高 78 元，最低 50 元，平均 64 元。[①]可以看出，与 1940 年相比，1941 年复兴公司普通工人平均工资从 26 元提高至 60 余元，增加了将近 40 元。如以二厂工友工资数额计算，1941 年比 1940 年增加 1.46 倍，比 1937 年上半年增长 2.05 倍，看似增加不少，但如果以同时期物价相比，则明显落后。据统计，1941 年物价较战前上涨 19.38 倍，较 1940 年上涨 14.69 倍，因此工资购买力又下降了。据西安成丰、华丰、和合三厂 1942 年 11 月的实物工资面粉，与 1937 年 6 月货币工资可购面粉比较，战前最高月工资可购粉 16 袋，1942 年 11 月仅为 4.64 袋，下降了 71.6%；最低工资为 3.7 袋，1942 年 11 月可购 2.5 袋，下降 23.5%。[②]物价飞涨的势头并未被遏制，且愈演愈烈，1942 年比战前上涨 44.40 倍，1943 年上涨 125.88 倍，工人工资亦不得不有所增长。

1943 年 1 月，重庆市政府公布了核定之后的物价、运价、工资等，按照这一规定，面粉业各工种工资情况分别为：动力部，主任技师每月 1176 元，技师 898 元，技工 410 元；制造部，主任技师每月 1196 元，技师 938 元，技工 392 元，小工 336 元。以上工资包括生活、衣服、食米津贴等，加工奖金不计算在内，每人每月另发米 3 市斗 3 升。[③]

表 5－8　重庆工人工资指数（1937 ～ 1945）

年份	生活费指数	平均每月 实际收入（元）	实际收入指数	真实工资指数
1937	101	24	102.9	101.9 *
1938	116	41	179.8	155.0 *
1939	192	52	225.9	117.7 *
1940	550	100	437.0	79.5

① 交通银行总管理处设计处：《复兴面粉股份有限公司 1941 年 6 月调查报告》，重庆市档案馆藏，档案号 02880001001550000180000。

② 上海市粮食局、上海市工商行政管理局、上海社会科学院经济研究所经济史研究室编：《中国近代面粉工业史》，北京：中华书局，1987 年，第 348 ～ 349 页。

③ 重庆市政府编印：《重庆市政府核定物价运价工资汇编》第 3 编“工资类”，1943 年，第 15 ～ 16 页。

（续表）

年份	生活费指数	平均每月实际收入（元）	实际收入指数	真实工资指数
1941	1840	233	1017.6	55.3
1942	4135	436	2082.4	50.4
1943	11498	1064	4822.6	41.9
1944	39094	3854	16808.0	43.0
1945	143806	14018	53025.0	36.9

资料来源：主计部统计局编印：《中华民国统计年鉴》，1948 年 6 月，第 385 页。

原表说明：* 系修正数字。

引者说明：1937 年上半年为 100。

1942 年 12 月 17 日，“行政院”通电颁布《限价实施办法》。其纲要如下：第一，各省市政府对于所辖区域内重要市场物价、运费、工资，应于 1943 年 1 月 15 日一律实施限价；第二，关于物价、运费、工资限价应以 1942 年 11 月 30 日各该市场原有价格为标准，由各该当地政府予以评定；第三，实施限价应特别注重民生重要必需品、如粮、盐、食油、棉花、棉纱、布匹、燃料、纸张等物及运费、工资；第四，各地政府应督率各地同业公会，按照“行政院”标准妥议价格，务须达到同一地区、同一时期、同一物品只有一个价格；第五，政府应核定议定价格，在辖境内公布，并迅速呈报上级机关审核，上级机关发现所定价格不合规定者，得责令修改；第六，各同业公会所属公司、行号或会员应遵照核定价格，在交易场所或物品上标明价格，非经政府核准不得变更；第七，严禁黑市，如有违反者应即取缔并按军法惩处。

1943 年七八月间，粉业工人因工资问题发生争执，陪都民食供应处、重庆市社会局再次将工资问题提了出来，经过讨论，最终议决以本年 6 月底工资数额为基础，“增加以不超过社会局调整办法百分之六十五为原则”，报请重庆市政府裁决。[①] 12 月 16 日，市政府裁定重庆面粉工人工资增加 50%，详见表 5-9。

---

① 陪都民食供应处、重庆市政府：《关于送交麦粉业运价、工资调整会议记录及各厂小麦粉运价、工人工资指数表》，1943 年 9 月 23 日，重庆市档案馆藏，档案号 0053-0019-02298-0000-114-000，第 114～118 页。

表 5 －9　重庆面粉工人工资统计表（1943 年 12 月 16 日）

工别	原价（元）	民食供应处议价（元）	核定价（元）
动力部主任技师	1940. 40	2910. 60	2910. 60
技师	1481. 70	2222. 60	2222. 60
技工	677. 00	1015. 50	1015. 50
制造部主任技师	1973. 40	2960. 10	2960. 10
技师	1547. 70	2321. 60	2321. 60
技工	646. 80	970. 20	970. 20
小工	555. 20	832. 80	832. 80

资料来源：重庆市社会局、重庆市警察局：《关于调整面粉业工人工资的公函、训令（附工人工资议价表）》，1943 年 2 月 29 日，重庆市档案馆藏，档案号 00610015017210000064000；重庆市警察局：《关于抄发重庆市面粉业工人工资议价表给重庆市警察局第十分局的训令（附表）》，1944 年 3 月 4 日，重庆市档案馆藏，档案号 00610015033040000032000。

原表说明：1. 加班奖金不在规定之内。2. 工资包括生活、衣服、食米津贴等。3. 每人每月另发米三市斗三升。

从表 5 －9 可以看出，1943 年年底粉业工人的工资有所增加，但这里的工资包括生活津贴、服装津贴和食米津贴，与前文所讲工资稍有不同，即包含的项目多一些。所以，战时工资另有真实工资的说法。

尽管粉业工人工资在与机器、纺织、印刷等行业工人相比中并未处于劣势，甚至在某些年份还居于优势水平，但就每月实际收入与工资购买力而言，却是双双呈现每况愈下之势。在所统计的 1942 年 11 月至 1943 年 5 月，粉业工人工资下降趋势是非常明显的，尽管在 1943 年三四月间有小幅回升，一度超过了 1942 年 11 月的收入水平，但很快即再次下挫，尤以 1943 年 5 月为甚，该月面粉业工人真实工资仅为 9. 5 元，相比 1937 年上半年时的 21 元，减少了一半以上，实际购买力也下降了 55%。详情见表 5 －10。

表 5 －10　重庆面粉业工人工资

时期	每人每月实际收入（元）	工人每月真实工资（元）	工人每月工资购买力指数
1937 年上半年	21. 0	21. 0	100
1942. 11	683. 6	12. 0	57

（续表）

时期	每人每月实际收入（元）	工人每月真实工资（元）	工人每月工资购买力指数
1942.12	716.6	12.0	57
1943.1	721.4	11.8	56
1943.2	752.4	10.7	51
1943.3	883.4	12.0	57
1943.4	863.4	12.2	58
1943.5	895.8	9.5	45

资料来源：《重庆市产业工人工资》，《中农经济统计》第3卷第10期，1943年10月31日，第5页。

原表说明：1. 资料来源为社会部统计处。2. 工人每月真实工资系每月实际收入对工人生活费指数之比率，其公式为工人实际收入÷工人生活费指数×100。3. 工人每月工资购买力指数系工人每月实际收入指数对工人生活费指数之比率，其公式为工人实际收入指数÷工人生活费指数×100。

引者说明：原表包括重庆多个产业工人工资情况，笔者只截取了面粉业相关数据。

中国粮食工业公司合川面粉厂一份1942年11月的员工名册，不但详细记载了该厂各类人员的姓名、岗位、年龄、籍贯、入厂时间，还有准确的收入记录，可以让我们一窥国营粉厂的收入情况。根据这份名单，粉厂人员总计77名，可以分为职员、技工与工友三类，职员包括厂长、副厂长、工程师、技士、助理员、办事员、小工领工、各股主任及1名雇员，人数共计20名，其中包括4名女性职员。技工总共22名，按工种分为制粉车间、引擎车间、修理车间及练习生，每个车间有1名领班，副领班及机工人数不等，皆为男性。工友35名，分为副工头（1名）、小工（22名）、厨工（3名）、警卫（3名）、茶役（4名）、信差（1名）及女佣（1名）。毫无疑问，职员收入在各类人员中是较高的。除极个别人外，绝大多数职员的薪津收入都由5项来源构成，“薪、生、米、房、办”，至少也有4项（除去“办”）。薪津即“薪”与“津”，虽然名册中没有详细解释，但可以推测出“薪”为面粉厂所支月薪，“生、米、房、办”皆为各类津贴，在职员每月收入中，津贴占了相当大的比例，这在技工与工友中是没有的。职员最高工资者为厂长，为1170元，最低为280元（有2人，一为小工领工，一为雇员），两者相差4倍有余，20名职员的平均工资为690元，达到平均数的有一半。职员收入来源较多，如花红一项即是其主要收入之一。据统计，1936 年福新五厂经理职员花红中，荣宗敬占 14%，李国伟、华栋臣分别占 12.5%，章剑慧占 6%，其他人占 9%，即经理以上高级人员共占 54%，其余 46% 则会分给职员。[①]恒信面粉公司规定，盈余中除了 10% 公积金、税款及年利二分的股息之外，其余再作为 100 份重新分配，其中工友奖金占 5%，职员福利事业备用金占 5%，经副理及其他职员酬劳占 20%。[②]复兴公司 1940 年 1 月通过的公司章程规定，全年利润中先提 20% 为公积金，次提官息七厘，其余分为 100 份进行分配，其中职工酬金占 20%。[③]

除去收入高高在上的职员，技工的收入也是相当可观的，如车间领班每月有 1000 元进项，副领班较之少 50 元，电工、机工、钳工月薪在 800 ～ 900 元。木工稍差，在所有 3 名木工中，2 名月工资 760 元，1 名 450 元，这种差别可能是由木工级别或熟练程度决定的。即使技工中的练习生，其工资亦在 250 ～ 280 元。22 名技工的月平均工资为 782.73 元，只有 6 名技工未达到平均工资，技工之间最高与最低工资之间相差 4 倍。

反观普通工人，他们的工资是相当低的。据 1942 年调查，副工头每月收入 200 元，在所有工友中是最高的，最低的仅为 80 元，22 名工友中有 8 人。从该名册还可以看出，35 名工友平均月工资为 112 元，有 20 名的收入处于平均水平以下，女佣最少，只有 60 元，不及平均工资的一半。该名册还显示，不论是技工还是普通工友，籍贯、年龄、进厂时间长短并不是造成工资差别的主要因素，40 岁的引擎车间机工张福成比 28 岁的修理间机工徐全生每月仅多出 50 元，两人同为浙江人，张福成的进厂时间是 1941 年 11 月 16 日，徐全生于 1941 年 11 月 30 日进厂，时间差别并不显著。在小工当中，19 岁的伍荣吉与 33 岁的李树林同为 80 元，他们二人进厂时间前后相差 5 天，都来自四川。[④]

---

① 上海社会科学院经济研究所编：《荣家企业史料》下册，1937 ～ 1949 年，上海：上海人民出版社，1980 年，第 52 页。

② 重庆市社会局、重庆市恒信面粉股份有限公司：《重庆市社会局、重庆市恒信面粉股份有限公司关于派员验资并发放验资证明书的呈、批（附资产负债表、董事名册、章程）》，1941 年 7 月 6 日，重庆市档案馆藏，档案号 00600002003340000003。

③ 复兴面粉股份有限公司：《复兴面粉股份有限公司章程》，重庆市档案馆藏，档案号 0024－0001－00474－0000－097－000，第 97 ～ 101 页；复兴面粉股份有限公司编印：《复兴面粉股份有限公司章程》，1940 年，重庆图书馆藏，无页码。

④ 中国粮食工业公司合川面粉工厂：《中国粮食工业公司合川面粉工厂员工名册》，1942 年 11 月，重庆市档案馆藏，档案号 0028－0002－00001－0000－048－000。

1943年1月，限价政策实施后，各省市各行业工人工资亦在限价行列。成都市政府早在1942年冬即会同国民党成都市党部、成都市临时参议会、四川省社会处、三民主义青年团、成都市警察局、成都警备司令部、宪兵第二团、成都市商会、成都市总工会及有关同业公会与职业公会代表，组织工资评议会，负责成都市产业工人与职业工人工资评议。1943年1月29日，核定面粉业工人工资，技工与小工每日最低5000元，最高7000元。[①]

然而，从工资增长指数与生活费增长指数来看，工人收入被接连上涨且涨幅更大的生活费大大抵消了。“虽政府于三十一年冬决定各地工人工资应随各该地工人生活费指数之变动按期比例调整，但迄抗战胜利时止，各地工人工资之增加，始终较生活费指数之增加为少，且恒处于被动地位。”[②]如果说这种变化在抗战初期表现还不是非常明显的话，那1941年之后高昂的生活费指数很快超越了实际收入指数或真实工资指数，假如说1937年至1939年两者之间的级差还不是十分显著的话，那从1940年开始直到抗战胜利，二者之间的差距则是日见悬殊，1945年简直是天渊之别，生活费指数上涨了1400余倍，而真实的工资指数下跌了将近三分之一，巨大的剪刀差使得工人生活一落千丈。

（二）横向：不同行业、地域、工种之间的考察

1. 不同行业比较

后方各省市中，重庆因地理位置重要且为战时陪都，具备工业发展各项条件，如航运便利，燃料、电量相对充足等，因此工业最为集中，1944年年底，重庆已登记工厂累计1694家，资本额为2726338000元，工人数为106510人，分别占后方全部工厂数的28.3%、32.1%和26.9%，尤以机器工业为著，几占四川全省总数的70%。[③]如果以西南地区各省而论，川、康、滇、黔四省工厂数为3314家，工人222878人，资本额为5984538000元，则重庆所占比例分别为51.1%、45.6%和

---

① “中央”银行经济研究处编印：《成都市实施限价后半年来工作之检讨》，1943年，第7页；《成都市第二次工资评议会核定各业工价表》，《物价旬报》第41期，1943年8月15日，无页码。

② 《抗战前后中国工人工资与生活费用》，秦孝仪主编：《革命文献》第101辑“抗战建国史料——社会建设（六）”，台北：“中央”文物供应社，1984年，第184～185页。

③ 周立三、侯学焘、陈泗桥：《四川经济地图集说明》，出版地不详，中国地理研究所，1946年，第31页；李紫翔：《四川战时工业统计》，《四川经济季刊》第3卷第1期，1946年1月1日，第201～216页。

47.9%。[①]如果加上矿业、兵工、邮电、交通等部门，产业工人总数不少于40万。[②]

1941年2月，社会部统计处开始调查、编制重庆工人工资及指数，调查范围包括产业工人与职业工人共计14个行业，产业工人包括城区、江北、南岸、沙磁4区的机器、印刷、面粉、纺织4行业，职业工人包括人力车、肩舆、渡船、挑水、泥水等10行业。[③]

1941年的一项统计数据显示，抗战全面爆发后，重庆市货币对内购买力指数明显下降，1937年全年为98.3，1938年降至72.3，1939年为41.4，1940年为15.8，1941年仅为5.6，1941年12月只有3.3，出现逐月下降、一月数降乃至一日数降的情况。[④]

1942年11月之后，国民政府实行物价统制，对工人工资亦实行战时管制，以物价的“官价”确定工资，工人调整工资必须经过国民政府批准。官价常低于实际价格，黑市价格更远高于官价与实际价，工人所领工资的购买力急剧下降，从而要求以实物抵领工资，但实际收入也是下降的。

表5－11　重庆市产业工人工资指数（1937～1944年6月）

年月	工资率	工人实际收入	真实工资
1937	103.7	102.9	101.5
1938	141.9	179.8	154.6
1939	233.7	225.9	117.8
1940	346.9	437.0	79.5
1941	595.1	1017.6	55.3
1942	1054.9	2082.4	50.4
1943	1972.0	4823.0	41.9

① 李紫翔：《四川战时工业统计》，《四川经济季刊》第3卷第1期，1946年1月1日，第201～216页。

② 齐武：《抗日战争时期中国工人运动史稿》，北京：人民出版社，1986年，第206页。

③ 《编制说明》，社会部统计处编制：《重庆市工资指数》，1942年7月，第2页。

④ 王仲武：《重庆物价专刊》，重庆：西南经济建设研究所、邮政储金汇业局，1942年，第18页。

（续表）

年月		工资率	工人实际收入	真实工资
1944	1月	2665.0	8226.0	41.5
	2月	2903.0	11070.0	43.6
	3月	2890.0	12622.0	39.4
	4月	3506.0	14537.0	39.3
	5月	3681.0	16203.0	36.9
	6月	3753.0	17227.0	36.5

资料来源：《重庆市产业工人工资指数》，秦孝仪主编：《革命文献》第101辑“抗战建国史料——社会建设（六）”，台北：“中央”文物供应社，1984年，第197～198页。原表根据社会部统计处各工厂记录及产业工人工资调查表编制。

原表说明：1. 产业工人工资之调查，采用标准选样法，就重庆市工厂分布情形及使用动力，并有工人二十人以上之机器、印刷、面粉、纺织四业工厂，选出二十七家直接调查。2. 1937年1～6月为100。3. 公式采用加权平均法。

工资率指工资给付标准，随工作性质、工人性别、工作时间及空间差异而不同，发达国家有法律规定或劳资双方订有合同，亦有计件与计时之分，也会受到其他因素如是否提供食宿等影响。战时重庆产业采用计时者为多，大厂多以日计，小厂均以月计，以小时为计算标准者非常少见。重庆面粉业工人实际收入呈现出另外的特点。如果与机器、印刷、纺织三个行业比较，1937～1944年相关数据见表5－12。

表5－12　重庆产业工人实际收入指数比较表

时间	总指数	机器业	印刷业	面粉业	纺织业
1937	102.9	103.1	100.1	109.9	101.1
1938	179.8	193.9	143.8	175.0	133.9
1939	225.9	218.9	216.9	271.4	244.9
1940	437.6	423.8	468.9	509.3	448.5
1941	1017.6	977.2	1097.5	938.1	1179.6
1942	2082.4	1976.5	2999.9	2507.8	2394.6
1943	4822.6	4581.2	5212.9	5119.1	5617.2
1944	16750	15993	19404	18432	18440

资料来源：重庆市政府编印：《重庆要览》，1945年，第29页。

引者说明：指数以1937年上半年为100。

表5－12反映了战时重庆四个行业工人的实际收入情况，可以看出，尽管各行各业都面临币值快速下跌的境况，但面粉业工人的收入同期多数年份是较高的，甚至个别年份居于首位，如1937年、1939年、1940年、1942年这四年都是稳居第一。并且表5－12还反映出，差距较大的1942年，面粉业工人收入比机器业工人收入高出26.88%，应该说这种差距是比较悬殊的，当然这也反映了1942年之后机器业陷入困境、工人收入下降的现实。相对与民食联系更为紧密的面粉业，粉厂设立日趋增多，面粉厂呈现出产销两旺的景象，工人收入增加也在情理之中。

表5－13　重庆市面粉工人与其他各业工人工资比较（1942年6～7月）

业别	工资率			工人实际收入		
	计日工资			基期	6月	7月
	基期	6月	7月			
面粉业	0.54	3.6	3.7	21.0	517.3	544.7
印刷业	0.33	6.4	6.7	19.0	371.6	405.6
纺织业	0.48	5.0	5.0	17.3	389.8	406.2
机器业	0.89	9.4	9.4	30.9	588.1	595.0

资料来源：《重庆市各业工人最近相邻两月工资比较》（1942年6月与7月），社会部统计处编制：《重庆市工资指数》第7期，1942年7月，第78页。

就战时重庆机器、面粉、纺织与印刷四个行业的工资率（所谓工资率，是指单位时间内的劳动价格，也就是单位时间的报酬，根据单位时间的不同，可以分为小时工资率、日工资率等，面粉业为日工资率）变动而言，面粉工业的变动也是较大的，1937年至1939年，指数最高的为面粉业，同时面粉业也高于平均指数。而从1940年至1941年，情况则发生了变化，面粉业成了低于平均指数的行业。这说明单位时间内的工资收入中，面粉业与其他三个行业相比下降了，详见表5－14。

表5－14　重庆市产业工人各年工资率指数变动比较表（1937～1941）

年别	指数		各业对上年度变动情形		高出总指数各业
	最高	最低	最大	最小	
1937	面粉	印刷	—	—	面粉
1938	面粉	机器	面粉	机器	印刷、面粉

（续表）

年别	指数		各业对上年度变动情形		高出总指数各业
	最高	最低	最大	最小	
1939	面粉	纺织	机器	面粉	机器、印刷、面粉
1940	印刷	纺织	印刷	面粉	机器、印刷
1941	印刷	面粉	印刷	面粉	机器、印刷、纺织

资料来源：《重庆市产业工人各年工资率指数变动比较》，社会部统计处编制：《重庆市工资指数》，1942 年 7 月，第 8 页。

在实际收入方面，从 1937 年至 1941 年的统计数字来看，除了 1938 年的情况不太明朗（或许处于中间水平）及 1941 年在四个行业处于最低之外，重庆面粉工人的实际收入都是高于其他三个行业的，并且高出的年份也高于平均指数，从表 5－15 反映的状况来说，面粉工人的实际情况大多还是相对好一些的。

表 5－15　重庆市产业工人各年实际收入指数变动比较

年别	指数		各业对上年度变动情形		高出总指数各业
	最高	最低	最大	最小	
1937	面粉	印刷	—	—	机器、面粉
1938	机器	纺织	机器	纺织	机器
1939	面粉	印刷	纺织	机器	面粉、纺织
1940	面粉	机器	印刷	纺织	印刷、面粉、纺织
1941	纺织	面粉	纺织	面粉	印刷、纺织

资料来源：《重庆市产业工人各年工资率指数变动比较》，社会部统计处编制：《重庆市工资指数》，1942 年 7 月，第 11 页。

1943 年 1 月重庆工人工资实行限额时，面粉业制造部技工工资仅为 392 元，而印刷业工人无论是报馆工人、石印工人、铸字工人，还是划线工人、排字工人、装订工人，其每月工资介于 500 ～ 700 元，且以 700 元居多，平均为 662 元，远高出面粉业工人工资。并且政府规定，加班 5 小时按工作一日计算，3 小时按半日计算，且宵夜费由厂方酌给。[①]

1939 年，云南全省经济委员会纺织厂工人在改三八制劳动时间之前，工作时间为 11 小时，纱厂男工日工资最高为 0.55 元，最低为 0.23 元；布

① 重庆市政府编印：《重庆市政府核定物价运价工资汇编》，1943 年，第 15 ～ 23 页。

厂男工最高为0.48元，最低为0.23元。每月食宿费4元。机械业工人工作时间为上午8时至下午6时，中间休息1小时，净工作时间为9小时，技师、模工、翻砂工每月工资30～80元，打铁工、白铁工及普通锉工25～40元，每月食宿费7元。年节会有1元赏金，学徒工免费食宿，每月津贴0.5元或1元。①

但需要指出的是，正如有的学者研究，在抗战这一特殊背景下，大后方城镇居民工资收入除了地域性、行业性特征外，还呈现出明显的阶段性特征，各行业收入并非一成不变。1943年，面粉业工人收入与纺织业相比增长缓慢，面粉工人实际收入则落后于纺织工人，1943年12月与1月相比，面粉工人实际收入增加了1.19倍，而同期纺织工人增加了2.03倍，如果以1942年收入为100计算的话，面粉工人的收入指数为230.8，纺织工人则为322.9，后者明显高于前者。即便与同期的机器、印刷业相比，面粉业也是落后的，与1943年前的情况几乎正好相反。②

除此之外，我们还可以根据同一地域内不同行业的对比来考察面粉业工人的待遇，兹举一例。如位于成都的培根火柴厂，系由惠昌火柴厂改组而成，由当地社会名流士绅发起，规模较大，物美价廉，获利较丰。该厂固定男工100人，临时工人300人左右，多为附近贫苦妇女儿童。其中又有技术工人与普通工人之别。该厂食宿由厂方负担，技术人员工资高于一般工人，伙食也较优越，每月还有2～6次不等的“打牙祭”。临时工比固定工收入低很多，有时连一个人的生活也难以维持。年终分红数额极少，如1944年固定工人初只分得10多碗茶钱，多次交涉后增至10元。临时工只相当于其十分之一。③

2. 不同地域的比较

后方地域广大，各地经济发展水平参差不齐，工资水平、工资构成等差异亦较明显。1937年6月，西安成丰、华峰、和合三厂工人每月最高工资为16包面粉，最低为3.7包面粉。④除了固定工资，职员和工人还有额外收入，如成丰面粉公司职员有分红，但无奖金和补助费；工人正好相

① 张肖梅编著：《云南经济》，重庆：中国国民经济研究所，1942年，第015～032页。

② 周春主编：《中国抗日战争时期物价史》，成都：四川大学出版社，1998年，第89～90、168～177页。

③ 赵子艺：《解放前成都火柴工业概况》，政协四川省成都市委员会文史学习委员会编：《成都文史资料》第32辑，成都：四川大学出版社，2002年，第459～461页。

④ 西安市工商行政管理局编印：《西安市私营磨粉业社会主义改造历史资料》，1959年，油印本，第15页。

反，有奖金和补助费而无分红。[①]汉口福新五厂普通工人工资采用计时工资，每小时5角，膳宿自理。[②]

据1942年11月30日成丰、华峰、和合三厂统计，工人最高工资为4.64包面粉，最低为2.5包面粉，月平均工资为2.71包，每月生活费用2.67包，如以1937年最高、最低工资分别为100计算的话，则1942年分别降低了71.6%和32.5%。[③]

重庆面粉业工人工资亦依粉厂、工种不同而有所差异。就复兴、天城、中粮三家面粉厂而言，其情况如表5-16。

表5-16　重庆面粉厂工人每小时工资率概况表

厂名	技工（元）	半技工（元）	粗工（元）	艺徒（元）
复兴面粉厂	3.2	2.6	1.6	—
天城面粉厂	0.7	0.2	0.1	0.06
中粮面粉厂	2.1	0.8	0.4	—

资料来源：陈达：《我国抗日战争时期市镇工人生活》，北京：中国劳动出版社，1993年，第54页。

在上述三家粉厂中，复兴、天城为民营，中粮粉厂为国营。各厂每小时的工资率差别是较大的，无论厂际或各工种统计中，复兴厂的各项指标都明显高于其他两个厂，尤其是天城，与复兴、中粮差别相当显著。以技工言，复兴最高，天城最低，两者相差3.57倍。半技工则相差12倍，粗工相差15倍。以同一粉厂不同工种而言，差别最小的是复兴，技工与粗工相差1倍，而天城、中粮两个厂中技工与粗工均相差6倍，并且技工与半技工的差别也是较大的。1945年10月，陈达在调查了重庆粮食加工、炼油、制药、调味等14家食物工业工人的月工资状况后发现，技工可以达到33265.62元，半技工为27730.76元，粗工仅为17875元，学徒则仅有8000元。技工的最高与最低工资差距为1.6倍，半技工最高与最低相差2.6倍，粗工相差1.6倍。同时，技工比半技工高1.8倍，比粗工高2倍有余，半技工比粗工高1.3倍。1945年7月，昆明一家面粉厂技工的月实

① 贺志云：《我所知道的西安面粉业经营情况》，政协陕西省西安市委员会文史资料委员会编：《西安文史资料》第19辑，西安：西安出版社，1993年，第165页。

② 金城银行总经理处汉口调查分部编印：《汉口之粉麦市场》，1938年，第77页。

③ 西安市工商行政管理局编印：《西安市私营磨粉业社会主义改造历史资料》，1959年，油印本，第15～17页。

际收入是76000元，粗工为45000元（均包括伙食费）。[①]可以明显看出，面粉业工资整体差距远高于食物工业的平均差距，也就是说，面粉业工人中的贫富差距是十分巨大的。

“工资之低微虽常被视为中国工业对外竞争之一有利条件，但若工资低廉至此种程度，不但全国之人力不易保存，即生产本身亦恐由此种低廉工资之所得，尚不足偿其因效能低下所引起之损失也。”[②]因此，20世纪二三十年代工人罢工原因中最主要的是工资与待遇问题，各占27.8%，高居各项原因之首。[③]从1929年到1937年，每年罢工件数从七八十件至200余件不等，通常涉及人数有七八万人，总共损失工时多达90余万小时，平均损失工资30余万元，“至若生产方面及他种损失当更超过甚多”[④]。

尽管各行业工资差别较大，但陈达等人认为，在战时物价高涨的背景下，工资等级已经失去存在意义，工人并不靠工资吃饭，而是靠津贴为生。陈达等人在重庆、昆明等厂所做的调查中，战时重庆9大行业中，平均工资收入在平均实在收入中最多只占28.8%，最少的仅为8.1%，平均为16.5%。对昆明4厂的调查表明，工资在实际收入中所占的比例多者不过三分之一，少者还不到百分之一。“津贴的多少，才是诱致工人工作的动力。”[⑤]

二、津贴、奖金、红利

为了在物价上涨局面下维持工人最低限度的生活，后方规模较大的民营、国营工厂增加工资倍数作为津贴。津贴是战时物价高涨背景下为了维持工人生活而实行的收入制度，是战时物价上涨的结果，工资逐渐演变成为一套繁复的津贴制度。

战时津贴种类繁多，就性质来说，可以分为四种：一是生活津贴，包括米贴、伙食、住宿、家属、煤炭、特别费、旅费等；二是工作津贴，包括技术津贴、加工津贴、夜工津贴、升工津贴、竞赛津贴及考勤津贴等；三是年资津贴，指与在厂工作年限及地位相关的津贴；四是福利津贴，如

---

① 陈达：《我国抗日战争时期市镇工人生活》，北京：中国劳动出版社，1993年，第75、56、229页。

② 刘鸿万：《工业化与中国劳工问题》，上海：商务印书馆，1945年，第12页。

③ 何德明编著：《中国劳工问题》，长沙：商务印书馆，1938年，第139～143页；刘鸿万：《工业化与中国劳工问题》，上海：商务印书馆，1945年，第17页。

④ 刘鸿万：《工业化与中国劳工问题》，上海：商务印书馆，1945年，第17页。

⑤ 陈达：《我国抗日战争时期市镇工人生活》，北京：中国劳动出版社，1993年，第218～220、58、77页。

房租、膳食、燃料等福利及医药津贴。除此之外，还有临时津贴，如复兴面粉公司职工有对外职责时，可以酌情发给交际津贴或车费津贴。交际津贴视职工职分及其服务地点、商埠大小、营业繁简分为十五级，从 10 元至 150 元不等。车马津贴视职工职分、商业交通状况，酌量分为 15 级，每级 10 元。[①]

生活津贴或称生活补足费、固定津贴、基本津贴等，发放标准视各行业、各厂家殊不一致。在陈达所统计的 14 家食物工业（4 个粮食工厂、4 家面粉厂、2 家炼油厂、2 家烟草厂、1 家制药厂、1 家调味厂）中，有的工厂按工资 80 倍计算，有的按 20 倍计算，有的按工资数额加倍，最高为工资的 300 倍，不一而足。生活津贴中的米贴，14 个厂中的 5 个厂有该项津贴，有的工厂每人为 3000 元，有的工厂则是除工资外加米 1 市石至 2. 3 市石不等，地位不同，米贴亦异。工作津贴中的技术津贴多半限于技术优良工人，如食物工业中有一个厂规定，每个技工每月可得技术津贴 5000 元。年资津贴包括以年资长短为标准的年资津贴及以地位高低为标准的领班津贴，年资长者津贴多，短者津贴少，地位高者津贴多，低者津贴少。[②]

津贴数额各地各厂差别亦较大。14 个食物工业中，每月津贴总额为 12673. 99 元，其中粮食工业 4 个厂为 6458. 56 元，4 个面粉厂为 17328. 68 元。[③]复兴公司津贴视职位高低或 50 元或 30 元不等，练习生津贴每月以 20 元起，每半年加一级，每级 5 元，学徒津贴每月以 15 元起，每半年加一级，每级 4 元。复兴公司 1940 年每月支出津贴 4596 元。[④]1940 年 10 月的一份统计表明，福新 55 名职员每月伙食津贴 1650 元，每人每月平均 30 元；135 名工友每月伙食津贴 4000 元。岁丰公司伙食津贴略高，职员每人每月平均 40 元，工友 34 元。福民公司每月支出膳食津贴 5700 元。[⑤]

奖金也是战时工人收入的一个来源。奖金制度是战时后方工厂的一项普

---

① 陈达：《我国抗日战争时期市镇工人生活》，北京：中国劳动出版社，1993 年，第 59 页；复兴面粉股份有限公司编印：《复兴面粉股份有限公司职工待遇规程》，1940 年 12 月 9 日，重庆图书馆藏，无页码。

② 陈达：《我国抗日战争时期市镇工人生活》，北京：中国劳动出版社，1993 年，第 60 ～ 66 页。

③ 同上注，第 59 ～ 65 页。

④ 交通银行总管理处设计处：《复兴面粉股份有限公司 1941 年 6 月调查报告》，重庆市档案馆藏，档案号 02880001001550000180000；复兴面粉股份有限公司编印：《复兴面粉股份有限公司职工待遇规程》，1940 年 12 月 9 日，重庆图书馆藏，无页码。

⑤ 重庆市粮食管理委员会：《关于准予增加面粉价格给申新、复兴、福民面粉公司的指令、批（附津贴表）》，1940 年 10 月 11 日，重庆市档案馆藏，档案号 00700001000710000003，第 11 ～ 24 页。

遍制度，在陈达所调查的重庆9个门类的68家工厂中，仅有14家没有奖金制度，占二成，其余54家皆实行奖金奖励。昆明各厂与此类似，实行奖金制度的厂家非常普遍，在所调查的42家工厂中，只有一家没有奖金制度。

战时各行业、各厂家奖金奖励标准与办法差异甚大。昆明的奖金种类分为四种：一是工作奖金，奖励平时工作勤谨或成绩优良的工人，每月按工作或成绩发放；二是年终奖金；三是生产奖金，以工人工作产量为标准，超过标准即可得奖；四是自由奖金，没有固定标准，由主管人员决定，奖金数目也较随意。重庆地区大致包括三个方面，一是工作勤怠；二是工作成绩；三是营业盈利奖金。工作勤怠指是否请假、旷工，工作是否勤勉及是否参加夜工，如有的厂规定整月不请假的奖励2至4个工，工作认真及能力强者予以现金奖励或发给一个月工资，参加夜工的亦相应发给奖金，但不普遍。工作成绩指出品多寡、是否节省材料及服务年资长短。营业盈利奖金则根据厂矿年终获利大小给予不同程度的奖励，但普通工人极少能够享受。关于奖金数额，各行业差别较大，如机械工业是印刷工业的3倍，同一行业差别更大，如纺织工业中的棉纺与丝织，相差在10倍以上。①

陈达所调查的4家面粉厂全部制定奖金奖励制度，每人每年平均奖金数额为2613.43元，虽无法与机械工业相比，但比起电器、兵工、印刷、火柴各行业及食物工业中的榨油、制药乃至没有奖金的烟草、调味行业来说，尚不算菲薄。②

复兴面粉公司奖金申领者，必须满足下列条件之一：对公司贡献好的机会且公司因而获利者；发觉同事中有舞弊情形且密报公司当局查明属实者；能预防工作中的危机或发觉后告诉负责人进行预防者；执行职务遇有危难时能牺牲自己担当一切因而保全公司财产信用或问题赖以解决者；临时指派重大任务能妥当完成使本公司获得利益或减轻损失者。③福民面粉厂对于奖金的标准有三：一是对工作有特殊贡献者；二是在工作时对于突变灾害能镇静设法施救、免受重大损害者；三是对于技术改革致厂方获利

① 陈达：《我国抗日战争时期市镇工人生活》，北京：中国劳动出版社，1993年，第223、68～73页。

② 同上注，第72页。

③ 复兴面粉股份有限公司编印：《复兴面粉股份有限公司奖惩规程》，1940年12月9日，重庆图书馆藏，无页码。

者。只要满足其中一项即可发给奖金。[①]可见，粉厂普通工人若想获得奖金颇不容易，奖金在工人收入中所占比重亦较小。

红利也是工人收入的一个组成部分，但其所占份额极少。红利以工厂营业利润为基础，盈利多则红利多，反之则少，甚至于无。红利分配常以股份、年资、地位等为依据，能够分得红利的一般是厂内董事、股东或职员，普通工人甚少得此红利。复兴公司1940年1月通过的《复兴面粉股份有限公司章程》规定，公司每年决算后，如有盈余，先提20%作为公积金，次提官息7厘，其余作为100份再进行分配，其比例分别为：股东红利占60%，职工酬劳占20%，董事监察人、发起人各占5%，文化事业协助费占10%，可以看出，股东红利占一半以上，而职工酬劳所占比重是较少的。[②]1941年，复兴获纯益1144092.4元，具体分配如下：公积金228754.3元，所得税102939.3元，战时损失准备金114377.3元，过分利得税115757.36元，股息140000元，特别准备金131852.2元，红利131523.94元，职工红利52520元，职工福利准备金21008元，董监红酬26280元，发起人红利26560元，补助文化事业52520元。[③]同处重庆五大面粉厂之一的福民面粉厂规定，普通职工年终有红利奖金，但临时工“年终概无红利奖金”。[④]

第四节　工人待遇

对于工人福利待遇，1929年12月30日通过的《工厂法》有明确规定，如第七章“工人福利”有如下条款，第三十六条：工厂对于童工及学徒应使受补习教育，并负担其费用之全部，其补习教育之时间，每星期至少须有十小时，对于其他失学工人，亦当酌量补助其教育，前项补习教育之时间，须在工作时间以外；第三十七条：女工分娩前后，应停止工作共

① 福民实业股份有限公司：《福民面粉厂暂行规则》，重庆市档案馆藏，档案号0082-0001-00004-0000-090-000，第106～107页。

② 复兴面粉股份有限公司编印：《复兴面粉股份有限公司章程》，1940年1月28日，重庆图书馆藏，无页码。

③ 重庆市社会局、复兴面粉股份有限公司：《重庆市社会局、复兴面粉股份有限公司关于报送一九四一年营业账项的呈、批（附盈余分配表）》，1942年5月31日，重庆市档案馆藏，档案号00600002003280000005。

④ 福民实业股份有限公司：《福民面粉厂暂行规则》，重庆市档案馆藏，档案号0082-0001-00004-0000-090-000，第113页。

八星期，工资照给；第三十八条：工厂在可能范围内，应协助工人举办储蓄及合作社等事宜；第三十九条：工厂在可能范围内，应提倡工人正当娱乐；第四十条：工厂每营业年度终结算，如有盈余，除提股息、公积金外，对于全年工作并无过失之工人，应给予奖金或分配盈余。[①]但不同时地，工人待遇亦有所不同。

青岛恒兴面粉公司有工人 22 人，并依据《工厂法》制定了详细的管理规章制度，包括工人待遇、惩罚措施等。工作时间为 12 小时，实行两班轮班制，中间有 1 小时吃饭时间，夜班工人尚供应一顿点心，住宿、餐费每月合计 5 元，尽管公司没有洗浴设施，但工人生病时还可享受免费中西医诊疗。[②]在陈达对 4 家面粉厂的统计中，有 2 家在工作中间不休息，1 家休息 1 小时，1 家休息 1.5 小时。与其他行业相比，1 小时较为普遍，中间不休息的包括面粉厂在内只有 5 家，休息 1.5 小时的有 3 家。[③]

西安华峰面粉公司规模较巨，职员待遇较优，“关于卫生一切设备，俱臻完善，均以科学方法治理，与寻常商业大有区别也”。公司供给膳宿，1936 年每人每月伙食费 9 元，“待遇优渥”[④]，理发、沐浴全部免费之外，每人每月还会发给面粉 6 袋至 8 袋。[⑤]职员医药费用亦由厂方负担。职员家在外地的，每年可享受一次探亲假期，旅费由厂方提供。[⑥]

成丰粉厂在内迁西安前即有医疗室、运动场、补习学校、饮食部等，西迁后对职工待遇也较为看重，伙食、医疗、洗澡、理发等所有职工一视同仁，对工人亦较为照顾，工人在遇到婚丧大事有困难时，公司会给予困难补助。[⑦]据记者采访观察，该厂厂房外整洁、安静，有条不紊，一片寂静，工作岗位上紧张、严肃。员工只需安心工作，不用为生活问题忧虑。除了提供膳宿，还有中西医诊所、职工子弟小学、浴室、理发室、图书室等。作为男工工厂，体育场所必不可少，成丰亦设有篮球场，以供工人在

---

① 朱采真编：《工厂法释义》，上海：世界书局，1930 年，第 116 ～ 122 页。

② 青岛市社会局编：《青岛市面粉业调查》，出版信息不详，第 3 ～ 10 页。

③ 陈达：《我国抗日战争时期市镇工人生活》，北京：中国劳动出版社，1993 年，第 98 页。

④ 魏君：《西安华峰面粉公司参观记》，《陕行汇刊》第 9 期，1936 年 10 月，第 86 页；贺志云：《我所知道的西安面粉业经营情况》，政协陕西省西安市委员会文史资料委员会编：《西安文史资料》第 19 辑，西安：西安出版社，1993 年，第 165 页。

⑤ 谢剑云：《西安的面粉工业》，《西北通讯》第 3 卷第 1 期，1948 年 7 月 15 日，第 13 页。

⑥ 贺志云：《我所知道的西安面粉业经营情况》，政协陕西省西安市委员会文史资料委员会编：《西安文史资料》第 19 辑，西安：西安出版社，1993 年，第 165 页。

⑦ 济南市志编纂委员会编印：《济南市志资料》第 2 辑，1981 年，第 22 页；晋震梵：《西安成丰面粉公司及面粉业概况》，政协甘肃省委员会文史资料委员会、《西北近代工业》编写组编：《西北近代工业》，兰州：甘肃人民出版社，1989 年，第 416 页。

工余锻炼娱乐。运动场由职工自己管理，每逢休息日，运动场上挤满了蹦蹦跳跳的人。在员工教育方面，除厂方 1944 年设立子弟小学，出资聘请 2 位老师负责 40 余名学生的免费初等教育之外，也经常为职员开办补习班，向他们传授科学文化知识，职员学习热情高涨，教室里时常挤满了人。而职工幼龄子女入学问题的解决，使得职工皆大欢喜，更能安心本职工作而不必为此事分心。① “职工们的生活是愉快的，是有规律的，无论昼班或是夜班，员工们均有着充分的时间来休息，或是自修，任何人对于厂方没有半句怨言。”②全厂像个大家庭，员工之间相处融洽，彼此没有成见纠纷，“劳资之间永远的打在一片”，没有发生过大大小小的风波。全厂一团祥和主要得益于公司董事为人正派，管理得当。副经理于乐初忠厚老成，穿着朴素，总是一袭布袍布鞋，好像一个教员，赴同业公会开会时连包车也不坐，而是步行前往。在公司上下班、食用饭菜、居住房屋等均与职工待遇相同，无形中树立起了兢兢业业、努力实干、身先士卒的榜样，上至高级职员，下至拉车工人、炊事人员皆能以此为标杆，恪尽职守，在保证生产顺利、产品质量优良的同时获得了较好的社会声誉，员工待遇较优也是情理之中的。宝成、永丰、战干、中原等厂员工待遇相比稍差一些。③

雍兴兰州面粉厂对员工的福利也较为重视，1942 年粉厂完全建成时，厂内设有员工福利委员会，内分进修、健康、游艺三组，专门负责指导上述工作，并举办工人知识、生活及技术训练班。职员眷属住宅、理发室、洗衣间、播音室、篮球场一应俱全，1943 年还增添图书馆、洗澡间、员工消费合作社，抗战胜利后补修增建饭厅、茶炉、游艺室、会客室等，工人的业余生活也不会过于单调无聊。④福新五厂天水分厂普通工人待遇与失业者或其他更为恶劣的行业相比，虽不算优，但也不至于用很差来描述。该厂技工起初有 7 人，也是随厂迁来，后来新培养 3 人，最多时只有 10 人。

① 晋震梵：《西安成丰面粉公司及面粉业概况》，政协甘肃省委员会文史资料委员会、《西北近代工业》编写组：《西北近代工业》，兰州：甘肃人民出版社，1989 年，第 410 ～ 417 页；陕西省银行经济研究室编：《西京市工业调查》，西安：秦岭出版公司，1940 年，第 16 ～ 19 页；陈宏绪：《成丰面粉公司》，《西北经济》第 1 卷第 1 期，1948 年 3 月 15 日，第 40 ～ 41 页。

② 陈宏绪：《成丰面粉公司》，《西北经济》第 1 卷第 1 期，1948 年 3 月 15 日，第 41 页。

③ 谢剑云：《西安的面粉工业》，《西北通讯》第 3 卷第 1 期，1948 年 7 月 15 日，第 14 页；晋震梵：《成丰面粉公司及西安面粉业》，政协陕西省西安市委员会文史资料委员会编：《西安文史资料》第 19 辑，西安：西安出版社，1993 年，第 158 页；贺志云：《我所知道的西安面粉业经营情况》，政协陕西省西安市委员会文史资料委员会编：《西安文史资料》第 19 辑，西安：西安出版社，1993 年，第 167 页。

④ 玉英：《雍兴兰州面粉厂简记》，政协甘肃省委员会文史资料委员会、《西北近代工业》编写组编：《西北近代工业》，兰州：甘肃人民出版社，1989 年，第 432 ～ 433 页。

战时面粉业发展红火，技工不会有失业之虞，而是被常年留用，这就保障了他们最基本的生活。就伙食来说，管理人员与技工每餐伙食标准可用奢侈来形容，每餐三荤二素一汤在战时绝对可以说是令人艳羡，再加上有专人服务，感觉自是不同。穿戴方面，除了平时优于普通工人之外，每届秋冬，厂里还会发给价值不菲的呢子衣服与棉大衣。年终红包则是面粉厂效益的直接体现。经理住宅有一名厂卫专门守护。[①]该厂每月发粗布鞋一双，缺勤在3天以下的还可以领到实物奖励——每3个月奖励一次的混合粉1袋，价值2元。工人上下班会有厂卫搜身，一如上海纱厂女工。虽然普通工人管吃饭，但饭菜质量堪忧，每8个人围坐一桌，菜为一大桶，吃完为止。只有在李国伟视察厂子时才有打牙祭的机会，这种行为显然是带有表面文章的意味。天水厂住宿条件亦较差，简陋拥挤的房子里摆放着高低床。劳动场所粉尘灰土呛鼻，令人十分难受，工人下班后甚至连饭也不想吃，肺气肿、气管炎是普遍的职业病，这亦让人联想到在棉絮中穿梭的纺织女工。天水冬季寒冷，工人需生炉火取暖，但如果稍有不慎，则有中毒危险。万一发生中毒，在当时条件下亦无力救治，只能放在院子中冻醒，或听凭中毒而亡。[②]

对于工人因工受伤或死亡的，《工厂法》也有相当详细的规定，或按时间长短、工资高低给予津贴，或依伤亡状况予以抚恤。贵州企业公司订有员工抚恤及退休规则，对员工疾病、受伤、残废、死亡、遭遇意外事变而失踪、在职病故等六种情况，参照国营邮政、铁路及中国农民银行等机关之成规，与《工厂法》有关规定，详切研究，如确系公务期间发生，则依照规定予以抚恤。如为了维护公家利益，不顾危险，奋勇施救，以致疾病、受伤、残废、死亡或失踪者，除依照规定办理外，还会从优议恤。关于退休与养老，公司规定职员退休年龄为60岁，工人55岁，如必须留任者，可延长5年。退休金视服务年限而定，职员须满5年，工人须满10年，方得享受。每服务一年，给予3个月薪金，但不能超过5年薪金总和。关于员工业余活动与福利事业，贵州企业公司1940年1月1日组织贵州企业公司同人会，下设总务、游艺、研究、福利四组，每组设干事一人，由

---

① 刘大有：《天水福新面粉厂》，政协甘肃省天水市委员会文史资料委员会编：《天水文史资料》第2辑，时间不详，应为1988年，第131～132页；刘大有：《荣氏财团在甘肃的一家企业——天水福五面粉厂》，政协甘肃省委员会文史资料委员会、《西北近代工业》编写组编：《西北近代工业》，兰州：甘肃人民出版社，1989年，第442页。

② 刘大有：《荣氏财团在甘肃的一家企业——天水福五面粉厂》，政协甘肃省委员会文史资料委员会、《西北近代工业》编写组编：《西北近代工业》，兰州：甘肃人民出版社，1989年，第442页；刘大有：《天水福新面粉厂》，政协甘肃省天水市委员会文史资料委员会编：《天水文史资料》第2辑，时间不详，应为1988年，第131～132页。

全体同人记名投票选出，任期半年，后鉴于公司有关事业亦有同类组织，遂于6月1日改为贵州企业同人总会，主要组织有贵企平剧社、企联篮球队、图书阅览室、学术讲演会等，并设有员工消费合作社，供给日用品，建有餐厅、浴室、宿舍、理发室等，卫生室聘有当地卫生机关医护人员，每周应诊2次，或可将患者送往诊治。①

复兴公司规定职工享有储蓄金、退养金、抚恤金及慰劳金四种。关于储蓄金，公司规定各级职工无论薪工多寡，均每10元扣蓄1元，按月扣储，但薪金超过应储4元以上者，至少亦须储4元，最多也不得超过以上比例；此项存款定期15年，月息一分五厘，每年年终结算一次，并入本金，期满本利支清，如中途辞退或服务终止时不在此限；如遇冠婚丧祭急需取用时，须另文呈请经理批准，核准后始得支给；凡职工因事退职或违犯规章被公司开除，其本年积存储金、新存储金所得利息概不结算。关于退养金，公司规定职工服务满15年以上年届65岁时应予退养，服务15～20年者，退职时薪俸额为原薪俸的十分之五；服务20～25年者，薪俸额为十分之六；服务25年以上者，薪俸额为十分之七；职工连续服务15年以上，年满60岁精力就衰不能任事、自请退养者，由总经理提请董事会许可，照薪俸额十分之七支给退养金；连续服务25年以上，年逾50岁精力就衰不能任事、自请退养者，由总经理提请董事会批准后，照原薪俸一半支给退养金，但不得在外担任任何职务。抚恤金是职工直接因公受伤致残不能任事时，根据其伤残轻重，以其薪俸额五成以上支给终身恤金，直至身故为止。慰劳金指主任以上职员在服务期间曾著异常功勋，依照章程退养时，除照支退养金外，由总经理提请董事会通过后赠予慰劳金。服务时间越长，慰劳金数额越高，如服务15年的，按24个月支给；服务20年的，按40个月支给；服务25年的，可以支给60个月，这也是最高标准。复兴公司规定全年例假为9日，年节即春节3日，春、夏、秋三个季节的清明节、端午节、中秋节各一日，中华民国“国庆”及“七七”事变纪念各一日，公司成立纪念日放假一日。星期日照常开工，但另有薪资，或按加工一日计算，或发双倍工资。②

---

① 郑硕贞：《贵州企业公司之人事管理》，《贵州企业季刊》第1卷第3期，1943年6月，第178～180页。

② 交通银行总管理处设计处：《复兴面粉股份有限公司1941年6月调查报告》，重庆市档案馆藏，档案号02880001001550000180000；复兴面粉股份有限公司编印：《复兴面粉股份有限公司给假规程》《复兴面粉股份有限公司职工待遇规程》，1940年，重庆图书馆藏，无页码；陈达：《我国抗日战争时期市镇工人生活》，北京：中国劳动出版社，1993年，第86页。

战时面粉工人尤其是技术工人还有一项优待项目，就是可以缓征兵役。根据军政部和经济部《修正战时国防军需工矿业及交通技术员工缓服兵役暂行办法》第二条第八款（面粉工业）的规定，各粉厂受粮食部陪都民食供应处委托加工代制面粉，与陪都军粮民食有关，所有运麦运面工人，可以缓服兵役。[①]1943 年，福民实业公司机制面粉厂即有 17 名工人被核准缓役，但申请缓役人员须自费办理优待证，以备查验。[②]

此外，除了本厂提供的福利外，偶尔还会有社会其他机构组织的电影放映等活动，虽然此系国民党配合战时宣传需要所为，但对普通工人而言，也是在繁重劳动之余难得的娱乐与放松的机会。[③]

粮食机械加工在近代中国属于新兴行业，其在推动行业发展、带来巨大效益、便利民众的同时，也给行业从业人员带来了某些困扰。据现代学者研究，谷类粮食在加工过程中产生的粉尘、颗粒、麸质或白蛋白、螨、真菌孢子等，通过吸入、接触及食入会引起职业性“变态反应疾病”，如过敏、哮喘、湿疹等，这就是所谓的职业病。[④]不同行业或同一行业的不同工种之间有显著差别。美国学者艾米莉·洪尼格（Emily Honig）在对 1919 ～ 1949 年上海棉纱厂的研究中指出了女工工作环境的恶劣[⑤]，让我们在了解其繁重工作的同时，亦对其健康状况隐忧不断。战时外贸环境恶化，缺医少药，工人疾病多有发生。据 1941 年申四宝鸡厂材料显示，由于车间温度高，飞花、尘土飞扬，致使纺织女工肺炎、肺结核患者比例非常高，占死亡总数的 51.8%。1945 年申四重庆厂平均每人每年就诊次数达二三十次之多。[⑥]陈达的调查表明，疟疾、感冒和外科病是重庆 68 个工厂工人的主要

① 复兴面粉厂、重庆市警察局：《关于缓役复兴面粉厂技术员工的批、函（附缓役员工名册）》，1943 年 3 月 24 日，重庆市档案馆藏，档案号 00610015045540200119000；重庆市警察局、粮食部：《关于允许中国粮食工业公司员工缓役的公函》，重庆市档案馆藏，档案号 00610015044180100055000。

② 福民实业股份有限公司：《福民实业股份有限公司机制面粉厂领取核准缓役证书员工名单》，重庆市档案馆藏，档案号 02720001000080000043000，第 43 ～ 48 页；福民实业股份有限公司：《福民实业股份有限公司机器制造厂、机制面粉厂、碾米厂等技术员工请求缓役简要清册》，重庆市档案馆藏，档案号 02720002000860000001000，第 1 ～ 23 页。

③ 金陵大学理学院：《关于金陵大学理学院与电化教育部定期巡回放映有声教育宣传电影并检送放映办法致福民实业公司机制面粉厂的函（附办法）》，1944 年 7 月 26 日，重庆市档案馆藏，档案号 02720001000310000051000，第 51 ～ 53 页。

④ 乔秉善：《变态反应学实验技术》，北京：中国协和医科大学出版社，2002 年，第 96 ～ 97 页。

⑤〔美〕艾米莉·洪尼格：《姐妹们与陌生人：上海棉纱厂女工，1919 ～ 1949》，韩慈译，南京：江苏人民出版社，2011 年，第 130 ～ 131 页。

⑥ 许维雍、黄汉民：《荣家企业发展史》，北京：人民出版社，1985 年，第 274 ～ 275 页。

高发病，食物工业工人的疾病情形与此类似。[①]面粉业与纺织业、采矿业等行业相比，虽不是一个污染较重的行业，但职业病也数见不鲜。

收购而来的小麦需要重新去除杂物、尘土，机器开动后粉尘不可避免乃至粉末尘土四起，因此，面粉厂工人呼吸道疾病比比皆是，肺气肿、气管炎最为常见，冬天还有煤气中毒事件发生。因工作时间紧张而无暇做饭，冬天吃冷饭、夏天吃馊饭导致的肠胃病；因工作劳累经年躺卧在水泥地休息引发的咳嗽病；因受寒受热而罹患关节炎，这些病痛都不同程度地损害了工人的健康。[②]

就同一粉厂不同工种而言，差别是毋庸置疑的。普通面粉工人人数最多，干的活也最多、最为繁重。有的为临时工性质，“有活则干，无活辞退”。每逢粉厂停工待料之际，也就是普通工人面临失业之时。福新五厂天水分厂每年开工时间维持在 7 个月至 8 个月，也就是说，粉厂有一个多季度的时间是停工的[③]，这一方面反映了天水厂面临与其他粉厂相同的原料短缺的困难，另一方面也说明这项工作的不稳定性，因此这些工人在停工期间只能放弃粉厂的工作，另谋生计。

小　结

抗战全面爆发后，随着工厂内迁，部分粉厂也相继迁入后方，带动了迁入地粉厂的创办。粉厂所需工人，除了技术性较强的技工由沿海迁入者充任外，普通工人大多由当地农民或手工业者雇佣而来。虽然粉厂雇工人数有限，但毕竟为当地人民提供了被雇佣的可能性，在一定程度上解决了一小部分人的生存问题，这些人甚至可以过上比较好的生活。面粉业内迁及后方本地粉厂兴办，“直接就有裨于西北各地农村的繁荣。而且这些工厂给予了许多人工作和固定的收入，生活当然容易得多了。所以就一般而

① 陈达：《我国抗日战争时期市镇工人生活》，北京：中国劳动出版社，1993 年，第 129 页。

② 上海社会科学院经济研究所编：《荣家企业史料》上册，1896 ～ 1937 年，上海：上海人民出版社，1980 年，第 126 页。

③ 据记载，1942 年上半年，福新粉厂 1 月份开工 7 天，2 月份开工 8 天，3 月份 13 天，4 月份 11 天，5 月份 19 天，6 月份 10 天，也就是说 180 天时间实际只开工约 70 天，这样的开工率是非常低的。参见《重庆市面粉生产数量统计表》，1942 年 1 月，重庆市档案馆藏，档案号 00700002001920000007；《重庆市面粉生产数量统计表》，1942 年 2 月、3 月，重庆市档案馆藏，档案号 00700002001920000011；《重庆市面粉生产数量统计表》，1942 年 4 月、5 月，重庆市档案馆藏，档案号 00700002001920000014；《重庆市面粉生产数量统计表》，1942 年 6 月，重庆市档案馆藏，档案号 00700002001920000027。

论，这些面粉厂和纺织厂对于西北人民的生活颇有良好影响”[①]。

战时工人流动的同时，也促进了技术、管理理念的传播，这对于近代以来一直处于滞后状态的后方工业来说，是一次难得的学习机会。面粉业1944年所开办的中国面粉业技管人员训练所，充分体现了技术的转移、融合，技术转移、理念转换也提升了当地面粉业发展的软实力。

战时后方粉厂工人来源与战前相比，呈现出身份更为多样、专业水平更高的特点，有些粉业工人在战前或是刚走出校门的大中学校学生，有一定的理论知识与素养，或已有多年在厂做工经历与经验，可以说是熟练工或有一技之长，辗转至后方进入粉厂效力，对于提升粉厂生产、管理水平大有裨益，这一点在本地新建粉厂大兴或内迁的福新五厂各分厂都有所体现。对于粉厂工人来说，进厂做工不但意味着有了一份体面的、令人艳羡的工作，而且也有了一份较为稳定的固定收入，并且在物价高涨的情况下，有的粉厂会以发放面粉的方式支付劳动报酬，或额外每人每月发放食米[②]，这在战时粮食短缺、物价飞涨的局面下也不无实惠之处，甚至成为吸引工人的一个筹码，从另一个侧面来说，也是稳定职工队伍的一个妙招。因此，战时面粉工人虽因工资问题发生过争执，也有争取提高工资的举动，但极少出现罢工、怠工等现象。[③]

战时后方各粉厂均属关乎军粮民食的重要企业，粉厂负责人亦能重视工人待遇，尽可能提供较为适宜的工作环境，这不能简单地看作粉厂对工人的剥削或约束，而是每一个企业维持再生产的必要条件，企业能够正常运转对工人而言也是获取劳动报酬的最好途径。为了科学管理，福民等粉厂均制定了较为严格全面的规章制度，这既是保障工厂正常生产必不可少的措施，也是具有现代企业性质的企业不可或缺的制度建设。

---

① 周融：《陕甘二省的纺织工业及面粉业》，《旅行杂志》第18卷第1期，1944年1月，第99～100页。

② 重庆市社会局、重庆市警察局：《关于调整面粉业工人工资的公函、训令（附工人工资议价表）》，1943年2月29日，重庆市档案馆藏，档案号00610015017210000064000；重庆市警察局：《关于抄发重庆市面粉业工人工资议价表给重庆市警察局第十分局的训令（附表）》，1944年3月4日，重庆市档案馆藏，档案号00610015033040000032000。

③ 就接触到的资料来看，战时面粉业工人较为安定，似无增加工资或罢工事情，而战后这一情况较多，如1946年9月，福民面粉厂工人彭永言、张启刚要求10月份增加工资9%，并胁迫工友抗领工资。参见福民实业股份有限公司：《关于切实核查福民面粉厂工人生活情形上重庆市社会局的呈》，1946年10月21日，重庆市档案馆藏，档案号00600015000540000022；福民实业股份有限公司：《关于核查福民面粉厂工人要求增加工资案上重庆市社会局的呈》，1946年10月24日，重庆市档案馆藏，档案号00600015000540000029；重庆市社会局：《关于核办福民面粉厂工人要求改订工时案给福民实业股份有限公司的指令》，1946年11月8日，重庆市档案馆藏，档案号00600015000540000027。

战时工人收入趋于多样化，这种变化是战前极少看到的。虽然战时工人收入名目较多，但地位、地域差别等造成的收入差距也是相当显著的，工人的“实在收入是有增加的”①，但相对于通货膨胀来说，收入增加远赶不上通胀的速度与力度，工人的收入远远被通胀抵消了。在战时物价飞涨的情况下，普通工人仅能糊口，面粉业工人也概莫能外。这与战前不可同日而语。民族危机为后方机制面粉业发展提供了新的契机，但粉业飞速发展却未能使得粉厂工人生活亦快速改善与提高，长期战争及其导致的通货膨胀等众多因素应成为挞伐的对象，这可能也验证了“宁为太平犬，不为乱世人”的俗语。

① 陈达：《我国抗日战争时期市镇工人生活》，北京：中国劳动出版社，1993 年，第 82 页。

第六章　面粉、政治与后方社会生活变迁

作为重要的战略物资，粮食在战时的重要性不言而喻。粮食不但成为各方势力争夺的重要目标，左右着前方战局的成败与军心是否稳定，也是政府着力管控的一个行业，兼顾军粮供应与民食调剂，当然也与每一个普通民众息息相关，牵动着广大民众的神经。

1937 年 12 月 22 日，国民政府公布《战时农矿工商管理条例》，规定由国民政府军事委员会第四厅负责管理粮食、植物油等多种物资及轻工业所需设备物品的生产、销售、运输及储备。1938 年 4 月，国民政府颁布《各战区粮食管理大纲》，6 月颁布《非常时期粮食调节办法》，分别适用于战区与非战区。10 月 6 日，公布《非常时期农矿工商管理条例》，对国民经济各部门从生产至流通实行管理。1939 年 2 月，颁布《非常时期评定物价及取缔投机操纵办法》，在各地设立平价委员会，按照生产、运销成本，平定价格，严厉取缔工厂、商号及私人囤积居奇。1940 年 8 月，成立全国粮食管理局，专负粮食管理之责。

全国粮食管理局（以下简称全国粮管局）下设秘书室、研究室、行政管制处、业务管制处、财务处，各有职掌，如研究室负责各地粮食产销盈虚统计、各类粮食品质研究、粮食加工改良、各地粮食市场的改进、粮价稳定及各种有关材料的征集。行政管制处职掌一为各级粮食管理机构的指导、监督与协助，二为粮食产储运销的调查及登记，三是粮食市场管理，四是粮食的平准事项。业务管制处主管全国军民粮食购销数量、购销地域的分配及业务的支配，各地粮食运储的协助及保藏方法的指导，各地粮食加工调整的规划与管理，各地粮食的检验。全国粮管局管理基金有 8000 万元法币，一方面对粮食进行管理，一方面采购军粮，管理区域主要为四川省，陪都重庆是重中之重。[①]但因交通不便，粮食运输不畅，日军空袭频繁，加之 1940 年收成

① 〔美〕John Ahlers：《战时经济丛论》，蔡之华译，上饶：战地图书出版社，1941 年，第 41 页。

欠丰，四川粮食收成减为常年六成八，粮价步步高涨，自8月至12月上涨了3倍。[①]且米价涨速高于面粉价格，米贵面贱，食面之人趋多，竞购之风大炽，出现供需失调及囤积居奇的现象，粉价亦渐趋紊乱。[②]有鉴于此，国民政府及重庆市政府开始管制重庆面粉行业。1941年7月，粮食部成立后，粮食管理政策更为严格，尤其是重庆面粉行业成为重点管控目标。

第一节　政治视域下重庆面粉行业

一、政府管制面粉行业

政府管理机制面粉行业，主要从控制行业组织、管控小麦供应、管制粉价、打击行业不端行为、约束小型粉厂等方面入手，以求掌控后方尤其是陪都重庆机制面粉行业。

1. 管制面粉行业组织

1940年夏，川省稍旱，秋收歉薄。战区扩大后，国际路线及国内交通节节受阻，物价上涨，囤积居奇现象严重。宜昌失守后，江运阻断，供求进一步失调，民情恐慌。川省粮价骤涨，各地粮价波动严重。1940年三四月间，每包面粉六七元，至1941年三四月间涨至43元，但粉价上涨速度远赶不上麦价上涨速度。1941年起，原料采购更形困难，3月，复兴、福民、福新、岁丰四厂只得停工待料。[③]为了应对购麦困难的局面，四厂商议订立盟约，成立复兴、福民、福新、岁丰四厂联合办事处（以下简称四联处）。

四联处于1941年3月18日成立，以遵行政府法令、平定麦价、积储面粉原料为宗旨。[④]此一宗旨的真正核心是平定麦价、积储面粉原料，意为

---

①　寿进文：《战时中国物价问题》，重庆：生生出版社，1944年，第29页。

②　据一项资料统计，重庆乃至四川正常米麦价格比为100比80。参见交通银行总管理处设计处：《复兴面粉股份有限公司1941年6月调查报告》，重庆市档案馆藏，档案号02880001001550000180000。

③　交通银行总管理处设计处：《复兴面粉股份有限公司1941年6月调查报告》，重庆市档案馆藏，档案号02880001001550000180000。

④　复兴、福民、福新、岁丰：《关于报送组织复兴、福民、福新、岁丰四厂联合办事处文录及章程请备案上重庆市粮食管理委员会的呈（附章程）》，1941年3月17日，重庆市档案馆藏，档案号00700001000310000001，第1～7页；重庆市粮食管理委员会：《重庆市粮食管理委员会第十三次委员会会议记录（放行重庆市粮商集团到古兰采购之食米及成立福新复兴福民岁丰四厂联合办事处等）》，1941年4月17日，重庆市档案馆藏，档案号00610015039240300170000，第34页。

“专在合伙向外采购小麦”。遇有“对外交涉事情，应取一致步调，不得遇事退缩，如其中一家受外界无理压迫，则其余三家应切实负责与受压迫之一家同甘苦”。[①]为了方便大量购麦，四联处在长江流域泸州、涪陵，嘉陵江合川、顺庆及涪江太和镇均设有常驻麦庄，实行统一收购由上游商贩载运而来的小麦，运渝后再统一分配。除岁丰外，其他各厂均派员参与其中。四厂的联合除了可以维护自己的利益外，还对天城粉厂购运原料造成了压力[②]，这也说明四联处已经做好了原料收购的长期准备。联合后的四厂也很容易让人联想到战前先农、岁丰、新丰三家粉厂为了调和共同利益合组的三益面粉公司。“三益”者，三方得益之谓，而真实情况却是各厂在实际运作中降低品质，非但没有改变互相倾轧的不利局面，反而形成了“质低价高”的新颓势，销路日窄，亏折亦愈大，三厂联营模式遂在一年后撤销。[③]与“三益”相比，四联处更是命蹇时乖，内部矛盾不可避免。

5月初，小麦分配比例为7.9%的岁丰因无麦可磨而停工，遂根据章程约定，向负有仲裁之责的重庆市粮食管理委员会反映，重庆市粮管会当天即做出指示，责令其他三厂贷借小麦予岁丰，令其立即开工，所借小麦日后由全国粮管局购还。[④]岁丰根据章程提出仲裁应属无可争议，其他三厂借给原料帮助岁丰恢复生产也在情理之中，毕竟四联处是在原料收购困难关头为了共同利益自愿结成的同盟，任何一厂脱离出去未必能够发展得更好，未能加入的天城即感到了压力。另外，按照《复兴、福新、福民、岁丰四厂联合办事处章程草案》第23条规定，四联处以1941年3

① 《关于福民、福新、岁丰、复兴面粉公司同甘苦的字据》，重庆市档案馆藏，档案号02720002000320000116000。这份字据没有标注时间，据推断应为四厂联合处成立前后所写。

② 天城公司面粉厂驻合川麦庄：《关于告知合川地方粮食状况及复兴、福民、福新、岁丰四厂联合办事处设立情形等上天城公司的呈》，1941年6月17日，重庆市档案馆藏，档案号03040001025710000052000，第52～55页。

③ 鲜伯良：《我经营重庆复兴面粉厂的回忆》，政协四川省委员会、四川省志编辑委员会编：《四川文史资料选辑》第4辑，1962年，第98～100页；李贵荣：《重庆海关1922～1931年十年调查报告》，李孝同译，政协四川省委员会、四川省志编辑委员会编印：《四川文史资料选辑》第13辑，1964年，第211页；龙明桥：《“面粉大王”鲜伯良》，政协重庆市中区委员会文史资料委员会编印：《重庆市中区文史资料》第5辑，1993年2月，第55页。

④ 四联处购进小麦按照四厂机器生产能力，分配比例分别为复兴52.6%、福民26.3%、福新13.2%、岁丰7.9%。参见复兴、福民、福新、岁丰：《关于报送组织复兴、福民、福新、岁丰四厂联合办事处文录及章程请备案上重庆市粮食管理委员会的呈（附章程）》，1941年3月17日，重庆市档案馆藏，档案号00700001000310000001，第1～7页；重庆市粮食管理委员会：《关于另觅地址呈核给复兴、福新、福民、岁丰四厂联合办事处的批》，1941年5月7日，重庆市档案馆藏，档案号00700001000310000015，第38～39页。

月 10 日起至 12 月 31 日止[①]，如无重大事件发生，不致成立未久旋即解散。虽然 6 月中旬复兴、岁丰都发生无麦停产之事，但并非四厂之间的矛盾而导致，而是麦价"似已到达最高峰"，4 月宜宾每市石达 140 元，合川 85 元，太和镇 105 元，南充 110 元，四厂此前所购小麦平均成本价为每市石 110 元，全国粮管局及四厂所购新麦平均成本价为 125.48 元，"且均有市无麦"。6 月，渝市及川省久旱未雨，各小麦市场麦价再涨，每市石达 160 元左右。[②]其他粉厂如中粮公司合川面粉厂、天厨味精厂、天城面粉厂等原料亦皆所存无几，甚至"已蛀蚀"，在此青黄不接之际，购运确实困难异常。[③]与购运原料困难相关联的是，四厂先后停工，最少时每日总共仅出粉 1000 袋，面粉供应几出现中断，市面发生粉荒，而"请购者日以千计"，甚至发生挤购，当局不得不派宪警维持秩序，重庆市民食供应处请求重庆市粮管会派员前来协助处理几于失控的局面，同时对复兴予以书面严重警告。[④]

面对此种局面，四联处亦无计可施，且重庆市机制面粉厂联合处（以下简称重庆市机联处）亦正在紧锣密鼓地筹备之中，自知无力回天的鲜伯良、袁国梁等与各厂负责人商议后，8 月 5 日做出各厂"派员四出，分头采购"原料的举动[⑤]，同时提出结束四联处，而由重庆市机联处办理原

---

① 复兴、福民、福新、岁丰：《关于报送组织复兴、福民、福新、岁丰四厂联合办事处文录及章程请备案上重庆市粮食管理委员会的呈（附章程）》，1941 年 3 月 17 日，重庆市档案馆藏，档案号 00700001000310000001，第 1 ～ 7 页。

② 重庆市政府：《关于转令拨麦接济复兴、岁丰等厂给复兴、福新、福民、岁丰四厂联合办事处的批》，1941 年 6 月 18 日，重庆市档案馆藏，档案号 00700001000310000040，第 143 页；四厂联合办事处：《关于请照市价核议面粉价格上重庆市粮食管理委员会的呈》，1941 年 4 月 22 日，重庆市档案馆藏，档案号 00700001000710000051，第 202 ～ 204 页；全国粮食管理局：《关于改订 1941 年 6 月中旬重庆市面粉价格致重庆市政府的函（附计算书）》，1941 年 6 月 12 日，重庆市档案馆藏，档案号 00700001000710000064，第 235 ～ 236 页；全国粮食管理局、重庆市粮管会：《关于核定每袋面粉价格的训令、呈》，1941 年 6 月 12 日，重庆市档案馆藏，档案号 00700001000710000065，第 237 ～ 239 页。

③ 天城公司面粉厂：《关于核示天城公司面粉厂加入重庆复兴、福民、福新、岁丰四厂联合办事处应具备之手续、商办汇款事宜等致钱晓升的函》，1941 年 6 月 30 日，重庆市档案馆藏，档案号 03040001025710000116000，第 116 ～ 117 页；全国粮食管理局：《关于核准天厨味精制造厂股份有限公司加入重庆市复兴、福新、福民、岁丰四厂联合办事处统筹配购小麦的批》，1941 年 6 月 10 日，重庆市档案馆藏，档案号 03040001025710000025000，第 25 页。

④ 刘震武、重庆市政府：《关于简述赴陕西街四厂联合办事处配售麦粉经过情形的呈、公函、训令》，1941 年 11 月 15 日，重庆市档案馆藏，档案号 0053 －9925 －00068 －0000 －011 －000，第 11 ～ 20 页。

⑤ 四厂联合办事处：《关于报送复兴、福新、福民、岁丰四厂联合办事处结束请予备查上重庆市政府、重庆市粮食管理委员会的呈》，1941 年 8 月 5 日，重庆市档案馆藏，档案号 00700001000310000052，第 223 ～ 226 页。

料采购等事宜。重庆市粮管会乘机撤销四联处。7日，重庆市民食供应处派朱南强、周亚波赴四联处会同管理面粉业务。14日，四联处被正式撤销。[①]

因各项经济、人事、权利义务分配不均，或为四联处被撤销原因之一端[②]，其实质更是政府对面粉业加强控制的结果。1941年2月，全国粮管局在全国粮食会议提交的提案中已经提出，凡经登记粮商，应依法组织粮食业同业公会。[③]也就是说，为了实现国民政府管理粮食的"新政"，政府粮食管理部门要从严管理粮商，将粮食从业者纳入同业公会的管理之下，当然，同业公会是受全国粮管局约束管理的。怎耐从政府角度而言，四联处"无非用为对外，以此名义在统制之下可能向官厅占采办之额，如遇公私交涉，似较单独为优"[④]，也就是说，四联处是四家粉厂抱团取暖、一致对外的结果，所对之"外"显然是政府粮食管理机关，对外之事不外在原料收购、面粉产销及面粉定价方面享有更大的自主权，而不受政府管理机关过多掣肘，各自为本厂争得更大利益。四联处被撤销或曰被瓦解后，四家粉厂又暂时回到了联合前各自收购原料的状态。[⑤]

四联处可以看作是一个完全由在渝各大粉厂自发成立、意欲独立于政府管辖范围之外的行业组织。然而，政府粮食管理机关并不想在粮食供应问题突出的情况下看到仍有处于"化外"的此类组织存在，而是更愿意将之置于全国粮管局、粮食部、"财政部"控制下的"自己的"组织系统如同业公会等类组织管制之中。因此，四联处撤销或改组事属必然，只是时间早晚而已。

---

① 重庆市粮食管理委员会：《关于令知复兴、福新、福民、岁丰四厂联合办事处办理结束准予备查给该处的批》，1941年8月14日，重庆市档案馆藏，档案号0070000100031000053，第227页。

② 天城公司面粉厂驻合川麦庄：《关于撤销重庆复兴、福民、福新、岁丰四厂联合办事处，成立机制面粉同业公会等上天城公司的呈》，1941年7月3日，重庆市档案馆藏，档案号03040001025710000159000，第159～161页。

③ 全国粮食管理局编印：《全国粮食会议报告》，1941年，第75～115页。

④ 天城公司面粉厂驻合川麦庄：《关于撤销重庆复兴、福民、福新、岁丰四厂联合办事处，成立机制面粉同业公会等上天城公司的呈》，1941年7月3日，重庆市档案馆藏，档案号03040001025710000159000，第159～161页。

⑤ 重庆市社会局、福民实业股份有限公司机制面粉厂：《重庆市社会局、福民实业股份有限公司机制面粉厂关于报送福民实业股份有限公司机制面粉厂联合办事处章程及成立会议记录的呈、批（附章程、会议记录）》，1941年8月7日，重庆市档案馆藏，档案号0060000200827000007。

四联处的做法是当时甚嚣尘上的统购统销理念在现实中的体现，也是统制经济的一种表现形式。应该说，这种做法是在抗战大背景、物资越来越匮乏、粮价益趋高涨、原料不易购得的形势下粉厂的自我保护机制与本能反应，也有充分的实施理由。但问题的关键是，经济的统制者应该由谁来实施，是面粉企业或企业的联合体还是国家政府职能部门？很显然，粮食作为战略物资，关乎抗战建国大计甚至政权的存亡，对如此重要物资的统制只能由国民政府指派相关部门秉承国家意志来实施。关于何谓统制经济及战时应该如何实施，20 世纪 30 年代末至 40 年代初的学者、政府官员有过非常多的讨论，但几乎每位讨论者都不约而同地提出，在非常时期，全国应该实行统制经济，并且应该由国家来实行，这也为国民政府后来实施统制经济政策提供了理论依据。因此，统制经济是国家主导下的经济政策，是国家行为，企业与个人只能是被统制对象。退一步来看，如果国民政府任由面粉厂家统购统销、各自为政，非但与统制经济理念初衷相背离，而且会开创任何行业皆可统购统销、各自为政的先例，如果其他行业竞相仿效，则国家经济极有可能陷入条块分割乃至更为恶化的境地。因此，将统制之权操诸己手而不能假手于他人也是四联处不得不解体的深层原因。

四联处被撤销后，各粉厂管理者认为对粉厂而言失去了一个“与官厅接洽”的依靠，“各厂必多不便之处”，仍有在统制经济体制下成立组织、“以资应付”的必要，有人甚至提出像陕西省一样，直接设立面粉业同业公会[①]，但此一提议并未获得多数人响应。之后，各粉厂遂成立重庆市机制面粉厂联合办事处。[②]

早在四联处正式结束前，重庆市机联处即在商议筹备事宜。1941 年 7 月 16 日，重庆市机联处召开成立会议，出席代表有复兴公司鲜伯良、葛乔，福民公司袁国梁、刘洪源，福新公司章剑慧、厉无咎，岁丰公司杨凤伦、杨柏林。会议通过了《重庆市机制面粉厂联合办事处章程》，并推举鲜伯良、袁国梁、厉无咎、杨凤仑、葛乔为理事，袁国梁为理事长，章剑慧、杨柏林、刘洪源为监事，议决办事处每月经费 6000 元，由各厂按照生

① 天城公司面粉厂驻合川麦庄：《关于撤销重庆复兴、福民、福新、岁丰四厂联合办事处，成立机制面粉同业公会等上天城公司的呈》，1941 年 7 月 3 日，重庆市档案馆藏，档案号 03040001025710000159000，第 159 ～ 161 页。

② 复兴、福民、福新、岁丰四厂联合办事处：《关于改组成立重庆市机制面粉厂联合办事处致王守先的函》，1941 年 7 月 17 日，重庆市档案馆藏，档案号 03040001025710000194000，第 194 ～ 195 页。

产比例分摊，分别为复兴3210元，福民1602元，福新720元，岁丰468元。[①]从重庆市机联处人员构成来看，其成员还是四联处原有成员，后来虽然增加了天城厂，但天城与原有四厂相比属小厂。需要着重指出的是，重庆市机联处与四联处最大的区别是宗旨迥然不同，即重庆市机联处“以改进面粉事业并谋同业福利、协助政府推行粮政为宗旨”[②]，显然，“协助政府推行粮政”的宗旨比此前四联处“专在合伙向外采购小麦”的宗旨指向更为丰富，将协助政府推行粮政加入后，说明重庆面粉行业组织担负起了明确的政治使命，其政治性也更突显。“改进面粉事业并谋同业福利”可以看作是对各粉厂的安抚，而“协助政府推行粮政”则是其真正目的所在。

恰在此时成立重庆市“机联会”，其不容忽视的背景是国民政府粮政机构短期内的再次更迭。全国粮管局成立后，后方尤其是四川及陪都粮食供应并未好转，尽管有“四川张謇”“四川甘地”[③]之称的局长卢作孚兢兢业业，但其一系列做法较为平缓温和，粮食管理政策成效不彰，“在初春及青黄不接时候，粮食发生恐慌，人人感受粮食缺乏的顾虑”[④]，且有进一步恶化之势。在徐堪看来，这主要是全国粮管局的“组织和权力还太小”，随着粮食问题日趋复杂，“必须加强粮政机关的组织，扩大粮政机关的权力，增高粮政机关的地位”，才能完成此项艰巨的任务。[⑤]为此，更为强势的粮食管理人物与机构呼之欲出。

1941年5月，国民政府上层重新考虑粮食政策，拟采纳孔祥熙的建

① 重庆市粮食管理委员会、复兴面粉股份有限公司、福民实业公司机制面粉厂等：《关于组织机制面粉厂联合办事处并报送章程及成立会议记录准备案的批、呈、函（附会议纪录）》，1941年8月7日，重庆市档案馆藏，档案号00700001000310000055；重庆市机制面粉厂联合办事处：《重庆市机制面粉联合办事处章程》，重庆市档案馆藏，档案号02720002000320000148000，第148～151页；重庆市社会局、福民实业股份有限公司机制面粉厂：《重庆市社会局、福民实业股份有限公司机制面粉厂关于报送福民实业股份有限公司机制面粉厂联合办事处章程及成立会议记录的呈、批（附章程、会议记录）》，1941年8月7日，重庆市档案馆藏，档案号00600002008270000007。

② 重庆市社会局、福民实业股份有限公司机制面粉厂：《重庆市社会局、福民实业股份有限公司机制面粉厂关于报送福民实业股份有限公司机制面粉厂联合办事处章程及成立会议记录的呈、批（附章程、会议记录）》，1941年8月7日，重庆市档案馆藏，档案号00600002008270000007；重庆市粮食管理委员会、复兴面粉股份有限公司、福民实业公司机制面粉厂等：《关于组织机制面粉厂联合办事处并报送章程及成立会议记录准备案的批、呈、函（附会议纪录）》，1941年8月7日，重庆市档案馆藏，档案号00700001000310000055。

③ 俞治成：《卢作孚先生访问记》，《长城》第1卷第7期，1934年4月1日，第127页。

④ 邹明初：《粮政之回顾与展望》，《督导通讯》创刊号，1942年1月1日，第2页。

⑤ 徐堪：《粮食问题》，“中央”训练团党政训练班演讲录，1942年；徐堪：《中国战时的粮政》，《经济汇报》第6卷第1～2期，1942年7月16日，第17页。

议，在“行政院”下设粮食部，“以提高其地位，加增其力量”。[①]“‘中央’为加强战时粮食管理及实现总理粮食政策方针，决定全国粮食管理局改为粮食部，提高职权统一指挥监督。”[②]在孔祥熙的建议下，徐堪被作为粮食部部长人选确定下来。5月中下旬，重庆市政府关于徐堪被任命的消息已被传达至市政府各级机构，多名官员如李奎安、温少鹤、邓子安等进一步为成立粮食部及徐堪造势。[③]6月1日，粮食部筹备行动已然开始。17日，粮食部开始办公。[④]21日，国民政府正式颁发、启用粮食部大印。[⑤]30日，首任粮食部长徐堪、常务次长庞松舟在总理纪念周结束后宣誓就职。[⑥]7月1日，粮食部完成与全国粮管局的交接，宣告正式成立。[⑦]同日，粮食部将重庆市平价食米供应处、重庆市仓库督导室及重庆市统购统销督导处改组为陪都民食供应处，负责重庆市区的粮食供应。

面对全国粮管局遗留的千疮百孔的局面，粮食部在首先保证军粮足额供应的前提下，竭力调剂民食供应，尤其是陪都民食供应。经过努力，9月上旬，重庆食米来源更为广泛，据粮食部调查处统计，9月1日至15日，向重庆供应食米的有近20县，虽然各地供应数量不一，每日运至渝市米量亦不固定，少者数百市石，多者达32515.2市石[⑧]，但总的趋势是米

---

① 秦孝仪主编：《抗战建国史料——粮政方面（一）》，台北：“中央”文物供应社，1987年，第2页。

② 邹明初：《粮政之回顾与展望》，《督导通讯》创刊号，1942年1月1日，第2页。

③ 重庆市政府：《关于派徐堪为粮食部部长给重庆市政府参事室的训令》，1941年5月12日，重庆市档案馆藏，档案号0053－0002－00181－0000－0690－000，第69页；重庆市政府、“行政院”：《关于徐堪任粮食部部长的训令》，1941年5月27日，重庆市档案馆藏，档案号0053－0001－00024－0000－123－000，第23～25页；重庆市粮食管理委员会：《关于请提出成立粮食部之书面意见送会致邓子文、李奎安、温少鹤等的函》，1941年5月31日，重庆市档案馆藏，档案号00700001000610000078，第169～170页。

④ 《粮政大事记要表》，《粮政月刊》创刊号，1943年4月16日，第64页。

⑤ 粮食部、重庆市临时参议会：《关于徐堪就任粮食部部长并启用粮食部官章的代电》，1941年6月22日，重庆市档案馆藏，档案号0054－0001－00440－0000－116－000，第116～117页。

⑥ 国民政府参军处典礼局：《关于举行外交部部长郭泰祺、粮食部部长徐堪、粮食部常务次长庞松舟等就职典礼致重庆市政府的函》，1941年6月29日，重庆市档案馆藏，档案号0053－0001－00024－0000－126－000；《一周大事》，《“中央”周刊》第3卷第50期，1941年，第43～334页。徐堪的任命是在5月2日，“行政院”训令：“准国民政府文官处三十年五月二十一日渝文字第二二四号公函开：五月二日奉国民政府令开，特任徐堪为粮食部部长，此令。”参见重庆市政府、“行政院”：《关于徐堪任粮食部部长的训令》，1941年5月27日，重庆市档案馆藏，档案号0053－0001－00024－0000－123－000。

⑦ 粮食部管理局、重庆市政府：《关于洽办粮食部管理局交接事宜的代电、训令》，1941年6月17日，重庆市档案馆藏，档案号0053－0001－00024－0000－129－000。

⑧ 《重庆市食米来源及数量统计表》，1941年9月1日至15日，《粮情简报》第23期，1941年9月20日，第5页。

量日渐丰富，米价亦随之大跌，人心乃安。因之，成立重庆面粉业同业公会，进一步规范重庆面粉行业组织势在必行。

关于工业同业公会，1938 年 1 月 13 日经济部就已制定了《工业同业公会法》，该法案共 11 章 60 条，对同业公会的设立、会员、职员、会议、经费等做了详细规定，“凡制造重要工业品之工厂有同业两家以上时，应依本法组织工业同业公会……其会内各业不得单独组织工业同业公会”，且某些行业已率先设立。①就面粉行业而言，早在 1939 年西安各粉厂已接到经济部要求成立同业公会的指令，1940 年 10 月 5 日，于乐初、李国伟、祝伯柔等成立陕西省面粉工业同业公会，定名为“第一区面粉工业同业公会”，并且不断发展壮大②，第一区面粉行业被纳入政府管理之中。

1940 年 11 月，重庆市粮食管理委员会曾召集渝市面粉厂商，要求各面粉公司应依政府法令加入粮食业同业公会，但与会厂商并未响应。③1941 年 2 月，全国粮管局在全国粮食会议提案中提出各粮食业应依据《工业同业公会法》筹设同业公会，并规定：“凡经登记之粮商，应依法组织粮食业同业公会；粮食业同业公会，应依照粮食管理机关之命令，办理粮食运销业务。”④1942 年 2 月，粮食部拟定《非常时期粮食业商人登记注册规则》，重申粮商登记。同时，粮食部会同经济部、社会部协商改善各地粮食业同业公会组织，目的在于使各地同业公会组织能够担负起领导当地粮商、协助政府执行战时粮食管制政策的责任。⑤《非常时期粮食业商人登记注册规则》可以说是战时粮食业最为严厉的管理规定，碾米业、面粉业自然在其管理范围之中。

---

① 《工业同业公会法》，1938 年 1 月 13 日公布，秦孝仪主编：《中华民国重要史料初编——对日抗战时期》第 4 编“战时建设”（三），台北：“中国国民党中央委员会”党史委员会，1988 年，第 630 ～ 641 页。

② 《第一区面粉工业同业公会》，1942 年，陕西省档案馆藏，档案号 90 – 4 – 98；《同业公会面粉厂公会章程及会议记录等（一）》，1945 年，陕西省档案馆藏，档案号 82 – 1 – 1060（1），第 4 页。

③ 重庆市粮食管理委员会：《关于提高面粉价格致重庆市粮食业同业公会、福新面粉公司的训令、通知（附会议记录）》，1940 年 11 月 14 日，重庆市档案馆藏，档案号 00700001000710000007，第 33 ～ 37 页。

④ 全国粮食管理局编印：《全国粮食会议报告》，1941 年，第 75 ～ 115 页。

⑤ 粮食部编印：《粮食部三十一年度工作计划》，1941 年，第 3 ～ 4 页；“行政院”编印：《国民政府年鉴》，1943 年，“‘中央’之部”第 285 页。

重庆原有粮食业同业公会组织散漫，不足以担负起指导粮商营运之重任，对此，“行政院”在1942年的工作报告中予以点名批评。毫无疑问，隶属于“行政院”，已成立一年多，负有粮食管理全责的粮食部自然难逃干系。[①]粮食部遂依据《工业同业公会法》及其实施细则，将重庆面粉业纳入同业公会严管之中。

1942年3月26日，经济、社会两部派员至渝市各粉厂，饬令在渝粉厂迅即组织成立面粉工业同业公会，限期具报，不得延缓。次日，重庆市机联处联络各粉厂，定于6月初召开会议，商讨成立事宜。[②]7月，在渝粉厂开始筹备成立面粉业同业公会。作为重庆面粉业唯一的行业组织，重庆市机联处起草了《重庆市机制面粉工业同业公会章程草案》。该草案共有七章50条，比以往四联处、重庆市机联处组织条文更为丰富细致，对公会宗旨、任务、会员代表、经费等做了全面详细的规定。重庆市机制面粉工业同业公会“以改良面粉工业及促进同业之互助为宗旨”，任务为会员业务的调查研究、联系合作及技术改进。[③]从宗旨来看，重庆面粉业公会已“去政治化”，回归制粉业务本身，与《工业同业公会法》制定的宗旨“以谋工业之改良、发展及矫正同业之弊害”相一致[④]，但其恰恰反映出粮食部已通过重庆市机联处、同业公会完成了对各大粉厂的管控，已没有必要再将“政治正确”放在首位而招致行业反感。粮食部通过一系列措施，使得已“尽入彀中”而无所遁形的粉厂被严密地管控起来。

重庆机制面粉工业在战时获得了前所未有的发展，而行业组织的变迁从一个侧面也反映出战时的困境与无奈。从1941年3月至1942年7月，短短16个月的时间，重庆机制面粉行业组织从存在仅四个月的四联处被改组为重庆市机联处，再到面粉工业同业公会，民营粉厂为了克服原料收购困难，欲通过组建自我管理的行业组织实现自治、

① “行政院”编印：《“行政院”工作报告》(1942年)，1943年，“粮食”第25页。

② 重庆市机联处：《关于重庆市机制面粉厂联合办事处开会商讨机制面粉工业同业公会筹设事宜致天城公司面粉厂的函》，1942年3月26日，重庆市档案馆藏，档案号0304000102588000007000，第7～8页。

③ 重庆市机制面粉工业同业公会：《重庆市机制面粉工业同业公会章程草案》，重庆市档案馆藏，档案号02720002000830000115000，第115～123页。

④ 《工业同业公会法》，1938年1月13日公布，秦孝仪主编：《中华民国重要史料初编——对日抗战时期》第4编“战时建设”(三)，台北：“中国国民党中央委员会”党史委员会，1988年，第631页。

自保乃至进一步壮大，而政府从政治需要层面的“宏观调控”不但使各粉厂美梦破裂，而且各粉厂被纳入“无微不至”的管控之中。另一方面，重庆面粉行业组织变迁反映了全国粮管局与粮食部、卢作孚与徐堪迥异的施政理念及措施，从最初各个粉厂欲结盟以求自治自保，到最后被纳入政府部门严密监管之中，折射出的是政治对经济的强烈干预及非常态下的政商关系，亦反映出战时统制经济的必然趋势与强大作用。

2. 管制小麦供应

关于小麦管制，1939 年 1 月四川省政府即有训令，禁止向省外输出小麦。[①]1941 年起，小麦采购更为困难，一因米价暴涨，米麦价格悬殊，农民将米出售而改食麦，原种小麦之地改种水稻，小麦来源短缺；二是政府统制粮食之后，小市镇之麦不复集中于大市镇，采购工作困难万端；三是麦价高涨致使成本加重，而面粉价格则受政府控制，面粉公司多持观望态度。1940 年，复兴一、二两厂购入黄麦 148280 市石，但很快磨制净尽。1941 年初，每日用麦量为 900 至 1000 市石，主要来自合川、南充、宜宾、涪陵、泸州等地，但采购不易。[②]1941 年 3 月 1 日起，复兴一厂借口机器年久失修，亟须停工修理，原计划在 5 月 10 日全部修理完毕。修理时间之所以如此之长，实因“原料早已磨尽”。[③]6 月，交通银行曾对重庆面粉业状况进行调查，并分析了 3 月复兴、福民、福新及岁丰四厂停工状况，认为其症结之一便是原料来源短缺，四厂小麦存量极为有限，据 6 月 7 日报称，仅够五六日之用，四厂要求全国粮管局、“行政院”经济会议秘书处开辟小麦来源，以维持生产。[④]

为了应付原料短缺的局面，粮食部采取拨麦加工制粉的办法。1942 年 6 月 25 日，粮食部下属陪都民食供应处与复兴、福民、福新、天城、

---

① 四川省政府：《关于禁止出口小麦及含有小麦成分之麦面给四川省第三区行政督察专员公署的训令》，1939 年 1 月 22 日，重庆市档案馆藏，档案号 00550005002590000024000，第 24 页。

② 交通银行总管理处设计处：《复兴面粉股份有限公司 1941 年 6 月调查报告》，重庆市档案馆藏，档案号 02880001001550000180000。

③ 重庆市粮食管理委员会：《关于请查明放行被阻麦子上全国粮食管理局、复兴面粉股份有限公司的批、呈》，1941 年 5 月 6 日，重庆市档案馆藏，档案号 00700001000310000011，第 31 ～ 32 页。

④ 重庆市政府：《关于请设法开辟小麦来源致全国粮食管理局、“行政院”经济会议秘书处的代电》，1941 年 6 月 7 日，重庆市档案馆藏，档案号 00700001000310000030，第 104 ～ 105 页。

岁丰签订委托加工合同。[①]合约规定五厂每月产量总数为7万袋[②]（自1944年1月减少为5万袋[③]），粉厂规模愈大，制粉任务愈重，规模最大的复兴占43%，福民占26%，天城占13%，福新占10.5%，岁丰占7.5%，具体数量分配如下：复兴30108袋，福民18064袋，福新7527袋，天城9032袋，岁丰5269袋。[④]并规定每市石小麦交粉2.1袋（后有提高），每袋连皮重44.45市斤，如有不足，则由各厂向民食供应处购麦填补；如有多余，则由该处收购后给予奖励。面粉分为头号粉与混合统粉，前者占25%，计17500袋，后者占75%，计52500袋。各厂须保证面粉质量，如不合标准，则由民食供应处责令厂方改良以达到标准；如有故意掺杂者，按袋数、差次、成色折算赔偿，如有第二次掺杂，则加倍处罚。关于麸皮，由民供处按照各月平均麦价作价后售予各厂自行处理，每月一结，由加工费内扣除。关于粉袋，各厂织袋所需棉纱由该处负责采购。面粉由该处提取，如无法及时提取，可由各厂妥为保管。各厂生产面粉由该处逐日收存厂仓，一律凭该处制发粉单换取各厂栈单，在各厂河下码头或马路口交货。加工费用分为固定加工费与非固定加工费，前者包括薪俸、工饷、膳食、津贴、房地租、保险、折旧、文具、印刷、水电、厂房修缮、机器修理、邮电舟车费、医药费等，无论各月产量多少，均按7万袋计算，捐

---

① 于登斌：《战时重庆面粉产销管制之回顾与展望》，《四川经济季刊》第1卷第3期，1944年6月15日，第286～297页。

② 这一数据主要基于1941年11月陪都民食供应处、粮食部、社会部、“行政院”秘书处、重庆市政府等的联合调查，根据调查结果，各公务机关月供平价面粉15000袋，切面业同业公会每月所请领发面粉数为51600袋，二者合计66600袋。参见重庆市政府：《关于抄发改进重庆市面粉配销办法给重庆市政府秘书处的训令（附办法）》，1941年11月27日，重庆市档案馆藏，档案号0053-0025-00042-0000-033-000，第34～36页；重庆市政府：《重庆市政府关于抄发改进渝市面粉配销办法给社会局的训令（附办法）》，1941年11月28日，重庆市档案馆藏，档案号00600002004330000003，第27～30页。

③ 重庆市社会局、粮食部陪都民食供应处：《重庆市社会局、粮食部陪都民食供应处关于由田赋粮食管理处统筹计划面粉厂承碾加工救济办法的函、训令》，1943年1月27日，重庆市档案馆藏，档案号00600006000910000013。

④ 粮食部陪都民食供应处、重庆市复兴面粉公司、福民实业股份有限公司机制面粉厂、福新第五面粉公司等：《关于粮食部陪都民食供应处拨小麦给重庆复兴面粉公司、福民实业股份有限公司机制面粉厂、福新第五面粉公司等加工的合约》，1943年1月，重庆市档案馆藏，档案号02720002000100000035000，第35～44页；中国粮食工业公司粮食购储委员会、粮食部陪都民食供应处、福民实业股份有限公司机制面粉厂：《关于中国粮食工业公司粮食购储委员会、粮食部陪都民食供应处拨麦与福民实业股份有限公司机制面粉厂等加工面粉的合约》，1943年7月6日，重庆市档案馆藏，档案号02720002000110000005000，第12页；傅润华、汤约生主编：《陪都工商年鉴》，重庆：文信书局，1945年，第5编第3章第24页；《重庆面粉工业的剖视》，《新世界》11月号，1944年11月15日，第30页；鲜伯良：《陪都面粉工业概况》，《川康建设》第1卷第5～6期合刊，1944年12月，第4页。

税由民供处负责；后者包括动力、物料、物料储备、利息等，每月由民供处拨付；半年内如物价剧烈变动达20%以上时，可酌量增减。此外，订有两项附约《各厂制粉溢额提成奖励办法》及《加工费变动之计算办法》，奖励办法意在鼓励粉厂提高出粉率而非增加产量，计算办法则是顾及物价变动。①

拨麦加工自1942年7月1日起正式实行，其做法是各粉厂全部原料由中国粮食工业公司粮食购备委员会供给，各厂只负加工之责，政府每交小麦一市石，粉厂即交面粉2.25袋。粉厂每产1袋面粉，可得加工费45元，作为维持员工薪金、伙食、修理等项费用支出。②合同规定，合同期内各厂所需小麦原料由购储会分月供给，各厂比例如前规定，各粉厂如有余力，可向该会提出申请，增加原料供应。各厂应在原料核定后的48小时内至指定仓库自行提取，运费保险由该会垫付，亦可投水、火保

① 粮食部陪都民食供应处、重庆市复兴面粉公司、福民实业股份有限公司、天城面粉工业公司、福新第五面粉公司等：《关于粮食部陪都民食供应处拨麦与重庆市复兴面粉公司、福民实业股份有限公司、天城面粉工业公司等加工面粉的合约》，1942年6月25日，重庆市档案馆藏，档案号0272000200010000061000。根据《各厂制粉溢额提成奖励办法》规定：每市石小麦以产粉2.25袋为准，“如因管理得法，产生溢额，得就溢额用累进率法提成奖励之制粉”。具体标准为：制粉在2.25袋以上、2.30袋以下之溢额，提成20%；制粉在2.31袋以上、2.35袋以下之溢额，提成25%；制粉在2.36袋以上、2.40袋以下之溢额，提成30%（出处同上）。1944年6月30日上午9时，陪都民食供应处在对重庆各粉厂粉样进行检测后，认为福民面粉厂所产特粉、统粉“品质、成色均属最次，且麸□奇重”，责令该厂切实改善（参见粮食部陪都民食供应处：《关于改善面粉品质成色给福民实业股份有限公司机制面粉厂的训令》，1944年7月5日，重庆市档案馆藏，档案号02720001000340000136000，第136页）。1945年1月，中粮公司粮食购储委员会亦致函福民公司机制面粉厂与复兴公司，称其“制粉成色低次，最近各机关面店对福民、复兴统粉均不愿接收”（参见中国粮食工业公司粮食购储委员会：《关于切实注意改进粉质致福民实业股份有限公司机制面粉厂的函》，1945年1月24日，重庆市档案馆藏，档案号02720002000670000092000，第92页）。4月，中粮公司粮食购储委员会致函天城公司，谓其所制头号粉“均呈红灰色，且无光泽”，要求其提高面粉品质（中国建设工程公司、天城公司面粉厂、中国粮食工业公司粮食购储委员会：《关于催促天城公司面粉厂缴足特种面粉并提高面粉品质的函》，1945年4月24日，重庆市档案馆藏，档案号03040001037130000016000，第18～19页）。

② 加工费后随物价上涨而有所调整，1943年7月的档案资料显示，每月制粉量在1万袋以下者，每袋加工费为250元；1万～2万袋者，除去其中1万袋以每袋250元计算外，其余每袋240元；超过2万袋未满3万袋者，除去2万袋以每袋240元计算外，其余每袋230元；3万～4万袋者，除去3万袋每袋以230元计算外，其余每袋220元；超过4万袋者，除去4万袋每袋以220元计算外，其余每袋210元。参见中国粮食工业公司粮食购储委员会、粮食部陪都民食供应处、福民实业股份有限公司机制面粉厂：《关于中国粮食工业公司粮食购储委员会、粮食部陪都民食供应处拨麦与福民实业股份有限公司机制面粉厂等加工面粉的合约》，1943年7月6日，重庆市档案馆藏，档案号02720002000110000005000；《中国粮食工业公司粮食购储委员会与面粉公司签订小麦供应合同》，重庆市档案馆藏，档案号00830001010370000100000；傅润华、汤约生主编：《陪都工商年鉴》，重庆：文信书局，1945年，第5编第3章第24页；鲜伯良：《陪都面粉工业概况》，《川康建设》第1卷第5～6期合刊，1944年12月，第4页。

险，保险由该会负责办理，运输损耗以千分之三剔除。[①]原料等级由各厂与该会共同评定，分为四等八级（甲、乙、丙、丁四等，每等又各分为上、下二级），各厂所产甲、乙、丙三个等级面粉皆有缴还比例与定量，如甲上应缴特粉三成、统粉七成，须制粉 240 袋；甲下应缴特粉 25%、统粉 75%，制粉量为 235 袋；乙上特粉二成、统粉八成，数量为 230 袋；乙下分别为 15% 与 85%，数量为 225 袋；丙上分别为 10% 与 90%，数量为 220 袋；丙下分别为 5% 及 95%，数量为 215 袋，未达到磨制特粉的小麦，可全部缴还统粉，依据小麦等级规定。[②]合同约定，各厂每月产量不得低于该厂所领小麦应出产的平均数，遇外力如空袭、停电、电力不足等不可抗因素时，应报请该会查核。该会可以补贴不足生产量加工费的二分之一，以资救济。所产面粉及麸皮应全部缴还该会。销售面粉所应缴纳的统税由该会及民供处办理[③]，粉袋亦由该会供给。麸皮款由该会在应付加工费中扣除。[④]

拨麦制粉方式运行半年，成效尚可。1943 年 1 月，陪都民食供应处继续与复兴、福民等五厂订立《拨麦加工制粉办法》，主要内容为：第一，原料供应按各厂生产比例分配，在加工制粉期间，各厂不得向市场购买小麦；小麦质量以干燥洁净为标准，如有不合格者，可申请由小麦面粉检定委员会检验。第二，拨交办法，各厂小麦每月最多分 16 次交付，由厂方负责运输；每厂制粉数量，复兴 30108 袋，福民 18064 袋，福新 7527 袋，天城 9032 袋，岁丰 5269 袋。同时，每市石小麦出粉量以 2. 25 袋为标准，乙

① 《中国粮食工业公司粮食购储委员会与面粉公司签订小麦供应合同》，重庆市档案馆藏，档案号 00830001010370000100000；中国粮食工业公司粮食购储委员会、粮食部陪都民食供应处、福民实业股份有限公司机制面粉厂：《关于中国粮食工业公司粮食购储委员会、粮食部陪都民食供应处拨麦与福民实业股份有限公司机制面粉厂等加工面粉的合约》，1943 年 7 月 6 日，重庆市档案馆藏，档案号 02720002000110000005000。

② 中国粮食工业公司粮食购储委员会、粮食部陪都民食供应处、福民实业股份有限公司机制面粉厂：《关于中国粮食工业公司粮食购储委员会、粮食部陪都民食供应处拨麦与福民实业股份有限公司机制面粉厂等加工面粉的合约》，1943 年 7 月 6 日，重庆市档案馆藏，档案号 02720002000110000005000；《中国粮食工业公司粮食购储委员会与面粉公司签订小麦供应合同》，重庆市档案馆藏，档案号 00830001010370000100000；于登斌：《战时重庆面粉产销管制之回顾与展望》，《四川经济季刊》第 1 卷第 3 期，1944 年 6 月 15 日，第 286 ～ 297 页。

③ 重庆市商会、“财政部”公债筹募委员会重庆市分会：《关于减轻面粉厂派额的函》，1943 年 3 月 22 日，重庆市档案馆藏，档案号 00640008003080000094000。

④ 中国粮食工业公司粮食购储委员会、粮食部陪都民食供应处、福民实业股份有限公司机制面粉厂：《关于中国粮食工业公司粮食购储委员会、粮食部陪都民食供应处拨麦与福民实业股份有限公司机制面粉厂等加工面粉的合约》，1943 年 7 月 6 日，重庆市档案馆藏，档案号 02720002000110000005000；《中国粮食工业公司粮食购储委员会与面粉公司签订小麦供应合同》，重庆市档案馆藏，档案号 00830001010370000100000。

等下级小麦（以粮食部陪都民食供应处麦粉检定委员会，委员由重庆市粮政局、中粮公司、民食供应处各推一人，重庆市机联处推派2人组成，检定小麦等级）交粉2.25袋（每袋44.45市斤），中等上级小麦交粉2.4袋以上，甲下为2.35袋，乙上为2.3袋，丙上为2.2袋，丙下为2.15袋，丁上为2.1袋，丁下为2.05袋。粉分为头号粉与统粉两种，其中前者数量占75%，后者为25%。加工费用分为固定加工费包括薪资、膳食、津贴、厂房地租与修缮、水电、机器维修费用等（每袋21.36元）和非固定加工费包括动力、物料、物料设备，每袋6.24元，每月由民食供应处拨付。① 1943年7月新订合约基本上延续了这一做法。②

1944年1月13日，粮食部陪都民食供应处与复兴等五大厂延续制粉合约，起初规定各厂每月制粉总量仍为7万袋，其中复兴30769袋，福民18462袋，福新7692袋，天城7692袋，岁丰5385袋。③ 1月底，粮食部将7万袋减至5万袋，意在控量以制价。面粉减产一方面导致市场供应不足立即显现，另一方面各厂设备废置情形更为严重，“应用者仅达三分之一，搁置者在三分之二以上”④，不但单位面粉生产成本增加，各厂开支增大，亦是有效生产力的极大浪费，这在战时是一个悖论。随着对外口岸相继沦陷，粉厂器材补充益感困难，而后方绝大多数机械厂并不能制造或修理，

① 粮食部陪都民食供应处、重庆市复兴面粉公司、福民实业股份有限公司机制面粉厂、福新第五面粉公司等：《关于粮食部陪都民食供应处拨小麦给重庆复兴面粉公司、福民实业股份有限公司机制面粉厂、福新第五面粉公司等加工的合约》，1943年1月，重庆市档案馆藏，档案号02720002000100000035000。

② 中国粮食工业公司粮食购储委员会、粮食部陪都民食供应处福民实业股份有限公司机制面粉厂：《关于中国粮食工业公司粮食购储委员会、粮食部陪都民食供应处拨麦与福民实业股份有限公司机制面粉厂等加工面粉的合约》，1943年7月6日，重庆市档案馆藏，档案号02720002000110000005000，第5～19页。

③ 粮食部陪都民食供应处、复兴面粉公司、福民实业股份有限公司、天城面粉工业股份有限公司：《粮食部陪都民食供应处与复兴面粉公司、福民实业股份有限公司、天成面粉工业股份有限公司等签订加工制粉合约》，1944年1月13日，重庆市档案馆藏，档案号03040001003510000114000。

④ 鲜伯良：《陪都面粉工业概况》，《川康建设》第1卷第5～6期合刊，1944年12月，第4～5页；鲜伯良：《我经营重庆复兴面粉厂的回忆》，政协四川省委员会、四川省省志编辑委员会编印：《四川文史资料选辑》第4辑，1962年，第112～113页。需要指出的是，1938年9月29日国民党第五届“中央”常务委员会第95次会议通过的《节约运动大纲》明确规定，工业生产方面要“用加班加工方法，充分利用现有机器”，粮食部为了“控量以制价”，大肆减少面粉生产数量，与《节约运动大纲》相关规定明显不符，《节约运动大纲》某些内容成为具文。参见中国国民党执行委员会宣传部编印：《抗战第四周年纪念手册》，1941年，第68页。

粉厂所蒙受的间接损失不言而喻。[①]

拨麦加工政策实行以来，渐被各粉厂管理人员认可，较为成功，但其仍不无可商榷之处。一是麦量无法确定，因此产粉量也无法保证。天城公司1944年12月即致函购储会，称所拨小麦产粉量与规定产粉量相差甚远，购储会拨给该公司12月份的3900市石小麦，该厂在20日即可磨完（该厂每月可磨粉9100袋），因此只能请求预拨。[②]这种情况并非天城公司独有，而是重庆各大粉厂面临的普遍情况。二是政府以市价购入小麦，而以官价售出面粉，麦价高而粉价低，且两者差价不菲，每多售一包，政府就要多贴补一包，所以政府就减少面粉产量。因此造成5厂虽有14万包的生产能力，却有一半以上的设备“拿来搁置不用”。[③]另外，政府采购、拨交小麦即使足数，但其品质较为低劣，“致各厂成分不易出足，日积月累，其赔累实堪惊人”，加之薪工伙食开支陡增，而加工费的增速不及物价上涨的速度，各厂困难可想而知。[④]

3. 管理面粉价格

粮价牵动着上至政府下至黎庶的神经，尤其是在1940年6月之后。彼时因战局变化、重庆遭轰炸等原因，重庆粉价大涨，这不但惊动了重庆市长吴国桢，而且吴国桢将这一情况报告给了国民政府军事委员会委员长蒋介石，蒋要求密查呈报。7月中旬，经初步调查，经济部平价购销处兼代处长吴闻天因怀疑复兴、福民两公司有操纵粉价嫌疑，即函请工矿调整处、重庆社会局会同本处派人暗中密查后呈部核办。调查结果表明，系复兴面粉经销公司万源公司与厂家勾结，抬高售价，并发售预售票。对于此种情形，重庆市政府决定先由本市社会局会同平价购销处调阅各该厂及有关商店、行号、簿据、契约等，以供参考而资评价，并由该局按照厂价批发一部分面粉交给公卖处出售。如果此项办法还未能

---

① 宁夏利民机器面粉公司粉机为旧机器，经常发生故障，小修时省内尚可应付，但中修和大修时便需送京津等外地修配。参见徐世雄：《银川机器面粉厂记略》，政协甘肃省委员会文史资料委员会、《西北近代工业》编写组编：《西北近代工业》，兰州：甘肃人民出版社，1989年，第419页。

② 天城公司面粉厂：《关于请中粮公司储购会预拨小麦的呈、函》，1944年12月9日，重庆市档案馆藏，档案号0304000102600000121000，第122页。

③ 傅润华、汤约生主编：《陪都工商年鉴》，重庆：文信书局，1945年，第5编第3章第24～25页。

④ 鲜伯良：《陪都面粉工业概况》，《川康建设》第1卷第5～6期合刊，1944年12月，第4～5页。

完全杜绝黑市流弊，则由公卖处全部统筹销售，控制粉量以控制粉价。[①]这应该是战时国民政府及地方政府在管理后方粉价中的首次亮相。1941年3月，复兴、福民、福新、岁丰等公司以原料不敷、粉价偏低为借口联合停工，其主要原因一为原料来源本身短缺，二为粉价较低，各厂无利可图甚至亏损，遂托词原料缺乏或电力供应不继、设备损坏，争相减少生产。[②]其实，粉价过低现象已非一日。根据福民公司1940年9月的一项统计，每磨制1市石面粉，成本约55.52元，而实际售价仅50.17元，即每磨制、销售1市石小麦，粉厂将亏损5.35元。[③]

为了敦促粉厂恢复生产，1941年5月，全国粮管局与重庆各面粉公司关于销售价格问题达成如下原则：第一，面粉价格每包规定为67元，此项价格系依据黄麦原料价格110元、1941年四五两月制造费用平均数及6%纯利润而制定；第二，倘若原料超过每市石110元，或制造费用亦超过同期数值，则每包面粉售价应照所超过之数增加；第三，面粉销售概由全国粮管局统制，各粉厂每日产量造送交货单至该局，照价入账，顾客购粉时向该局申请，由该局发提货单，顾客凭单到厂提货。具体程序如下：厂方产品清单→粮管局照价入来往账→顾客申请购粉→局方批准→顾客付款局方→局方发提货单→顾客持提货单至厂方提货→厂方交货后入局方来往账，随时向局方取款。对厂方而言，这种做法使利润得到了保障，不管原料与面粉价格如何涨落，6%的利润是不受影响的，也就是说，厂方成了全国粮管局的合作单位。以复兴面粉公司为例，每包6%的纯利润为3元至4元，每日产量以2000包计，则每日利润7000元左右，每月可获利20万元之谱，全年开工10个月的话，总利润为200万元。1941年5月23日，全国粮管局与四联处订立《小麦面粉购销合约》及《购麦贷款及面粉购销实施办法》，在原料、粉价及程序达到一

---

① 经济部平价购销处：《经济部平价购销处关于检送平抑面粉价格谈话记录致重庆市社会局的函》，1940年7月24日，重庆市档案馆藏，档案号0060000201168000005，第16～17页；重庆市政府：《重庆市政府关于报送调查复兴、福民面粉厂价格情形上军事委员会的呈》，1940年8月3日，重庆市档案馆藏，档案号0060000201168000002，第5～7页；国民政府军事委员会，《国民政府军事委员会关于遵办社字第九四九号呈致重庆市政府的代电》，1940年8月8日，重庆市档案馆藏，档案号0060000201168000003，第8页。

② 刘震武、重庆市政府：《关于简述赴陕西街四厂联合办事处配售麦粉经过情形的呈、公函、训令》，1941年11月15日，重庆市档案馆藏，档案号0053－9925－00068－0000－011－000，第11～20页。

③ 《福民实业公司机制面粉厂面粉成本计算书》，1940年9月9日，重庆市档案馆藏，档案号0060000200970000016。

致后，粉厂随即复工出货。[①]但粉价过低的问题依然存在，其他流弊亦相继出现。据工矿调整处1941年8月对重庆4家大型粉厂的调查，磨制一袋面粉成本涨至117元，而政府官价为80元，因此每售出一袋，估计要亏损37元。[②]因此，粉厂的生产积极性并不高。

1941年7月，陪都民食供应处成立。9月，粮食部将重庆市米面分配统改由民供处直接办理，11日起正式实施，由该处第一科（后改为配销科）增设面粉股主办，同时函告各机关团体及各面粉公会向该处洽购，并由粮食管理委员会派员赴市场监督。民供处接管业务后，按照产销实际情况，以合理迅速为准则，针对4月份所订暂行办法中出现的问题，重新改订配销规则：第一，定期与各厂研究改进方法，审查各厂产量及成本，以期产销相符，商民互惠；第二，民食处核定准购面粉，各厂每日派员收款，民食处审核呈报；第三，统制供应区域，严禁偷运出渝。但这样的规定"有欠严密"，流弊立现。10月，重庆市粮政局会同民供处协商调整旧法，制定新的配销计划。新计划以购粉者身份重新分配面粉数量，重庆市以面食为主的122家公务机关，每月合计配销13849袋，最高限额15000袋。以面食为主的普通社会团体酌予配售，配额依粉厂产量而定，每月限额45000袋。零售店及同业公会亦各自规定配售数量，如面食业公会34000袋，面饼油条业4000袋，中西餐业2000袋，干菜食品业500袋，糖果饼干业3000袋，米糕甜食业200袋，北碚面食业800袋。以上共计58349袋。各机关团体并无明确规定。[③]

---

① 全国粮管局、四厂联合办事处：《关于全国粮食管理局与复兴、福新、福民、岁丰四厂联合办事处订立小麦面粉购销、贷款的合约》，1941年5月23日，重庆市档案馆藏，档案号02720002000090000100000，第100～104页；交通银行总管理处设计处：《复兴面粉股份有限公司1941年6月调查报告》，重庆市档案馆藏，档案号02880001001550000180000；复兴、福新、福民、岁丰四厂联合办事处，粮食管理局：《复兴、福新、福民、岁丰四厂联合办事处、粮食管理局购麦贷款及面粉购销实施办法》，重庆市档案馆藏，档案号02720002000830000103000，第103～107页。

② 中国第二历史档案馆编：《中华民国史档案资料汇编》第5辑第2编"财政经济"（七），南京：江苏古籍出版社，1997年，第389～390页；上海社会科学院经济研究所编：《荣家企业史料》下册，1937～1949年，上海：上海人民出版社，1980年，第240～241页。

③ 于登斌：《战时重庆面粉产销管制之回顾与展望》，《四川经济季刊》第1卷第3期，1944年6月15日，第288～289页。另有记载10月份党、政、军、学各机关团体购领面粉50481袋，每袋平均价格为78.8元。参见《陪都民食供应情形》，《督导通讯》创刊号，1942年1月1日，第5页。亦可参见何希三：《关于告知工厂地址并请发给每日所需头号面粉致重庆糖果、饼干罐头食品商业同业公会的函》，重庆市档案馆藏，档案号0085000101409000048，该档案记载了同业公会会员王清民向代经理何希三递交的呈文，内称位于城巷二十二号某作房（坊）以饼干、点心为主业，每月需面粉180袋，每日需头号粉6袋，"应请大会具函证明，以凭购面，倘有虚报者等情事，甘受法律处分"等语。

1941年10月至11月底，民供处会同重庆市粮政局、“行政院”经济会议秘书处，再次调整面粉配销办法。之所以再次做出调整，是因为民供处、粮食部、社会部、“行政院”秘书处、重庆市政府详加调查研究后认为，“各同业公会面粉四万五千袋，为数过巨，且不合理，应加切实核减”，并且“甜食、饼干、中西餐业等并不应配售平价面粉，只可按厂价供给，所有同业公会应配销平价面粉或厂价面粉数量”。[①]因之规定自12月起发售面粉分为官价与厂价两种[②]，官价面粉数量48000袋，配予公务机关15000袋[③]（11月新增公务机关18家，增配面粉209袋），同业公会33000袋，每袋80元（1941年12月前重庆市政府规定每袋平价面粉价格为80元，而实际成本为130元左右，成都10月下旬为每袋132元，自贡同期为138.6元，二者相差50余元[④]），低于厂价部分由政府补贴。厂价面粉每月限量12000袋，已配销官价面粉的公务机关团体及私人如仍不敷使用的，可酌量申请厂价面粉，如粉厂确有余额，可酌予配销，但最多不超过5560袋。各同业公会一律按照10月份配额，领购厂价面粉，最多以6440袋为限，厂价面粉每袋130元（此为上旬价格，中旬为138元，下旬为145元[⑤]），远远高出官价。这一配销办法有两个显著特点，一是保证公务机关分配数量不变，并且在公务机关增加的情况下可以增加面粉分配数量。二是大量减少面食同业公会的配销数量，即从原来的每月51600袋减至45000袋，减少6600袋，减幅达13%。这充分显示了政府欲保障政府机关面粉供应而从民众口中夺食的强烈愿望与做法，而丝毫不顾及广大民众及面食从业人员的利益。

---

① 重庆市政府：《关于抄发改进重庆市面粉配销办法给重庆市政府秘书处的训令（附办法）》，1941年11月27日，重庆市档案馆藏，档案号0053－0025－00042－0000－033－000，第34～36页；重庆市政府：《重庆市政府关于抄发改进渝市面粉配销办法给社会局的训令（附办法）》，1941年11月28日，重庆市档案馆藏，档案号00600002004330000003，第27～30页。

② 粮食部陪都民食供应处、重庆市政府：《关于自十二月一日起配售官价面粉的代电、训令》，1941年11月30日，重庆市档案馆藏，档案号0053－0025－00042－0000－037－000。

③ 重庆市政府：《关于抄发改进重庆市面粉配销办法给重庆市政府秘书处的训令（附办法）》，1941年11月27日，重庆市档案馆藏，档案号0053－0025－00042－0000－033－000。

④ 重庆市政府：《关于抄发改进重庆市面粉配销办法给重庆市政府秘书处的训令（附办法）》，1941年11月27日，重庆市档案馆藏，档案号0053－0025－00042－0000－033－000，第34～36页；重庆市政府：《重庆市政府关于抄发改进渝市面粉配销办法给社会局的训令（附办法）》，1941年11月28日，重庆市档案馆藏，档案号00600002004330000003，第27～30页。

⑤ 《陪都民食供应情形》，《督导通讯》创刊号，1942年1月1日，第5页。

官价粉与厂价粉价格悬殊，不肖奸商趋利走私，致使乱象丛生，商民遂有将官价改厂价之议，各公会亦有此请求。政府对面粉差价的补贴加重了政府的财政负担，“国帑负担过重”，殊非长久之计，用厂价代替官价势属必然。[①]从1941年11月1日起，政府将配售中西餐业、糖果饼干业、干菜业等所需面粉改为厂价，年底将面饼油条业面粉改为厂价。1942年1月1日起，政府规定面粉售价分官价、厂价与平价三种，8月，将零售店所售面粉改为厂价；11月，切面店面粉改为厂价。[②]1942年冬，官价面粉配售数量逐渐减少，民供处每月配销平价面粉13522袋，官价面粉从3万余袋减至9762袋，厂价面粉数量大为增加，达45445袋。[③]

与此同时，后方各地物价亦大肆上涨。据统计，后方物价趸售总指数1938年年底为155（战前为100），1939年年底为306，1940年年底为801，1941年年底为2111，1942年年底狂涨至6128。食物类趸售价格总指数亦涨至3254。[④]重庆战时物价上涨迅速，1938年上涨1.5倍，1939年上涨2.9倍，1940年为9.3倍，1941年为21.4倍，1942年“遽呈突飞猛进之势”，涨至78倍，“脱物价自然变迁之常轨”。[⑤]为了应对日益高涨的物价，蒋介石于1942年10月29日向参政会提出《加强管制物价方案》，并声称“将注其全力亲自主持，以督励其进行”。[⑥]1942年12月17日，“行政院”通电颁布《限价实施办法》，1943年1月15日各省一律实施。

重庆面粉业管理亦趋严格。粮食部除对面粉行业组织严加管控外，对于普通住户购粉，亦采用登记制，无论姓名、详细住址还是购粉者

---

① 重庆市粮政局、重庆市面食商业同业公会：《关于将停配官价面粉改为厂价或提高面粉价格并请恢复停粉会员面粉的呈》，1942年6月24日，重庆市档案馆藏，档案号00700002003580000028，第85～93页。

② 重庆市粮政局、重庆市政府、粮食部：《关于将重庆市中西餐业等原领官价面粉改配厂价面粉的呈、令、公函》，1942年2月，重庆市档案馆藏，档案号0053－0025－00042－0000－053－000；粮食部：《关于饬知已将所有切面店改配厂价面粉、登记全市切面店经过给重庆市粮政局的训令（附重庆市机器切面店简表）》，1942年11月17日，重庆市档案馆藏，档案号00700002003240000036。

③ 于登斌：《战时重庆面粉产销管制之回顾与展望》，《四川经济季刊》第1卷第3期，1944年6月15日，第293页。

④ 吴宗汾：《十年来之物价》，谭熙鸿主编：《十年来之中国经济》下册，上海：中华书局，1948年，第M8～M9、M13页。

⑤ 国家总动员会议编印：《管制物价简报》，1943年，第4页。

⑥ 立信会计师重庆事务所编：《工商业管制法规》，重庆：立信会计图书用品社，1943年，第6～7页。

身份（如吃户、小食店、摊子、担子）、购粉数量均须详加登记，概无例外，即使少至两三斤也要登记，甚至有低至1斤者。[①]1943年1月初，重庆市面饼业职业工会常务理事潘德善听闻将取消官价面粉而代以厂价面粉传闻后，立即致函民供处，对于“官价停止，批购厂价”的做法，认为“难以遵从”，要求继续以官价供应。[②]但官价与厂价、市价差别太大，长期津贴则给政府带来巨大财政压力。1943年1月8日，重庆市粮政局致函民供处，要求停止供应官价面粉。[③]1月14日，重庆市粮政局将此前制定的《重庆市粮政局管制面食业及面饼油条业购用官价面粉办法》修改为《重庆市各种面食商购用面粉管制办法》，该办法从原来的11条扩充至18条，某些条目也更为细化，对象扩大至面粉零售商、机器切面店、面饼油条店、中西餐馆及饼干铺等，“凡具有承销零粉性质者，无论其为个人或团体，均属之”，“凡制造面粉为成品出售之业务者，均属之”，“凡经向重庆市粮政局或粮食部陪都民食供应处呈准领购面粉时，悉受本办法之限制”，并提高了处罚力度。[④]限价政策实施后，重庆面粉价格分为三种，一为限价，二为厂价，三为成本价。以1944年1至3月特粉为例，限价粉每袋为300元，厂价粉为480元，成本价为560元，下半年则分别涨至1000元、1200元、1600元。统粉的价格相对较低。[⑤]

表6－1　重庆市机制面粉价格统计表（1944）　　　　单位：国币元/袋

		1月～3月6日	3月7日～7月4日	7月5日～12月31日
机制特粉	限价	300.00	500.00	1000.00
	厂价	480.00	740.00	1200.00
	成本价	560.00	1200.00	1600.00

① 重庆市面食商业同业公会：《重庆市面食商业同业公会第一组会员进售面粉登记表》，1942年10月7日，重庆市档案馆藏，档案号00700002003360000041。

② 重庆市面饼业职业工会：《关于请准予照常批发官价面粉上重庆市粮政局的呈》，1943年1月5日，重庆市档案馆藏，档案号00700002001930000047。

③ 重庆市粮政局：《关于停止官价面粉致粮食部陪都民食供应处的函》，1943年1月8日，重庆市档案馆藏，档案号00700002001930000046。

④ 《关于检发重庆市各种面食商购用面粉管制办法的呈、咨、令（附办法）》，1943年1月14日，重庆市档案馆藏，档案号0053－0002－00724－0000－014－000。

⑤ 《重庆市机制面粉价格统计表》，《粮情旬报》第192期，1945年3月6日，第3页。

（续表）

		1月～3月6日	3月7日～7月4日	7月5日～12月31日
机制统粉	限价	260.00	440.00	800.00
	厂价	440.00	680.00	1000.00
	成本价	520.00	1100.00	1400.00

资料来源：《重庆市机制面粉价格统计表》，《粮情旬报》第192期，1945年3月6日，第3页。

原表说明：1. 渝市机制面粉由政府统筹支配，视配销对象而区别其价格。限价粉配售于机关文体之公教人员，厂价粉配售于市属第一至第十二区间领面粉之大饼油条店及切面店，成本粉配售于饼干糖果业、中西餐业及供应奢侈一类食品之商店。表中所列，为各期政府核定价格。2. 每袋重44.45市斤。

从表6－1也可以看出，无论是特粉还是统粉，限价还是厂价，面粉价格从1944年年初至岁尾屡有增长，涨幅达233%，这固然反映了物价变动在面粉业的体现，但也要指出，无论特粉或统粉，其限价、厂价都要比成本价低出许多，出现了粉、麦价格倒挂的现象。倒挂部分基本上是由国民政府负担的，虽然加重了政府的经济负担，但也体现出国民政府在调配面粉这一关系民众生计的必需品中的良苦用心。同时，政府亦采取多种手段，打击重庆面粉行业的不法行为。

3. 打击面粉行业不端行为

面粉管制更趋严格之后，黑市价格与官粉价格相差较大，面粉黑市非常猖獗，导致各同业公会乱象丛生。1940年年底，重庆市场面粉“售空甚多”，缺货严重，黑市猖獗，头号粉批售价格为38.8元，而黑市竟达四十六七元。[①]经营切面者（数量约100家）每袋官价面粉可盈利20元[②]，而如果将面粉卖给黑市，每袋可获利五六十元，因此面食各业暗中“走私”者不在少数；[③]官价与厂价相差较巨，商民利用官价面粉走私渔利者比比皆是、层出不穷，

① 复兴、福民、福新、岁丰：《关于请求增加面粉价格上重庆市粮食管理委员会的呈》，1940年12月10日，重庆市档案馆藏，档案号00700001000710000018，第65～66页。

② 据1941年11月统计，重庆每袋面粉44斤，购价加运费约2元，总价约80元，每袋可制切面条50斤，每斤面条批发价1.8元，零售价2元，每袋可获毛利15元及面袋一个。参见重庆市政府：《关于抄发改进重庆市面粉配销办法给重庆市政府秘书处的训令（附办法）》，1941年11月27日，重庆市档案馆藏，档案号0053－0025－00042－0000－033－000。

③ 如经营小面馆的陈锡春1943年3月伙同李明远、杨某，经由陈纪辉以每袋250元的价格套购黑市官价面粉（统粉）5袋，而其时官价为80元，厂价为170元，其中2袋由本人购买，其余3袋系借他人身份证购买。粮政局查明后，最后将黑市面粉以厂价170元折合价款850元、罚款300元，依据《重庆市各种面食商购用面粉管理办法》第八条第7款规定，予以充公。参见重庆市粮政局：《关于严办陈锡春高价收买黑市面粉的处分书》，1943年8月9日，重庆市档案馆藏，档案号00700002003450000045。

如私藏私售、冒用袋皮[①]，冒领滥售[②]，套购[③]，伪造账簿[④]，强买强卖[⑤]，捏造购户，积粉走私；抬高价格，不遵守限价规定；将面粉中掺水掺杂，或掺杂土粉，以调换官价面粉走私；[⑥]切面店冒领官价面粉，售予黑市；未经呈准私自移动店址，或私自改组更换负责人，或将营业许可证转售他人；公会对会员不足量发放，克扣走私；不遵照“七成面粉供应中西餐馆及其他面食各业，以三成供应市民”规定，悉数以高价售予面食各业；甚至曾

---

① 私售面粉情况多有发生，如中正路颜利店私售面粉（重庆市粮政局：《关于派员查究中正路颜利店私售面粉上重庆市政府的呈》，1941年12月5日，重庆市档案馆藏，档案号0070000200296000007；中正路颜料店：《关于派员调查私售面粉情事上吴国桢的呈》，1941年11月26日，重庆市档案馆藏，档案号0070000200296000005）、李吉安平价购入高价售出面粉（周伯武：《关于查明李吉安购领平价面粉私售高价情形上南□□、谢□□的呈》，重庆市档案馆藏，档案号0070000200294000075）、赵子文切面店私售面粉（韦安岐：《关于从速处理赵子文切面店私售面粉情事上重庆市粮政局的呈（附口供单、领条）》，1942年4月，重庆市档案馆藏，档案号0070000200329000042）；山东茶社私藏私售面粉（粮食部陪都民食供应处：《关于公卖山东茶社面店私藏面粉致重庆粮政局的呈》，1942年6月25日，重庆市档案馆藏，档案号0070000200331000020；粮食部陪都民食供应处：《关于派员提回化龙桥正街25号山东茶社面粉致重庆市粮政局的函》，1942年6月5日，重庆市档案馆藏，档案号0070000200345000032；粮食部陪都民食供应处：《关于查收化龙桥正街山东茶社面饼店走私面粉及价款致重庆市粮政局的函》，1942年6月23日，重庆市档案馆藏，档案号0070000200331000015）；重庆市粮政局：《关于严办开利肥皂公司私售面粉致陪都民食供应处的函》，1942年7月29日，重庆市档案馆藏，档案号0070000200330000027；陪都粮政密查队：《关于报送胡卫中代开利肥皂公司购买面粉及上南区路华兴切面店、厚慈街银成切面店有违法情形上重庆市粮政局的呈》，1942年6月27日，重庆市档案馆藏，档案号0070000200330000025；重庆市粮政局：《关于报送天成源切面店违法滥售面粉情形上粮食部的呈》，1942年7月17日，档案号0070000200329000029。冒用袋皮事，请参见粮食部陪都民食供应处：《关于报送冒用袋皮情形给重庆市机制面粉厂联合办事处的指令》，重庆市档案馆藏，档案号00830001010360000034000，第34页。

② 伪造姓名冒领情形亦层出不穷，如沙磁区同业公会假冒范清云、胡汉臣冒领面粉（胡焕臣、唐丰发、张合云等：《关于查沙磁区面粉业同业公会并无范清云、胡汉臣二人的呈》，1943年9月17日，重庆市档案馆藏，档案号0070000200306000007）。

③ 重庆市粮政局：《关于查办张海波违法套购面粉给重庆市面食商业同业公会的指令》，1942年7月27日，重庆市档案馆藏，档案号0070000200330000035。

④ 粮食部：《关于彻查正阳街天成源切面店伪造账簿舞弊、走私面粉情事给重庆市粮政局的训令》，1942年6月25日，重庆市档案馆藏，档案号0070000200329000030。

⑤ 强买强卖屡有发生，粮食部陪都民食供应处致函重庆市警察局：“各机关团体抢购面粉情事，不但影响民食，且妨安宁秩序，陪都为中外观瞻所系，此项抢购之风亟应遏止。”要求警局出面制止抢购之风（粮食部陪都民食供应处、重庆市警察局、重庆卫戍总司令部：《关于派员维护面粉零售店秩序的训令、公函（附地址一览表）》，1941年12月17日，重庆市档案馆藏，档案号00610015016580000115000）。

⑥ 允利面粉实验工厂筹备处、重庆市政府粮食管理室：《关于请准予将实验面粉工厂登记的呈、函》，1944年3月26日，重庆市档案馆藏，档案号0070000200207000007；粮食部陪都民食供应处：《关于告知王瀛洲走私官价面粉情形致重庆市粮政局的函》，1942年6月4日，重庆市档案馆藏，档案号0070000200329000012；粮食部：《关于派员彻查王瀛洲以所购官价面粉转售牟利并依法处办将办理情形具报给重庆市粮政局的训令（附原呈）》，1942年2月8日，重庆市档案馆藏，档案号0070000200333000054；粮食部陪都民食供应处：《关于派员提回吴桂廷官介面粉并停配吴桂廷切面店官价面粉的函、通知》，1942年6月6日，重庆市档案馆藏，档案号0070000200329000014。

发生面食业公会主席将分配各业面粉私扣私售情事。[①]账目不清，不遵照规定记载每日购销数量；即使记账不符也会被停发面粉，此类情况亦较多。重庆切面公会会员刘金镒、王瀛洲纠纷即因此而起。刘金镒在重庆经营一家切面店，属于小本买卖。刘本人“目不识丁”，故其店账目一直雇人代书。1942年3月，刘因病卧床不起，对于切面店账目并未仔细过问。3月底，忽然收到通知，谓其店该月账目代书之人“懈职敷衍”，致使账目不符，而被勒令自4月起“停配该店面粉”。[②]

1942年年初，重庆市面粉业公会会员及监察杜其昌、沈万成、余绍清、赵明煜控告切面店经理、唐家沱区代表王瀛洲私将所领4包官价面粉经由王妻以高价售予干面业刘海波，在刘将面粉改装麻袋欲运往外地时，被余绍清拿获，因“伊所购之面粉全未依法登记”，一并送交“财政部”唐家沱稽征所扣押，并报请驻重庆江北县城宪兵司令部侦缉第三大队提询。王自1941年5月起担任唐家沱区分配面粉工作，区内10家面店，区外1家，势力不容小觑。王串通至亲、唐家沱保长傅经文向公会行贿2000元，“请予内中原情包容”，未得逞。之后，“势力重大，上下其手”的王瀛洲多方活动，随后王、刘获保释，面粉仍留稽征所等候处理。“官价面粉除伊自用外，相余面粉六七袋之多，竟将此面乃以厂价转售他人，用饱私囊”。[③]据1942年3月2日王供称及该镇切面业公会、乡长等人证明，此4包面粉系王此前向刘所借面粉，现在补还，而非走私。但问题是，刘此时已无使用官粉之权，则面粉应报送公会依法处理，不能抵押债务，此即私相授受，“何异走私”？王不得已承认走私面粉，但将责任推给妻子，称自己不在家、不知情。结果是王被取消会员资格，停配面粉，走私面粉全部充公。[④]1942年6月27日，该案审结

① 于登斌：《战时重庆面粉产销管制之回顾与展望》，《四川经济季刊》第1卷第3期，1944年6月15日，第292页。

② 刘金镒：《关于函请陪都粮食供应处继续配发面粉致重庆市切面工业同业公会的函》，重庆市档案馆藏，档案号0085000101416000008。

③ 粮食部：《关于派员彻查王瀛洲以所购官价面粉转售牟利并依法处办将办理情形具报给重庆市粮政局的训令（附原呈）》，1942年2月8日，重庆市档案馆藏，档案号0070000200333000054。

④ 梁岳生：《关于报送调查王瀛洲私将官价面粉高价售出情形上重庆市粮政局的呈（附口供）》，1942年2月20日，重庆市档案馆藏，档案号0070000200333000056；粮食部陪都民食供应处：《关于将王瀛洲走私之面粉予以充公自应照办致重庆市粮政局的函》，1942年3月13日，重庆市档案馆藏，档案号0070000200333000060；重庆市粮政局：《关于停配王瀛洲面粉并取消其会员资格并将走私之粉全部充公给王瀛洲的批》，1942年3月10日，重庆市档案馆藏，档案号0070000200333000058；重庆市粮政局：《关于遵令办理王瀛洲官价粉走私案上粮食部、粮食部陪都民食供应处的呈、函》，1942年3月10日，重庆市档案馆藏，档案号0070000200333000057；重庆市粮政局：《关于派员提取王瀛洲走私面粉致“财政部”唐家沱查验所的函》，1942年6月19日，重庆市档案馆藏，档案号0070000200329000013。

后不久，重庆市面食商业同业公会王荣陆代王瀛洲具文重庆市粮政局，称王瀛洲经营切面业务10余年，为了糊口，请求配购厂价面粉，但无下文。①1944年3月1日，赵荣华给重庆市社会局呈文，称和记切面店经理何斌武专以黑市手段牟利，始则零市高价，继则整袋走私。该店经理见粮价波动，而四乡麦价上涨，兼之土粉来源稀少，而该经理将二月份在民食供应处所领平价面粉50余袋，囤积于家中，待善价而售。②四川省立重庆大学，1942年5月至9月共购领官价面粉734袋，但据该校教授会来函称，各教授毫未领用，悉被经购人私行吞没。③

重庆市粮政局长涂重光1942年6月在呈送徐堪的呈文中对官价面粉现状曾这样评价："官价粉既弊窦重重，又复惠不及民，徒造成奸商走私机会，而政府为健全管制机构起见，必须严加□密查察，对走私套购、朦（蒙）领滥售、伪造购据、以少报多、饱进饿出等一切弊端，务期根绝，故每一舞弊案件，或因辗转走私，递相授受，致须侦讯数家始能明了案情者，因之反滋市场纷扰……舞弊案件，犹源源不绝，查不胜查，盖不肖奸商早已视为利薮，□以身试法，在所不惜。"可见官价面粉政策实行之后弊端较多，故主张"官价粉一律改配为厂价粉"。④

针对种种乱象，政府为稳定市场，平抑粉价，减少亏折，着手进行打击。粮政部门责令各公会集中一处办公，以便管理，同时责令公会将每日配粉情形呈报，同时派粮政局会同民供处常年派员驻会监督。一面停止面饼油条业（约350家）新会员登记，一面停发各乡区切面店、面食店及面饼油条店用粉量。对于走私而受到处分的会员，停发其应领面粉，而交由另外9家面粉零售商销售。取消公会统一领购转发办法，改由各商店直接向民食供应处逐日领购，并张榜公布，如有多领予以严惩；切面、油条、烧饼等售价由民供处规定价格，不得私自提价；凡领面而无商店之家，发现后即行停配面粉；粮食部派员驻厂，制定《粮食部派驻机制面粉厂稽核办事细则》，扩大监督范围，举凡资金、营业、管理、

---

① 重庆市粮政局、重庆市面食商业同业公会：《关于请准王瀛洲领取厂价面粉复业的指令、呈》，1942年6月27日，重庆市档案馆藏，档案号00700002003230000015。

② 赵荣华：《赵荣华关于吊销和记切面店执照、没收面粉上重庆市社会局的呈》，1944年3月1日，重庆市档案馆藏，档案号00600002011310000011，第39页。

③ "行政院"秘书处、重庆市政府：《关于调查重庆市面粉供销数量的通知、训令》，1942年10月18日，重庆市档案馆藏，档案号0053－0025－00042－0000－004－000，第4～5页。

④ 重庆市粮政局、重庆市面食商业同业公会：《关于将停配官价面粉改为厂价或提高面粉价格并请恢复停粉会员面粉的呈》，1942年6月24日，重庆市档案馆藏，档案号00700002003580000028，第85～93页。

原料、成本“均应切实调查，严予监督”。[①]此外，中粮公司与各粉厂签订拨麦加工合约后，亦通过中粮公司购储委员会在各厂设置驻厂稽核，并制定《中国粮食工业公司粮食购储委员会设置各面粉厂驻厂稽核办法》。该办法共计 13 条，其中第六条规定：“驻厂稽核得随时查核粉厂仓存实物及财务账册暨其有关单据。”第十条规定：“驻厂稽核应将粉厂每日动态填具驻厂日报送核。”[②]经过严厉打击，各方撙节，配销额紧缩，走私现象得到一定程度的遏制，面粉“月有累积”。但在利益面前，猫鼠游戏始终无法完全杜绝。[③]

4. 限制小型粉厂发展

重庆面粉分配统一由民食供应处负责，凡购粉者须向该处申请，经批准后方得前往该处缴款，再持提货单至粉厂提货。1944 年 1 至 6 月，该处每月配粉 5 万包，从 7 月至年底，每月供应 7 万包。相对于百万人口的大城市，如此少量的面粉自然供不应求，面粉黑市应运而生。宜宾、长寿等

---

① 于登斌：《战时重庆面粉产销管制之回顾与展望》，《四川经济季刊》第 1 卷第 3 期，1944 年 6 月 15 日，第 292 页。

② 中国粮食工业公司粮食购储委员会：《关于抄发中国粮食工业公司粮食购储委员会设置各面粉厂驻厂稽核办法致福民实业股份有限公司机制面粉厂的函（附办法）》，1944 年 9 月 21 日，重庆市档案馆藏，档案号 02720002000670000030000，第 28 ～ 29 页。

③ 如贾茂轩，38 岁，被同业公会派为姚家巷第三零售面粉店营业员。在职期间，贾不遵守规定，伪造市民私章，换填购户姓名，企图走私高价面粉，但被重庆经济检查队与保甲当场查获余存面粉 14 袋。该面粉零售店规定，所领官价面粉（每袋 80 元，厂价 140 元）应以十分之七配销会员，十分之三配销区内住户，因面粉属紧俏商品，“绝无存余之理”。在进一步细查中，发现冒充的黄周民、陈绍武等 13 名购户“均无其人”，并且这一点也得到了马王庙保甲长萧其昌、陈福太、叶海清的证实。虽然贾辩称此 14 袋面粉系购户未能及时领用而剩余之数，但此一说法未被采信，最后报送至吴国桢市长处。吴最终做出裁决，存匿一节或有商榷之处，但依据《重庆市管制面食业及面饼油条业购用官价面粉办法》第二条第一项规定，处以 2 倍罚款，即 1680 元（参见重庆市粮政局、重庆市政府：《关于报送处理第三零售面粉店违法走私处分书的呈、指令（附处分书）》，1942 年 9 月 10 日，重庆市档案馆藏，档案号 0053－0015－00432－0000－011－000）。另有秦见卿盗卖面粉案（参见国家总动员会议重庆经济检察队、国家总动员会议重庆经济检察执行队、国家总动员会议等：《关于办理秦见卿盗卖面粉案的呈、报告、指令（附证明书）》，1943 年 11 月 18 日，重庆市档案馆藏，档案号 0024－0001－000293－0000－068－000），刘自楚、马云森、范振亚囤存面粉案（参见重庆卫戍总司令部稽查处、国家总动员会议重庆经济检察队、国家总动员会议检察组：《关于办理江津石狮子街二十三号刘自楚囤积糖、油、面粉案的函、报告、通知、指令》，1942 年 4 月 24 日，重庆市档案馆藏，档案号 0024－0001－00312－0000－001－000；国家总动员会议秘书厅、国家总动员会议第一经济检察大队、国家总动员会议第一经济检察大队第三支队等：《关于办理马云森囤积面粉案的呈、令、代电、报告（附证明书）》，1944 年 9 月 9 日，重庆市档案馆藏，档案号 0024－0001－00297－0000－001－000；国家总动员会议重庆经济检察队、军事委员会特派国家总动员会议军法执行监部：《关于派王逊三等办理范振亚囤存面粉案的训令、公函》，1943 年 11 月 19 日，重庆市档案馆藏，档案号 0024－0001－00293－0000－073－000）。此类案件所在多有，不胜枚举。

交通便利的小厂，因政府无暇管理，可以自购自销，这也助长了小型面粉厂的勃兴，惠工铁工厂参股投资的全民面粉厂即为一例。[①]小型面粉厂虽然满足了部分市场需求，但其“自购小麦制粉，致售价高昂，影响市场”，小型粉厂与大厂的原料争夺日趋激烈，影响政府委托加工，有鉴于此，限制小厂势在必行。

1944 年 3 月 22 日，重庆市政府下发文件，“对于新设之粉厂暂不准登记……今后如有新设任何面粉厂商向该局申请登记发给商业登记证者，予一律不准”[②]。8 月 31 日再次发文，要求调查小厂情形。9 月 8 日，市政府再次致函警察局，决定“对于设备简陋、产量甚小之面粉厂，一概不予登记”，并要求警察局在 9 月底前依据市政府所制“重庆市机制面粉厂调查表”彻底填报调查，同时制定“重庆市机制面粉厂筹设标准”。[③]24 日，第

① 李济苍：《重庆惠工铁工厂的回顾》，政协四川省重庆市委员会文史资料研究委员会编印：《重庆文史资料》第 3 辑，1979 年，第 173 页。1940、1941 年间，上海亦有 80 多家小型面粉厂创设，有人指出其原因有四：第一，战时粮食供给不足，从事食粮生产是最合算的事业；第二，小型粉厂无须大规模设备及大量资金；第三，太平洋战争发生后，上海各大粉厂泰半停工，而小厂所产面粉销售不受阻碍；第四，小型粉厂多设于小麦产区附近，可以自由收购原料，成品出售不受统制（参见周锡赓：《上海面粉市场的过去与现在》，《银行周报》新 6 期，1946 年 5 月，第 30 页）。此外，1941 年 12 月 17 日修正公布的《非常时期工矿奖助条例》第一条、第二条规定，“中华民国人民在后方所办有关国防民生之重要工矿业，得依本条例呈请奖助”，其中“农产品加工或制造”亦在奖助之列（参见立信会计师重庆事务所编：《工商业管制法规》，重庆：立信会计图书用品社，1943 年，第 46 页）。

② 重庆市社会局、周树济、重庆市政府：《重庆市社会局、周树济、重庆市政府关于自一九四四年三月二十五日起停止面粉厂登记的呈、训令、牌告》，1944 年 3 月 22 日，重庆市档案馆藏，档案号 00600002005800000003；允利面粉实验工厂筹备处、重庆市政府粮食管理室：《关于请准予将实验面粉工厂登记的呈、函》，1944 年 3 月 26 日，重庆市档案馆藏，档案号 00700002002070000007，第 23 页。

③ 重庆市政府、重庆市警察局：《关于取缔新设机制面粉厂的训令（附调查表式）》，1944 年 9 月 8 日，重庆市档案馆藏，档案号 00610015031920000085000。

十五分局首先上报[①]，之后各分局陆陆续续上报本区面粉厂调查结果。[②]时间过去月余，并未达到效果。11 月 13 日，重庆市政府再次发文，要求在月底之前“将该管辖区内所有面粉厂依式填明，报由该局”，“限于文到十日内”报送市内面粉厂调查表。[③]可见政府对于小型粉厂的管理日趋严格。

但随着战局的变化，重庆小型粉厂的限制出现了松动。这个转机就是盟军大量来华。盟军大批东来之际，面食殷切。原有粉厂不敷生产，小型粉厂即有机可乘。1944 年 3 月下旬，允利面粉实验工厂筹备处申请登记一事，虽经过相当波折，但最终准予登记。[④]恒信面粉厂虽因设备与粮食部所

---

① 重庆市警察局第十五分局：《关于报送调查重庆市警察局第十五分局管内面粉厂情形上重庆市警察局的呈》，1944 年 9 月 24 日，重庆市档案馆藏，档案号 0061001503192000011800。

② 9 月 28 日，第二、第十七分局分别呈文报告（参见重庆市警察局第二分局：《关于查报重庆市警察局第二分局管内未经登记之新设机制面粉厂上重庆市警察局的呈》，1944 年 9 月 28 日，重庆市档案馆藏，档案号 0061001503192000009800；重庆市警察局第十七分局：《关于造报重庆市警察局第十七分局管内机制面粉厂调查表上重庆市警察局的呈》，1944 年 9 月 28 日，重庆市档案馆藏，档案号 0061001503192000012300）；29 日，第四分局上报（参见重庆市警察局第四分局：《关于报送重庆市警察局第四分局管内调查无照营业新设机制面粉厂情形上重庆市警察局的呈》，1944 年 9 月 29 日，重庆市档案馆藏，档案号 0061001503192000010000）；30 日，第六分局报告（参见重庆市警察局第六分局：《关于报送重庆市警察局第六分局管内未经呈准登记即自行开业之新设机制面粉厂调查表上重庆市警察局的呈》，1944 年 9 月 30 日，重庆市档案馆藏，档案号 0061001503192000010500）；10 月 4 日，第十分局呈文报告（参见重庆市警察局第十分局：《关于造报重庆市警察局第十分局近内自行开业之新设机制面粉厂调查表上重庆市警察局的呈》，1944 年 10 月 4 日，重庆市档案馆藏，档案号 0061001503192000011200）；7 日，第十二、十四分局具文呈报（参见重庆市警察局第十二、十四分局：《关于回复重庆市警察局第十二、十四分局管内尚无机制面粉厂上重庆市警察局的呈》，1944 年 10 月 7 日，重庆市档案馆藏，档案号 0061001503192000011500）；8 日，第七分局报告（重庆市警察局第七分局：《关于回复重庆市警察局第七分局管内并无未登记即行开业之新设机制面粉厂上重庆市警察局的呈》，1944 年 10 月 8 日，重庆市档案馆藏，档案号 0061001503192000010600）；10 日，第五分局、水上分局分别上报（重庆市警察局第五分局：《关于回复重庆市警察局第五分局管内机制面粉厂已报上重庆市警察局的呈》，1944 年 10 月 10 日，重庆市档案馆藏，档案号 0061001503192000010300；重庆市警察局水上分局：《关于回复重庆市警察局水上分局管内并无机器面粉厂上重庆市警察局的呈》，1944 年 10 月 10 日，重庆市档案馆藏，档案号 0061001503192000012400）；11 日，第三、十六分局分别上报（参见重庆市警察局第三分局：《关于报送重庆市警察局第三分局调查机制面粉厂情形上重庆市警察局的呈》，1944 年 10 月 11 日，重庆市档案馆藏，档案号 0061001503192000009900；重庆市警察局第十六分局：《关于报送重庆市警察局第十六分局机制面粉厂调查表式上重庆市警察局的呈（附表式）》，1944 年 10 月 11 日，重庆市档案馆藏，档案号 0061001503192000011900）；19 日，第八分局呈报（参见重庆市警察局第八分局：《关于回复重庆市警察局第八分局管内并无未经呈准开业之面粉厂上重庆市警察局的呈》，1944 年 10 月 19 日，重庆市档案馆藏，档案号 0061001503192000011300）。

③ 重庆市政府、重庆市警察局：《关于限期报送重庆市警察局管内所有面粉厂调查表的训令》，1944 年 11 月 13 日，重庆市档案馆藏，档案号 0061001503192000009000。

④ 允利面粉实验工厂筹备处、重庆市政府粮食管理室：《关于请准予将实验面粉工厂登记的呈、函》，1944 年 3 月 26 日，重庆市档案馆藏，档案号 0070000200207000000７，第 23 ～ 26 页。

定“重庆市机制面粉厂筹设标准”尚有未合之处，但经粮食部批准，将其定位为“内部性质”，“不得对外营业”，亦准予登记。[①]7月25日，该厂得到可以设立的批复通知。[②]此外还有和泰面粉厂、瑞丰面粉厂、渝兴面粉厂、天厨味精制造厂面粉部、协成面粉社、兢新面粉公司、民生面粉工业社、和记玉森面粉厂等亦相继设立。[③]当时重庆周边此类小面粉厂有二三十家之多，日产面粉2650袋，每月可产76800袋。[④]据经济部四川建设厅税务署、国民参政会、经济策进会等实地调查，1945年四川小型粉厂概况如表6－2。

表6－2　战时四川小型粉厂概况表

厂名	地址	资本（万元）	每日产量（袋）	备注
永同面粉厂	东溪	200	100	
永利面粉厂	万县	300	300	
白沙面粉厂	白沙	100	100	
裕民面粉厂	长寿	100	300	股份公司制，以增加生产，供应民食为宗旨，发起人为吴伯斧、吴铁生等，磨粉机5部，年产量72000袋，每日需麦150市石，来自涪陵、长寿、丰都、邻水等县

① 粮食部：《关于告知恒信面粉厂及上海仁记机器厂附设之面粉实验工厂登记事宜致重庆市政府的函》，1944年7月20日，重庆市档案馆藏，档案号00700002002050000070。

② 重庆市政府：《关于告知恒信机制面粉厂、上海仁记机器厂申请登记已核定给该两厂的通知》，1944年7月25日，重庆市档案馆藏，档案号00700002002050000069。

③ 粮食部：《关于核复允利、和泰、瑞丰等面粉厂申请登记致重庆市政府的函》，1944年6月13日，重庆市档案馆藏，档案号00700002002050000028；重庆市政府：《关于申请登记、发给执照致允利面粉实验工厂、瑞丰小型面粉厂、和泰企业公司的通知》，1944年6月18日，重庆市档案馆藏，档案号00700002002050000029；重庆市政府：《关于检送渝兴面粉厂等三家登记表请核办致粮食部的函》，1944年7月4日，重庆市档案馆藏，档案号00700002002050000035；重庆市政府：《关于检送天厨味精制造厂面粉部登记表请查核见复粮食部的函（附登记表、申请书）》，1944年7月7日，重庆市档案馆藏，档案号00700002002050000042；重庆市政府：《关于检送协成面粉社登记表请查核致粮食部的函》，1944年7月24日，重庆市档案馆藏，档案号00700002050000067；重庆市政府：《关于请领取执照给天厨味精制造厂面粉部的通知》，1944年9月25日，重庆市档案馆藏，档案号00700002080000010；重庆市政府：《关于请申请登记给兢新面粉公司的通知》，1944年11月11日，重庆市档案馆藏，档案号00700002002080000045；姚启、张仁高、周亚雄等：《关于请发给民生面粉工业社执照上重庆市政府的呈》，1944年2月12日，重庆市档案馆藏，档案号00700002002110000034；重庆市政府粮食管理室、和记玉森面粉厂无限公司：《关于核发和记玉森面粉厂营业执照的呈、函》，1945年5月4日，重庆市档案馆藏，档案号00700002002160000036。

④ 傅润华、汤约生主编：《陪都工商年鉴》，重庆：文信书局，1945年，第5编第3章第25页。

（续表）

厂名	地址	资本（万元）	每日产量（袋）	备注
蜀丰面粉厂	宜宾	200	100	
惠民面粉厂	泸县	不详	100	
大华面粉厂	合江	不详	100	
同和面粉厂	涪陵	100	50	
和泰面粉厂	重庆双溪沟	500	250	
大同面粉厂	巴县李家沱	不详	100	
中渝面粉厂	重庆龙门浩	不详	50	
恒信面粉股份有限公司	重庆龙门浩	600	200	发起人为章剑慧、傅道乾、董粹等，苏籍人士为绝大多数，资本600万元，磨机2部，日产量200袋
双新面粉厂	重庆野猫溪	不详	80	
富国面粉厂	长寿	600	300	
和昌面粉厂	宜宾	500	200	
新源面粉厂	北碚文星湾	不详	400	每月用麦1818市石，产粉4000包，职工40人
博爱面粉厂	北碚白庙子	不详	80	
民力面粉公司	南岸弹子石	不详	450	每日需麦18000市担，职工25人
宝成面粉厂	重庆野猫溪	500	100	

资料来源：傅润华、汤约生主编：《陪都工商年鉴》，重庆：文信书局，1945年，第5编第3章第25～26页；裕民面粉股份有限公司、重庆市社会局：《裕民面粉股份有限公司、重庆市社会局关于派员补办登记手续的呈、批（附营业计划书、发起人名册）》，1942年5月20日，重庆市档案馆藏，档案号00600002003330000001；重庆市社会局、经济部：《重庆市社会局、经济部关于发给裕民面粉股份有限公司执照的指令、通知》，1942年10月7日，重庆市档案馆藏，档案号00600002003300000005；重庆市社会局、重庆市恒信面粉股份有限公司：《重庆市社会局、重庆市恒信面粉股份有限公司关于准予登记备案的呈、批（附营业计划书、认股清单、股东名册）》，1945年6月6日，重庆市档案馆藏，档案号00600002003340000001；重庆市社会局、重庆市恒信面粉股份有限公司：《重庆市社会局、重庆市恒信面粉股份有限公司关于派员验资并发放验资证明书的呈、批（附资产负债表、董事名册、章程）》，1941年7月6日，重庆市档案馆藏，档案号00600002003340000003；新源实业股份有限公司机制面粉厂、北碚管

理局：《关于核定新源实业股份有限公司机制面粉厂面粉售价的呈、指令（附成本表、清单）》，1945 年 2 月，重庆市档案馆藏，档案号 0081000403957000018000；《新源、民力面粉厂生产及营业状况调查表》，重庆市档案馆藏，档案号 0083000100601000078000。

战时小型粉厂的集中出现并非偶然，既是战前部分从业人员工作的延续，也反映了 1940 年后面粉日益紧俏之时某些人的谋生之道与趋利之心，这一点西南、西北地区非常相似，即使战前东南、东北地区此类小型粉厂亦复不少。尽管规模较小，但相较于生产率更为落后的传统水旱磨坊也是一大进步，是介于机器磨坊与机制工业之间的过渡形态。小型粉厂从业者亦承担了技术传播者的角色，对交通不便、产麦较小的县区而言亦是一种新鲜事物，是后发展地区逐渐迈向近代化之路的有益探索，并非畸形发展一语可简单定性。

二、地方势力——机制粉厂的两难选择

近代中国是一个中央政府权力弱化、地方意识极为浓厚的时期，地方势力渗透到了社会生产生活的各个方面，面粉业也不例外，前文提到的北京通州李福明、安徽芜湖益新面粉公司即为显例。战时后方面粉业中地方势力的双重表现与影响也相当明显。

据鲜伯良回忆，复兴面粉厂股东中的董事与监事多半是中上级军政人员，均是当时重庆“头面人物”。复兴董事长鲜英（鲜特生）曾任川军第十师师长、刘湘部队参赞，是川北帮的巨头与《新蜀报》的大老板[①]，与卢作孚等称兄道弟，卢作孚曾称“鲜翁对吾辈事业颇多帮助”。[②]除了鲜英地位显赫外，总经理鲜伯良、经理葛乔“皆重庆银钱业中闻人”。[③]复兴公司董事何北衡毕业于北京大学，与刘航琛为同学，何北衡先在民生公司任职，系川江航务处处长、民生实业公司董事，后参加二十一军活动，投资多家公司及银行业[④]，1941 年 3 月出任四川省粮食管理局局长。董事贾文

① 时事资料社编辑：《抗日战争时期国民党统治区情况资料》，中国现代史资料编辑委员会，1957 年，第 70 页；张利源：《鲜英——“民主之家”的主人》，政协四川省南充市委员会文史资料委员会、南充市地方志办公室、中共南充市委党史研究室编印：《南充市文史资料》第 4 辑，1995 年，第 226 ～ 230 页。

② 胡见文、刘洪顺、卢作孚：《关于免征新丰面粉厂运销合川面粉之过碚税捐的呈、函》，1934 年 11 月 13 日，重庆市档案馆藏，档案号 0081000100282000031000。

③ 重庆市档案馆、重庆师范大学编：《中国战时首都档案文献 · 战时工业》，重庆：重庆出版社，2014 年，第 642 页。

④ 时事资料社编辑：《抗日战争时期国民党统治区情况资料》，中国现代史资料编辑委员会 1957 年，第 66 页。

琴为刘湘军医处处长，朱大维为川康督办公署财务处科长，李汝衡为范绍增师部的经理处长，而范绍增既是军长又是袍哥大爷。此外还有邮政储金汇业局长徐继庄、“财政部”钱币司司长戴铭礼，都是鲜伯良的座上宾。“在军阀割据、刘湘称霸的年代，有了这些人物参与其间，这就为当时复兴的经营活动创造了有利条件”。这些中上级军政人员乃至头面人物“显示出复兴有雄厚的政治力量，而这种力量的作用，往往是胜过一般经济力量的”。如民供处、中粮公司负责人皆为鲜伯良旧友，在鲜伯良的打点下，经办人员对复兴另眼相看，在原料拨付、产品验收、加工费用核算等重要关节上，“没有发生过大的刁难”，是“得天独厚”的，“真是无往不利，大有不可一世之概（慨）”。除了夯实上层路线，鲜伯良还会利用乡情乡谊，吸收王缵绪部队里西充籍军官的赃款，用为周转资金，这一层关系亦是地方势力中的重要来源。①

成都建成面粉厂第一届董事、监事中，除大部分人员为申四、福五负责人外，也有一些地方势力的存在，如蒋鼎五系陕西省政府主席蒋鼎文胞弟。何竞武、戴经尘系重庆国民党社会局长；肖寿眉系地方恶霸。关于拉拢地方势力，李国伟在致华栋臣函中曾有明确说明：在彼新地创业，不得不联络当地人以厚声援，而利进行。虽然肖寿眉等个别人后又退出，但其他人亦不可小觑。何竞武曾对李国伟说：“渠（指何竞武——引者注）与锡侯（指邓锡侯——引者注）交情厚，有何疑难问题，渠尽可托彼解决。”②邓锡侯，字晋康，四川营山县人，父母早亡，幼读私塾，先后考入成都陆军小学堂、南京陆军中学堂、保定军官学校，成绩优秀。辛亥革命时参加四川新军，民国建立后任职于川军刘存厚部。抗战全面爆发后，邓锡侯被任命为第二十二集团军总司令，出川赴晋抗日。1938 年 1 月，刘湘病亡后，1938 年至 1948 年，邓锡侯任川康绥靖公署主任，统领川、康两省军权。1949 年 12 月通电起义，在人民政府担任多种职务。③之所以联络与面粉业并无直接关系之人，其主要原因为何、肖诸人“均系有身价之人”④。尽管如此，这些人在李国伟眼里仍是“外人”。

---

① 鲜伯良：《我经营重庆复兴面粉厂的回忆》，政协四川省委员会、四川省省志编辑委员会编印：《四川文史资料选辑》第 4 辑，1962 年，第 101 ～ 113 页。

② 上海社会科学院经济研究所编：《荣家企业史料》下册，1937 ～ 1949 年，上海：上海人民出版社，1980 年，第 219 页。

③ 邓亚民：《父亲邓锡侯与中共领导人的友谊》，政协四川省成都市委员会文史学习委员会编：《成都文史资料》第 32 辑，成都：四川大学出版社，2002 年，第 7 页。

④ 上海社会科学院经济研究所编：《荣家企业史料》下册，1937 ～ 1949 年，上海：上海人民出版社，1980 年，第 218 页。

允利公司白沙面粉厂初创时，业外人士资本总额为 2 万元，但当 1940 年下半年粮价高涨之后，“一般认为该面粉厂，当能逐渐发展”，1941 年 1 月该厂资本“骤形活跃”，业外人士投资额截至 1941 年 1 月底骤增至 7 万余元。[①]能进行大额投资的“外人”显然是有一定背景与身份的地方名流，绝非等闲之辈。

1940 年福民公司成立时，第一届董监事会中不乏各方头面人物与当地金融界人士，公司董事长戴凤藻同时亦是建华企业公司董事长，董事袁达璋为大通贸易公司协理，浦心雅为重庆交通银行经理，章剑慧为申新四厂经理，杨问庄、杨行知分别为濬源钱庄、益民钱庄经理，候补董事庞安民为交通银行放款部主任，监察李其猷为重庆上海银行经理，欧书元为大川银行重庆分行经理，候补监察衷玉麟为川康银行重庆分行经理。[②]由此可见，福民公司借重地方势力谋求发展的意图相当明显，而地方势力也乐于利用手中丰裕资本“长袖善舞”，坐收渔利。

在大兴面粉公司，地方头面人物皆是该公司的大股东，除项康原（战前上海工业界巨擘，曾任上海工厂联合会迁移委员会委员）拥有 4852 股，叶友才（中国国货股份有限公司常务董事）3736 股，吴鹏高 3432 股，何辑五、王性尧各 3200 股之外，赵宗溥（中国银行经理）、邹安众（交通银行经理）、彭湖（曾任湖南省银行行长）、叶纪元（贵州省政府委员、建设厅长）都是 3000 股，2000 股以上的有薛迪锦（中国农民银行贵州分行经理）、刘鸿生（火柴大王）、方剑阁（中国国货股份有限公司创办者、中华珐琅厂股份有限公司董事兼经理）、胥仰南（中国国货股份有限公司常务董事）等。[③]周诒春股数虽少（560 股），但其财政厅长、贵州银行董事长（亦曾担任过清华大学校长和国民政府实业部次长）的身份不容小觑。

地方势力在陕西面粉业中也处于相当重要的地位。以和合面粉公司为例，该公司是在蒋鼎文主政陕西后迁入设立的，股东有两个，一个是毛虞岑，系西北两大资本家之一（另一个是蒋纬国的岳父石凤翔），另一个是陕西省政府主席兼第十战区司令长官、国民党陕西省党部主任委员蒋鼎

① 允利实业股份有限公司白沙面粉厂：《关于白沙面粉厂一九四一年一月份业务概况及粮食市价的呈（附调查报告）》，1941 年 2 月 17 日，重庆市档案馆藏，档案号 02900001003740000007，第 25 ～ 28 页。

② 福民实业股份有限公司机制面粉厂：《福民实业股份有限公司机制面粉厂第一届董监事名册、发起人姓名及经历、认股数目清册》，1940 年，重庆市档案馆藏，档案号 02720001000010000035000，第 35 ～ 40 页。

③ 大兴面粉厂股份有限公司：《遵义大兴面粉股份有限公司股东名录》，1945 年 3 月，重庆市档案馆藏，档案号 0230000200700000018000。

文，因此公司名为“和合”。[①]

1936年9月，记者参观华峰面粉公司后，看到该公司发展良好，欣欣向荣，“将来发展未可限量”，感慨良多，尤其是了解到其仅以30万元“财产所购机器地皮以及建筑房屋，趸存小麦，仓储面粉，大批煤炭，五金材料等，共计百万元以上”时，不禁自问：“何以少数资本能营此大业？”继而自答：“考其缘由，乃人力所为。”此处所谓“人力”，系指三个方面：一是公司股东为信昌银号，该银号有债权人千余户，其中人才颇多；二是河南、陕西两省长官大力提倡，“官厅与地方人士之维护”使之“成为一社会事业”；三是金融机关协助，流动资金“颇称活泼”。[②]华峰公司背后人、财两便，成为“社会事业”自然不费吹灰之力。

而渭南象峰面粉厂职员贺志云的回忆则提供了另外的素材。据贺志云回忆，在法币大规模贬值后，麦价飞涨，税款、摊派等也都水涨船高，步步增加，而面粉价格仍是限价，不能随时提高跟进，因此陕西面粉业同业公会委员会开会的主要议题之一便是派人赴省府请求调整粉价。而为了取得实效，必须向主管人员赠送大量面粉，各级有关人员每人每次也须以一二十袋打通关节，方能顺利通过。据贺志云回忆，和合面粉厂曾对本厂此一代价做过详细统计，每年用于行贿的面粉常在3000袋左右，而较大粉厂“还要更多了”。[③]

另据蒋鼎文秘书朱在勤1963年回忆提供的资料，陕西各粉厂磨制军粉任务是有差别的，其中华峰任务最重，成丰次之，和合面粉公司却没有此项任务。各厂任务分配标准，表面上华峰、成丰设备齐全先进，生产率高，理应承担较多，其实另有内情。据了解内幕的朱在勤回忆，陕西粉厂磨制军粮是由第十战区粮秣局硬派的，粮秣局长肖湘系湖南人，是由蒋鼎文一手从录事、科员、参谋等职提拔起来的蒋派人物，“蒋鼎文的话，在肖湘作为命令奉行着”。多财善贾、长袖善舞的和合公司则不然，在蒋鼎文的庇护下，非但没有任务，而且在原料收购上价格较华峰、成丰低廉，因和合公司襄理戴少咸与陕南产麦各县如洋县、城固、西乡等县县长是“中央”训练团同学，“公谊私交都够得上要求县长帮忙”。此外，和合公

① 朱在勤：《蒋鼎文、毛虞岑的合股公司西安和合面粉公司》，政协甘肃省委员会文史资料委员会、《西北近代工业》编写组编：《西北近代工业》，兰州：甘肃人民出版社，1989年，第428页。

② 魏君：《西安华峰面粉公司参观记》，《陕行汇刊》第9期，1936年10月，第84～85页。

③ 贺志云：《我所知道的西安面粉业经营情况》，政协陕西省西安市委员会文史资料委员会编：《西安文史资料》第19辑，西安：西安出版社，1993年，第168页。

司动力锅炉燃料用煤也因权力之柄而占尽优势，不但陕西建设厅煤量供应充足，而且享受官价，价格便宜，仅为私煤的四分之一左右，每袋面粉成本自然下降不少。加之和合公司虽然机器小一点，但比较新，不但省却了维修成本，且能在低价原料有所保证的情况下维持较高的开工率。和合公司无磨制军粉任务，商品粉是其全部产品，因此利润率在西安同业中是首屈一指的。[①]此外，蒋鼎文还开办各式各样的工厂、钱庄、银行，以囤积原料，沔县、西乡、城固等县都有和合的仓库，表面是出售原料赚取费用，实质是通过权力敛财。而不像福新天水分厂“不积压粮食”，一面收购一面加工出售。[②]华峰公司经理杜秀升不擅交际，对于走上层路线素不上心，而是交予湖北人李秀珊打理，李与蒋的秘书陈卓戡系同乡，但陈与肖向来不和，因此肖以华峰厂大粉多，故而分派任务亦最重。成丰公司副经理于乐初虽具实干精神，亦经验丰富，但为人忠厚老实，不善攀缘，成丰公司此类事务交由董事会一车姓董事办理。此人虽与朱在勤认识，但作用似乎不大，因此在磨制军粉任务方面并未讨到便宜，而是仅次于华峰。

地方势力对于从原料收购到面粉销售皆须仰人鼻息的面粉厂而言，毫无疑问是非常强势的，面粉厂负责人往往也会利用地方势力的软肋为己所用，但同样也会受地方势力的胁迫而无法避免。复兴粉厂鲜伯良为人精明，善于算计，在粮食部成立后，对于派驻重庆的特派员刘航琛[③]、陪都民食供应处长涂重光，皆能利用其“靠解决粮食供应来作政治资本”这一与官运相关的问题，在保证面粉供应的同时，乘势要求刘、涂二人给予粉厂经济上的支持，并顺利得到民供处拨给的600万元原料采购费。在此款项支持下，鲜伯良利用李汝衡在渠河一带的社会地位，调动李汝衡负责渠河产区小麦收购任务，以嘉陵江粮食储运处长奚致和负责嘉陵江产区小麦收购，涪江产区则委托四川省银行王灼生代办。这些“地头蛇”自然是人

---

① 朱在勤：《蒋鼎文、毛虞岑的合股公司西安和合面粉公司》，政协甘肃省委员会文史资料委员会、《西北近代工业》编写组编：《西北近代工业》，兰州：甘肃人民出版社，1989年，第428～431页；晋震梵：《西安成丰面粉公司及面粉业概况》，政协甘肃省委员会文史资料委员会、《西北近代工业》编写组编：《西北近代工业》，兰州：甘肃人民出版社，1989年，第411页。

② 刘大有：《荣氏财团在甘肃的一家企业——天水福五面粉厂》，政协甘肃省委员会文史资料委员会、《西北近代工业》编写组编：《西北近代工业》，兰州：甘肃人民出版社，1989年，第440页。

③ 刘航琛出身于地主家庭，北京大学毕业，“五四”运动后回川，因卢作孚的推荐与二十一军刘湘结识，1934年任刘湘部财务处长，后升为四川省财政厅长，1939年去职，1941年冬出任粮食部次长。刘航琛是四川金融界的领袖，投资多家企业厂矿，虽然没有直接投资面粉公司，但其在工商业方面的操纵力“亦是很可惊人的”。参见时事资料社编辑：《抗日战争时期国民党统治区情况资料》，中国现代史资料编辑委员会，1957年，第64～66页。

地相宜，得心应手，无往而不利，因此复兴很快就将全川小麦主产区原料全部掌握。后来，鲜伯良又乘刘航琛赴川东视察粮政机会，以特派员随员身份同行，依靠本地官僚和地方势力基本垄断了全川小麦，使得同业几乎不可能在产区收进原料，就是在重庆高价收购亦难办到。为了筹集资金，鲜伯良还开办复华银行，并以军长兼袍哥大爷范绍增为银行董事长，每月供应车马费。对于金融界，鲜伯良则拉拢“财政部”钱币司司长戴铭礼，借以打听金融消息，买卖黄金美钞，另还与邮政储金汇业局长徐继庄建立亲密关系，以公款放高利贷。[①]

福新五厂内迁后，与地方势力的关系也极为复杂，“资本家一方面和官僚资本有矛盾，但另一方面，又和他们有勾结，并利用他们……内迁后不到几年，企业里面就有了不少官僚的股份，并用了一些新人，这些人也有官僚的背景”。福五各分厂战时均能盈利，与股东中的官方成分不无关系。但地方势力却视各厂为压榨对象，借口各种名目令其“贡献”。1943年5月13日，李国伟在致章剑慧的信函中称：“当局常视工厂为予求之地，势必完全闭歇而后已。此次在天水小住五日，又为专署捐去巨款，作招待所。”面对此一情景，李国伟、章剑慧虽心有不甘但亦无可奈何，只能互相大吐苦水：“不应则与以好看，应则伤尽元气，且无意识。此等作风，令人气短。吾弟所云，做尽矮子，受尽闲气，且要输财，诚属慨乎言之。”[②]地方政府前后判若两人的面孔使得内迁企业左右为难。

成都大星机制面粉公司建成后，当地油粮商业公会每多侵扰，扰乱生产、控制原料等，麦子大王张子卿欺行霸市，操纵粮食市场，垄断小麦市场，使得厂长张再生不堪其扰，但也无可如何。在张再生眼中，这些地方势力“既可怕更可恨”。[③]

还需指出的是，地方势力在某些看似合理的制度下，因缺乏有效监管也会滋生不良后果，甚至成为腐败的温床。第十战区派驻西安磨制军粉的各粉厂驻厂员，其职责是管理各粉厂制粉质量、数量、交粉日期等，以保证军粮供应，但其实际亦负有收集各粉厂情报的任务，“公司里的一切秘密，他都会去报告”，因此各粉厂对待此人皆如神佛供奉。尽管粮食部针

---

① 鲜伯良：《我经营重庆复兴面粉厂的回忆》，政协四川省委员会、四川省省志编辑委员会编印：《四川文史资料选辑》第4辑，1962年，第109～111页。

② 上海社会科学院经济研究所编：《荣家企业史料》下册，1937～1949年，上海：上海人民出版社，1980年，第253～254页。

③ 张再生：《回忆成都大星面粉厂的艰苦历程》，政协西南地区文史资料协作会议编：《抗战时期内迁西南的工商企业》，昆明：云南人民出版社，1988年，第285～287页。

对驻厂稽核制定了《粮食部派驻机制面粉厂稽核办事规则》，如第五条明确规定："驻厂稽核不得接受驻在厂之任何费用津贴或伙食等之供应。"[①]但一纸规定却被实际权力拥有者置若罔闻，束之高阁，不但伙食津贴、办公经费一样不少，而且每月外快亦不在话下，每天打麻雀牌的赌资、一概吃喝应酬亦由公司负担。而具有官方背景的和合公司是没有此项出力不讨好的负担和额外开销的。[②]

贵州大兴粉厂与此类似。据贵州银行创办人赖永初陈述，贵州企业公司的创办也是"有政权做背景"，贵阳市长何辑五是何应钦胞弟，其利用地域和人事关系，拉拢贵阳市部分商人，以官商合办形式，组织贵企公司，由何辑五任董事长，彭湖为总经理，而彭是宋子文的亲信、贵州省政府主席吴鼎昌的代理人。[③]贵企公司其他人员如周贻春，时任财政厅长；钱景星为公司监察，系吴鼎昌亲信；戴蕴珊系公司监察，为贵州省临时参议会讲解员、贵阳商界前辈与巨商、贵州银行创始人，贵州银行就是为了适应贵企公司的需要而设立的。[④]因此，贵企公司中的上层人事结构是当地强势权力资源的组合，背后也有国民政府大员的支持，在权力之伞的庇护下，公司下属企业呼风唤雨，利润源源不绝。有学者评论："公司有军政大权的大力扶持，税收能得到种种优惠，资金、设备、技术等方面都有着得天独厚的条件，赚钱赢利方面是多数民营企业望尘莫及的。"[⑤]"军政大权的大力扶持"一语道破贵企公司成功的秘诀所在。

嘉农粉厂创办之初为私人企业，经营稍著、"渐有盈利"之际，"引起了早已成为独立王国的云南财政系统下官僚资本的垂涎"，此即鲜伯良所说的"撵红"。财政厅长陆崇仁提出加入地方公股的意见，意在凭借权势

---

① 粮食部：《关于抄发粮食部派驻机制面粉厂稽核办事规则给重庆市粮政局的训令（附规则）》，1942年6月7日，重庆市档案馆藏，档案号0070000200190000015，第57～59页。

② 朱在勤：《蒋鼎文、毛虞岑的合股公司西安和合面粉公司》，政协甘肃省委员会文史资料委员会、《西北近代工业》编写组编：《西北近代工业》，兰州：甘肃人民出版社，1989年，第430页。

③ 彭湖除了担任大兴面粉厂的经理外，亦是多家公司的股东代表或在公司任职，如贵州烟草公司、火柴公司、木业公司、水泥公司、煤矿公司、贵州银行、贵州电厂、中国农业机械公司、中国火柴原料厂、中南木业公司股东代表等，多不胜计。参见《职员请假登记、投资股东名单、股东当选名单、离职、通信录、四年报告、各种移交清册、人事通知等》，1940～1948年，贵州省档案馆藏，档案号M78－1－280，第21～51页。

④ 赖永初：《我所知道的贵州省银行》，政协贵州省委员会文史资料研究委员会编：《贵州文史资料选辑》第2辑，贵阳：贵州人民出版社，1979年，第243～245页。

⑤ 莫子刚：《贵州企业公司研究（1939～1949）》，《近代史研究》2005年第1期，第118页。

以“撵红”而坐享其成。[①]对于这一点，嘉农负责人董澄农、施嘉干心里很清楚，如果任凭其加入公股，粉厂及其名下其他企业则会得到“政治上的保障”，但却面临被官僚资本吞噬的危险；如果拒绝，其所带来的恶果则是无立锥之地。迫不得已，董澄农及曾留学美国的施嘉干二人请来律师，研究《宪法》与《公司法》，希冀通过法律途径保护企业不被地方势力侵吞。然而，在行政权力统治一切的社会，寻求法律帮助的途径成了奢望。最终，双方同意成立由无限责任公司与有限责任公司组成的两合公司，地方公股成功加入，嘉农粉厂被迫转为官商合办粉厂。仅负有限责任的陆崇仁“能够赚钱，不负额外亏损责任”，而承担无限责任的董、施二人如果业务有纰漏疏失，则有倾家荡产的可能。[②]

陕西各粉厂除了主动向关系户“赠送”面粉外，一般检查人员和其他有关人员还会利用职权乘机敲诈勒索，如检查面粉质量或面袋布粗细时，乘机“订购”一二百袋面粉，等到粉价上涨时再以“空手道”将面粉运出高价出售，“空口获得了很多赢利”。更有甚者，其家属、亲友甚至包车夫、佣人也会起而效尤。厂方为避免滋生事端，也只得忍气吞声。[③]

马俊亚在关于淮北经济社会的深度研究与精彩论述中指出：“在淮北这样的地区，经营商业的最大本钱是行政权力的支持。这里商业不振，不是淮北人真的不善经商，而是当地人缺乏权力的支持。”马氏以盐商为例，剖析了盐商在国家政权的支持下，拥有许多行政权力，成为巨大经济势力的利益集团，反过来，利益集团则可以运用自身的优势，造成国家基本政策的偏向，以获取更大的利益。[④]这一观点对于理解战时后方面粉工业中的政治角色可谓鞭辟入里、恰如其分。

三、战后复员对后方面粉业的影响

抗战全面爆发后，作为较为稳定的后方，外来人员与资金逐利而来，大批军政机关、厂矿、团体、学校相继迁入，后方城市工商业呈现出前所

---

① 中国民主建国会云南省委员会、云南省工商业联合会编印：《云南工商史料选辑》第1辑，1988年，第157～158页；鲜伯良：《我经营重庆复兴面粉厂的回忆》，政协四川省委员会、四川省省志编辑委员会编印：《四川文史资料选辑》第4辑，1962年，第108页。

② 中国民主建国会云南省委员会、云南省工商业联合会编印：《云南工商史料选辑》第1辑，1988年，第157～158页。

③ 贺志云：《我所知道的西安面粉业经营情况》，政协陕西省西安市委员会文史资料委员会编：《西安文史资料》第19辑，西安：西安出版社，1993年，第168页。

④ 马俊亚：《从沃土到瘠壤：淮北经济史几个基本问题的再审视》，《清华大学学报》（哲学社会科学版）2011年第1期，第83～84页。

未有的繁荣景象。“事实证明，我战时后方都市，不但未因战争而趋于萧条，反而更渐趋繁荣了”，甚至被称为“商界黄金时代”。①尽管这种繁荣的背后伴随着物质缺乏、通货膨胀、物价上涨等负面因素，甚至有人将之看作“虚假的病态的繁荣”，但还是要肯定战时工商业的成长在支援抗战、繁荣经济、丰富人民生活方面发挥了无可替代的作用。然而，随着战局的变化尤其是抗战后期，工商业也出现衰落之象。早在1943年9月，吴稚晖等人在国民党五届十一中全会就表示了这种忧虑：“后方工业多数由沿海沿江一带迁徙而来，拱卫祖国不惜牺牲，与逗留沦陷区为仇者利用不可同语，即在后方创设者亦须历经艰辛，始能稍有成就，非有为国之赤忱，不敢贸然以从事，而一旦战争结束，因原料交通等条件之低劣，大部分后方工业，且有不能自存之虞，危险尤为巨大。”②1944年6月，刘大钧也曾有同样想法：“战事终结之后，‘中央’政府与由前方避难来后方之人口不免迁回原处，后方工业品之需要减少，新兴及迁来之工业能否维持，颇有疑问。”③此种担心与疑虑不无道理。

抗战胜利后，民族危机基本解除。对后方各省而言，除了欢庆胜利之外，因国民政府忙于战后接收事宜，战时人事安排和规划的经济活动却受到了抗战胜利的负面影响。战时内迁工厂、学校、机关等相继萌生复员想法，正如战时在重庆、贵阳、成都等地饱受颠沛流离之苦的杨宪益在其自传中所言：“长江下游是日本投降后每一个去内地的人都想要回归的地方。”有的下江人在抗战胜利后两个月，即在梦里都想着泅水或插上翅膀，“都不失为是我回家的最好的交通工具”④，可见其思乡回归的急切心情。回归或复员成了抗日战争胜利之初人们的共同心声。“全面胜利，由受降，接收，到复员，政府还都，难民还乡，若干工业忙于迁回……至于西北和西南的开发建设，政府既无暇及此，社会人士亦多因目标的转移，轻视而忽略了，这更是现在人人知道而不容否认的事实。”⑤这一看法相当广泛。“所谓胜利的爆竹一响，后方的工厂便陆续关门。实是毫无夸张的描

① 《蓉市战时繁荣》，《建国日报》1940年2月27日，第3版。

② 《吴委员敬恒等十六人提：“保障后方工业案”》，秦孝仪主编：《中华民国重要史料初编——对日抗战时期》第4编“战时建设”（三），台北：“中国国民党中央委员会”党史委员会，1988年，第546页。

③ 刘大钧：《工业化与中国工业建设》，上海：商务印书馆，1946年，第91页。该书初版于1944年6月。

④ 杨宪益：《杨宪益自传》，薛鸿时译，北京：人民日报出版社，2010年，第161页。

⑤ 钟云鹤：《建设中国西部刍议》，出版地不详，著者刊，1946年，第1页。

述。”[①]甚至有的论著中有“胜利以来，中国经济上的另一个重要事实是中国民族资本的崩溃”，“民族工业倒下了”之语。[②]“至于湘桂工业，早已在胜利前被敌寇摧残净尽，昆明、贵阳等地工业，虽尚无正确统计可凭，但由于后方人民的大批向沿海一带复员，加之国民经济的破产和美货的大量输入，其命运当亦与四川者相同。”[③]

战后从后方抽调人员接收复员厂矿，使大批人员离开了后方企业，管理人才与技术人员大量撤离后方，工商业急剧衰落。甘肃水利林牧公司总经理常文熙1945年3月上任，半年后抗战迎来胜利，常文熙被中国银行派往平津参加接收工作；协理许敖楷也同时被派往淮南煤矿局参加复员工作。[④]1945年10月，抗战甫一胜利，甘肃水泥公司即停工，遣散大部分职工，300多名工人的工厂只留下20人负责看护厂房。新疆金属冶制厂附设耐火材料部原有制造耐火砖业务，且已制造3万块，但因抗战胜利，工程师1945年年底内返，此项业务不得不暂停。陶瓷厂、玻璃制造厂亦是。[⑤]1946年1月6日，甘肃《民国日报》刊登了题为《时势造就的工业幼苗却遭胜利炮的摧残：兰州工业幼苗》的文章，认为兰州工业幼苗横遭“摧残”其实是胜利后工厂复员带来的后果[⑥]。“过去努力于西北建设事业的人，类多郁然寡欢！”西北各省建设事业“随着复员的高潮，立陷于停顿与半停顿的状态”[⑦]。战后次第完成的多为战时开展的项目，战后虽有计划，但大多未及实施。

西南地区亦与西北一样，抗战胜利带来的除了短暂的喜悦之外，更多的是萧条与急速衰落。据统计，截至1945年年底，战时迁渝各类工厂共计433家、员工107833人，到1946年9月时，停工厂家236家，迁移50家，歇业46家，开工的236家中有107家有停工之虞，机器、电化两业为最，员工总数降至50041人，仅及原来半数。以手工业著称的成都也大受影响，

---

① 狄超白主编：《中国经济年鉴》上编，上海：太平洋经济研究出版社，1947年，第8页。

② 杨培新：《中国经济动向》，上海：耕耘出版社，1946年，第23页。

③ 狄超白主编：《中国经济年鉴》上编，上海：太平洋经济研究出版社，1947年，第9页。

④ 甘肃省政府建设厅编：《水利林牧公司》，甘肃省政府建设厅编：《甘肃省经济建设纪要》，1940.12～1946.12，第59号，甘肃省图书馆西北地方文献阅览室（图书）藏，抄本。

⑤ 《经济部》，〈新疆监察使署调查新疆省35年建设报告〉（1947年4月），台北“中央研究院”近代史研究所档案馆藏，档案号18-22-01-036-03，第6～7页。

⑥ 《甘肃省机械工业志》编辑室编：《甘肃近代机械工业史料》，兰州：兰州大学出版社，1989年，第120页。

⑦ 洪文瀚：《论战后的西北经济建设》，《建设评论》第1卷第3期，1947年11月25日，第14页。

纷纷呈请政府贷款救济。[①]有资料记载，1944 年，重庆的 400 多家机器工厂锐减至 200 多家，钢铁厂只有 2 家能开工，每日仅生产钢铁 7 吨。[②]广西工业在战时“曾有一时颇为蓬勃，并以桂柳为工业中心地”，因抗战胜利、复员而未能逃脱衰落命运，“已无可述者”。[③]从经济部统计编制的后方各工业产量指数上来看，燃料、钢铁、机器、日用品、文具等类产品冬季总指数比夏季减少 20. 86%，减少最多的机器业为 55. 99%，最少的燃料类亦有 14. 9%。[④]饮食品、面粉工业亦同病相怜。

作为重庆规模最大的机制粉厂，战后的复兴“工商业困难万状，一方面开支浩繁，生产减少，一方面竞争剧烈，赔价倾销，半年以来本公司均赖举债度日，目前负债总额已达三万万元以上，前途茫茫，不知结果如何”。[⑤]复兴“以销场锐减，外货充斥，营业较前逊色”，“足证胜利对于后方工业的打击，是如何广泛……是如何的深入”。[⑥]规模仅次于复兴的福民公司董事长袁国梁曾在抗战胜利后一周致函龚培卿：“胜利突然降临，凡百应付，均有措手不及之感，物价暴跌，商业影响尤巨，福民业务以统制产销，初似无甚关系，但刻为粉销疲滞，粮部已嘱暂行停工，一切有形无形之损失，以及将来经营之艰困，亦殊未可乐观。”[⑦]据统计，1945 年年初，后方饮食品工业从 292 家减至 77 家，资本额从 577667000 元缩减至 246597000 元。1945 年 8 月 27 日，福民公司拟复员上海，回迁上海的物料人员包括机器 84 吨，材料 45 吨，成品及半成品 10 吨，合计 139 吨，职员

---

① 四川省政府统计处编印：《四川统计年鉴》（1946 年），1947 年，第 27 页。

② 晋察冀边区行政委员会编印：《抗战期中的大后方人民的生活》，1945 年，第 16 ～ 17 页。战时迁渝机器工厂及战时重庆本地发展起来的机器工厂，总数达三四百家，正如翁文灏所指出的，“为数实在过多，生产能力又不甚大，徒使所需器材零星分散，利用不便，开支特多”（陈谦平编：《翁文灏与抗战档案史料汇编》下册，北京：社会科学文献出版社，2017 年，第 770 页），抗战胜利停业者颇多，亦是行业自身发展不平衡所导致的。但这些工厂为抗战所做的贡献则是不可磨灭的。

③ 狄超白主编：《中国经济年鉴》中编，上海：太平洋经济研究出版社，1947 年，第 115 页。

④ 福民实业股份有限公司、迁川工厂联合会、中国全国工业协会等：《关于填送迁川工厂联合会会员工厂福民实业公司机制面粉厂复员调查表的函、通告（附表）》，1945 年 8 月 27 日，重庆市档案馆藏，档案号 0272000100014000003000。

⑤ 陈谦平编：《翁文灏与抗战档案史料汇编》下册，北京：社会科学文献出版社，2017 年，第 771 页。

⑥ 狄超白主编：《中国经济年鉴》上编，上海：太平洋经济研究出版社，1947 年，第 8 ～ 9、52 页。

⑦ 龚培卿、袁国梁：《关于福民实业股份有限公司面粉厂停工的函》，1945 年 8 月 22 日，重庆市档案馆藏，档案号 0272000100026000274000。

32 人，工人 154 人，眷属 98 人，合计 284 人。[①]作为战时重庆第二大机制粉厂，福民的回迁显然对重庆粉业打击严重，重庆粉业滑坡趋势非常明显。天城面粉公司亦不得已于 1946 年 9 月致函重庆市社会局，称“营业不振，不堪赔累”，暂停生产，遣散员工 62 人，其中职员 14 人。[②]

1945 年 8 月 30 日，陈布雷在翁文灏所拟《复员时期扶助后方各厂矿办法》的处理意见中亦指出：“对日战事突然结束，后方工矿事业因环境之变迁，多有陷于停顿之危机。”[③]四川各厂陆续开始裁减工人，重庆 10 月初被裁减工人已达 3 万余人，至月底失业工人已达 55000 人。成都在 9 月下旬失业工人已达 3 万余人，重庆 5 家面粉厂已停工一个多月，到年底时复工的仅 3 家。[④]粉厂停工情形严重，战后工人被解雇者亦多，如福新厂叶荣骅、梁匡卿、周自俸、李朝义等 7 名工人先后于 1946 年九至十月份被解雇[⑤]，这与战时形成鲜明对比。尽管复兴于 1945 年 10 月加薪津九成，将全年息金用作工人福利，但仍难挽回僵局，“公司财政异常困难，业务危险万状”[⑥]。万般无奈之下，复兴公司裁减三分之一职工，复兴二厂亦只得关闭。1947 年，复兴公司不得已，将南充面粉厂以 3000 万元价格出让。[⑦]

抗战胜利后，国民政府机关复员东下，重庆人口骤减，各粉厂亦纷纷减产，“重庆各粉厂及武汉……该数处粉厂因为大后方人士纷纷东返，故重庆、

---

① 福民实业股份有限公司、迁川工厂联合会、中国全国工业协会等：《关于填送迁川工厂联合会会员工厂福民实业公司机制面粉厂复员调查表的函、通告（附表）》，1945 年 8 月 27 日，重庆市档案馆藏，档案号 02720001000140000003000。

② 天城面粉工业股份有限公司、重庆市社会局：《关于发给天城面粉工业股份有限公司遣散员工费的呈、批》，1946 年 9 月 26 日，重庆市档案馆藏，档案号 00600015002490000080，第 272 ～ 275 页。

③ 陈谦平编：《翁文灏与抗战档案史料汇编》下册，北京：社会科学文献出版社，2017 年，第 771 页。

④ 四川省文史研究馆、四川省人民政府参事室编：《解放战争时期四川大事记》，成都：四川人民出版社，1990 年，第 6 ～ 27 页。

⑤ 重庆市社会局：《关于转知福新面粉厂办理非法解雇工人案给该厂的训令》，1946 年 10 月 14 日，重庆市档案馆藏，档案号 00600015002230000033；福新面粉厂公司重庆分公司：《关于报送福新面粉厂停业原因并检附解雇工友名单上重庆市社会局的呈（附名单）》，1946 年 9 月 10 日，重庆市档案馆藏，档案号 00600015002230000036；叶荣驿、李朝义、唐泽炎等：《关于请予仲裁福新面粉厂非法解雇劳工案上重庆市社会局的呈》，1946 年 10 月 2 日，重庆市档案馆藏，档案号 00600015002230000034。

⑥《关于报送复兴面粉厂对工人要求答复事项上重庆市社会局的呈》，1946 年 3 月 29 日，重庆市档案馆藏，档案号 00600015001690000050。

⑦ 四川省地方志编纂委员会编：《四川省志・粮食志》，成都：四川科学技术出版社，1995 年，第 220 页。

武汉面粉工业一蹶不振，前途颇黑暗云”。[①]与 1944 年相比，1945 年重庆面粉生产指数减少 38.52%，1945 年 7 ～ 9 月较 4 ～ 6 月减少 30%，10 ～ 12 月又比 7 ～ 9 月减少 7.48%，10 ～ 12 月比 4 ～ 6 月减少 35.3%。[②]各厂开工时间日趋减少。1945 年 8 月，福民公司开工 20 天，出产面粉 17692 包[③]，9 月只开工 11 天，出产 8776 包，不及 8 月的一半。[④]重庆各类人员骤减，面粉销量下降，部分粉厂被迫歇业。1946 年，复兴减产 60%，岁丰减产一半，有 13 个厂家停业，成立较迟的天城面粉公司被迫解体。[⑤]复兴公司为了解决面粉销路问题，1946 年 1 月 15 日制定了一份《复兴面粉公司优待机关工厂学校购粉办法》，并于当日起执行，规定每次购粉在 300 袋以上者，减国币 600 元，200 袋以上者减 400 元，100 袋以上者减 300 元，50 袋以上者减 200 元，20 袋以上者减 100 元，并派工义务送至河边[⑥]，这与战时一袋难求的局面直若霄壤。

抗战胜利后不久，全国很快陷入内战的深渊，加上美粉充斥，币值下跌，以致物价飞涨，投机猖獗。[⑦]民族机制粉业也不例外，上海、武汉、重庆、西安等城市游资充斥，小型面粉厂应时而起。据统计，从 1946 年至 1949 年，全国新设面粉厂 131 家，平均每年设厂 37.4 家。但规模较小，全部新厂平均日产面粉 509 袋，主要集中在武汉、上海、天津、重庆、西

① 张一凡主编：《粉麦业须知》，北京：中华书局，1947 年，第 52 ～ 53 页。

② 陪都建设计划委员会编印：《陪都十年建设计划草案》，1947 年，第 54 ～ 56 页。

③ 福民实业股份有限公司：《关于检送福民实业股份有限公司面粉厂、碾米厂 1945 年 8 月份加工业务报告表上重庆市田赋粮食管理处的呈（附表）》，1945 年 9 月 5 日，重庆市档案馆藏，档案号 02720001000140000029000。

④ 福民实业股份有限公司：《关于填送福民实业股份有限公司面粉厂、碾米厂 1945 年 9 月份加工业务报告表上重庆市田赋粮食管理处的呈（附表）》，1945 年 10 月 9 日，重庆市档案馆藏，档案号 02720001000140000023000。

⑤ 王金明、苏力：《岁丰面粉股份有限公司兴办始末》，政协四川省重庆南岸区文史资料委员会编印：《重庆南岸文史资料》第 8 辑，1992 年，第 50 页。

⑥ 复兴面粉公司：《复兴面粉公司优待机关、工厂、学校购粉办法、面粉价单》，重庆市档案馆藏，档案号 0182002003690000043。

⑦ 以武汉为例，1946 年 1 月到 11 月，来自汉口的美国救济面粉共计 87308 吨（每吨 2240 磅，1 磅约合 0.9 斤，合计 176012928 斤，390 余万袋），“以后还可能逐月增加”，尽管这些面粉作为以工代赈性质发放，“然而从都市到乡村，无处不是价廉物美的洋粉。这些洋粉全由于舞弊，营私等各种原因，占据了各地的国产面粉市场”。参见狄超白主编：《中国经济年鉴》中编，上海：太平洋经济研究出版社，1947 年，第 34 页。上海、重庆、广州、天津四大城市物价上涨之剧烈程度亦莫能外。参见《上海证券交易所年报》1947 年度第一年报告，编著者、出版信息不详，第 2 ～ 7 页。

安，达89家，占总数的68%。[①]四川（包括重庆在内）1946年产量仅1823000袋[②]，不及战时年产量的一半。西安在此一时期兴建了多家小型面粉厂，尤以1948年建立最多。另据统计，"中华民国面粉工业同业公会全国联合会"9个区的219家面粉厂中，第一区陕西省有14家，每天可生产面粉21700袋[③]，这些粉厂钢磨数量相对较少，设备简陋，产量较低，甚至不能称为"机制粉厂"。1948年下半年，福民面粉厂欲组织"重庆市福民机制面粉厂产业工会"，向重庆市社会局提出申请，社会局派员调查后认为有些粉厂规模过小，不符合现代工厂标准，不属于"机制粉厂"，故将其所拟名称中的"机制"二字删去，改为"重庆市福民面粉厂产业工会"，并派员进驻指导[④]，充分反映了战后粉厂小型化的特点。但小型粉厂也适应了人们日常生活的需要，有一定市场。

第二节　机制面粉工业与后方社会生活变迁

一、生活不易

1. 物价上涨，生活成本上升

抗战全面爆发初期，中国各地物价虽"一直在作加速率的增涨（长）"[⑤]，但其幅度并非剧烈。重庆物价从1937年7月至当年年底尚能稳定，1938年起逐渐开始上涨。1938年6月物价指数为159，1939年3月为184.6，6月已达252.9，10月攀升至306，1940年1月超出440。随着战区扩大、交通阻隔，物资供应愈发紧张，物价上涨较为剧烈。昆明几位教

① 中国科学院经济研究所、中央工商行政管理局资本主义经济改造研究室编：《旧中国机制面粉工业统计资料》，北京：中华书局，1966年，第5页。

② 四川省政府统计处编印：《四川省统计年鉴》（1946年），1947年，第27页。

③ 陈真编：《中国近代工业史资料》第4辑，北京：生活·读书·新知三联书店，1961年，第409～411页。

④ 龙绍清、陈光仁、王树清等：《龙绍清、陈光仁、王树清等关于申请组织重庆市福民机制面粉厂产业工会上重庆市社会局的呈（附发起代表人名册、发起人姓名）》，1948年8月24日，重庆市档案馆藏，档案号00600010001790000004；重庆市社会局：《重庆市社会局关于派员于一九四八年十二月九日会同调查重庆市福民机制面粉厂产业工会组织情形致中国国民党重庆市执行委员会的函》，1948年12月6日，重庆市档案馆藏，档案号00600010001790000003；重庆市社会局：《重庆市社会局关于准予组织重庆市福民机制面粉厂产业工会及应更改并派员指导组织工作给龙绍清的批》，1949年1月11日，重庆市档案馆藏，档案号00600010001790000001。

⑤ 王仲武：《重庆物价专刊》，重庆：西南经济建设研究所、邮政储金汇业局，1942年，第13页。

授统计了物价上涨指数：如果以 1937 年上半年为 100，则 1938 年 1 月为 110，1939 年 1 月为 170，1940 年 1 月为 350，1941 年 1 月为 1120，1942 年 1 月为 3270。[①]可见，1940 年之后物价涨幅巨大。

粮食作为战时重要的战略物资，上涨亦在情理之中，但 1940 年之后涨幅更为明显。据统计，重庆 17 项粮食种类趸售价格指数，1937 年全年为 92.3，1938 年为 75.0，1939 年为 90.9，1940 年上升为 323.2，1941 年陡增至 1666.3。除了 1938、1939 年因丰收略有下降外，总的趋势是增长的，且 1940 年之后增幅相当大。[②]1940 年 6 月起，粮价逐渐高涨。“不过其高涨的程度，并不如一般物价的激烈”。兰州米价增长不足原来的 1 倍，其余九大城市大致上涨 2 倍，洛阳米价涨至每市斗 6.2 元，在后方城市中居首，其次为重庆，每市斗 4.8 元，衡阳最低，为 1.95 元。面粉情形与大米大致相似，兰州波动最小，每市斤 0.123 元，其余各市约增 2 倍，只有贵阳增长约 5 倍，每市斤达 0.58 元，可以看出最高与最低相差约 4.7 倍。[③]这主要是因贵阳离战区较近，粮价波动亦最烈，而兰州几未受战争影响，面粉价格仍保持平稳。

1940 年 7 月至 1941 年 6 月，粮价“猛烈程度凌驾一般物价之上”，各地粮价均趋高涨。有人分析其原因：第一，1940 年秋，四川秋粮歉收，导致粮食短缺；第二，宜昌失守，长江南北粮运途径阻塞，粮食不易输入，无法充分调剂；第三，欧洲战争规模扩大后，上海、香港游资流入后方，从事土地投机与粮食囤积，致使粮价上涨较快。[④]据重庆卫戍总司令部办公室 9 月初反映，秋收之际重庆连日天雨，农民担心新谷生芽影响收成，均不愿出售陈谷，加之奸商乘机操纵，因之米价“连日上涨且供不应求，购买不易，本市及化龙桥、小龙坎、磁器口各地多数民众连日均未购得食

---

① 伍启元等：《昆明九教授对于物价及经济问题的呼吁》，出版地不详，求真出版社，1945 年，第 14 页。

② 王仲武：《重庆物价专刊》，重庆：西南经济建设研究所、邮政储金汇业局，1942 年，第 13 页。

③ 顾寿恩：《战时粮价问题》，重庆：国民图书出版社，出版时间不详，第 8 ～ 9 页。重庆面粉除了机制面粉与土粉的显著差别外，机制面粉中也有红麦面粉与黄麦面粉之别，二者价格略有差别。据 1942 年 1 月的一项统计，红麦面粉每市斤零售价为 3.60 元，黄麦面粉为 3.50 元；趸售价格前者为每袋 138 元，后者为 137 元。参见“行政院”经济会议秘书处编印：《重庆市粮物工价指数周报》第 2 卷第 1 期，1942 年 1 月 4 日 ～ 10 日，第 6 ～ 8 页。

④ 顾寿恩：《战时粮价问题》，重庆：国民图书出版社，出版时间不详，第 9 页。

米，以面粉代之”[①]。据统计，1941 年 6 月重庆米价比 1937 年上半年均价增幅达 31 倍，每市斗 41.87 元，成都相若，为 38.48 元，贵阳 23.62 元，衡阳虽地处余粮地区，但因采购军粮，米价亦有上涨，达 15.47 元。桂林因政府管制措施得力，上涨 15 倍。[②]

面粉虽在重庆民食中不占主要地位，但战时亦不可忽视。以重庆复兴面粉公司所产头等红麦穗面粉为例，1937 年每袋（50 磅）价格上半年维持在 5.31 元左右，全年平均价格为 4.9 元，约为当年上半年基期（价比）的 92.5，即全年均价未达到 1937 年上半年平均水平，1938 年甚至有所下降，全年均价为 4.6 元，价比为 86.8。1939 年则出现了上涨势头，全年均价为 6.46 元，当年最高价出现在 12 月，为 8.7 元，价比为 121.9，高出上一年 35.1%。1940 年与 1941 年则是明显上升，均价分别为 18.19 元和 81.64 元，价比分别为 343.2 和 1540.4。尤其是 1941 年下半年开始，面粉价格上涨非常剧烈。1937 年上半年每市斤红麦穗面粉零售价为 0.12 元，1940 年 12 月达 1.34 元，1941 年突破 2 元，1942 年 2 月涨至 3.7 元。二等黄麦穗面粉基本与此相同，每袋从 1937 年平均 4.31 元涨至 1941 年平均 80.27 元，价比则从 92.3 上升至 1718.8，上涨了将近 19 倍。[③]1943 年 1 月，重庆市政府核定的特等面粉每袋 190 元，统粉 170 元，特等粉零售每市斤亦达 4.8 元，统粉 4.4 元，此与土粉相差无几（上等土粉零售每市斤 4.6 元，中等 4.4 元，次等 4.2 元，每个档次与切面相差 0.2 元）。[④]据对贵阳 1938 年 1 至 10 月物价统计，本地灰面每斤价格为 0.09 元（4 月和 9 月）至 0.12 元（1 月、2 月、5 月、6 月、10 月）。[⑤]1942 年，贵州面粉限价，上等土粉每百市斤为 389.12 元，上等机制面粉每袋为 220 元。[⑥]

各地面粉价格差异是毫无讳言的，不同地方、不同时间差别亦较大。1939 年 4 月，陕西各地土粉最高为平利县，每市斤零售价 0.4 元，最低为长武、陇县、凤翔，仅 0.09 元；5 月，紫阳与平利同价，同为 0.4 元，而 4 月

---

① 重庆卫戍总司令部办公室：《重庆卫戍总司令部办公室关于检送食米缺乏多购面粉代食情形致重庆市社会局的公函（附原件）》，1940 年 9 月 7 日，重庆市档案馆藏，档案号 00600002009700000020；重庆市社会局：《重庆市社会局关于检送面粉产销情形及调查报告致粮食管理委员会的公函（附报告）》，1940 年 11 月 30 日，重庆市档案馆藏，档案号 00600002009700000026。

② 顾寿恩：《战时粮价问题》，重庆：国民图书出版社，出版时间不详，第 10 页。

③ 王仲武：《重庆物价专刊》，重庆：西南经济建设研究所、邮政储金汇业局，1942 年，第 42 ～ 43 页。

④ 重庆市政府编印：《重庆市政府核定物价运价工资汇编》第 1 编“物价类”，1943 年，第 2 ～ 3 页。

⑤ 张肖梅编著：《贵州经济》，重庆：中国国民经济研究所，1939 年，第 K36 页。

⑥ 《贵州省民政厅、教育厅、财政厅、建设厅报告》，1943 年 3 月，手写稿，不分页码。

紫阳土粉售价为0.25元。5月最低为郃县，仅0.07元。[①]成都1938年12月每市斤0.088元，1939年1月涨到0.108元。[②]1941年2月26日，正在疗养的冯玉祥到了资中县，打听到当地白面一斤1.2元，比此前上涨不少。[③]

粮价上涨对人民生活的影响非常广泛，感受痛苦最直接最深切的就是公务员、教员及地方团警等，因为他们的收入是定额的，虽有津贴但为数亦至为有限。铨叙部次长王子壮1940年11月在日记中记述："米价又复高涨，每老斗（40斤）达40余元，中下级人员月入在百元左右者，已不堪一饱……最初入川，斗米不过二三元耳，现已高涨达一二十倍。"[④]"行政院"政务处长蒋廷黻当时可享受部长待遇，但其日常生活主要靠"每三个月分配到面粉一袋，每一个月分配到菜油72两，都不足用"[⑤]。可见面粉对于级别较高的行政人员也是不可多得。尽管1943年1月开始限价，但"重庆的米已较战前涨价一千倍以上，其他日用必需品涨百倍或二三百倍不等。公务员及其他恃薪俸为生的人，真到了山穷水尽之势。朋友一见面，一开口即互相发叹，如何得了"[⑥]。不少低级公务员和中小学教师"正为了焦虑着食的问题"而不能安心工作，天天打算变换职业或找寻兼职，以求增加收入。工厂劳动者、小工业经营者也受到粮价高涨的影响，农民亦是，而真正受益的是地主。因粮价愈高，愈有利可图，地主更加压迫农民加租，如成都附近一带农民，所缴租谷，最高竟达收获量的73%。此外，农民自行负担的农具、肥料、种子及其支付的押租金，成本费用亦随之大量增加。粮价高涨亦使得土地资本膨胀，因为粮价高，地主可以不劳而获得巨额利润，以致人们多愿投资于土地，地主利用手中政治经济特权，兼并小农贫农，一般商业资本、金融资本亦侵入农村，购买土地，致使地价飞涨。

2. 粮食管制，经营粮食业务不易

战时粮食短缺，奇货可居，米珠薪桂，经营粮食业务以获利成了某些商号与个人的选择，但在政府强力管制之下并非易事。1942年4月，粮食部秘密成立陪都粮政密查队，对重庆市内分布广泛零散的面粉受户及粉厂

---

① 陕西省政府统计委员会编印：《统计材料月刊》第3卷第10～12期合刊，1939年12月，第12～14页。

② 《成都市二十七年十二月及二十八年一月零售物价表》，《四川统计月刊》第1卷第2期，1939年2月25日，第64页。

③ 冯玉祥：《青峨游记》，出版地不详，生活书店，1941年，第15～16页。

④ 王子壮：《王子壮日记》第6册，台北"中央研究院"近代史研究所，2001年，第313页。

⑤ 陈方正编：《陈克文日记》下册，1943年10月10日，北京：社会科学文献出版社，2014年，第766页。

⑥ 同上注，第802页。

进行秘密调查，目的在于调查陪都面粉配销弊端、提供处理意见、改善管理。密查队调查对象共有七个方面，可以归纳为三个部分，一是零售店、熟堂铺、机器切面铺、油条大饼业、领购面粉商店等部门的面粉配制情形，即对于面粉需求、消费较为集中、数量较大的消费群体，无论是月需三五袋的切面小铺，还是数量较大的面粉商店，皆在调查范围之中；二是面粉厂配售情形，即面粉生产厂家的配售情形，目的是从源头把控面粉在销售过程中有无不良情事；三是面粉黑市偷运情形，即在战时百物腾贵、粮食稀缺的情形下，密查密报粮食走私、黑市交易等不法现象。[①]调查对象除涵盖正常的生产与销售环节外，对于有可能滋生不法行为的面粉市场亦须查访。1942 年 5 至 6 月，密查队检举粮食违法案件并交由重庆市粮政局处理的共有 86 件，涉及面粉者 68 件。[②]此外，国家总动员会议亦成立经济检查大队，暗查渝市面粉市场。[③]

逃难至重庆的部分民众为生存计，遂向亲友借款从事切面店生意，或从事面食经营。谢锡洲是战时涌入重庆的普通百姓，他看到各类机关迁入后，人口繁多，一般人士多系外省同胞，“均喜吃机器切面，尤其在此米价高昂之际，面粉比米便宜，无形中切面生意卒然兴隆，当时该区仅有益新面店一家，几是应接不暇”，故而谢本人看中此一商机，于 1940 年 3 月在该地开设切面店，规模渐著。[④]逃亡至重庆的难民王文智为维持生计，1941 年秋向亲友借款从事切面店生意，以度时艰。[⑤]陈治宽切面店是 1941 年陈治宽遗孀维氏“泣告亲朋，卒得零借四千余元”而开设，维氏孤苦伶仃，赖以度日。[⑥]此种情况所在多有。据重庆市面食商业同业公会主席王荣陆报告，1942 年 1 月重庆有切面店 294 家，6 月仅中心区即有官价切面店 110 家，官价油条

---

① 粮食部：《关于抄送粮食部陪都粮政密查队组织办法给重庆市粮政局的密令（附办法）》，1942 年 4 月 16 日，重庆市档案馆藏，档案号 00700002001080000001，第 4 ～ 6 页。

② 重庆市粮政局、重庆市政府：《关于陈报陪都粮政密查队 1942 年 5 至 6 月查报案件交由该局办理情形的指令、呈》，1942 年 9 月 7 日，重庆市档案馆藏，档案号 00700002001440000009，第 27 页；重庆市粮政局：《为陪都粮政密查队五六月份查报案件交由本局处理情形呈报鉴核备查由》，重庆市档案馆藏，档案号 0053 - 0015 - 00432 - 0000 - 003 - 000。

③ 重庆市政府、冠生园：《关于核查本市冠生园南泉支店有黑市出售面粉的呈、公函、通知、代电（附笔录）》，1944 年 9 月 19 日，重庆市档案馆藏，档案号 0053 - 0030 - 00167 - 0000 - 098 - 000，第 98 ～ 109 页。

④ 谢锡洲、北碚管理局：《关于准予谢锡洲加入面粉同业公会的呈、训令》，1943 年 5 月 6 日，重庆市档案馆藏，档案号 00810004019750000105000。

⑤ 重庆市粮政局、王文智、沈德成：《关于请求恢复配发官价面粉的批、呈》，1942 年 6 月，重庆市档案馆藏，档案号 00700002003230000002。

⑥ 陈记切面店、重庆市政府：《关于请继续配发面粉以孤怜寡的呈》，1944 年 3 月 11 日，重庆市档案馆藏，档案号 0053 - 0030 - 00155 - 0000 - 026 - 000，第 26 ～ 28 页。

店347家，而在两个月前，切面店达290余家，油条店达400余家。[①]1943年6月，官价切面店计有322家[②]，可见从事此一行业的民众日渐增多。

切面业公会会员众多，因之配销面粉亦占相当数量。据统计，1941年10到12月配销的118674袋面粉中，切面业公会为67702袋，约占57%。[③]在面粉被管制之前，经营切面及面食获利颇丰，据重庆市政府1941年年底研究结果显示，每袋面粉44斤，购价加运费约2元，每袋80余元，可制面条50斤，售价趸售每斤1.8元，门市零售每斤2元。每袋面粉售罄后面商可获毛利约15元，尚余面袋一个。每碗汤面约需面条四两，价0.45元，醋（酢）料0.25元，合计0.7元，而一碗红烧面售价1元，即利润加上水炭、人工、房租等开支在内约为0.3元，1袋面粉可制成汤面110碗，全部售罄后可获利33元。[④]这对于以此为业者来说所获不菲，但也只是暂时的。

1942年年初，政府规定每家切面店每日最多可领购3袋[⑤]，且只能制成切面出售，当其他与切面业相关的物品售价大幅上涨而切面被限价时，切面店的利润被大大压缩，从原来的每袋十四五元减至二三元，"上营业税尚且不够，何能开支一切人工、伙食、门面、伕差"，"或有为家室牵累之切面劳工，或为逃难之售粉小商，而所得利润，极为微薄，蝇头所入，每难供一家食用之需"，因此，王荣陆提出增加切面售价的要求。[⑥]有的烧饼、油条业主为了获取更多利润，则将烧饼、油条制成大小

① 重庆市粮政局、重庆市政府：《关于检送1942年1至3月份分配市民面粉统计表的指令、呈（附表）》，1942年6月26日，重庆市档案馆藏，档案号00700002001920000003；重庆市粮政局、重庆市面食商业同业公会：《关于将停配官价面粉改为厂价或提高面粉价格并请恢复停粉会员面粉的呈》，1942年6月24日，重庆市档案馆藏，档案号00700002003580000028，第85～93页。

② 重庆市社会局、重庆市粮政局：《重庆市社会局、重庆市粮政局关于调整土粉价格的训令、函》，1943年6月7日，重庆市档案馆藏，档案号00600002009530100022，第168～171页。

③ 重庆市切面工业同业公会：《重庆市切面工业同业公会会员名册》，重庆市档案馆藏，档案号00600009000320100051；《重庆市面粉消费数量统计》，1941年12月，重庆市档案馆藏，档案号00610015034470000064000。

④ 重庆市政府：《关于抄发改进重庆市面粉配销办法给重庆市政府秘书处的训令（附办法）》，1941年11月27日，重庆市档案馆藏，档案号0053－0025－00042－0000－033－000，第34～36页；重庆市政府：《重庆市政府关于抄发改进渝市面粉配销办法给社会局的训令（附办法）》，1941年11月28日，重庆市档案馆藏，档案号00600002004330000003，第27～30页。

⑤ 重庆市粮政局：《关于检送1942年2、3月份分配市民米、面粉统计表上重庆市政府的呈（附表）》，1942年7月23日，重庆市档案馆藏，档案号00700002001920000017；重庆市粮政局、重庆市政府：《关于检送1942年1至3月份分配市民面粉统计表的指令、呈（附表）》，1942年6月26日，重庆市档案馆藏，档案号00700002001920000003。

⑥ 王荣陆：《王荣陆关于报送面粉供应数量上重庆市社会局的呈》，1942年2月16日，重庆市档案馆藏，档案号00600002010040000052，第161～162页。

两种出售，大饼业主则将原来论斤售卖的大饼改为论块售卖，取巧抬价。[①]在原料短缺、粉厂减产乃至停产的情况下，面粉配销数量减少，1941年10到12月，零售处共领得官价面粉2640袋，占重庆市当月配发总额18236袋的14%左右，不敷9个面粉零售店分配。[②]官价面粉停止供应后，民众普遍不满，黄沙溪镇交通街42号切面业代表袁树巍等呼吁恢复官价面粉的供应。[③]

面粉店经营亦困难不少。《重庆市面粉交易管理暂行办法》规定，普通住户购粉须向零售商购买，每次不能超过2袋，零售商须在社会局登记合格，并将每日购买整袋的用户登记备查；面粉批发、零售价格由重庆市粮食管理委员会随时核定，不得自由变动。[④]《重庆市面粉交易管理暂行办法》重在管控面粉价格，而对于原料、运输、面粉市场并无相应规定，弊端立刻显现。第一，面粉价格被管制之后，虽然面粉价格波动现象有所缓解，但小麦价格并未予以管制，且不断飞涨，以致形成原料价格远远高于产品价格的现象，各大粉厂用于购买原料的费用开支大大增加，亏累陡增，无法进行再生产；第二，因各地阻隔及封仓，原料购运困难，在人口日益增多、运输不敷应用之际，各粉厂不得不减产甚至停产；第三，面粉产量减少，市场面粉供不应求，中间商从中渔利，催生黑市，套购之风大行，即所谓只能管住厂家而管不住零售商人。此一措施实施后，粉价较大米价格为低，购粉民众日增，面粉供不应求。[⑤]

此外，部队、机关团体、学校私自要求购粉者络绎不绝，甚至发生强买事件。第五军驻渝办事处称该地一些官兵“籍隶北方，每月伙食以面粉为主”，在面粉被统制后，不能轻易购得，遂函电复兴面粉公司，要求复

---

① 孙□□、嘉陵江三峡乡村建设实验区署：《关于调查北碚面粉业同业公会售卖面粉价格情形的呈（附成本估算单）》，1941年11月7日，重庆市档案馆藏，档案号0081000400829000063000，第63～72页；杨文泉、谢式瑾：《关于呈报召开各种面粉制成品议价会议经过情形及议定价格的呈（附会议纪录、比较表）》，1943年11月27日，重庆市档案馆藏，档案号0053－0030－00154－0000－037－000，第39～41页。1943年1月，重庆市政府核定的物价中，大饼每斤为5.60元，其计量单位为“斤”。参见重庆市政府编印：《重庆市政府核定物价运价工资汇编》第1编“物价类”，1943年，第18页。

② 《重庆市面粉消费数量统计》，1941年12月，重庆市档案馆藏，档案号00610015034470000064000。

③ 重庆市粮政局、袁树巍：《关于恳请恢复官价面粉切面业的批、呈》，1942年5月7日，重庆市档案馆藏，档案号0070000200350000033。

④ 《重庆市面粉交易管理暂行办法》，重庆市档案馆藏，档案号0060000200970000032。

⑤ 鲜伯良：《陪都面粉工业概况》，《川康建设》第1卷第5～6期合刊，1944年12月，第3页；《重庆面粉工业的剖视》，《新世界》11月号，1944年11月15日，第29～30页。

兴发给购粉证明，以解决官兵此一要求。[①]1942年1月24日，重庆粮食业公会第三零售处发生强买面粉事件，位于香国寺第五陆军医院的伤员数十人“竞向该店争购零粉，来势凶恶，无法维持”，“该兵恃势捣乱，恣意行凶，折毁器物，以致逢人殴打”，“勒逼本店助理员，其将桶内存粉三袋，强迫夺取……外有整粉三袋亦被该兵等强行购去，企售高价”。公会致函军政部四川荣誉军人管理处予以制止，并抄送9家零售面粉商店地址，请求保护。[②]这一系列事件一方面使得面粉零售面临更大困难，另一方面则反映出面粉走私、黑市等屡禁不绝。

面粉亦成为挟私报复的工具和人际关系的润滑剂。1941年5月，复兴公司向嘉陵江三峡乡村建设实验区署呈文称：自5月14日起至10月底，公司共向下属六家切面店及四家售粉店分配面粉5439袋，由彼平均分配。每次所到之粉，除由六家切面店分领、制成切面出售外，所余粉量为数甚微，每届粉至即为捷足先登者购去，辗转出售，从中渔利，以致后至者扑空，因之由妒而生怨，积怨而成谤，更有行商到北碚兜售高价面粉，或竟强指为属会会员所售，借为口实，以为诬诉而快私愤。面粉成为切面店与零售店互相攻讦、挟私报复的工具。[③]

1942年5月6日，天城粉厂需从土湾五金码头黄家茶馆向位于新桥的购户三义元面粉店运送面粉45袋，据渝新板车行经理曾华丰7月10日供称，三义元老板李增福找了两家车行，一为代客运货的曾华丰，一为黄家茶馆老板冷青云，前者运送23袋，由曾华丰亲自送至李增福手中，由“李增福手收”，后者运送22袋，由李增福本人押运。据冷青云同日供称，他与李增福此前并不熟识。粮食部陪都粮政密查队队员陈鼎诚在执行公务时，发现面店帮工李邦杰有走私面粉之嫌，遂诬告李邦杰走私面粉，后经重庆卫戍总司令部查明，此案系李增福与天城面粉厂串通走私，事发后李增福潜逃。而“李邦杰确系帮工，并非店主，既未违法购买面粉及收受面

---

① 陆军第五军驻渝办事处：《关于请发给购买面粉证明致复兴面粉公司的函》，1941年5月8日，重庆市档案馆藏，档案号00700001001270000045。

② 四川荣誉军人管理处、重庆市粮政局：《关于请派员详查第五十六院伤兵强购面粉事宜的训令、函（附原报告）》，1942年2月27日，重庆市档案馆藏，档案号00700002003250000017；重庆卫戍总司令部、重庆市警察局：《关于保护零售面粉处所的训令（附地址一览表）》，1942年2月6日，重庆市档案馆藏，档案号00610015016580000189000。

③ 孙□□、嘉陵江三峡乡村建设实验区署：《关于调查北碚面粉业同业公会售卖面粉价格情形的呈（附成本估算单）》，1941年11月7日，重庆市档案馆藏，档案号00810004008290000063000，第63～72页。

粉，且无帮助和串同违法之事实”，理应停审李邦杰，并通缉李增福。[1]此案显系陈鼎诚为了完成密查任务、获取奖金与提成所造成，这一做法在密查队中是公开的秘密。

又如永记切面店老板李德顺，被人诬称所购面粉未全数制为切面。为澄清事实，李德顺于1942年3月20日报请保长刘毓松等20多人联名签署证明书，证明“每日灰面三袋均系全数做成面条，售毕无存，并无舞弊走私及伪造账户私章情事”。[2]1944年3月，守法经营三年之久的陈治宽切面店被人挟嫌诬告私藏面粉，当局草草从事，处以不得营业，但激起了当事人维氏的强烈不满。[3]5月12日，裕顺祥土切面店因本店面粉短缺，故向陈杨氏借得惠民粉厂所产6袋面粉以资周转。25日，该店向切面业公会购领福民面粉3包及成本粉3包，并将之归还陈杨氏。不料被陪都民食供应处查得，怀疑其走私面粉。但据实查明后并无走私情事发生。[4]重庆市档案馆有关面粉业的档案对此类案件记载颇多，既有面粉受户之间的诬告，也有公职人员的挟私报复，不一而足。

利用手中职权干涉面粉案件处理者亦不乏其人。湖北随县李祥盛在重庆上清寺经营一家切面店，1945年5月下旬，该店被查出不遵守规定营业时间，账目不清，未悬挂标价牌，暗售高价面粉及黑市走私，情节严重。按照粮食部5月7日重申4月20日所发规定，“凡领用公家面粉会员，应于店内悬挂官粉商店及制成品标价牌，并切实遵照议价售货”，否则即处以永久停配公家面粉并停止营业。李祥盛求助于国民政府军事委员会军法执行总监何成濬，并告已被停业（其实未停业）。何成濬念同乡之谊，31日致函军事委员会办公厅主任贺国光，请求从轻处分。贺国光了解情况后复函，称“念其初犯，只是让民供处停配公家面粉□个月。没有让他停

---

① 重庆卫戍总司令部：《关于查李邦杰并非走私面粉主谋致重庆市粮政局的函》，1942年10月5日，重庆市档案馆藏，档案号00700002003310000025；重庆市粮政局、粮食部陪都粮政密查队：《关于停审新桥三义元之走私面粉案的代电》，1942年10月17日，重庆市档案馆藏，档案号00700002003310000026；重庆市粮政局：《关于检送李邦杰、曾华丰、冷青云走私面粉笔录致重庆卫戍总司令部的代电》，1942年7月29日，重庆市档案馆藏，档案号00700002003310000030。

② 刘毓松、王长发、高压广等：《关于证明永记切面店并无舞弊走私面粉情形上重庆市粮政局的呈》，1942年3月20日，重庆市档案馆藏，档案号00700002003320000049；夏鹏皋：《关于报送陈志荣面粉走私抬高市价的呈》，1942年6月15日，重庆市档案馆藏，档案号00700002003440000068。

③ 陈记切面店、重庆市政府：《关于请继续配发面粉以孤怜寡的呈》，1944年3月11日，重庆市档案馆藏，档案号0053－0030－00155－0000－026－000，第26～28页。

④ 粮管室：《关于查办大阳沟土粉面店面粉来历的报告（附证明单）》，1944年6月8日，重庆市档案馆藏，档案号0053－0030－00166－0000－211－000，第218页。

业。在此期间，他还可以自购面粉制造营业，你所嘱托的等停配期满，我就立刻让民供处恢复”。陪都民食供应处得到贺国光的指示后，按贺之意处置了事。[①]与同类案件相比，此一案件处罚之轻令人瞠目。显然，“湖北王”何成濬在其中扮演的角色及其人际关系所起的作用不容小觑，面粉在这里成了何、李二人关系的润滑剂，也成了何、贺人际关系及利益交换的筹码。

二、口味变化

总体而言，中国“南人食米，北人食面”，但面粉作为营养价值较高、制作花样繁多的食物，仍受到大江南北的广泛欢迎。有人认为，小麦既适合大规模或机械化生产，又适于工业化加工，且含有较高营养成分，此为其他食粮品种所不及，“故今后亟应提倡麦食以代米食”。[②]也有人认为，中国食米缺口数量较大，1926 年至 1928 年米谷每年平均入超 16043000 担，因此，“中国欲以国内之粮食满足需要”，国人的饮食习惯有改变的必要，“少食米，多食麦”。[③]南方各地虽不以面粉为主食，但“点心、饼食及碱甘炸品皆以此为原料”。[④]从传统土粉到新式机粉乃至进口面粉，都出现在餐桌之上。尽管土粉仍占绝对数量，但机粉以其质优价廉的优势渐渐赢得人们的青睐。中国民众接触机粉较晚，增裕公司创办后，人们对其亦不甚接受，公司遂“用小车载其出品，劝人试用”[⑤]，后销路渐畅。西北、西南地区亦是如此，经过了一个从抵制到逐渐接受的过程。

西安、重庆称机制面粉为“洋面”[⑥]，人们一开始吃不惯从关外运至

---

① 粮食部：《关于取缔渝市面粉制成品黑市情形致重庆市政府的公函》，1945 年 5 月 7 日，重庆市档案馆藏，档案号 0053－0030－00154－0000－0－303－000，第 303 ～ 304 页；贺国光、杨文泉：《关于由李祥盛自购面粉的呈、函》，1945 年 6 月，重庆市档案馆藏，档案号 0053－0030－00154－0000－344－000，第 344 ～ 348 页。

② 张沦波编著：《中国的资源》，上海：世界书局，1947 年，第 24 页。

③ 董时进：《食料与人口》，上海：商务印书馆，1929 年，第 61、73 页。

④ 张克林：《中国生存论：中国策应远东巨变之经济政治军事的战略与战术》，出版地不详，新华印刷社，1936 年，第 155 页；吴传钧编：《中国粮食地理》，上海：商务印书馆，1946 年，第 15 页。

⑤ 甘肃省银行经济研究室编印：《甘肃之工业》，张研、孙燕京主编：《民国史料丛刊》第 584 册，郑州：大象出版社，2009 年，第 133 页。

⑥ 此处所谓“洋面”，系指“皆赖外省输入之机面”，而非进口自外国的面粉。参见王望编：《新西安》，上海：中华书局，1940 年，第 112 页；粮管室：《关于查办大阳沟土粉面店面粉来历的报告（附证明单）》，1944 年 6 月 8 日，重庆市档案馆藏，档案号 0053－0030－00166－0000－211－000，第 212 ～ 213 页。

西安的机粉，觉得有“怪味”、铁锈味，不如石磨面粉好吃，或怀疑其有毒而不敢食用。西安民众大量食用机粉是在外来人口进入后逐渐改变了旧时购粮换粉的做法，而采取购食机粉的办法，因从山东、江苏等地而来的外来人口是习于食用机粉的。[①]成丰、华峰所产面粉尽管质优价廉，但一开始购者寥寥。为了消除人们对“洋面”的偏见，成丰用纸袋将面粉包成2斤装的小袋，沿街叫喊，免费送予市民品尝，并广为宣传机粉雪白干燥、干净卫生的优点，四处设立代销点。人们渐对机粉产生了好感，竞相购买，销路大增。[②]兰州也碰到此类情形。雍兴兰州面粉厂所产面粉1942年1月5日上市出售，当时即有人怀疑其是否可食。为此，厂方刊登售粉启事，以正视听：“敬启者，敝厂为增加后方生产，便利民食起见，购置新式面粉机器，聘请优良制粉员工，选办各地超等小麦，几年来，承社会各界人士爱护指导，现已就绪，深表谢意。爰于十二月开始试磨，粉质洁白细腻、香甜滋补。”后附各等次面粉价格，可谓用心良苦。市民试用后，对机粉赞不绝口，始知其不但可食，且干净卫生，口味较土粉为优。[③]

重庆复兴面粉厂设立之初也经历了与土粉竞争、人们口味逐渐改变的过程。战前重庆有吃面口渴及小麦午时开花、吃面伤身等谣传，复兴遂通过大量设立切面铺、馒头店，做大幅广告，宣传面粉营养，宴请重庆中医师，希望借医者之口不但使人们改变“面食烧心要忌吃面食”的错误观念，而且常吃面食有益于身体健康。“近经科学之研究，食面者不畏寒，有毅力，有智慧。”[④]零售方面，复兴联合先农采取如下措施：一是雇用保宁等地蒸馍技师，在闹市区出售用特等面粉制成的白糖蒸馍，并免费供应茶水，一时间“顾客盈门”。二是用次等面粉制成切面，在沿江码头下层民众聚集之处出售。三是做成各种等级的干面，委托各糖果店代销，价格

---

① 贺志云：《我所知道的西安面粉业经营情况》，政协陕西省西安市委员会文史资料委员会编：《西安文史资料》第19辑，西安：西安出版社，1993年，第164页。

② 《西安市志·商业志》志稿：《西安近代机器制粉工业》，政协陕西省西安市委员会文史资料委员会编：《西安文史资料》第19辑，西安：西安出版社，1993年，第148页；晋震梵：《成丰面粉公司及西安面粉业》，政协陕西省西安市委员会文史资料委员会编：《西安文史资料》第19辑，西安：西安出版社，1993年，第157页；贺志云：《我所知道的西安面粉业经营情况》，政协陕西省西安市委员会文史资料委员会编：《西安文史资料》第19辑，西安：西安出版社，1993年，第163页。

③ 玉英：《雍兴兰州面粉厂简记》，政协甘肃省委员会文史资料委员会、《西北近代工业》编写组编：《西北近代工业》，兰州：甘肃人民出版社，1989年，第436页。

④ 建成实业股份有限公司成都面粉厂：《建成实业股份有限公司成都面粉厂计划书》，重庆市档案馆藏，档案号0234－0001－00009－009。

与土粉相当，切面、干面销售量约占复兴和先农两厂总产量的五分之一。此外，复兴还采取其他营销策略，大量印发广告传单，并写一些稀奇古怪的宣传话语，如“怪！怪！怪！洋灰面当土灰面卖”等，借以扩大宣传，一方面打击了传统切面行业，另一方面培育了机粉用户。另外，复兴停止本厂职工晚餐供应，而是每人发给2角餐费，让其上街买吃面食，借机向土粉挑刺，并乘机赞扬机粉。复兴厂利用水运将产品运至长寿、涪陵、万县等地销售，开拓外县销场，销路日渐畅通，销量大增，1938年纯利润达20余万元。[①]这些五花八门乃至有些旁门左道的做法，使得重庆人在抗战前夕“真正学会了吃面粉”。[②]

据1941年11月陪都民食供应处、粮食部、社会部、“行政院”秘书处、重庆市政府等联合调查，在渝“各公务机关月供平价面粉一万五千袋，以平价米二斗合面粉三十八斤半计算，则此项面粉每月实可抵供原领平价米之人数为一万七千一百余人，占现应领平价米总人数之七分之一”，可见政府机关中食面人数颇多。而全市营业面食者数量更众，“切面业同业公会每月所请领发面粉之数为五万一千六百袋，每日约需一千七百二十袋，按切面每碗所需之面粉量核计，渝市竟需每日食面三十四万四千碗，即依民食供应处所拟核发每月三万四千袋，每日一千一百三十袋核计，每日亦需食面二十二万六千碗。事实上恐绝无此数”。[③]如果这项统计数据准确的话，可以说战时重庆迎来了面食的历史最高峰。经过整个抗战时期，“重庆市民及川东人士的麦食习惯已经养成”。[④]逃难至重庆的民众也以经营面食业糊口度日，开设切面店或面馆成为他们不错的选择。

---

① 鲜伯良：《陪都面粉工业概况》，《川康建设》第1卷第5～6期合刊，1944年12月，第1～2页；鲜伯良：《我经营重庆复兴面粉厂的回忆》，政协四川省委员会、四川省省志编辑委员会编印：《四川文史资料选辑》第4辑，1962年，第101～107页；《重庆面粉工业的剖视》，《新世界》11月号，1944年11月15日，第28页；龙明桥：《“面粉大王”鲜伯良》，政协重庆市中区委员会文史资料委员会编印：《重庆市中区文史资料》第5辑，1993年，第55页。

② 《重庆面粉工业的剖视》，《新世界》11月号，1944年11月15日，第29～31页；鲜伯良：《我经营重庆复兴面粉厂的回忆》，政协四川省委员会、四川省省志编辑委员会编印：《四川文史资料选辑》第4辑，1962年，第106页。

③ 重庆市政府：《关于抄发改进重庆市面粉配销办法给重庆市政府秘书处的训令（附办法）》，1941年11月27日，重庆市档案馆藏，档案号0053－0025－00042－0000－033－000，第34～36页；重庆市政府：《重庆市政府关于抄发改进渝市面粉配销办法给社会局的训令（附办法）》，1941年11月28日，重庆市档案馆藏，档案号0060000200433000003，第27～30页。此处“绝无此数”意为绝不止此数。

④ 《重庆面粉工业的剖视》，《新世界》11月号，1944年11月15日，第29～31页；鲜伯良：《我经营重庆复兴面粉厂的回忆》，政协四川省委员会、四川省省志编辑委员会编印：《四川文史资料选辑》第4辑，1962年，第106页。

“重庆粮食之分类，总计虽不下十余种，而居民资以为生者，除少数北方人系面食，或极穷苦之贫家小户间以杂粮充饥外，一日三餐，咸惟饭米是赖。每年米之总消费额，约为一百二十万市石，平均每月约需十万市石。”①尽管如此，重庆街头的“过早”与宵夜中的面点、包子、甜点等散布各处，应时崛起的苏常菜馆兼售面点，门口售卖的各色生煎馒头、小烧饼、汤包花样繁多。到了晚间，各种吃食小摊群现街头，面担、馄饨担“憧憧往来，生涯很好”，叫卖的“面炒儿”则是由黄豆粉、灰面、糯米粉混合而成，其状如蛋白，堆放在盘中，食时再制成细条，加入油、酱、醋等调味料，制法与凉拌面相似，亦是掺杂着面粉的美味。“为的便于当地人过早而设”，“适宜于本市人宵夜的所在”。即使外地迁来的政府一般公务人员，在亲属被疏散后与日机轰炸前，也喜欢流连于此。②重庆的担担面、九园包子、燃面、麻辣面、炸酱面、牛肉面、排骨面、鸡蛋面、凉面等，令人应接不暇。③1940年年初从浙江萧山辗转贵州宜山，最终落脚遵义的泰来面馆，除了供应江南风味小吃及西南地方特产外，“远自北方面食种种……是刺激着许多人的食欲的”，浙江大学的学生、工作人员更是常客，浙大教授也会偶尔光顾。“黔南事变”后，遵义的外省人大增，面馆的营业更好。④广西面粉厂创办之后，除制粉外，还附设副业部，制作各色面包、上等饼干、精美西点、中西蛋糕、无锡面筋、科学香糊等，生意亦不错。⑤

机器切面机系日本发明，20世纪20年代左右天津达昌机械厂仿造后行销内地，重庆会仙桥亦有售。1928年，陈云五切面店采用切面机做切面，此为重庆第一家机器切面店。后来李云帆亦开设一家。但切面并不普及，且主要采用土粉。复兴为了打开销路，自购切面机十余部，利用本厂面粉制成切面出售，机器切面逐渐取代手工切面，出现了陈福兴、张海云等切面店。⑥1932年，岁丰面粉厂开设挂面厂，专营机制挂面，随后机制挂面厂店渐多。至抗战爆发前，重庆城区机器切面、挂面店共有10余家。

---

① 陆思红编：《新重庆》，昆明：中华书局，1939年，第162页。

② 吴济生：《新都见闻录》，上海：光明书局，1940年，第177～179页。

③ 吴洛加：《重庆风味小吃撷英》，政协重庆市中区委员会文史资料委员会编印：《重庆市中区文史资料》第2辑，1989年，第46～50页；沈智敏：《天下名吃聚陪都》，政协重庆市渝中区文史资料委员会编印：《重庆市渝中区文史资料》第12辑，2002年，第115～133页。

④ 王笑麟口述，周建初整理：《遵义泰来面馆》，政协贵州省遵义市委员会文史资料委员会编印：《遵义文史资料》第13辑，1988年，第253～255页。

⑤ 《广西面粉厂增进民食》，《西南实业通讯》第8卷第5期，1943年11月30日，第48页。

⑥ 刘仁耀：《重庆制面业简史》，政协重庆市中区文史资料工作委员会编印：《重庆市中区文史资料》第1辑，1988年，第60～62页。

战时人口激增，面食消费陡增，切面店也急速增加，1940 年增至 64 家，1945 年重庆城区土制与机制切面店达 349 家。[①]

重庆米价高涨，也变相催生了与面粉业相关的行业及改变了民众口味。在重庆市朝阳镇经营切面店的谢锡洲坦言，各类机关迁入后，外省同胞数量剧增，且“均喜吃机器切面，尤其在此米价高昂之际”，故而谢锡洲于 1940 年 3 月设立新的切面店，并申请加入面粉同业公会。[②]重庆市唐家沱区人烟稠密，甚为繁华，北方人民占全市三分之一，均赖面食度日。[③]涪陵战时米价逐渐高涨，难民涌入较多，且以他省为多，“更多改食面粉”，购粉者颇多，故而向复兴调运面粉至涪陵，每月销量不下四五百袋。[④]1940 年春夏之际，成都米价陡涨，“时有买米不得者遂改为面食”，切面价格亦从 6 月间的每斤 0.26 元涨至 7 月间的 0.36 元。[⑤]并且这一价格亦随着局势变化而不断上涨，据记载，1943 年 11 月，重庆市每市斤切面为 12 元、13.5 元，年底，重庆市政府调整了八种面粉制成品价格，规定自 1944 年 1 月起，市区每市斤切面售价为 15 元、16.5 元，与 1940 年 6 月相比，上涨了近 46 倍。[⑥]

战时人口迁移频繁，大量北方民众会聚重庆，为满足北方员工面食需求，多家机构可以米换粉。1945 年 8 月，经济部工矿调整处材料库向本单位员工发出通知，告知调换面粉的具体时间、负责人及调换方法等，以方便有此需要的员工。[⑦]战时生产局器材总库为照顾部分华北籍员工，1945 年 12 月

---

① 重庆市渝中区人民政府地方志编纂委员会编：《重庆市市中区志》，重庆：重庆出版社，1997 年，第 308 页。

② 谢锡洲、北碚管理局：《关于准予谢锡洲加入面粉同业公会的呈、训令》，1943 年 5 月 6 日，重庆市档案馆藏，档案号 00810004019750000105000。

③ 重庆市粮政局、重庆市面食商业同业公会：《关于请准王瀛洲领取厂价面粉复业的指令、呈》，1942 年 6 月 27 日，重庆市档案馆藏，档案号 00700002003230000015。

④ 《关于请准予以复兴面粉公司购买面粉致重庆粮食管理委员会的函》，1941 年 6 月 30 日，重庆市档案馆藏，档案号 00700001001270000048。

⑤ 章柏雨、汪荫元：《各国农产物价统制实施》，上海：商务印书馆，1946 年，第 110～111 页。

⑥ 重庆市面饼制造业工会、重庆市政府、重庆市社会局：《关于调整重庆市面粉价格的呈、令、代电（附价格表）》，1943 年 11 月 23 日，重庆市档案馆藏，档案号 0053－0025－00057－0000－029－000，第 45 页；粮食部陪都民食供应处、重庆市政府：《关于粮食部陪都民食供应处山米面粉价格已调自本月二十二日施行的公函、训令、布告（附一览表）》，1943 年 12 月 22 日，重庆市档案馆藏，档案号 0053－0030－000154－0000－105－000，第 110 页。此两种价格系指重庆市第十二区内、外价格的差别，十二区外价格稍高。

⑦ 工矿调整处材料库：《关于限期登记换领面粉致经济部工矿调整处材料库各同仁的通知》，××年 8 月 28 日，重庆市档案馆藏，档案号 00190001001760000009，第 12 页。此处年份标示不清，疑为 1945 年。

向重庆市田赋粮食管理处提出申请，将应购之米调换为面粉，以资调和口味。虽然申请时被告知此项业务已经停办，但恰反映出此前确有此项业务。①

重庆糕点业在内迁厂家带动下，战时也一度繁荣。“抗战开始，川中人口突增，面粉之需要颇感供不应求”。位于重庆磁器口的福新粉厂在建立之初，除用新法制售面粉外，亦将“制造各式优等咸甜饼干”作为本厂业务之一，设立饼干部，专门制作各种饼干运销各埠，这一点与仅为制售面粉其他粉厂迥然有别。②1938 年 9 月，上海冠生园食品公司迁至重庆，以机器制售饼干、糖果、罐头、中西糕点及面包，生意十分兴隆，并开设多家分店，南温泉分店附近团体机关因距重庆市区较远，运输不便，其所需面包、饼干皆由该店制作售卖。③康乐园食品制造厂股份有限公司位于重庆四贤巷，1941 年 2 月设立，业务以制造饼干为主，附制西点。④1941 年，重庆城区计有小苏州、同兴、春山饼干厂、远东、上海食品厂、广东食品商店、康乐园等十多家面食面点店。1942 年又开办 13 家，至 1945 年，重庆城区糖果糕点厂社店坊多达 150 余家。⑤“本市自抗战以来，北方人士甚众，面铺油条为晨餐主要食品，因而经营此业者日渐增多，遂有油条面饼业工会之组织。”⑥1941 年 1 月 7 日成立的重庆市糖果、饼干、罐头食品商业同业公会，成立初期经重庆市政府核准的会员制造厂商 52 家，后增至 79 户，1949 年时达 200 余户。⑦据重庆市社会局及陪都民食供应处统计，

---

① 彭开煦：《关于请掉换面粉致重庆市田赋粮食管理处的函》，1945 年 12 月 10 日，重庆市档案馆藏，档案号 00190001008530000011，第 26 页；重庆市田赋粮食管理处：《关于告知面粉换配办法早已经停止致战时生产局器材总库的函》，1945 年 12 月 18 日，重庆市档案馆藏，档案号 00190001008530000012，第 27 ～ 28 页。

② 《复新面粉股份有限公司营业计划书》，重庆市档案馆藏，档案号 0024 －0001 －00474 －0000 －063 －000。

③ 重庆市政府、冠生园：《关于核查本市冠生园南泉支店有黑市出售面粉的呈、公函、通知、代电（附笔录）》，1944 年 9 月 19 日，重庆市档案馆藏，档案号 0053 －0030 －00167 －0000 －098 －000，第 98 ～ 109 页。

④ 傅润华、汤约生主编：《陪都工商年鉴》，重庆：文信书局，1945 年，第 5 编第 3 章第 34 页。

⑤ 重庆市渝中区人民政府地方志编纂委员会编：《重庆市市中区志》，重庆：重庆出版社，1997 年，第 309 页。

⑥ 重庆市粮政局、重庆市政府：《关于漆云谱、郑炳云两人卷去会员所缴面粉款的呈、指令》，1942 年 1 月 12 日，重庆市档案馆藏，档案号 0053 －0016 －00098 －0000 －001 －001。

⑦ 重庆市社会局、粮食部陪都民食供应处：《重庆市社会局、粮食部陪都民食供应处关于查明重庆市糖果、饼干、罐头食品业同业公会增加面粉数及新增会员确数的公函（附面粉数量表、会员名册）》，1942 年 11 月 5 日，重庆市档案馆藏，档案号 00600009000280100019；黄自强：《重庆市糖果、饼干、罐头食品商业同业公会简史》，政协重庆市市中区委员会文史资料委员会编印：《重庆市中区文史资料》第 3 辑，1991 年，第 18 页。

1942年重庆市经营糖果、饼干、面包、点心的较具规模的门店有40家。[①]战时重庆大大小小的食品制造厂家从战前10余家增至231家，资本额1460万元。[②]

战时粮食供应紧张、价格高昂，面粉价格亦一涨再涨，政府当局提倡食用粗粮，或在粗粮中掺入少量细粮，鼓励人们利用制粉副产品麦麸制作食物。麦麸可分为三种，其中两种可以食用，一为特麸，“完全可供食品”，二为细麸，“亦勉强可供食用”。[③]提倡粗粮食品，高粱、小米、碎白米可做粥，荞麦、大豆、高粱、玉米、大麦、燕麦等杂粮粉与小麦粉混合可做馒头、面包、饼干等。小麦粉与杂粮粉混合比重，杂粮占15%～25%最为适宜。1940年冬，“行政院”院长孔祥熙召开“食物营养研究会”，之后创设国民营养研究所，意在通过分析实验方法研究国民饮食，制定战时营养标准，节约粮食，避免浪费。1941年3月，“国民党中央执行委员会”训练委员会在《五大建设述要》中提出，粮食节约方面除了停止酿酒熬糖外，也提倡民众多吃糙米粗面杂粮，该书在次年修订时亦做此主张。[④]这一点与第一次世界大战时期英美各国的做法基本相似。1917年1月，英国曾颁布法令，规定制作面包时须混合5%～10%的杂粮粉。美国几乎同时亦强制规定，零售商或消费者在购买一定量的小麦粉时，须同时购买同等重量的代用品，即所谓“均半规则”。战前或抗战全面爆发之初，已有学者将英美包括日本的相关做法介绍到了国内。[⑤]有人甚至介绍第一次世界大战时期德国的代用品达1万种以上，其中食物代用品亦不在少数。季羡林先生留学德国时，对战时德国人造黄油颇有几句记述与几分调侃。[⑥]

---

① 重庆市社会局、粮食部陪都民食供应处：《重庆市社会局、粮食部陪都民食供应处关于查明重庆市糖果、饼干、罐头食品业同业公会增加面粉数及新增会员确数的公函（附面粉数量表、会员名册）》，1942年11月5日，重庆市档案馆藏，档案号0060000900028010019，第432～434页。

② 傅润华、汤约生主编：《陪都工商年鉴》，重庆：文信书局，1945年，第5编第3章第23～24页。

③ 交通银行总管理处设计处：《复兴面粉股份有限公司1941年6月调查报告》，重庆市档案馆藏，档案号0288000100155000018000。

④ “中国国民党中央执行委员会”训练委员会编印：《五大建设述要》，1942年，第184页。

⑤ 王伯颜：《战时消费品之分配统制》，上海：汗血书店，1936年，第59页；尹以瑄编著：《国防与粮食问题》，南京：正中书局，1937年，第2版，第121～126页；张克林：《中国生存论：中国策应远东巨变之经济政治军事的战略与战术》，出版地不详，新华印刷社，1936年，第174页。

⑥ 朱元懋编著：《战时物力财力》，重庆：正中书局，1940年，第31页；季羡林：《留德十年》，北京：中国人民大学出版社，2004年，第79页。

人们为了填饱肚子，将杂粮与细粮掺杂在一起，发明了许多新食物，在“行政院”营养改进运动宣传推进委员会印制的材料中，有这样的顺口溜：

妈呀妈，买豆渣，掺白面，放盐巴，捏馅饼，撒芝麻，烤熟了，给娃娃，吃个肥胖人人夸。

种杂粮，吃杂粮，杂粮养人不平常，吃豆面，吃高粱，常吃苞谷能健康。[①]

作为农业国家，当时中国农民人口占总人口比例达70%左右，西南、西北地区比例更高，食用杂粮者颇众。时人指出：“惟就一般之情形言，川康人民生活程度甚低，人民食用杂粮之成分颇大，故增加每人之杂粮消费额，如切实加以推行，当亦非难事也。”[②]

四川省粮食管理委员会也应时推出各种食谱。玉米粑，其做法是把玉米磨细，混以小麦粉，加糖少许做成饼，用油煎或蒸烤均可。再如煎饼，混合两三种杂粮粉，如高粱、大麦、小米、碎米或玉米粉，再配以小麦粉，和水成糊，加盐少许，将铁锅烧热，擦油烘烤，经三五分钟即成一大张薄圆形粮皮。重庆儿童营养促进会则有豆渣饼干：用豆渣一斤，先在锅中略微炒干，用半斤小麦粉混合，再加油、盐或糖少许调和，最后再制成各种饼干，色泽与滋味均甚佳。

中粮公司成立后，亦设立干粮加工厂。该厂位于重庆南岸海棠溪，厂房租用前东兴染厂一部分，购进法国无忧式杂粮研粉机两部，价值约3万元，其余机器由中粮公司修造厂承造。[③]干粮工厂1942年3月开工，厂长沈学源，该厂意在为各机关合作社、重庆市社会部、空袭服务队提供军粮及平价干粮，但限于设备，军粮无法大量制造，只能以饼干生产为主，辅之以杂粮生产，因此各类饼干产量较大。[④]1942～1944年业务主要为制造供给普通市民食用饼干、面包及各种营养品，如成人及儿童营养食品，磷质饼干、麦麸饼干、儿童完全营养饼干、苏打饼干、奶油饼干、可可饼干、椒盐饼干、玉米饼干、上等饼干等，面包有黑面包、白面包、营养面

① 孙醒东：《中国之粮食问题及其政策》，出版地、出版社不详，1942年，第131～147页。

② 崔昌政：《川康建设问题》，重庆：国民图书出版社，1941年，第105页。

③ 中国粮食工业公司：《中国粮食工业公司筹备报告书》，重庆市档案馆藏，档案号0015－0001－00065－0000－169－000，第170页。

④ 《中国粮食工业公司》，《工商调查通讯》第438号，1944年6月17日，无页码。

包、杂粮面包、吐司面包、白糖面包等。1944 年，该厂代慰劳总会制造军用干粮 3000 盒，胜利光饼 5000 市斤，并奉粮食部命令制造军用干粮粉 10 万袋。军用干粮包括 V 字饼、杂粮饼，杂粮饼不仅便于制造，且极易消化，营养丰富。“对后方民食加工制造上之贡献，颇有劳绩。”①

1941 年 9 月，云南省制定颁布《节约粮食消费办法》，规定碾米不得超过五成白，磨面粉不低于六成五。1943、1944 两年，昆明市政府甚至下令禁止在中秋节前制售月饼，违反规定的谷香村糕饼店因此被停业一周，但小饼子却广受欢迎。②

农林部与粮食部相互配合，指定合作机构或特设公司制造杂粮食物，并研究糙米（据 20 世纪 30 年代上海社会局研究，糙米制成精米会有 30% 的营养损失③）的适口性、消化率及碾成白米的最低程度、提倡标准，尽量吃粗面粉与混合面食品。对于磨粉率，政府亦有规定，不得违反，大米亦是如此。战时提倡食用杂粮、粗粮，有的学者将之提高到了“为国家生存而吃”的高度。④

小　结

民族危机为战时后方提供了一个难得的发展机遇，机制面粉工业则见证了后方工业的变迁与民众社会生活的变化。同时，面粉行业也成了一个角力场，角力方有各级政府、面粉厂商、地方势力及民众团体等，各方在国难当头、民族危机空前严重之际围绕面粉展开了各自利益最大化的角逐与博弈。

从国民政府而言，解决军糈民食、保证抗战最终取得胜利是压倒性保障措施之一，不但利用手中权力这一最为稀缺而有效的资源制定各种法律规章制度，从粮食种植、水利设施改善、良种推广、病虫害防治等方面高度重视与积极推行，而且对面粉配给亦力求掌控调拨，希冀在保证前方将士军粮供应的前提下，尽量满足后方民众的日常生活，“以期巩固政府抗

① 王伯天：《三年来之中国粮食公司》，《粮政季刊》第 2 ～ 3 期合刊，1945 年 12 月，第 26 ～ 33 页。

② 万揆一：《战时昆明的节约》，政协云南省昆明市委员会文史委员会编印：《昆明文史资料选辑》第 39 辑，2003 年，第 124 ～ 128 页。

③ 陈正谟：《战时粮食问题的解决方法》，南京：中山文化教育馆，1937 年，第 13 页。

④ 孙醒东：《中国之粮食问题及其政策》，出版地、出版社不详，1942 年，第 129 ～ 132 页。

战建国之经济基础，争取最后胜利”。[①]如何“瞻前顾后”既考验着国民政府能否下赢抗战这盘大棋的智慧与耐心，也对其执政能力提出了更高要求。

作为握有实际权力及政策的制定者，国民政府在战争背景下亦须多方考量，全盘筹划。战时粮食管理属于新政，尽管有历代粮政、外国经验可资借鉴，但世易时移、国情不同，国民政府管理之法仍表现出很大的探索性，只能“摸着石头过河”。对于面粉价格的管理，短时间内经历了平价、官价、厂价及几种方案并行的局面，从积极方面说，这可以看作粮食政策能够根据政局变化、市场反应及时调整的表现，而从消极方面来看，则是政府及粮政管理人员心中并无全盘管理计划与策略，只能走一步看一步，被动做出因应。实际情况则是任何政策在实施之初尚能取得一点实效，时间一长则会招致粉厂及消费者的强烈非议与不满。“平价政策之统购统销办法，施诸管理米粮，政府赔本甚大，犹感商运裹足，米源减少，收效仍属有限，今管理面粉，利用商公司等组织，规定价格，低于成本，既不能照平价米粮由政府赔本办法贴补，又不愿核议市价，所谓奖励正当商人产销，无异摧残正当商人解体，商公司等必要时不得已而停业，宣告破产，则此后生产事业，恐将无人经营矣”[②]。贪腐舞弊、黑市走私、粮荒等继之而起，甚至演成抢粮事件。为了查贪除弊、维护市场秩序、推行粮政，政府不得不凭借行政手段，组建新的机构，依靠党团宪、密查队、经济检查大队等，政治力量与经济力量同时并用但更借重于行政力量，以期掌握相当数量粮食，妥筹供应，并在相当程度上控制粮价，畅通粮食流通，祛除社会恐慌心理，安定社会，做到“制人而不为人所制”。[③]政府派充人员查处各项弊端，鼓励面粉受户互相密报举报、检举揭发，这些方式一度成了管理面粉的常用手法及考验人性、人心的标杆，而查贪除弊过程中出现的冤假错案、挟私报复等新问题又加剧了面粉受户及民众的更大不满，致使民众怨声载道。

对地方政府来说，压力着实不小，内迁后方的军政机关、团体学校的日常粮食供给是压在地方政府肩上的一副重担，成为其着力考虑的一个重要问题。工厂内迁之初，地方政府表现出积极争取的一面，如工业同样较为落后但思想不落后的川、湘各省当局，先后派人到武汉进行游说、鼓动

---

① 四厂联合办事处：《关于请照市价核议面粉价格上重庆市粮食管理委员会的呈》，1941 年 4 月 22 日，重庆市档案馆藏，档案号 00700001000710000051，第 202 ～ 204 页。

② 同上。

③ 粮食部编印：《粮食部报告》（1942 年），1943 年，第 5 页。

社会舆论进行广泛宣传、制定优惠内迁办法等，当然也与自身的强大运输能力不无关系。四川省政府主席刘湘曾扶病到汉，欢迎内迁各厂西上，并电邀四川工业企业家由川飞汉，解说四川资源及设厂环境之优越。刘湘曾言："四川有原料有人力，但是缺乏资本缺乏技术人才。四川不仅宜于各种工业的发展，尤其适于国防工业动力工业的建设，我可以代表四川同胞欢迎全国企业家、民族产业家、华侨资本家及一切技术专家在四川投资建设。"①湖南、云南等省也派人游说，力求内迁工厂迁至本省。陕西地方军政机关对福五迁陕亦热忱协助，提供便利。但及至申四、福五复工，生产基本恢复正常后，地方军政机关则呈现出另一种狰狞面目，视企业为财物税赋搜刮来源与对象，"不是要面粉，就是要棉纱，企业的负担很重"，如若逾期或交缴不足，则以贻误军需、妨碍抗战论罪，这一可大可小的政治罪责非常人所能想象与承担。地方政府前后判若霄壤的态度"实令人寒心"。申四、福五负责人对地方政府难填之欲壑虽深表不满，但仰人鼻息、立于他人屋檐之下的境遇，也使得他们不得不低头。②内迁粉厂为了获得原料、运输工具、资金支持以求得更好的发展，不得不向建立粉厂的当地势力发出邀请，以争取他们实实在在的支持。嘉农面粉厂的遭遇也与此颇为相似，前文已有所述及，此不赘言。

从粉厂角度来看，其所处地位较为尴尬，除了维护粉厂自身的生存与发展，既要面对政府的有力管辖、地方势力的刁难，对于政府制定的原料、粉价政策做出因应，还要照顾消费者对面粉的广泛需求，可以说各粉厂是在夹缝中求生存，在战争背景下勉力为之。正如四厂联合办事处 1941 年 6 月所言，在物价普遍高涨而政府统制粉价的情况下，以"实业救国"相号召的粉厂负责人只能遵从行政命令，"勉为其难，削本供应……赔累甚巨，隐忍迄今……利无可言，反增亏累"。如果市场出现面粉短缺，"一旦酿成问题，商公司等固属供应有责"③，各粉厂也难逃政府对其加工不力之责问。这在重庆各厂表现尤其明显。

面粉受户也是博弈方之一。这一群体主要分为三个层级：

---

① 张肖梅：《实业概论》，上海：商务印书馆，1947 年，第 96 页；刘湘：《长期抗战中的四川》，《大公报》1937 年 12 月 31 日。

② 上海社会科学院经济研究所编：《荣家企业史料》下册，1937 ～ 1949 年，上海：上海人民出版社，1980 年，第 64、234 ～ 235、243 页。

③ 四厂联合办事处：《关于请照市价核议面粉价格上重庆市粮食管理委员会的呈》，1941 年 4 月 22 日，重庆市档案馆藏，档案号 0070000100071000051，第 202 ～ 204 页。

一是各党政军机关、团体、部队。这一群体在战前后方数量较少，战时则大量涌入，故而对面粉需求数量激增。1941 年 10 ～ 12 月的一份统计显示，在渝机关、团体、部队面粉消费量为 26628 袋，约占同期消费总量的 22%[①]，即至少五分之一的面粉供应对象是重庆各机关、团体、部队，数量不菲，并且面粉分配数量是被竭力保证的，即使面粉加工数量减少也不会受到影响。1941 年 11 月，陪都民食供应处根据“行政院”第 537 次会议决议，约集粮食部、社会部、“行政院”秘书处、重庆市政府详加研究改进渝市面粉配销办法，最终认为各同业公会面粉配销为数过巨，且不合理，应切实核减，而对于各公务机关每月分配的 15000 袋面粉只是认为“缺乏标准，分配机关每感困难”，意在只需制定分配标准而毋须减少，事实上每当公务机关增加时，面粉分配数量还会增加。[②]

此外，对于不断上涨的粉价，机关、团体、部队也会享受限价或平价优惠。1943 年 11 月 5 日，粮食部决定提高重庆面粉价格，规定十二区以内特粉每袋 400 元，统粉每袋 360 元，十二区以外特粉每袋 480 元，统粉每袋 440 元，而军公人员仍照限价或平价配给。此前限价特粉每袋为 300 元，统粉为 260 元，各相差 100 元，价格优惠是显而易见的。[③]甚至某些军官、士兵会恃强凌弱，强购面粉。1941 年年底至 1942 年年初，重庆发生多起强买面粉事件及各机关团体抢购面粉情事。此类事件虽为数不多，肇事者亦因自身权利得不到保障而闹事，但因其发生在“中外观瞻所系”的陪都，故在陪都民食供应处看来可谓性质恶劣，不但影响民食正常供应，而且妨害社会秩序，各方皆谓此项抢购之风亟须遏制，要求警局出面制止抢购之风，其实这也反映了战时面粉供应、民食调剂中的权力失衡及其后果。[④]

二是各种面食业同业公会，如切面业、饼干业、甜食业、面饼业、中

---

① 《重庆市面粉消费数量统计》，1941 年 12 月，重庆市档案馆藏，档案号 00610015034470000064000。

② 重庆市政府：《关于抄发改进重庆市面粉配销办法给重庆市政府秘书处的训令（附办法）》，1941 年 11 月 27 日，重庆市档案馆藏，档案号 0053 －0025 －00042 －0000 －033 －000，第 34 ～ 36 页；重庆市政府：《重庆市政府关于抄发改进渝市面粉配销办法给社会局的训令（附办法）》，1941 年 11 月 28 日，重庆市档案馆藏，档案号 00600002004330000003，第 27 ～ 30 页。

③ 粮食部：《关于规定供应陪都厂价面粉价格及调整供应山米价格致重庆市政府的公函》，1943 年 11 月 24 日，重庆市档案馆藏，档案号 0053 －0030 －00154 －0000 －024 －000。

④ 四川荣誉军人管理处、重庆市粮政局：《关于请派员详查第五十六院伤兵强购面粉事宜的训令、函（附原报告）》，1942 年 2 月 27 日，重庆市档案馆藏，档案号 00700002003250000017；粮食部陪都民食供应处、重庆市警察局、重庆卫戍总司令部：《关于派员维护面粉零售店秩序的训令、公函（附地址一览表）》，1941 年 12 月 17 日，重庆市档案馆藏，档案号 00610015016580000115000。

西餐业、油条业等。以重庆为例，各同业公会1941年第四季度面粉消费量为89406袋，约占此一时期消费总量的四分之三，与机关团体、零售商店等相比数量是最大的。其中又以切面业公会配销粉量居首，约为57%，这一点与战前形成鲜明对照。[①]战前重庆城区共有机器切面、挂面店10余家，战时人口激增，切面店也急速增加，1940年增至64家，1942年年初增至294家。[②]战时经营切面门槛较低，生意红火，因之铤而走险、营私舞弊者所在多有。尽管重庆市切面业欲成立“重庆市切面工业同业公会共同购运委员会”，以便代表本会处理对外事宜、计划购运及制定分配方式，会员涉嫌违法时亦会求助于各公会，但切面业仍是违法案件重灾区及密查人员重点查处对象。[③]战时与面粉行业相关的各公会的大量出现反映了本行业的繁荣，在一定程度上解决了升斗小民的生存需求，其积极作用不容低估。但相对于公务机关、团体、部队，各公会的民间组织身份决定了它只能在猫鼠游戏中任由摆布，在前者制定好的游戏规则中不断调适自己的行为，在统制经济中作为弱势群体被统制，在行政权力统治的社会里作为巩固政权需要的筹码而存在，其自身价值及正当利益诉求则几被各级行政权力荡涤殆尽。

三是普通民众。战时普通面粉受户亦是不容忽视的一个群体，普通民众购粉主要在市区各零售商店，零售商店分散、数量小，不确定性较大。为方便民众购买面粉，民供处在重庆城乡分设9处面粉零售处。[④]从供应数量而言，普通民众能够购买的粉量是很少的。1941年4月8日，重庆市粮食管理委员会制定的《重庆市面粉交易管理暂行办法》，对零星用户一次最多购买数量亦有明确规定，不得超过规定数额，并须将售出日期、购买

① 《重庆市面粉消费数量统计》，1941年12月，重庆市档案馆藏，档案号00610015034470000064000。

② 重庆市粮政局、重庆市政府：《关于检送1942年1至3月份分配市民面粉统计表的指令、呈（附表）》，1942年6月26日，重庆市档案馆藏，档案号00700002001920000003；重庆市粮政局、重庆市面食商业同业公会：《关于将停配官价面粉改为厂价或提高面粉价格并请恢复停粉会员面粉的呈》，1942年6月24日，重庆市档案馆藏，档案号00700002003580000028，第85～93页；重庆市渝中区人民政府地方志编纂委员会编：《重庆市市中区志》，重庆：重庆出版社，1997年，第308页。

③ 重庆市切面工业同业公会：《重庆市切面工业同业公会共同购运委员会计划草案》，重庆市档案馆藏，档案号00600009000320000047，第217～221页；重庆市粮政局：《为陪都粮政密查队五六月份查报案件交由本局处理情形呈报鉴核备查由》，重庆市档案馆藏，档案号0053－0015－00432－0000－003－000，第5～8页。

④ 王锡文：《陪都民食供应之机构计划设施》，《川康建设》第1卷第1期，1943年1月1日，第21页。

人姓名、住址填写分明，以便查考。[①]1941 年第四季度只有 10 月份供应 2640 袋，其余两个月未见记载。[②]零售商店分配粉量较为有限，据统计，1942 年 1 ～ 3 月，重庆市粮政局仅配给每个零售店 25 袋[③]，平均每日销售量不足 45 市斤，这对广大民众来说杯水车薪，好在这些面粉系官价面粉，价格低廉。1943 年 11 月之前，重庆零售官价面粉数量原定为切面会员七成，市民三成，但市民反映数量过少，每欲购而不得，粉厂停机待料之时情况更为严重，甚至发生挤购、抢购之风。1943 年 11 月 27 日，陪都民食供应处联合重庆市政府、重庆市社会局等会商后，改为各占一半，情况始稍有缓解。[④]总体来说，普通民众是最为弱势的群体。

战时自东向西的人口流动频繁且数量极大，扩大了后方各省市场，既为面粉业聚集了大量消费者，也带来了北方丰富多样的面食品种，面粉虽不似大米广泛食用，但战时粮食物资的匮乏也一定程度上改变了本地居民的口味。

战时面粉短缺，各利益方围绕面粉展开的“斗智斗勇”事件层出不穷，国民政府与地方政府视面粉为社会控制的一个手段，动辄以抗战建国相标榜，在其严密管制之下，民众生活实属不易。粉价不停上涨、政策频繁调整也使相关从业者无所适从，忙于应付。在普通切面店主及面食营业者眼中，面粉则是借以保命的救命稻草，既有趋之若鹜、祈求分得一杯羹的急切，也有被诬告时避之唯恐不及的内心挣扎，政府对面粉的有力管制却使得依靠面粉谋生的普通民众度日维艰。胆大妄为之徒则以面粉为走私获利的工具，不惜铤而走险，以身试法，反过来亦使得管理部门焦头烂额，加大了管理成本。事实证明，在这场博弈中，受惠最大的是中华民族的抗战事业。

---

① 重庆市政府、重庆市社会局：《重庆市政府、重庆市社会局关于抄发面粉交易管理办法的训令（附办法）》，1941 年 4 月 8 日，重庆市档案馆藏，档案号 0060000200555000002，第 8 ～ 11页。

② 《重庆市面粉消费数量统计》，1941 年 12 月，重庆市档案馆藏，档案号 00610015034470000064000。

③ 重庆市粮政局、重庆市政府：《关于检送 1942 年 1 至 3 月份分配市民面粉统计表的指令、呈（附表）》，1942 年 6 月 26 日，重庆市档案馆藏，档案号 0070000200192000003；重庆市粮政局：《关于检送 1942 年 2、3 月份分配市民米、面粉统计表上重庆市政府的呈（附表）》，1942 年 7 月 23 日，重庆市档案馆藏，档案号 0070000200192000017。

④ 杨文泉、谢式瑾：《关于呈报召开各种面粉制成品议价会议经过情形及议定价格的呈（附会议纪录、比较表）》，1943 年 11 月 27 日，重庆市档案馆藏，档案号 0053 – 0030 – 00154 – 0000 – 037 – 000，第 39 ～ 41 页。

结 语

民族危机空前高涨的抗战时期是近代中国的大变动时期，无论政治、经济还是广大民众的日常生活，都发生了前所未有的变化并且一直充满了变数。对于区域广大、发展相对落后的后方各省而言，亦迎来了数千年未有之变局，而这种变局总体而言是积极向上的，或曰不可多得的“转机”。从政治层面来说，“西南是抗战的根据地，西北是建国的根据地”，西南、西北的政治地位大大提高，重庆一跃成为战时陪都。从经济层面来说，工厂内迁规模空前，各项建设次第在后方新的工业区展开，轻重工业门类日渐齐全，以往封闭落后的后方城市也在战时焕发生机。以战前较为落后的贵阳为例，抗战时期贵阳“容纳了沿江沿海流亡到来的不屈服的儿女，他们一向陶冶在文明进步的空气中，到此就起推动的作用，现在的贵阳已成为西南重要大都市之一。它不特有精致的日用品，可口的各色各样的食品便利的电灯汽车，而且有增益身心的书店、报纸……深造专研的高等学府……更充满着朝气蓬勃的精神与伟大的热力”①。实事求是地说，抗战时期是后方各省经济社会发展最快的时期。

抗战时期亦是后方各省机制面粉工业发展的黄金时期。如果以战前后方面粉工业生产指数为 100 的话，1942 年 10 月后方面粉业生产指数已达

① 王燕浪：《西南与西北》，南平：国民出版社，1943 年，第 33 页。

245，在如火如荼的抗战中增长了将近 1.5 倍①，而用时仅为 5 年时间，如果考虑到迁建复工、交通运输阻隔、原料供应相对困难，则殊不容易。据资源委员会 1942 年的调查，后方川、滇、闽、湘、赣、陕、甘、鄂 8 省民营粉厂，每日面粉可能产量为 19215 袋，1941 年产量为 3668748 袋，1942 年上半年产量为 1999843 袋，1942 年全年可能产量达 4770550 袋。②另据统计，1943 年后方共有面粉厂 43 家，其中开工生产者 34 家，计四川 13 家，陕西 10 家，甘肃 3 家，湖南 3 家，贵州 1 家，广西 2 家，福建 1 家，新疆

① “行政院”编：《国民政府年鉴》一，张研、孙燕京主编：《民国史料丛刊》第 931 册，郑州：大象出版社，2009 年，第 183 页。关于面粉增长指数，国民政府经济部统计处编制的统计资料及工矿调查处统计数据均有出入。参见“中央”银行经济研究处编印《三十年下半期国内经济概况》（1942 年，第 169 页）。

年份	生产指数	共计（袋）	国营	民营（袋）
1938	—	1513000	—	1513000
1939	127.29	1926000	—	1926000
1940	214.09	3239200	—	3239000
1941	299.08	4510000	—	4510000
1942	322.54	4880000	—	4880000
1943	272.97	4130000	—	4130000
1944	211.03	2881000	—	2881000
1945	135.88	2055860	—	2055860

另据国民政府“行政院”1945 年 5 月国民党六大所做报告，1938 ～ 1944 年后方各项重要民生用品生产情形表所载，1944 年后方面粉产量为 3334229 袋，这一数字与此处统计数字出入颇大。参见《“行政院”工作报告——有关内迁厂矿、发展工业及开发矿产部分（1938 年 ～ 1945 年）》，秦孝仪主编：《中华民国重要史料初编——对日抗战时期》第 4 编“战时建设”（三），台北：“中国国民党中央委员会”党史委员会，1988 年，第 598 ～ 599 页。

② 中国第二历史档案馆编：《中华民国史档案资料汇编》第 5 辑第 2 编“财政经济”（六），南京：江苏古籍出版社，1997 年，第 359 页；经济部统计处编印：《后方重要工矿产品统计》（1940 年及 1942 年），1943 年，第 114 ～ 115 页。另据一项统计资料，1942 年上半年面粉产量为 2362560 袋，下半年为 2517400 袋；1943 年上半年为 1186000 袋，下半年为 2944000 袋；1944 年上半年为 1720000 袋。参见《第三届国民参政会第二次大会“行政院”工作报告补编》（1944 年 5 月 ～ 7 月），1944 年 8 月，第 36 页。

1家。[①]据经济部统计数据显示，1943年度后方民营粉厂实际产量为2409000袋。[②]其中以陕西的产量最高，全省每日可产粉13500袋，西安一地即可产10000余袋，宝鸡约3000袋。截至1944年10月底，后方共有粉厂47家，资本总额为14684万元，职员总数为757人，工人1867人，面粉机数量为158部，日产量24810袋，全年产粉4568802袋。其中公营2家，资本额2140万元，职员18人，工人74人，磨粉机2部，全年产量153270袋；民营粉厂45家，资本额12494万元，职员739人，工人数为1793人，全年面粉产量为4415582袋。[③]面对此一骄人业绩，时人有如下评论："此项建设之成效，可以民营事业所得之生产力量作为标准……就面粉言，自每年一百五十万袋，增至四百八十八万袋，计增三倍又半……凡此皆后方战前及民国三十一年之生产能力互相比较，而确见已有长足进步。"[④]

冀朝鼎在评述汉武帝所建造的两项治水工程时指出："只有当政府越来越缺乏粮食的时候，只有当由于过分的掠夺与生产的低下，迫使农民不得安宁并要起来造反的时候，才会因为要解决这些问题而指望发展生产，才会去着手发展灌溉工程，并把它作为首要关切的任务。"[⑤]这一观点对于重新认识战时后方面粉工业发展不无借鉴。

抗战全面爆发后，随着战争进程的推进，国民政府面临的危机较战前更加严峻，全国精华地区沦陷殆尽，有效统治区域只有西南与西北，人民流离失所，中华民族面临着亡国灭种的严重危机。为了救亡图存，取得战争的胜利，恢复统治区域，国民政府只能在战争状态下对西南与西北予以有限度的开发与建设。战争初期的工厂内迁为后方注入了强大的新生力

---

① 陈真编：《中国近代工业史资料》第4辑，北京：生活·读书·新知三联书店，1961年，第408页。关于1940年至1943年后方川、黔、滇、桂、粤、闽、湘、赣、陕、甘、鄂11省面粉厂数与产量，据经济部调查，详情如下：1940年，共有20厂、总产量3791483包，其中公营1家，产量14400包；民营19家，产量3777083包。1941年，共有33厂、总产量3952235包，其中公营6家，产量135883包；民营27家，产量3816352包。1942年，共有42厂、总产量3846376包，其中公营10家，产量341012包；民营32家，产量3505364包。1943年，共有42家、总产量4110703包，其中公营11家，产量974539包；民营31家，产量3136164包（经济部统计处编印：《后方重要工矿产品第二次统计》（1940年至1943年），1944年1月，第69～70页）。

② 陈谦平编：《翁文灏与抗战档案史料汇编》上册，北京：社会科学文献出版社，2017年，第51页。

③ 国民政府主计处统计局编印：《中华民国统计提要》，1945年，第36～37页。

④ 翁文灏、顾诩群：《中国经济建设与农村工业化问题》，1944年1月，张研、孙燕京主编：《民国史料丛刊》第495册，郑州：大象出版社，2009年，第550页。

⑤ 冀朝鼎：《中国历史上的基本经济区与水利事业的发展》，朱诗鳌译，北京：中国社会科学出版社，1981年，第70页。

量，迁移至后方的设备、人员、技术等促进了当地工业的极大发展，也带动了相关产业的进步。正如有学者指出，机制面粉工业作为近代中国工业组成门类之一，与其他行业如棉纺业一起，“必然又带动其他有关行业的发展，从而促进了某些城市逐步向着资本主义工商业城市转化”。①黄仁宇在谈到华北地区在中原大战之后以统税代替厘金时指出：“统税所辖的为火柴、水泥、卷烟、棉纱及面粉。这些商品在工厂里生产，也显现着人民之衣食住行，开始向现代的方向走。虽说进度仍有限，中枢想统一全国的程度仍不够，只是现代化的程序已经发轫，也由经济生活开始，影响到其他的各方面。”②后方面粉工业的发展，也显示出这一带动作用。

面粉厂为了自身发展需要，想方设法改进设备，除了解决自身存在的问题之外，从另一个角度来讲，改善了当地民众生活水平，或促进了当地某些行业的发展。1936 年，西安成丰面粉厂为提高本厂面粉加工能力，安装了一台 2000 千瓦的发电机，7 月份装竣并发电。2000 千瓦的电力供应能力对于粉厂绰绰有余，不但解决了本厂电力供应问题，所发电量除供本厂应用之外，还将部分剩余电量售予西京电厂，转供市区其他用户使用。③无锡允利粉厂战时迁入重庆，其负责人薛明剑排除各种困难，克服动力不足的问题，除了在万县设立面粉厂外，还指导各地建设面粉厂，根据战前所编《衣食住行工艺概要》“食之部”④，编成《筹设面粉工场指南》一书，分送后方工业界参考。⑤

1943 年至 1944 年，盟军来华人员数量明显增多，面粉需用量加大，面粉厂多有创设，而中国从未开设过此类技术职业学校，因之面粉技术管理人员“甚形缺乏”。⑥因此，薛明剑于 1944 年 7 月初函请粮食部、教育部、经济部等，申请创办中国面粉技术管理人员训练所，自任所长，招收“决心以面粉业为终身职业”⑦的学员予以培训。同时，斥资 35 万元在重庆南岸野猫溪正街购置厂房 12 间，创办实验工厂，添购机器费用达 220 余万

---

① 黄逸峰、姜铎等编著：《旧中国民族资产阶级》，南京：江苏古籍出版社，1990 年，第 206 ～ 207 页。

② 黄仁宇：《我相信中国的前途》，北京：中华书局，2015 年，第 41 页。

③ 董喜荣：《西安电业史略》，政协陕西省西安市委员会文史资料委员会编：《西安文史资料》第 19 辑，西安：西安出版社，1993 年，第 37 页。

④ 薛明剑编：《衣食住行工艺概要》第 2 册，上海：中华书局，1934 年，第 1 ～ 8 页。该书在“面粉制造方法”中，分机械、管理、原料三个方面做了介绍，图文并茂，较为详细。

⑤ 陆阳：《薛明剑传：民国实业的布道者》，北京：华文出版社，2013 年，第 110 页。

⑥ 重庆市教育局、薛明剑：《关于筹办中国面粉业技管人员训练所的呈、批（附招生简章）》，1944 年 7 月 10 日，重庆市档案馆藏，档案号 00650001012480000179000，第 142 ～ 145 页。

⑦ 无锡市史志办公室编：《薛明剑文集》，北京：当代中国出版社，2005 年，第 85 页。

元，新购教具、员工膳宿用具等费用30余万元。训练所8月16日开始招生，第一批生源主要为高中毕业生30名及在渝各粉厂保送特种生30名，9月1日正式开学。[①]至抗战胜利，该所先后招收三期学员，每期学习一年，毕业后分赴成都、兰州、昆明、天水、合川等地面粉厂，并成为当地面粉制造业务的技术骨干。训练所还鼓励有经济能力者可向允利公司商借面粉机械，创设面粉工厂。[②]

施嘉干与董澄农联合创办的嘉农面粉厂，亦得益于来自上海的施嘉干“在设备、技术、管理等方面，还有内地办厂的成熟经验可供借鉴，这是发展云南实业的一条最佳捷径”，加之内地民众大量涌入，军需猛增，举办粉厂定会获利。[③]这些工业界先进人士及举措除了为后方带来实实在在的制粉设备、科学的管理理念之外，还指导当地有识之士创办粉厂、培训粉业工人，既体现了技术的融合，也促进了当地制粉业的进步与发展。

技术融合的趋势是相当明显的。后方各类技术人才缺乏，制粉人才亦相当稀缺，“各地苦于技术管理人员之缺乏，无法添设工厂或改进业务”。复兴粉厂创办之初，经理鲜伯良发现在生产过程中存在技术操作问题，即不能将麦粒一次磨净，耗时耗工，而且影响出粉率和面粉品质，于是他派人赴其时位于汉口的福新第五面粉厂参观，并聘请福新技师华尔英到重庆协助改进技术设备，后经过调整，解决了不能一次将麦粒磨净的问题，日产量也由300包提高至1000包。[④]如果说复兴的例子属于“输血”的话，内迁粉厂及技术人员则在后方充当了教练员的角色，为后方培训制粉技术人员，从单纯“输血”走向了“造血”。

在面粉业与机器业中，本地人才匮乏的现象极为严重。为了解决技工奇缺问题，经济部工矿调整处拟训练部分技工，为此，1940年1月11日、

---

① 中国面粉业技管人员训练所：《关于报送本所开学日期及实验工厂章程等上重庆市教育局的呈(附董事会名册及章程)》，1944年8月30日，重庆市档案馆藏，档案号0065000101248000017900 0，第179～184页。

② 陆阳：《薛明剑传：民国实业的布道者》，北京：华文出版社，2013年，第111页。1944年7月2日，允利公司致函经济部工矿调整处，称公司4月14日为其订制的一套300包面粉机业已完成，请其派员验收起运，这说明允利的制造能力是比较强的。参见允利实业股份有限公司：《关于派员前来验收订制的三百包面粉机一套致经济部工矿调整处的函》，1944年7月2日，重庆市档案馆藏，档案号00190001001900000050；中国面粉业技管人员训练所：《中国面粉业技管人员训练所招生简章》，重庆市档案馆藏，档案号0304000102593000032500 0，第325～326页。

③ 杨用勋、杨润苍、何开明：《云南近代工商企业家董澄农的创业历程》，中国民主建国会云南省委员会、云南省工商业联合会编印：《云南工商史料选辑》第1辑，1988年，第155页。

④ 鲜伯良：《我经营重庆复兴面粉厂的回忆》，政协四川省委员会、四川省省志编辑委员会编印：《四川文史资料选辑》第4辑，1962年，第101～107页。

5 月 27 日，翁文灏曾分别与罗家伦、张群商讨此事。[①]工矿调整处 1941 年指定后方规模较大的民营工厂训练技工，第一期培训 300 名，1942 年完成。此外，各私营厂矿自行训练者亦颇多。所设技工训练处委托国营、私营各厂及国立大学实习工厂开设培训班，自 1940 年起，五年内计划训练特别技工、普通技工、速成技工 7000 名，1941 年设立训练班 23 个，截至 1945 年 3 月前毕业者达 3117 人，正在接受培训的有 2276 人。[②]

后方各省面粉工业发展路径显示，作为产麦之区、食麦之地的西北，有发展面粉工业的原料优势和市场条件，然而这些优势与条件却未被很好地利用，再加上交通不便，资金、设备缺乏，致使这一地区长期无机制粉厂。而粉厂的相继设立，则主要可以归结为 20 世纪 30 年代初民族危机逐步显现，社会危机日益加重，迫使西北地区之外的面粉厂商在社会动荡、市场萧条的无奈中另觅去处[③]，而抗战全面爆发这一最为严重的民族危机，沿海地区沦陷，“倒给了民族工业一个发展的机会”[④]，客观上给后方面粉工业输入了进一步发展所缺乏的技术、资金和设备，促使其在民族危机的大背景下实现了新的转机。由是，战时后方机制面粉工业实现了急速的超常规、植入式发展。换言之，战时后方机制面粉工业之所以能实现快速融合与发展，除了民族危机之外，国家利益与地方利益的融合，地方政府利益与面粉企业利益的融合等等，沿海经济观念与内陆经济观念的融合，内迁企业与本土企业的融合，均是促进其发展的因素。尽管融合过程中亦存在利益分配不均而引起的政企关系、官民关系不和谐乃至冲突，但这并不能掩盖融合与发展的趋势与本质，此即

---

① 翁文灏著，李学通、刘萍、翁心钧整理：《翁文灏日记》下，北京：中华书局，2014 年，第 426、481 页。

② 《“行政院”工作报告——有关内迁厂矿、发展工业及开发矿产部分（1938 年 ～ 1945 年）》，秦孝仪主编：《中华民国重要史料初编——对日抗战时期》第 4 编“战时建设”（三），台北：“中国国民党中央委员会”党史委员会，1988 年，第 588 页；《中国国民党第五届“中央”执行委员会第九次全体会议国防最高委员会工作报告》，1941 年，无页码。另据谭熙鸿主编《十年来之中国经济》下册（上海：中华书局，1948 年）记载，技工训练处于 1940 年 9 月开始筹备，10 月正式成立，隶属于国防工业委员会。1942 年国防工业委员会改组为“中央”设计局工业设计委员会，技工训练处改隶该委员会，1943 年 1 月又改隶经济部，正式定名为经济部技工训练处，主持技工训练事宜。从 1940 年 10 月至 1945 年 12 月，经济部技工训练处共招训技工 5 期 6378 人，区域散布川、滇、湘、桂、甘各省，种类分为特别、普通、速成 3 种，特别技工训期 3 年，由兵工署指定工厂训练；普通技工训期 2 年，由国营工厂及国立大学实习工厂训练；速成技工训期 1 年，由民营工厂训练。第 1 期 2011 人，第 2 期 1941 年，第 3 期 1507 人，第 4 期 536 人，第 5 期 383 人。参见该书所收齐植璐：《十年来之经济建设》，第 164 ～ 165 页。

③ 《去年面粉业萧条状况》，《中国实业》第 1 卷第 2 期，1935 年 2 月 15 日，第 391 页；《面粉业之危机》，《中行月刊》第 8 卷第 3 期，1934 年 3 月，第 131 页。

④ 狄超白主编：《中国经济年鉴》中编，上海：太平洋经济研究出版社，1947 年，第 50 页。

“危机下的融合与发展”的含义之所在。

西北面粉工业从1914年昙花一现，到20世纪30年代中期步入正常发展轨道，再到抗战时期的超常规、植入式发展，为我们展现了多种截然不同的发展面相。首先，从1914年陕西设立第一家机制粉厂起到1935年止，20年间西北地区只有此一家存活未几以致常被极大忽略的机制粉厂，政局稳定对经济发展至关重要。其次，如果从1935年较有规模的成丰面粉公司算起，其所经历的时间只有短短的8至10年，也就是说，西北尤其是陕西面粉工业只用了不足10年时间即已基本走过了中国近代面粉业四五十年曲折漫长的发展之路。尽管各粉厂与战前大厂相比还存在规模较小、管理有待完善等问题，但考虑到发展时间较短、战争背景及近代化程度相对较低等因素，这在战时后方也是难能可贵的。

抗战胜利后，国民政府忙于战后复员与接收，大量人员被从后方抽调至光复地区，资金安排亦向战后事项倾斜，对于西北经济建设无暇顾及，加之内战风云急起，各项经济举措及计划只能让位于“更大的”政治，无形中大大放缓了建设的步伐或停顿下来。工业、交通、移民垦殖、农田水利等各方面均受影响。“抗战期中我在大后方辛苦建立的工业，于数年的瘫痪挣扎之下，本年（指1946年——引者注）更遭受致命的一击，几将全军覆没。盖后方重工业向赖政府订货为生，胜利以后，政府既无此需要，更因努力接收收复区，资金与技术方面不再稍予关注。轻工业方面，则受美货倾销的影响，远不能与之竞争，加之内战扩大，全国经济趋向崩溃之途，社会购买力低而再低，于是停工倒闭者成为普遍的现象。”[①]此即战后复员对后方经济社会的负面影响。

① 《中国经济年鉴》（1947年，上），沈云龙主编：《近代中国史料丛刊三编》（第90辑），台北：文海出版社有限公司，1980年，第1页。后方工业的衰落从1943年即已露出端倪，但在政府的支持下，颓势一度得到遏制，但抗战甫一胜利，衰落终不可免，这从1945年后方主要工业冬季与夏季生产指数的对比中可以看得很明显，详见下表：

类别	夏季	秋季	冬季	冬季较夏季减少百分比（%）	类别	夏季	秋季	冬季	冬季较夏季减少百分比（%）
总指数	488.26	458.05	386.41	20.86	水泥	285.91	191.44	158.20	44.67
燃料类	392.85	377.48	334.31	14.90	酸碱类	404.92	334.64	238.46	41.11
钢铁类	840.99	791.96	461.74	45.10	日用品类	602.72	552.34	490.36	18.64
机器类	466.17	353.47	205.16	55.99	文具类	542.46	489.29	427.65	21.16

本表取自《中国经济年鉴》（1947年，上），《近代中国史料丛刊三编》（第90辑），台北：文海出版社有限公司，1980年，第9页。1938年指数为100。

后方面粉业在经历膨胀性发展或危机性发展过程中却碰到了诸如面粉生产成本过高、运输不便等问题，限制了其规模发展，危机一旦解除，发展瓶颈立刻显现，这在抗战后期及战后表现尤为明显。如何看待这一现象？这就牵涉到了近代以来后发展地区的发展模式与发展动力问题。关于此一问题，樊如森曾撰文指出："陕西经济发展的历史实际表明，和平状态下东部沿海市场的辐射和陕西内部市场的整合，都没有明显改变陕西经济发展的缓慢和落后状态。相反，战争状态所引发的各种外部非市场要素，却成为促进其经济快速发展的直接推动力量……像陕西这样一个交通和经济都相对落后的内陆省份，单纯依靠市场经济杠杆，是无法有效地启动其经济发展原动力的……而国家和社会各界之非市场因素的大力扶持和帮助，却激活了陕西所蕴含的深厚的经济活力，进而使这一欠发达地区的经济也走上了现代化的轨道。"显然，该文注意到了战争等外部力量对区域经济发展的直接推动作用，而不能仅仅依靠市场经济的力量，这一点在后发展地区表现更为明显，作者在文章最后指出："中西部地区经济快速发展的真正着眼点，不仅要放在区域内部，更要放在外部；不仅要重视各种市场要素，更要借助于各种非市场的力量。"[①]如果理解不错的话，作者所说的市场要素所指内涵应为经济力量，而各种非市场力量可以理解为政治推动力。也就是说，要想推动后发展地区的经济社会发展，必须立足而不仅仅局限于经济手段，而应采取更为强力的诸如政策倾斜等政治措施。这一论述对我们深入思考后发展地区近代以来的发展路径有很好的启示，也促使我们进一步反思问题的实质。

危机并不能直接推动后发展地区的社会经济发展，相反还会破坏其原有社会秩序。而有效的应对措施则是真正解除危机、带来转机、焕发生机的不二法门。对于西北、西南等后发展地区，解除危机的有效措施可以归结为以下三个层面：

一是从政治层面言，中央政府必须重视并给予后发展地区较高的政治地位。近代中国经济社会发展不平衡现象十分突出，层累地造成了当今东部、中部、西部的社会现状，相对发达地区借助历史上累积的强大经济实力、文化实力、人才优势等，往往在政治上有较高的地位，政治代言人可以为其争取更为有力的发展环境，因之其已经走上了良性发展道路。反观后发展地区，尽管自身具有地域广阔、资源丰富、文化独特等优势，但这

---

① 樊如森：《陕西抗战时期经济发展述评》，《云南大学学报》（社会科学版）2009年第5期，第58～65页。

并不能弥补其经济实力较弱、人才短缺等方面的短板，故而其政治地位远远低于相对发达地区。在行政权力主导社会的近代中国，政治地位低下常常意味着经济社会停滞不前。相反，当诸如“九一八”事变、华北事变、“七七”事变及天灾人祸等内外危机来临时，国民政府为了应对种种危机而提高后发展地区的政治地位时，此一地区也走上了较好的发展时期，这一点从20世纪30年代西北、西南经济开发活动的大规模展开及取得的累累硕果可见一斑。1942年蒋介石提出“西南是抗战的根据地，西北是建国的根据地”，这是近代以来西南、西北政治地位最高的时期，也是其经济社会发展最快的时期，二者的因果关系不言而喻。战时后方机制面粉工业的融合与发展也证明了这一点。

二是从政策层面言，政府必须对后发展地区实行相当程度的政策倾斜，以实现其经济社会的快速发展。西北、西南地区被政府漠视、“衰落”由来已久，历代政府大多将其视为军事要地，正如日本学者所指出的，西北首先是作为国家防卫据点的战略重要性，其次才是发展经济所需的资源支持和文化上的重要性①，因之，政府的治理思维常常停留在保境安民层面，只求“民安、境保”，对于斯土斯民的政治权益、经济生活等几乎漠视无睹，只有当危机来袭时，才会采取临时的军事措施加以处置，等到危机解除，则又基本恢复到先前状态或为了稳定社会而采取高压手段，即使有所谓“新政”的推行，也只是出于维稳目的，而非发展地方经济社会、提高人民生活水平，清末陕甘、云南民变及之后推行的某些政策即是如此。尽管“新政”给当地社会引入了一股清泉，但仅昙花一现，人亡而政息，政权更替打断了政策的连续性。民国初期，“中央”政权式微，无暇顾及西北、西南地区，地方军阀则拥兵自重，经济社会停滞不前乃至倒退。南京国民政府建立之后，外患日甚一日，“九一八”之后开发西北、西南边疆的呼声不绝如缕，国民政府采取了积极的经济发展政策，西北、西南地区经济社会渐有改观。抗战全面爆发后，民族危机空前严重，国民政府迁都重庆，后方政治地位大为提高，发展经济的政策举措接二连三，为西北、西南地区经济发展奠定了一定的基础。中华人民共和国建立后，“三线”建设相继展开，西部地区进入了发展快车道。跨入新世纪前后，“西部大开发”被定为国策，后发展地区面貌日新月异。可以看出，后发展地区要想实现经济社会的快速发展，必须有政府针对性强、可持续的政策扶持，并且这些政策

① 〔日〕松本真澄：《中国民族政策之研究：以清末至1945年的“民族论”为中心》，鲁忠慧译，北京：民族出版社，2003年，第128页。

必须以发展地方经济社会为主，富民为先，民富则边固，改革开放之初设立的“经济特区”及其发展也印证了这一点。

三是从政府层面言，各级政府须权责分明，摆正民、国关系。民国前期政府架构特点是“枝强干弱”，即“中央”政府虽居于领导地位，但并未完成政治理念和政治制度转型。地方政府仍未完全纳入“中央”政府的有效管辖之下，主政者以军阀为主，变换频繁，对“中央”缺乏向心力，表面虽服从，实则以“土皇帝”自居，压榨民众，糜烂地方。①尽管国民政府通过“围剿”红军实现了部分地方政府的“‘中央’化”，并且随着抗战全面爆发，统制经济、国家资本主义渐次渗透于地方社会，国民政府借助经济手段控制地方政府的理念得到贯彻与实行，此一局面稍有改变。然而，特殊的战争环境使得国民政府过多地将触须伸向地方政府的方方面面，党、政、军、经、教、文、卫等均处于政府严密控制之下，尤其是涉及民营企业发展问题上，各级政府统得过多过死，造成企业生存维艰，缺乏活力，政企矛盾突出。关于这一点，中国经济建设协会在1940年即已有较为深刻的论述，甚至符合现代企业制度的理念：“国营企业已有逐渐贯彻商业组织并与主管行政机关划分之趋势。今后自应使未采取商业组织者，实现其商业化，已采取商业组织者，益彻底其商业化。然其中最要之一点，尤在使与主管行政机关之职权，有明确划分之规定。就原则言，统制权应集中，经营权应分散；换言之，主管行政机关应负决定政策之责，握监督指导之权。至企业本身之业务财政，应使独立，用人行政之权，更应归之企业组织之本身。”②再以重庆面粉行业为例，政府先后设立粮食部陪都粮政密查队、国家总动员会议经济检查大队等经济特务机构，并依靠党（国民党各省党部）、团（三民主义青年团）、宪（宪兵队）、军统等势力，借助行业公会力量强制推行粮政，用行政命令代替经济调节杠杆。坚持抗战并取得胜利虽然是上至政府高层下至普通黎庶的一致愿望，但其肆无忌惮地利用国家机器强制施行，甚至不顾民众之死活肆意为之，则将民众推向了政府当局的对立面。以战时粮政为例，当时有多人提出，战时粮食管理与平时稍有差别，平时任务为供需平衡，侧重于粮食运销管理与价格统制，而战时的任务则是“使有限的粮食供给量，配合军糈公粮民食的需求，故当注重以强制力量，管理粮食的消费与分配”③，并建议政府借鉴

---

① 程振章：《“开发西北与建设农业”的先决问题》，《晨光》第2卷第7期，1933年2月，第12页。

② 中国经济建设协会编印：《中国经济建设纲领初稿》，1940年，第48页。

③ “中国国民党中央执行委员会”训练委员会编印：《五大建设述要》，1942年，第186页。

国外及敌国经验，以为所用。或如何廉所言："委员长认为粮食市场可用强制力量来稳定。他认为砍掉几个人的头就能够威慑大多数人，使他们按照政府的要求做。"[①]抗战时期国民政府面临的时代主题是早日实现抗日战争的胜利，实现抗战建国的蓝图，这一点毋庸置疑。但可以提出商榷的是，此类简单粗暴的做法虽可一时奏效，但对于粉厂、面粉受户等被统制的弱势群体而言，其手腕过于强硬，民众痛楚无可申诉，似乎正应验了那句话：兴，百姓苦；亡，亦百姓苦。果如是，则民、国关系伊于胡底？再如粮食征购，其实质是用货币强制向农民购买粮食，"含有半征半购之意"，"寓有平价征用之意"。[②]在1942年实施征购之初，民众积极性较高，但抗战后期及战后广大民众不愿积极交纳粮食，国民党粮政基本归于失败，与田赋征实之初的溢额征收景象形成鲜明对比。之所以出现民众抵制进而抗拒的情形，也与国民政府战后未能兑现承诺，并纵容、鼓励地方政府以"惠及全体农民"为借口，利用粮食库券、储券本息兴办本省农田水利不无关系[③]，这一失信于民的做法其实是变相抵赖战时粮食库券，严酷剥削农民，这也可以从粮食政策角度解释国民党能在各方力量配合下打赢旷日持久的抗日战争，却在战后很快溃败的原因。

---

① 何廉：《何廉回忆录》，朱佑慈等译，北京：中国文史出版社，2012年，第164、160页。

② 徐堪讲：《最近之粮政》，国民党"中央"训练团，1942年，第7、10页；徐堪：《粮食问题》，"中央"训练团党政训练班演讲录，1942年，收入徐可亭先生文存编印委员会编印：《徐可亭先生文存》，1970年，第113～114页。

③ 《江西省各县购粮储券、粮食库券、征借谷移充农田水利基金问题之商榷》，编者、年份不详，第2页。

征引文献

一、档案资料

（一）未刊档案

《1942 年度建设事业费分配（一）》，陕西省档案馆藏，档案号 72 -2 -1253（1）。

《本处 1945 年有关面粉配销等文书（二）》，1945 年，陕西省档案馆藏，档案号 92 -4 -32（2）。

《本公司五年概况》，1943 年，贵州省档案馆藏，档案号 M78 -1 -619。

《本局关于磨制军用、民用粉管理暂行办法、机制粉分商组织及取缔面粉囤积居奇实施办法等文件（一）》，1942 年，陕西省档案馆藏，档案号 17 -6 -1049（1）。

《本局、省合作事业管理处关于调整面粉供销计划及推销土粉联系办法等文件》，陕西省档案馆藏，档案号 17 -6 -1059。

《本厅一九四四年度工作检讨报告（草稿）》，1944 年，陕西省档案馆藏，档案号 72 -7 -6。

《本厅政绩交待比较表》，陕西省档案馆藏，档案号 72 -2 -235。

《成丰面粉公司关于 1940 年 9 月至 1941 年 9 月份军粮提运报表》，陕西省档案馆藏，档案号 17 -6 -1734。

《重庆市面粉厂用电情形一览表》，1942 年 9 月 21 日，重庆市档案馆藏，档案号 02190002000810000018。

《重庆市面粉交易管理暂行办法》，重庆市档案馆藏，档案号 00600002009700000032。

《重庆市面粉生产数量统计表》，1942 年 1 月，重庆市档案馆藏，档案号 00700002001920000007。

《重庆市面粉生产数量统计表》，1942 年 2 月、3 月，重庆市档案馆藏，档案号 00700002001920000011。

《重庆市面粉生产数量统计表》，1942 年 4 月、5 月，重庆市档案馆藏，档案号 00700002001920000014。

《重庆市面粉生产数量统计表》，1942 年 6 月，重庆市档案馆藏，档案号 00700002001920000027。

《重庆市面粉消费数量统计》，1941 年 12 月，重庆市档案馆藏，档案号 006100150344700000064000。

《大兴面粉厂技术员工调查登记表》，1944 年 3 月 24 日，贵州省档案馆藏，档案号 M78－1－951。

《第一区面粉工业同业公会》，1942 年，陕西省档案馆藏，档案号 90－4－98。

《第一区面粉工业同业公会成立有关文件及章程、名单》，1942 ～ 1943，陕西省档案馆藏，档案号 17－6－1092。

《董监会股东会董事会会议记录、三十四年业务报告、人员保证书登记》，1944 ～ 1948 年，贵州省档案馆藏，档案号 M78－1－2。

《福民实业公司机制面粉厂面粉成本计算书》，1940 年 9 月 9 日，重庆市档案馆藏，档案号 00600002009700000016。

《福新面粉公司重庆分厂厂矿产量调查表》，重庆市档案馆藏，档案号 0234－1－0070－027。

《福豫面粉公司营业计划书发起人姓名、经历及认股数目、收支对照表、章程、股东名簿及本厅批文等》，陕西省档案馆藏，档案号 72－3－534。

《复兴面粉公司第二制造厂房舍机械材料什物损失清册》，重庆市档案馆藏，档案号 02730001007750000039。

《复兴面粉股份有限公司第四次董事会议记录》，1941 年 1 月 16 日，重庆市档案馆藏，档案号 00600002003300000022。

《甘肃河西水利工程总队关于疏勒河、西大河流域灌溉工程规划书（一）》，1947 年 12 月，甘肃省档案馆藏，档案号 38－1－56。

《甘肃河西水利工程总规划书（一）》，1947 年 12 月，甘肃省档案馆藏，档案号 38－1－8。

《甘肃省水利林牧公司、省动员委员会关于抄送经营业务、年度贷款、农田水利工作计划、调查表等的公函》，1940 年 4 月 8 日，甘肃省档案馆藏，档案号 14－1－523。

《甘肃省政府、省地政局、安西、玉门县政府、河西垦区管理局就垦区设立、水利工程、土地管理、垦场租粮等事项的代电、呈等》，1944 年 10 月 2 日，甘肃省档案馆藏，档案号 26 - 1 - 235。

《甘肃省政府建设厅、省水利林牧公司兰州农行等就核办各渠工程进行状况、改进工程办法、各项会计报表等的通函、函》，1941 年 9 月 2 日，甘肃省档案馆藏，档案号 39 - 1 - 85。

《甘肃省政府建设厅、水利林牧公司、兰州电厂等就补发留用人员薪津差额、津贴计算表、水利工程查勘队合约及交接办法、安装电表、电灯、电表过户等的公函》，1941 年 7 月 29 日，甘肃省档案馆藏，档案号 39 - 1 - 122。

《甘肃省政府统计室、建设厅、省水利林牧公司等就查报省营事业机关之组织资本、业务及盈亏情形等的函、呈》，甘肃省档案馆藏，档案号 39 - 1 - 23。

《工厂登记（机器、铁工业）》，1942 年，陕西省档案馆藏，档案号 72 - 3 - 1268。

《股东分红名单》，1945 年，贵州省档案馆藏，档案号 M78 - 1 - 300。

《关于报送复兴、福民面粉公司成本计算表及售价一览表等上重庆市社会局的呈（附表）》，1940 年 8 月 8 日，重庆市档案馆藏，档案号 00600002011680000006。

《关于报送复兴面粉厂对工人要求答复事项上重庆市社会局的呈》，1946 年 3 月 29 日，重庆市档案馆藏，档案号 00600015001690000050。

《关于福民、福新、岁丰、复兴面粉公司同甘苦的字据》，重庆市档案馆藏，档案号 02720002000320000116000。

《关于检发重庆市各种面食商购用面粉管制办法的呈、咨、令（附办法）》，1943 年 1 月 14 日，重庆市档案馆藏，档案号 0053 - 0002 - 00724 - 0000 - 014 - 000。

《关于水泥、粉、面等商品销售价格之文件》，1940 ～ 1945 年，贵州省档案馆藏，档案号 M78 - 1 - 336。

《贵州企业公司四年报告》，1943 年 6 月，贵州省档案馆藏，档案号 M78 - 1 - 257。

《河西水利工程处关于兴修已成各渠概况、工程说明及水利工程规划与计划书一览表》，甘肃省档案馆藏，档案号 38 - 1 - 7。

《华峰面粉公司呈报有关磨军粉情形等文件（二）》，1941 ～ 1942 年，陕西省档案馆藏，档案号 17－6－422（2）。

《华峰面粉公司呈报有关磨军粉情形等文件（二）》，陕西省档案馆藏，档案号 17－6－421（2）。

《华峰面粉公司呈报有关磨军粉情形等文件（一）》，1941～1942 年，陕西省档案馆藏，档案号 17－6－421（1）。

《华峰面粉公司配发各机关、学校、团体、工厂面粉数量报表（下）》，1942 年，陕西省档案馆藏，档案号 17－5－346。

《建成实业股份有限公司成都面粉厂发起人姓名经历及认股数目单及有关附件》，重庆市档案馆藏，档案号 0234－0001－00009－004。

《建成实业股份有限公司成都面粉厂计划书》，重庆市档案馆藏，档案号 0234－0001－00009－003。

《建成实业股份有限公司成都面粉厂招股简章》，重庆市档案馆藏，档案号 0234－001－00009－0000－002－000。

《建设厅关于甘肃省经济建设纪要（农林水利类）、河西水利工程历年成果概述和湟惠渠工程报告书纪要》，1942 年 12 月 20 日，甘肃省档案馆藏，档案号 38－1－11。

《建设厅十年万井计划（一）》，陕西省档案馆藏，档案号 72－6－113（1）。

《建设厅十年万井计划（二）》，陕西省档案馆藏，档案号 72－6－113（2）。

《经济部核准陕西省工厂登记分类表（二）》，1945 年，陕西省档案馆藏，档案号 72－3－567（2）。

《经济部、省政府、建设厅等就兰州天丰面粉厂公司发人组织公司成立登记、查验资金等的训令、批示、呈》，甘肃省档案馆藏，档案号 43－1－176。

《军政部、甘肃省政府、民乐县政府等就抄发荣军垦区垦务实施办法、开垦荒地、产权情形、荒地督垦、办理人民荒地等事项的指令、呈等》，1943 年 11 月，甘肃省档案馆藏，档案号 26－1－275。

《兰州市集成丰、三友烟厂、光明火柴公司等工业调查表》，甘肃省档案馆藏，档案号 46－1－279。

《面粉厂、火柴业工厂有关情况登记表》，1942 年，陕西省档案馆藏，档案号 72－3－249。

《面粉工业工作竞赛通则》，1942 年，重庆市档案馆藏，档案号 027200010001000000045000。

《农产促进委员会》，贵州省档案馆藏，档案号 M62－1－174。

《全国经济委员会》，〈甘肃水利过去情形及将来计划〉，1934 年 5 月，台北“中央研究院”近代史研究所档案馆藏，档案号 26－00－06－007－04。

《全国经济委员会》，〈全国水利报告汇编〉（1937 年 2 月），台北“中央研究院”近代史研究所档案馆藏，档案号 26－21－007－07。

《全国经济委员会》，〈陕北灌溉工程建议书〉，1935 年 9 月～1936 年 4 月，台北“中央研究院”近代史研究所档案馆藏，档案号 26－00－05－001－13。

《陕南各县兴修水利情况（五）》，陕西省档案馆藏，档案号 72－6－206（5）。

《陕西省一九四四年小型农田水利计划（一）》，1944 年，陕西省档案馆藏，档案号 72－6－110（1）。

《陕西省一九四四年小型农田水利计划（三）》，1944 年，陕西省档案馆藏，档案号 72－6－110（3）。

《省府关于兴办水利事业奖励条件的通知及条例》，陕西省档案馆藏，档案号 72－5－136。

《省水利林牧公司、陇南畜牧场等关于酪素价格、数量、公司组织章程、函索洮丰渠建设照片、工程计价方式资料等的公函、函》，1944 年 5 月 12 日，甘肃省档案馆藏，档案号 39－1－216。

《省水利林牧公司、洮丰渠公程处等就召集各渠渠务会议、会议日程、参加人员同人通讯录、工作报告等的公函、电》，1943 年 12 月 30 日，甘肃省档案馆藏，档案号 39－1－116。

《省政府 1944 年度政绩比较表（二）》，陕西省档案馆藏，档案号 72－2－402（2）。

《实业部》，〈兆丰机器面粉厂公司（成都）〉，1936 年 8 月～1936 年 10 月，台北“中央研究院”近代史研究所档案馆藏，档案号 17－23－01－17－04－003。

《四川各县市同业公会·成都市铁业公会》，1931 年 5 月 11 日～1936 年 8 月 31 日，台北“中央研究院”近代史研究所档案馆藏，档案号 17－23－00－131。

《同业公会面粉厂公会章程及会议记录等（一）》，1945 年，陕西省档案馆藏，档案号 82－1－1060（1）。

《渭惠渠管理局工作报告》，1939～1940 年，陕西省档案馆藏，档案号 96－1－475。

《西安、成丰、泰记和合面粉厂产销面粉数量日报表》，陕西省档案馆藏，档案号 17－3－165。

《西安市各工厂向经济部呈请工厂登记及附表（二）》，1945～1946年，陕西省档案馆藏，档案号 72－3－640（2）。

《西安市各工厂向经济部呈请工厂登记及附表（一）》，1945～1946年，陕西省档案馆藏，档案号 72－3－640（1）。

《一九四三年农业杂项电、函（二）》，1943年，陕西省档案馆藏，档案号 72－8－179（2）。

《永丰面粉厂有关工厂登记甲乙两种表》，陕西省档案馆藏，档案号 72－3－420。

《有关企业公司镇压职工工潮和联合反抗等的有关案件来往文件》，贵州省档案馆藏，档案号 M78－1－61。

《职员请假登记、投资股东名单、股东当选名单、离职、通信录、四年报告、各种移交清册、人事通知等》，1940～1948年，贵州省档案馆藏，档案号 M78－1－280。

《中国粮食工业公司粮食购储委员会与面粉公司签订小麦供应合同》，重庆市档案馆藏，档案号 00830001010370000100000。

《总经理沈怡就筹办省水利林牧公司等的函》，1941年9月27日，甘肃省档案馆藏，档案号 39－1－259。

“财政部”川康直接税局重庆分局：《“财政部”川康直接税局重庆分局关于查明一心面粉厂新迁地址致重庆市社会局的公函》，1942年10月6日，重庆市档案馆藏，档案号 00600009000370000023。

“财政部”重庆货物税局：《关于规定部队自备原料交厂代制军粉免税出厂给驻中粮面粉税务员的训令》，1946年12月16日，重庆市档案馆藏，档案号 0274－0002－00011－0000－038－000。

陈记切面店、重庆市政府：《关于请继续配发面粉以孤怜寡的呈》，1944年3月11日，重庆市档案馆藏，档案号 0053－0030－00155－0000－026－000。

陈松如、游守仕、朱小佛等：《陈松如、游守仕、朱小佛等关于组织成立岁丰面粉股份有限公司的呈、批（附营业计划书、认股数目清单、发起人姓名、经历表）》，1939年10月11日，重庆市档案馆藏，档案号 00600002003310000004。

重庆市第二区面粉工业同业公会：《重庆市第二区面粉工业同业公会

关于报告各会员厂一览表上重庆市社会局的呈（附表）》，1945 年 5 月 1 日，重庆市档案馆藏，档案号 00600009000370000058。

重庆市第二区面粉工业同业公会：《重庆市第二区面粉工业同业公会关于无从查明一心面粉厂是否营业及新迁地址上重庆市社会局的呈》，1942 年 10 月 21 日，重庆市档案馆藏，档案号 00600009000370000021。

重庆市机制面粉厂联合办事处：《重庆市机制面粉厂联合办事处第二十三、二十四、二十九等次会议记录（规定小麦品质、核定麸皮价格、救济职员等）》，1943 年 1 月 3 日，重庆市档案馆藏，档案号 03040001025920000001000。

重庆市机制面粉厂联合办事处：《重庆市机制面粉联合办事处章程》，重庆市档案馆藏，档案号 02720002000320000148000。

重庆市机制面粉工业同业公会：《重庆市机制面粉工业同业公会章程草案》，重庆市档案馆藏，档案号 02720002000830000115000。

重庆市教育局、薛明剑：《关于筹办中国面粉业技管人员训练所的呈、批（附招生简章）》，1944 年 7 月 10 日，重庆市档案馆藏，档案号 00650001012480000179000。

重庆市警察局、粮食部：《关于允许中国粮食工业公司员工缓役的公函》，重庆市档案馆藏，档案号 00610015044180100055000。

重庆市警察局：《关于抄发重庆市面粉业工人工资议价表给重庆市警察局第十分局的训令（附表）》，1944 年 3 月 4 日，重庆市档案馆藏，档案号 00610015033040000032000。

重庆市警察局第六分局：《关于报送重庆市警察局第六分局管内未经呈准登记即自行开业之新设机制面粉厂调查表上重庆市警察局的呈》，1944 年 9 月 30 日，重庆市档案馆藏，档案号 00610015031920000105000。

重庆市警察局第十三分局：《关于查报未经呈准登记自行开业之新设机制面粉厂给重庆市警察局第十三分局各分驻所的训令》，1944 年 9 月 23 日，重庆市档案馆藏，档案号 00610015030020000147000。

重庆市警察局第二分局：《关于查报重庆市警察局第二分局管内未经登记之新设机制面粉厂上重庆市警察局的呈》，1944 年 9 月 28 日，重庆市档案馆藏，档案号 00610015031920000098000。

重庆市警察局第十七分局：《关于造报重庆市警察局第十七分局管内机制面粉厂调查表上重庆市警察局的呈》，1944 年 9 月 28 日，重庆市档案馆藏，档案号 00610015031920000123000。

重庆市警察局第四分局：《关于报送重庆市警察局第四分局管内调查

无照营业新设机制面粉厂情形上重庆市警察局的呈》，1944年9月29日，重庆市档案馆藏，档案号00610015031920000100000。

重庆市警察局第十分局：《关于造报重庆市警察局第十分局近内自行开业之新设机制面粉厂调查表上重庆市警察局的呈》，1944年10月4日，重庆市档案馆藏，档案号00610015031920000112000。

重庆市警察局第十二、十四分局：《关于回复重庆市警察局第十二、十四分局管内尚无机制面粉厂上重庆市警察局的呈》，1944年10月7日，重庆市档案馆藏，档案号00610015031920000115000。

重庆市警察局第七分局：《关于回复重庆市警察局第七分局管内并无未登记即行开业之新设机制面粉厂上重庆市警察局的呈》，1944年10月8日，重庆市档案馆藏，档案号00610015031920000106000。

重庆市警察局第五分局：《关于回复重庆市警察局第五分局管内机制面粉厂已报上重庆市警察局的呈》，1944年10月10日，重庆市档案馆藏，档案号00610015031920000103000。

重庆市警察局第八分局：《关于回复重庆市警察局第八分局管内并无未经呈准开业之面粉厂上重庆市警察局的呈》，1944年10月19日，重庆市档案馆藏，档案号00610015031920000113000。

重庆市警察局第三分局：《关于报送重庆市警察局第三分局调查机制面粉厂情形上重庆市警察局的呈》，1944年10月11日，重庆市档案馆藏，档案号00610015031920000099000。

重庆市警察局第十六分局：《关于报送重庆市警察局第十六分局机制面粉厂调查表式上重庆市警察局的呈（附表式）》，1944年10月11日，重庆市档案馆藏，档案号00610015031920000119000。

重庆市警察局水上分局：《关于回复重庆市警察局水上分局管内并无机器面粉厂上重庆市警察局的呈》，1944年10月10日，重庆市档案馆藏，档案号00610015031920000124000。

重庆市机联处：《关于重庆市机制面粉厂联合办事处开会商讨机制面粉工业同业公会筹设事宜致天城公司面粉厂的函》，1942年3月26日，重庆市档案馆藏，档案号03040001025880000007000。

重庆市粮管会：《关于提高面粉价格重庆市粮食业同业公会、福新面粉公司的训令、通知（附会议记录）》，1940年11月14日，重庆市档案馆藏，档案号00700001000710000007。

重庆市粮食管理委员会：《重庆市粮食管理委员会第十三次委员会会议记录（放行重庆市粮商集团到古兰采购之食米及成立福新复兴福民岁丰

四厂联合办事处等)》，1941 年 4 月 17 日，重庆市档案馆藏，档案号 00610015039240300170000。

重庆市粮食管理委员会，复兴、福新、福民、岁丰四厂联合办事处：《关于报送岁丰面粉厂小麦原料缺乏无粉供应拟停工的指令、呈》，1941 年 5 月 6 日，重庆市档案馆藏，档案号 00700001000310000019。

重庆市粮食管理委员会：《关于报送重庆市面粉管理经过及现时缺乏原料情形上全国粮食管理局的呈》，1941 年 6 月 28 日，重庆市档案馆藏，档案号 00700001000710000068。

重庆市粮食管理委员会：《关于另觅地址呈核给复兴、福新、福民、岁丰四厂联合办事处的批》，1941 年 5 月 7 日，重庆市档案馆藏，档案号 00700001000310000015。

重庆市粮食管理委员会：《关于令借给原料即开工上全国粮食管理局、复兴、福新、福民、岁丰公司的训令、呈》，1941 年 5 月 7 日，重庆市档案馆藏，档案号 00700001000310000016。

重庆市粮食管理委员会：《关于令知复兴、福新、福民、岁丰四厂联合办事处办理结束准予备查给该处的批》，1941 年 8 月 14 日，重庆市档案馆藏，档案号 00700001000310000053。

重庆市粮食管理委员会：《关于派员出席谈话会议给复兴面粉公司、福民实业公司机制面粉厂等的通知》，1940 年 12 月 13 日，重庆市档案馆藏，档案号 00700001000710000019。

重庆市粮食管理委员会：《关于洽商换取面粉事宜致军政部兵工署第二十一工厂、福民实业公司机制面粉厂的函、通知》，1941 年 7 月 5 日，重庆市档案馆藏，档案号 00700001001270000047。

重庆市粮食管理委员会：《关于请查明放行被阻麦子上全国粮食管理局、复兴面粉股份有限公司的批、呈》，1941 年 5 月 6 日，重庆市档案馆藏，档案号 00700001000310000011。

重庆市粮食管理委员会：《关于请提出成立粮食部之书面意见送会致邓子文、李奎安、温少鹤等的函》，1941 年 5 月 31 日，重庆市档案馆藏，档案号 00700001000610000078。

重庆市粮食管理委员会：《关于提高面粉价格致重庆市粮食业同业公会、福新面粉公司的训令、通知（附会议记录)》，1940 年 11 月 14 日，重庆市档案馆藏，档案号 00700001000710000007。

重庆市粮食管理委员会、复兴面粉股份有限公司、福民实业公司机制面粉厂等：《关于组织机制面粉厂联合办事处并报送章程及成立会议记录准备案的批、呈、函（附会议纪录）》，1941年8月7日，重庆市档案馆藏，档案号00700001000310000055。

重庆市粮食管理委员会：《关于准予增加面粉价格给申新、复兴、福民面粉公司的指令、批（附津贴表）》，1940年10月11日，重庆市档案馆藏，档案号00700001000710000003。

重庆市粮政局、粮食部陪都粮政密查队：《关于停审新桥三义元之走私面粉案的代电》，1942年10月17日，重庆市档案馆藏，档案号00700002003310000026。

重庆市粮政局：《关于停止官价面粉致粮食部陪都民食供应处的函》，1943年1月8日，重庆市档案馆藏，档案号00700002001930000046。

重庆市粮政局、王文智、沈德成：《关于请求恢复配发官价面粉的批、呈》，1942年6月，重庆市档案馆藏，档案号00700002003230000002。

重庆市粮政局、袁树巍：《关于恳请恢复官价面粉切面业的批、呈》，1942年5月7日，重庆市档案馆藏，档案号00700002003500000033。

重庆市粮政局、允利实业股份有限公司：《关于准予将粉厂迁移到重庆市开工的批、呈（附面粉厂概况）》，1942年9月30日，重庆市档案馆藏，档案号00700002003580000012。

重庆市粮政局、重庆市面食商业同业公会：《关于将停配官价面粉改为厂价或提高面粉价格并请恢复停粉会员面粉的呈》，1942年6月24日，重庆市档案馆藏，档案号00700002003580000028。

重庆市粮政局、重庆市面食商业同业公会：《关于请准王瀛洲领取厂价面粉复业的指令、呈》，1942年6月27日，重庆市档案馆藏，档案号00700002003230000015。

重庆市粮政局、重庆市政府、粮食部：《关于将重庆市中西餐业等原领官价面粉改配厂价面粉的呈、令、公函》，1942年2月，重庆市档案馆藏，档案号0053－0025－00042－0000－053－000。

重庆市粮政局、重庆市政府：《关于陈报陪都粮政密查队1942年5至6月查报案件交由该局办理情形的指令、呈》，1942年9月7日，重庆市档案馆藏，档案号00700002001440000009。

重庆市粮政局、重庆市政府：《关于检送1942年1至3月份分配市民面粉统计表的指令、呈（附表）》，1942年6月26日，重庆市档案馆藏，档案号00700002001920000003。

重庆市粮政局、重庆市政府：《关于漆云谱、郑炳云两人卷去会员所缴面粉款的呈、指令》，1942年1月12日，重庆市档案馆藏，档案号0053－

0016－00098－0000－001－001。

重庆市粮政局：《关于报送天成源切面店违法滥售面粉情形上粮食部的呈》，1942年7月17日，重庆市档案馆藏，档案号00700002003290000029。

重庆市粮政局：《关于查办张海波违法套购面粉给重庆市面食商业同业公会的指令》，1942年7月27日，重庆市档案馆藏，档案号00700002003300000035。

重庆市粮政局：《关于饬张树山切面店停业致粮食部陪都民食供应处的函》，1942年10月7日，重庆市档案馆藏，档案号00700002003290000060。

重庆市粮政局：《关于检送1942年2、3月份分配市民米、面粉统计表上重庆市政府的呈（附表）》，1942年7月23日，重庆市档案馆藏，档案号00700002001920000017。

重庆市粮政局：《关于检送李邦杰、曾华丰、冷青云走私面粉笔录致重庆卫戍总司令部的代电》，1942年7月29日，重庆市档案馆藏，档案号00700002003310000030。

重庆市粮政局：《关于派员查究中正路颜利店私售面粉上重庆市政府的呈》，1941年12月5日，重庆市档案馆藏，档案号0070000200296000007。

重庆市粮政局：《关于派员提取王瀛洲走私面粉致“财政部”唐家沱查验所的函》，1942年6月19日，重庆市档案馆藏，档案号00700002003290000013。

重庆市粮政局：《关于请设法救济切面商朱有章、傅银成、李德成等致粮食部陪都民食供应处的函》，1942年9月5日，重庆市档案馆藏，档案号00700002003580000005。

重庆市粮政局：《关于停配王瀛洲面粉并取消其会员资格并将走私之粉全部充公给王瀛洲的批》，1942年3月10日，重庆市档案馆藏，档案号00700002003330000058。

重庆市粮政局：《关于严办陈锡春高价收买黑市面粉的处分书》，1943年8月9日，重庆市档案馆藏，档案号00700002003450000045。

重庆市粮政局：《关于严办秦仲平高价收买黑市面粉给该员的处分书》，1943年8月19日，重庆市档案馆藏，档案号00700002003280000013。

重庆市粮政局：《关于严办开利肥皂公司私售面粉致陪都民食供应处的函》，1942年7月29日，重庆市档案馆藏，档案号00700002003300000027。

重庆市粮政局：《关于遵令办理王瀛洲官价粉走私案上粮食部、粮食部陪都民食供应处的呈、函》，1942年3月10日，重庆市档案馆藏，档案号00700002003330000057。

重庆市粮政局：《为陪都粮政密查队五六月份查报案件交由本局处理情形呈报鉴核备查由》，重庆市档案馆藏，档案号0053－0015－00432－0000－003－000。

重庆市面饼业职业工会：《关于请准予照常批发官价面粉上重庆市粮政局的呈》，1943年1月5日，重庆市档案馆藏，档案号00700002001930000047。

重庆市面饼制造业工会、重庆市政府、重庆市社会局：《关于调整重庆市面粉价格的呈、令、代电（附价格表）》，1943年11月23日，重庆市档案馆藏，档案号0053－0025－00057－0000－029－000。

重庆市面食商业同业公会：《重庆市面食商业同业公会第一组会员进售面粉登记表》，1942年10月7日，重庆市档案馆藏，档案号00700002003360000041。

重庆市切面工业同业公会：《重庆市切面工业同业公会会员名册》，重庆市档案馆藏，档案号00600009000320100051。

重庆市商会、“财政部”公债筹募委员会重庆市分会：《关于减轻面粉厂派额的函》，1943年3月22日，重庆市档案馆藏，档案号006400080030800000940000。

重庆市社会局：《重庆市社会局关于派员查验资本、核发验资证明书给岁丰面粉股份有限公司的批（附表）》，1940年11月19日，重庆市档案馆藏，档案号00600002000310000005。

重庆市社会局、重庆市粮政局：《重庆市社会局、重庆市粮政局关于调整土粉价格的训令、函》，1943年6月7日，重庆市档案馆藏，档案号00600002009530100022。

重庆市社会局、福民实业股份有限公司机制面粉厂：《重庆市社会局、福民实业股份有限公司机制面粉厂关于报送福民实业股份有限公司机制面粉厂联合办事处章程及成立会议记录的呈、批（附章程、会议记录）》，1941年8月7日，重庆市档案馆藏，档案号00600002008270000007。

重庆市社会局、复兴面粉股份有限公司：《重庆市社会局、复兴面粉股份有限公司关于报送一九四一年营业账项的呈、批（附盈余分配表）》，1942年5月31日，重庆市档案馆藏，档案号00600002003280000005。

重庆市社会局、粮食部陪都民食供应处：《重庆市社会局、粮食部陪都民食供应处关于查明重庆市糖果、饼干、罐头食品业同业公会增加面粉数及新增会员确数的公函（附面粉数量表、会员名册）》，1942年11月5日，重庆市档案馆藏，档案号00600009000280100019。

重庆市社会局、粮食部陪都民食供应处：《重庆市社会局、粮食部陪都民食供应处关于由田赋粮食管理处统筹计划面粉厂承碾加工救济办法的函、训令》，1943 年 1 月 27 日，重庆市档案馆藏，档案号 00600006000910000013。

重庆市社会局、重庆市恒信面粉股份有限公司：《重庆市社会局、重庆市恒信面粉股份有限公司关于派员验资并发放验资证明书的呈、批（附资产负债表、董事名册、章程）》，1941 年 7 月 6 日，重庆市档案馆藏，档案号 00600002003340000003。

重庆市社会局、重庆市警察局：《关于调整面粉业工人工资的公函、训令（附工人工资议价表）》，1943 年 2 月 29 日，重庆市档案馆藏，档案号 00610015017210000064000。

重庆市社会局：《关于核办福民面粉厂工人要求改订工时案给福民实业股份有限公司的指令》，1946 年 11 月 8 日，重庆市档案馆藏，档案号 00600015000540000027。

重庆市社会局：《关于转知福新面粉厂办理非法解雇工人案给该厂的训令》，1946 年 10 月 14 日，重庆市档案馆藏，档案号 00600015002230000033。

重庆市社会局：《重庆市社会局关于报送复兴、福民面粉厂调查报告上重庆市政府的呈》，1940 年 7 月 30 日，重庆市档案馆藏，档案号 00600002011680000004。

重庆市社会局：《重庆市社会局关于查明一心面粉厂是否营业给重庆市第二区面粉工业同业公会的训令》，1942 年 10 月 13 日，重庆市档案馆藏，档案号 00600009000370000022。

重庆市社会局：《重庆市社会局关于查明一心面粉厂新迁地址致“财政部”川康直接税局重庆分局的公函》，1942 年 10 月 26 日，重庆市档案馆藏，档案号 00600009000370000020。

重庆市社会局：《重庆市社会局关于检送面粉产销情形及调查报告致粮食管理委员会的公函（附报告）》，1940 年 11 月 30 日，重庆市档案馆藏，档案号 00600002009700000026。

重庆市社会局：《重庆市社会局关于派员于一九四八年十二月九日会同调查重庆市福民机制面粉厂产业工会组织情形致中国国民党重庆市执行委员会的函》，1948 年 12 月 6 日，重庆市档案馆藏，档案号 00600010001790000003。

重庆市社会局：《重庆市社会局关于准予组织重庆市福民机制面粉厂产业工会及应更改并派员指导组织工作给龙绍清的批》，1949 年 1 月 11 日，重庆市档案馆藏，档案号 00600010001790000001。

重庆市田赋粮食管理处、福民实业股份有限公司机制面粉厂：《关于福民实业股份有限公司机制面粉厂修理面粉机器尽快复工的呈、指令》，1945年6月25日，重庆市档案馆藏，档案号02720001000340000080000。

重庆市银行商业同业公会：《关于告诫复兴面粉公司致金城银行重庆分行的函》，1942年4月29日，重庆市档案馆藏，档案号03040001005110000221000。

重庆市政府：《重庆市政府关于调整面粉价格给社会局的训令》，1941年5月27日，重庆市档案馆藏，档案号00600002009700000034。

重庆市政府：《关于申请登记、发给执照致允利面粉实验工厂、瑞丰小型面粉厂、和泰企业公司的通知》，1944年6月18日，重庆市档案馆藏，档案号00700002002050000029。

重庆市政府：《关于检送渝兴面粉厂等三家登记表请核办致粮食部的函》，1944年7月4日，重庆市档案馆藏，档案号00700002002050000035。

重庆市政府：《关于检送天厨味精制造厂面粉部登记表请查核见复粮食部的函（附登记表、申请书）》，1944年7月7日，重庆市档案馆藏，档案号00700002002050000042。

重庆市政府：《关于检送协成面粉社登记表请查核致粮食部的函》，1944年7月24日，重庆市档案馆藏，档案号00700002050000067。

重庆市政府：《关于请领取执照给天厨味精制造厂面粉部的通知》，1944年9月25日，重庆市档案馆藏，档案号00700002080000010。

重庆市政府：《关于请申请登记给兢新面粉公司的通知》，1944年11月11日，重庆市档案馆藏，档案号00700002002080000045。

重庆卫戍总司令部办公室：《重庆卫戍总司令部办公室关于检送食米缺乏多购面粉代食情形致重庆市社会局的公函（附原件）》，1940年9月7日，重庆市档案馆藏，档案号00600002009700000020。

重庆市政府、冠生园：《关于核查本市冠生园南泉支店有黑市出售面粉的呈、公函、通知、代电（附笔录）》，1944年9月19日，重庆市档案馆藏，档案号0053－0030－00167－0000－098－000。

重庆市政府、“行政院”：《关于徐堪任粮食部部长的训令》，1941年5月27日，重庆市档案馆藏，档案号0053－0001－00024－0000－123－000。

重庆市政府、重庆市警察局：《关于取缔新设机制面粉厂的训令（附调查表式）》，1944年9月8日，重庆市档案馆藏，档案号00610015031920000085000。

重庆市政府、重庆市警察局：《关于限期报送重庆市警察局管内所有面粉厂调查表的训令》，1944 年 11 月 13 日，重庆市档案馆藏，档案号 00610015031920000090000。

重庆市政府：《关于抄发改进重庆市面粉配销办法给重庆市政府秘书处的训令（附办法）》，1941 年 11 月 27 日，重庆市档案馆藏，档案号 0053－0025－00042－0000－033－000。

重庆市政府：《关于派徐堪为粮食部部长给重庆市政府参事室的训令》，1941 年 5 月 12 日，重庆市档案馆藏，档案号 0053－0002－00181－0000－0690－000。

重庆市政府：《关于请设法开辟小麦来源致全国粮食管理局、“行政院”经济会议秘书处的代电》，1941 年 6 月 7 日，重庆市档案馆藏，档案号 00700001000310000030。

重庆市政府：《关于重庆市郊各区镇劝导农民冬耕种植小麦、杂粮的训令》，1942 年 10 月 28 日，重庆市档案馆藏，档案号 0053－0028－00015－0000－063－000。

重庆市政府：《关于转令拨麦接济复兴、岁丰等厂给复兴、福新、福民、岁丰四厂联合办事处的批》，1941 年 6 月 18 日，重庆市档案馆藏，档案号 00700001000310000040。

重庆市政府：《重庆市政府关于抄发改进渝市面粉配销办法给社会局的训令（附办法）》，1941 年 11 月 28 日，重庆市档案馆藏，档案号 00600002004330000003。

重庆市政府粮食管理室、和记玉森面粉厂无限公司：《关于核发和记玉森面粉厂营业执照的呈、函》，1945 年 5 月 4 日，重庆市档案馆藏，档案号 00700002002160000036。

重庆市中西餐食商业同业公会：《关于调剂各会员面粉上粮食部陪都民食供应处的呈》，1942 年 10 月 3 日，重庆市档案馆藏，档案号 00850001004000000058。

重庆卫戍总司令部、重庆市警察局：《关于保护零售面粉处所的训令（附地址一览表）》，1942 年 2 月 6 日，重庆市档案馆藏，档案号 00610015016580000189000。

重庆卫戍总司令部：《关于查李邦杰并非走私面粉主谋致重庆市粮政局的函》，1942 年 10 月 5 日，重庆市档案馆藏，档案号 00700002003310000025。

重庆卫戍总司令部：《关于派警保护义丰隆面粉厂给重庆市警察局的训令》，重庆市档案馆藏，档案号 00610015033770000088000。

重庆卫戍总司令部稽查处：《申新纺织厂、福新面粉厂厂况调查表》，重庆市档案馆藏，档案号0234－1－00261－021。

大星实业股份有限公司：《大星实业股份有限公司机制面粉厂董监事名单》，重庆市档案馆藏，档案号03550001001940000024。

大星实业股份有限公司面粉厂：《大星实业股份有限公司面粉厂1945年大粉机出粉比例数与1945年度小粉机出粉比例数比例表》，重庆市档案馆藏，档案号02030001002570000001000。

大兴面粉厂股份有限公司：《大兴面粉厂股份有限公司第四届股东常会决议录》，1945年3月21日，重庆市档案馆藏，档案号02300002000700000019000。

大兴面粉厂股份有限公司：《遵义大兴面粉股份有限公司股东名录》，1945年3月，重庆市档案馆藏，档案号02300002000700000018000。

第二区面粉工业同业公会：《关于抄发面粉工业工作竞赛通则致天城公司面粉厂的函（附通则）》，1943年2月2日，重庆市档案馆藏，档案号03040001025910000039000。

福民实业股份有限公司、迁川工厂联合会、中国全国工业协会等：《关于填送迁川工厂联合会会员工厂福民实业公司机制面粉厂复员调查表的函、通告（附表）》，1945年8月27日，重庆市档案馆藏，档案号02720001000140000003000。

福民实业股份有限公司：《福民面粉厂暂行规则》，重庆市档案馆藏，档案号0082－0001－00004－0000－090－000。

福民实业股份有限公司：《福民实业股份有限公司机器制造厂、机制面粉厂、碾米厂等技术员工请求缓役简要清册》，重庆市档案馆藏，档案号02720002000860000001000。

福民实业股份有限公司：《福民实业股份有限公司机制面粉厂领取核准缓役证书员工名单》，重庆市档案馆藏，档案号02720001000080000043000。

福民实业股份有限公司：《福民实业股份有限公司面粉厂1943年6月份工友名册、1946年技术员工初审名册》，1946年，重庆市档案馆藏，档案号02720001000060000043000。

福民实业股份有限公司：《福民实业股份有限公司重庆面粉厂主要生产设备清册》，重庆市档案馆藏，档案号02720002000980000300000。

福民实业股份有限公司：《关于核查福民面粉厂工人要求增加工资案上重庆市社会局的呈》，1946年10月24日，重庆市档案馆藏，档案号00600015000540000029。

福民实业股份有限公司：《关于检送福民实业股份有限公司面粉厂、碾米厂 1945 年 8 月份加工业务报告表上重庆市田赋粮食管理处的呈（附表）》，1945 年 9 月 5 日，重庆市档案馆藏，档案号 02720001000140000029000。

福民实业股份有限公司：《关于切实核查福民面粉厂工人生活情形上重庆市社会局的呈》，1946 年 10 月 21 日，重庆市档案馆藏，档案号 00600015000540000022。

福民实业股份有限公司：《关于填送福民实业股份有限公司面粉厂、碾米厂 1945 年 9 月份加工业务报告表上重庆市田赋粮食管理处的呈（附表）》，1945 年 10 月 9 日，重庆市档案馆藏，档案号 02720001000140000023000。

福民实业股份有限公司机制面粉厂、工作竞赛推行委员会、第二区面粉工业同业公会等：《关于报送福民实业股份有限公司机制面粉厂 1943 年 5 月至 1945 年 5 月份产量报告表、开工记录表等的呈、函、通知（附表）》，1943 年 5 月 28 日，重庆市档案馆藏，档案号 02720001000100000000100。

福民实业股份有限公司机制面粉厂：《福民实业股份有限公司机制面粉厂第一届董监事名册、发起人姓名及经历、认股数目清册》，1940 年，重庆市档案馆藏，档案号 02720001000010000035000。

福民实业股份有限公司机制面粉厂：《福民实业股份有限公司机制面粉厂归还所借物料事宜致申新第四纺织厂的函》，1942 年 7 月 7 日，重庆市档案馆藏，档案号 0234－0001－00050－0000－111－000。

福新面粉厂公司重庆分公司：《关于报送福新面粉厂停业原因并检附解雇工友名单上重庆市社会局的呈（附名单）》，1946 年 9 月 10 日，重庆市档案馆藏，档案号 00600015002230000036。

复兴、福民、福新、岁丰：《关于请求增加面粉价格上重庆市粮食管理委员会的呈》，1940 年 12 月 10 日，重庆市档案馆藏，档案号 00700001000710000018。

复兴、福民、福新、岁丰：《关于报送组织复兴、福民、福新、岁丰四厂联合办事处文录及章程请备案上重庆市粮食管理委员会的呈（附章程）》，1941 年 3 月 17 日，重庆市档案馆藏，档案号 00700001000310000001。

复兴、福新、福民、岁丰四厂联合办事处，粮食管理局：《复兴、福新、福民、岁丰四厂联合办事处、粮食管理局购麦贷款及面粉购销实施办法》，重庆市档案馆藏，档案号 02720002000830000103000。

复兴、福民、福新、岁丰四厂联合办事处：《关于改组成立重庆市机制面粉厂联合办事处致王守先的函》，1941 年 7 月 17 日，重庆市档案馆藏，档案号 03040001025710000194000。

复兴面粉厂、重庆市警察局：《关于缓役复兴面粉厂技术员工的批、函（附缓役员工名册）》，1943 年 3 月 24 日，重庆市档案馆藏，档案号 006100150455402001l9000。

复兴面粉公司：《复兴面粉公司优待机关、工厂、学校购粉办法、面粉价单》，重庆市档案馆藏，档案号 0182002003690000043。

复兴面粉公司第一厂：《复兴面粉公司第一厂主要作业机器表》，重庆市档案馆藏，档案号 02880001001550000l8000。

复兴面粉股份有限公司：《复兴面粉公司股份有限公司一九四三年业务报告书》，重庆市档案馆藏，档案号 0060000200328000001 5。

复兴面粉股份有限公司：《复兴面粉股份有限公司关于检送本公司 1941 年 8 月份业务报告书及资产负债表致孙禄钟的函》，重庆市档案馆藏，档案号 0289000100292000021 0000。

复兴面粉股份有限公司：《关于报送复兴面粉公司第二制造厂房舍、机械损失清册上“财政部”川康直接税局重庆分局的呈（附清册）》，1941 年 9 月 5 日，重庆市档案馆藏，档案号 0273000100775000003 9。

复兴面粉股份有限公司第一厂：《复兴面粉股份有限公司第一厂房屋机器目录》，重庆市档案馆藏，档案号 02890001002920000202000。

甘肃省政府：《甘肃省经济概况》，1944 年，甘肃省档案馆藏，档案号 4－1－292。

工矿调整处：《关于填送护照申请书及报关清单致遵义大兴面粉厂的函》，1941 年 2 月 11 日，重庆市档案馆藏，档案号 0020－0001－00086－0000－047－000。

工矿调整处材料库：《关于限期登记换领面粉致经济部工矿调整处材料库各同仁的通知》，1945 年 8 月 28 日，重庆市档案馆藏，档案号 0019000100176000000 9。

工作竞赛推行委员会：《关于请求赠送奖品事宜致福新面粉厂的函》，1945 年 6 月 19 日，重庆市档案馆藏，档案号 0234－0001－00132－0000－078－000。

工作竞赛推行委员会：《关于推选叶实夫、严子祥、曹家齐为面粉工业工作竞赛督导委员会督导委员等致严子祥的函》，1944 年 9 月 29 日，重庆市档案馆藏，档案号 03040001037010000079000。

公益纺织面粉机器制造厂：《公益纺织面粉机器制造厂职员登记片》，重庆市档案馆藏，档案号 02110003000010000034000。

龚彬：《龚彬关于告知复兴面粉股份有限公司第二厂被炸情况上中国农民银行重庆分行的呈》，1941 年 8 月 9 日，重庆市档案馆藏，档案号

02890001002920000098000。

龚培卿、袁国梁:《关于福民实业股份有限公司面粉厂停工的函》,1945年8月22日,重庆市档案馆藏,档案号02720001000260000274000。

广西面粉厂:《广西面粉厂股票清单》,1943年11月18日,重庆市档案馆藏,档案号0234-0001-00112-0000-027-000。

国防最高委员会:《颁给在面粉工业工作竞赛中成绩特优的福新面粉厂奖状》,1944年7月7日,重庆市档案馆藏,档案号0272-1-0001-013。

国民政府参军处典礼局:《关于举行外交部部长郭泰祺、粮食部部长徐堪、粮食部常务次长庞松舟等就职典礼致重庆市政府的函》,1941年6月29日,重庆市档案馆藏,档案号0053-0001-00024-0000-126-000。

国民政府军事委员会,《国民政府军事委员会关于遵办社字第九四九号呈致重庆市政府的代电》,1940年8月8日,重庆市档案馆藏,档案号00600002011680000003。

何希三:《关于告知工厂地址并请发给每日所需头号面粉致重庆糖果、饼干罐头食品商业同业公会的函》,重庆市档案馆藏,档案号00850001014090000048。

贺国光、杨文泉:《关于由李祥盛自购面粉的呈、函》,1945年6月,重庆市档案馆藏,档案号0053-0030-00154-0000-344-000。

胡焕臣、唐丰发、张合云等:《关于查沙磁区面粉业同业公会并无范清云、胡汉臣二人的呈》,1943年9月17日,重庆市档案馆藏,档案号00700002003060000007。

胡见文、刘洪顺、卢作孚:《关于免征新丰面粉厂运销合川面粉之过碚税捐的呈、函》,1934年11月13日,重庆市档案馆藏,档案号00810001002820000031000。

华美电业机器厂:《关于报送扩充业务拟设面粉厂呈请赐准价购面粉机上战时生产局的呈(附单)》,1945年4月18日,重庆市档案馆藏,档案号00190001000390000128。

建成实业股份有限公司成都面粉厂:《建成实业股份有限公司成都面粉厂计划及设备状况、营业预算、财务情形、进行程度、借款用途说明及附件》,重庆市档案馆藏,档案号0234-0001-00009-0000-030-000。

建成实业股份有限公司成都面粉厂:《建成实业股份有限公司成都面粉厂计划书》,重庆市档案馆藏,档案号0234-0001-00009-009。

建成实业股份有限公司成都面粉厂:《建成实业股份有限公司成都面粉厂招股简章》,重庆市档案馆藏,档案号0234-001-00009-0000-

002 -000。

交通银行重庆分行、福民实业股份有限公司机制面粉厂：《关于福民实业股份有限公司机制面粉厂向交通银行重庆分行抵押借款的合约》，1940 年 5 月 15 日，重庆市档案馆藏，档案号 02720002000090000078000。

交通银行总管理处设计处：《复兴面粉股份有限公司 1941 年 6 月调查报告》，重庆市档案馆藏，档案号 02880001001550000180000。

交通银行总管理处设计处：《关于参观调查接洽事宜致福新面粉厂的函》，1943 年 12 月 7 日，重庆市档案馆藏，档案号 0234 -1 -0095 -003。

金城银行信托部重庆分部：《关于处理天城面粉淀粉工业股份有限公司久未登记事宜、解封小麦布袋等上金城银行重庆管辖行的函》，1942 年 3 月 31 日，重庆市档案馆藏，档案号 03040001000330000036000。

金陵大学理学院：《关于金陵大学理学院与电化教育部定期巡回放映有声教育宣传电影并检送放映办法致福民实业公司机制面粉厂的函（附办法）》，1944 年 7 月 26 日，重庆市档案馆藏，档案号 02720001000310000051000。

经济部：《关于藏族僧民参观纺织及面粉厂致福新面粉厂的通知》，1944 年 1 月 12 日，重庆市档案馆藏，档案号 0234 -0001 -00098 -0000 -057 -000。

经济部：《关于藏族僧民参观纺织及面粉厂致申新纱厂第四厂的通知》，1944 年 1 月 12 日，重庆市档案馆藏，档案号 0234 -1 -0098 -033。

经济部：《关于核发工厂登记证并自行补贴印花及催送 1940 年度厂务报告表给福民实业股份有限公司机制面粉厂的通知》，1941 年 7 月 22 日，重庆市档案馆藏，档案号 02720002000830000152000。

经济部：《关于接洽学生实习事宜致福新第五面粉厂的通知》，1945 年 6 月 20 日，重庆市档案馆藏，档案号 0234 -1 -0124 -035。

经济部工矿调整处：《关于拨付福民实业股份有限公司机制面粉厂借款给福民实业股份有限公司机制面粉厂的批》，1940 年 5 月 11 日，重庆市档案馆藏，档案号 02720001000270000040000。

经济部工矿调整处：《关于检送专科以上学校理工科系学生分发经济交通军事各部所属工厂实习办法给福民实业股份有限公司面粉厂的训令（附办法）》，1944 年 2 月 2 日，重庆市档案馆藏，档案号 02720001000040000014000。

经济部工矿调整处：《关于接待苏联大使馆馆员参观事宜致福新面粉厂的函》，1943 年 4 月 12 日，重庆市档案馆藏，档案号 0234 -0001 -

00059 - 0000 - 083 - 000。

经济部工矿调整处：《关于苏联大使馆员参观事宜致福新面粉厂的函》，1943 年 4 月 13 日，重庆市档案馆藏，档案号 0234 - 0001 - 00059 - 060。

经济部工矿调整处：《关于填送各厂需用学徒及初级工作人员一览表给福民实业股份有限公司机制面粉厂的训令（附一览表）》，1943 年 2 月 18 日，重庆市档案馆藏，档案号 02720002000060000029000。

经济部工矿调整处材料库：《关于告知无法购得马达致兰州中国银行兰州面粉厂筹备处的电》，1940 年 9 月 11 日，重庆市档案馆藏，档案号 00190001004720000046。

经济部工矿调整处西南区办事处：《关于检送面粉厂调查表致经济部工矿调整处业务组的函（附表）》，1944 年 2 月 3 日，重庆市档案馆藏，档案号 00190001012840000012。

经济部工矿调整处西南区驻贵阳专员办公处：《关于报送贵州遵义大兴面粉厂填呈面粉工业调查表请鉴核存转上西南区办事处的呈（附表）》，1944 年 2 月 23 日，重庆市档案馆藏，档案号 00190001014280000059。

经济部工矿调整处业务组：《关于惠待参观人员事宜致福新面粉厂的函》，1943 年 6 月 19 日，重庆市档案馆藏，档案号 0234 - 0001 - 00059 - 110。

经济部工矿调整处业务组：《关于接待贵州工矿参观团参观事宜致福新面粉厂的函》，重庆市档案馆藏，档案号 0234 - 0001 - 00060 - 0000 - 112 - 000。

经济部平价购销处：《经济部平价购销处关于检送平抑面粉价格谈话记录致重庆市社会局的函》，1940 年 7 月 24 日，重庆市档案馆藏，档案号 00600002011680000005。

经济部“中央”工业试验所福利委员会：《关于中粮公司与复兴面粉厂暂不供应平价面粉的代电》，1945 年 2 月 7 日，重庆市档案馆藏，档案号 01140001008090000014000。

军政部兵工属第三十工厂：《关于请换掉复兴公司此次所售面粉致重庆市政府的函》，1941 年 7 月 30 日，重庆市档案馆藏，档案号 00700001001240000028。

李国伟：《关于赶磨军粉、内汇款项情况致厉无咎的函》，1944 年 5 月 29 日，重庆市档案馆藏，档案号 0234 - 1 - 0102 - 072。

梁岳生：《关于报送调查王瀛洲私将官价面粉高价售出情形上重庆市

粮政局的呈（附口供）》，1942 年 2 月 20 日，重庆市档案馆藏，档案号 00700002003330000056。

粮管室：《关于查办大阳沟土粉面店面粉来历的报告（附证明单）》，1944 年 6 月 8 日，重庆市档案馆藏，档案号 0053－0030－00166－0000－211－000。

粮食部、重庆市粮政局：《关于准予将白沙面粉厂迁往重庆开工的指令、通知》，1943 年 1 月 26 日，重庆市档案馆藏，档案号 00700002003580000014。

粮食部、重庆市临时参议会：《关于徐堪就任粮食部部长并启用粮食部官章的代电》，1941 年 6 月 22 日，重庆市档案馆藏，档案号 0054－0001－00440－0000－116－000。

粮食部：《关于抄发粮食部派驻机制面粉厂稽核办事规则给重庆市粮政局的训令（附规则）》，1942 年 6 月 7 日，重庆市档案馆藏，档案号 00700002001900000015。

粮食部：《关于抄送粮食部陪都粮政密查队组织办法给重庆市粮政局的密令（附办法）》，1942 年 4 月 16 日，重庆市档案馆藏，档案号 00700002001080000001。

粮食部：《关于彻查正阳街天成源切面店伪造账簿舞弊、走私面粉情事给重庆市粮政局的训令》，1942 年 6 月 25 日，重庆市档案馆藏，档案号 00700002003290000030。

粮食部：《关于饬知已将所有切面店改配厂价面粉、登记全市切面店经过给重庆市粮政局的训令（附重庆市机器切面店简表）》，1942 年 11 月 17 日，重庆市档案馆藏，档案号 00700002003240000036。

粮食部：《关于告知恒信面粉厂及上海仁记机器厂附设之面粉实验工厂登记事宜致重庆市政府的函》，1944 年 7 月 20 日，重庆市档案馆藏，档案号 00700002002050000070。

粮食部：《关于告知随时派员考察复兴、福民、福新等面粉厂机件设备给重庆市粮政局的训令》，1942 年 10 月 26 日，重庆市档案馆藏，档案号 00700002001910000002。

粮食部：《关于核复允利、和泰、瑞丰等面粉厂申请登记致重庆市政府的函》，1944 年 6 月 13 日，重庆市档案馆藏，档案号 00700002002050000028。

粮食部：《关于派员彻查王瀛洲以所购官价面粉转售牟利并依法处办将办理情形具报给重庆市粮政局的训令（附原呈）》，1942 年 2 月 8 日，重庆市档案馆藏，档案号 00700002003330000054。

粮食部：《关于取缔渝市面粉制成品黑市情形致重庆市政府的公函》，

1945 年 5 月 7 日，重庆市档案馆藏，档案号 0053 －0030 －00154 －0000 －0 －303 －000。

粮食部管理局、重庆市政府：《关于洽办粮食部管理局交接事宜的代电、训令》，1941 年 6 月 17 日，重庆市档案馆藏，档案号 0053 －0001 －00024 －0000 －129 －000。

粮食部陪都民食供应处、复兴面粉公司、福民实业股份有限公司、天城面粉工业股份有限公司：《粮食部陪都民食供应处与复兴面粉公司、福民实业股份有限公司、天城面粉工业股份有限公司等签订加工制粉合约》，1944 年 1 月 13 日，重庆市档案馆藏，档案号 03040001003510000114000。

粮食部陪都民食供应处、重庆市复兴面粉公司、福民实业股份有限公司、天城面粉工业公司、福新第五面粉公司等：《关于粮食部陪都民食供应处拨麦与重庆市复兴面粉公司、福民实业股份有限公司、天城面粉工业公司等加工面粉的合约》，1942 年 6 月 25 日，重庆市档案馆藏，档案号 02720002000100000061000。

粮食部陪都民食供应处、重庆市复兴面粉公司、福民实业股份有限公司机制面粉厂、福新第五面粉公司等：《关于粮食部陪都民食供应处拨小麦给重庆复兴面粉公司、福民实业股份有限公司机制面粉厂、福新第五面粉公司等加工的合约》，1943 年 1 月，重庆市档案馆藏，档案号 02720002000100000035000。

粮食部陪都民食供应处、重庆市警察局、重庆卫戍总司令部：《关于派员维护面粉零售店秩序的训令、公函（附地址一览表）》，1941 年 12 月 17 日，重庆市档案馆藏，档案号 00610015016580000115000。

粮食部陪都民食供应处、重庆市粮政局：《关于派员提回吴桂廷官价面粉并停配吴桂廷切面店官价面粉的函、通知》，1942 年 6 月 6 日，重庆市档案馆藏，档案号 0070000200329000014。

粮食部陪都民食供应处、重庆市政府：《关于粮食部陪都民食供应处山米面粉价格已调自本月二十二日施行的公函、训令、布告（附一览表）》，1943 年 12 月 22 日，重庆市档案馆藏，档案号 0053 －0030 －000154 －0000 －105 －000。

粮食部陪都民食供应处、重庆市政府：《关于自十二月一日起配售官价面粉的代电、训令》，1941 年 11 月 30 日，重庆市档案馆藏，档案号 0053 －0025 －00042 －0000 －037 －000。

粮食部陪都民食供应处：《关于报送冒用袋皮情形给重庆市机制面粉厂

联合办事处的指令》，重庆市档案馆藏，档案号00830001010360000034000。

粮食部陪都民食供应处：《关于补偿四厂粉价及告知开始日期致重庆市粮食管理委员会的函》，1941年9月11日，重庆市档案馆藏，档案号00700001003570000007。

粮食部陪都民食供应处：《关于查收化龙桥正街山东茶社面饼店走私面粉及价款致重庆市粮政局的函》，1942年6月23日，重庆市档案馆藏，档案号00700002003310000015。

粮食部陪都民食供应处：《关于抄送重庆市机制面粉厂并无一心面粉厂致"财政部"川康直接税局重庆分局的函》，1942年9月29日，重庆市档案馆藏，档案号02730001006880000046。

粮食部陪都民食供应处：《关于改善面粉品质成色给福民实业股份有限公司机制面粉厂的训令》，1944年7月5日，重庆市档案馆藏，档案号02720001000340000136000。

粮食部陪都民食供应处：《关于告知王瀛洲走私官价面粉情形致重庆市粮政局的函》，1942年6月4日，重庆市档案馆藏，档案号00700002003290000012。

粮食部陪都民食供应处：《关于公卖山东茶社面店私藏面粉致重庆粮政局的呈》，1942年6月25日，重庆市档案馆藏，档案号00700002003310000020。

粮食部陪都民食供应处：《关于将王瀛洲走私之面粉予以充公自应照办致重庆市粮政局的函》，1942年3月13日，重庆市档案馆藏，档案号00700002003330000060。

粮食部陪都民食供应处：《关于派员提回化龙桥正街25号山东茶社面粉致重庆市粮政局的函》，1942年6月5日，重庆市档案馆藏，档案号00700002003450000032。

刘金镒：《关于函请陪都粮食供应处继续配发面粉致重庆市切面工业同业公会的函》，重庆市档案馆藏，档案号00850001014160000008。

刘毓松、王长发、高压广等：《关于证明永记切面店并无舞弊走私面粉情形上重庆市粮政局的呈》，1942年3月20日，重庆市档案馆藏，档案号00700002003320000049。

刘震武、重庆市政府：《关于简述赴陕西街四厂联合办事处配售麦粉经过情形的呈、公函、训令》，1941年11月15日，重庆市档案馆藏，档案号0053－9925－00068－0000－011－000。

龙绍清、陈光仁、王树清等：《龙绍清、陈光仁、王树清等关于申请组织重庆市福民机制面粉厂产业工会上重庆市社会局的呈（附发起代表人名册、发起人姓名)》，1948 年 8 月 24 日，重庆市档案馆藏，档案号 00600010001790000004。

陆军第五军驻渝办事处：《关于请发给购买面粉证明致复兴面粉公司的函》，1941 年 5 月 8 日，重庆市档案馆藏，档案号 00700001001270000045。

“行政院”秘书处、重庆市政府：《关于调查重庆市面粉供销数量的通知、训令》，1942 年 10 月 18 日，重庆市档案馆藏，档案号 0053 - 0025 - 00042 - 0000 - 004 - 000。

潘世经、束士方：《关于兰州面粉厂待用磨辊事宜致章剑慧的函》，1942 年 6 月 17 日，重庆市档案馆藏，档案号 0234 - 0001 - 00041 - 0000 - 068 - 000。

陪都粮政密查队：《关于报送胡卫中代开利肥皂公司购买面粉及上南区路华兴切面店、厚慈街银成切面店有违法情形上重庆市粮政局的呈》，1942 年 6 月 27 日，重庆市档案馆藏，档案号 00700002003300000025。

陪都民食供应处、重庆市政府：《关于送交麦粉业运价、工资调整会议记录及各厂小麦粉运价、工人工资指数表》，1943 年 9 月 23 日，重庆市档案馆藏，档案号 0053 - 0019 - 02298 - 0000 - 114 - 000。

彭菊五：《重庆市警察局第五分局辖区机制面粉厂调查表》，重庆市档案馆藏，档案号 006100150319200001250000。

彭开煦：《关于请掉换面粉致重庆市田赋粮食管理处的函》，1945 年 12 月 10 日，重庆市档案馆藏，档案号 00190001008530000011。

全国粮管局、四厂联合办事处：《关于全国粮食管理局与复兴、福新、福民、岁丰四厂联合办事处订立小麦面粉购销、贷款的合约》，1941 年 5 月 23 日，重庆市档案馆藏，档案号 027200020000900001000000。

全国粮食管理局：《关于拟定调整重庆市面粉价格办法致重庆市政府的呈》，1941 年 5 月，重庆市档案馆藏，档案号 00700001000710000055。

全国粮食管理局：《关于令知岁丰面粉厂缺乏原料已令其他三厂供给准备查给重庆市粮食管理委员会的指令》，1941 年 5 月 27 日，重庆市档案馆藏，档案号 00700001000300000018。

全国粮食管理局：《关于核准天厨味精制造厂股份有限公司加入重庆市复兴、福新、福民、岁丰四厂联合办事处统筹配购小麦的批》，1941 年 6 月 10 日，重庆市档案馆藏，档案号 030400010257100000250000。

全国粮食管理局、重庆市粮管会：《关于核定每袋面粉价格的训令、呈》，1941 年 6 月 12 日，重庆市档案馆藏，档案号00700001000710000065。

申四、福新、公益、建成、宝兴公司总管理处：《关于调王君式到建成机制面粉厂的通告》，1944 年 12 月 9 日，重庆市档案馆藏，档案号 0234－0001－00053－0000－045－000。

申新、福新、公益、建成、宝兴公司总管理处：《关于王伯静调任建成机制面粉公司副厂长的通告》，1945 年 2 月 6 日，重庆市档案馆藏，档案号 0234－0001－00053－021。

申新第四纺织公司重庆分厂：《关于代制兰州面粉厂磨辊一事的函》，1942 年 9 月 8 日，重庆市档案馆藏，档案号 0234－0001－00041－0000－049－000。

四厂联合办事处：《关于报送复兴、福新、福民、岁丰四厂联合办事处结束请予备查上重庆市政府、重庆市粮食管理委员会的呈》，1941 年 8 月 5 日，重庆市档案馆藏，档案号 00700001000310000052。

四厂联合办事处：《关于请照市价核议面粉价格上重庆市粮食管理委员会的呈》，1941 年 4 月 22 日，重庆市档案馆藏，档案号 00700001000710000051。

四川荣誉军人管理处、重庆市粮政局：《关于请派员详查第五十六院伤兵强购面粉事宜的训令、函（附原报告）》，1942 年 2 月 27 日，重庆市档案馆藏，档案号 00700002003250000017。

四川省第三区行政督察专员：《关于抄发各县应收小麦数额表的代电（附表）》，1945 年 7 月，重庆市档案馆藏，档案号 00550005002550000034000。

四川省立教育学院、四川榨油厂、复兴面粉公司等：《关于指导四川省立教育学院农制组三、四年级学生参观四川榨油厂、复兴面粉公司等的函》，1945 年 12 月 17 日，重庆市档案馆藏，档案号 01220001005810000004000。

四川省政府：《关于各面粉厂代磨面粉及军粉致北碚管理局的代电》，1947 年 2 月，重庆市档案馆藏，档案号 00810004054370000008000。

四川省政府：《关于更改复新面粉股份有限公司给复兴面粉股份有限公司的批》，1938 年 6 月 17 日，重庆市档案馆藏，档案号 0024－0001－00474－0000－110－000。

四川省政府：《关于禁止出口小麦及含有小麦成分之麦面给四川省第三区行政督察专员公署的训令》，1939 年 1 月 22 日，重庆市档案馆藏，档案号 00550005002590000024000。

四川省政府：《关于禁止重庆复兴面粉厂机制面粉运销宜宾、长沙一带给四川省第三区行政督察专员公署的训令》，1940 年 7 月，重庆市档案馆藏，档案号 00550004000460000140002。

孙□□、嘉陵江三峡乡村建设实验区署：《关于调查北碚面粉业同业公会售卖面粉价格情形的呈（附成本估算单）》，1941年11月7日，重庆市档案馆藏，档案号00810004008290000063000。

天城公司：《关于报送天城公司各厂加工费不敷情形并请调整救济致重庆市机制面粉厂联合办事处的函》，1943年5月，重庆市档案馆藏，档案号03040001026000000020000。

天城公司面粉厂：《关于核示天城公司面粉厂加入重庆复兴、福民、福新、岁丰四厂联合办事处应具备之手续、商办汇款事宜等致钱晓升的函》，1941年6月30日，重庆市档案馆藏，档案号03040001025710000116000。

天城公司面粉厂：《关于请中粮公司储购会预拨小麦的呈、函》，1944年12月9日，重庆市档案馆藏，档案号03040001026000000121000。

天城公司面粉厂驻合川麦庄：《关于撤销重庆复兴、福民、福新、岁丰四厂联合办事处，成立机制面粉同业公会等上天城公司的呈》，1941年7月3日，重庆市档案馆藏，档案号03040001025710000159000。

天城公司面粉厂驻合川麦庄：《关于告知合川地方粮食状况及复兴、福民、福新、岁丰四厂联合办事处设立情形等上天城公司的呈》，1941年6月17日，重庆市档案馆藏，档案号03040001025710000052000。

天城面粉厂：《天城面粉工业股份有限公司章程、章程草案》，重庆市档案馆藏，档案号03040001003500000125000。

天城面粉工业股份有限公司、重庆市社会局：《关于发给天城面粉工业股份有限公司遣散员工费的呈、批》，1946年9月26日，重庆市档案馆藏，档案号00600015002490000080。

天城面粉工业股份有限公司：《关于天城公司更名为天城面粉工业股份有限公司致重庆市机制面粉厂联合办事处的函》，1942年5月25日，重庆市档案馆藏，档案号03040001025800000033000。

天城面粉工业股份有限公司：《天城面粉工业股份有限公司关于设立股份有限公司依法申请登记上重庆市社会局的呈（附章程、名簿、概算书等）》，1942年7月20日，重庆市档案馆藏，档案号00600002003350000011。

天厨味精厂股份有限公司：《关于检送天厨味精厂股份有限公司面粉厂概况表致郭栋的函（附表）》，1946年9月21日，重庆市档案馆藏，档案号02620001000290000079000。

同仁农场：《关于请出席福民面粉厂成立大会致章剑慧的函》，1943年6月17日，重庆市档案馆藏，档案号0234－1－0234－034。

王荣陆：《王荣陆关于报送面粉供应数量上重庆市社会局的呈》，1942

年2月16日，重庆市档案馆藏，档案号00600002010040000052。

韦安崚：《关于从速处理赵子文切面店私售面粉情事上重庆市粮政局的呈（附口供单、领条）》，1942年4月，重庆市档案馆藏，档案号00700002003290000042。

温泉面粉厂：《温泉面粉厂职员名单》，重庆市档案馆藏，档案号00810004002640000029000。

翁文灏：《关于福新面粉厂参加工作竞赛纪念题词》，重庆市档案馆藏，档案号0272－1－0001－014。

夏鹏皋：《关于报送陈志荣面粉走私抬高市价的呈》，1942年6月15日，重庆市档案馆藏，档案号00700002003440000068。

谢锡洲、北碚管理局：《关于准予谢锡洲加入面粉同业公会的呈、训令》，1943年5月6日，重庆市档案馆藏，档案号00810004019750000105000。

熊瑚：《熊瑚关于查报复兴面粉第一、二厂被炸情形上重庆市社会局的呈》，1940年8月3日，重庆市档案馆藏，档案号00600002019520000010。

徐炳璋：《关于保障申新第四纺织福新第五面粉厂权益的常年法律顾问证书》，1942年8月1日，重庆市档案馆藏，档案号0234－0001－00184－0000－034－000。

徐澍：《重庆市警察局第十分局管内机制面粉调查表》，重庆市档案馆藏，档案号00610015031920000125000。

许应期、高远春：《许应期、高远春关于制造兰州面粉厂所需马达、皮带盘并告知交货日期的电》，重庆市档案馆藏，档案号02150001001300000087。

杨文泉、谢式瑾：《关于呈报召开各种面粉制成品议价会议经过情形及议定价格的呈（附会议纪录、比较表）》，1943年11月27日，重庆市档案馆藏，档案号0053－0030－00154－0000－037－000。

姚启、张仁高、周亚雄等：《关于请发给民生面粉工业社执照上重庆市政府的呈》，1944年2月12日，重庆市档案馆藏，档案号00700002002110000034。

叶荣驿、李朝义、唐泽炎等：《关于请予仲裁福新面粉厂非法解雇劳工案上重庆市社会局的呈》，1946年10月2日，重庆市档案馆藏，档案号00600015002230000034。

于松乔、袁国梁：《关于重庆不磨制军粉的电》，1945年1月10日，重庆市档案馆藏，档案号02720001000260000016000。

虞振庸：《纪念农民节大会》，贵州省档案馆藏，档案号M62－1－180。

裕记面粉股份有限公司、重庆市社会局、经济部：《裕记面粉股份有限公司、重庆市社会局、经济部关于核发公司登记执照的呈、训令、指令（附营业计划书、章程、登记事项表等）》，1940 年 11 月 27 日，重庆市档案馆藏，档案号 00600002003310000008。

裕民面粉股份有限公司、重庆市社会局：《裕民面粉股份有限公司、重庆市社会局关于派员补办登记手续的呈、批（附营业计划书、发起人名册）》，1942 年 5 月 20 日，重庆市档案馆藏，档案号 00600002003330000001。

豫丰纱厂重庆分厂：《关于兰州面粉厂磨辊交货事宜至章剑慧的函》，1942 年 5 月 15 日，重庆市档案馆藏，档案号 0234－0001－00041－0000－074－000。

豫丰纱厂重庆分厂：《关于兰州面粉厂制造磨辊事宜致章剑慧的函》，1942 年 9 月 5 日，重庆市档案馆藏，档案号 0234－0001－00041－0000－051－000。

允利面粉实验工厂筹备处、重庆市政府粮食管理室：《关于请准予将实验面粉工厂登记的呈、函》，1944 年 3 月 26 日，重庆市档案馆藏，档案号 00700002002070000007。

允利实业股份有限公司：《关于派员前来验收订制的三百包面粉机一套致经济部工矿调整处的函》，1944 年 7 月 2 日，重庆市档案馆藏，档案号 00190001001900000050。

允利实业股份有限公司白沙面粉厂：《关于白沙面粉厂一九四一年一月份业务概况及粮食市价的呈（附调查报告）》，1941 年 2 月 17 日，重庆市档案馆藏，档案号 02900001003740000007。

赵荣华：《赵荣华关于吊销和记切面店执照、没收面粉上重庆市社会局的呈》，1944 年 3 月 1 日，重庆市档案馆藏，档案号 00600002011310000011。

中国工矿建设股份有限公司面粉厂：《中国工矿建设股份有限公司面粉厂 1946 年计划书》，重庆市档案馆藏，档案号 02020001001230000106000。

中国工商新闻社重庆总社：《关于编印〈经济建设年鉴〉请撰寄“一年来福民机制面粉厂”一文致福民机制面粉厂的公函》，1943 年 11 月 15 日，重庆市档案馆藏，档案号 0272000100031000027000。

中国建设工程公司、天城公司面粉厂、中国粮食工业公司粮食购储委员会：《关于催促天城公司面粉厂缴足特种面粉并提高面粉品质的函》，1945 年 4 月 24 日，重庆市档案馆藏，档案号 0304000103713000016000。

中国粮食工业公司：《中国粮食工业公司筹备报告书》，重庆市档案馆藏，档案号 0015－0001－00065－0000－169－000。

中国粮食工业公司：《中国粮食工业公司合川面粉工厂职员名册》，重庆市档案馆藏，档案号 0028－0002－00001－0000－014－000。

中国粮食工业公司：《中国粮食工业公司营业处职员名册》，重庆市档案馆藏，档案号 0028－0002－00001－0000－004－000。

中国粮食工业公司合川面粉工厂：《中国粮食工业公司合川面粉工厂员工名册》，1942 年 11 月，重庆市档案馆藏，档案号 0028－0002－00001－0000－048－000。

中国粮食工业公司粮食购储委员会：《关于抄发中国粮食工业公司粮食购储委员会设置各面粉厂驻厂稽核办法致福民实业股份有限公司机制面粉厂的函（附办法）》，1944 年 9 月 21 日，重庆市档案馆藏，档案号 02720002000670000030000。

中国粮食工业公司粮食购储委员会：《关于切实注意改进粉质致福民实业股份有限公司机制面粉厂的函》，1945 年 1 月 24 日，重庆市档案馆藏，档案号 02720002000670000092000。

中国粮食工业公司粮食购储委员会、粮食部陪都民食供应处、福民实业股份有限公司机制面粉厂：《关于中国粮食工业公司粮食购储委员会、粮食部陪都民食供应处拨麦与福民实业股份有限公司机制面粉厂等加工面粉的合约》，1943 年 7 月 6 日，重庆市档案馆藏，档案号 02720002000110000005000。

中国面粉业技管人员训练所：《关于报送本所开学日期及实验工厂章程等上重庆市教育局的呈（附董事会名册及章程）》，1944 年 8 月 30 日，重庆市档案馆藏，档案号 00650001012480000179000。

中正路颜料店：《关于派员调查私售面粉情事上吴国桢的呈》，1941 年 11 月 26 日，重庆市档案馆藏，档案号 00700002002960000005。

中中交农四行联合办事总处秘书处、复兴面粉股份有限公司：《关于复兴面粉股份有限公司申请抵押借款的代电、函》，1945 年 8 月 15 日，重庆市档案馆藏，档案号 02850001002460000205000。

中中交农四银行联合办事总处秘书处：《关于准予福民实业股份有限公司机制面粉厂贷款合约展期致福民实业股份有限公司机制面粉厂的函》，1942 年 3 月 6 日，重庆市档案馆藏，档案号 02720002000090000013000。

周伯武：《关于查明李吉安购领平价面粉私售高价情形上南□□、谢□□的呈》，重庆市档案馆藏，档案号 00700002002940000075。

（二）已刊档案

陈谦平编：《翁文灏与抗战档案史料汇编》（上下册），北京：社会科学文献出版社，2017 年。

重庆市档案馆、重庆师范大学编：《中国战时首都档案文献 · 战时工业》，重庆：重庆出版社，2014 年。

马振犊主编：《抗战时期西北开发档案史料选编》，北京：中国社会科学出版社，2009 年。

王正华编注：《蒋中正总统档案：事略稿本》17，台北："国史馆"，2005 年。

叶健青编注：《蒋中正总统档案：事略稿本》37，台北："国史馆"，2009 年。

云南省档案局（馆）编：《抗战时期的云南——档案史料汇编》（上下），重庆：重庆出版社，2015 年。

中国第二历史档案馆编：《水利委员会拟送"西北水利十年建设计划初稿"》，《民国档案》2000 年第 4 期。

中国第二历史档案馆编：《酝酿制定"西南西北及江南三区轻工业开发计划"史料两件》，《民国档案》2000 年第 2 期。

中国第二历史档案馆编：《长江通讯社西北考察团史料两件》，《民国档案》2000 年第 3 期。

中国第二历史档案馆编：《中华民国史档案资料汇编》第 5 辑第 1 编"财政经济"（一）、（七），南京：江苏古籍出版社，1994 年。

中国第二历史档案馆编：《中华民国史档案资料汇编》第 5 辑第 2 编"财政经济"（六）、（八），南京：江苏古籍出版社，1997 年。

中国第二历史档案馆编：《中华民国史档案资料汇编》第 5 辑第 2 编"政治（一）"，南京：江苏古籍出版社，1997 年。

中国第二历史档案馆选编：《经济部西北工业考察通讯》上，《民国档案》1995 年第 4 期。

中国第二历史档案馆选编：《抗战时期工厂内迁史料选辑（三）》，《民国档案》1987 年第 4 期。

中国第二历史档案馆选编：《抗战时期工厂内迁史料选辑（一）》，《民国档案》1987 年第 2 期。

中国第二历史档案馆选编：《关于战时后方黑市活动的一组史料》，《民国档案》1994 年第 2 期。

周美华编辑：《蒋中正总统档案：事略稿本》12，台北："国史馆"，2004 年。

周美华编辑：《蒋中正总统档案：事略稿本》51，台北："国史馆"，

2011年。

二、民国文献

（一）图书

《辞源》，上海：商务印书馆，1915年。

《第三届国民参政会第二次大会“行政院”工作报告补编》（1944年5月～7月），1944年8月。

《甘肃建设厅通志材料》，甘肃省图书馆西北地方文献阅览室（图书）藏，1929年，抄本。

《贵州省民政厅、教育厅、财政厅、建设厅报告》，1943年3月，手写稿。

《江西省各县购粮储券、粮食库券、征借谷移充农田水利基金问题之商榷》，编者、年份不详。

《茂新福新申新总公司三十周年纪念册》，1929年1月。

《上海证券交易所年报》1947年度第一年报告，编著者、出版信息不详。

《湘赣粤桂浙闽六省盐粮战时调节会议录》，1940年10月25日～28日，国民政府军事委员会桂林办公厅。

〔美〕John Ahlers：《战时经济丛论》，蔡之华译，上饶：战地图书出版社，1941年。

安汉、李自发：《西北农业考察》，南京：正中书局，1936年。

白水编著：《今日的新西南》，上海：言行出版社，1939年。

北洋政府陆军部编：《陆军行政纪要》，台北：文海出版社，1920年初版，1971年再版。

〔美〕卜凯主编：《中国土地利用》，南京：金陵大学农学院农业经济系，1941年。

蔡笃濂：《贵州省水稻栽培概况调查》，1936年，手写稿。

蔡旭主编：《四川小麦之调查试验与研究》，成都：四川省农业改进所，1942年。

蔡正雅：《上海市罢工停业统计》，出版信息不详，应为1931年。

曹慎修：《中国土地问题之研究》，南京：明日书店，1932年。

陈伯庄：《平汉沿线农村经济调查》，上海：中华书局，1936年。

陈伯庄：《小麦及面粉》，上海：交通大学研究所，1936年。

陈光垚：《西京之现况》，南京：西京筹备委员会，1933年。

陈让卿编著：《两年来之四川中心农事试验场》，出版地、出版社不详，1935 年。

陈言：《陕甘调查记》，北平：北方杂志社，1937 年。

陈友琴：《川游漫记》，南京：正中书局，1936 年。

陈正谟：《米谷生产成本及川粮管理问题》，重庆：中山文化教育馆，1940 年。

陈正谟：《战时粮食问题的解决方法》，南京：中山文化教育馆，1937 年。

陈正祥：《甘肃之气候》，重庆："国立中央大学"地理系，1943 年。

陈正祥：《河西走廊》，出版地、出版社不详，1943 年。

陈正祥编著：《广西地理》，上海：正中书局，1946 年。

陈正祥：《西北区域地理》，上海：商务印书馆，1946 年。

重庆市政府编印：《重庆要览》，1945 年。

重庆中国银行编印：《重庆经济概况（民国十一年至二十年）》，1934 年。

重庆市政府编印：《重庆市政府核定物价运价工资汇编》，1943 年。

崔昌政：《川康建设问题》，重庆：国民图书出版社，1941 年。

崔毓俊：《到西南去》，南京：金陵大学出版社，1935 年。

狄超白主编：《中国经济年鉴》上中编，上海：太平洋经济研究出版社，1947 年。

丁道谦：《贵州经济地理》，上海：商务印书馆，1946 年。

董时进：《食料与人口》，上海：商务印书馆，1929 年。

杜重远：《盛世才与新新疆》，汉口：生活书店，1938 年。

范宝信编：《陕西省政述要》，陕西省政府统计室，1947 年。

方白：《人和水》，上海：开明书店，1948 年。

方显廷、陈豹隐、张国瑞等：《西南经济建设论》，重庆：独立出版社，1944 年。

冯友兰：《新事论》，上海：上海书店，1940 年。

傅润华、汤约生主编：《陪都工商年鉴》，重庆：文信书局，1945 年。

复兴面粉股份有限公司编印：《复兴面粉股份有限公司章程》，1940 年，重庆图书馆藏。

复兴面粉股份有限公司编印：《复兴面粉股份有限公司职工任用保证规程》，1940 年，重庆图书馆藏。

复兴面粉股份有限公司编印：《复兴面粉股份有限公司制造厂办事细

则》，1940 年，重庆图书馆藏。

复兴面粉股份有限公司编印：《复兴面粉股份有限公司给假规程》，1940 年，重庆图书馆藏。

傅作霖：《宁夏省考察记》，南京：正中书局，1935 年。

甘肃省政府编印：《甘肃省政府三年来重要工作报告》，1944 年。

甘肃省政府编印：《甘肃省经济概况》，1944 年。

甘肃省政府建设厅编：《甘肃省经济建设纪要》，1940.12 ～ 1946.12，第 59 号，甘肃省图书馆西北地方文献阅览室（图书）藏，油印本。

甘肃省政府统计处编印：《甘肃省统计年鉴》，1948 年。

甘肃水利林牧公司编：《甘肃水利林牧公司成立两年概况》，1943 年 8 月，甘肃省图书馆西北地方文献阅览室（图书）藏，油印本。

甘肃水利林牧公司总管理处编：《甘肃水利林牧公司大事记（三十年——三十三年）》，甘肃省图书馆西北地方文献阅览室（图书）藏，1944 年，稿本。

高等考试典试委员会编：《民国二十二年高等考试总报告》，南京：考试院考选委员会，1934 年。

龚骏：《中国都市工业化程度之统计分析》，上海：商务印书馆，1933 年。

龚俊：《中国新工业发展史大纲》，上海：商务印书馆，1933 年。

谷正伦：《汭丰渠记》，1944 年 4 月，中国国家图书馆特藏古籍。

顾复：《麦》，上海：商务印书馆，1926 年。

顾寿恩：《战时粮价问题》，重庆：国民图书出版社，出版时间不详。

顾执中、陆诒：《到青海去》，上海：商务印书馆，1934 年。

郭寄峤主编：《甘肃省统计年鉴》（1946 年），兰州：甘肃省政府统计室，1947 年。

广西农事试验场等编印：《科学与广西植物生产》，1943 年。

广西省政府编印：《二十七年度广西省政府施政计划纲要》，1938 年。

广西省政府编印：《二十七年度广西县设施准则及进度考核表》，1938 年。

广西统计局编：《广西年鉴》（1933 年），桂林：广西印刷厂，1934 年。

贵阳“中央”日报社资料室编：《新贵州概观》，贵阳：贵阳“中央”日报社，1944 年。

贵州企业公司成立三周年纪念会筹备委员会宣传组编：《贵州企业公

司成立三周年纪念特刊》，贵州企业公司成立三周年纪念会筹备委员会，1942 年。

贵州省建设厅编印：《贵州建设概况》，1941 年。

贵州省农业改进所编印：《贵州省农业改进所概况》，1946 年。

贵州省农业改进所编印：《贵州省农业改进所两年来工作概况报告》，1940 年，手写稿。

贵州省政府秘书处法制室编：《贵州省单行法规汇编》第 3 辑下，贵阳：文通书局，1938 年。

贵州省政府秘书处编印：《黔政三年》，1947 年。

贵州省政府秘书处编印：《黔政五年》，1943 年。

贵州省政府秘书处统计室编印：《贵州一览初稿》，1938 年。

贵州省政府统计室编印：《贵州省统计年鉴》，1947 年。

贵州物产陈列馆编印：《贵州物产名称一览表》，1942 年。

郭垣编著：《云南省经济问题》，上海：正中书局，1939 年。

国家总动员会议编印：《管制物价简报》，1943 年。

国立西北师范学院小学教育通讯研究处：《小学教育实际问题》，上海：正中书局，1948 年。

国民出版社编印：《飞跃中的西南建设》，1939 年。

国民经济研究所编印：《四川重庆之食粮》，出版时间不详。

国民经济研究所编印：《四川食米调查报告》，1940 年。

实业部劳动年鉴编纂委员会编：《二十一年中国劳动年鉴》，上海：神州国光社，1933 年。

国民政府主计处统计局编：《中华民国统计提要（二十四年辑）》，上海：商务印书馆，1936 年。

国民政府主计处统计局编印：《中华民国统计提要》，1945 年。

韩清涛：《今日新疆》，贵阳：贵阳“中央”日报总社，1943 年。

何德明编著：《中国劳工问题》，长沙：商务印书馆，1938 年。

贺湄：《中国地理讲话》，桂林：实学书局，1944 年。

侯厚培：《中国近代经济发展史》，上海：大东书局，1929 年。

华企云编著：《新疆问题》，上海：大东书局，1931 年。

华商报社资料室编纂：《国民年鉴》，上海：华商报社，1949 年。

黄奋生：《边疆屯垦员手册》，重庆：青年出版社，1944 年。

黄复然调查、编印：《昆明市工厂清册》，1947 年。

黄九如编：《中国十大名城游记》，上海：中华书局，1935 年。

黄震中编：《宁夏机械工业（一）》，出版地、出版社不详，1945 年。

蒋经国：《伟大的西北》，成都：天地出版社，1943 年。

蒋君章：《西南经济地理》，上海：商务印书馆，1946 年。

蒋君章编：《西南经济地理纲要》，重庆：正中书局，1943 年。

蒋乃镛：《上海工业概览》，上海：学者书店，1947 年。

蒋维乔：《淡斋诗存》，出版信息不详。

交通银行总管理处编印：《全国工矿资料》，1950 年调查，铅印本。

金城银行总经理处汉口调查分部编印：《汉口之粉麦市场》，1938 年。

金培松编著：《食品工业》，上海：正中书局，1947 年。

金善宝、吴董成：《中国小麦区域》，“国立中央大学”农学院，出版时间不详。

金善宝：《小麦实用论》，上海：商务印书馆，1934 年。

京滇公路周览筹备会云南分会编印：《云南概览》，1937 年。

经济部编：《经济部二十八年上期工作进度报告》，出版地、出版社不详，1939 年。

经济部统计处编印：《后方工矿资金研究》，1943 年。

经济部统计处编印：《后方工业概况统计（1942 年）》，1943 年。

经济部统计处编印：《后方重要工矿产品第二次统计》（1940 年至 1943 年），1944 年。

经济部统计处编印：《后方重要工矿产品统计》（1940 年及 1942 年），1943 年。

经济部“中央”地质调查所、国立北平研究院地质学研究所印行：《中国矿业纪要：西南区》1935 ～ 1940，1941 年。

经济部“中央”工业试验所兰州工作站、甘肃省银行经济研究室、兰州交通银行、甘肃省政府建设厅编：《甘肃工业资源兰州市工厂调查》，兴陇公司印刷厂，1942 年。

荆其智：《粮秣经理讲义》，军事委员会第三厅经理研究班印，时间不详。

晋察冀边区行政委员会编印：《抗战期中的大后方人民的生活》，1945 年。

孔雪雄等：《四联总处四川省农贷视察团报告书》，重庆：中中交农四行联合办事总处秘书处，1942 年。

邝振翎、龙潜、陈光国等编：《中国经济概况》，“中央”陆军军官学校政治训练处，1928 年。

李超英编著：《抗战建国纲领研究·经济篇》，重庆：独立出版社，1939年。

李国桢主编：《陕西小麦》，西安：陕西省农业改进所，1948年。

李书田等：《中国水利问题》上册，上海：商务印书馆，1936年。

立信会计师重庆事务所编：《工商业管制法规》，重庆：立信会计图书用品社，1943年。

梁明政：《战时基层经济建设》，南宁：民团周刊社，1938年。

粮食部编印：《粮食部报告》（1941年），1942年。

粮食部编印：《粮食部报告》（1942年），1943年。

粮食部编印：《粮食部三十一年度工作计划》，1941年。

粮食部调查处第四科编印：《粮食部三十年度工作检讨报告》，1942年。

林继庸：《民营厂矿内迁纪略》，出版地、出版社不详，1942年。

刘大钧：《中国工业调查报告》上中册，出版地不详，经济统计研究所，1937年。

刘大钧：《工业化与中国工业建设》，上海：商务印书馆，1946年。

刘鸿万：《工业化与中国劳工问题》，上海：商务印书馆，1945年。

刘湘编：《四川后方国防基本建设大纲》，出版信息不详。

刘燕谷编著：《战时工业政策》，重庆：独立出版社，1940年。

楼云林：《四川》，上海：中华书局，1941年。

卢勋编：《中国经济问题》，北京：天坛书店，出版时间不详。

陆思红编：《新重庆》，昆明：中华书局，1939年。

陆象贤：《新中国经济地理教程》，上海：一般书店，1941年。

吕平登编著：《四川农村经济》，上海：商务印书馆，1936年。

宁夏省政府建设厅编印：《宁夏战时工业（一）》，1941年。

宁夏省政府建设厅编印：《宁夏战时工业（二）》，1943年。

宁夏省政府秘书处编印：《十年来宁夏省政述要·建设篇》，1942年。

宁夏省政府编印：《宁夏资源志》，1946年。

潘鸿声编：《中国农民银行四川省农村经济委员会四川农村经济调查报告第一号：总报告》，中农印刷所，1941年。

潘鸿声编著：《成都市附近七县米谷生产与运销之调查》，四川省政府建设厅印发，时间不详。

陪都建设计划委员会编印：《陪都十年建设计划草案》，1947年。

平汉铁路管理局经济调查组编印：《重庆经济调查》，1937年。

乔启明、蒋杰：《中国人口与食粮问题》，上海：中华书局，1937 年。
青岛市社会局编：《青岛市面粉业调查》，出版信息不详。
青海省政府民政厅编：《最近之青海》，南京：新亚细亚学会，1934 年。
邱昌渭：《广西县政》，桂林：文化供应社，1941 年。
曲直生：《华北民众食料的一个初步研究》，南京：参谋本部国防设计委员会，1934 年。
全国经济委员会编印：《四川考察报告书》，1935 年。
全国粮食管理局编印：《全国粮食会议报告》，1941 年。
任敏华编：《四川田赋概况》，成都：四川省银行经济研究室，1941 年。
山川出版社编译所编著：《成都指南》，成都：山川出版社，1943 年。
陕西省银行经济研究室编：《西京市工业调查》，西安：秦岭出版公司，1940 年。
陕西实业考察团编：《陕西实业考察》，上海：汉文正楷印书局，1933 年。
〔日〕上海日本大使馆特别调查班编印：《四川省农村物价统计表》，1943 年。
上海市社会局编：《上海之机制工业》，上海：中华书局，1933 年。
社会部统计处编制：《重庆市工资指数》，1942 年。
沈雷春、陈禾章编著：《中国战时经济建设》，上海：世界书局，1940 年。
沈骊英、张宪秋、庄巧生：《贵州之小麦》，荣昌：经济部“中央”农业实验所，1940 年。
沈永椿编：《广西指南》，长沙：商务印书馆，1940 年。
施建生：《西南工业建设方案》，重庆：中山文化教育馆，1939 年。
实业部国际贸易局编印：《中国实业志（山东省）》，1934 年。
实业部劳动年鉴编纂委员会编：《二十一年中国劳动年鉴》，上海：神州国光社，1933 年。
史国衡：《昆厂劳工》，上海：商务印书馆，1946 年。
〔日〕水野幸吉：《汉口》，富山房，1907 年。
寿进文：《战时中国物价问题》，重庆：生生出版社，1944 年。
四川省农业改进所编印：《四川省农业改进所病虫防治督导团卅二年年报》报告第二号，1944 年。
四川省生产计划委员会编印：《四川省经济建设三年计划草案（大

纲)》，1940 年。

四川省政府建设厅秘书编审股主编：《四川食粮作物的改进与增产》，1943 年。

四川省政府秘书处法制室编印：《四川省现行法规汇编》第 5 册，1941 年。

四川省政府统计处编印：《四川省三十三年小春农作物种植面积及产量》，1944 年。

四川省农业改进所编印：《四川省农业改进所施政报告》，1939 年。

四川省政府统计处编印：《四川省统计年鉴》(1946 年)，1947 年。

四川省政府编印：《四川省概况》，1939 年。

孙本文：《现代中国社会问题》第 2 册，上海：商务印书馆，1946 年。

孙本文：《现代中国社会问题》第 3 册，上海：商务印书馆，1947 年，第 2 版。

孙醒东：《中国之粮食问题及其政策》，出版地、出版社不详，1942 年。

谭熙鸿主编：《十年来之中国经济》上下册，上海：中华书局，1948 年。

汤惠荪、杜修昌：《云南省米谷运销及价格之研究》，云南省财政厅印刷局，1940 年。

铁道部财务司调查科编印：《粤滇湘滇两线昆明县市经济调查报告书》，1929 年。

铁道部业务司商务科编：《陇海铁路甘肃段经济调查报告书》，铁道部业务司商务科，1935 年，铅印本。

万光汉编：《分省地志·广西》，上海：中华书局，1939 年。

王伯颜：《战时消费品之分配统制》，上海：汗血书店，1936 年。

王成敬：《西北的农田水利》，上海：中华书局，1950 年。

王金绂：《西北地理》，北平：立达书局，1932 年。

王金绂：《西北之地文与人文》，上海：商务印书馆，1935 年。

王勤堉：《民国以来之中国公路建设》，出版信息不详。

王桐龄：《陕西旅行记》，北平：文化学社，1928 年。

王望编：《新西安》，上海：中华书局，1940 年。

王燕浪：《西南与西北》，南平：国民出版社，1943 年。

王荫樵：《西京指南》，西安：天津大公报西安分馆，1936 年。

王仲武：《重庆物价专刊》，重庆：西南经济建设研究所、邮政储金汇业局，1942 年。

文化供应社编印：《实用国民年鉴》，1941 年。

吴传钧编：《中国粮食地理》，上海：商务印书馆，1946 年。

吴济生：《新都见闻录》，上海：光明书局，1940 年。

吴醒亚讲述、上海市社会局出版委员会编：《到经济建设之路》，出版信息不详。

伍启元：《中日战争与中国经济》，长沙：商务印书馆，1940 年。

伍启元等：《昆明九教授对于物价及经济问题的呼吁》，出版地不详，求真出版社，1945 年。

西北研究社编印：《抗战中的陕西》，1940 年。

西南导报社编：《中国今日之西南建设问题》，桂林：中国建设出版社，1938 年。

谢彬：《新疆游记》，上海：中华书局，1929 年。

新疆第二期三年计划设计委员会编：《新疆第二期三年计划》，乌鲁木齐：新疆日报社，1941 年。

新疆第一期三年计划设计委员会编：《新疆第一期三年计划》，乌鲁木齐：新疆日报社，1937 年初版，1942 年第 2 版。

“行政院”编印：《国民政府年鉴》，1943 年。

“行政院”农村复兴委员会编：《广西省农村调查》，上海：商务印书馆，1935 年，第 2 版。

“行政院”农村复兴委员会编：《云南省农村调查》，上海：商务印书馆，1935 年。

徐堪：《粮食问题》，重庆：“中央”训练团党政训练班，1942 年。

徐堪讲：《最近之粮政》，国民党“中央”训练团，1942 年。

徐旭：《西北建设论》，上海：中华书局，1945 年，第 2 版。

徐盈：《当代中国实业人物志》，上海：中华书局，1948 年。

薛明剑编：《衣食住行工艺概要》第 2 册，上海：中华书局，1934 年。

薛绍铭：《黔滇川旅行记》，上海：中华书局，1937 年。

严重敏：《西北地理》，上海：大东书局，1946 年。

严新农编：《贵州省》，上海：商务印书馆，1933 年。

杨大金：《现代中国实业志》上，上海：商务印书馆，1938 年。

杨培新：《中国经济动向》，上海：耕耘出版社，1946 年。

杨文洵、韩非木、葛绥成等：《中国地理新志》，上海：中华书局，1935 年。

叶懋、潘鸿声编著：《云南省曲靖县经济调查》，四川省农业改进所统计室，1942 年。

叶祖灏编著：《宁夏纪要》，南京：正论出版社，1947 年。

尹以瑄编著：《国防与粮食问题》，南京：正中书局，1937 年，第 2 版。

虞伯舜编著：《抗战后方的新广西》，汉口：建国书店，1938 年。

余精一：《中国社会经济史论》，南京：东西文化社，1945 年。

云南实业改进会编印：《云南实业改进会讲演录》，1923 年。

詹念祖编：《云南省一瞥》，上海：商务印书馆，1931 年。

章柏雨、汪荫元：《各国农产物价统制实施》，上海：商务印书馆，1946 年。

张承炽编著：《边疆一览初编》，蒙藏委员会，1947 年。

张国瑞：《开发资源与西南新经济建设》，重庆：西南导报社，1939 年。

张嘉璈：《战时交通》，重庆："中央"训练团，1940 年。

张克林：《中国生存论：中国策应远东巨变之经济政治军事的战略与战术》，出版地不详，新华印刷社，1936 年。

张沦波编著：《中国的资源》，上海：世界书局，1947 年。

张培刚：《广西粮食问题》，上海：商务印书馆，1938 年。

张培刚：《广西小麦问题》，上海：商务印书馆，1938 年。

张其昀：《中国经济地理》，上海：商务印书馆，1935 年，第 2 版。

张人鉴：《开发西北实业计划》，北京：著者书店，1934 年。

张世文：《农村社会调查方法》，上海：商务印书馆，1947 年。

张锡昌等：《战时的中国经济》，桂林：科学书店，1943 年。

张先辰：《广西经济地理》，桂林：文化供应社，1941 年。

张肖梅：《实业概论》，上海：商务印书馆，1947 年。

张肖梅主编：《中外经济年报》，上海：中国国民经济研究所，1939 年。

张肖梅编著：《贵州经济》，重庆：中国国民经济研究所，1939 年。

张肖梅编著：《四川经济参考资料》，重庆：中国国民经济研究所，1939 年，第 2 版。

张肖梅编著：《云南经济》，重庆：中国国民经济研究所，1942 年。

张一凡主编：《粉麦业须知》，北京：中华书局，1947 年。

张宗汉编：《甘肃中部之砂田》，中国农民银行土地金融处，1947 年。

赵敏求：《跃进中的西北》，西安：新中国文化出版社，1941 年。
赵平公编著：《云南省指导》，昆明：南华印务局，1939 年。
赵永余：《四川重庆之食粮》，出版地不详，1936 年。
郑励俭编著：《四川新地志》，上海：正中书局，1947 年。
中国工程师学会第十三届年会兰州区分会：《河西水利问题》，甘肃省图书馆西北地方文献阅览室（图书）藏，1945 年，油印本。
中国经济建设协会编印：《中国经济建设纲领初稿》，1940 年。
中国经济学社编：《战时经济问题》，长沙：商务印书馆，1940 年。
中国工业经济研究所编印：《四川工矿业调查》，1944 年。
中国国民党执行委员会宣传部编印：《抗战第四周年纪念手册》，1941 年。
“中国国民党中央执行委员会”训练委员会编印：《五大建设述要》，1942 年。
“中国国民党中央党部”国民经济计划委员会主编：《十年来之中国经济建设》，南京：扶轮日报社，1937 年。
中国旅行社编印：《西南揽胜》，1940 年。
中国通商银行编：《五十年来之中国经济：1896 ～ 1947》，台北：文海出版社有限公司，1974 年。
中国西南实业协会编：《四川工厂调查录》，重庆：文渊印书馆，1942 年。
中华年鉴社编印：《中华年鉴》下册，1948 年。
“中央”气象局编：《全国气象统计》，南京：“行政院”新闻局，1947 年。
“中央”银行经济研究处编印：《成都市实施限价后半年来工作之检讨》，1943 年。
“中央”银行经济研究处编印：《三十年下半期国内经济概况》，1942 年。
钟云鹤：《建设中国西部刍议》，出版地不详，著者刊，1946 年。
钟兆睿：《战时之后方工业建设》，重庆：国民图书出版社，1941 年。
周立三、侯学焘、陈泗桥：《四川经济地图集说明》，出版地不详，中国地理研究所，1946 年。
周振鹤编：《青海》，长沙：商务印书馆，1938 年。
周芷颖：《新成都》，成都：复兴书局，1943 年。
周志骅：《中国重要商品》，上海：华通书局，1931 年。

朱采真编：《工厂法释义》，上海：世界书局，1930年。

朱镜宙：《甘肃省政府财政厅二十四年工作择要报告》，甘肃省图书馆西北地方文献阅览室（图书）藏。

朱世珩编：《抗战中经济建设——抗战以来工业及交通实施概况》，西南游击干部训练班，1939年。

朱元懋编著：《战时物力财力》，重庆：正中书局，1940年。

朱允明：《甘肃省乡土志稿》，甘肃省图书馆西北地方文献阅览室（图书）藏，手抄本。

庄晚芳：《西北纪行》，福州：艺声图书出版社，1948年。

（二）报刊

《宝鸡虢镇工业调查报告》，《陕行汇刊》第5卷第2期，1941年2月。

《本省经济动态》，《陕行汇刊》第8卷第1期，1944年2月。

《部省合办贵州省农业改进所之成立》，《中农所简讯》第1期，1938年7月。

《测定金大二九五号小麦与农家品种面粉中所含面筋以作品质比较》，《中农所简讯》第3期，1938年9月。

《长安交通之现状》，《道路月刊》第4卷第3号，1923年2月。

《陈济棠将赴西北视察》，《申报》1941年7月17日。

《陈嘉庚发表视察西北印象》，《申报》1940年6月27日。

《成都市二十七年十二月及二十八年一月零售物价表》，《四川统计月刊》第1卷第2期，1939年2月25日。

《成都市第二次工资评议会核定各业工价表》，《物价旬报》第41期，1943年8月15日。

《成都市工厂一览表（二十七年）》，《四川统计月刊》第1卷第2期，1939年2月25日。

《重庆面粉工业的剖视》，《新世界》11月号，1944年11月。

《重庆市产业工人工资》，《中农经济统计》第3卷第10期，1943年10月。

《重庆市概况》，《统计月报》第111～112期合刊“重庆市专号”，1945年12月。

《重庆市机制面粉价格统计表》，《粮情旬报》第192期，1945年3月。

《重庆市食米来源及数量统计表》，1941年9月1日至15日，《粮情简报》第23期，1941年9月。

《川康经济建设委员会组织规程》，《经济汇报》第2卷第10期，1940

年11月。
《川省推广金大二九〇五号小麦成绩之一斑》，《中农所简讯》第13～14期合刊，1939年8月。
《川省小麦病害之调查》，《中农所简讯》第7期，1939年1月。
《大兴面粉厂》，《贵州企业季刊》第2卷第2期，1944年6月。
《滇黔湘陕四省麦病调查》，《农报》第5卷第34～36期合刊，1940年12月。
《东西南八省农业推广近况鸟瞰》，《农业推广通讯》第2卷第10期，1940年10月。
《二十八年渭惠渠灌溉区域农村经济状况调查》，《陕西水利季报》第5卷第3～4期合刊，1940年9月。
《防治川黔麦病与吾人应有之认识》，《中农所简讯》第6期，1938年12月。
《高级农业推广人员训练班学员毕业近况》，《农业推广通讯》第1卷第1期，1939年8月。
《各大城市按月户口变动》，《统计月报》第78号，1943年2月。
《各省推广概况——广西省》，《农业推广通讯》第1卷第1期，1939年8月。
《各省推广概况——贵州省》，《农业推广通讯》第1卷第1期，1939年8月。
《各省推广概况——四川省》，《农业推广通讯》第1卷第1期，1939年8月。
《各县推广工作一瞥》，《农业推广通讯》第3卷第4期，1941年4月。
《工矿内迁概况》，《统计月报》第38号，1939年3月～6月。
《公益纺织面粉机器制造公司》，《新工商》第1卷第3期，1943年9月。
《广西面粉厂增进民食》，《西南实业通讯》第8卷第5期，1943年11月。
《广西省第四次农业督导会议》，《广西农业》第1卷第1期，1940年2月。
《广西省二十九年度提倡栽培冬季作物实施办法》，《广西农业通讯》第1卷第2期，1940年5月。
《广西省各区农业督导员督导规程》，《广西省政府公报》第129期，1938年4月。

《广西省经济建设计划》，《银行周报》第23卷第42期，1939年10月。

《广西省农业推广实验县农业生产训练实施办法》，《农业推广通讯》第2卷第11期，1940年11月。

《广西省农业推广实验县设置中心推广区办法》，《农业推广通讯》第2卷第5期，1940年5月。

《贵企有关事业一年来概况及其展望》，《贵州企业季刊》第4卷第1期，1946年7月。

《贵州省小麦品种比较观察试验》，《农报》第5卷第34～36期合刊，1940年12月。

《贵州省小麦之初步观察》，《中农所简讯》第3期，1938年9月。

《贵州推广小麦之田间观察》，《农报》第5卷第31～33期合刊，1940年11月。

《后方各省机制面粉业概况》，《粮食问题》第1卷第2期，1944年5月25日。

《金大二九〇五号小麦在川推广情形》，《中农所简讯》第1期，1938年7月。

《兰州市私营工业初步情况材料》，《甘肃政报》第2卷第2期，1951年1月23日。

《历年迁建厂矿情形》，《统计月报》第70号，1942年6月。

《厉无咎先生讲："面粉的生产与消费"》，《西南实业通讯》第5卷第1期，1942年1月。

《利用水力推动之磨房，西宁需用之面粉全用此法磨成》，《良友》第171期，1941年10月15日。

《粮管局推广土粉拟定代销商搭售土粉办法》，《陕行汇刊》第5卷第1期，1941年1月。

《粮食部长徐堪谈征购粮食办法，粮食部与信托局合组中国粮食工业公司将成立》，《金融周报》第12卷第11期，1941年9月。

《粮食问题》资料室：《后方各省机制面粉工业概况》，《粮食问题》第1卷第2期，1944年5月。

《粮政大事记要表》，《粮政月刊》创刊号，1943年4月。

《论西北建设》，《大公报》1932年4月26日。

《马保之谈：桂省农业动态，冬作占耕地面积三分之一》，《湖南农业》第1卷第9期，1941年9月。

《麦种温浸处理实验上之两大成就》，《中农所简讯》第5期，1938年11月。

《面粉业之危机》，《中行月刊》第8卷第3期，1934年3月。

《民国二十七年冬季各省稻田休闲调查——休闲面积，占总面积百分之六十二》，《中农所简讯》第11期，1939年5月。

《内迁工厂已相继复工》，《陕行汇刊》第5卷第8～10期合刊，1941年12月。

《农林部推行粮食增产概况（附表）》，《浙光》第8卷第12期，1941年10月。

《农情特辑》，《农业推广通讯》第3卷第4期，1941年4月。

《陪都民食供应情形》，《督导通讯》创刊号，1942年1月。

《企光》编辑室：《有关事业动态》，《企光》第3卷第3～4期合刊，1942年5月。

《黔、滇、川、桂四省小麦改进工作之近况》，《中农所简讯》第6期，1938年12月。

《黔省小麦之品质初步检验》，《中农所简讯》第5期，1938年11月。

《黔省小麦之品质初步检验》，《中农所简讯》第8期，1939年2月。

《去年面粉业萧条状况》，《中国实业》第1卷第2期，1935年2月。

《全国面积人口统计》，《国货月刊》第3卷第11期，1937年5月15日。

《蓉市战时繁荣》，《建国日报》1940年2月27日。

《蓉土布业公会请省府通令采用土布》，《四川月报》第8卷第4期，1936年4月。

《陕省交通中心之咸阳》，《西北导报》第3卷第9期，1937年6月25日。

《上海的工资统计》，《国际劳工通讯》第5卷第8期，1938年8月。

《实业经济消息·国内》，《实业杂志》第209号，1935年。

《水利》，《贵州企业季刊》第1卷第1期，1942年10月。

《四川农业推广协进会章程》，《农业推广通讯》第1卷第1期，1939年8月。

《四川省农业改进所农业推广委员会组织规程》，《农业推广通讯》第1卷第2期，1939年9月。

《四川省县、区农业推广所暂行组织规程》，《农业推广通讯》第1卷第2期，1939年9月。

《四川省之地理》，《复兴月刊》“四川专号”，第3卷第6～7期合刊，1935年3月1日。

《提要》，《中农所简讯》第2期，1938年8月。

《土地》，《贵州企业季刊》第1卷第1期，1942年10月。

《西安市人口出生及死亡》，《统计月报》第103～104期合刊，1945年4月。

《西安事变发生　西北联运中断　货卸连云港栈　停装上海去货》，《申报》1936年12月20日。

《西北筹边使官制》，《政府公报》第1239号，1919年7月19日。

《西北工业考察团出发考察》，《钢铁界》第1卷第2期，1942年10月。

《西北工业考察团考察范围已确定　林继庸谈此行计划　特别注意各地设厂条件》，《“中央”日报》1942年9月5日。

《西北实业协会缘起》，《实业杂志》第1期，1912年。

《西南各省小麦开花期之探究》，《中农所简讯》第13～14期合刊，1939年8月。

《西南实业考察团莅校参观》，《大夏周报》第14卷第9期，1938年7月。

《西南实业协会四川分会举行年会》，《银行周报》第23卷第4期，1939年1月。

《西南资源与经济建设》，《经济研究》第1卷第1期，1939年9月1日。

《小麦品种试验田间观察及产量考查》，《中农所简讯》第13～14期合刊，1939年8月。

《协助川省推广金大二九〇五号小麦之工作》，《中农所简讯》第3期，1938年9月。

《协助黔省检查各地麦种健康状态——经肉眼检查之结果，病害以赤微病最流行》，《中农所简讯》第8期，1939年2月。

《协助黔省进行限制冬闲增加生产——增产增值之估计，年可得七百万至一千万元》，《中农所简讯》第12期，1939年6月。

《协助黔省利用冬闲田地增种小麦油菜近况》，《中农所简讯》第13～14期合刊，1939年8月。

《乡村人民主要食粮消费估计》，《中农经济统计》创刊号，1940年。

《虞洽卿发动组织企业公司　冀能利用沪港各地游资开发西北大后方

之资源》，《申报》1941 年 6 月 25 日。

《长安交通之现状》，《道路月刊》第 4 卷第 3 号，1923 年 2 月 15 日。

《云南外来面粉之运费及各种税则之调查简报》，《中农所简讯》第 10 期，1939 年 4 月。

《云南小麦品种及面粉之调查》，《中农所简讯》第 2 期，1938 年 8 月。

《云南小麦品种之调查》，《农报》第 1 ～ 3 期合刊，1940 年 1 月。

《云南小麦制粉问题》，《中农所简讯》第 4 期，1938 年 10 月。

《在贵州采集重要作物种子并实地研究替代罂粟之作物》，《中农所简讯》第 2 期，1939 年 8 月。

《中国粮食工业公司》，《工商调查通讯》第 438 号，1944 年 6 月。

《中国西南实业协会》，《云南实业通讯》第 1 卷第 1 期，1940 年 1 月。

《助成商民赴滇创设机制面粉厂》，《中农所简讯》第 5 期，1938 年 11 月。

《组织西北企业公司　资本一千万元　虞洽卿发起自认二百五十万　目的在导引沪港游资之内移》，《申报》1941 年 6 月 30 日。

《遵义大兴面粉厂开售面粉》，《西南实业通讯》第 4 卷第 2 期，1941 年 8 月 31 日。

China Handbook，1937 ～ 1944，*A Comprehensive Survery of Major Development in China in Seven Years of War*，Chungking，Published by Chinese Ministry of Information 1944.

白芦：《陈嘉庚先生行踪记》，《厦大通讯》第 2 卷第 11 期，1940 年 11 月 9 日。

播春：《麻痹状态的成都工业》，《经济周报》第 4 卷第 10 期，1947 年 3 月 6 日。

蔡次薛：《新广西的经济建设》，《东方杂志》第 37 卷第 2 号，1940 年 1 月。

蔡受百：《中国麦产及面粉业概况》，《国闻周报》第 1 卷第 4 期，1924 年 8 月 24 日。

蔡旭：《近年来我国麦产改进工作概况》，《农业推广通讯》第 7 卷第 6 期，1945 年 6 月。

陈尔寿：《重庆都市地理》，《地理学报》第 10 卷，1943 年 6 月 15 日。

陈宏绪：《成丰面粉公司》，《西北经济》第 1 卷第 1 期，1948 年 3 月 15 日。

陈立夫：《如何共同建设西南》，《西南实业通讯》创刊号，1940 年

1 月。

陈仁：《宁夏省之稻作》，《农报》第 10 卷第 19 ～ 27 期合刊，1945 年 9 月 10 日。

陈雄：《广西建设厅报告》，《建设研究》第 1 卷第 4 期，1939 年 6 月。

陈雄：《广西企业公司概况》，《建设研究》第 8 卷第 2 期，1942 年 10 月。

陈雄：《广西最近半年之建设》，《行政与训练》第 1 卷第 1 期，1940 年 12 月。

陈雄：《近年来广西经济建设概况》，《广西省政府公报》第 617 期，1939 年。

陈雄：《抗战以来广西经济建设之演进》，《西南导报》第 2 卷第 6 期，1939 年 7 月。

陈雄、陈大宁：《广西农业建设现况》，《建设研究》第 1 卷第 6 期，1939 年 8 月。

承爊：《后方重于前方》，《黄埔》第 1 卷第 19 期，1939 年 1 月。

程振章：《“开发西北与建设农业”的先决问题》，《晨光》第 2 卷第 7 期，1933 年 2 月。

重庆中国银行调查组：《成都市之工厂》，《四川月报》第 6 卷第 2 期，1935 年 2 月。

丁步武：《抗日准备与整理西南》，《人民周报》第 56 期，1933 年 2 月 10 日。

丁道谦：《贵州经济地理发凡》，《贵州企业季刊》第 1 卷第 2 期，1943 年 2 月。

冯志翔：《西北游踪（续）》，《“中央”日报》1934 年 4 月 26 日。

傅健：《陕西渭惠渠土渠工程》，《水利》第 11 卷第 6 期，1936 年 12 月。

傅健：《渭惠渠第一渠放水及灌溉》，《陕西水利季报》第 2 卷第 3 ～ 4 期合刊，1937 年 12 月。

甘肃省贸易公司统计组：《兰州市产业初步调查》，《甘肃贸易》第 5 ～ 6期合刊，1943 年 9 月 30 日。

高平叔：《西北工业建设现况及其前途》，《经济建设》第 1 卷第 4 期，1943 年 4 月。

国民政府粮食部调查处：《各省小麦及面粉之生产运销成本调查》，《粮政月刊》第 2 卷第 1 期，1944 年 4 月。

韩亦琦：《如何安定和充实后方》，《战斗周报》第8期，1937年12月15日。

浩然：《战时农业设施在广西》，《公余生活》第3卷第1～2期合刊，1940年8月。

何海筹：《创业二年之广西企业公司》，《广西企业季刊》第1卷第4期，1943年9月。

洪文瀚：《论战后的西北经济建设》，《建设评论》第1卷第3期，1947年11月。

胡步川：《渭惠渠第二期工程纪略》，《陕西水利季报》第5卷第1～2期合刊，1940年6月。

胡焕庸：《西南亟应建造之铁道》，《时代公报》第3号，1932年4月。

黄风：《宁夏纵横谈（宁夏通讯）》，《西北通讯》第2期，1947年4月。

黄国华：《四川农业生产业务之推广》，《农业推广通讯》第3卷第3期，1941年3月。

黄汲清：《西北之矿产资源及其开发问题》，《经济建设》创刊号，1942年7月。

黄慕松：《亟应开发西北之原因》，《广播周报》第92期，1936年6月27日。

霍席卿、张德常：《泾阳农业推广所推广蓝芒麦经过与效果》，《农业推广通讯》第1卷第5期，1939年12月。

记者：《广西企业公司》，《实业之友》第1卷第1期，1943年1月1日。

寄紫：《西安漫游杂记》，《道路月刊》第41卷第1号，1933年7月15日。

贾兰坡：《由酒泉到金塔》，《西北通讯》第3卷第9期，1948年11月。

建子：《西北民营工业概观》，《西南实业通讯》第9卷第3期，1944年3月。

江应樑：《请确定西南边疆政策》，《边政公论》第7卷第1期，1948年3月。

蒋杰：《一年来之省县农业推广机构》，《农业推广通讯》第6卷第1期，1944年1月。

黎小苏：《从数字上看陕西》，《西北通讯》第2卷第1期，1948年1月15日。

李昌熙：《人口普查》，《服务》“调查统计专号”第2卷第3～4期合刊，1939年12月1日。

李澄波：《今昔之成都》，《成都市》第1期，1945年。

李国幹：《开发新疆与我国经济前途》，《新亚细亚》第3卷第6期，1931年。

李国桢：《陕西三十一年度新兴农业建设概况》，《农业推广通讯》第4卷第1～2期合刊，1942年12月。

李国桢：《凿井灌田与粮食增产》，《农业推广通讯》第4卷第10期，1942年10月。

李士瀛：《筹办西北农业试验场意见》，《实业杂志》第1卷第2期，1925年12月31日。

李亦人：《开发西北声中之西安商业观（续）》，《钱业月报》第15卷第5号，1935年4月15日。

李紫翔：《抗战以来四川之工业》，《四川经济季刊》第1卷第1期，1943年12月15日。

李紫翔：《四川战时工业统计》，《四川经济季刊》第3卷第1期，1946年1月。

粮食部调查处：《各省小麦及面粉之生产运销成本调查》，《粮政月刊》第2卷第1期，1944年。

林继庸：《西北工业考察归来的感想》，《大公报》1943年2月28日。

林嘉骏：《开发西北与发展国民经济（一）》，《西北周刊》第15期，1925年5月24日。

林金：《青年呼声——前方？后方?》，《西南周刊》第1卷第6期，1938年5月1日。

林运元：《西北工业建设的远景》，《西北论坛》第1卷第6期，1948年10月25日。

刘德秀：《三十二年度全国各省小麦生产成本调查》，《粮食问题》第1卷第2期，1944年5月。

刘钦晏：《一年来广西之农业推广》，《农业推广通讯》第3卷第1期，1941年1月。

刘湘：《长期抗战中的四川》，《大公报》1937年12月31日。

刘钟瑞：《陕西省水利》，《水利》第14卷第6期，1947年6月。

马保之、黄继芳：《广西之粮食增产》，《农业推广通讯》第6卷第11期，1944年11月。

马宏道：《宗教对于西北边防的重要性》，《广播周报》复刊第60期，1947年1月2日。

麦树楠：《创业二年的广西企业公司》，《经济汇报》第8卷第11期，1943年12月。

毛漱霞：《西北归鸿》，《新中华》第3卷第4期，1935年2月25日。

孟琳：《从经济观点论西北》，《西北通讯》第2卷第1期，1948年1月15日。

农林部“中央”农业实验所：《中国各省小麦产量及种植面积（二十二年至三十年）》，《中农经济统计》第1卷第6期，1941年12月。

佩水：《茂新福新申新创业史》，《纺织周刊》第8卷第21～28期合刊，1947年12月。

彭道义：《西北商业调查记》，《商业季刊》第1卷第1号，1923年2月。

彭湖：《贵企业务近况与战后方针》，《贵州企业季刊》第3卷第1期，1946年7月。

彭湖：《贵州企业公司概述》，《经济建设季刊》第1卷第2期，1942年10月。

彭湖：《贵州企业公司三年业务报告》，《贵州企业季刊》第1卷第2期，1943年2月。

彭湖：《今日之贵州企业公司》，《贵州企业季刊》第1卷第3期，1943年6月。

歧：《后方赶紧训练决战的新军》，《新动向》第1卷第4期，1938年8月1日。

钱俊瑞：《前方决定后方》，《全民抗战五日刊》第57期，1939年3月。

乔启明：《农辅团第二年》，《农业推广通讯》第3卷第3期，1941年3月。

秦化行：《近四年来甘肃之雹》，《气象杂志》第11卷第1～6期合刊，1935年11月。

沁青：《积极推行中的扩大冬作运动》，《农业推广通讯》第2卷第10期，1940年10月。

丘咸：《西北职业教育问题》，《教育杂志》第17卷第1号，1925年1月。

仇元、孙福绥：《近年后方各省推广稻麦改良品种概况》，《农业推广通讯》第7卷第6期，1945年6月。

瑞：《抗战一周年》，《西南导报》第1卷第3期，1938年6月。

陕西省银行宝鸡办事处：《宝鸡经济调查》，《陕行汇刊》第7卷第1期，1943年2月。

沈学年：《吾国小麦生产区域与面粉工业区域》，《浙大农艺》第2期，1948年1月。

沈学年、史奇生：《西北农学院改良麦种之成就——蚂蚱麦（武功二十七号）之育成与推广》，《农业推广通讯》第3卷第4期，1941年4月。

施珍：《成长中之中国垦殖》，《中农月刊》第6卷第9期，1945年9月。

宋国荃：《陕西省工业建设之演进》，《陕行汇刊》第7卷第2期，1943年4月。

宋彦科：《抗战前后之面粉工业（上）》，《公益工商通讯》第2卷第4期，1947年11月30日。

宋彦科：《抗战前后之面粉工业（中）》，《公益工商通讯》第2卷第5期，1947年12月15日。

宋彦科：《中国面粉厂设厂区位之选择（上）》，《公益工商通讯》第1卷第4期，1947年5月31日。

孙本文：《二十四年之人口》，《时事月报》第14卷第19期，1936年1月。

孙翰文：《宁夏地理志》，《西北论衡》第5卷第6期，1937年6月15日。

孙延龄：《甘肃之现状与将来》，《拓荒》第2卷第4～5期合刊，1934年。

孙祖荫：《战时我国粮食增产问题与四川成都附近六县一八九农家粮食增产效率之研究》，《农业推广通讯》第6卷第10期，1944年10月。

谭寿清：《成都经济（下）》，《经济汇报》第5卷第10期，1942年5月。

汤惠荪、雷男、陆年青：《青海省农业调查》，《资源委员会季刊》第2卷第2期，1942年6月。

汤湘雨、李焕章：《成都平原小麦改良问题》，《农林新报》第16卷第12～14期合刊，1939年5月。

汪冠群：《前方与后方》，《农林新报》第15卷第28～29期合刊，1938年10月11日。

王宝善：《陕南稻麦建设之过去与将来》，《农业推广通讯》第4卷第1～2期合刊，1942年12月。

王伯天：《三年来之中国粮食公司》，《粮政季刊》第2～3期合刊，1945年12月。

王成敬：《关中水利建设》，《中国银行月报》第4卷第4期，1949年4月。

王光玮：《西北移民应有之地理认识》，《陕西省地方政务研究会月刊》第2卷第2期，1935年5月。

王乃式：《陕西扶植自耕农问题》，《人与地》第3卷第9期，1943年9月。

王锡文：《陪都民食供应之机构计划设施》，《川康建设》第1卷第1期，1943年1月。

魏君：《西安华峰面粉公司参观记》，《陕行汇刊》第9期，1936年10月。

吴承洛：《川康经济建设委员会成立》，《时事月报》第23卷第6期，1940年12月。

吴鹏高：《建设中之贵州工业》，《国货与实业》第1卷第3号，1941年3月1日。

吴文建：《我国战时民营工业之鸟瞰》，《西南实业通讯》第8卷第4期，1943年10月31日。

吴文建：《中国工矿业之内迁运动》，《新经济》第7卷第9期，1942年8月1日。

夏文华：《利用农会防治作物病虫害刍见》，《农业推广通讯》第3卷第5期，1941年5月。

鲜伯良：《陪都面粉工业概况》，《川康建设》第1卷第5～6期合刊，1944年12月。

萧辅：《广西农业区域》，《浙大农艺》第2期，1948年1月。

谢剑云：《西安的面粉工业》，《西北通讯》第3卷第1期，1948年7月。

徐国屏：《辅导农业推广之检讨》，《农业推广通讯》第3卷第3期，1941年3月。

徐季吾、陆钦范：《云南之小麦与面粉》，《西南边疆》第4期，1939年1月。

徐堪：《中国战时的粮政》，《经济汇报》第6卷第1～2期，1942年

7月。

徐盈：《当代中国实业人物志：沈怡》，《新中华》复刊第3卷第10期，1945年10月。

薛桂轮：《开发西北的原则》，《西北问题》第1卷第1期，1934年9月15日。

延仲：《最近我国之面粉业（上）》，《工商半月刊》第6卷第14号，1934年7月15日。

杨生彬：《开发西北与垦殖问题》，《开发西北》第1卷第3期，1934年3月。

野涛：《西北游记》，《京报副刊》，1925年9月。

叶纪元：《贵州之粮食增产》，《农业推广通讯》第6卷第11期，1944年11月。

叶懋、杨晓钟：《七年来之四川农业改进》，《四川经济季刊》第2卷第2期，1945年4月。

叶懋、左用中：《三十三年度四川之农业》，《四川经济季刊》第2卷第2期，1945年4月。

叶绍南：《贵州企业公司四川区工矿参观团报告》，《贵州企业季刊》第2卷第1期，1944年3月。

伊普：《贵州的农业建设》，《青年月刊》第3卷第2期，1941年2月。

尹仁甫：《陕西机制面粉业之前途》，《陕行汇刊》第7卷第6期，1943年12月。

于登斌：《战时重庆面粉产销管制之回顾与展望》，《四川经济季刊》第1卷第3期，1944年6月。

余定义：《西南六省社会经济之鸟瞰》，《中行月刊》第16卷第3、4、6期，1938年。

余汉华：《西北富源开发与我国之经济建设》，《新亚细亚》第4卷第5期，1932年9月1日。

俞洽成：《卢作孚先生访问记》，《长城》第1卷第7期，1934年4月。

虞振镛：《三十一年度贵州省农业推广概况》，《农业推广通讯》第4卷第1～2期合刊，1942年12月。

虞振镛：《西北屯垦意见书》，《清华周刊》第11次增刊，1925年6月18日。

虞振镛：《新贵州之农业建设》，《中国农村生活》第1卷第1期，1944年5月。

原鸿儒：《陕西省之改良小麦推广（上）》，《农业推广通讯》第5卷第3期，1943年3月。

原鸿儒：《陕西省之改良小麦推广（下）》，《农业推广通讯》第5卷第4期，1943年4月。

张邦翰：《云南省农业之建设》，《中农月刊》第4卷第1期，1943年1月。

张倒纯、王长玺：《陕西地政最近一年来之检讨》，《人与地》第3卷第10期，1943年10月。

张公溥：《贵州省小麦推广之回顾与前瞻》，《农业推广通讯》第7卷第1期，1945年1月。

张其昀、李玉林：《青海省人文地理志（续）》，《资源委员会月刊》第1卷第6期，1939年9月1日。

张其昀：《开发西北之要点》，《西北问题》第1卷第3期，1935年5月15日。

张绍钫、徐树基：《陕西农作物改良之成绩及今后之希望》，《陕农月报》第2卷第2期，1941年2月。

张先辰：《广西工业建设中的几个问题》，《建设研究》第2卷第6期，1940年2月。

张先辰：《广西经济地理与经济建设》，《建设研究》第4卷第4期，1940年12月。

张仲谋：《成都的新兴工业》，《新生路月刊》第7卷第4期，1941年12月。

赵连芳：《一年来四川之农业推广》，《农业推广通讯》第3卷第1期，1941年1月。

郑硕贞：《贵州企业公司之人事管理》，《贵州企业季刊》第1卷第3期，1943年6月。

“中央”农业实验所麦作系：《中国改良小麦品种名称及特性一览表》，《面粉工业》第1卷第10期，1948年5月。

钟襄襄：《贵州工业鸟瞰》，《金融周刊》第5卷第34期，1944年8月21日。

周礼：《办理甘肃农田水利四年来之认识》，《“行政院”水利委员会季刊》第3卷第1期，1946年3月。

周融：《陕甘二省的纺织工业及面粉业》，《旅行杂志》第18卷第1期，1944年1月。

朱凤美、朱恒纪：《贵州省境之麦病及其防治》，《农报》第7卷第16～21期合刊，1942年7月31日。

朱家骅：《到西北去——朱部长家骅在“中央”电台广播词》，《“中央”党务公报》第3卷第24期，1941年11月16日。

朱辛钜：《贵州小麦与机器制粉之我见》，《企光》第3卷第3～4期合刊，1942年5月1日。

朱耀初：《贵州之新兴工业》，《经济汇报》第9卷第6期，1944年3月。

庄纾：《四川作物病虫之防治》，《农业推广通讯》第3卷第3期，1941年3月。

邹明初：《粮政之回顾与展望》，《督导通讯》创刊号，1942年1月。

总裁（蒋介石）：《开发西北的方针》，《“中央”周刊》第5卷第27期，1942年2月18日。

三、资料汇编、文史资料

《甘肃省机械工业志》编辑室编：《甘肃近代机械工业史料》，兰州：兰州大学出版社，1989年。

《武汉文史资料》编辑部编印：《武汉文史资料》总第33辑，1988年9月。

本书编委会编：《中国西北文献》第30、139册，兰州：兰州古籍出版社，1990年。

陈真编：《中国近代工业史资料》第4辑，北京：生活·读书·新知三联书店，1961年。

陈真编：《中国近代工业史资料》第3辑，北京：生活·读书·新知三联书店，1961年。

陈真、姚洛编：《中国近代工业史资料》第1辑，北京：生活·读书·新知三联书店，1957年。

重庆市档案馆编：《抗日战争时期国民政府经济法规》下，北京：档案出版社，1992年。

重庆市档案馆、重庆市人民银行金融研究所编：《四联总处史料》，北京：档案出版社，1993年。

甘肃省工商联合会、兰州市工商联合会编印：《甘肃工商史料》第1辑，1989年。

甘肃省工商业联合会、兰州市工商业联合会编印：《甘肃工商史料》

第 2 辑，1990 年。

顾祖禹：《读史方舆纪要》卷 69，北京：中华书局，2005 年。

贵州省人民政府财政经济委员会编印：《贵州财经资料汇编》，1950 年。

政协陕西省汉中市委员会文史资料委员会编印：《抗战时期的汉中》，1994 年。

姜明清编：《中华民国交通史料 · 铁路史料》，台北："国史馆"，1992 年。

李德芳、林建曾编：《贵州近代经济史资料选辑》上，第二卷（工业、交通篇），成都：四川省社会科学院出版社，1987 年。

李文海编：《民国时期社会调查丛编》二编"社会组织卷"，福州：福建教育出版社，2014 年。

刘鸿石主编：《民国时期（1911 ～ 1949）总书目》政治卷，北京：北京图书馆出版社，1996 年。

罗家伦主编：《革命文献》第 26 辑，台北："中央"文物供应社，1963 年。

罗家伦主编：《革命文献》第 28 辑，台北："中央"文物供应社，1963 年。

罗家伦：《西北建设考察团报告》，台北："国史馆"，1968 年。

马大正主编：《民国边政史料续编》第 27、28 册，北京：国家图书馆，2010 年。

彭竹册主编：《民国时期（1911 ～ 1949）总书目》经济卷，北京：北京图书馆出版社，1993 年。

秦孝仪主编：《中华民国史料丛编 · 抗战建国六周年纪念丛刊》，台北："中央"文物供应社，1976 年。

秦孝仪主编：《革命文献》第 88、89 辑，台北："中央"文物供应社，1981 年。

秦孝仪主编：《革命文献》第 101 辑"抗战建国史料——社会建设（六）"，台北："中央"文物供应社，1984 年。

秦孝仪主编：《抗战建国史料——粮政方面（一）》，台北："中央"文物供应社，1987 年。

秦孝仪主编：《中华民国重要史料初编——对日抗战时期》第 4 编"战时建设"（三），台北："中国国民党中央委员会"党史委员会，1988 年。

秦孝仪主编：《中华民国重要史料初编——对日抗战时期》绪编三，

台北："中国国民党中央委员会"党史委员会，1981 年。

政协全国文史资料研究委员会编：《工商经济史料丛刊》第 2 辑，北京：文史资料出版社，1983 年。

荣孟源主编：《中国国民党历次代表大会及中央全会资料》，北京：光明日报出版社，1985 年。

陕西银行经济研究室编印：《陕西经济十年（1931 ～ 1941）》，西安：西安市档案局、西安市档案馆，1997 年。

上海社会科学院经济研究所编：《荣家企业史料》下册，1937 ～ 1949 年，上海：上海人民出版社，1980 年。

上海社会科学院经济研究所经济史组编：《荣家企业史料》上册，1896 ～ 1937 年，上海：上海人民出版社，1962 年。

沈云龙主编：《近代中国史料丛刊三编》（第 90 辑），台北：文海出版社有限公司，1980 年。

孙毓棠编：《中国近代工业史资料》第 1 辑上册，北京：中华书局，1962 年。

孙中山：《孙中山全集》第 6 卷，北京：中华书局，1981 年。

宋应星：《天工开物》第 4 卷，钟广言注释，北京：中华书局，1978 年。

汪敬虞编：《中国近代工业史资料》第 2 辑下，北京：科学出版社，1957 年。

西安市工商行政管理局编印：《西安市私营磨粉业社会主义改造历史资料》,1959 年，油印本。

许道夫编：《中国近代农业生产及贸易统计资料》，上海：上海人民出版社，1983 年。

张研、孙燕京主编：《民国史料丛刊》第 325 册、353 册、354 册、461 册、495 册、497 册、569 册、584 册、621 册、823 册、931 册，郑州：大象出版社，2009 年。

政协重庆市市中区委员会文史资料委员会编印：《重庆市中区文史资料》第 3 辑，1991 年。

政协重庆市委员会学习及文史资料委员会编印：《重庆文史资料选辑》第 7 辑，重庆：重庆出版社，2004 年。

政协重庆市渝中区文史资料委员会编印：《重庆市渝中区文史资料》第 12 辑，2002 年。

政协重庆市中区委员会文史资料委员会编印：《重庆市中区文史资料》

第 2 辑，1989 年。

政协重庆市中区委员会文史资料委员会编印：《重庆市中区文史资料》第 5 辑，1993 年。

政协重庆市中区文史资料工作委员会编印：《重庆市中区文史资料》第 1 辑，1988 年。

政协甘肃省酒泉市委员会文史资料委员会、酒泉市博物馆编印：《酒泉文史资料》第 7 辑，1994 年。

政协甘肃省委员会文史资料委员会、《西北近代工业》编写组编：《西北近代工业》，兰州：甘肃人民出版社，1989 年。

政协甘肃省兰州市委员会文史资料委员会编印：《兰州文史资料选辑》第 11 辑，1990 年。

政协甘肃省兰州市委员会文史资料委员会编印：《兰州文史资料选辑》第 2 辑，1984 年。

政协甘肃省天水市委员会文史资料委员会编印：《天水文史资料》第 1 辑，1987 年。

政协甘肃省天水市委员会文史资料委员会编印：《天水文史资料》第 2 辑，时间不详，应为 1988 年。

政协甘肃省天水市委员会文史资料委员会编印：《天水文史资料》第 5 辑，时间不详，应为 1991 年。

政协甘肃省委员会文史资料研究委员会编：《甘肃文史资料选辑》第 20 辑，兰州：甘肃人民出版社，1985 年。

政协甘肃省委员会文史资料研究委员会编：《甘肃文史资料选辑》第 26 辑，兰州：甘肃人民出版社，1987 年。

政协广东省委员会文史资料研究委员会编印：《广东文史资料》第 18 辑，1965 年。

政协贵州省贵阳市文史和学习委员会编：《贵阳文史资料选萃·经济社会卷》，贵阳：贵州人民出版社，2006 年。

政协贵州省委员会文史资料委员会编印：《贵州文史资料选辑》第 31 辑，1992 年。

政协贵州省遵义市委员会文史资料委员会编印：《遵义文史资料》第 13 辑，1988 年。

政协贵州省遵义市委员会文史资料委员会编印：《遵义文史资料》第 1 辑，1983 年。

政协贵州省遵义市委员会文史资料委员会编印：《遵义文史资料》第 8

辑，1985 年。

政协湖南省衡阳市委员会文史资料研究委员会编印：《衡阳文史资料》第 2 辑，1984 年。

政协湄潭县委员会文史资料征集办公室编印：《贵州省湄潭县文史资料》第 6 辑，1989 年。

政协全国委员会文史和学习委员会编：《文史资料选辑》合订本第 42 卷（总第 122 辑），北京：中国文史出版社，1986 年。

政协山东省委员会文史资料委员会编：《山东工商经济史料集萃》第 1 辑，济南：山东人民出版社，1989 年。

政协陕西省宝鸡市委员会文史资料研究委员会编印：《宝鸡文史资料》第 4 辑，1986 年。

政协陕西省宝鸡市委员会文史资料研究委员会编印：《宝鸡文史资料》第 5 辑，1987 年。

政协陕西省宝鸡县文史资料委员会编印：《宝鸡县文史资料》第 14 辑，2002 年。

政协陕西省汉中市委员会文史资料委员会编印：《汉中市文史资料》第 8 辑，1990 年。

政协陕西省潼关县委员会文史资料委员会编：《潼关文史资料》第 8 辑，西安：太白文艺出版社，1998 年。

政协陕西省委员会文史资料委员会编：《陕西文史资料选辑》第 24 辑，西安：陕西人民出版社，1991 年。

政协陕西省委员会文史资料研究委员会编印：《陕西文史资料》第 17 辑，西安：陕西人民出版社，1986 年。

政协陕西省渭南市文史资料委员会编印：《渭南文史资料》第 3 辑，1991 年。

政协陕西省西安市委员会文史资料委员会编：《西安文史资料》第 19 辑，西安：西安出版社，1993 年。

政协四川省成都市委员会文史学习委员会编：《成都文史资料》第 32 辑，成都：四川大学出版社，2002 年。

政协四川省江津县委员会文史资料委员会编印：《江津文史资料选辑》，1990 年。

政协四川省南充市委员会文史资料委员会、南充市地方志办公室、中共南充市委党史研究室编印：《南充市文史资料》第 4 辑，1995 年。

政协四川省委员会、四川省省志编辑委员会编印：《四川文史资料选辑》第13辑，1964年。

政协四川省委员会、四川省省志编辑委员会编印：《四川文史资料选辑》第4辑，1962年。

政协四川省宜宾市委员会文史资料研究委员会编印：《宜宾文史资料选辑》第2辑，1982年。

政协四川省宜宾市文史资料委员会编印：《宜宾文史》第7辑，1989年。

政协四川省重庆南岸区文史资料委员会编印：《重庆南岸文史资料》第8辑，1992年。

政协四川省重庆市委员会文史资料研究委员会编：《重庆抗战纪事》，重庆：重庆出版社，1985年。

政协四川省重庆市委员会文史资料研究委员会编印：《重庆文史资料》第3辑，1979年。

政协新疆区塔城市委员会文史资料研究委员会编印：《塔城市文史资料》第3辑，1988年。

政协新疆区委员会文史资料研究会委员会编：《新疆文史资料选辑》第13辑，乌鲁木齐：新疆人民出版社，1984年。

政协云南省昆明市委员会文史委员会编印：《昆明文史资料选辑》第39辑，2003年。

中共宝鸡市委统战部、中共宝鸡市委党史办公室编：《伟大的历史性胜利：宝鸡市资本主义工商业社会主义改造资料汇编》，1990年。

中国第二历史档案馆编：《国民政府资源委员会公报》，北京：档案出版社，1990年，影印版。

中国科学院经济研究所、中央工商行政管理局资本主义经济改造研究室编：《旧中国机制面粉工业统计资料》，北京：中华书局，1966年。

中国民主建国会贵州省委员会、贵州省工商业联合会工商史料小组编印：《贵州工商史料汇编》第2辑，1985年。

中国民主建国会重庆委员会、重庆市工商业联合会编印：《重庆工商史料选辑》第1辑，1962年。

中国民主建国会云南省委员会、云南省工商业联合会编印：《云南工商史料选辑》第1辑，1988年。

中央气象局、中国科学院地球物理研究所联合资料室编印：《中国降水资料（1841～1950）》，1954年。

四、今人论著

（一）图书

《长寿工业》编辑委员会编：《长寿工业》，重庆：重庆出版社，2015年。

〔美〕艾格妮丝·史沫特莱：《伟大的道路——朱德的生平和时代》，梅念译，北京：生活·读书·新知三联书店，1979年。

〔美〕艾米莉·洪尼格：《姐妹们与陌生人：上海棉纱厂女工，1919～1949》，韩慈译，南京：江苏人民出版社，2011年。

包天笑：《衣食住行的百年变迁》，政协江苏省苏州市委员会，1974年。

陈禾章、沈雷春、张韵华编：《中国战时经济志》，台北：文海出版社有限公司，1973年。

陈达：《我国抗日战争时期市镇工人生活》，北京：中国劳动出版社，1993年。

陈方正编：《陈克文日记》，北京：社会科学文献出版社，2014年。

陈舜卿主编：《陕甘近代经济研究》，西安：西北大学出版社，1994年。

陈征平：《云南早期工业化进程研究：1840～1949年》，北京：民族出版社，2002年。

重庆市地方志编纂委员会总编辑室编：《重庆市志》第1卷，成都：四川大学出版社，1992年。

重庆市渝中区人民政府地方志编纂委员会编：《重庆市市中区志》，重庆：重庆出版社，1997年。

从翰香：《近代冀鲁豫乡村》，北京：中国社会科学出版社，1995年。

崔读昌、曹广才、张文等：《中国小麦气候生态区划》，贵阳：贵州科技出版社，1991年。

戴逸、张世明主编：《中国西部开发与近代化》，广州：广东教育出版社，2006年。

〔美〕德怀特·珀金斯：《中国农业的发展（1368～1968）》，宋海文等译，上海：上海译文出版社，1984年。

冯玉祥：《我的生活》下，哈尔滨：黑龙江人民出版社，1981年。

甘肃省档案馆编：《晚清以来甘肃印象》，兰州：敦煌文艺出版社，2008年。

甘肃省地方史志编纂委员会、甘肃省粮食局编纂：《甘肃省志·粮食志》，兰州：甘肃文化出版社，1995 年。

甘肃省公路交通史编写委员会编：《甘肃公路交通史》第 1 册，北京：人民交通出版社，1987 年。

〔美〕高家龙：《中国的大企业——烟草工业中的中外竞争》，樊书华、程麟荪译，北京：商务印书馆，2001 年。

高良佐：《西北随轺记》，兰州：甘肃人民出版社，2003 年。

郭海成：《陇海铁路与近代关中经济社会变迁》，重庆：西南交通大学出版社，2011 年。

郭廷以口述，张朋园、陈三井、陈存恭等整理：《郭廷以口述自传》，北京：中国大百科全书出版社，2009 年。

郝银侠：《社会变动中的制度变迁：抗战时期国民政府粮政研究》，北京：中国社会科学出版社，2013 年。

何廉：《何廉回忆录》，朱佑慈等译，北京：中国文史出版社，2012 年。

何一民：《从农业时代到工业时代：中国城市发展研究》，成都：巴蜀书社，2009 年。

侯坤宏：《抗日战争时期粮食供求问题研究》，北京：团结出版社，2015 年。

侯扬方：《中国人口史》第 6 卷，上海：复旦大学出版社，2005 年。

湖北省委党史研究室编：《湖北省抗日战争时期人口伤亡和财产损失》，北京：中共党史出版社，2014 年。

胡焕庸、张善余：《中国人口地理》，上海：华东师范大学出版社，1984 年。

胡平生：《民国时期的宁夏省（一九二九—一九四九）》，台北：学生书局，1988 年。

胡世华、吕慧敏、宗朋整理：《胡厥文回忆录》，北京：中国文史出版社，1994 年。

胡序威：《西北地区经济地理（陕西·甘肃·宁夏·青海）》，北京：科学出版社，1963 年。

黄立人：《抗战时期大后方经济史研究》，北京：中国档案出版社，1998 年。

黄仁宇：《黄河青山：黄仁宇回忆录》，张逸安译，北京：生活·读书·新知三联书店，2001 年。

黄仁宇：《我相信中国的前途》，北京：中华书局，2015 年。

黄仁宇：《近代中国的出路》，台北：联经出版公司，1995 年。

黄逸峰、姜铎等编著：《旧中国民族资产阶级》，南京：江苏古籍出版社，1990 年。

黄逸平编：《中国近代经济史论文选集》，上海：上海师范大学历史系，1979 年。

黄友凡、彭承福等：《抗日战争中的重庆》，重庆：西南师范大学出版社，1986 年。

冀朝鼎：《中国历史上的基本经济区与水利事业的发展》，朱诗鳌译，北京：中国社会科学出版社，1981 年。

季羡林：《留德十年》，北京：中国人民大学出版社，2004 年。

姜伯勤：《唐五代敦煌寺户制度》，北京：中华书局，1987 年。

姜涛：《人口与历史——中国传统人口结构研究》，北京：人民出版社，1998 年。

蒋廷黻：《蒋廷黻回忆录》，长沙：岳麓书社，2003 年。

抗日战争时期国民政府财政经济战略措施研究课题组编写：《抗日战争时期国民政府财政经济战略措施研究》，重庆：西南财经大学出版社，1988 年。

李行健主编：《现代汉语规范词典》，北京：外语教学与研究出版社、语文出版社，2004 年。

李学通：《抗日战争时期后方工业建设研究》，北京：团结出版社，2015 年。

林兴黔：《贵州工业发展史略》，成都：四川省社会科学院出版社，1988 年。

凌耀伦、熊甫编：《卢作孚文集》，北京：北京大学出版社，1999 年。

刘明逵、唐玉良主编：《抗日战争时期国民党统治区的工人阶级和工人运动》，北京：中共中央党校出版社，2002 年。

刘奕频、张继书：《西北的气候》，西安：陕西人民出版社，1988 年。

卢金洲选注：《兰州古今诗词选》，兰州：兰州大学出版社，1991 年。

陆阳：《薛明剑传：民国实业的布道者》，北京：华文出版社，2013 年。

陆仰渊、方庆秋：《民国社会经济史》，北京：中国经济出版社，1991 年。

马鸿逵：《马少云回忆录》，香港：龙文出版社股份有限公司，

1994 年。

〔美〕美国劳工研究协会编：《美国劳工实况：1943 ～ 1944》，梅似译，北京：世界知识出版社，1957 年。

芈一之：《青海地方史略（征求意见稿）》，中共青海省委统战部民族处，1978 年。

宓汝成：《帝国主义与中国铁路：1847 ～ 1949》，上海：上海人民出版社，1980 年。

宁夏回族自治区交通厅编写组编：《宁夏交通史》，银川：宁夏人民出版社，1988 年。

宁夏农业志编纂委员会编：《宁夏农业志》，银川：宁夏人民出版社，1999 年。

潘洵主编：《抗战时期西南后方社会变迁研究》，重庆：重庆出版社，2011 年。

齐如山：《齐如山回忆录》，北京：中国戏剧出版社，1998 年。

齐武：《抗日战争时期中国工人运动史稿》，北京：人民出版社，1986 年。

乔秉善：《变态反应学实验技术》，北京：中国协和医科大学出版社，2002 年。

青海省地方志编纂委员会编：《青海省志·农业志　渔业志》，西宁：青海人民出版社，1993 年。

陕西省地方志编纂委员会编：《陕西省志·人口志》，西安：三秦出版社，1986 年。

陕西省地方志编纂委员会编：《陕西省志·粮食志》第 32 卷，西安：陕西旅游出版社，1995 年。

上海市粮食局、上海市工商行政管理局、上海社会科学院经济研究所经济史研究室编：《中国近代面粉工业史》，北京：中华书局，1987 年。

时事资料社编辑：《抗日战争时期国民党统治区情况资料》，中国现代史资料编辑委员会，1957 年。

史全生：《中华民国文化》，南京：南京出版社，2005 年。

四川省地方志编纂委员会编：《四川省志·粮食志》，成都：四川科学技术出版社，1995 年。

四川省中国经济史学会、《中国经济史研究论丛》编辑委员会编：《抗战时期的大后方经济》，成都：四川大学出版社，1989 年。

四川省文史研究馆、四川省人民政府参事室编：《解放战争时期四川大事记》，成都：四川人民出版社，1990 年。

〔日〕松本真澄：《中国民族政策之研究：以清末至 1945 年的“民族论”为中心》，鲁忠慧译，北京：民族出版社，2003 年。

宋希尚选辑：《李仪祉的生平》，中华丛书编审委员会，1964 年。

宋仲福主编：《西北通史》第 5 卷，兰州：兰州大学出版社，2005 年。

孙果达：《民族工业大迁徙——抗日战争时期民营工厂的内迁》，北京：中国文史出版社，1991 年。

孙艳魁：《苦难的人流——抗战时期的难民》，桂林：广西师范大学出版社，1994 年。

王荣华：《危机下的转机：国民政府时期的西北经济开发研究》，北京：中国社会科学出版社，2015 年。

王云五：《谈往事》，台北：传记文学出版社，1981 年，第 2 版。

王子壮：《王子壮日记》，台北“中央研究院”近代史研究所，2001 年。

隗瀛涛主编：《近代重庆城市史》，成都：四川大学出版社，1991 年。

翁文灏著，李学通、刘萍、翁心钧整理：《翁文灏日记》下，北京：中华书局，2014 年。

吴相湘：《第二次中日战争》上，台北：综合月刊社，1973 年。

无锡市史志办公室编：《薛明剑文集》，北京：当代中国出版社，2005 年。

西安市地方志办公室编：《西安市志》第 3 卷，西安：西安出版社，2003 年。

西北军政贸易委员会编：《西北商业概况》，西安：西北人民出版社，1952 年。

谢本书、温贤美主编：《抗战时期的西南大后方》，北京：北京出版社，1995 年。

新疆社会科学院历史研究所编著：《新疆简史》第 3 册，乌鲁木齐：新疆人民出版社，1980 年。

徐可亭先生文存编印委员会编印：《徐可亭先生文存》，1970 年。

许涤新、吴承明主编：《中国资本主义发展史》第 3 卷，北京：人民出版社，2003 年。

许维雍、黄汉民：《荣家企业发展史》，北京：人民出版社，1985 年。

宣侠父：《西北远征记》，北京：文史资料出版社，1982 年。

杨念群、黄兴涛、毛丹主编：《新史学：多学科对话的图景》下，北京：中国人民大学出版社，2003 年。

杨宪益：《杨宪益自传》，薛鸿时译，北京：人民日报出版社，2010 年。

张大军：《新疆风暴七十年》第 5、7 册，台北：兰溪出版社有限公司，1980 年。

张根福：《抗战时期的人口迁移——兼论对西部开发的影响》，北京：光明日报出版社，2006 年。

张轲风：《民国时期西南大区区划演进研究》，北京：人民出版社，2012 年。

张朋园、林泉访问，林泉纪录：《林继庸先生访问纪录》，台北“中央研究院”近代史研究所，1983 年。

张其昀：《党史概要》第 4 册，台北：“中央”文物供应社，1951 年。

张守广：《抗战大后方工业研究》，重庆：重庆出版社，2012 年。

张宪文主编：《中华民国史纲》，郑州：河南人民出版社，1985 年。

张晓京：《近代中国的“歧路人”——罗家伦评传》，北京：人民出版社，2008 年。

张学君、张莉红：《成都城市史》，成都：成都出版社，1993 年。

张学君、张莉红：《四川近代工业史》，成都：四川人民出版社，1990 年。

张玉法：《中国现代史》上册，台北：东华书局股份有限公司，1977 年。

张玉法主编：《中国现代史论集》第 9 辑，台北：联经出版事业公司，1982 年。

张玉法：《中国现代化的区域研究：山东省，1860 ～ 1916》下册，台北“中央研究院”近代史研究所，1982 年。

章伯锋、庄建平主编：《抗日战争》第 5 卷，成都：四川大学出版社，1997 年。

政协西南地区文史资料协作会议编：《抗战时期内迁西南的工商企业》，昆明：云南人民出版社，1988 年。

中国第二历史档案馆、《中国抗日战争大辞典》编写组编：《中国抗日战争大辞典》，武汉：湖北教育出版社，1995 年。

周春主编：《中国抗日战争时期物价史》，成都：四川大学出版社，1998 年。

周春元、何长凤、张祥光主编：《贵州近代史》，贵阳：贵州人民出版社，1987 年。

周飞舟：《制度变迁和农村工业化：包买制在清末民初手工业发展中的历史角色》，北京：中国社会科学出版社，2006 年。

周立三：《新疆维吾尔自治区经济地理》，北京：科学出版社，1963 年。

周勇主编：《重庆抗战史（1931 ～ 1945）》，重庆：重庆出版社，2005 年。

周勇、刘景修译编：《近代重庆经济与社会发展，1876 ～ 1949》，成都：四川大学出版社，1987 年。

朱寿朋编：《光绪朝东华录》第 4 册，北京：中华书局，1958 年。

祝慈寿：《中国工业劳动史》，上海：上海财经大学出版社，1999 年。

（二）论文

陈学祥：《抗战时期国民政府粮食管理体制探析》，湘潭大学硕士学位论文，2009 年。

戴良佐：《新疆的水磨业》，《新疆地方志》1989 年第 2 期。

樊如森：《陕西抗战时期经济发展述评》，《云南大学学报》（社会科学版）2009 年第 5 期。

冯洁：《雍兴实业公司有限公司研究（1940 ～ 1949）》，陕西师范大学硕士学位论文，2016 年。

黄立人：《抗日战争时期工厂内迁的考察》，《历史研究》1994 年第 4 期。

惠富平、阚国坤：《民国时期华北小麦生产与穷民生活考察》，《中国农史》2009 年第 2 期。

马俊亚：《从沃土到瘠壤：淮北经济史几个基本问题的再审视》，《清华大学学报》（哲学社会科学版）2011 年第 1 期。

莫子刚：《贵州企业公司研究（1939 ～ 1949）》，《近代史研究》2005 年第 1 期。

屈宏：《1907 ～ 1932 年哈尔滨民族面粉业发展》，哈尔滨师范大学硕士学位论文，2011 年。

王芙蓉：《民国时期上海西式饮食探析》，《扬州大学烹饪学报》2003 年第 3 期。

王荣华：《危机下的转机——抗战时期的陕西机制面粉业》，《抗日战争研究》2014 年第 1 期。

徐新吾、杨淦、袁叔慎：《中国近代面粉工业历史概况与特点》，《上海社会科学院学术季刊》1987 年第 2 期。

于景莲：《民国时期山东城市下层社会物质生活状况研究（1912 ～ 1937）》，山东大学博士学位论文，2011 年。

张轲风：《历史时期“西南”区域观及其范围演变》，《云南师范大学学报》（哲学社会科学版）2010 年第 5 期。

张明国：《近代科学革命和技术革命述评》，《北京化工大学学报》（社会科学版）2006 年第 1 期。

张小柳：《战后民族面粉业生存状况研究（1945 ～ 1949）——以上海福新面粉厂为例》，华东理工大学硕士学位论文，2009 年。

朱秀波：《近代哈尔滨面粉业的产生与发展（1900 ～ 1945）》，东北师范大学硕士学位论文，2010 年。

邹浩：《近代天津民族面粉工业发展探析（1916 ～ 1949）》，河北大学硕士学位论文，2015 年。

附　录

一、单位换算

1. 面积单位

1 平方公里 =1507.9 市亩　　1 平方旧里 =500.29 市亩

1 亩（营造尺 6000 平方尺）=0.922 市亩

2. 容量单位

1 旧石 =1.035 市石　　1 市石（小麦及其他麦类）=115 市斤

1 老石 =3 市石　　1 石 =2 斛 =10 斗 =100 升 =1000 合

3. 重量单位

1 市担 =175 市斤　　1 市斤 =16 市两

1 磅 =0.454 公斤 =0.907 市斤

4. 面粉包装单位

1 袋 =49 磅 =44.45 市斤（中国包装面粉用袋）

（许道夫编：《中国近代农业生产及贸易统计资料》，上海：上海人民出版社，1983 年，第 343 ～ 345 页；张世文：《农村社会调查方法》，上海：商务印书馆，1947 年，第 199 ～ 212 页）

二、币值换算

1939	1.29
1940	4.69
1941	19.38
1942	44.40
1943	125.88
1944	436.55
1945	1308.08

说明：1937年上半年为1。

（吴冈编：《旧中国通货膨胀史料》，上海：上海人民出版社，1958年，第165～170页。转引自上海社会科学院经济研究所编：《荣家企业史料》下册，1937～1949年，上海：上海人民出版社，1980年，第216页；政协甘肃省委员会文史资料委员会、《西北近代工业》编写组编：《西北近代工业》，兰州：甘肃人民出版社，1989年，第214页。）

表格索引

后　记

这项研究是在上一个课题的基础上“长”出来的。六七年前，我在完成第一项国家课题“危机下的转机：国民政府时期的西北经济开发”的过程中，机制面粉工业这个研究内容就引起了我的注意，但因所论范围为西北地区，而且机制面粉工业仅为课题内容中很小的一部分，所以当时仅对西北地区的相关内容进行了初步研究。在梳理关于西北地区面粉工业的研究现状时，我发现抗战时期后方面粉工业研究成果寥寥无几，即使有所论及，着墨也非常少，资料来源单一，并且有些观点值得商榷。为什么学界对此问题关注不多，成果比较少？我原以为这方面存世资料无多，以至于学者无法进行全面研究，然而事实并非如此。当时为了写西北面粉工业，我曾到兰州、西安等地档案馆查阅档案，收获颇丰，觉得这个选题可以进一步探究。兰州、西安情况如此，那作为战时陪都——重庆的档案情况如何呢？强烈的好奇心驱使我赶快登陆重庆市档案馆的网页，输入“面粉”二字后，电脑上显示有 1 万余条相关信息，果不其然，该馆藏有大量面粉业未刊档案，并且几乎无人利用过，史料价值非常高。这一发现对我来说如获至宝，相信战时后方面粉工业这项研究属于“富矿”，并且几乎无人开采过，值得投入精力和时间去挖掘。博士学位指导恩师马俊亚教授得知后，也鼓励我把这项研究做下去。

2011 年，马老师克服巨大阻力将我招至门下，在做人、做学问上对我悉心指导，令我终生难忘。我是有家室的在职博士生，经常奔波于银川、南京或金华、南京之间，每次去面见马老师，马老师的第一句话就会问“家人都好吗”“父母都还好吧”，虽然是再平常不过的一句问候语，但在我听来却非客套话，而是“生活是最重要的”这一精要之义的最好注脚与体现，马老师正是这一精义的践行者。马老师为人和蔼，思想博大，学问精深，极富人文关怀，每招学生入门，均会与在校生约法三章：一不准请老师吃饭，二不准给老师送礼，三不准学生擅自在发表论文时署导师名字，除非导师撰写的比重达到半数及以上。这三章约法不但减轻了学生的经济负担，也保证了学术的严肃性，现在也被我所借鉴。当然，约法版权属于马老师。在陋著出版之际，又承马老师赐序，谆谆教导时刻未敢忘。

2012 年 7 月，工作调至浙江师范大学后，科研压力很大，有些同事劝我做一做浙江地方史的东西，既好拿课题，也好申报各类奖项、评职称，好处多多。但我对西北、西部历史研究工作割舍不下，不愿意放弃多年的积累。好在学术研究无问西东，既然战时后方面粉工业问题尚有很大的研究空间，何不潜下心来试一试呢？于是查档成了每个假期最大的目标与期盼。从 2014 年年底到 2016 年 4 月，我利用空闲时间，一头扎进"面粉"里，除了尽力搜罗民国时期书报刊中的面粉资料外，还利用假期多次到重庆市档案馆、贵州省档案馆等地查阅档案资料，写出了 35 万字的初稿，准备申请国家社科基金后期资助项目。2016 年 9 月，课题有幸被立项，更坚定了我研究此一问题的信心与决心。尽管这一课题内容有点窄，但从研究地域来说，从西北扩展至西部，也算是有所拓展吧。这也让我想起 20 年前硕士学位指导恩师王劲教授曾说过的一句话，大意是做研究要有自己的"根据地"，先站稳脚跟，建立一个根据地，之后还要不断地慢慢扩展，这样实力才会壮大，形成格局。诚哉师言！

在写作过程中，我得到了众多热心人士的关心与帮助。为了查阅战时重庆面粉业档案，我"三进山城"，档案馆工作人员热情接待，每天收获都非常大。贵州省档案馆的韩雯处长及其同事在提供查档便利的同时，慨然赠送资料集，对我的研究助益良多，也让我节省了不少时间，免去了奔波之苦。陕西师范大学历史文化学院黄正林教授在我申请课题时不吝赐教，慨然推荐，扶持后学之心让人感佩。南京大学历史学院崔之清教授、李玉教授，兰州大学历史文化学院张克非教授，《中国经济史研究》编辑部王小嘉编审，博士师兄、上海理工大学刘振华教授也肯定了这项研究的价值与意义，并对我备加鼓励，在此一并致谢！研究生邵将、郑王荟、于智超与我共享资料，帮我校对书稿，亦助力不少。

2018 年 9 月底，拙稿基本杀青，申请课题结项。在课题结项期间，学校科学研究院的郑丽娜老师提供了非常多细致入微的帮助，让拙稿及时送审专家。在拙稿出版之前，承蒙商务印书馆李智初先生的厚爱，非常高效地走完各项流程，令我尤为感激；本书责编史慧敏女士的精深编校功底为陋著增色不少，其敬业精神令人肃然起敬。此外，孙昉、鲍海燕等编辑也非常热心地提供了各种帮助，让我心存感念！

在本课题研究期间，先后得到国家社科基金后期资助项目（项目号 16FZS037）、2017 年度教育部人文社会科学重点研究基地重大项目"中国经济抗战研究（1931 ～ 1945）”（项目号 17JJD770009），这些项目的资助为本研究提供了充裕的经费。特别感谢国家社科基金课题匿名评审专家提出的宝贵且具体的修改意见，亦对我后期修改、完善书稿帮助甚大。在陋著出版之际，谨向项目资助者及各位专家表示谢忱！

我还要特别感谢美国亚利桑那大学（the University of Arizona，UA）历史系前系主任 Kevin Gosner 教授为我提供的访学机会，Kevin 教授长于拉美史研究，为人谦和友善。在我刚到亚利桑那大学时，Kevin 带我参观美丽的校园、出入自由的图书馆和设施完备的体育馆等，帮助我适应访学生活。记得有一次去他的办公室与他交流我近期的研究成果时，他毫无顾忌地单膝蹲跪在我坐的沙发旁边，耐心地听我讲着电脑里的文档，当我讲到我的家乡时，他随手拿出一本世界地图集，让我指给他看，此情此景仿佛就在昨日。尽管图森的夏天酷暑难耐，但 Kevin 的热情更让人感动。亚利桑那大学图书馆丰富的藏书及充裕的时间既可以使我有充足的时间思考、撰写论文及修改书稿，也使我结识了该系研究中国水利史、环境史的专家 David Pietz 教授。作为合作导师，David 教授不但与我讨论了拙著中的部分章节，还慨赠新出大作，让我受益匪浅，对于我提出的两个院系建立学术合作交流的建议，也非常热心地促成。

2018 年 5 月底至 6 月初，我抽空去西雅图看望退休有年的恩师王劲教授，再次谛听教诲之余，每天与老师买菜做饭，陪老师散步聊天，谈古论今，仿佛穿越到了 20 年前。1999 年 9 月刚入门时，王老师就叮嘱我们，有机会一定要出去看一看。我现在能有这样的机会，也算是恩师多年提点的结果。王老师虽届望八之年，但身体硬朗，思维敏捷，我尽管没能见到医院病榻上的师母，但西雅图之行仍是我访学期间最重要的收获之一。临别之际，王老师还赠送 300 美金，说我在外访学经济上不宽裕，其实老师、师母在国外的日子也是精打细算，殊不容易。6 月初，师母身体好转，皆大欢喜。尤为令人感动的是，就在我校对书稿的过程中，王老师还从兰州帮我查核一本文献的发表时间，夜里 12 点半通过微信将文献详情告知于我，让我再一次体会到了老师对学术的严谨及对学生的关心。回顾 20 余年的求学历程，无论是中小学各科老师，还是大学老师，很多都在关键时刻督促过我，尤其是攻读硕士、博士学位期间的导师王劲教授、马俊亚教授，其人品、学问均可立于当代后世，能从师学，也是我的造化。在西雅图期间，我还抽空去华盛顿大学东亚图书馆查阅了相关资料，馆长兼中文研究馆员沈志佳博士及其同事鼎力相助，令人铭感于心，让我对美国的学术氛围感受更深。

访学期间结识的新朋友李立柱、周璇博士夫妇，周新磊、李芳博士夫妇及其爱女蔓蔓，商元、刘嘉慧博士夫妇，魏超博士、叶会成博士、杨会超博士、徐国保博士等都是各自领域的学界精英、青年才俊。李立柱（我喜欢叫他柱子）博士求学、定居加拿大多年，不但在自己的光学专业造诣精深，而且对文史哲涉猎极广，中西美食亦擅长烹饪。我每与柱子对谈，均受益匪浅。回国当天，柱子把我送到机场，依依而别。周新磊博士则是另一个风格，话不多，但人极实诚，其夫人为人极好，厨艺高超，总是让我期待一两周一次的聚餐畅谈，而我则会邀请他们到我的公寓，奉上家乡的手工臊子面，以调节口味。让我难忘的是，在一次周末与周新磊博士一家出去游玩时，我们竟然走到了美国、墨西哥边境，看见了隔离墙，电视里的画面忽然出现在眼前，印象深刻。定居美国16年的麦伟明先生特别真诚热情，大家亲切地称其为“麦叔”（Uncle Raymond）。麦先生20世纪70年代留学美国德州时，与后来的爱人邝熠媛（Jodie）相遇、相知、相爱，1981年双双获得硕士学位后回到共同的出生地中国香港，七年后移民加拿大，2003年再移居美国至今。麦叔夫妇虽霜丝染鬓，但相厮相守、相濡以沫，近卌载爱情更让人羡慕不已。其寓所则是访问学者和留学生聚会的大本营，在我回国前最后一次参加聚会时，Jodie刚好荣升亚利桑那大学基建处副处长（Assiociate Director of Planning，Design and Construction at UA）一职，而刚退休的麦叔则全心全意追求美食，他们对生活的热爱远超图森高达43℃的夏天，对新友旧雨的款待让人倍感温馨。

在我访学期间，令人备感温暖的人文学院张涌泉院长、李翔翔书记、李圣华执行院长等多次发来问候的电子邮件或微信，嘱咐我注意安全，带回好的研究成果。感动、感激之余，我亦勉力为之，所定访学目标顺利完成，也算不负领导嘱托，不负己心。同事龚国庆教授、于逢春教授、胡铁球教授等亦多次关心课题进展情况。尽管这一年目力下降不少，白发增加很多，腰、颈状况比科研成绩还要“突出”，但我想支撑我将学术进行到底的动力除了家人外，更多的是学术兴趣而非所谓荣誉。或许有一天江郎才尽（如果有才或假设有点小才）、兴趣不再的话，也就可以去好好关照一下腰椎、颈椎了。

撰写书稿初期，正值爱人李丽颖博士远赴英国爱丁堡大学访学，小儿嘉良上小学六年级，一时有点忙不过来，我遂将父亲王文科接到金华，帮我打理一些家务。正是在父亲有力的后勤保障下，我腾出更多时间查找资料，撰著初稿，一年多时间写出了35万字的初稿。如果要说感谢的话，父亲及家人长期以来的默默付出是千金难谢的。拙著付梓之际，再对他说一声：“辛苦了，我的老父亲!”父亲幼年读书不多，早年为乡里开拖拉机时去过不少地方，40岁时协助祖父王兴海承包村里的果园。为了经营果园，父亲经常自学或在二叔、宁夏农学院教授王文举的帮助下学习果树栽培知识，被人称为当地的“果王”，家境也更加殷实，属于较早富裕起来的人。饱受缺少知识之害，不被官家人看得起之苦的父亲对我期望很高，希望我能跳出农门，当上文化人。好在我也能理解家人的期盼，比较用功，一路从“985”学校读下来，还能到美国访学，也算是没有辜负家人的期望，这也成了父母亲及家族的骄傲与自豪。人这一辈子，让父母、家人感到骄傲与自豪，难道不也是自我发展的一个动力吗？

爱人丽颖善良、聪慧、有主见，生长于铁岭，与我求学、相识于金城、金陵，先后安身于银川、金华，主攻十七、十八世纪英国史，赴英访学、实地探察是她的夙愿。2015 年 2 月赴英之后，离别思念之苦自不待言，但也为我们一家三口相聚英伦提供了机会，2015 年暑假三十多天的苏格兰、英格兰、威尔士、北爱尔兰之行，爱丁堡城堡、温莎城堡、大英博物馆、海德公园、贝克街、巨石阵、巨人之路等，都是非常惬意的回忆。2018 年寒假，乘我在美国之机，他们母子二人又来与我相聚，一家三口游览了风景壮美的美国西南部六个州，羚羊谷、科罗拉多大峡谷、纪念碑国家公园、拱门国家公园、四角地、十七里湾、胡佛水坝、拉斯维加斯摩天轮、洛杉矶湖人队 STAPLES Center 球馆等都留下了我们的足迹，共同度过了 20 天的美好时光。

时光荏苒，从确定选题、查找资料、撰著成文到陋著出版，吾儿嘉良也从一个垂髫稚子长成了一米八五的翩翩少年，他积极上进，乐观自信，情商颇高，用他小学班主任雷金美老师的话说，“王嘉良用一个学期就征服了全班同学”。嘉良 2012 年 9 月从银川转学至金华环城小学后，老师担心他学习能否跟得上，同学关系能否融洽，一个学期过后，嘉良不但学习名列前茅，而且与同学的关系非常融洽，各科老师对他也欣赏有加。陪着他一天天成长，看着他羸弱之体日益强壮，我仿佛也看到了当年的自己。让家人过上舒适的生活，给孩子树立一个良好的榜样，或许也是自我发展的另一个动力吧。搞科研、做学术或许与为人处世、教养孩子有共通之处，踏踏实实、心存敬畏，细心呵护、日积月累，一个阶段做一个小结，再继续向前赶去。

吾生也愚笨。从跨入史学之门至今逾二十载，尚未登堂入室。因时间有限、学识不足，本书肯定还有舛误及需要进一步完善之处，敬请方家批评指正。文责完全由作者自负。拉杂所记，有感而发，言长纸短，词不达意，勿怪幸甚！

王荣华

2018 年 9 月图森初稿，2019 年 5 月金华改定

图书在版编目(CIP)数据

危机下的融合与发展:抗战时期后方机制面粉工业研究/王荣华著.—北京:商务印书馆,2019
ISBN 978-7-100-17692-7

Ⅰ.①危… Ⅱ.①王… Ⅲ.①面粉工业—研究—中国—1937-1945 Ⅳ.①F426.82

中国版本图书馆CIP数据核字(2019)第155712号

危机下的融合与发展:抗战时期后方机制面粉工业研究
王荣华 著

商 务 印 书 馆 出 版
(北京王府井大街36号 邮政编码100710)
商 务 印 书 馆 发 行
北京顶佳世纪印刷有限公司印刷
ISBN 978-7-100-17692-7

2019年11月第1版 开本 710×1000 1/16
2019年11月北京第1次印刷 印张 29¼
定价:98.00元